MANZSCHE KURZLEHRBUCH-REIHE
8

Grundriss des Strafrechts
Allgemeiner Teil

von

Dr. Diethelm Kienapfel
em. Universitätsprofessor in Linz

Dr. Frank Höpfel
Universitätsprofessor in Wien

Dr. Robert Kert
Universitätsprofessor in Wien

16. Auflage

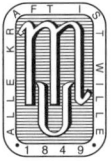

Wien 2020
MANZ'sche Verlags- und Universitätsbuchhandlung

Zitiervorschlag: *Kienapfel/Höpfel/Kert* AT[16] (2020) . . .

Alle Rechte, insbesondere das Recht der Vervielfältigung und Verbreitung sowie der Übersetzung, vorbehalten. Kein Teil des Werkes darf in irgendeiner Form (durch Fotokopie, Mikrofilm oder ein anderes Verfahren) ohne schriftliche Genehmigung des Verlages reproduziert oder unter Verwendung elektronischer Systeme gespeichert, verarbeitet, vervielfältigt oder verbreitet werden.

Sämtliche Angaben in diesem Werk erfolgen trotz sorgfältiger Bearbeitung ohne Gewähr; eine Haftung der Autoren sowie des Verlages ist ausgeschlossen.

Kopierverbot/Vervielfältigungsverbot

Die für Schulen und Hochschulen vorgesehene freie Werknutzung „Vervielfältigung zum eigenen Schulgebrauch" gilt für dieses Werk nicht, weil es seiner Beschaffenheit und Bezeichnung nach zum Unterrichtsgebrauch bestimmt ist (§ 42 Abs 6 UrhG).

ISBN 978-3-214-02003-3 (br)
ISBN 978-3-214-02057-6 (geb)

© 2020 MANZ'sche Verlags- und UniversitätsbuchhandlungGmbH, Wien
Telefon: (01) 531 61-0
E-Mail: verlag@manz.at
www.manz.at
Datenkonvertierung und Satzherstellung: Ferdinand Berger & Söhne GmbH, 3580 Horn
Druck: FINIDR, s. r. o., Český Těšín

Vorwort zur 16. Auflage

Dieser von *Diethelm Kienapfel* begründete Grundriss trägt dem Wunsch nach einer handlichen und konzisen Darstellung des Allgemeinen Teils des Strafrechts Rechnung. Auf wenigen Grundbegriffen aufbauend wird Schritt für Schritt ein **anwendungsorientiertes Strafrechtssystem** entwickelt, das an die tradierte Eigenständigkeit österreichischen Strafrechtsdenkens anknüpft und Bewährtes mit den Erkenntnissen der modernen Strafrechtswissenschaft verbindet. Wie die drei Bände zum BT versteht sich auch der AT als Mittler zwischen Theorie und Praxis.

Die 16. Auflage bringt inhaltlich eine Reihe von **Ergänzungen** und **Klarstellungen** im Vergleich zu den letzten Auflagen. Neu aufgenommen wurden ein kurzer Abriss zur Strafrechtsentwicklung in Österreich und ein Abschnitt über die rechtfertigende Pflichtenkollision. Selbstverständlich fanden neue Entwicklungen in der Rechtsprechung Eingang in das Lehrbuch, wie etwa jene zum Versuch der schweren Körperverletzung, zur Mitwirkung an der Selbstgefährdung, zum Ne bis in idem und zur Verbandsverantwortlichkeit. Aufgrund von Anregungen durch Leserinnen und Leser wurden einige neue Beispiele und Erklärungen aufgenommen, die (hoffentlich) das Verständnis besonders schwieriger Fragestellungen erleichtern.

Völlig neu gestaltet wurde die **Nummerierung der Kapitel.** Das System von Zusammenfassungseinheiten (Z) und Ergänzungseinheiten (E) wurde aufgegeben und die Kapitel sind nun durchnummeriert. Um den Benützern den Umstieg von älteren Auflagen zu erleichtern, wurden die Randnummern nicht verändert, zur einfacheren Zitierbarkeit jedoch mit den Kapitelnummern kombiniert. Eine Übersicht über die geänderte Kapitelnummerierung findet sich auf den nächsten Seiten des Buches.

Gesetzgebung, Judikatur und Schrifttum konnten bis zum **1. 6. 2020** berücksichtigt werden.

Für **Strafrechtsanfänger** besteht die Möglichkeit, diesen Grundriss mit einem evaluierten **Lernprogramm** zu kombinieren, das von Herrn Prof. Kienapfel seit über 40 Jahren entwickelt wurde und sich als Einführung und Einstiegshilfe in die Strafrechtsdogmatik bewährt hat. Es erfreut sich bei den Studierenden großer Beliebtheit und wird österreichweit und auch im **Linzer Multimedia-Diplomstudium der Rechtswissenschaften** eingesetzt. Dieser Lernbehelf trägt den Titel „**Lernprogramm Strafrecht Allgemeiner Teil**". Er stellt zusammen mit dem Grundriss Allgemeiner Teil ein didaktisches Lernsystem dar. Die Kapitelnummerierung im Lernprogramm wurde jener im Grundriss angepasst. Darüber hinaus wurde im Lernprogramm ein weiteres Kapitel zu den wichtigsten sonstigen Rechtfertigungsgründen (Kapitel 15) eingefügt.

Unser Dank gilt unseren Teams an der Universität Wien und an der Wirtschaftsuniversität Wien für deren große Unterstützung und wertvolle Hinweise, vor allem *Daniel Gilhofer, Lucia Holländer, Christopher Kahl, Maria Kattavenos,*

Larissa Kostijerevac, Thomas Pillichshammer (WU Wien) sowie *Rainer Borns, Jakob Hajszan* und *Andrea Lehner* (Universität Wien) für ihre Mithilfe, ihre inhaltlichen Inputs und ihr Engagement. Ebenso wollen wir dem Verlag Manz, und hier besonders Frau Mag. *Sarah Krems,* für die angenehme Betreuung und Zusammenarbeit danken.

Für Hinweise auf Unklarheiten und Fehler sind wir den Benützern wieder dankbar (E-Mail an frank.hoepfel@univie.ac.at bzw robert.kert@wu.ac.at).

Allen Studierenden wünschen wir viel Erfolg für Ihr Studium und hoffen, dass dieses Lehrbuch zum Erfolg beiträgt.

Wir widmen das Buch dankbar unseren Familien.

Wien, 1. 7. 2020   *Frank Höpfel*   *Robert Kert*

Aus dem Vorwort zur 14. Auflage

(...) Mit dieser Auflage legt em. Univ.-Prof. Dr. *Diethelm Kienapfel* den Grundriss in die Hände der Unterzeichneten. Wir danken ihm für das in uns gesetzte Vertrauen, sein Werk weiterführen und weiterentwickeln zu dürfen. Seine didaktischen Überlegungen haben wesentlich zum Erfolg dieses Buches beigetragen und werden uns auch in Zukunft ein wichtiger Leitfaden sein.

Ab dieser Auflage folgt der Grundriss nicht mehr dem neoklassischen Verbrechensbegriff, sondern der heute herrschenden **personalen Unrechtslehre.** Damit wird der Tatbildvorsatz nicht mehr als ein Schuldelement behandelt, sondern ist als personales Unrechtselement zentraler Teil des Tatbestandes. Diese grundlegende Änderung machte gegenüber der Vorauflage nicht nur eine inhaltliche Neuorientierung notwendig, sondern brachte auch Umstellungen in der äußeren Systematik mit sich. So sind insb die Abschnitte über den Vorsatz und den Tatbildirrtum nunmehr vor der Rechtfertigung eingereiht. (...)

Geleitwort zur 14. Auflage

Mit dem AT und dem Lernprogramm gebe ich nunmehr auch das Herzstück meines der fachlichen und didaktischen Aufbereitung des Strafgesetzbuchs gewidmeten Lebenswerks in die Obhut von *Frank Höpfel* und *Robert Kert.* Beide sind mit dem Konzept und den besonderen Intentionen des AT seit Jahren vertraut und haben schon bisher maßgeblich zur Weiterentwicklung dieses Buches beigetragen. Es erfüllt mich mit großer Freude und Dankbarkeit, dass sie mit dem AT auch das Lernprogramm in eigener Regie und Verantwortung weiterführen. Beide Autoren begleiten meine guten Wünsche. Habeant sua fata libelli.

Linz, 1. 7. 2012   *Diethelm Kienapfel*

Inhaltsverzeichnis

Detaillierte Inhaltsverzeichnisse finden sich jeweils am Beginn der einzelnen Abschnitte

	Seite
Vorwort	V
Geleitwort	VI
Literatur- und Abkürzungsverzeichnis	IX
Gegenüberstellung Kapitel 15. und 16. Auflage	XV
1. Kapitel: Einleitung	1
2. Kapitel: Strafen und vorbeugende Maßnahmen	5
3. Kapitel: Grundbegriffe 1	13
4. Kapitel: Grundbegriffe 2	18
5. Kapitel: Grundbegriffe 3	27
6. Kapitel: Fallprüfungsschema	30
7. Kapitel: Handlungsbegriff	33
8. Kapitel: Tatbestandsmerkmale	37
9. Kapitel: Deliktsgruppen	42
10. Kapitel: Objektiver Tatbestand und Kausalität	51
11. Kapitel: Subjektiver Tatbestand der Vorsatzdelikte	58
12. Kapitel: Tatbildirrtum	67
13. Kapitel: Rechtswidrigkeit und Notwehr	75
14. Kapitel: Rechtfertigender Notstand	84
15. Kapitel: Weitere Rechtfertigungsgründe	91
1. Unterkapitel: Anhalterecht	92
2. Unterkapitel: Allgemeines Selbsthilferecht	97
3. Unterkapitel: Besondere Selbsthilferechte	100
4. Unterkapitel: Ausübung von Amts- und Dienstpflichten	100
5. Unterkapitel: Einwilligung	102
6. Unterkapitel: Mutmaßliche Einwilligung	108
7. Unterkapitel: Rechtfertigende Pflichtenkollision	110
16. Kapitel: Der Schuldbegriff	114
17. Kapitel: Schuldfähigkeit	120
18. Kapitel: Unrechtsbewusstsein	125
19. Kapitel: Verbotsirrtum	129
20. Kapitel: Irrige Annahme eines rechtfertigenden Sachverhalts	134

Inhaltsverzeichnis

21. Kapitel: Entschuldigender Notstand 140
22. Kapitel: Vorbereitung, Versuch und Vollendung 147
23. Kapitel: Aufbau der Versuchsprüfung 155
24. Kapitel: Rücktritt und tätige Reue 159
25. Kapitel: Untauglicher Versuch 168
26. Kapitel: Fahrlässigkeitsbegriff 176
27. Kapitel: Aufbau des Fahrlässigkeitsdelikts 186
28. Kapitel: Zentrale Probleme des Fahrlässigkeitsdelikts 191
29. Kapitel: Echte und unechte Unterlassungsdelikte 209
30. Kapitel: Aufbau des unechten Unterlassungsdelikts 216
31. Kapitel: Zentrale Probleme beim unechten Unterlassungsdelikt 221
32. Kapitel: Grundlagen der Beteiligungslehre 230
33. Kapitel: Unmittelbarer Täter 249
34. Kapitel: Bestimmungstäter 258
35. Kapitel: Beitragstäter 268
36. Kapitel: Beteiligung und Versuch 278
37. Kapitel: Beteiligung am Sonderdelikt 287
38. Kapitel: Konkurrenzen 302
39. Kapitel: Verbrechensdogmatik und Strafzumessung 324
40. Kapitel: Diversion als „dritte Spur" im Strafrecht 331
41. Kapitel: Strafrechtliche Verantwortlichkeit von Verbänden 344
42. Kapitel: Die internationalen Dimensionen des Strafrechts 351

Anhang 1 bis 10 363
Kurzbiographien 373
Sachregister 377

Literatur- und Abkürzungsverzeichnis

Dieses Verzeichnis führt neben der zitierten Literatur nur solche Abkürzungen an, die in den „Abkürzungs- und Zitierregeln der österreichischen Rechtssprache und europarechtlicher Rechtsquellen" (AZR[7], 2012) nicht enthalten oder mit diesen nicht identisch und nicht allgemein verständlich sind.

ABl	Amtsblatt der Europäischen Gemeinschaften bzw der Europäischen Union
abw	abweichend
aE	am Ende
AEUV	Vertrag über die Arbeitsweise der Europäischen Union
Alt	Alternative
Anm	Anmerkung
AnwBl	Österreichisches Anwaltsblatt (zit nach Jahr und Seite)
arg	argumentum
AT	Allgemeiner Teil
AT	*Kienapfel* bzw *Kienapfel/Höpfel/Kert* Grundriss des Strafrechts. Allgemeiner Teil (Vorauflagen jeweils zit mit Hochzahl)
BayObLG	Bayerisches Oberstes Landesgericht
Bertel/Venier/Tipold Strafprozessrecht	*Bertel/Venier/Tipold* Strafprozessrecht[13] (2020)
Bezauer Tage	Strafrechtsseminar 1979 (1980); Strafrechtsseminar 1981 (1982); Strafrechtsseminar 1983 (1984)
BGE	Entscheidungen des schweizerischen Bundesgerichts
BGH	Bundesgerichtshof
BGHSt	Entscheidungen des Bundesgerichtshofes in Strafsachen
Birklbauer/Sautner/Velten	*Birklbauer/Sautner/Velten* Strafrecht. Diplomprüfungsfälle und Lösungen[3] (2011)
Bockelmann-FS	Festschrift für Paul Bockelmann zum 70. Geburtstag (1979)
Brauneder	*Brauneder* (Hrsg) Juristen in Österreich 1200–1900 (1987)
Broda-FS	Festschrift für Christian Broda (1976)
B/S/V BT I	*Bertel/Schwaighofer/Venier* Österreichisches Strafrecht. Besonderer Teil I[14] (2018)
BT	Besonderer Teil
BT I	*Kienapfel/Schroll* Grundriss des Strafrechts. Besonderer Teil I[5] (2003). Frühere Auflagen werden jeweils mit Hochzahl zitiert. Die gekürzte Neubearbeitung des BT I[4] (2016) wird als *StudB BT I* zitiert.
BT II	*Kienapfel* Grundriss des österreichischen Strafrechts. Besonderer Teil II[3] (1993). Die gekürzte Neubearbeitung des BT II (2003) wird als *StudB BT II* zitiert.
BT III	*Kienapfel/Schmoller* Grundriss des österreichischen Strafrechts. Besonderer Teil III (1999). Die gekürzte Neubearbeitung des BT III[2] (2009) wird als *StudB BT III* zitiert.
Burgstaller Fahrlässigkeitsdelikt	*Burgstaller* Das Fahrlässigkeitsdelikt im Strafrecht (1974)
Burgstaller Ladendiebstahl	*Burgstaller* Der Ladendiebstahl und seine private Bekämpfung im österreichischen Strafrecht (1981)
Burgstaller-FS	Festschrift für Manfred Burgstaller zum 65. Geburtstag (2004)

Literatur- und Abkürzungsverzeichnis

CCB	Constitutio criminalis Bambergensis
CCC	Constitutio criminalis Carolina
ders	derselbe
dies	dieselbe(n)
dStGB	deutsches Strafgesetzbuch
E	Ergänzungseinheit; Entscheidung(en)
EB	Erläuternde Bemerkungen zur Regierungsvorlage 1971 30 BlgNR 13. GP
EGMR	Europäischer Gerichtshof für Menschenrechte
EKMR	Europäische Kommission für Menschenrechte
EMRK	= MRK: Europäische Menschenrechtskonvention
Engisch-FS	Festschrift für Karl Engisch zum 70. Geburtstag (1969)
Eser-FS	Festschrift für Albin Eser zum 70. Geburtstag (2005)
EU	Europäische Union
EuGH	Gerichtshof der Europäischen Gemeinschaften
EvBl	Evidenzblatt der Rechtsmittelentscheidungen. Beilage zur ÖJZ (zit nach Jahr und Entscheidungsnummer)
F	Fallbearbeitung
Fabrizy	*Fabrizy* Strafgesetzbuch. Kurzkommentar[13] (2018)
Fabrizy StPO	*Fabrizy* Die österreichische Strafprozessordnung. Kurzkommentar[13] (2017)
Fälle	Fälle und Lösungen zum Strafrecht; hrsg v *Kienapfel* 1. Aufl (1982) und 2. Aufl (1989); zit mit Beifügung des Bearbeiters
FinStR 1996, 1997, 2007, 2008	Finanzstrafrecht 1996, 1997, 2007, 2008 hrsg v Leitner
Fuchs Notwehr	*Fuchs* Grundfragen der Notwehr (1986)
Fuchs-FS	Festschrift für Helmut Fuchs zum 65. Geburtstag (2014)
Fuchs/Zerbes AT I	*Fuchs/Zerbes* Österreichisches Strafrecht. Allgemeiner Teil I[10] (2018) (Vorauflagen zitiert mit Hochzahl)
GA	Goltdammer's Archiv für Strafrecht (zit nach Jahr und Seite)
Gallas-FS	Festschrift für Wilhelm Gallas zum 70. Geburtstag (1973)
Geerds Konkurrenz	*Geerds* Zur Lehre von der Konkurrenz im Strafrecht (1961)
GS	Gedächtnisschrift
HB Wirtschaftsstrafrecht	*Kert/Kodek* Das große Handbuch Wirtschaftsstrafrecht (2016)
Heinitz-FS	Festschrift für Ernst Heinitz zum 70. Geburtstag (1972)
Hengstschläger/Leeb Verwaltungsverfahrensrecht	*Hengstschläger/Leeb* Verwaltungsverfahrensrecht[6] (2018)
Hinterhofer/Schütz Fallbuch	*Hinterhofer/Schütz* Fallbuch Straf- und Strafprozessrecht[3] (2018)
Hollaender/Mayerhofer	*Hollaender/Mayerhofer* Grundlagen des österreichischen Strafrechts. Allgemeiner Teil I (2007)
Honig-FS	Festschrift für Richard M. Honig (1970)
Höpfel-FS	*Kert/Lehner* Vielfalt des Strafrechts im internationalen Kontext, Festschrift für Frank Höpfel zum 65. Geburtstag (2018)
ICC	International Criminal Court
ICTR	International Criminal Tribunal for Rwanda
ICTY	International Criminal Tribunal for the former Yugoslavia
JA	Juristische Arbeitsblätter für Ausbildung und Examen (zit nach Jahr und Seite)
JAB	Bericht des Justizausschusses
JAB 1973	Justizausschussbericht betreffend das StGB, 959 BlgNR 13. GP

Literatur- und Abkürzungsverzeichnis

JAP	Juristische Ausbildung und Praxisvorbereitung (zit nach Studienjahr und Seite)
JBl	Juristische Blätter (zit nach Jahr und Seite)
Jesionek-FS	Festschrift für Udo Jesionek zum 65. Geburtstag (2002)
JGG	Jugendgerichtsgesetz
JR	Juristische Rundschau (zit nach Jahr und Seite)
JSt	Journal für Strafrecht (zit nach Jahr und Seite bzw Entscheidungsnummer)
Jura	Juristische Ausbildung (zit nach Jahr und Seite)
JuS	Juristische Schulung (zit nach Jahr und Seite)
J/W AT	*Jescheck/Weigend* Lehrbuch des Strafrechts. Allgemeiner Teil[5] (1996)
JZ	(Deutsche) Juristenzeitung (zit nach Jahr und Seite)
Kap	Kapitel
KH	Plenarbeschlüsse und Entscheidungen des k.k. Obersten Gerichts- als Cassationshofes
Kienapfel Einheitstäter	*Kienapfel* Der Einheitstäter im Strafrecht (1971)
Kienapfel Erscheinungsformen	*Kienapfel* Erscheinungsformen der Einheitstäterschaft in Strafrechtsdogmatik und Kriminalpolitik; hrsg v Müller-Dietz (1971)
Kienapfel dAT	*Kienapfel* Strafrecht. Allgemeiner Teil. Mit Einführungen in programmierter Form[4] (1984) (deutsche Ausgabe)
Kienapfel Strafrechtsfälle	*Kienapfel* Strafrechtsfälle[9] (1989)
Klug-FS	Festschrift für Ulrich Klug zum 70. Geburtstag Band I (1983)
Lange-FS	Festschrift für Richard Lange zum 70. Geburtstag (1976)
LE	Lerneinheit
Leitner/Brandl/Kert HB Finanzstrafrecht	*Leitner/Brandl/Kert* Handbuch Finanzstrafrecht[4] (2017)
Lernprogramm	*Kienapfel/Höpfel/Kert* Lernprogramm Strafrecht. Allgemeiner Teil[16] (2020)
Lewisch Verfassung	Verfassung und Strafrecht (1993)
LGSt Wien	Landesgericht für Strafsachen Wien
Liszt-GS	Franz von Liszt zum Gedächtnis (1969)
LK	Strafgesetzbuch. Leipziger Kommentar[12]; hrsg v Laufhütte, Rissing-van Saan und Tiedemann. Erscheint in Einzellieferungen; zit mit Beifügung des Bearbeiters
LSK	ÖJZ-Leitsatzkartei (zit nach Jahr und Nummer)
L/St	*Leukauf/Steininger* Kommentar zum Strafgesetzbuch[4] (2017)
Luef-Kölbl/Sprajc	*Luef-Kölbl/Sprajc* Fälle und Lösungsmuster zum materiellrechtlichen Teil[6] (2016)
Mayerhofer	*Mayerhofer* Das österreichische Strafrecht. Erster Teil Strafgesetzbuch[6] (2009)
MDR	Monatsschrift für Deutsches Recht (zit nach Jahr und Seite)
Medigovic/Reindl-Krauskopf/Luef-Kölbl AT II	*Medigovic/Reindl-Krauskopf/Luef-Kölbl* Strafrecht Allgemeiner Teil II[2] (2016)
M/G/Z AT	*Maurach/Gössel/Zipf* Strafrecht. Allgemeiner Teil Teilband 2[8] (2014)
Miyazawa-FS	Festschrift für Koichi Miyazawa (1995)
Moos Verbrechensbegriff	*Moos* Der Verbrechensbegriff in Österreich im 18. und 19. Jahrhundert (1968)
Moos Reform	*Moos* Zur Reform des Strafprozeßrechts und des Sanktionenrechts für Bagatelldelikte (1981)
Moos-FS	Festschrift für Reinhard Moos zum 65. Geburtstag (1997)

Literatur- und Abkürzungsverzeichnis

MRK	= EMRK: Europäische Menschenrechtskonvention
Müller-Dietz-FS	Grundfragen staatlichen Strafens. Festschrift für Heinz Müller-Dietz zum 70. Geburtstag (2001)
M/Z AT	*Maurach/Zipf* Strafrecht. Allgemeiner Teil Teilband 1^8 (1992)
NJW	Neue Juristische Wochenschrift (zit nach Jahr und Seite)
Nov	Novelle
Nowakowski Grundzüge	*Nowakowski* Das österreichische Strafrecht in seinen Grundzügen (1955)
Nowakowski Perspektiven	*Nowakowski* Perspektiven zur Strafrechtsdogmatik (1981)
NStZ	Neue Zeitschrift für Strafrecht (zit nach Jahr und Seite)
ÖBl	Österreichische Blätter für gewerblichen Rechtsschutz und Urheberrecht (zit nach Jahr und Seite)
Oehler-FS	Festschrift für Dietrich Oehler zum 70. Geburtstag (1985)
OGH	Oberster Gerichtshof
OGH-FS	Festschrift zur Hundertjahrfeier des österreichischen Obersten Gerichtshofes 1850–1950 (1950)
oJ	ohne Jahresangabe
ÖJZ	Österreichische Juristen-Zeitung (zit nach Jahr und Seite)
OLG	Oberlandesgericht
Os	OGH-Strafsachen (in Aktenzeichen von Entscheidungen)
Pallin-FS	Strafrecht, Strafprozeßrecht und Kriminologie. Festschrift für Franz Pallin zum 80. Geburtstag (1989)
pass	passim
Platzgummer Bewußtseinsform	*Platzgummer* Die Bewußtseinsform des Vorsatzes (1964)
Platzgummer-FS	Festschrift für Winfried Platzgummer zum 65. Geburtstag (1995)
Porstner	*Porstner* (Hrsg) Strafrecht. Vergeltung oder Versöhnung (1983)
Prüfungsfälle	*Fuchs/Brandstetter/Medigovic* Prüfungsfälle aus Strafrecht (1989); zit mit Beifügung des Bearbeiters
Raschauer/Wessely Verwaltungsstrafrecht	*Raschauer/Wessely* Verwaltungsstrafrecht Allgemeiner Teil (2005)
RdU	Recht der Umwelt (zit nach Jahr und Seite)
RdW	Österreichisches Recht für Wirtschaft (zit nach Jahr und Seite)
Rebisant Kontroversen	*Rebisant* Kontroversen im österreichischen Strafrecht (2011)
RGSt	Entscheidungen des Reichsgerichts in Strafsachen
RIDP	Revue Internationale de Droit Pénal (zit nach Jahr und Seite)
Riklin AT I	*Riklin* Schweizerisches Strafrecht Allgemeiner Teil I^3 (2007)
Rill-Schäffer-Kommentar	*Kneihs/Lienbacher* Rill-Schäffer-Kommentar Bundesverfassungsrecht. Erscheint in Einzellieferungen.
Rittler I, II	*Rittler* Lehrbuch des österreichischen Strafrechts. I: Allgemeiner Teil^2 (1954); II: Besonderer Teil^2 (1962)
Rittler-FS	Festschrift für Theodor Rittler (1957)
RN	Randnummer bzw Randziffer
Roeder Erscheinungsformen	*Roeder* Die Erscheinungsformen des Verbrechens (1953)
Roxin AT I, AT II	*Roxin* Strafrecht Allgemeiner Teil. I: Grundlagen. Der Aufbau der Verbrechenslehre^4 (2006); II: Besondere Erscheinungsformen der Straftat (2003)
Roxin-FS	Festschrift für Claus Roxin zum 70. Geburtstag am 15. Mai 2001 (2001)
Rspr	Rechtsprechung
RZ	Österreichische Richterzeitung (zit nach Jahr und Seite bzw Entscheidungsnummer)

Literatur- und Abkürzungsverzeichnis

Sagmeister/Komenda/Madl/Höcher	*Sagmeister/Komenda/Madl/Höcher* Strafrecht in Fällen und Lösungen[2] (2017)
SbgK	*Triffterer/Rosbaud/Hinterhofer* Salzburger Kommentar zum StGB. Erscheint in Einzellieferungen seit 1992; zit mit Beifügung des Bearbeiters
Schaffstein-FS	Festschrift für Friedrich Schaffstein (1975)
Schmidt-FS	Festschrift für Eberhard Schmidt zum 70. Geburtstag (1961)
Schmitt-FS	Festschrift für Rudolf Schmitt zum 70. Geburtstag (1992)
Schmoller Tatsachenaufklärung	*Schmoller* Alternative Tatsachenaufklärung im Strafrecht (1986)
Schmoller Fortgesetztes Delikt	*Schmoller* Bedeutung und Grenzen des fortgesetzten Delikts (1988)
Schulev-Steindl Verwaltungsverfahrensrecht	*Schulev-Steindl* Verwaltungsverfahrensrecht[6] (2018)
schwStGB	Schweizerisches Strafgesetzbuch
SDÜ	Schengener Durchführungsübereinkommen
Seiler AT I	*Seiler* Strafrecht Allgemeiner Teil I[4] (2020)
SK	*Wolter* Systematischer Kommentar zum Strafgesetzbuch. I: Allgemeiner Teil[9] (2015); zit mit Beifügung des Bearbeiters
S/S	*Schönke/Schröder* Strafgesetzbuch Kommentar[30] (2019); zit mit Beifügung des Bearbeiters
Steininger AT I	*Steininger* Strafrecht Allgemeiner Teil I[3] (2019)
Steininger-FS	Festschrift für Herbert Steininger zum 70. Geburtstag (2003)
SSt	Entscheidungen des österreichischen Obersten Gerichtshofes in Strafsachen
StGB	Strafgesetzbuch
StP	Strafrechtliche Probleme der Gegenwart
StPO	Strafprozessordnung
StRÄG	Strafrechtsänderungsgesetz
StudB BT I	*Kienapfel/Schroll* Studienbuch Strafrecht. Besonderer Teil I[4] (2016)
StudB BT II	*Kienapfel/Schmoller* Studienbuch Strafrecht. Besonderer Teil II[2] (2017)
StudB BT III	*Kienapfel/Schmoller* Studienbuch Strafrecht. Besonderer Teil III[2] (2009)
Stratenwerth/Kuhlen AT I	*Stratenwerth/Kuhlen* Strafrecht. Allgemeiner Teil I[6] (2011)
Stratenwerth AT I	*Stratenwerth* Schweizerisches Strafrecht Allgemeiner Teil I[4] (2011)
stRspr	ständige Rechtsprechung
StV	Strafverteidiger (zit nach Jahr und Seite)
TE	Testeinheit
Tipold Rücktritt	*Tipold* Rücktritt und Reue (2002)
Trechsel SchwStGB	*Trechsel* Schweizerisches Strafgesetzbuch. Praxiskommentar[2] (2013)
Triffterer Beteiligungslehre	*Triffterer* Die österreichische Beteiligungslehre (1983)
Triffterer AT	*Triffterer* Österreichisches Strafrecht. Allgemeiner Teil[2] (1994)
Triffterer-FS	Festschrift für Otto Triffterer zum 65. Geburtstag (1996)
VbVG	VerbandsverantwortlichkeitsG BGBl I 2005/151
Venier Fortsetzungszusammenhang	*Venier* Der Fortsetzungszusammenhang im österreichischen Strafrecht (1989)
VfGH	Verfassungsgerichtshof
VwGH	Verwaltungsgerichtshof

Literatur- und Abkürzungsverzeichnis

Wegscheider Konkurrenz	*Wegscheider* Echte und scheinbare Konkurrenz (1980)
Wegscheider BT	*Wegscheider* (Hrsg) Besonderer Teil⁴ (2012)
Welser/Zöchling-Jud	*Welser/Zöchling-Jud* Bürgerliches Recht II¹⁴ (2015)
Wesener FS	Vestigia iuris Romani. Festschrift für Gunter Wesener zum 60. Geburtstag am 3. Juni 1992 (1992)
Wessels/Beulke/ Satzger AT	*Wessels/Beulke/Satzger* Strafrecht. Allgemeiner Teil⁴⁵ (2015)
Wilburg-FS	Walter Wilburg zum 70. Geburtstag. Festschrift (1975)
wistra	Zeitschrift für Wirtschafts- und Steuerstrafrecht (zit nach Jahr und Seite)
WK	Wiener Kommentar zum Strafgesetzbuch 1. Aufl hrsg v *Foregger/ Nowakowski*. Erschienen in Einzellieferungen seit 1979. 2. Aufl hrsg v *Höpfel/Ratz*. Erscheint in Einzellieferungen seit 1999; zit mit Beifügung des Bearbeiters
WK-StPO	Wiener Kommentar zur Strafprozessordnung hrsg v *Fuchs/Ratz*. Erscheint in Einzellieferungen seit 2002; zit mit Beifügung des Bearbeiters
Wolf Rechtsdenker	*Wolf* Große Rechtsdenker der deutschen Geistesgeschichte (1963)
Z	Ziffer; Zusammenfassung
ZfRV	Zeitschrift für Rechtsvergleichung (zit nach Jahr und Seite)
Zipf Grundsätze	*Zipf* Allgemeine Grundsätze des Strafgesetzbuches und die Rechtsprechung. Verh 7. ÖJT Bd I 2. Teil (1978)
Zipf-GS	Gedächtnisschrift für Heinz Zipf (1999)
ZNStR I, II	Zum neuen Strafrecht Bd I Österreichische Richterwoche 1973 (oJ); Bd II Österreichische Richterwoche 1974 (oJ)
ZP	Zusatzprotokoll
ZStrR	Schweizerische Zeitschrift für Strafrecht (zit nach Jahr und Seite)
ZStW	Zeitschrift für die gesamte Strafrechtswissenschaft (zit nach Jahr und Seite)
zust	zustimmend
ZVR	Zeitschrift für Verkehrsrecht (zit nach Jahr und Seite bzw Entscheidungsnummer)
zw	zweifelhaft
ZWF	Zeitschrift für Wirtschafts- und Finanzstrafrecht

Paragrafen ohne weitere Angaben sind solche des österreichischen StGB.

Gegenüberstellung Kapitel 15. und 16. Auflage

Alte Nummerierung	Neue Nummerierung
Z 1	Kapitel 1: Einleitung
Z 2	Kapitel 2: Strafen und vorbeugende Maßnahmen
Z 3	Kapitel 3: Grundbegriffe 1
Z 4	Kapitel 4: Grundbegriffe 2
Z 5	Kapitel 5: Grundbegriffe 3
Z 6	Kapitel 6: Fallprüfungsschema
Z 7	Kapitel 7: Handlungsbegriff
Z 8	Kapitel 8: Tatbestandsmerkmale
Z 9	Kapitel 9: Deliktsgruppen
Z 10	Kapitel 10: Objektiver Tatbestand und Kausalität
Z 11	Kapitel 11: Subjektiver Tatbestand der Vorsatzdelikte
Z 12	Kapitel 12: Tatbildirrtum
Z 13	Kapitel 13: Rechtswidrigkeit und Notwehr
Z 14	Kapitel 14: Rechtfertigender Notstand
E 1	Kapitel 15: Weitere Rechtfertigungsgründe
Z 15	Kapitel 16: Der Schuldbegriff
Z 16	Kapitel 17: Schuldfähigkeit
Z 17	Kapitel 18: Unrechtsbewusstsein
Z 18	Kapitel 19: Verbotsirrtum
Z 19	Kapitel 20: Irrige Annahme eines rechtfertigenden Sachverhalts
Z 20	Kapitel 21: Entschuldigender Notstand
Z 21	Kapitel 22: Vorbereitung, Versuch und Vollendung
Z 22	Kapitel 23: Aufbau der Versuchsprüfung
Z 23	Kapitel 24: Rücktritt und tätige Reue
Z 24	Kapitel 25: Untauglicher Versuch
Z 25	Kapitel 26: Fahrlässigkeitsbegriff
Z 26	Kapitel 27: Aufbau des Fahrlässigkeitsdelikts
Z 27	Kapitel 28: Zentrale Probleme des Fahrlässigkeitsdelikts
Z 28	Kapitel 29: Echte und unechte Unterlassungsdelikte
Z 29	Kapitel 30: Aufbau des unechten Unterlassungsdelikts

Gegenüberstellung Kapitel 15. und 16. Auflage

Alte Nummerierung	Neue Nummerierung
Z 30	Kapitel 31: Zentrale Probleme beim unechten Unterlassungsdelikt
E 2	Kapitel 32: Grundlagen der Beteiligungslehre
E 3	Kapitel 33: Unmittelbarer Täter
E 4	Kapitel 34: Bestimmungstäter
E 5	Kapitel 35: Beitragstäter
E 6	Kapitel 36: Beteiligung und Versuch
E 7	Kapitel 37: Beteiligung am Sonderdelikt
E 8	Kapitel 38: Konkurrenzen
E 9	Kapitel 39: Verbrechensdogmatik und Strafzumessung
E 10	Kapitel 40: Diversion als „dritte Spur" im Strafrecht
E 11	Kapitel 41: Strafrechtliche Verantwortlichkeit von Verbänden
E 12	Kapitel 42: Die internationalen Dimensionen des Strafrechts

1. Kapitel

Einleitung

Inhaltsübersicht

	RN
A. Sachverhalt	1.1
B. Auslegung und Definition	1.2–1.6
1. Auslegung	1.3
2. Definition	1.4
3. Einzelfragen	1.5
a) Allgemeiner Sprachgebrauch	1.5
b) Legaldefinitionen	1.6
C. Subsumtion	1.7–1.11
1. Begriff	1.7
2. Einzelheiten	1.8–1.9
3. Auslegungsbedürftige Sachverhalte	1.10
4. Zusammenfassung	1.11
D. Das StGB und sein historischer Hintergrund	1.12–1.16
1. Das StGB 1974	1.12
2. Entwicklung des Strafrechts in Mitteleuropa	1.13–1.14
3. Das StG	1.15
4. Der Weg zum StGB nach 1945	1.16

A. Sachverhalt

Der Jurist hat es stets mit **Sachverhalten** zu tun. Zunächst geht es darum, **1.1** einen bestimmten Sachverhalt zu ermitteln; sodann ist dieser Sachverhalt rechtlich zu analysieren und zu beurteilen.

Sachverhalt nennt der Jurist ein tatsächliches Geschehen, das auf seine rechtliche (zB straf-, zivil- oder verwaltungsrechtliche) Relevanz zu untersuchen ist.

Typische Sachverhalte von **strafrechtlicher Relevanz:**

A erschlägt den B mit einem Beil.
C setzt sich betrunken ans Steuer und überfährt den D.
E findet eine fremde Geldbörse und behält sie.
F sagt als Zeuge vor Gericht bewusst die Unwahrheit.

B. Auslegung und Definition

Voraussetzung für die rechtliche Beurteilung solcher Sachverhalte sind **1.2** Kenntnis und Verständnis der in Betracht kommenden Rechtsvorschriften, wobei die meisten der vom Gesetz verwendeten Ausdrücke der **Auslegung** bedürfen.

1. Auslegung. Auslegung ist die nähere Erklärung des Inhalts eines Be- **1.3** griffs durch andere Begriffe.

1. Kapitel: Einleitung

Jede Auslegung dient dazu, Inhalt und Konturen eines bestimmten Begriffs festzulegen. Erst eine solche **Konkretisierung** macht es möglich, mit ihm zu arbeiten und ihn von ähnlichen Begriffen abzugrenzen.

1.4 2. **Definition.** Das Ergebnis der Auslegung wird idR zu einer **Definition** des Begriffs zusammengefasst, welche eine **Subsumtion** überhaupt erst ermöglicht, zumindest aber erleichtert.

Typische Beispiele von Definitionen:
Sache (§ 125) ist jeder körperliche Gegenstand.
Fremd (§ 125) ist eine Sache, wenn ein anderer als der Täter ihr Eigentümer ist.
Beschädigen (§ 125) ist jede Beeinträchtigung der sofortigen Benutzbarkeit einer Sache.

Es gibt für fast alle Begriffe des Allgemeinen und Besonderen Teils längst anerkannte Definitionen. In vielen Fällen beschränkt sich die „eigene Auslegungstätigkeit" des Rechtsanwenders darauf, eine solche Definition zu übernehmen und der Subsumtion zugrunde zu legen.

1.5 3. **Einzelfragen.** a) **Allgemeiner Sprachgebrauch.** Juristische Definitionen weichen mitunter nicht unerheblich vom allgemeinen Sprachgebrauch ab.

Tierfreunde mag es verwundern, dass das Strafrecht auch Hund, Katz und Spatz ein wenig lieblos unter den Begriff „Sache" subsumiert. Somit kann, wer einen fremden Hund tötet, gem § 125 wegen „Sachbeschädigung" verurteilt werden.

Der Rspr des OGH verdanken wir die nicht minder überraschende Erkenntnis, dass etwa Pässe, Führerscheine und andere Ausweise **nicht gestohlen** werden können, weil sie keine diebstahlsfähigen „Sachen" sind; vgl *StudB BT II* § 127 RN 30f.

1.6 b) **Legaldefinitionen.** Für zahlreiche Begriffe finden sich im StGB Legaldefinitionen; vgl zB §§ 5, 6, 68–74, 104a Abs 2, § 225 Abs 3, § 278 Abs 2 u 3, § 278b Abs 3, § 278c Abs 1. Sie erleichtern die Auslegung, machen sie aber nicht überflüssig, weil die einzelnen in einer Legaldefinition verwendeten Begriffe idR ihrerseits ausgelegt werden müssen.

Beispiele: Was ist eine „Schrift" iSd Urkundendefinition des § 74 Abs 1 Z 7? Sicherlich eine **handgeschriebene Quittung.** Aber auch deren **Durchschrift?** Nach hM ja. Und die **Kopie** der Quittung? Nach hM nein. Auch eine **militärische Erkennungsmarke?** Ja; vgl OLG Linz RZ 1982/46 m Anm *Kienapfel.* Ein **aufgeklebtes Preisetikett?** Nein; vgl EvBl 1984/30. Eine **Lottoquittung?** Ja; vgl EvBl 2002/126. Eine **Kreditkarte?** Nein; Kreditkarten fallen unter den durch das StRÄG 2004 neu geschaffenen Begriff des „unbaren Zahlungsmittels"; vgl § 74 Abs 1 Z 10.

C. Subsumtion

1.7 1. **Begriff.** Den formallogischen Schluss von einem bestimmten Sachverhalt auf die Erfüllung oder Nichterfüllung einer abstrakten gesetzlichen Norm nennt man **Subsumtion.**

Subsumieren heißt daher **untersuchen, ob ein bestimmter Sachverhalt eine bestimmte abstrakte Regelung in allen ihren Elementen erfüllt oder nicht.** Im Strafrecht geht es um eine systematische Prüfung der Strafbarkeit einer Handlung.

D. Das StGB und sein historischer Hintergrund

Die Standardfrage jedes Schrittes bei der praktischen Rechtsanwendung lautet:

Entspricht ein Sachverhaltselement (S) einem bestimmten abstrakten gesetzlichen Begriff (B)? S = B?

Obersatz	**B**
Untersatz	**S**
Schlusssatz	S = B oder S ≠ B

2. Einzelheiten. Oft ist eine solche **unmittelbare Subsumtion** des Sachverhalts unter den abstrakten gesetzlichen Begriff nicht möglich. In solchen Fällen bedarf es der Einfügung eines „Zwischenstücks", bestehend aus **Auslegung und Definition** des in Frage stehenden abstrakten gesetzlichen Begriffs. **1.8**

Beispiele: Ob eine menschliche **Haarsträhne,** das fließende **Wasser** im Bach oder eine **Langlaufloipe** Sachen iSd § 125 sind, lässt sich nur nach vorheriger Auslegung und Definition des Sachbegriffs entscheiden.

Wie „Sache", „fremd" und „beschädigen" bei der Sachbeschädigung sind fast alle strafrechtlichen Begriffe **auslegungsbedürftig.** **1.9**

Das gilt in besonderem Maße für die Grundbegriffe des Allgemeinen Teils des StGB. Sie bedürfen sämtlich einer inhaltlichen Konkretisierung der gesetzlichen Vorgaben **im Wege der Auslegung** (zB „Unrecht", „Vorsatz", „Fahrlässigkeit", „Versuch"). In diesem Buch werden mitunter bis zu vier Einheiten (zB beim Versuch) darauf verwendet, die wichtigsten Begriffe des Allgemeinen Teils auf diese Weise zu erläutern und zugleich ihre praktische Handhabung zu trainieren.

3. Auslegungsbedürftig sind nicht nur **Rechtsbegriffe,** sondern vor allem auch **Erklärungen** und **sonstige Aussagen** sowie ganz allgemein **Sachverhalte.** **1.10**

Beispiel: Es macht einen erheblichen Unterschied, ob ein führender Oppositionspolitiker dem Bundeskanzler bescheinigt, er habe „Papp im Hirn", oder ob ein Student dies im Jux zu seinem Kollegen sagt. Im ersten Fall handelt es sich um eine Verspottung gem § 115 Abs 1, im anderen ist es strafrechtlich irrelevant, da solche Redensarten zum legeren Umgangston unter Studenten gehören; vgl dazu *BT I* Vorbem §§ 111 ff RN 6 ff.

4. Zusammenfassung. Die Anwendung des Strafrechts fordert bestimmte **Fähigkeiten,** welche den Juristen seit jeher ausgezeichnet haben und zu seinem „Handwerkszeug" gehören: **1.11**

- **Begriffe auszulegen,**
- **Begriffe präzise zu definieren,**
- **Sachverhalte richtig zu deuten** und
- **Sachverhalte genau** unter die Begriffe bzw unter ihre Definitionen **zu subsumieren.**

Zur Vertiefung: Zu Auslegung und Subsumtion im Strafrecht vgl *J/W* AT 152.

D. Das StGB und sein historischer Hintergrund

1. Das StGB 1974. Im Zentrum der Rechtsanwendung stehen die Bestimmungen des StGB, das ursprünglich (= Stammfassung) aus dem Jahr 1974 **1.12**

1. Kapitel: Einleitung

stammt und inzwischen zur Anpassung an die gesellschaftlichen Verhältnisse vielfach novelliert wurde. Es ersetzte nach über 100-jährigen Reformbemühungen (vgl RN 1.15 f) das StG = Strafgesetz.

1.13 2. **Entwicklung des Strafrechts in Mitteleuropa.** Im ausgehenden Mittelalter und am Beginn der Neuzeit entwickelte sich das Strafrecht örtlich vorerst in den einzelnen Territorien des Heiligen Römischen Reiches. Sachlich war es im Prozessrecht eingebettet. Wichtigstes Ziel war die Erlangung eines Geständnisses, zu dessen Erlangung auch die Folter eingesetzt wurde. Die Strafen waren äußerst brutal (Leibes- und verschiedene Formen der Todesstrafe), die Voraussetzungen waren oft nur vage umschrieben.

Berühmtes Beispiel: Der Sachsenspiegel (Zweites Buch, Art 13) enthielt die hinsichtlich des Tatbestandes wenig bestimmte Regelung: „Den Dieb soll man hängen."

Die erste solche Kodifikation auf dem Gebiet des heutigen Österreich war die Malefizordnung („Peinliche Halsgerichtsordnung"), 1499 von Maximilian I. für **Tirol** erlassen. Sie beeinflusste die **Constitutio Criminalis Carolina (CCC)** Karls V., ein reichseinheitliches Strafgesetz, das aber den einzelnen Territorien Raum ließ (vgl zB noch zur Notwehr RN 13.3); vgl *Nowakowski* Grundzüge 19. Zu nennen sind für die **Steiermark** die Land- und Peinliche Gerichtsordnung von 1574; für das **Herzogtum unter der Enns** die Landgerichtsordnung von 1514, 1556 abgelöst von der Neuen Peinlichen Landgerichtsordnung Ferdinand III. („Ferdinandea"), die ab 1721 auch in der Steiermark und in Kärnten galt; schließlich für das **Herzogtum ob der Enns** die Landgerichtsordnung Ferdinands I. von 1559 sowie die Neue Kaiserliche und Landgerichtsordnung Leopolds I. („Leopoldina") von 1675.

1.14 Auf diese griffen die Verfasser der **Constitutio Criminalis Theresiana** (1768) zurück, gestalteten dabei aber ein ausgesprochen rückständiges und theokratisch geprägtes Strafrecht, das Delikte wie Zauberei und Hexerei, Selbstmord oder Selbstbefleckung kannte. In die Zukunft gewendet war dagegen das **Strafgesetz Josefs II.** (1787), von dem erstmals das Prozessrecht getrennt war: Die Deliktstypen waren genauer umschrieben, die Gotteslästerung wurde nur noch als Angriff auf die sittlichen Grundlagen des Staates verstanden. Die Verankerung des Analogieverbots und die Abschaffung der Todesstrafe entsprachen den Gedanken der Aufklärung.

Besonders reformfreudig war Kaiser Leopold II., der bereits als Großherzog der Toskana von *Cesare Beccaria* (Kurzbio s S 373) geprägt wurde, aber schon 1792 starb. Eine gegenteilige Position nahm Kaiser Franz II. ein. Sein **StG 1803** (vgl RN 1.15) war überwiegend – zB mit der Wiedereinführung der Todesstrafe – ein Rückschritt.

1.15 3. **Das StG.** Nach dem II. Weltkrieg und der Befreiung von der NS-Herrschaft wurde das StG als **„StG 1945"** wiederverlautbart, in seiner Substanz stammte es aber aus **1852** und war nicht viel mehr als eine Kompilation aus dem StG **1803** und den Hofdekreten, die zu seiner Interpretation erlassen worden waren. Deshalb wurde schon 1861 *Hye von Glunek,* der Verfasser des StG 1852, mit einer Neufassung betraut. Dass die Reformbemühungen bis 1974 währen sollten, lag zunächst an einem Schulenstreit (vgl RN 2.9) über die Ausrichtung der Strafe. Der einflussreiche *Franz v Liszt* (Kurzbio s S 374) hatte mit seiner Tätertypenlehre in seinem berühmten „Marburger Programm" (1882) heftig umstrittene Grundsätze propagiert, die in der Folge zu parallelen Reformbemühungen in Österreich und Deutschland geführt haben.

D. Das StGB und sein historischer Hintergrund

Die Überwindung des Streits gelang mit dem Konzept der Zweispurigkeit, von dem in Kap 2 gleich die Rede sein wird. Später waren es die politischen Umstände, die der Reform im Weg standen. Entwürfe von 1909 und 1912, die unter Federführung Kadečkas in Kooperation mit Deutschland entstanden sind, konnten wegen des I. Weltkrieges nicht verwirklicht werden. 1927 gelang trotz wachsender politischer Spannungen noch ein gemeinsamer Entwurf, ehe der innere Frieden kippte. Der Verlust der Selbstständigkeit Österreichs 1938 begrub das Vorhaben ganz.

4. Der Weg zum StGB nach 1945. 1954 kam es nach einer parlamentarischen Initiative zur Einsetzung der **Strafrechtskommission** durch das Justizministerium. Diese Kommission unter Beteiligung aller betroffenen Berufsgruppen (herausragend die Mitwirkung *Friedrich Nowakowskis*, Kurzbio s S 374) tagte von 1955 bis 1962. Eine erste Lesung ging unter dem Vorsitz *Ferdinand Kadečkas* (Kurzbio s S 374) bis 1960 und führte zu einem Entwurf, auf dem in zweiter Lesung 1960–1962 unter *Theodor Rittler* (Kurzbio s S 375) aufgebaut wurde. **1.16**

Inzwischen war *Christian Broda* (Kurzbio s S 373) Justizminister geworden und brachte 1964 einen begründeten Ministerialentwurf eines StGB heraus. Aber auch einer verwässerten Version 1966 war kein Erfolg beschieden. Die Zeit der ÖVP-Alleinregierung brachte eine RV 1968 hervor, die aber dem Ziel eines breiten Konsenses widersprach.

Die 12. und 13. GP, wieder unter *Broda*, führten schließlich zum Erfolg. Mit einem **StRÄG 1971** wurde zunächst die Entkriminalisierung eines Teils des Verkehrsstrafrechts und der Homosexualität unter Erwachsenen vorweggenommen („kleine Strafrechtsreform"), bevor der Nationalrat die **RV 1971** nach zweijähriger Beratung (JAB 1973) im Wesentlichen einstimmig annahm. Nach Einspruch des Bundesrates wegen der Regelung über den Schwangerschaftsabbruch fasste der Nationalrat am 23. Jänner 1974 einen Beharrungsbeschluss. Das StGB trat am 1. Jänner 1975 in Kraft.

■ ■ ■ Programmbearbeiter lesen jetzt bitte die TE 1 ■ ■ ■

2. Kapitel
Strafen und vorbeugende Maßnahmen

Inhaltsübersicht

	RN
A. Zweispurigkeit der Verbrechensbekämpfung	2.1
B. Strafen	2.2–2.15
1. Definition	2.2–2.3
2. Straftheorien	2.4–2.14
a) Absolute Straftheorien	2.5–2.7
b) Relative Straftheorien	2.8–2.11
aa) Spezialprävention	2.9
bb) Generalprävention	2.10–2.11
c) Vereinigungstheorien	2.12–2.14

2. Kapitel: Strafen und vorbeugende Maßnahmen

3. Wirkungen der Strafe	2.15
a) Tadelswirkung	2.15
b) Übelswirkung	2.15
C. Vorbeugende Maßnahmen	2.16–2.22
1. Wesen	2.16
2. Definition	2.17
3. Zweck	2.18
4. Arten	2.19
5. Einzelheiten	2.20–2.21
6. Vikariieren	2.22
D. Gegenüberstellung von Strafen und vorbeugenden Maßnahmen	2.23
E. Blick auf moderne Entwicklungen	2.24–2.29
1. Prinzip der sozialen Verantwortung	2.25
2. Verhältnismäßigkeitsgrundsatz	2.26
3. Prinzip der Opfergerechtigkeit	2.27–2.29

Schrifttum (Auswahl): *Bertel* Die Generalprävention in: Pallin-FS (1989) 31; *Burgstaller* Die Strafrechtsreform in Österreich im Vergleich mit der Strafrechtsreform in Deutschland in: Strafrechtsreform und Rechtsvergleichung (1979) 39; *ders* Aktuelle Wandlungen im Grundverständnis des Strafrechts JBl 1996 362; *Eder-Rieder* Die freiheitsentziehenden vorbeugenden Maßnahmen (1985); *Grafl/Schmoller* Entsprechen die gesetzlichen Strafdrohungen und die von den Gerichten verhängten Strafen den aktuellen gesellschaftlichen Wertungen? Gutachten 19. ÖJT 2015 3. Bd 1. Teil; *Höpfel,* Zum Umgang mit der Todesstrafe im Rechtsunterricht, JSt 2014 209; *Medigovic* Freiheitsentziehende vorbeugende Maßnahmen in Österreich (1986); *Moos* Die vorbeugenden Maßnahmen im neuen österreichischen Strafrecht in: ZNStR I 53; *ders* Die Reformbewegung des Strafrechts in Österreich, der Schweiz und Bundesrepublik Deutschland in: Wilburg-FS (1975) 253; *ders* Die gesellschaftliche Funktion des Strafrechts und die Strafrechtsreform RZ 1977 229; *ders* Positive Generalprävention und Vergeltung in: Pallin-FS (1989) 283; *ders* Der Schuldbegriff im österreichischen StGB in: Triffterer-FS (1996) 169; *Nowakowski* Freiheit, Schuld, Vergeltung in: Rittler-FS (1957) 55; *ders* Die Maßnahmenkomponente im StGB in: Broda-FS (1976) 193; *Platzgummer* Strafe, Schuld und Persönlichkeitsadäquanz in: Pallin-FS (1989) 319; *Stangl* Die Maßnahme der Unterbringung in einer Anstalt für gefährliche Rückfallstäter JSt 2018 113; *Zipf* Allgemeine Grundsätze des Strafgesetzbuches und die Rechtsprechung Gutachten 7. ÖJT 1979 1. Bd 2. Teil (1978).

A. Zweispurigkeit der Verbrechensbekämpfung

2.1 Das österr Strafrecht beruht auf dem System **der Zweispurigkeit der Verbrechensbekämpfung,** dh wegen einer strafbaren Handlung können von den Strafgerichten sowohl **Strafen** als auch **vorbeugende Maßnahmen** ausgesprochen werden.

Der Gedanke der Zweispurigkeit geht auf den Schweizer Strafrechtslehrer *Carl Stooss* (Kurzbiographie s S 375) zurück. Dieses Prinzip wurde in Österreich nach punktuellen Ansätzen (ArbeitshausG 1932) erst durch das **StGB von 1974,** grundlegend weiterentwickelt. Es bildet heute das Fundament der europäischen und der südamerikanischen Gesetzgebung; vgl *J/W* AT 84.

B. Strafen

2.2 1. **Definition. Strafe ist ein mit Tadel verbundenes Übel, das wegen einer strafbaren Handlung von einem Strafgericht aufgrund und nach Maßgabe der Schuld des Täters verhängt wird.**

2.3 Die **Schuld** ist nicht nur die **Voraussetzung** („auf Grund"), sondern zugleich auch die **Grenze** („nach Maßgabe") der Strafe. Das Maß der Strafe darf

B. Strafen

daher das Maß der Schuld nicht übersteigen. Im Einzelfall mag es freilich schwierig sein, das **Maß der Schuld** (und damit auch das Maß der Strafe) zu bestimmen.

2. **Straftheorien.** Mit der Verhängung von Strafen können verschiedene Zwecke verfolgt werden: Zu **unterscheiden** sind **absolute** und **relative Straftheorien,** je nachdem ob die Begründung der Strafe von gesellschaftlichen Funktionen losgelöst (= absolut) oder auf solche bezogen (= relativ) gesehen wird; vgl *Medigovic/Reindl-Krauskopf/Luef-Kölbl* AT II 26. Das StGB von 1974 steht erklärtermaßen für ein rationales, auf solche Zwecke bezogenes Strafrecht **(„Zweckstrafrecht"),** das auf erfahrungswissenschaftlichen Erkenntnissen aufbaut. Kriminalsoziologie, Psychiatrie und Psychologie haben dazu ihren Beitrag geleistet. 2.4

a) **Absolute Straftheorien.** Diese verzichten auf eine rationale Begründung und begreifen die Strafe schlicht als Vergeltung oder Sühne. Die Strafe wird als Ausgleich für eine Straftat (bei *Hegel:* als Antithese zu dieser Infragestellung der Norm) verstanden. Dem **Vergeltungsgedanken** entspricht es, dass „jedermann das widerfahre, was seine Taten wert sind" *(Kant).* Zwecküberlegungen spielen keine Rolle. 2.5

Anstelle von Vergeltung findet sich gelegentlich auch der Begriff **gerechter Schuldausgleich.** Es handelt sich dabei um eine moderne Akzentuierung des Vergeltungsgedankens. Das ihm mit der Strafe auferlegte Übel soll den Täter „durch maßvollen Ausgleich seiner Schuld mit der Gemeinschaft wieder versöhnen" *(Jescheck).*

Die absoluten Begründungen der Strafe waren schon in der Antike umstritten (*Seneca:* „Nam, ut Plato ait, nemo prudens punit quia peccatum est, sed ne peccetur", Übersetzung: *Denn, wie schon Plato sagt, straft kein Vernünftiger, weil gesündigt worden ist, sondern damit nicht mehr gesündigt werde;* also bereits spätestens bei *Plato* der Gedanke, dass man die Straftat nicht ungeschehen machen, sondern nur weitere verhindern kann). Diese Kritik betrifft also vor allem die verbreitete Theorie der **Vergeltung.** Der heute wichtigste Einwand besteht in der Nichtbeweisbarkeit eines freien Willens (dazu RN 16.8). 2.6

Gegenüber dem Gedanken der **Sühne** ist überdies vorzubringen, dass es für die Sühne einer aktiven Leistung des Täters bedürfte, eine solche aber nicht erzwungen werden kann. 2.7

b) **Relative Straftheorien.** Im Gegensatz zu den absoluten, die Begründung der Strafe nur in der Tat selbst sehenden Theorien („quia peccatum est") bemühen sich die relativen Straftheorien um die gesellschaftliche Aufgabe der Prävention („sed ne peccetur"). Im Vordergrund stehen dabei die Rückfallsverhütung (Spezialprävention) und die Normenstabilisierung in der Allgemeinheit (Generalprävention). 2.8

aa) **Spezialprävention.** Der Gedanke der **Spezialprävention** orientiert sich an der individuellen Gefährlichkeit des einzelnen: Strafen werden angedroht und verhängt, **um diesen Täter von künftigen strafbaren Handlungen abzuhalten und zu rechtstreuem Verhalten zu erziehen.** „Punitur, ne peccetur." 2.9

Dieser straftheoretische Ansatz ist von dem Österreicher *Franz von Liszt* (Kurzbio s S 374) in seinem berühmten „Marburger Programm" (1882) zum Mittelpunkt rationaler

2. Kapitel: Strafen und vorbeugende Maßnahmen

Rechtspolitik gemacht worden. Seine Ideen lösten einen grundlegenden Schulenstreit aus, der erst am Anfang des 20. Jh mit der von *Carl Stooss* erarbeiteten Zweispurigkeit der Verbrechensbekämpfung überwunden wurde. Dieses Prinzip hat in vielen europäischen und außereuropäischen Ländern zu einer tiefgreifenden Umgestaltung des Sanktionensystems geführt. Die spezialpräventive Eignung der einzelnen Sanktionen unterliegt einer ständigen wissenschaftlichen Diskussion (**Rückfallsforschung**). Bis zu einem gewissen Grad wird heute eine Austauschbarkeit der Sanktionen angenommen (dies erlaubt alternative Formen des Umgangs mit Kriminalität wie vor allem die **Diversion**, vgl Kap 40).

2.10 bb) **Generalprävention.** Hier ist die erzieherische Wirkung der Strafe auf die **Allgemeinheit** das Wesentliche: Strafen werden angedroht und verhängt, **um der Begehung strafbarer Handlungen durch andere entgegenzuwirken.**

Manche Gesetzgeber neigen dazu, mit Blick auf die Generalprävention überhöhte Strafen anzudrohen. Dahinter steht ein **kriminalpolitischer Ansatz,** als dessen Begründer *Paul Johann Anselm von Feuerbach* (Kurzbio s S 373) mit seiner Lehre vom „psychologischen Zwang" durch Generalprävention gilt. An der abhaltenden Wirkung der Strafe wird immer wieder gezweifelt. Es gilt heute aber als anerkannt, dass die Tatsache der strafrechtlichen Reaktion (nicht so sehr die Schwere der Strafe!) eine solche Wirkung ausübt. Aus philosophischer Sicht wurde – etwa von *Kant* – auch eingewendet, der einzelne Täter werde damit quasi zum Sündenbock der Gesellschaft. Auch dieser Einwand ist verfehlt. Durch die Tat wird ja der Bedarf nach einer Normbestätigung erzeugt.

2.11 Die hM differenziert daher zwischen der **negativen Generalprävention** (= Abschreckung der Allgemeinheit durch Furcht vor Strafe) und der **positiven Generalprävention,** wobei letzterer heute die größere Bedeutung beigemessen wird: Danach soll die Existenz gesetzlicher Strafdrohungen und die Tätigkeit der Strafjustiz die Allgemeinheit nicht nur in ihrer Rechtstreue, sondern auch in ihrem Vertrauen auf die Durchsetzung des Rechts stärken. Durch die staatliche Reaktion soll die Geltung der verletzten Norm bestätigt werden; vgl *Roxin* AT I § 3 RN 27; *J/W* AT 68. Dass sich der Staat mit der strafrechtlichen Reaktion besonders auch mit dem Opfer solidarisiert (Betonung des Kontrasts zwischen Opfer und Täter), kann als Fortsetzung des Gedankens der positiven Generalprävention verstanden werden. Der Gedanke hat sich aber zu einem eigenen Zweck des Strafrechts entwickelt (vgl RN 2.27 ff).

2.12 c) **Vereinigungstheorien.** Wie weit kann man die verschiedenen Ansätze vereinigen? Die heute überholte *(Rittler, Jescheck)* und vor allem in der **Praxis** herrschende Auffassung verbindet die drei Strafzwecke Vergeltung, Spezial- und Generalprävention. Diese Vereinigungstheorie fordert, dass alle Zwecke bei der Verhängung der Strafe berücksichtigt werden, allerdings nicht immer im gleichen Maß. Häufig überwiegt einer der Strafzwecke und drängt die anderen zurück.

2.13 In der **Wissenschaft** überwiegt heute die mit unterschiedlichen Nuancen vertretene **präventive Vereinigungstheorie.** Sie lehnt die Anerkennung des im StGB nicht ausdrücklich angesprochenen **Vergeltungsgedankens** als **selbstständigen Strafzweck** strikt ab; vgl *Platzgummer* Pallin-FS 321; für Deutschland *Roxin* AT I § 3 RN 37 ff; grundlegend bereits *Nowakowski* Rittler-FS 55. Das StGB nimmt expressis verbis **ausschließlich** auf die beiden Strafzwecke der **General- und Spezialprävention** Bezug; vgl insb die zentralen Vorschriften der §§ 37, 43, 43a u 46; dasselbe gilt für die StPO; vgl § 191 Abs 1 Z 2 u § 198 Abs 1 Z 4 StPO. Das ändert nichts daran, dass die Strafe sowohl vom Betroffenen als auch von der Allgemeinheit (zumindest auch) als Vergeltung **empfunden** wird. Die Vergeltung ist heute als eigenständiger und sinnvoller **Strafzweck überholt.** Dennoch bleibt die Verbannung des Urbedürfnisses nach ausgleichender Gerechtigkeit aus den Köpfen der Menschen Utopie; ähnlich die dialektische Sicht bei *Burgstaller* in *Porstner* 55. Gerade in der politischen Auseinandersetzung und der medialen Berichterstattung wird immer wieder ein Vergeltungs-

C. Vorbeugende Maßnahmen

denken sichtbar. Dieses entspricht aber nicht den vom StGB verfolgten Zwecken einer Bestrafung.

Menschenbild des StGB. Mit dem StGB 1974 sollte ein geschlossenes System zeitgemäßer strafrechtlicher Sanktionen für sozialschädliche Verhaltensweisen, soweit dafür nach heutigen Anschauungen ein begründetes Bedürfnis der Gesellschaft besteht, geschaffen werden. Strafe wird als Mittel zur Beeinflussung der Werthaltung des straffällig Gewordenen **(Spezialprävention)** und/oder als Mittel zur Beeinflussung der Werthaltungen der Allgemeinheit, also der **Generalprävention,** verstanden. Sie wird damit zu einem rationalen Instrument der Befriedigung gesellschaftlicher Bedürfnisse. Das Gesetz folgt allerdings einem **pluralistischen Ansatz,** indem es die weltanschauliche Frage nach der Anerkennung der Vergeltung und der Willensfreiheit **offen** lässt (vgl EB 55). 2.14

3. **Wirkungen der Strafe.** Vom Zweck der Strafe sind ihre Wirkungen zu unterscheiden: 2.15

a) **Tadelswirkung.** Jede von einem Strafgericht wegen einer strafbaren Handlung verhängte Strafe enthält ein **sozialethisches Unwerturteil** über den Täter = Tadelswirkung der Strafe.

b) **Übelswirkung.** Gleichzeitig werden dem Täter mit der Strafe bestimmte **Rechtseinbußen** auferlegt = Übelswirkung der Strafe. Sie betreffen nach der Abschaffung der Todesstrafe 1950 im ordentlichen und 1968 im außerordentlichen Verfahren (Art 85 B-VG, vgl 6. und 13. ZPEMRK) im Wesentlichen die Freiheit **(Freiheitsstrafe)** und das Vermögen des Täters **(Geldstrafe).** Beides kann in der „verdünnten" Form der Drohung (bedingte und teilbedingte Strafnachsicht) verhängt werden.

Darüber hinaus beeinträchtigt die über den Täter verhängte Strafe das **soziale Ansehen** des Verurteilten und seiner Familie sowie oft auch seine **wirtschaftliche Existenz** und sein **berufliches Fortkommen.** Zum Teil handelt es sich dabei um nicht beabsichtigte, zum Teil um ausgesprochen resozialisierungsfeindliche Übelswirkungen der Strafe („Stigmatisierung").

Wichtig! Mit der am 1. 1. 2000 eingeführten **Diversionsregelung** hat der österr Gesetzgeber neue Wege beschritten und für den Bereich der leichten und der mittleren Kriminalität moderne **Sanktionsformen ohne stigmatisierenden Charakter** geschaffen; vgl §§ 198 ff StPO. Damit wird quasi eine dritte Spur der Verbrechensbekämpfung eingesetzt. Näher zur Diversion Kap 40.

C. Vorbeugende Maßnahmen

1. **Wesen.** Sanktionen, die nicht an die Schuld des Täters, sondern ausschließlich an seine **besondere Gefährlichkeit** anknüpfen, bezeichnet das StGB als **vorbeugende Maßnahmen.** 2.16

Die Verhängung einer vorbeugenden Maßnahme setzt wie die Verurteilung zu einer Strafe stets die **Begehung einer mit Strafe bedrohten Handlung** voraus. Vorbeugende Maßnahmen können immer nur **wegen,** dh aus Anlass einer strafbaren Handlung **(= Anlasstat)** angeordnet werden.

Beispiele: Wer sexuell abartig veranlagt, geisteskrank oder rauschgiftsüchtig ist, kann **ohne Anlasstat nicht** durch ein Strafgericht in einer entsprechenden Anstalt untergebracht werden.

2. Kapitel: Strafen und vorbeugende Maßnahmen

2.17 **2. Definition.** Eine vorbeugende Maßnahme ist ein nicht mit Tadel verbundenes Übel, das wegen einer strafbaren Handlung von einem Strafgericht aufgrund und nach Maßgabe der besonderen Gefährlichkeit des Täters verhängt wird.

2.18 **3. Zweck.** Im Gegensatz zur Strafe erschöpft sich der Zweck der Maßnahme in der Bekämpfung der **künftigen Gefährlichkeit gerade dieses Täters**. Vorbeugende Maßnahmen dienen nicht generalpräventiven, sondern ausschließlich **spezialpräventiven Zwecken** und kommen daher nur gegen **besonders gefährliche Täter** in Betracht. Dabei ist der **Grundsatz der Verhältnismäßigkeit** zu beachten; vgl RN 2.26; *Ratz* WK² Vorbem §§ 21–25 RN 6 f.

Während die Strafe zumindest insoweit retrospektiv orientiert ist, als sie (auch) gerechter Schuldausgleich sein soll, blicken die vorbeugenden Maßnahmen **in die Zukunft** und orientieren sich ausschließlich an der künftigen Gefährlichkeit dieses Täters. Alle vorbeugenden Maßnahmen setzen daher eine **spezifische Gefährlichkeitsprognose** voraus, ohne die auch gegen den schlimmsten Täter keine derartige Maßnahme angeordnet werden kann; vgl etwa RZ 1984/67.

2.19 **4. Arten.** Das StGB kennt **drei Arten** von **freiheitsentziehenden** vorbeugenden Maßnahmen:

- **Unterbringung in einer Anstalt für geistig abnorme Rechtsbrecher (§ 21);**

- **Unterbringung in einer Anstalt für entwöhnungsbedürftige Rechtsbrecher (§ 22);**

- **Unterbringung in einer Anstalt für gefährliche Rückfalltäter (§ 23).**

2.20 **5. Einzelheiten.** Anders als bei der Strafe ist mit der Anordnung einer vorbeugenden Maßnahme **keine Tadelswirkung** verbunden. Da der Täter in Durchführung einer freiheitsentziehenden Maßnahme aber von der Allgemeinheit abgesondert wird, erleidet er eine ähnliche Einbuße an seiner Freiheit wie bei der Freiheitsstrafe. Im Gegensatz zu jener ist **diese Übelwirkung** aber eine **unbeabsichtigte Folge** der Maßnahme.

2.21 Die Zweispurigkeit der Verbrechensbekämpfung (RN 2.1) führt dazu, dass ein Täter, dessen Schuld wegen Zurechnungsunfähigkeit entfällt, der aber eine **besondere Gefährlichkeit** aufweist, statt einer Strafe mit einer **vorbeugenden Maßnahme** belegt werden kann: § 21 Abs 1 erlaubt seine Einweisung (Unterbringung in einer Anstalt für geistig abnorme Rechtsbrecher). Wenn sowohl die Schuld des Täters als auch seine besondere Gefährlichkeit gegeben sind, können Strafen und Maßnahmen auch **nebeneinander** angeordnet werden.

Beispiele für das Nebeneinander von Strafe und vorbeugender Maßnahme: Einem psychisch beeinträchtigten mehrfachen Triebtäter droht nicht nur eine empfindliche Freiheitsstrafe, sondern auch die Unterbringung in einer Anstalt für geistig abnorme Rechtsbrecher; vgl § 21 Abs 2. Ein rauschgiftsüchtiger Straftäter muss nicht nur mit einer Freiheitsstrafe, sondern auch mit seiner Unterbringung in einer Anstalt für entwöhnungsbedürftige Rechtsbrecher rechnen; vgl § 22 Abs 1.

2.22 **6. Vikariieren.** Hinsichtlich der **Reihenfolge des Vollzugs** von Freiheitsstrafen und freiheitsentziehenden vorbeugenden Maßnahmen folgt das StGB idR dem für den Täter günstigen **Prinzip des Vikariierens.**

D. Gegenüberstellung von Strafen und vorbeugenden Maßnahmen

Das bedeutet, dass die vorbeugende Maßnahme grundsätzlich **unter voller Anrechnung auf die Strafe vor dieser,** mithin gewissermaßen „stellvertretend" für die Strafe zu vollziehen ist (§ 24 Abs 1). Dieses Vikariieren gilt aber nur für die Fälle der § 21 Abs 2 u § 22; dagegen nicht für die gefährlichsten Kriminellen, die **gefährlichen Rückfallstäter;** vgl § 24 Abs 2; dazu krit *Moos* ÖJZ 1980 170.

D. Gegenüberstellung von Strafen und vorbeugenden Maßnahmen

Beiden Sanktionsformen ist gemeinsam, dass sie nur wegen einer strafbaren Handlung verhängt werden können. Ansonsten bestehen aber **wesentliche Unterschiede.** 2.23

	Strafen	**Vorbeugende Maßnahmen**
Zweck	Spezial- und Generalprävention	Spezialprävention
Voraussetzung und Grenze	Schuld des Täters	besondere Gefährlichkeit des Täters
Tadel	ja (beabsichtigt)	nein
Übel	ja (beabsichtigt)	ja (nicht beabsichtigt)

E. Blick auf moderne Entwicklungen

In jüngster Zeit erfahren die Straftheorien eine Reihe von Akzentverschiebungen. Sie wirken sich einerseits im Sinne der Begrenzung der Strafe, andererseits in der stärkeren Einbeziehung der Interessen des Tatopfers aus. Gemeinsam ist ihnen, dass sie über die eigentliche Sanktion hinaus das gesamte Strafrechtssystem – seine gesetzliche Ausgestaltung wie seine konkrete Handhabung im Einzelfall – erfassen. Statt von **Straftheorien** spricht man daher treffender von **Strafrechtstheorien.** Sie spielen auch für den Ablauf (oder das Unterbleiben) des Strafprozesses eine wesentliche Rolle, und umgekehrt wirkt sich die Gestaltung des Verfahrens auf die Erreichung der Strafrechtszwecke aus. 2.24

1. Prinzip der sozialen Verantwortung. Die Spezialprävention tritt gegenüber der Generalprävention stärker in den Vordergrund. Dies gilt nicht nur im Jugendstrafrecht (vgl § 5 Z 1, § 14 JGG), sondern auch im StGB ist seit 1996 generell in § 32 Abs 2 verankert, dass das Gericht bei der Bemessung der Strafe „auch auf die Auswirkungen der Strafe und anderer zu erwartender Folgen der Tat auf das künftige Leben des Täters in der Gesellschaft Bedacht zu nehmen" hat. In diesem Sinn modifiziert das Prinzip der sozialen Verantwortung die Strafzwecke. 2.25

B e i s p i e l : Ein 54-jähriger Gemeindebediensteter wird wegen Amtsmissbrauchs nach § 302 verurteilt. Für diesen Fall hat der Dienstgeber Entlassung angekündigt. Diese massive Auswirkung auf die Existenz des Täters hat das Gericht dazu bewogen, die Mindeststrafe in Form einer Geldstrafe zu verhängen (OLG Innsbruck 6 Bs 217/02); vgl RN 39.26f.

2. Verhältnismäßigkeitsgrundsatz. Eine weitere Begrenzung der Strafe leitet sich neben diesem Prinzip der sozialen Verantwortung und dem Schuldprin- 2.26

2. Kapitel: Strafen und vorbeugende Maßnahmen

zip (RN 16.1 ff) auch aus dem **allgemeinen Verhältnismäßigkeitsgrundsatz** ab. Dieser Grundsatz, der traditionell eher auf die vorbeugenden Maßnahmen (RN 2.18) und auf prozessuale Eingriffsbefugnisse (zB auf die Verwahrungs- und Untersuchungshaft; vgl § 170 Abs 3 und § 173 Abs 1 iVm § 5 StPO) bezogen wird, findet neuerdings im Kapitel über „Justizielle Grundrechte" der **Charta der Grundrechte der EU** ausdrückliche Anerkennung in folgendem Satz: „Das Strafmaß darf gegenüber der Straftat nicht unverhältnismäßig sein" (Art 49 Abs 3).

B e i s p i e l: Weil er eine 7-Schilling-Zeitung aus einem Verkaufsständer ohne zu bezahlen entnommen hatte, war 1988 ein unbescholtener 50-Jähriger wegen Diebstahls (§ 127) zu einer Geldstrafe von 20 Tagessätzen à 450 S verurteilt worden. Eine so hohe Strafe steht bei einem bis dahin unbescholtenen Ersttäter in **krassem Missverhältnis** zum Störwert der Tat. Wenn überhaupt, wäre damals eine Geldstrafe von allenfalls 2 bis 4 Tagessätzen angemessen gewesen; so mit Recht Burgstaller JBl 1991 127 (Anm). Aus heutiger Sicht ein typischer Fall für eine **diversionelle Erledigung**; vgl Kap 40.

2.27 **3. Prinzip der Opfergerechtigkeit.** Die wichtigste Veränderung im kriminalpolitischen Denken betrifft die Hinwendung zum (konkreten) Tatopfer. Hier wird der Wandel der **„Strafzwecke"** zu – umfassender zu verstehenden – **„Strafrechtszwecken"** besonders deutlich: Es ist nicht so sehr die Strafe, die dem Tatopfer etwas bringt, sondern der Geschädigte steht in vielen Fällen mit dem Staat geradezu in einem Konkurrenzverhältnis, das es aufzulösen gilt.

2.28 In diesem Sinne sind Fortschritte erzielt worden in Bezug auf die Unterstützung des Tatopfers bei der Erlangung von **Schadenersatz** (Adhäsionsverfahren; Bevorschussung durch den Staat; Strafaufschub im Interesse der Schadensersatzleistung; sozialrechtliche Regelungen für Tatopfer); in der Folge beim Ausbau des **Opferschutzes** (zB Zeugnisverweigerungsrechte, Schutz vor Sekundärviktimisierung im Prozess durch Ermöglichung schonender Vernehmungen). Besondere Aufmerksamkeit hat das Tatopfer bei der Entwicklung der **Diversion** erfahren (vgl Kap 40), am prominentesten im **Tatausgleich** (§ 204 StPO). Hier kehrt ein Grundgedanke wieder, der in Österreich lange Tradition besitzt: Dass es im Interesse einer raschen Wiederherstellung des Rechtsfriedens gerechtfertigt sein kann, auf Verfolgung und Bestrafung überhaupt zu verzichten; vgl § 167 und verwandte Regelungen.

2.29 **Beachte!** Die verstärkte Berücksichtigung des Tatopfers hat sich auch im EU-Rahmenbeschluss des Rates vom 15. März 2001 über die Stellung des Opfers im Strafverfahren ABl 2001 Nr L 82 niedergeschlagen. Darin wurde erstmals ein allgemeiner Anspruch des Tatopfers auf **„Achtung und Anerkennung"** formuliert. Damit wurde über die schonende Behandlung des Tatopfers im Prozess hinaus auch verankert, dass die Bestrafung deutlich machen soll, dass sich der Schuldige gegenüber dem Opfer ins Unrecht gesetzt hat. Der Rahmenbeschluss wurde im Oktober 2012 durch die Richtlinie 2012/29/EU über Mindeststandards für die Rechte, die Unterstützung und den Schutz von Opfern von Straftaten ABl 2012 Nr L 315 57 ersetzt, welche die Rechte der Opfer und ihrer Angehörigen auf Information, Unterstützung und Schutz sowie ihre Verfahrensrechte bei Beteiligung am Strafverfahren stärkt. Im Verhältnis zu den traditionellen Strafzwecken erhält damit das **Prinzip der Opfergerechtigkeit** als wesentlicher Strafrechtszweck EU-weit selbstständige Bedeutung; vgl dazu auch § 10 StPO.

Zur Vertiefung: Zur Antithese von Schuld und Gefährlichkeit vgl *M/Z* AT § 5. Zu den Straftheorien vgl *J/W* AT 70; *Roxin* AT I § 3 RN 1 ff. Zu den vorbeugenden Maßnahmen vgl *Moos* ZNStR I 53; *Nowakowski* Broda-FS 193. Über das Verhältnis von General- und Spezialprävention im StGB vgl *Zipf* Grundsätze 56. Zur Stellung des Opfers vgl *Sautner* Opferinteressen und Strafrechtstheorien (2010); *dies* Viktimologie (2014).

■ ■ ■ **Programmbearbeiter lesen jetzt bitte die TE 2** ■ ■ ■

A. Tatbestand, Delikt und Verbrechen

3. Kapitel
Grundbegriffe 1

Inhaltsübersicht

	RN
A. Tatbestand, Delikt und Verbrechen	3.1–3.5
1. Tatbestand	3.1
2. Tatbestandsmerkmale	3.2
3. Delikt	3.3
4. Einteilung der Delikte	3.4–3.5
B. Rechtsgut und Tatobjekt	3.6–3.9
1. Definition	3.6
2. Bedeutung	3.7
3. Einteilung der Rechtsgüter	3.8
4. Abgrenzung	3.9
C. Strafrecht	3.10–3.13
D. Strafprozessrecht	3.14–3.17

A. Tatbestand, Delikt und Verbrechen

1. Tatbestand. Tatbestand ist **die gesetzliche Beschreibung eines straf-** 3.1
rechtlich verbotenen Verhaltens. Diese vorläufige Definition wird in RN 5.1 u RN 8.3 noch präzisiert werden.

2. Tatbestandsmerkmale. Tatbestandsmerkmale sind **alle Merkmale, aus** 3.2
denen sich der Tatbestand eines Delikts zusammensetzt. Ein Verhalten, das sämtliche Tatbestandsmerkmale eines Delikts erfüllt, nennt man **tatbestandsmäßig.**

Mitunter stellt das StGB nicht positiv auf das Vorliegen bestimmter Tatbestandsmerkmale, sondern auf deren **Nichtvorliegen** ab. So verlangen manche Delikte ein Handeln **ohne** oder **gegen den Willen des Verletzten.** Wird die Handlung **mit** Einwilligung des Berechtigten vorgenommen, entfällt mithin der **Tatbestand.**

Beispiele: Wem der Freund die Benützung seines Mopeds **gestattet,** erfüllt schon deshalb nicht den Tatbestand des § 136 Abs 1. Ein Arzt, der einen Verletzten operiert, verwirklicht nur dann den Tatbestand des § 110 Abs 1, wenn der Eingriff ohne oder gegen den Willen des Patienten geschieht.

Dies gilt auch, wenn es sich um ein ungeschriebenes Merkmal handelt (vgl RN 8.19): Wer im Auftrag des Eigentümers ein Gartenhäuschen abträgt, kann keine Sachbeschädigung nach § 125 begehen (ungeschriebenes Merkmal „ohne oder gegen den Willen des Berechtigten").

3. Delikt. Delikt = strafbare Handlung ist die gesetzliche Beschreibung 3.3
eines strafrechtlich verbotenen Verhaltens einschließlich der Strafdrohung.

Kurzformel: Delikt = Tatbestand + Strafdrohung.

Beachte! Man spricht auch im Schadenersatzrecht von „Delikt" bzw „deliktischer Haftung". Dies ist dann aber rein **zivilrechtlich** zu verstehen. Im **Strafrecht** bedeutet „Delikt" hingegen eine strafbare Handlung. Die StPO spricht von **„Straftat"** (Definition in § 1 Abs 1 StPO: Straftaten = die **mit gerichtlicher Strafe bedrohten Handlungen;** vgl die Überschrift zum StGB). Damit wird auch die Unterscheidung gegenüber dem **Verwaltungsstrafrecht** hervorgehoben (s RN 3.10).

3. Kapitel: Grundbegriffe 1

Will man nicht diesen Unterschied ansprechen, genügt es, von einer **"strafbaren Handlung"** zu sprechen. Damit wird in eindeutiger Weise die **rechtliche** Ebene angesprochen (quaestio iuris). Dieser Ebene steht im **Strafprozess** logisch die der **Tat** iSd **Sachverhaltsfeststellung** gegenüber (quaestio facti; vgl § 260 StPO über die Form des Schuldspruchs). Der Begriff „Tat" bezeichnet den historischen Sachverhalt, der darauf geprüft wird, ob er unter die gesetzliche Kategorie einer strafbaren Handlung subsumiert werden kann; grundlegend *Ratz* WK-StPO § 281 RN 209.

3.4 4. **Einteilung der Delikte.** Nach der **Höhe der Strafdrohung** werden die Delikte in **Verbrechen ieS** und **Vergehen** eingeteilt; vgl § 17.

Beachte! Schon der allgemeine Sprachgebrauch versteht unter **Verbrechen** Straftaten mit besonders hohem Unrechts- und Schuldgehalt und fasst die übrigen Straftaten unter dem Sammelbegriff **Vergehen** zusammen. Das StGB **präzisiert** dieses Begriffsverständnis durch eindeutige Zuordnungskriterien. Zur Entwicklung und Bedeutung dieses Begriffspaars vgl *Triffterer* AT 39. Den noch im StG anzutreffenden Typus der **Übertretungen** kennt das StGB nicht mehr. Dieser Begriff ist dem Verwaltungsstrafrecht überlassen.

3.5 **Verbrechen** sind **vorsätzliche Handlungen,** die mit **lebenslanger** oder mit **mehr als dreijähriger Freiheitsstrafe** bedroht sind; vgl § 17 Abs 1. Diese Kennzeichnung als eine im Allgemeinen schwere Straftat erlaubt damit eine abstrakte, vom Einzelfall losgelöste Hervorhebung; näher *Höpfel* WK² § 17 RN 3 ff.

Beispiele: Mord (§ 75), Körperverletzung mit tödlichem Ausgang (§ 86), Raub (§ 142), Vergewaltigung (§ 201), Missbrauch der Amtsgewalt (§ 302).

Alle anderen Delikte sind bloße **Vergehen;** vgl § 17 Abs 2. Zu dieser Gruppe gehören die weitaus meisten Delikte des StGB.

Beispiele: Einfache Körperverletzung (§ 83), Nötigung (§ 105), Sachbeschädigung (§ 125), einfacher Diebstahl (§ 127), einfacher Betrug (§ 146). **Sämtliche Fahrlässigkeitsdelikte** sind (selbst bei hoher Strafdrohung) nur **Vergehen;** vgl etwa §§ 80, 81, 88, 159, 170, 172, 174, 177.

Beachte! Von diesem Begriff des Verbrechens im technischen Sinn ist **nicht** die Rede, wenn man von „Verbrechensaufbau", „Verbrechensbegriff" udgl spricht: Es handelt sich dabei also um einen unscharfen Begriff, mit dem nicht notwendig auf § 17 Bezug genommen wird. Dann ist der Ausdruck „Verbrechen" nur als Synonym für die Ausdrücke „Delikt" oder „Straftat" (vgl RN 3.3) zu verstehen.

B. Rechtsgut und Tatobjekt

3.6 1. **Definition. Rechtsgüter sind strafrechtlich geschützte Werte, Einrichtungen und Zustände, die für das geordnete menschliche Zusammenleben unentbehrlich sind.**

Das Rechtsgut bezeichnet den hinter einem bestimmten Delikt stehenden **ideellen Wert.**

Der Begriff Rechtsgut geht zurück auf *J. M. F. Birnbaum* (1834; Kurzbio s S 373). Der Rechtsgutgedanke ist ein Produkt des Frühliberalismus und gehört trotz mancher Anfeindungen und Wandlungen heute mehr denn je zu den unverrückbaren Eckpfeilern des strafrechtlichen Lehrgebäudes; vgl *J/W* AT 256; *Roxin* AT I § 2 RN 9 ff.

C. Strafrecht

2. Bedeutung. Der Rechtsgutbegriff erfüllt nicht nur wesentliche Funktionen in der Strafrechtstheorie, sondern hat auch unmittelbare praktische Konsequenzen. **3.7**

Außerhalb des Rechtsgutbegriffs liegt, was zum **allgemeinen Anstand** oder zur **bloßen Moral** zählt, zB „Pünktlichkeit", „anständiges Benehmen", „Aufrichtigkeit". Ebenso **rein ideologische Zielsetzungen,** wie sie sich etwa hinter dem „gesunden Volksempfinden" verbergen. So gesehen setzt der Rechtsgutbegriff der staatlichen Pönalisierungsbefugnis Grenzen; vgl zum Ganzen *Roxin* AT I § 2 RN 13 u 17. Bei den Delikten der §§ 201 ff ist nicht die Sittlichkeit, sondern die **sexuelle Integrität und Selbstbestimmung** geschütztes Rechtsgut; vgl dazu *StudB BT III* Vorbem §§ 201 ff RN 10 ff insb 14 f.

Darüber hinaus bildet das Rechtsgut die anerkannte Grundlage für den Aufbau des **Deliktskatalogs** des StGB (vgl RN 4.1), begrenzt explizit die **notwehrfähigen** (vgl § 3 Abs 1) sowie die **nötigungserheblichen Rechtsgüter** (vgl § 74 Abs 1 Z 5) und ist eine maßgebliche **Leitlinie für die Auslegung** sämtlicher Tatbestände (vgl RN 4.10 ff) sowie wichtiger Bezugspunkt für die Lehre von der **Konkurrenz.**

3. Einteilung der Rechtsgüter. Man unterscheidet Rechtsgüter des einzelnen = **Individualrechtsgüter** und Rechtsgüter der Allgemeinheit = **Universalrechtsgüter.** **3.8**

Individualrechtsgüter sind etwa Leben, Freiheit, sowohl die sexuelle als auch die körperliche Integrität, Ehre, Vermögen, Eigentum, Privatsphäre. Zu den Rechtsgütern der Allgemeinheit zählen Rechtspflege, Sicherheit des Straßenverkehrs, Unbestechlichkeit von Beamten, Institut der Einehe uä.

Beachte! Diese Unterscheidung ist insoweit auch von unmittelbarer praktischer Bedeutung, als Notwehr (RN 13.6), rechtfertigender und entschuldigender Notstand (RN 14.10 u 21.7) sowie Einwilligung idR **nicht** zu Gunsten bzw in Bezug auf **Rechtsgüter der Allgemeinheit** in Betracht kommen. Allerdings ist die Einwilligung sogar bei manchen Individualrechtsgütern irrelevant (RN 15.64).

4. Abgrenzung. Rechtsgut und Tatobjekt dürfen nicht miteinander verwechselt oder gar gleichgesetzt werden. Während **Rechtsgut** den hinter einem bestimmten Delikt stehenden **ideellen Wert** bezeichnet, ist **Tatobjekt = Angriffsobjekt = Deliktsobjekt = Handlungsobjekt der Gegenstand, an dem sich der Angriff auf das geschützte Rechtsgut in concreto auswirkt;** vgl *J/W* AT 259; JBl 2006 605; SSt 57/81. **3.9**

Beispiele: Rechtsgut der Vergewaltigung (§ 201) ist die sexuelle Integrität des Menschen, Tatobjekt jede Person (männlichen oder weiblichen Geschlechts). Bei der Urkundenfälschung (§ 223) ist Rechtsgut die Urkunde als institutionalisierter Gewährschaftsträger, Tatobjekt zB der gefälschte Pass; vgl *StudB BT III* Vorbem §§ 223 ff RN 9 ff.

Beachte! Nicht bei allen Delikten besteht Konsens über das geschützte Rechtsgut. Daraus ergeben sich zahlreiche Auslegungsprobleme. Zu den bekanntesten gehört der Streit über das Rechtsgut (und damit die Reichweite) von Veruntreuung (§ 133) und Unterschlagung (§ 134); vgl dazu *StudB BT II* § 133 RN 6 ff. Ähnliches gilt für das Rechtsgut der Tierquälerei (§ 222); vgl dazu *BT III* § 222 RN 5 ff. Vgl außerdem RN 4.16.

C. Strafrecht

Der Begriff **Strafe** wird nicht nur im Strafrecht, sondern auch in anderen Rechtsgebieten, dort idR mit typisierendem Zusatz, verwendet. **3.10**

3. Kapitel: Grundbegriffe 1

Von großer praktischer Bedeutung sind insb die **Verwaltungsstrafen** (etwa nach der StVO, zB bei Überschreitung der zulässigen Fahrgeschwindigkeit) und die **Disziplinarstrafen** (etwa nach dem BDG für Dienstpflichtverletzungen von Beamten). Um den spezifischen Charakter der von einem **Strafgericht** verhängten Strafe zu betonen, spricht man von **Kriminalstrafen**. Kriminalstrafen gibt es nur im **Kriminal- = Justizstrafrecht**.

Ein wesentlicher Unterschied zwischen dem (Justiz-)Strafrecht, dem Verwaltungsstrafrecht und dem Disziplinarstrafrecht betrifft die formale Zuständigkeit. Über Verwaltungsstraftaten entscheiden **Verwaltungsbehörden,** über Disziplinarstraftaten die dafür vorgesehenen **Spruchkörper**. Dagegen werden die Sanktionen des Strafrechts (= Strafen und vorbeugende Maßnahmen) **ausschließlich von den Strafgerichten** ausgesprochen.

Im Übrigen bestehen zwischen dem Justiz- und dem Verwaltungsstrafrecht sowohl qualitative als auch quantitative Unterschiede. Insb ist die von der Androhung einer Kriminalstrafe ausgehende **Signalwirkung** stärker; vgl zum Ganzen *Roxin* AT I § 2 RN 130 ff; *J/W* AT 58 jeweils mN; Teilaspekte erörtern *Miklau* ÖJZ 1991 361; *Öhlinger* ÖJZ 1991 217. Auch wenn die diesbezüglichen Begründungsansätze und Akzentuierungen noch immer kontrovers diskutiert werden, setzen sich drei Einsichten immer mehr durch:

- **Das Justizstrafrecht und das Verwaltungsstrafrecht spielen,** bildlich formuliert, **nicht in derselben Liga.**
- **Gegenüber dem Justizstrafrecht ist das Verwaltungsstrafrecht idR subsidiär.**
- Jenseits des **Kernbereichs strafrechtlicher Delinquenz** gibt es einen relativ breiten legistischen Ermessensbereich, innerhalb dessen der **Materiengesetzgeber** in den Grenzen des Sachlichkeitsgebots und des Verhältnismäßigkeitsprinzips über die jeweilige Zuordnung zu entscheiden hat.

Beachte! Eine **Mehrfachzuordnung** durch verschiedene Materiengesetzgeber ist zwar prinzipiell denkbar, bei identischem Sachverhalt aber im Hinblick auf das in Art 4 7. ZPMRK verankerte Grundrecht **ne bis in idem** problematisch. Das gilt insb für das in § 30 Abs 1 VStG verbriefte **Kumulationsprinzip,** das durch die Rspr des EGMR und des VfGH zu Gunsten des **Subsidiaritätsprinzips** allerdings inzwischen weitgehend entschärft worden ist; vgl dazu näher RN 38.55 a – 38.55 e.

3.11 **Strafrecht ist jener Teil der Rechtsordnung, in welchem für bestimmte Rechtsverletzungen Strafen und vorbeugende Maßnahmen angedroht werden.** Und zwar werden – im Unterschied zu den Verwaltungs- und Disziplinarstrafen – **Kriminalstrafen** nicht von den Verwaltungsbehörden, sondern ausschließlich von den **Strafgerichten** verhängt.

3.12 Das Herzstück des Strafrechts ist das **StGB.** Sein **Allgemeiner Teil** (§§ 1–74) enthält die grundlegenden Bestimmungen über die Strafbarkeit der Delikte im Allgemeinen und ihre Rechtsfolgen. Der **Besondere Teil** (§§ 75–324) besteht im Wesentlichen aus einem umfangreichen Katalog der zentralen strafrechtlichen Delikte.

Aber: Auch **außerhalb des StGB** werden in zahlreichen Gesetzen für die Verwirklichung bestimmter Tatbestände (Kriminal-)Strafen angedroht. In der Praxis besonders wichtige Delikte finden sich insb im Suchtmittelgesetz (SMG), Finanzstrafgesetz (FinStrG), Militärstrafgesetz (MilStG), im VerbotsG oder im Lebensmittelsicherheits- und Verbraucherschutzgesetz (LMSVG). Man fasst die außerhalb des StGB geregelten gerichtlich strafbaren Delikte unter der Gesamtbezeichnung **Nebenstrafrecht** zusammen.

3.13 Dieses Buch entnimmt seine Beispiele fast ausschließlich dem StGB. Der AT gilt grundsätzlich aber auch für die Delikte des Nebenstrafrechts; vgl Art I Abs 1 StrafAnpassungsG.

D. Strafprozessrecht

Während das **Strafrecht (= materielles Strafrecht)** die mit Strafe bedrohten Verhaltensweisen in ihren Voraussetzungen und Folgen regelt (RN 3.11 f), befasst sich das **Strafprozessrecht (= formelles Strafrecht)** mit jenen Vorschriften, die der **Aufklärung von Straftaten und der Durchsetzung des staatlichen Strafanspruchs dienen sowie die Grenzen der Eingriffsbefugnisse der Strafverfolgungsorgane festlegen.** Die wesentlichen Rechtsbestimmungen finden sich in der StPO und für das Jugendstrafrecht im JGG.   3.14

In früherer Zeit wurden materielles Strafrecht und Strafprozessrecht idR in einem einzigen Gesetz zusammengefasst; so in der berühmten Constitutio Criminalis Carolina (CCC) von 1532 (RN 1.13 u 13.3) und in der Constitutio Criminalis Theresiana (CCTh) von 1768 (RN 1.14). Die Trennung beider Rechtsmaterien erfolgte erst durch das StG von 1852 und wurde durch den Erlass der StPO von 1873 endgültig besiegelt. Die vorliegende Darstellung legt die StPO in der seit 1. 1. 2008 geltenden Fassung durch das StrafprozessreformG zugrunde.   3.15

Es ist aber nicht so, dass das StGB nur materielles und die StPO nur formelles Strafrecht enthält. Eine saubere Trennung lässt sich aus historischen und auch sachlichen Gründen nicht immer durchführen. So gibt das **StGB** darüber Auskunft, welche Delikte einer **Ermächtigung** (zB § 108 Abs 3, § 141 Abs 2, § 118 Abs 4) bedürfen oder zu den **Privatanklagedelikten** gehören (zB § 110 Abs 3, § 117 Abs 1 S 1, § 166 Abs 3). Dagegen ist das **private Anhalterecht** in der StPO geregelt (näher dazu RN 15.1 ff). Der **Diversion** liegt der Gedanke zugrunde, dass es im Interesse der raschen Wiederherstellung des Rechtsfriedens geboten sein kann, auf Verfolgung und Bestrafung überhaupt zu verzichten; vgl RN 2.28. Der Gedanke selbst ist materiellrechtlichen Ursprungs (vgl bereits § 42 aF u § 167). Aber die nähere Regelung der Diversion findet sich allein in der StPO; vgl §§ 198 ff StPO; eingehend dazu RN 40.1 ff. Andere Rechtsfiguren, insb die Lehre von den **Konkurrenzen** (vgl RN 38.1 ff), haben materiell- **und** formellrechtliche Konsequenzen.   3.16

Das Prinzip der **Rechtsstaatlichkeit** hat verschiedene – sich zum Teil überlappende – Facetten. Auf der materiellrechtlichen Ebene findet es seinen Ausdruck in dem Fundamentalsatz **nullum crimen sine lege** (näher dazu RN 4.17 ff). Auf der prozessualen Ebene geht es um etwas ganz anderes, um die **Verlässlichkeit der Sachverhaltsfeststellung.** Bleibt in Bezug auf eine **rechtserhebliche Tatsache** ein Zweifel, gilt der bekannte Rechtsgrundsatz **in dubio pro reo** („Im Zweifel für den Angeklagten").   3.17

Beispiele: A nimmt ein fremdes Fahrrad, das unabgesperrt an der Uni lehnt, um damit nach Hause zu fahren. **Ist erwiesen,** dass er das Fahrrad nicht behalten, sondern nur unbefugt gebrauchen wollte, hat er mangels Zueignungsvorsatzes keinen Diebstahl iSd § 127 begangen; aber auch nicht das Delikt des § 136, weil ein Fahrrad kein Tatobjekt iSd § 136 ist. Das Verhalten des A ist daher straflos = Freispruch aus materiellrechtlichen Gründen in Anwendung des Grundsatzes **nullum crimen sine lege.** Lässt sich jedoch **nicht sicher nachweisen,** ob er das Fahrrad behalten wollte, ergeht zwar ebenfalls ein Freispruch, diesmal aber aus prozessualen Gründen in Anwendung des Grundsatzes **in dubio pro reo.** Zu weiteren Beispielen vgl RN 8.11, RN 10.12, RN 13.14 u 13.30, RN 28.25 a, RN 30.11.

Zur Vertiefung: Zu den Begriffen Rechtsgut und Tatobjekt vgl *M/Z* AT § 19 RN 4 ff u 14 ff; *Roxin* AT I § 2 RN 65 ff. Zur Gegenüberstellung von materiellem Strafrecht und Strafprozessrecht vgl *J/W* AT 16. Zum Prinzip in dubio pro reo vgl *Bertel/Venier/Tipold* Strafprozessrecht RN 41.

■ ■ ■ Programmbearbeiter lesen jetzt bitte die TE 3 ■ ■ ■

4. Kapitel
Grundbegriffe 2

Inhaltsübersicht

	RN
A. Rechtsgüterschutz als Aufgabe des Strafrechts	4.1
B. Objektive und subjektive Tatseite	4.2–4.4
C. Der Unrechtsbegriff	4.5–4.9
1. Objektive Unrechtslehre	4.6
2. Neoklassischer Verbrechensbegriff	4.7
3. Personale Unrechtslehre	4.8–4.9
D. Rechtsgut und Auslegung	4.10–4.16
1. Sachbeschädigung	4.11–4.14
2. Körperverletzung	4.15–4.16
E. Prinzipien des rechtsstaatlichen Strafrechts	4.17–4.22
1. Das Rückwirkungsverbot	4.18
2. Das Bestimmtheitsprinzip	4.19
3. Das Verbot von Analogie zu Ungunsten des Angeklagten	4.20–4.21
4. Das Verbot strafbegründenden oder strafverschärfenden Gewohnheitsrechts	4.22
F. Das Unrecht	4.23–4.26
1. Definition	4.24
2. Eigenschaften des Unrechts	4.25–4.26
G. Erfolgsunwert, Handlungsunwert und Gesinnungsunwert	4.27–4.33
1. Erfolgsunwert	4.27–4.28
2. Handlungsunwert	4.29–4.32
3. Gesinnungsunwert	4.33

Schrifttum (Auswahl): *Haubeneder* Das Bestimmtheitsgebot im Finanzstrafrecht ZWF 2015 234; *Nimmervoll* Zum Günstigkeitsvergleich im Sanktionenbereich JSt 2017 166; *Oberlaber* Die Wertqualifikationen des StGB ÖJZ 2015 348; *Rohregger* Das neue Bilanzstrafrecht – ein erster Überblick ÖZW 2015 162; *Schaunig/Capelare* Das Rückwirkungsgebot begünstigender Strafgesetze nach Art 7 EMRK im Verwaltungs-, Finanz- und Kriminalstrafrecht JBl 2019 82 u 150; *Tipold* Das Strafrechtsänderungsgesetz 2015 JSt 2015 405.

A. Rechtsgüterschutz als Aufgabe des Strafrechts

4.1 Die Aufgabe des Strafrechts besteht im **Schutz von Rechtsgütern.** Zum Begriff Rechtsgut RN 3.6 ff.

Die strafrechtlichen Delikte bilden eine Art von „Rechtsgüterkatalog". Man kann daraus ersehen, welche Werte, Einrichtungen und Zustände des geordneten menschlichen Zusammenlebens zu den vom StGB als schutzwürdig angesehenen Rechtsgütern zählen. Außerdem geben Art und Höhe der Strafdrohung Aufschluss über Wertigkeit und Rang der einzelnen Rechtsgüter.

Die strafrechtlichen Delikte sind im Besonderen Teil und in den Nebengesetzen definiert und anhand der geschützten Rechtsgüter gruppiert. Die **Interessen des Einzelnen** stehen **vor** denen der **Allgemeinheit.** Es ist uns heute selbstverständlich, dass das StGB mit §§ 75 ff das Rechtsgut **Leben** an die Spitze stellt (vgl demgegenüber das alte StG, das in seinen §§ 57 ff zuerst den Hochverrat sowie ursprünglich die Majestätsbeleidigung behandelte). Mit dem Rechtsgut Leben gekoppelt ist der Schutz von Gesundheit und körperlicher Unversehrtheit ebenfalls im 1. Abschnitt des BT geregelt. Das Gewicht der Rechtsgutsbeeinträchtigung hängt im Weiteren wesentlich von der genauen Ausgestaltung des Deliktstypus, va auch von der subjektiven Tatseite (s RN 4.2 ff) ab. Die Wertigkeit der einzelnen Rechtsgüter nach Gesetz und Rspr ist immer wieder Gegenstand reger rechtspolitischer Diskussionen.

B. Objektive und subjektive Tatseite

Zentrale Frage ist zunächst: Was gehört zu einer strafbaren Handlung?   **4.2**

Im § 11 des alten StG von 1852 fand sich eine Vorschrift von plakativer Aussagekraft und bis heute fortwirkender Bedeutung und Gültigkeit: „Über **Gedanken** oder innerliches Vorhaben, wenn keine **äußere böse Handlung** unternommen ... worden, kann niemand zur Rede gestellt werden." Die „Gedanken" und das „innerliche Vorhaben" stehen für die innere, die vom Täter unternommene „äußere böse Handlung" für die äußere Seite der Tat.

Dieselbe klare und bestechend einfache Gegenüberstellung von „äußerer" und „innerer" Tatseite findet sich auch im angloamerikanischen Rechtskreis. Der Täter wird bestraft, „not only for his **act**, but for the **intent**, with which he did the act". Die englische Rechtsprache stellt diese beiden Teile der strafbaren Handlung einander meist mit den lateinischen Begriffen **„actus reus"** und **„mens rea"** gegenüber.

Bezogen auf die modernen dogmatischen Begriffe **Delikt** bzw **strafbare** **4.3** **Handlung** (RN 3.3) formuliert man heute wie folgt: Jede strafbare Handlung besteht aus einer äußeren = **objektiven Tatseite** und einer inneren = **subjektiven Tatseite**. Ohne objektive Tatseite kein Delikt und keine strafbare Handlung. Dasselbe gilt bei fehlender subjektiver Tatseite. Ein Delikt im Sinne einer strafbaren Handlung liegt nur dann vor, wenn **beide Voraussetzungen** erfüllt sind.

B e i s p i e l e : Der Mord (§ 75) setzt auf der objektiven Tatseite die **„Tötung eines anderen"** und auf der subjektiven Tatseite einen damit korrespondierenden **Tötungsvorsatz** (§ 7 Abs 1 iVm § 5) voraus. Die **fahrlässige** Herbeiführung desselben Erfolges bildet hingegen das Vergehen der Fahrlässigen Tötung (§ 80). Wer den Tod eines Menschen (bloß) herbeiwünscht, erfüllt mangels „äußerer böser Handlung" nicht die objektive Tatseite dieses Delikts. Dasselbe gilt auch für den, der fest entschlossen ist, seinen Todfeind bei sich bietender Gelegenheit zu erschießen, diesen Plan aber nach einigen Tagen wieder aufgegeben hat. Der Umstand, dass bereits mit dem Fassen des Tatentschlusses die subjektive Tatseite des Mordes verwirklicht ist, genügt nicht, um ein solches Vorhaben, solange es beim bloßen Plan bleibt, zu einer **strafbaren Handlung** zu stempeln. Ohne ein Minimum an hinzutretender „äußerer böser Handlung" kommt nicht einmal Mordversuch in Betracht; Näheres beim Versuch vgl Kap 22. Diese Verdünnung der äußeren Tatseite gibt es grundsätzlich nicht bei Fahrlässigkeitsdelikten.

Beachte! Zur objektiven Tatseite gehört auch die **Kausalität**. Ohne Kausalität kein **4.4** Delikt und keine strafbare Handlung. Ungeachtet der subjektiven Tatseite fehlt es daher an der objektiven Tatseite des Mordes, wenn der **pure Zufall** es will, dass das ausersehene Mordopfer eine Stunde vor dem geplanten Anschlag einen tödlichen Herzinfarkt erleidet oder von einem Betrunkenen zu Tode gefahren wird. Näheres zur Kausalität bei den Erfolgsdelikten vgl Kap 10.

Zur Vertiefung: Zum Prinzip nulla poena sine lege vgl *J/W* AT 128 133; *Fuchs/Zerbes* AT I 4/22 ff. Grundlegend zur Gegenüberstellung von Handlungs- und Erfolgsunrecht sowie zum Gesinnungsunwert vgl *J/W* AT 51 u 238.

C. Der Unrechtsbegriff

Wie sich die Aufteilung des Delikts in objektive und subjektive Tatseite zur **4.5** Rechtsgutsbeeinträchtigung und damit zum Begriff des Unrechts verhält, war

4. Kapitel: Grundbegriffe 2

seit dem 19. Jahrhundert eine der umstrittensten Fragen in der Strafrechtsdogmatik.

4.6 1. **Objektive Unrechtslehre.** Rechtsgüterschutz und objektive Unrechtslehre bilden zusammen das Fundament der klassischen Strafrechtsauffassung, die sich auf *Birnbaum, v. Beling* und *v. Liszt* beruft. Sie ist in Österreich jahrzehntelang in zwei Varianten vertreten worden: als **objektive Strafrechtstheorie** von *Theodor Rittler* (Kurzbio s S 375) und als **subjektive** von *Friedrich Nowakowski* (Kurzbio s S 374); vgl dazu *Kienapfel* JZ 1972 569. Diese zwei Varianten betrafen nur die Schwerpunktsetzung des materiellen Verbrechensbegriffs, sie blieben aber beide bei einer strikt objektiven Unrechtslehre. Während die äußere Tatseite zum Unrecht gehört, wird alles Subjektive ausschließlich der Schuld zugeordnet: Der **Tatbildvorsatz** ist eine bloße **Schuldform.**

4.7 2. **Neoklassischer Verbrechensbegriff.** Der klassische Verbrechensbegriff wird insoweit weiterentwickelt und modifiziert, als **bestimmte personale Elemente,** und zwar sowohl subjektive Tatbestandselemente (RN 8.8 ff) als auch subjektive Rechtfertigungselemente (zB RN 13.23 ff, 14.26) anerkannt werden. Insb beim Versuch rückt der **Vorsatz** in den Tatbestand. Ansonsten bleibt er das zentrale **Schuldelement;** vgl RN 4.31 u 13.30. Die neoklassische Auffassung war bis zur 13. Aufl diesem Buch zugrunde gelegt; vgl *Kienapfel* JZ 1972 569.

4.8 3. **Personale Unrechtslehre.** Seit der 14. Aufl folgt dieser Grundriss nun der modernen Dogmatik: Unter maßgeblicher Beteiligung *Nowakowskis* hat sich die Unrechtslehre Anfang der 70er Jahre des 20. Jh zu einer **personalen Unrechtslehre** umgestellt. Die zentrale Bedeutung des Rechtsguts für das Strafrecht ist von diesem Wandel unberührt geblieben; vgl zu dieser Entwicklung *Nowakowski* JBl 1972 19; *H. Steininger* ÖJZ 1981 365. Dieser Verbrechensbegriff beruht auf einer konsequenten Personalisierung = Subjektivierung der Unrechtslehre und unterscheidet sich vom neo-klassischen Verbrechensbegriff **dadurch,** dass der **Vorsatz** nicht mehr als Schuldform, sondern als **Kern der Rechtsgutsbeeinträchtigung** begriffen (RN 4.29 ff) und daher als **personales Unrechtselement** in den **Tatbestand** verlagert wird. Diese sog **personale Unrechtslehre** entspricht heute der herrschenden Lehre; vgl *Tipold* WK² § 4 RN 31 ff; *Fuchs/Zerbes* AT I 8/20.

4.9 Während die Rechtsprechung in früheren E den Vorsatz noch als Schuldform bezeichnete (vgl EvBl 1987/183; JBl 1987 194; SSt 54/44; EvBl 1982/88; EvBl 1976/97; *Fabrizy* § 5 RN 2), arbeitet sie heute auch überwiegend auf Grundlage der personalen Unrechtslehre und bezeichnet ihn als **subjektives Tatbestandselement;** vgl SSt 2005/6; EvBl 2003/140; EvBl 1998/80; EvBl 1988/121; SSt 56/37. Vielfach aber wählt sie eine neutrale Formulierung, welche die dogmatische Zuordnung des Vorsatzes **offen lässt,** und spricht ganz allgemein von **subjektiver** oder **innerer Tatseite;** vgl SSt 2006/20; JBl 2003 592 m Anm *Köck;* EvBl 1997/43/132; JBl 1997 799; JBl 1990 331.

In der österr Lehre und Praxis besteht Übereinstimmung, dass die Einordnung des Vorsatzes eine reine **Systemfrage** ist und keinerlei Einfluss auf die Beantwortung der eigentlichen **Sachfragen** (Inhalt, Arten, Umfang und Grenzen des Vorsatzes etc) hat. Beide Systeme gelten als **gleichwertig;** vgl SSt 2006/20; *Seiler* AT I RN 146; idS bereits *Nowakowski* JZ 1958 391; *Platzgummer* JBl 1971 238; *Kienapfel* JZ 1972 576.

D. Rechtsgut und Auslegung

Im **österr Verwaltungsstrafrecht** wird der Vorsatz einhellig als Bestandteil der Schuld und damit als **Schuldelement** gewertet; vgl *Raschauer/Wessely* Verwaltungsstrafrecht 43; *Hengstschläger/Leeb* Verwaltungsverfahrensrecht RN 681m FN 65 u RN 687; *Tannert* FinStrG § 8 Anm 3.

D. Rechtsgut und Auslegung

Das Rechtsgut bildet nicht nur die Grundlage für den Deliktskatalog des StGB, sondern ist auch ein **markanter Orientierungspunkt** für die Auslegung der einzelnen strafrechtlichen Tatbestände. Dies soll im Folgenden anhand der Tatbestände der Sachbeschädigung und der Körperverletzung veranschaulicht werden.   4.10

1. Sachbeschädigung

Geschütztes Rechtsgut der Sachbeschädigung (§ 125) ist das **Eigentum**. Es bildet den Maßstab für die Auslegung des § 125 und seiner einzelnen Tatbestandsmerkmale.   4.11

Sache iSd § 125 ist alles, woran Eigentum begründet werden kann. Da Eigentum nur an körperlichen Gegenständen (zB nicht an Rechten) begründet werden kann, ist der Begriff „Sache" auszulegen als „jeder körperliche Gegenstand".

Beispiele: Bild, Katze, Hund, Tonband, Benzin, Milch, Wasser, Speiseeis, Erdgas, Kerze, Briefmarke. Auch das vom Körper getrennte Blut sowie der menschliche Leichnam und seine Bestandteile (zB Goldzähne) sind Sachen.

Maßstab dafür, ob eine Sache **fremd** ist, bildet ebenfalls das Eigentum. Wer selbst (Allein-)Eigentümer einer Sache ist, für den ist sie nicht fremd. Mithin ist der Begriff „fremd" dahin auszulegen, dass ein anderer als der Täter Eigentümer der Sache ist.   4.12

Beispiel: Der **menschliche Leichnam** ist zwar eine Sache, steht aber **in niemandes Eigentum**. Er erfüllt daher nicht den Begriff der Fremdheit. Die Wegnahme einer Leiche ist folglich ebenso wenig Diebstahl wie die Organentnahme bei Toten; vgl aber § 190 Abs 1. Anders bei einer der Anatomie übereigneten Leiche. Sie ist eine diebstahlsfähige fremde Sache.

Auch die Auslegung des **Zerstörens** orientiert sich am Eigentum. „Zerstören" iSd § 125 ist jede Handlung, welche die bestimmungsgemäße Brauchbarkeit der Sache für den Eigentümer völlig aufhebt.   4.13

Beispiele: Überkleben von Plakaten, Fällen von Bäumen, Erschießen eines Pferdes, Löschen eines Tonbandes, Einschmelzen eines Goldringes, Einleiten von Jauche in ein Schwimmbecken.

Eine **Auslegung,** die sich am geschützten Rechtsgut orientiert, greift auf den **Zweck des Gesetzes („télos")** zurück. Man bezeichnet sie daher als **teleologische Auslegung.**   4.14

Die teleologische Auslegung ist die „Krone der Auslegungsverfahren" *(Jescheck).* Denn sie ermöglicht es, die leitenden Wert- und Zweckvorstellungen der jeweiligen Vorschrift herauszufinden und so zum **Wesenskern** und zu den **Grenzen des Delikts** vorzustoßen. Durch diesen Rückgriff auf den **Zweck des jeweiligen Gesetzes** lassen sich viele Auslegungsprobleme rasch und sicher lösen; vgl RN 3.9 aE.

2. Körperverletzung

4.15 Machen wir am Delikt der **Körperverletzung** (§ 83 Abs 1) die Probe aufs Exempel. Geschütztes Rechtsgut ist die **körperliche Integrität** des Menschen.

Tathandlung ist die „Verletzung am Körper", dh jeder nicht ganz unerhebliche Eingriff in die körperliche Integrität, der über eine (bloße) körperliche Misshandlung hinausgeht; vgl *StudB BT I* § 83 RN 6; RZ 1999/67.

Beispiele: Zufügen eines Bruches, einer Verstauchung, eines Blutergusses, einer Schwellung, einer Stichwunde, einer Platzwunde.

Dagegen: Handlungen, die nur **körperliches Unbehagen** bereiten, etwa Anspucken, Beimischen eines Schlafmittels, Verbreiten von Gestank, oder die bloß **seelisches Ungemach** bewirken, wie zB nächtliche Störanrufe, der „Raub eines Kusses", oder die nur das **Aussehen** beeinträchtigen, etwa Abschneiden der Haare, fallen nicht unter § 83 Abs 1; manche von ihnen können als Beleidigung (§ 115 Abs 1) strafbar sein. Alle angeführten Handlungen bedeuten **keine Beeinträchtigung der körperlichen Integrität** und sind daher bei teleologischer Interpretation der Tathandlung keine „Verletzungen am Körper"; vgl *StudB BT I* § 83 RN 11 ff mN.

4.16 Wie bei der Sachbeschädigung (§ 125) und der Körperverletzung (§ 83 Abs 1) wirkt sich die am geschützten Rechtsgut orientierte = teleologische Auslegung auch bei allen anderen Delikten **bis in die feinsten Verästelungen** der jeweiligen Tatbestandsmerkmale aus. Umgekehrt können Unklarheiten und Differenzen über das geschützte Rechtsgut die Auslegung eines Delikts erschweren und verdunkeln. Zur **teleologischen Reduktion** vgl RN 8.22.

E. Prinzipien des rechtsstaatlichen Strafrechts

4.17 Der Grundsatz **nulla poena bzw nullum crimen sine lege = keine Strafe ohne Gesetz** gehört zu den wichtigsten Prinzipien des rechtsstaatlichen Strafrechts. Er ist mit Bedacht in § 1 Abs 1 1. Halbsatz an der Spitze des StGB gestellt und besitzt nach Maßgabe von Art 18 Abs 1 B-VG und Art 7 Abs 1 MRK **Verfassungsrang**. Danach dürfen Strafen und vorbeugende Maßnahmen nur aufgrund einer **ausdrücklichen Gesetzesnorm** ausgesprochen werden. Adressaten des § 1 Abs 1 1. Halbsatz sind sowohl der **Gesetzgeber** als auch der **Richter**.

Die lateinische Formulierung des Satzes „Keine Strafe ohne Gesetz." geht auf *Feuerbach* (1801) zurück. Der Gedanke selbst ist älter und entstammt dem Rechtsdenken der Aufklärungsepoche. Erstmals in der Verfassung Marylands (1776) proklamiert, wurde er in der französischen Erklärung der Menschen- und Bürgerrechte (1789) richtungsweisend verankert und ist von dort in zahlreiche europäische und außereuropäische Strafrechtsordnungen übernommen worden. Als erstes kontinentales Strafgesetzbuch, in dem dieser Gedanke (zumindest ansatzweise) realisiert wurde, gilt das **Josephinische StG** (1787); vgl näher *Moos* Verbrechensbegriff 166.

In § 1 Abs 1 1. Halbsatz sind **vier fundamentale strafrechtliche Prinzipien** verankert:

1. Das Rückwirkungsverbot

4.18 Das **Rückwirkungsverbot** ist der historisch älteste Aspekt des Nulla-poena-sine-lege-Prinzips und richtet sich primär **gegen die Allmacht des Gesetzgebers**.

E. Prinzipien des rechtsstaatlichen Strafrechts

Es ist durch Art 7 Abs 1 MRK mit **Verfassungsrang** ausgestattet. Danach dürfen **Strafen** nur verhängt werden, wenn die Tat „**schon zur Zeit ihrer Begehung**" mit Strafe bedroht war. Außerdem darf „**keine schwerere**" als die zur Tatzeit angedrohte Strafe ausgesprochen werden; vgl § 1 Abs 2 Satz 1. Für **vorbeugende Maßnahmen** ist das Rückwirkungsverbot durch § 1 Abs 2 Satz 2 u 3 erheblich abgeschwächt; vgl *Höpfel* WK² § 1 RN 69.

Das Rückwirkungsverbot ist nicht nur eine Konsequenz des **Rechtsstaatsprinzips**, sondern auch ein vorrangiges **kriminalpolitisches Gebot**. Gibt es im Zeitpunkt der Tat noch keine „lex", nach der man sich zu richten hat, wäre eine nachträgliche Bestrafung im höchsten Maße ungerecht; vgl näher *M/Z* AT § 12 RN 1 f.

Beispiel: Mit der einst viel kritisierten **rückwirkenden Einführung** der **Untreue** (§ 205 c StG) durch die StrGNov 1931 (heute § 153) hatte der Gesetzgeber das – damals noch nicht mit Verfassungsrang ausgestattete – Rückwirkungsverbot (Art IX KP) aus Anlass eines clamorosen Einzelfalles (sog „*Lex Ehrenfest*") durchbrochen und damit einen Rechtsakt gesetzt, der „mit unserer Rechtskultur in unlösbarem Widerspruch steht"; *Rittler* I 40 mN.

Nach § 1 Abs 2 Satz 1 darf **keine schwerere Strafe** verhängt werden, als zur Zeit der Begehung (§ 67 Abs 1) angedroht war. Nach § 61 ist das zur Zeit der Aburteilung geltende Recht auf frühere Taten jedoch anzuwenden, wenn die Gesetze, die zur **Tatzeit** gegolten haben, für den Täter **in ihrer Gesamtauswirkung nicht günstiger** waren **(Rückwirkungsgebot)**. Zu diesem Zweck muss man die Strafbarkeit nach den beiden Rechtslagen im Ganzen miteinander vergleichen und damit die Voraussetzungen nach § 1 Abs 1 (Strafbarkeit nach beiden Rechtslagen) feststellen. Außerdem ist festzustellen, ob die Strafe nach dem neuen oder nach dem Tatzeitrecht für den Täter günstiger ist **(Günstigkeitsvergleich)**; vgl *Höpfel* WK § 1 RN 66. Das Recht, das in seiner Gesamtauswirkung günstiger ist, ist dann anzuwenden; vgl OGH 14 Os 88/16 x. 4.18 a

2. Das Bestimmtheitsprinzip

Der **Gesetzgeber** könnte das Rückwirkungsverbot jederzeit dadurch umgehen, dass er von vornherein Delikte ohne gesetzlich hinreichend determinierte Auslegungsgrenzen formuliert. Dem steht der Grundsatz ausreichender **tatbestandlicher Bestimmtheit** entgegen, den die heutige hM ebenfalls zum durch Art 18 Abs 1 B-VG und Art 7 Abs 1 MRK **verfassungsrechtlich abgesicherten Kern** des Nullum-crimen-sine-lege-Prinzips zählt; vgl *Lewisch* Verfassung 147; EGMR JBl 1998 573 m Anm *S. Korinek;* VwSlg 13.848 A/1993; VfSlg 11.776/1988 (GrundsatzE); näher zum Ganzen vgl *Höpfel* WK² § 1 RN 4. 4.19

„Den Dieb soll man hängen", formulierte um 1220 der Sachsenspiegel, das älteste und einflussreichste Rechtsbuch des deutschen Mittelalters, „Tatbestand" und Strafdrohung des Diebstahls in einem. Welch ein weiter Weg zum Bestimmtheitsgebot des § 1 Abs 1 1. Halbsatz und seiner verfassungsrechtlichen Absicherung und zum heutigen Diebstahl des § 127, der ein Paradebeispiel für eine präzise Deliktsbeschreibung ist. Der Vorwurf unzureichender rechtsstaatlicher Bestimmtheit wird etwa gegenüber § 108 (vgl *BT I* § 108 RN 9 ff), § 293 (vgl *Kienapfel* JBl 1992 537 Anm), dem FinStrG (vgl *Haubeneder* ZWF 2015 234) und aktuell gegenüber §§ 163 a ff (vgl *Rohregger* ÖZW 2015 162; *Tipold* JSt 2015 405; *Wess/Bachmann* CFOaktuell 2016 61) erhoben; sehr zurückhaltend insoweit aber die Judikatur; vgl EvBl 1995/21 (verst Senat).

4. Kapitel: Grundbegriffe 2

3. Das Verbot von Analogie zu Ungunsten des Angeklagten

4.20 Gem § 1 Abs 1 1. Halbsatz dürfen Strafen und vorbeugende Maßnahmen nur aufgrund einer **„ausdrücklichen gesetzlichen Strafdrohung"** verhängt werden. Dieses Verbot richtet sich primär gegen die **Allmacht des Richters**. Kein Richter darf etwaige **Straflücken zu Ungunsten des Angeklagten** aus eigener Machtvollkommenheit **im Wege von Analogie schließen** oder auf diesem Wege vorhandene Strafnormen **verschärfen = Analogieverbot = Lückenschließungsverbot = Gesetzlichkeitsprinzip** (Synonyme).

Wichtig! Durch das **Ausdrücklichkeitserfordernis** des § 1 Abs 1 1. Halbsatz ist der Rechtsanwender im Strafrecht enger an die Vorgaben des Gesetzes gebunden als in anderen Rechtsgebieten. Die Grenze zulässiger Auslegung im Strafrecht bildet der **äußerst mögliche Wortsinn**; vgl 13 Os 40/04; 14 Os 1/04; SSt 63/15. Die Überschreitung dieser Grenze ist nicht mehr Auslegung, sondern **Analogie,** ist der Sache nach **Rechtsneuschöpfung,** die im Strafrecht zwar **nicht generell** (vgl RN 4.21 sowie RN 38.51), aber **zu Lasten des Angeklagten** durch § 1 Abs 1 1. Halbsatz verboten ist; vgl *Höpfel* WK² § 1 RN 5; *Fuchs/Zerbes* AT I 4/17; *J/W* AT 134 158.

Beispiele: So scheitert eine Bestrafung des Abschießens einer im Jagdrevier streunenden verwilderten Katze gem § 137 schon am möglichen Wortsinn des Merkmals „Wild". Ein Verheirateter, der schon seit vielen Jahren „Tisch und Bett" mit einer „anderen" teilt, kann nicht gem § 192 bestraft werden, weil dieser neue Lebensbund keine „Ehe" darstellt.

Näher zum **Analogieverbot zu Ungunsten des Angeklagten** bei unterschiedlichen terminologischen und inhaltlichen Ansätzen *Stricker* in *L/St* § 1 RN 4ff; *Triffterer* AT 2/25ff; *Fuchs/Zerbes* AT I 4/26ff; *Höpfel* WK² § 1 RN 17 u 50ff; *Kienapfel* ÖJZ 1986 338. Diesbezügliche Analogiediskussionen betreffen etwa nachträgliche Sachentfremdungen (vgl *StudB BT II* § 135 RN 4ff mN) sowie die strafrechtliche Relevanz der Rückzahlung eines eigenkapitalersetzenden Gesellschafterdarlehns (JBl 2003 592 m Anm *Köck*). *Höpfel* WK² § 1 RN 56 rügt die Tendenz der Rspr zu einer **forcierten,** das Gewaltenteilungsprinzip überstrapazierenden **Interpretation.**

4.21 **Aber: Analogie zu Gunsten des Angeklagten** ist durch § 1 Abs 1 1. Halbsatz **nicht ausgeschlossen,** sondern prinzipiell zulässig; vgl SSt 63/32; SSt 63/15; SSt 54/69. Das gilt sowohl für den Allgemeinen Teil als auch für den Besonderen Teil und das gesamte Nebenstrafrecht.

Beispiele aus dem AT: Der **rechtfertigende Notstand** ist ein im Wege der **Rechtsanalogie** abgeleiteter Rechtfertigungsgrund (RN 14.1f), die (ehemalige) **Sachwehr** im Wege von Gesetzesanalogie (Notwehr) gebildet worden (RN 14.8). Vgl auch RN 36.30.

Beispiele aus dem BT: Auf **Gesetzesanalogie** beruht die Sperrwirkung des milderen Strafsatzes des § 79 in Bezug auf § 82 Abs 3; vgl *BT I* § 82 RN 46; ebenso die Erstreckung des § 141 auf die Hehlerei; vgl *StudB BT II* § 141 RN 12 (str).

4. Das Verbot strafbegründenden oder strafverschärfenden Gewohnheitsrechts

4.22 Dem **Gewohnheitsrecht** kommt nach hM weder der Rang noch die Funktion einer eigenständigen Rechtsquelle zu; vgl *Höpfel* WK² § 1 RN 23. Daher sind solche Fälle heute nicht mehr aktuell. Ein (bloß) theoretisches Beispiel findet sich im *Lernprogramm* 49.

Aber: Strafbarkeitseinschränkungen im Wege richterrechtlicher Rechtsfortbildung sind zulässig. In diese Kategorie fällt etwa die **Lehre von der objektiven Zurechnung;** vgl RN 28.1ff; ebenso die sog **Garantenstellung** (bis zu ihrer gesetzlichen Verankerung in § 2); vgl RN 29.15f.

F. Das Unrecht

4.23 Das **Unrecht** gehört zu den ebenso fundamentalen wie – bei näherer Betrachtung – höchst kontroversiellen Begriffen des Strafrechts. Einigkeit besteht darüber, dass in der Bezeichnung einer strafbaren Handlung als „Unrecht" ein **negatives Werturteil** liegt. Der Maßstab dieses Unwerturteils ist die Rechtsordnung als Ganzes.

4.24 **1. Definition. Unrecht ist eine Handlung, die gegen die Rechtsordnung als Ganzes verstößt.**

Mord (§ 75), Untreue (§ 153), Urkundenfälschung (§ 223) etc sowie alle Delikte des Nebenstrafrechts umschreiben („vertypen") in diesem Sinne unrechtmäßige Handlungen. Man spricht in der Strafrechtswissenschaft insoweit von **typischem Unrecht = Unrechtstypus = Unrechtstatbestand**; vgl *J/W* AT 244; *Fuchs/Zerbes* AT I 10/17.

Aber nicht jeder, der einen strafrechtlichen Tatbestand verwirklicht, dh ein strafrechtliches Verbot übertritt, handelt unrecht. Es gibt zahlreiche Verstöße gegen strafrechtliche Verbote, die **von der Rechtsordnung gebilligt** werden. In solchen Fällen liegt zwar ein Verstoß gegen ein bestimmtes strafrechtliches **Verbot** vor, aber **kein Verstoß gegen die Rechtsordnung als Ganzes**.

Beispiele: A tötet B in **Notwehr**. Die Krankenschwester zapft dem Spender mit dessen **Einwilligung** Blut ab. Der Bestohlene hält im Rahmen seines **Anhalterechts** den Dieb fest. In allen Fällen sind zwar strafrechtliche Tatbestände erfüllt (§§ 75, 83, 99), aber es liegt kein Verstoß gegen die Rechtsordnung als Ganzes und daher **kein Unrecht** vor. Näher dazu RN 5.8 ff u 5.11 ff sowie RN 6.6 ff.

4.25 **2. Eigenschaften des Unrechts.** a) Der Begriff Unrecht ist nach Rechtsgebieten **spezifizierbar** und daher nicht auf das Strafrecht beschränkt.

Es gibt neben dem spezifisch strafrechtlichen auch spezifisch zivilrechtliches, spezifisch verwaltungsrechtliches, spezifisch völkerrechtliches etc Unrecht. Hier interessiert stets nur das spezifisch **strafrechtliche Unrecht**.

Beispiele: Die Tötung eines Menschen ist sowohl spezifisch zivilrechtliches (§§ 1295, 1327 ABGB) als auch spezifisch strafrechtliches Unrecht (§§ 75 ff, 80 f), die bloße Besitzstörung (§ 339 ABGB) dagegen nur zivilrechtliches Unrecht.

4.26 b) Das Unrecht ist nach seiner Schwere **quantifizierbar**. Nicht jedes Unrecht wiegt gleich schwer. Das StGB nimmt darauf durch unterschiedliche Tatbestände und Strafdrohungen, der Richter bei der Strafzumessung Rücksicht.

Beispiel: Bei den Vermögensdelikten spiegelt sich diese **Abstufung des Unrechts** insb in den erhöhten Strafdrohungen wider, sobald die Schadens- bzw Wertgrenzen von 5 000 € bzw 300 000 € überschritten werden (vereinzelt sehen Bestimmungen niedrigere Wertgrenzen von 3 000 € und 50 000 € vor, bspw § 165 Abs 4 und §§ 304 ff); vgl etwa § 128 Abs 1 Z 5 u Abs 2; § 147 Abs 2 u 3. Vgl zu dieser Eigentümlichkeit des österr Strafrechts *StudB BT II* Allg Vorbem RN 87 ff; zur Rechtslage nach dem StRÄG 2015 *Oberlaber* ÖJZ 2015 348.

G. Erfolgsunwert, Handlungsunwert und Gesinnungsunwert

1. Erfolgsunwert

4.27 Die Gegenüberstellung von Handlungs- und Erfolgsunwert zählt zu den Schlüsselbegriffen der modernen Tatbestands- bzw Unrechtslehre; vgl *J/W* AT

238; *Roxin* AT I § 10 RN 88ff; *Fuchs/Zerbes* AT I 10/7ff; aus der Rspr vgl JBl 2005 397; JBl 2004 662; JBl 1991 124 m Anm *Burgstaller*. Bezugspunkt des **Erfolgsunwerts** ist das Rechtsgut (RN 3.6) bzw das Tatobjekt (RN 3.9). Das tatbestandliche Erfolgsunrecht besteht in der **Verletzung** bzw **Gefährdung** des Rechtsguts bzw des Tatobjekts; zB bei §§ 75ff in der Tötung eines Menschen, bei §§ 83ff in der Verletzung und bei § 89 in der Gefährdung eines Menschen.

4.28 Beachte! Auch **Grad und Schwere der Verletzung** (§§ 84–87; § 88 Abs 4) und die **Höhe des verursachten Schadens** (höher als 5000 €, zB bei § 128 Abs 1 Z 5 und § 147 Abs 2) gehören zum **Erfolgsunwert**.

2. Handlungsunwert

4.29 Der **Handlungsunwert** wird durch die **Art und Weise der Tatbegehung** bestimmt. **Wie** wurde die Tat begangen?

Beispiele: So bezeichnet die Wegnahme einer fremden beweglichen Sache den spezifischen Handlungsunwert des § 127, der Einsatz von Gewalt oder gefährlicher Drohung den spezifischen Handlungsunwert der Nötigung des § 105.

4.30 Zum **Handlungsunwert** gehören nach heutiger Auffassung auch **personale Komponenten**. Eine dieser personalen Komponenten betrifft die Frage: **Wer** hat die Tat begangen?

Beispiele: Dass die Tat von einem **Machthaber** (bei § 153), von einem **Verheirateten** (bei § 192), von einem **Unterhaltspflichtigen** (bei § 198), von einem **Beamten** (zB bei § 302), von einem **Zeugen** (zB bei § 288) begangen wurde, betrifft den jeweiligen Handlungsunwert der genannten Delikte.

4.31 Die Frage, ob und welche **weiteren personalen Komponenten** dem **Handlungsunwert** zuzuordnen sind, führt zur **personalen Unrechtslehre**. Nach dieser Lehre gehören sowohl der **Tatbildvorsatz** mit seinen Abstufungen (RN 11.3ff) als auch der **erweiterte Vorsatz** (RN 11.23ff) wie die **Fahrlässigkeit** zum Handlungsunwert. Zur **systematischen Stellung** des Vorsatzes im Verbrechensaufbau oben RN 4.8.

4.32 Erfolgs- und Handlungsunwert sind steigerungsfähige Begriffe. Wie das Unrecht lassen sich beide quantifizieren (RN 4.26). Der **Erfolgsunwert** ist insb abhängig von Art und Ausmaß der Rechtsgutbeeinträchtigung (zB geringer/hoher Schaden, leichte/schwere Verletzung, Versuch/Vollendung, Schadensgutmachung durch den Täter); der **Handlungsunwert** – etwa bei § 105 – steigt mit der Intensität bzw der Brutalität der angewendeten Gewalt sowie der Schwere der eingesetzten Drohung. Sowohl der Erfolgs- als auch der Handlungsunwert sind – wie der Gesinnungsunwert (RN 4.33) – vor allem für die **Strafzumessung** von ausschlaggebender Bedeutung (RN 16.22; 39.15ff); ebenso für die **Diversion** (RN 40.13).

3. Gesinnungsunwert

4.33 Beim Gesinnungsunwert geht es **nicht um das Unrecht der Tat,** sondern um den in der Tat zum Ausdruck kommenden **Schuldgehalt**. Bezugspunkte des Gesinnungsunwerts sind insb Art und Maß der durch die Tat dokumentierten

A. Rechtfertigungsgründe

rechtsfeindlichen Einstellung und kriminellen Energie; näher zur Schuld vgl RN 16.7 ff u 16.22.

Beispiele: Die vorsätzliche Tötung eines Menschen (Mord iSd § 75) offenbart ein höheres Maß an rechtsfeindlicher Einstellung und krimineller Energie als die fahrlässige Tötung (§ 80). Geschieht die vorsätzliche Tötung aus Mitleid oder aus anderen begreiflichen Motiven, führt dies zu einer Minderung des Gesinnungsunwerts, Hass oder Rache dagegen steigern den Gesinnungsunwert der Tat.

Wichtig! Eine maßgebliche Rolle spielt der Gesinnungsunwert bei der **Strafzumessung** der §§ 32 ff (vgl RN 16.22 u 39.15 ff) und bei einer Reihe von Vorschriften, die auf den **Schweregrad der Schuld** abstellen, insb bei der **Einstellung wegen Geringfügigkeit** gem § 191 Abs 1 Z 1 StPO, bei § 4 Abs 2 Z 2 JGG sowie gem § 198 Abs 2 Z 2 StPO bei der **Diversion;** vgl dazu RN 40.13; näher *Schroll* WK – StPO § 198 RN 13 ff.

■ ■ ■ **Programmbearbeiter lesen jetzt bitte die TE 4** ■ ■ ■

5. Kapitel
Grundbegriffe 3

Inhaltsübersicht

	RN
A. Rechtfertigungsgründe	5.1–5.7
1. Tatbestand	5.1
2. Rechtfertigungsgründe	5.2
3. Systematik	5.3–5.4
a) Geschriebene Rechtfertigungsgründe	5.3
b) Ungeschriebene Rechtfertigungsgründe	5.4
4. Bundes- bzw Landesrecht	5.5
5. Anwendungsbereich	5.6
6. Bewegliches System	5.7
B. Regel-Ausnahme-Prinzip	5.8–5.10
C. Wirkung der Rechtfertigungsgründe	5.11–5.14
1. Ausschluss des Unrechts	5.11–5.12
2. Persönliche Wirkung	5.13–5.14

A. Rechtfertigungsgründe

1. Tatbestand. Tatbestand ist die **gesetzliche Beschreibung einer Hand-** 5.1 **lung, die (generell betrachtet) strafrechtliches Unrecht ist.** Man spricht von **Unrechtstypus,** da damit die typischen Fälle generell rechtswidrigen Verhaltens beschrieben werden.

Der Klammerausdruck „generell betrachtet" deutet an, dass im Einzelfall **Rechtfertigungsgründe** eingreifen und das Unrecht der Tat beseitigen können.

2. Rechtfertigungsgründe. Sie beschreiben **die Voraussetzungen, unter** 5.2 **denen tatbestandsmäßige Handlungen von der Rechtsordnung gebilligt werden.**

Diese formale Definition genügt im Allgemeinen den praktischen Anforderungen, sagt aber nichts über den **Zweck der Rechtfertigungskategorie** aus. Rechtfertigungsgründe werden überall dort benötigt, wo im sozialen Leben Interessen mit nicht minder gewichtigen Gegeninteressen kollidieren. Unter diesem Aspekt sind sämtliche Rechtfertigungs-

5. Kapitel: Grundbegriffe 3

gründe Regulative zur Lösung von bestimmten **Interessenkonflikten;** dazu näher *Roxin* Kriminalpolitik und Strafrechtssystem (1970) 15.

Beachte! Rechtfertigungsgründe entfalten **übergreifende Wirkung.** Was nach den Vorschriften des Zivilrechts oder des öffentlichen Rechts rechtmäßig ist, kann auch im Strafrecht nicht rechtswidrig sein. Die hM begründet diese übergreifende Wirkung der Rechtfertigungsgründe mit dem Prinzip der **Einheit der Rechtsordnung;** vgl *Roxin* AT I § 14 RN 30ff; *Triffterer* AT 11/22ff; *Fuchs/Zerbes* AT I 15/6.

Beispiel: § 5 OTPG erlaubt **zivilrechtlich** die Organentnahme von Toten zu Transplantationszwecken und stellt zugleich für das **Strafrecht** einen speziellen Rechtfertigungsgrund bezüglich des Delikts des § 190 Abs 1 dar; vgl SSt 57/89.

5.3 3. **Systematik.** a) **Geschriebene Rechtfertigungsgründe.** Sie gibt es in der ganzen Rechtsordnung und in großer Zahl, wobei es keine Rolle spielt, in welchem Gesetz sie geregelt sind. Die wichtigsten finden sich im StGB, im ABGB, in der StPO, in der ZPO, aber auch in zahlreichen Bestimmungen des Verwaltungsrechts.

Dazu gehören insb die Notwehr (§ 3), das elterliche Erziehungsrecht (§ 161 ABGB), die Einwilligung (§ 90 Abs 1), das Anhalterecht (§ 80 Abs 2 StPO), § 5 OTPG (RN 5.2), die behördliche Genehmigung, das Recht zum Schusswaffengebrauch und zahlreiche andere amtliche Befugnisse.

Dienstliche Weisungen stellen hingegen **keinen Rechtfertigungsgrund** dar. Der Weisungsempfänger hat zwar grundsätzlich auch rechtswidrige Weisungen zu befolgen; diese Befolgungspflicht gilt jedoch kraft ausdrücklich positiv-rechtlicher Anordnung (Art 20 B-VG) nicht, wenn die Befolgung der Weisung gegen strafgesetzliche Vorschriften verstoßen würde.

5.4 b) **Ungeschriebene Rechtfertigungsgründe.** Der wichtigste ist der **rechtfertigende Notstand,** der, weil er aus dem Rechtsganzen abgeleitet wird, auch **übergesetzlicher Notstand** genannt wird (RN 14.1f). In diesen Zusammenhang gehören auch **Einwilligung** (RN 15.55), **mutmaßliche Einwilligung** (RN 15.82) und das **allgemeine Selbsthilferecht** (RN 15.33).

5.5 4. **Bundes- oder Landesrecht, innerstaatliches oder Völkerrecht.** Rechtfertigungsgründe können dem **Bundesrecht** (StGB, ABGB, StPO, ZPO etc) oder dem **Landesrecht** angehören, ja sie können sogar dem **Völkerrecht** (Kriegsrecht!) entstammen.

Beispiel: Die Befugnis des Jagdausübungsberechtigten, herumstreunende Katzen abzuschießen, ergibt sich aus den jeweiligen Landesjagdgesetzen; vgl etwa § 102 Salzb JagdG.

5.6 5. **Anwendungsbereich.** Die einzelnen Rechtfertigungsgründe besitzen in praxi eine unterschiedliche Anwendungsbreite.

So hat etwa § 102 Salzb JagdG nur einen sehr engen Anwendungsbereich. Er rechtfertigt die Tötung von im Wald umherstreifenden Katzen, aber nur im Bundesland Salzburg. Eine ähnlich punktuelle Wirkung hat § 5 OTPG; vgl RN 5.2 aE. Das **Anhalterecht** rechtfertigt nur eine Anhaltung auf verhältnismäßige Weise, nicht aber eine vorsätzliche Körperverletzung oder gar die Tötung des Verdächtigen. Die **Notwehr** kommt für mehrere Deliktsgruppen in Betracht, insb bei Tötungs- und Körperverletzungsdelikten, aber auch bei §§ 99, 125 u 105. Den relativ größten Anwendungsbereich besitzt der **rechtfertigende Notstand.**

5.7 6. **Bewegliches System.** Wie die Delikte unterliegen auch die Rechtfertigungsgründe ständigem Wandel.

B. Regel-Ausnahme-Prinzip

So gibt es zB längst kein „ehemännliches" Züchtigungsrecht mehr; ebenso wenig ein Züchtigungsrecht des Vorgesetzten gegenüber seinen Soldaten. Die Befugnis zum Waffengebrauch durch Exekutivorgane ist seit 1969 an zahlreiche minutiöse Erfordernisse des Waffengebrauchsgesetzes gebunden. Selbst der traditionelle Rechtfertigungsgrund der Notwehr ist im StGB wesentlich enger gefasst als vor 1975.

Weitere Beispiele: Ist angesichts des seit 1989 verankerten Gewaltverbots in § 137 Abs 2 ABGB und in § 1 Abs 5 iVm § 2 Z 4 B-KJHG überhaupt noch ein Züchtigungsrecht der Eltern anzuerkennen? Dazu *Maleczky* ÖJZ 1993 625. Lässt sich aus § 114 Abs 1 der Rechtfertigungsgrund der Wahrnehmung berechtigter Interessen ableiten? Dazu *BT I* § 114 RN 18 ff. Ist rituelles Tierschächten in Österreich rechtens? Dazu EvBl 1996/114 sowie *Lewisch* JBl 1998 137. Inwieweit schränkt das polizeiliche Wegweiserecht bei häuslicher Gewalt (§ 38 a SPG) Notwehr und entschuldigenden Notstand innerhalb der Familie ein?

B. Regel-Ausnahme-Prinzip

Wer einen anderen tötet, am Körper verletzt, einsperrt etc, handelt idR unrecht. Der Gesetzgeber betrachtet die Fälle, dass jemand durch die Verwirklichung eines Tatbestands unrecht handelt, als **Regel,** und jene Konstellation, dass die Erfüllung eines Tatbestands durch einen Rechtfertigungsgrund gebilligt wird, als **Ausnahme.** In diesem Sinn **indiziert** die Tatbestandsmäßigkeit die Rechtswidrigkeit = sog Indizwirkung der Tatbestandsmäßigkeit.   **5.8**

Regel: Wer tatbestandsmäßig handelt, handelt unrecht.
Ausnahme: Liegt ein Rechtfertigungsgrund vor, entfällt das Unrecht.

Dieses Ineinandergreifen von Tatbestand und Rechtfertigungsgründen bezeichnet man als **Regel-Ausnahme-Prinzip**.   **5.9**

Wichtig! Ob jemand **unrecht** (= rechtswidrig) gehandelt hat, hängt daher stets von einer **doppelten Prüfung** ab:
1. Hat der Täter **tatbestandsmäßig** iS eines Delikts gehandelt? Wenn ja:
2. Wird seine Handlung durch einen **Rechtfertigungsgrund** gebilligt? Wenn ja, ist die Handlung kein Unrecht, andernfalls ist sie Unrecht.

Dieses Regel-Ausnahme-Prinzip klingt nicht nur in der Definition der Rechtfertigungsgründe an (RN 5.2), sondern liegt auch dem strafrechtlichen Fallprüfungsschema (RN 6.12) zugrunde.   **5.10**

C. Wirkung der Rechtfertigungsgründe

1. **Ausschluss des Unrechts.** Das Eingreifen eines Rechtfertigungsgrunds beseitigt nicht die Tatbestandsmäßigkeit der Handlung, wohl aber das **Unrecht;** vgl bereits RN 4.23 f.   **5.11**

Die Handlung bleibt **tatbestandsmäßig,** wird jedoch von der Rechtsordnung erlaubt und gebilligt. Deshalb kann gegen einen gerechtfertigt Handelnden **weder eine Strafe noch eine vorbeugende Maßnahme** verhängt werden.

Voraussetzung ist aber, dass **sämtliche Merkmale** des Rechtfertigungsgrunds erfüllt sind. Die Handlung bleibt insb auch dann unrecht (und daher prinzipiell strafbar), wenn die **Grenzen** des Rechtfertigungsgrunds überschritten werden.   **5.12**

6. Kapitel: Fallprüfungsschema

Beispiel: Der Polizist P schießt den **flüchtenden Taschendieb (!)** nieder, weil er ihn nicht einholen kann. P ist nicht gerechtfertigt, da er die durch § 7 Z 3 WaffGG begrenzten Befugnisse überschritten hat.

5.13   2. **Persönliche Wirkung.** Rechtfertigungsgründe wirken nur **ad personam.** Anders ausgedrückt: Bei mehreren Beteiligten an einer Tat ist nur derjenige gerechtfertigt, der **in seiner Person** alle Merkmale des Rechtfertigungsgrundes erfüllt; näher RN 34.48 ff.

5.14   **Hinweis für die Fallbearbeitung!** Kommen für ein und dieselbe Handlung **mehrere** Rechtfertigungsgründe in Betracht, sind alle zu prüfen, obwohl zur Straflosigkeit schon das Vorliegen eines einzigen ausreicht. Möglicherweise folgt das Gericht nicht Ihrer Argumentation.

Zur Vertiefung: Zum Verhältnis von Unrecht und Rechtfertigungsgründen vgl *J/W* AT 322.

■ ■ ■ **Programmbearbeiter lesen jetzt bitte die TE 5** ■ ■ ■

6. Kapitel
Fallprüfungsschema

Inhaltsübersicht

	RN
A. Dogmatisch-didaktische Funktion	6.1–6.3
B. Definitionen	6.4–6.5
C. Unrecht und Rechtswidrigkeit	6.6–6.9
D. Filterfunktion des Fallprüfungsschemas	6.10–6.13

A. Dogmatisch-didaktische Funktion

6.1   Das **Fallprüfungsschema (Deliktsprüfungsschema)** basiert auf dem **analytischen Verbrechensbegriff** (vgl RN 39.2 u 39.4) und dient der Anleitung zur Untersuchung eines strafrechtlichen Falles. Es enthält die allgemeinen rechtlichen Voraussetzungen für die Bestrafung = **allgemeinen Verbrechensmerkmale** und bringt sie in eine zweckmäßige Reihenfolge nach Wertungsstufen; vgl Schaubild RN 6.12.

6.2   Dieses Buch legt den klassischen **dreistufigen Verbrechensaufbau** zugrunde. Der Handlungsbegriff (Kap 7) zählt in diesem Sinn **nicht** zu den regelmäßig zu prüfenden Verbrechensmerkmalen. Dieser dreigliedrige Verbrechensaufbau geht schon auf *v. Beling* und *v. Liszt* zurück. Er entspricht bis heute der hM in Lehre und Praxis.

Nicht durchgesetzt hat sich der von einer Minderheit in der BRD vertretene sog **zweistufige Verbrechensaufbau** *(Arthur Kaufmann, Lampe)*. Er kennt nur zwei Wertungsstufen, Unrecht und Schuld. Die Rechtfertigungsgründe werden dabei als **negative Tatbestandsmerkmale** verstanden; vgl dazu die berechtigte Kritik dieses Ansatzes bei *J/W* AT 248.

6.3   Es empfiehlt sich, jeden Fall nach diesem Fallprüfungsschema zu untersuchen. Die **Reihenfolge** der drei Prüfungsabschnitte ist **zwingend.** Sie ergibt sich

B. Definitionen

nicht nur aus der **sachlogischen Struktur der Straftat** und ihrer Definition (RN 6.4), sondern ist auch durch den **Aufbau des StGB** vorgegeben, das in diesem Sinn die **Tatbestandsebene** (§§ 1–2), die **Rechtswidrigkeitsebene** (§ 3) und die **Schuldebene** (§§ 4–11) deutlich unterscheidet und geradezu lehrbuchmäßig anordnet.

Beachte! Die Prüfung von Rechtfertigungsgründen vor der Tatbestandsmäßigkeit oder der Schuld (bzw einzelner Schuldelemente) vor der Rechtswidrigkeit wird bei schriftlichen Arbeiten daher durchweg als **grober Aufbaufehler** angesehen.

B. Definitionen

Die nachfolgenden Begriffe und ihre Definitionen orientieren sich an der jeweiligen Stufe des Deliktsprüfungsschemas. 6.4

- Tat = tatbestandsmäßige Handlung
- rechtswidrige Tat = tatbestandsmäßige und rechtswidrige Handlung
- Straftat = tatbestandsmäßige, rechtswidrige und schuldhafte Handlung

Es handelt sich hierbei um eine am Fallprüfungsschema orientierte und auf 6.5 begriffliche Präzision und Anschaulichkeit bedachte **wissenschaftliche Terminologie.** Sie liegt auch diesem Buch zugrunde. Im StGB lässt sich ein so präziser Sprachgebrauch nur teilweise verifizieren.

So verwendet das Gesetz den Begriff „Tat" korrekt iSv tatbestandsmäßiger Handlung etwa in §§ 8 und 9. Im Übrigen ist die Terminologie des StGB eher uneinheitlich. Mitunter spricht es von „Handlung" (zB in § 3 Abs 1 Satz 2; gemeint ist „Tat"), von „mit Strafe bedrohter Tat" (zB in § 10 Abs 1; gemeint ist „rechtswidrige Tat") oder ganz allgemein von „strafbarer Handlung" (zB in § 12). Es muss daher bei derartigen Begriffen bzw Begriffskombinationen im StGB und in der StPO sowie in den strafrechtlichen Nebengesetzen stets im Wege der **Auslegung** ermittelt werden, mit welchem Inhalt sie in concreto verwendet werden; vgl *Triffterer* AT 3/13 ff; *Kienapfel* Strasser-FS 230; RZ 1990/68. Für die Praxis ist – wie bereits in RN 3.3 betont – von äußerster Wichtigkeit, zwischen der rechtlichen und der tatsächlichen Ebene zu unterscheiden (auf der rechtlichen Ebene die „strafbare Handlung", auf der der Sachverhaltsfeststellung die „Tat").

C. Unrecht und Rechtswidrigkeit

Die Begriffe „Unrecht" und „Rechtswidrigkeit" können meist synonym 6.6 verwendet werden, sie setzen aber unterschiedliche Akzente.

Unrecht ist eine Handlung, die gegen die Rechtsordnung als Ganzes verstößt.

Der Begriff **rechtswidrig** bezeichnet demgegenüber eine bestimmte formale Eigenschaft der tatbestandsmäßigen Handlung: **Die Tat ist nicht durch Rechtfertigungsgründe gerechtfertigt.** 6.7

Beachte! Während der Begriff Unrecht stets ein **negatives Gesamturteil (= Unwerturteil)** über eine Handlung impliziert (RN 4.23), beinhaltet die Zubilligung eines Rechtfertigungsgrundes nur die formale Aussage, dass die Handlung zwar tatbestandsmäßig, aber **nicht rechtswidrig** ist. Ein Urteil, dass das gerechtfertigte Verhalten in jeder Hinsicht positiv zu bewerten ist, liegt darin nicht unbedingt; vgl *Roxin* AT I § 14 RN 1.

6. Kapitel: Fallprüfungsschema

6.8 Anders als das Unrecht (RN 4.25 f) ist die **Rechtswidrigkeit** weder spezifizierbar noch quantifizierbar.

Die Antwort auf die Frage nach der Rechtswidrigkeit einer Handlung fordert daher stets ein eindeutiges **Ja/Nein**. Entweder ist die Tat rechtswidrig, oder sie ist es nicht. In diesem Sinne lässt sich der Begriff der Rechtswidrigkeit (anders als der des Unrechts) weder relativieren noch abstufen.

6.9 **Beachte!** Im Rahmen des Fallprüfungsschemas beschränkt sich die Prüfung der Rechtswidrigkeit stets auf die Erörterung der Frage, **ob und durch welche Rechtfertigungsgründe** die – durch die Tatbestandsmäßigkeit indizierte – Rechtswidrigkeit im konkreten Fall **ausgeschlossen** ist. Man spricht insoweit von der negativen Prüfung der Rechtswidrigkeit bei der Falllösung.

D. Filterfunktion des Fallprüfungsschemas

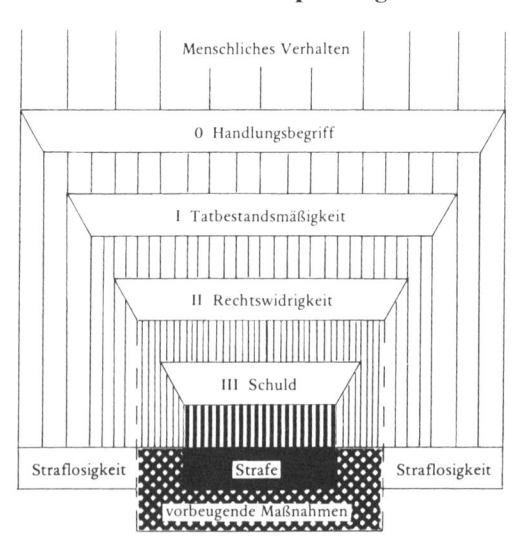

6.10 Das Deliktsprüfungsschema und seine einzelnen Stufen haben die Funktion, **nicht strafbare Verhaltensweisen** auszuscheiden, so dass am Ende nur noch das wirklich strafbare Verhalten, dh die **Straftat** übrig bleibt = Filterfunktion des Fallprüfungsschemas.

6.11 **Beachte!** Bei der Falllösung kommt den einzelnen Stufen des Fallprüfungsschemas unterschiedliches Gewicht zu. Der **Handlungsbegriff** ist in der anschließenden Grafik mit dem Symbol „0" versehen, weil er idR unproblematisch und daher **nicht ausdrücklich** zu prüfen ist. Nur wenn **besondere Umstände** darauf hinweisen, dass er **nicht** erfüllt sein könnte, darf diese Frage angeschnitten werden. Später wird der Handlungsbegriff mit den mehrdeutigen Verhaltensweisen (RN 29.22 ff) zur Stufe der **Vorprüfungen** zusammengefasst werden; vgl etwa **Anhang 1**.

Richten Sie Ihr besonderes Augenmerk auf die drei übrigen Stufen!

Filterfunktion des Fallprüfungsschemas

6.12

A. Strafrechtlicher Handlungsbegriff

Wichtig! Die aus der Grafik ersichtliche Reihenfolge der Prüfungsschritte ist bei **jeder Fallprüfung** einzuhalten! Sie ergibt sich zwingend aus der im StGB verankerten begrifflich-logischen Struktur der Straftat; vgl RN 6.3.

Als vierter Filter sind schließlich noch **sonstige Voraussetzungen der Strafbarkeit** getrennt von Tatbestandsmäßigkeit, Rechtswidrigkeit und Schuld zu prüfen. Dazu gehören **objektive Bedingungen der Strafbarkeit** (zB § 91 Abs 1 und 2; vgl RN 8.7) oder – ins Negative gewendet – **Strafausschließungs-** und **Strafaufhebungsgründe** (zB § 88 Abs 2, § 206 Abs 4; §§ 16, 167). Auch die Voraussetzungen für die österr Strafgewalt, die für international gelagerte Fälle aus den Geltungsbereichsvorschriften der §§ 62 ff abzuleiten sind, gehören hierzu (s in den im Anhang dargestellten Schemata jeweils Pkt. IV).

Beachte! Die Anwendung eines Fallprüfungsschemas erlaubt jeweils nur die systematische Prüfung eines in Betracht kommenden Delikts. **Häufig** wird man aber zum vorläufigen Ergebnis gelangen, dass die **Voraussetzungen für die Strafbarkeit nach mehreren Delikten** gegeben sind. Dann muss in einem weiteren Schritt das **Verhältnis dieser Delikte zueinander** geklärt werden. Dem dienen die Regeln der **Konkurrenzlehre**; s Kap 38. Nach diesen Regeln ist festzustellen, ob **scheinbare** oder **echte Konkurrenz** vorliegt.

6.13

Zur Vertiefung: Zum Fallprüfungsschema und zu seiner Ordnungsfunktion vgl *Kienapfel* Strafrechtsfälle 27; *Luef-Kölbl/Sprajc* Fälle 3.

■ ■ ■ Programmbearbeiter lesen jetzt bitte die TE 6 ■ ■ ■

7. Kapitel
Handlungsbegriff

Inhaltsübersicht

	RN
A. Strafrechtlicher Handlungsbegriff	1
B. Ausschlussfunktionen	2–15
1. Bewegungen von Schlafenden und Bewusstlosen	4
2. Bloße Körperreflexe	5–12
a) Definition	5
b) Abgrenzungsprobleme	6–12
aa) Fehlreaktionen des Kfz-Lenkers	6–8
bb) Automatisierte Handlungen	9–10
cc) Impulsive Handlungen	11–12
3. Vis absoluta	13–15
C. Tun und Unterlassen	16–17
D. Schaubild	18

Schrifttum (Auswahl): *Franzheim* Sind falsche Reflexe des Kraftfahrers strafbar? NJW 1965 2000; *Jescheck* Der strafrechtliche Handlungsbegriff in dogmengeschichtlicher Entwicklung in: Schmidt-FS (1961) 139; *Kienapfel* Das erlaubte Risiko im Strafrecht (1966).

A. Strafrechtlicher Handlungsbegriff

Die erste Etappe der strafrechtlichen Fallprüfung betrifft den **strafrechtlichen Handlungsbegriff.**

7.1

7. Kapitel: Handlungsbegriff

Auf dieser Stufe werden Verhaltensweisen ausgeschieden, die nicht einmal den strafrechtlichen Handlungsbegriff erfüllen (und schon deshalb nicht strafbar sind). Solche Fälle lassen sich zwar in der Theorie mit einiger Fantasie konstruieren, bilden aber in der Praxis eher eine Rarität; aus der Rspr vgl 14 Os 44/90; OLG Wien ZVR 1982/71/339 m Anm *Kienapfel.*

Handlung iSd strafrechtlichen Handlungsbegriffs ist ein vom Willen beherrschbares menschliches Verhalten; vgl EvBl 1991/8; 14 Os 44/90.

Beachte! Ob man auf diesen allgemeinen **wissenschaftlichen Systembegriff** allerdings auch unmittelbar zur Auslegung des **Tatbestandsmerkmals** „Handlung" (insb bei §§ 105 u 144) zurückgreifen kann, ist problematisch und str; dafür SSt 60/55; JBl 1979 551 m krit Anm *Kienapfel;* dagegen *StudB BT I* § 105 RN 14 mN.

B. Ausschlussfunktionen

7.2 Im Allgemeinen ist menschliches Verhalten vom Willen beherrschbar und erfüllt den strafrechtlichen Handlungsbegriff. Nur für **Schlafende** und **Bewusstlose,** bei **bloßen Körperreflexen** sowie im Falle von **vis absoluta** fehlt die Möglichkeit der willensmäßigen Beherrschung des Verhaltens; hM; vgl *J/W* AT 224; *Stricker* in *L/St* Vorbem § 1 RN 6; EvBl 1991/8; 14 Os 44/90.

7.3 **Beachte!** Der strafrechtliche Handlungsbegriff erfüllt bei der praktischen Rechtsanwendung im Wesentlichen **negative Funktionen.** Anders ausgedrückt: Wenn fremde Rechtsgüter durch bloße Körperreflexe, vis absoluta, durch Bewegungen von Schlafenden oder Bewusstlosen beeinträchtigt werden, scheidet eine Bestrafung des „Täters" aus. Die weiteren Stufen des strafrechtlichen Fallprüfungsschemas sind dann nicht zu prüfen.

1. Bewegungen von Schlafenden und Bewusstlosen

7.4 Bewegungen von Schlafenden und Bewusstlosen liegen außerhalb des strafrechtlichen Handlungsbegriffs. Kurzzeitiger Bewusstseinsverlust genügt; vgl 14 Os 44/90.

Beispiele: In Vollnarkose beißt der Patient den Chirurgen in die Hand oder zerschlägt medizinisches Gerät. Durch Urteil des LG Innsbruck v 19. 7. 1989 wurde ein Angeklagter vom Vorwurf, seine mitfahrende Gattin durch einen fahrlässig herbeigeführten Autounfall getötet zu haben, freigesprochen, weil nicht ausgeschlossen werden konnte, dass er aufgrund einer Durchblutungsstörung im Zeitpunkt des Unfalls **kurzzeitig bewusstlos** gewesen und daher handlungsunfähig war; vgl dazu 14 Os 44/90.

Aber: Bei Schlafenden und Bewusstlosen darf nicht übersehen werden, dass sie möglicherweise zu einem **früheren Zeitpunkt** gehandelt haben. Wer am Lenkrad einschläft („Sekundenschlaf") und dadurch einen schweren Verkehrsunfall verursacht, erfüllt insoweit den Handlungsbegriff, als er trotz einsetzender Müdigkeit weitergefahren ist; vgl dazu RN 17.20 ff und RN 26.26 ff.

2. Bloße Körperreflexe

7.5 Bloße Körperreflexe sind keine Handlungen.

a) **Definition. Körperreflexe bewirken Körperbewegungen ohne Zwischenschaltung des Willens.** Solche Bewegungen sind vom Willen nicht beherrschbar.

Beispiele: Kniesehnenreflex, Lidschlussreflex, Reflex infolge epileptischen Anfalls (BGHSt 40 343) oder Stromschlags, heftiger Niesanfall.

B. Ausschlussfunktionen

b) Abgrenzungsprobleme. aa) Fehlreaktionen des Kfz-Lenkers. Probleme **7.6**
bereiten jene Fälle, die an der **Grenze** zwischen Körperreflex und Handlung liegen. Das gilt insb für Fehlreaktionen des Kraftfahrers bei plötzlicher Gefahr.

Beispiele: Ein Autolenker verreißt das Steuer, weil ihn ein herumschwirrendes Insekt irritiert (dazu OLG Wien ZVR 1982/71/339 m Anm *Kienapfel*), die Motorhaube oder die Tür bei voller Fahrt aufspringt, die Frontscheibe plötzlich durch Steinschlag zersplittert oder in der Dämmerung ein Reh in das Auto läuft.

Reaktionen eines Kraftfahrers, der von einer plötzlichen Gefahr über- **7.7**
rascht wird, sind in den meisten Fällen vom Willen beherrschbar und erfüllen idR den strafrechtlichen Handlungsbegriff. Dies gilt auch für **Fehlreaktionen** (bzw das Ausbleiben von Abwehrreaktionen) innerhalb der sog **Reaktionszeit** bzw der sog **Schrecksekunde;** vgl *StudB BT I* § 80 RN 7; *Burgstaller* WK[2] § 80 RN 15; OLG Wien ZVR 1984/58.

Beachte! Anders **kann** allenfalls dann zu entscheiden sein, wenn etwa einem Motor- **7.8**
radfahrer bei hoher Geschwindigkeit ein Fremdkörper ins ungeschützte Auge fliegt oder wenn ein Autolenker unvermutet, zB von einer Biene, an einer hoch empfindlichen Stelle, etwa am Auge oder an der Lippe, gestochen wird und solche Fahrer deshalb **körperreflexartig** reagieren.

Aber: Der Motorradlenker hat zumindest insoweit **gehandelt,** als er ohne Schutzhelm, mithin unter Verzicht auf die erforderlichen Sicherheitsvorkehrungen, **gefahren** ist. Dieser Ansatz ermöglicht im Fall der Verletzung oder Gefährdung Dritter seine Bestrafung unter dem Aspekt der **Übernahmefahrlässigkeit;** vgl RN 26.26 ff.

bb) **Automatisierte Handlungen.** Von bloßen Körperreflexen sind **auto-** **7.9**
matisierte Handlungen zu unterscheiden.

Automatisierte Handlungen sind eintrainierte, gleichförmige Verhaltensweisen, bei denen der Wille nicht jedes Mal aktiv eingeschaltet wird. Diese Willensaktivierung **kann** aber jederzeit erfolgen. Deshalb erfüllen automatisierte Handlungen den strafrechtlichen Handlungsbegriff, während bloße Körperreflexe gerade nicht vom Willen beherrschbar sind.

Beispiele: Schalten, Kuppeln, Bremsen, Betätigen des Blinkers, der Hupe etc beim Autofahren. Auch im Arbeitsprozess (zB Fließbandarbeiten) oder beim Sport (zB Fechten, Boxen) kommen in großem Umfang automatisierte Handlungen vor; ähnlich *Burgstaller* WK[2] § 80 RN 15; *Stricker* in *L/St* Vorbem § 1 RN 7; *Triffterer* AT 7/43.

Automatisierte Handlungen werden idR erst dann für das Strafrecht bedeutsam, **7.10**
wenn es zu **Fehlreaktionen** kommt, die fremde Rechtsgüter beeinträchtigen.

cc) **Impulsive Handlungen.** Auch sie sind von den bloßen Körperreflexen **7.11**
zu unterscheiden.

Impulsive Handlungen kommen zwar unter Umgehung der Tathemmungsmechanismen, nicht aber unter Ausschaltung des Willens zu Stande. Sie erfüllen daher den strafrechtlichen Handlungsbegriff. Treffend sagt *Welzel:* „Man sieht nur noch rot, aber man sieht." Beispiele bilden Affekt- und Kurzschlusshandlungen.

Beachte! Auch das StGB geht offenkundig von der Handlungsqualität impulsiver **7.12**
Verhaltensweisen aus. So werden in § 3 Abs 2 („aus Schrecken"), §§ 76 und 115 Abs 3 („sich hinreißen lässt") typische **Affekthandlungen** angesprochen und bilden dort unter bestimmten Bedingungen die Grundlage bestimmter tätergünstiger Regelungen.

3. Vis absoluta

7.13 a) Vis absoluta bedeutet **willensausschließende** und in diesem Sinn **unwiderstehliche Gewalt**.

Bei vis absoluta ist der ausgeübte Zwang so stark, dass der Gezwungene **physisch nicht in der Lage ist, Widerstand zu leisten**.

Beispiele: Jemand wird gegen eine Glasscheibe oder vor ein Auto gestoßen. Dem widerstrebenden Erblasser wird beim Testieren gewaltsam die Hand geführt. **Handelnder** ist in solchen Fällen nicht der „Testator", sondern der, der den Zwang ausübt.

7.14 Verhaltensweisen, die durch **vis absoluta** erzwungen worden sind, erfüllen nicht den strafrechtlichen Handlungsbegriff. Der Gezwungene kann solche „passiven Bewegungen" mit seinem Willen nicht beherrschen, sondern bildet gleichsam nur den verlängerten Arm dessen, der ihn zwingt; vgl EvBl 1991/8. Etwas anderes gilt für die Fälle von **vis compulsiva**.

7.15 b) Vis compulsiva bedeutet **willensbeugende Gewalt**.

Bei **vis compulsiva** ist der ausgeübte Zwang zwar nicht stark genug, um den Willen des Gezwungenen auszuschließen, aber doch intensiv genug, **um den Willen des Gezwungenen zu beugen**.

Beispiel: Jemand wird so lange geprügelt, bedroht, eingesperrt, bis er sich fügt und die von ihm verlangte strafbare Handlung begeht. Diese Art von Zwang schließt für den Gezwungenen den Handlungsbegriff nicht aus. Dieser will handeln, nachdem er gezwungen wurde („Coactus volui").

C. Tun und Unterlassen

7.16 Tun und Unterlassen sind die **beiden Erscheinungsformen der Handlung**. Beide erfüllen den strafrechtlichen Handlungsbegriff.

Nicht nur derjenige „handelt", der etwas „tut", sondern auch derjenige, der etwas „unterlässt".

Beispiel: Eltern, die ihr Kind vergiften, erfüllen ebenso den strafrechtlichen Handlungsbegriff wie andere, die es verhungern oder verdursten lassen.

7.17 „Unterlassen" ist **nicht identisch mit „Nichtstun"**. Im strafrechtlichen Sinne „unterlässt" nur derjenige etwas, der etwas Bestimmtes, das er hätte tun müssen, nicht tut.

Beispiele: Wer in den Fernsehnachrichten sieht, wie ein Flugzeug abstürzt, oder wer vom Nachbarn hört, dass am Vortag dessen Sohn ertrunken ist und „untätig bleibt", unterlässt im strafrechtlichen Sinne nichts, weil ein **bestimmtes Tun** in dieser Situation nicht bzw nicht mehr geboten ist.

Unterlassen ist Nichtvornahme eines gebotenen Tuns.

Welches Tun im Einzelfall geboten ist und unter welchen Voraussetzungen man sich durch dessen Nichtvornahme **strafbar machen** kann, wird in Kap 29–31 behandelt.

D. Schaubild

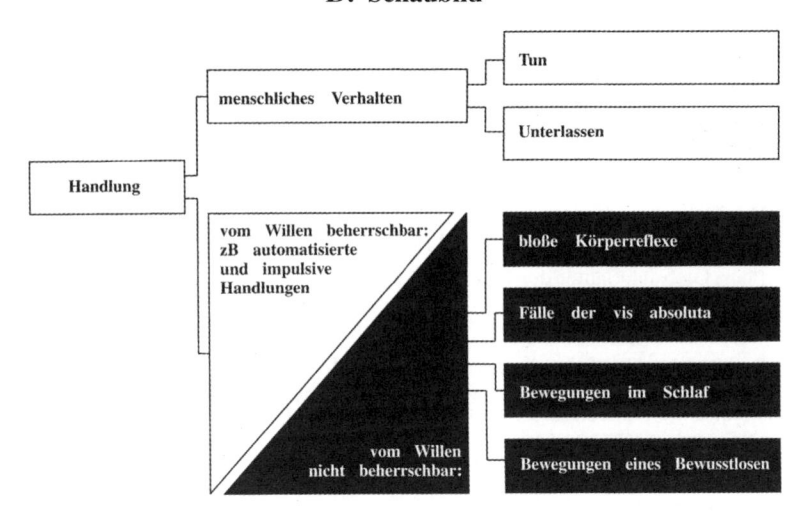

7.18

```
                           ┌─────────────────┐
                      ┌────│      Tun        │
                      │    └─────────────────┘
      menschliches Verhalten
                      │    ┌─────────────────┐
                      └────│   Unterlassen   │
                           └─────────────────┘
Handlung
                                              ┌─────────────────────────┐
           vom Willen beherrschbar:       ┌───│   bloße Körperreflexe   │
           zB automatisierte              │   └─────────────────────────┘
           und impulsive
           Handlungen                     │   ┌─────────────────────────┐
                                          ├───│  Fälle der vis absoluta │
                                          │   └─────────────────────────┘
                                          │   ┌─────────────────────────┐
                                          ├───│   Bewegungen im Schlaf  │
                                          │   └─────────────────────────┘
                      vom Willen          │   ┌─────────────────────────┐
                 nicht beherrschbar:      └───│ Bewegungen eines Bewusstlosen │
                                              └─────────────────────────┘
```

Zur Vertiefung: Zu den Filterfunktionen des Handlungsbegriffs vgl *M/Z* AT § 16 RN 13 ff.

■ ■ ■ **Programmbearbeiter lesen jetzt bitte die TE 7** ■ ■ ■

8. Kapitel

Tatbestandsmerkmale

Inhaltsübersicht

	RN
A. Tatbestand	8.1–8.4
B. Objektive und subjektive Tatbestandsmerkmale	8.5–8.12
1. Objektive Tatbestandsmerkmale	8.6–8.7
2. Subjektive Tatbestandsmerkmale	8.8–8.12
C. Deskriptive und normative Tatbestandsmerkmale	8.13–8.18
D. Geschriebene und ungeschriebene Tatbestandsmerkmale	8.19
E. Übersicht über die Arten der Tatbestandsmerkmale	8.20–8.21
F. Exkurs: Teleologische Reduktion	8.22

A. Tatbestand

Der Tatbestand ist im Strafrecht definiert als „gesetzliche Beschreibung **8.1** einer Handlung, die (generell betrachtet) strafrechtliches Unrecht ist" (RN 5.1). Er zerfällt in zwei Teile: in den **objektiven** und den **subjektiven Tatbestand.**

Beachte! Im Hinblick auf die gesetzliche Terminologie (RN 8.6) ist zwischen **Tat- 8.2 bestand** und **gesetzlichem Tatbild** zu unterscheiden; vgl *Triffterer* AT 3/45 ff; *Nowakowski* WK[1] Vorbem §§ 3–5 RN 55; *Fuchs/Zerbes* AT I 10/48. Das „Tatbild" ist der objektive

8. Kapitel: Tatbestandsmerkmale

(= äußere) Teil des Tatbestandes. Auf ihn muss sich der jeweilige subjektive Tatbestand beziehen (früher sog **Schuldprinzip;** vgl § 4).

8.3 **Tatbestand ist die Summe aller objektiven und subjektiven Tatbestandsmerkmale eines Delikts.** Wer alle Tatbestandsmerkmale eines Delikts erfüllt, handelt **tatbestandsmäßig.** Was die Tatbestandsmerkmale eines Delikts sind, ergibt sich nicht nur aus der Beschreibung im Besonderen Teil, sondern auch aus dem Allgemeinen Teil. Da die meisten Tatbestände Vorsatzdelikte betreffen, bestimmt § 7 Abs 1 allgemein, dass der Tatbildvorsatz erforderlich ist, soweit im Besonderen Teil nichts anderes geregelt ist.

Der **Tatbestand** des Mordes ist daher nach § 75, zusammen gelesen mit § 7 Abs 1, die vorsätzliche Tötung eines Menschen.

Beim Diebstahl lautet der **Tatbestand** (§ 127 iVm § 7 Abs 1): Wer vorsätzlich eine fremde bewegliche Sache einem anderen mit dem Vorsatz wegnimmt, sich oder einen Dritten durch deren Zueignung unrechtmäßig zu bereichern.

8.4 **Beachte!** Der Tatbestand eines Delikts **entfällt,** wenn auch **nur ein einziges** objektives oder subjektives Tatbestandsmerkmal nicht erfüllt ist. Keinen Diebstahl begeht zB der Eigentümer eines Fahrrades, der es dem Entleiher heimlich wieder wegnimmt; denn die Wegnahme einer **eigenen** Sache ist kein Diebstahl. Wer eine fremde Sache in dem Glauben wegnimmt, dass es seine eigene ist, erfüllt zwar alle objektiven Tatbestandsmerkmale des § 127, begeht aber **mangels Tatbildvorsatzes** keinen Diebstahl. Wer vorsätzlich einen fremden Vogel aus dem Käfig herausnimmt, um ihn freizulassen, begeht ebenfalls keinen Diebstahl, weil er **nicht mit Bereicherungsvorsatz** gehandelt hat. Andere Tatbestände (zB §§ 134, 135) können in diesen Fällen aber in Betracht kommen.

B. Objektive und subjektive Tatbestandsmerkmale

8.5 Maßgebender Aspekt dieser Einteilung ist der **Bezugsgegenstand.**

1. Objektive Tatbestandsmerkmale

8.6 Der gesamte **objektive Tatbestand** eines Delikts (dessen **äußere Tatseite**) wird als **Tatbild** bezeichnet. Das StGB verwendet diesen Begriff zB in §§ 2, 5 Abs 1 u § 6 Abs 1.

Beispiele: Das Tatbild = der objektive Tatbestand lautet beim Mord (§ 75): „Wer einen anderen tötet."; bei der Veruntreuung (§ 133 Abs 1): „Wer ein Gut, das ihm anvertraut worden ist, sich oder einem Dritten zueignet."

Wer das gesetzliche Tatbild eines Delikts erfüllt, handelt **tatbildmäßig.**

8.7 Das **Tatbild** umfasst **sämtliche objektive Tatbestandsmerkmale. Diese beziehen sich auf Tatumstände, die das äußere Erscheinungsbild des deliktischen Geschehens (= äußere Tatseite) betreffen.**

Zu dieser Kategorie zählen die meisten Tatbestandsmerkmale des StGB, beim Diebstahl (§ 127) zB die Begriffe „fremd", „beweglich", „Sache" und „wegnehmen".

Objektive Tatbestandsmerkmale verwendet das Gesetz vor allem, um die **Tathandlung** (zB bei § 127: „wegnimmt"), das **Tatobjekt** (zB bei § 127: „fremde bewegliche Sache"), den **Erfolg** (bei den Erfolgsdelikten; Näheres RN 9.6 ff) und die **Person des Täters** (zB bei § 79: „Mutter"; bei § 302 Abs 1: „Beamter") zu beschreiben.

Ein objektives Tatbestandsmerkmal sind auch die insb bei den Vermögensdelikten häufig anzutreffenden Merkmale der **Überschreitung** bestimmter **Schadens- und Wert-**

D. Schaubild

grenzen; vgl etwa § 126 Abs 1 Z 7 u Abs 2, § 128 Abs 1 Z 5 u Abs 2, § 133 Abs 2, § 134 Abs 3, § 147 Abs 2 u Abs 3. Vgl aber auch § 302 Abs 2 u § 304 Abs 2.

Beachte! Nicht zu verwechseln mit dem gewöhnlichen objektiven Tatbestand sind sog **objektive Bedingungen der Strafbarkeit.** Sie müssen weder von Vorsatz noch von Fahrlässigkeit umfasst sein (vgl Schaubild RN 11.2). Hinsichtlich der (schweren) Körperverletzung in § 91 Abs 1 und 2 muss der Täter daher weder vorsätzlich noch fahrlässig handeln.

2. Subjektive Tatbestandsmerkmale

Definition. Dieser Begriff ist das Pendant zum objektiven Tatbestand bzw zum gesetzlichen Tatbild. **Subjektiver Tatbestand ist die Summe der subjektiven Tatbestandsmerkmale eines Delikts.** 8.8

Subjektive Tatbestandsmerkmale beziehen sich auf Umstände, die im seelischen Bereich des Täters liegen (= innere Tatseite).

Der subjektive Tatbestand umfasst beim Vorsatzdelikt als allgemeines subjektives Tatbestandsmerkmal den **Tatbildvorsatz** und – soweit dies im Gesetz ausdrücklich verlangt ist – den **erweiterten Vorsatz** (Formel: „Tatbildvorsatz plus erweiterter Vorsatz"!).

Der Tatbildvorsatz muss alle Merkmale des objektiven Tatbestands erfassen. Der erweiterte Vorsatz ist über den Tatbildvorsatz hinaus auf bestimmte Ziele gerichtet, die der Täter mit der Begehung der strafbaren Handlung verfolgt (zB Bereicherungsvorsatz); vgl näher RN 11.23.

Beispiele: Mord (§ 75) oder Körperverletzung (§ 83 Abs 1) erfordert **Vorsatz** in Bezug auf die Tötung eines anderen bzw die Körperverletzung oder Gesundheitsschädigung eines anderen. Einen über den Tatbildvorsatz hinausgehenden **erweiterten Vorsatz** erfordern zB viele Vermögensdelikte wie Diebstahl (§ 127), Raub (§ 142), Erpressung (§ 144) und Betrug (§ 146) (Bereicherungsvorsatz); die Urkundenfälschung (§ 223 Abs 1, „Gebrauchsvorsatz"), die Entfremdung unbarer Zahlungsmittel (§ 241 e, „Verwendungs- und Bereicherungsvorsatz") oder der Missbrauch der Amtsgewalt (§ 302, „Schädigungsvorsatz").

Beachte! Subjektive Tatbestandsmerkmale bewirken wie auch die objektiven stets eine entscheidende **Eingrenzung** des Unrechts. Die Ausgestaltung der Delikte durch den Gesetzgeber erfolgt zumindest meist mit Bedacht. Wer ein fremdes Buch wegnimmt, um es nach kurzem Blättern wieder zurückzulegen, handelt ohne Bereicherungsvorsatz und erfüllt daher nicht den Tatbestand des § 127. Es liegt vielmehr eine straflose bloße Gebrauchsentziehung (sog furtum usus) vor; vgl auch RN 3.17. Das Fälschen eines Wechsels bloß „aus Jux" ist mangels Täuschungsvorsatzes nicht tatbestandsmäßig iSd § 241 a Abs 1 und damit straflos. 8.9

Die **tatsächliche Feststellung** subjektiver Tatbestandsmerkmale bereitet in der Praxis meist erhebliche Schwierigkeiten, insb wenn der Täter leugnet oder mit Ausflüchten operiert. Das Gericht muss dann versuchen, in solchen Fällen aus bestimmten äußeren Anzeichen **(= Indizien)** auf das Vorhandensein jenes innerseelischen Sachverhalts zu schließen, den das subjektive Tatbestandsmerkmal voraussetzt. 8.10

Vor allem in diesem Bereich und aus diesem Grund kommt es in Anwendung des bekannten prozessualen Grundsatzes „Im Zweifel für den Angeklagten" = **„in dubio pro reo"** oft zu Freisprüchen. 8.11

8. Kapitel: Tatbestandsmerkmale

8.12 **Beachte!** Dies alles gilt nicht nur für die Strafe, sondern auch für die Anordnung von **vorbeugenden Maßnahmen.** Untergebracht werden iSd §§ 21–23 kann nur, wer sowohl den objektiven als auch den subjektiven Tatbestand der jeweiligen **Anlasstat** erfüllt; vgl SSt 2005/57; SSt 2005/6.

C. Deskriptive und normative Tatbestandsmerkmale

8.13 Maßgebender Aspekt dieser Einteilung ist der **Grad der Auslegungsbedürftigkeit.**

8.14 1. **Deskriptive Tatbestandsmerkmale sind Tatbestandsmerkmale, deren Sinngehalt aus sich heraus verständlich ist.** Sie bedürfen im Allgemeinen keiner weiteren Erklärung bzw Auslegung.

Beispiele: „Mutter" (§ 79), „Schwangere" (§ 96 Abs 1), „Bruder" (§ 211 Abs 3), „5 000 € übersteigender Schaden" (zB § 126 Abs 1 Z 7), „beweglich" (§ 127), „töten" (§ 75).

8.15 2. **Als normativ werden Tatbestandsmerkmale bezeichnet, die der Ausfüllung anhand einer Werteordnung bedürfen = wertausfüllungsbedürftige Tatbestandsmerkmale.** Bei ihnen ist ein ergänzendes Werturteil notwendig, das sich an den Anforderungen der Norm orientieren muss.

Beispiele: „Geschlechtliche Handlung" (zB §§ 201 f, 205–207 b, 218), „fremd" (zB §§ 125, 127), „Bereicherungsvorsatz" (§ 146), „am Körper misshandeln" (§ 83 Abs 2 u § 115 Abs 1), „Urkunde" (zB § 223), „Beamter" (zB § 302), „in besonderer Weise erniedrigt" (§ 201 Abs 2 4. Fall).

8.16 **Beachte!** Gerade die normativen Tatbestandsmerkmale bereiten bei der Auslegung häufig große Schwierigkeiten. Inhalt, Bedeutung und Reichweite solcher Tatbestandsmerkmale erschließen sich idR erst aufgrund näherer Auslegung; vgl dazu bereits RN 4.10ff u 4.15f. Freilich gibt es für manche normative Tatbestandsmerkmale **Legaldefinitionen:** „Urkunde" (§ 74 Abs 1 Z 7); „unbares Zahlungsmittel" (§ 74 Abs 1 Z 10); „Beamter" (§ 74 Abs 1 Z 4); „Amtsträger" (§ 74 Abs 1 Z 4a); „gefährliche Drohung" (§ 74 Abs 1 Z 5); „pornographische Darstellung" (§ 207a Abs 4). Aber auch Legaldefinitionen bestehen idR ebenfalls aus **normativen** = auslegungsbedürftigen Submerkmalen. Zu den normativen Tatbestandsmerkmalen gehören auch die sog **Blankettmerkmale;** vgl dazu näher RN 12.22.

8.17 Die Grenzen zwischen deskriptiven und normativen Tatbestandsmerkmalen sind fließend. Auch scheinbar rein deskriptive Tatbestandsmerkmale sind in ihren **Randzonen normativ** („normativer Einschlag"); vgl *J/W* AT 269; *Triffterer* AT 3/69.

Beispiel: Bezüglich des Begriffs „Mensch" (= „ein anderer" iSd § 75) stellt sich insb im Zusammenhang mit Organtransplantationen die Frage nach dem **Zeitpunkt des Todes** des Organspenders. Die Entnahme eines unpaarigen Organs (zB Herz, Leber) **vor** diesem Zeitpunkt erfüllt den Tatbestand des § 75.

8.18 Einen normativen Einschlag besitzt der Begriff „Mensch" auch hinsichtlich des **Beginns des Menschseins.** Wird man zum Menschen erst mit der Vollendung der Geburt? Schon mit dem Austritt eines Körperteils? Mit dem ersten Schrei? Die hM stellt diesbezüglich bereits auf den Beginn der Geburt ab, und zwar auf das Einsetzen der Eröffnungswehen; vgl *StudB BT I* Vorbem §§ 75ff RN 6ff.

D. Geschriebene und ungeschriebene Tatbestandsmerkmale

8.19 Das Gros der Tatbestandsmerkmale ist ausdrücklich im Gesetz festgelegt = **geschriebene Tatbestandsmerkmale**. Ungeschriebene Tatbestandsmerkmale kommen bei einer Reihe von Delikten vor.

Beispiele: Ungeschriebenes Tatbestandsmerkmal bei § 95 Abs 1 ist die tatsächliche Möglichkeit der Hilfeleistung (RN 29.5), bei § 229 die Echtheit bzw Unverfälschtheit der Urkunde (*StudB BT III* § 229 RN 7), bei den meisten Erfolgsdelikten die Kausalität (näher Kap 10) und bei §§ 127 ff die Diebstahlstauglichkeit von Sachen (*StudB BT II* § 127 RN 19 ff). Bei manchen Delikten gehört das Handeln ohne das Einverständnis des Berechtigten zu den ungeschriebenen Tatbestandsmerkmalen, etwa beim Diebstahl; vgl RN 15.58.

E. Übersicht über die Arten der Tatbestandsmerkmale 8.20

Maßgebende Aspekte	Bezeichnung der Tatbestandsmerkmale
Bezugsgegenstand	objektive/subjektive
Grad der Auslegungsbedürftigkeit	deskriptive/normative
Gesetzliche Verankerung	geschriebene/ungeschriebene

8.21 **Beachte!** Die Merkmalsgruppen schließen sich nicht aus, sondern **überschneiden sich**.

Beispiele: Bei der Fremdheit handelt es sich um ein geschriebenes, zugleich objektives und außerdem (extrem) normatives Tatbestandsmerkmal der §§ 125, 127 u 142. Der Täuschungsvorsatz bei § 223 Abs 2 ist dagegen ein ungeschriebenes, subjektives und ebenfalls normatives Tatbestandsmerkmal.

F. Exkurs: Teleologische Reduktion

8.22 Alle Arten von Tatbestandsmerkmalen sind mehr oder weniger auslegungsbedürftig. Aber während das **Überschreiten der tatbestandlichen Wortlautgrenze** („äußerst möglicher Wortsinn") mittels **extensiver Auslegung** gegen das aus dem Grundsatz nullum crimen sine lege abgeleitete **Analogieverbot** des § 1 verstößt (RN 4.20), kann es gute Gründe geben, den Gesetzeswortlaut **einschränkend** auszulegen. Als **teleologische Reduktion** bezeichnet man jene (restriktive) Auslegung, welche den Anwendungsbereich eines strafrechtlichen Tatbestands bzw einzelner Tatbestandsmerkmale **mit Blick auf Sinn und Zweck der gesetzlichen Regelung hinter den sprachlich möglichen Wortsinn zurückführt**; vgl *Stricker* in *L/St* § 1 RN 19.

Beispiele: Auf **teleologischer Reduktion** beruht die Ausklammerung der „beleidigungsfreien Privatsphäre" bei §§ 111 ff; vgl *BT I* Vorbem §§ 111 ff RN 45; die einengende Auslegung des Verursachungsbegriffs bei § 94; vgl *StudB BT I* § 94 RN 13 ff; die sog „Sperrwirkung des milderen Strafsatzes" bei § 79; vgl *StudB BT I* § 79 RN 32; der gegenüber § 293 reduzierte Beweismittelbegriff des § 147 Abs 1 Z 1 5. Fall; vgl *Kienapfel* ZipfGS 379; str; aM EvBl 1995/21 (verst Senat).

Zur Vertiefung: Zu den Arten der Tatbestandsmerkmale vgl *J/W* AT 269 272 316.

■ ■ ■ Programmbearbeiter lesen jetzt bitte die TE 8 ■ ■ ■

9. Kapitel
Deliktsgruppen

Inhaltsübersicht

	RN
A. Begehungsdelikte und echte Unterlassungsdelikte	9.1–9.4
1. Begehungsdelikte	9.2
2. Echte Unterlassungsdelikte	9.3–9.4
B. Erfolgsdelikte und schlichte Tätigkeitsdelikte	9.5–9.14
1. Erfolgsdelikte	9.6–9.9
a) Erfolg	9.6–9.7
b) Erfolgsdelikte	9.8–9.9
2. Erfolgsqualifizierte Delikte	9.10–9.13
3. Schlichte Tätigkeitsdelikte	9.14
C. Vorsatzdelikte, Fahrlässigkeitsdelikte und Vorsatz-Fahrlässigkeits-Kombinationen	9.15–9.19
1. Vorsatzdelikte	9.16
2. Fahrlässigkeitsdelikte	9.17–9.18
3. Vorsatz-Fahrlässigkeits-Kombinationen	9.19
D. Grunddelikte, qualifizierte Delikte und privilegierte Delikte	9.20–9.25
1. Qualifizierte Delikte	9.22–9.23
2. Privilegierte Delikte	9.24–9.25
E. Mehraktige Delikte	9.26
F. Dauerdelikte und Zustandsdelikte	9.27–9.30
1. Dauerdelikte	9.28–9.29
2. Zustandsdelikte	9.30
G. Verletzungsdelikte und Gefährdungsdelikte	9.31–9.38
1. Verletzungsdelikte	9.32
2. Gefährdungsdelikte	9.33–9.38
a) Konkrete Gefährdungsdelikte	9.34
b) Abstrakte Gefährdungsdelikte	9.35–9.36
c) Potenzielle Gefährdungsdelikte	9.37–9.38
H. Alternative und kumulative Mischdelikte	9.39–9.44
1. Alternative Mischdelikte	9.40–9.41
2. Kumulative Mischdelikte	9.42–9.44
I. Allgemeindelikte – Sonderdelikte	9.45–9.47
J. Übersicht über die Einteilungen der Delikte	9.48–9.49

Schrifttum (Auswahl): *Kienapfel* Dauerdelikt und Dauerstraftat am Beispiel der Begehungsformen der Hehlerei JBl 1991 435; *Platzgummer* Die Vorverlegung des Strafrechtsschutzes durch Gefährdungs- und Unternehmensdelikte im österreichischen Strafrecht Beiheft ZStW 1987 37; *Schallmoser* „Zeit und Ort" bei Social Media-Delikten – Straf- und Verfolgbarkeit wann, wo, wie lange? JSt 2018 370; *Schroll* Die Gefährdung bei Umweltdelikten JBl 1990 681.

A. Begehungsdelikte und echte Unterlassungsdelikte

9.1 Nach der **Art der Tathandlung** lassen sich die Delikte in Begehungsdelikte und in Unterlassungsdelikte einteilen.

9.2 1. **Begehungsdelikte.** Begehungsdelikte sind **Delikte, bei denen das Gesetz ein bestimmtes Tun mit Strafe bedroht.** Sie bilden das Gros der Delikte im StGB.

B. Erfolgsdelikte und schlichte Tätigkeitsdelikte

Beispiele: Mord (§ 75), Körperverletzung (§ 83 Abs 1), Nötigung (§ 105), Sachbeschädigung (§ 125), Hehlerei (§ 164), Blutschande (§ 211), Falsche Beweisaussage (§ 288), Begünstigung (§ 299).

2. Echte Unterlassungsdelikte. Echte Unterlassungsdelikte sind **Delikte, bei denen das Gesetz die Nichtvornahme eines gebotenen Tuns mit Strafe bedroht.** 9.3

Beispiele: Imstichlassen eines Verletzten (§ 94 Abs 1), Unterlassung der Hilfeleistung (§ 95 Abs 1 1. Fall).

Die **Begehungsdelikte** unterteilt man weiter in: 9.4

B. Erfolgsdelikte und schlichte Tätigkeitsdelikte

Hier geht es um die Frage, ob sich der Tatbestand in der Vornahme eines bestimmten Tuns erschöpft oder ob über die Tathandlung hinaus der Eintritt eines bestimmten Erfolgs gefordert wird. 9.5

1. Erfolgsdelikte

a) **Erfolg.** Erfolg iSd Erfolgsdelikte ist der **Eintritt einer von der Tathandlung gedanklich abtrennbaren Wirkung in der Außenwelt;** vgl JBl 1997 471; RdM 1995/20. 9.6

Beispiele: Erfolg ist bei den Tötungsdelikten (§§ 75 ff, 80 f) der Eintritt des Todes eines Menschen; bei den Körperverletzungsdelikten (§§ 83 ff) der Eintritt einer Körperverletzung oder Gesundheitsschädigung; bei der Freiheitsentziehung (§ 99) der Eintritt des Freiheitsverlustes; beim Diebstahl (§ 127) der Eintritt des Gewahrsamsverlustes; beim Betrug (§§ 146 ff) und bei der Untreue (§ 153) der Eintritt eines Vermögensschadens. 9.7

b) **Erfolgsdelikte.** So bezeichnet man alle Delikte, die den **Eintritt einer von der Tathandlung zumindest gedanklich abtrennbaren Wirkung in der Außenwelt voraussetzen.** Der Eintritt des Erfolgs ist ein objektives Tatbestandsmerkmal aller Erfolgsdelikte (RN 8.7). 9.8

Beispiele: Erfolgsdelikte sind sämtliche in RN 9.7 angeführten Delikte.

Beachte! Die meisten Delikte des StGB sind Erfolgsdelikte. Grundsätzlich stellen sich nur bei diesen die Probleme der **Kausalität** und der **objektiven Zurechnung des Erfolgs.** Näheres Kap 10. 9.9

2. Erfolgsqualifizierte Delikte

Eine große und zugleich praktisch bedeutsame Sondergruppe der Erfolgsdelikte bilden die **erfolgsqualifizierten Delikte.** Bei ihnen sieht das Gesetz eine höhere Strafe vor, **wenn durch die Verwirklichung eines bestimmten Grunddelikts** (zB Körperverletzung, Raub, Brandstiftung) **zusätzlich eine „besondere Folge der Tat" herbeigeführt worden ist.** Man spricht insoweit auch von **Erfolgsqualifikationen;** vgl *Huber* in *L/St* § 7 RN 29; SSt 61/120. 9.10

9. Kapitel: Deliktsgruppen

9.11 Den Erfolgsqualifikationen liegt die Erwägung zugrunde, dass ein Grunddelikt mit erhöhter Strafdrohung auszustatten ist, wenn mit einer solchen Tat typischerweise bzw häufig eine voraussehbare weitere Schadensfolge verbunden ist.

Beispiele: Strafbar ist schon die Körperverletzung als solche (§ 83). Führt diese Tat aber zu einer schweren Verletzung, zu schweren Dauerfolgen oder zum Tod des Verletzten, ist sie gem § 84 Abs 1 oder 4, §§ 85 bzw 86 mit wesentlich strengerer Strafe bedroht. Erfolgsqualifikationen enthalten etwa auch § 106 Abs 2, § 136 Abs 3, § 143 Abs 2, § 145 Abs 3, § 169 Abs 3, § 201 Abs 2 1., 2. u 5. Fall.

9.12 **Wichtig!** Für Erfolgsqualifikationen gilt das Prinzip des **§ 7 Abs 2**: Wegen eines erfolgsqualifizierten Delikts kann nur bestraft werden, wer die besondere Folge der Tat **„wenigstens fahrlässig"** herbeigeführt hat. Einzelheiten RN 28.26 ff.

9.13 Von den Erfolgsqualifikationen zu unterscheiden sind die **Deliktsqualifikationen.** Für sie ist nach der allgemeinen Regel des § 7 Abs 1, wenn es sich nicht von vornherein um ein bloßes Fahrlässigkeitsdelikt handelt, **Vorsatz** erforderlich; hM; vgl *Huber* in *L/St* § 7 RN 29 f; SSt 54/83.

Beispiele: Deliktsqualifikationen sind etwa sämtliche Fälle des § 84 Abs 5, § 106 Abs 1, § 126 Abs 1 Z 1–5, § 128 Abs 1 Z 1–4, §§ 129, 136 Abs 2, § 143 Abs 1, § 145 Abs 1 u 2 oder § 147 Abs 1 sowie die wichtigen Schadens- bzw Wertqualifikationen der Vermögensdelikte (RN 8.7) wie zB § 126 Abs 1 Z 7 und Abs 2, § 128 Abs 1 Z 5 und Abs 2 oder § 147 Abs 2 u 3. Innerhalb der Fahrlässigkeitsdelikte bildet zB § 88 Abs 3 eine Deliktsqualifikation.

3. Schlichte Tätigkeitsdelikte

9.14 Sie bilden das Gegenstück zu den Erfolgsdelikten. Als **(schlichte) Tätigkeitsdelikte** bezeichnet man **Delikte, deren Tatbestand sich in der Vornahme eines bestimmten Tuns erschöpft.** Der Eintritt eines (wie auch immer gearteten) „Erfolgs" wird nicht vorausgesetzt.

Beispiele: Schwerer sexueller Missbrauch (§ 206), Falsche Beweisaussage (§ 288). Auch einzelne Vermögensdelikte wie §§ 133, 134, 164 und 165 sind schlichte Tätigkeitsdelikte; vgl *StudB BT II* Allg Vorbem RN 43; ebenso Urkunden- (§ 223), Geldfälschung (§ 232) und der Amtsmissbrauch (§ 302); vgl *StudB BT III* § 223 RN 2, § 232 RN 2 u § 302 RN 8 u 70. Die Zuordnung mancher Delikte ist strittig.

Beachte! Tätigkeitsdelikte können vom unmittelbaren Täter nicht durch Unterlassen begangen werden; vgl RN 29.19. Außerdem setzt die Vollendungsstrafbarkeit relativ früh ein.

C. Vorsatzdelikte, Fahrlässigkeitsdelikte und Vorsatz-Fahrlässigkeits-Kombinationen

9.15 Einteilungskriterium ist hier die Frage, ob **vorsätzliches** oder **fahrlässiges Handeln** mit Strafe bedroht ist. Das **Schuldprinzip** (§ 4) ist nämlich genau in diesen beiden Varianten verwirklicht. Eine rein objektive Haftung gibt es nicht. Die Wandlung des Verbrechensbegriffs iSd personalen Unrechtslehre (RN 4.8) hat daran nichts geändert. Die meisten Delikte des StGB sind Vorsatzdelikte. Das folgt schon aus der allgemeinen Regel des § 7 Abs 1; vgl auch RN 9.18.

9.16 **1. Vorsatzdelikte.** Bei ihnen bedroht das Gesetz vorsätzliches Handeln mit **Strafe,** dh es verlangt Vorsatz.

D. Grunddelikte, qualifizierte Delikte und privilegierte Delikte

Beispiele: Mord (§ 75), Körperverletzung (§ 83 Abs 1), Sachbeschädigung (§ 125), Diebstahl (§ 127), Falsche Beweisaussage vor Gericht (§ 288 Abs 1 u 2) sowie mit Ausnahme des § 159 **sämtliche Vermögensdelikte** des StGB.

2. Fahrlässigkeitsdelikte. Hier bedroht das Gesetz fahrlässiges Handeln mit Strafe. 9.17

Beispiele: Fahrlässige Tötung (§ 80), Fahrlässige Körperverletzung (§ 88), Fahrlässige Herbeiführung einer Feuersbrunst (§ 170 Abs 1), Grob fahrlässige Beeinträchtigung von Gläubigerinteressen (§ 159). Die Gefährdung der körperlichen Sicherheit (§ 89) ist ein **Sonderfall** und kann sowohl vorsätzlich als auch fahrlässig begangen werden. Dasselbe gilt zB für § 222 Abs 2 („wenn auch nur fahrlässig").

Beachte! In solchen Fällen ist die **vorsätzliche Begehung** der Tat bei der **Strafzumessung** straferschwerend zu berücksichtigen; vgl RN 39.7.

Nach der allgemeinen Regel des § 7 Abs 1 ist fahrlässiges Handeln **nur** 9.18 strafbar, wenn der Gesetzgeber dies für ein bestimmtes Delikt **ausdrücklich** angeordnet hat. Diese Regel gilt auch für die Delikte des Nebenstrafrechts.

Beispiele: Mangels einer solchen ausdrücklichen Anordnung gibt es keine fahrlässige Sachbeschädigung, keine fahrlässige Freiheitsentziehung (Ausnahme § 303) und nur noch ein einziges fahrlässiges Vermögensdelikt (§ 159) im StGB.

3. Vorsatz-Fahrlässigkeits-Kombinationen. Bei diesen Delikten verlangt 9.19 das Gesetz **für die Tathandlung Vorsatz,** lässt aber hinsichtlich der **Herbeiführung des Erfolges Fahrlässigkeit** genügen. Hauptanwendungsfälle sind Tatbestände wie § 83 Abs 2 oder § 92 Abs 2 („echte Vorsatz-Fahrlässigkeits-Kombinationen") und die **erfolgsqualifizierten Delikte** (RN 9.10 ff).

Beispiele: § 83 Abs 2 verlangt für die Misshandlung Vorsatz, hinsichtlich der Verletzung oder Gesundheitsschädigung aber Fahrlässigkeit. Bei der Körperverletzung mit tödlichem Ausgang (§ 86) „kombiniert" das StGB die vorsätzliche Misshandlung bzw Körperverletzung (§ 83) mit der (häufig) daraus resultierenden Todesfolge und verlangt hinsichtlich des Todeserfolgs Fahrlässigkeit (Erfolgsqualifikation; vgl RN 9.10).

D. Grunddelikte, qualifizierte Delikte und privilegierte Delikte

Maßgebender Aspekt dieser Einteilung ist vor allem die **Abstufung der** 9.20 **Strafdrohungen innerhalb einer Deliktsfamilie.** Jede Deliktsfamilie basiert auf einem **Grunddelikt.**

Beispiele: Grunddelikt der vorsätzlichen Tötungsdelikte ist der Mord des § 75, der Körperverletzungsdelikte sowohl § 83 Abs 1 als auch Abs 2, der Diebstahlsdelikte § 127.

Vom Gesetzgeber werden durch Abwandlung des Grunddelikts häufig 9.21 **qualifizierte** und **privilegierte Delikte** gebildet. Dann sind die maßgebenden – erschwerenden oder mildernden – Umstände schon für die angedrohte Strafe (den „Strafsatz"), nicht erst für die Strafzumessung ausschlaggebend. Zu diesem Gegensatz zwischen gesetzlichen Strafsätzen einerseits und Erschwerungs- und Milderungsgründen andererseits näher RN 39.6 ff.

1. Qualifizierte Delikte. Hier knüpft das Gesetz an die Abwandlung des 9.22 **Grunddelikts** eine höhere Strafe.

9. Kapitel: Deliktsgruppen

Beispiele: Die §§ 128 ff sind Qualifikationen zum Grunddelikt des Diebstahls (§ 127); die Betrugsfälle der §§ 147 f sind qualifizierte Delikte im Verhältnis zum Grunddelikt des § 146.

9.23 **Beachte!** Die oben behandelten **erfolgsqualifizierten Delikte** (RN 9.10 ff) bilden eine praktisch besonders wichtige Untergruppe der qualifizierten Delikte. Bei Qualifikationen ist grundsätzlich das Grunddelikt mit anzuführen (zB „§§ 127, 129 Abs 1 Z 1"); Gleiches gilt bei Privilegierungen (vgl RN 9.24 f). Nicht der Fall ist dies **aber** bei **selbstständigen Abwandlungen,** also wenn nicht lediglich die strafsatzändernden Umstände, sondern alle Tatbestandsvoraussetzungen in der Qualifikation selbst beschrieben werden (zB § 84 Abs 1 oder 4).

9.24 2. **Privilegierte Delikte.** Delikte, bei denen das Gesetz **an die Abwandlung des Grunddelikts eine mildere Strafe oder eine sonstige Vergünstigung knüpft** (etwa die Herabstufung zu einem bloßen Privatanklagedelikt), bezeichnet man als **privilegierte Delikte.**

Beispiele: Totschlag (§ 76) oder Tötung eines Kindes bei der Geburt (§ 79) sind privilegierte Delikte (selbstständige Abwandlungen) im Verhältnis zum Mord (§ 75). Die Entwendung (§ 141) privilegiert eine Reihe von Vermögensdelikten; der minderschwere Raub (§ 142 Abs 2) ist abgeschwächt gegenüber Abs 1. Der sog **Familiendiebstahl** (§ 166 Abs 1 4. Fall) ist gegenüber dem „normalen" Diebstahl der §§ 127 ff nicht nur durch die Herabsetzung der Strafdrohungen privilegiert, sondern auch dadurch, dass der Täter „nur auf Verlangen des Verletzten" (= Privatanklagedelikt) zu verfolgen ist (§ 166 Abs 3); dasselbe gilt für Veruntreuungen, Unterschlagungen und bestimmte andere Vermögensdelikte innerhalb der Familie.

9.25 Die Abwandlung der Delikte geschieht idR durch qualifizierende oder privilegierende **Tatbestandsmerkmale.** Bei manchen privilegierten Delikten wird diese Abwandlung erst auf der Stufe der **Schuld** vorgenommen; näher dazu RN 16.29 ff.

Beispiel: Bei § 79 berücksichtigt das Gesetz den Umstand, dass sich die Mutter noch im geburtsbedingten Erregungszustand befindet, **schuld-** und deshalb **strafmindernd** (im Verhältnis zum „normalen" Mord); vgl *StudB BT I* § 79 RN 3 f.

Beachte! Nicht nur bei Qualifikationen (RN 9.23), sondern auch bei Privilegierungen beschreibt das Gesetz Unterschiede zum Grunddelikte mitunter so, dass das Grunddelikt selbst nicht mehr mitanzuführen ist („selbstständige Abwandlung" oder „delictum sui generis", zB §§ 76, 141).

E. Mehraktige Delikte

9.26 Eine Konstruktion eigener Art, die bei der Anwendung leicht zu Fehlern führt, ist die Bauform der **mehraktigen** (auch „zweiaktigen") **Delikte.** Sie setzen sich aus mehreren Tathandlungen zusammen. Dabei ergeben sich zB für den Vorsatz besondere Erfordernisse (RN 11.20).

Beispiele: Gegenüber der Körperverletzung, dem Diebstahl oder dem Betrug, wo jeweils eine einzige Tathandlung verlangt ist (§§ 83, 127, 146), besteht der Einbruchsdiebstahl in einer der in § 129 Abs 1 genannten Handlungen und der Wegnahme iSd § 127. Raub (§ 142 Abs 1) ist ein aus Elementen des Diebstahls (§ 127) und der Nötigung (§ 105) zusammengesetztes delictum sui generis. Er kann, muss aber nicht in zwei Akte zerfallen (Gewalt oder Drohung und Wegnahme). Die Qualifikation nach § 81 Abs 2 bildet durch das vorangehende Sich-Berauschen trotz Vorhersehbarkeit der gefährlichen Tätigkeit ebenfalls ein zweiaktiges Delikt; vgl *StudB BT I* § 81 RN 53.

F. Dauerdelikte und Zustandsdelikte

Bei manchen Delikten steht eine von der **Dauer** des strafbaren Verhaltens **9.27** abhängige **Unrechtssteigerung** im Mittelpunkt. Es ist oft nicht leicht, aber wegen der unterschiedlichen rechtlichen Konsequenzen notwendig, sie von den Fällen der bloßen Herbeiführung eines rechtswidrigen Zustands abzugrenzen. Die richtige Zuordnung ist eine Frage der – häufig strittigen – **deliktsspezifischen Auslegung**.

1. **Dauerdelikte.** Bei einem Dauerdelikt **beginnt das Unrecht der Tat mit** **9.28** **der Vornahme der Handlung und endet erst mit deren Aufhören.** Je länger die Handlung dauert, **umso größer ist das Unrecht;** arg § 99 Abs 2; vgl *Triffterer* AT 3/94; *Kienapfel* JBl 1987 394 (Anm); SSt 61/38 (verst Senat). Prototyp und Leitbild eines Dauerdelikts ist die **Freiheitsentziehung** (§ 99); ebenso §§ 100, 101 u 102; weiters §§ 107a, 136, 185, 198.

Beachte! Durch Prolongation der Tathandlung können aber **auch andere Delikte** zu **Dauerstraftaten** werden; zB **länger dauerndes** Beschimpfen (§ 115), Schlagen (§ 83) oder Quälen (§ 92), **stundenlanger** sexueller Missbrauch (§§ 201f, 205f, 207); näher dazu *Kienapfel* JBl 1991 436; *ders* JBl 1987 394 (Anm). Durch Herumfahren eines Kfz mit gefälschten Kennzeichen wird sogar § 223 **Abs 2** zu einer **Dauerstraftat;** vgl *Kienapfel/Schroll* WK[2] § 224 RN 66. Entsprechendes gilt für § 302; vgl EvBl 2000/101. Bei **Social-Media-Delikten** ist zu unterscheiden, ob eine Nachricht nur einmal verbreitet wird und danach nicht mehr zugänglich ist oder der verbotene Inhalt länger verfügbar ist. In letzterer (typischer) Konstellation ist das geschützte Rechtsgut auch nach Vollendung beeinträchtigt und es handelt sich um Dauerdelikte; vgl *Schallmoser* JSt 2018 370ff.

Dauerdelikte und Dauerstraftaten sind bereits mit der Vornahme der **9.29** Handlung **rechtlich vollendet, tatsächlich beendet** dagegen erst, wenn die Handlung aufhört; vgl RZ 1994/1.

Beispiel: A wird am Morgen des 1.1. gekidnappt (= rechtliche Vollendung des § 102), aber erst nach Zahlung des Lösegeldes am 1.6. freigelassen (= tatsächliche Beendigung).

Wichtig! Für Dauerdelikte und Dauerstraftaten ergeben sich eine Reihe praktisch bedeutsamer **Konsequenzen:** Bei freiwilliger Beendigung der Tathandlung (zB vorzeitige Freilassung des Gefangenen) kann sich der Täter nicht auf **Rücktritt** (§ 16) berufen. Die **Verjährung** beginnt erst mit der tatsächlichen Beendigung der Handlung. Im Zeitraum zwischen rechtlicher Vollendung und tatsächlicher Beendigung sind sowohl **Beteiligung** (§ 12) als auch **Begünstigung** (§ 299) möglich; vgl näher RN 35.21 f.

2. **Zustandsdelikte.** Bei einem Zustandsdelikt **erschöpft sich das Unrecht** **9.30** **der Tat in der Herbeiführung eines rechtswidrigen Zustands;** vgl *Öner/Schütz* in *L/St* § 17 RN 19. Zustandsdelikte sind mit dem Eintritt des rechtswidrigen Zustands rechtlich vollendet und zugleich endgültig abgeschlossen. Damit beginnt auch die Verjährung. Die Eigenbedeutung dieser Deliktsgruppe ist relativ gering, der Begriff im Grunde verzichtbar; vgl *Kienapfel* JBl 1991 436.

Beispiele: Zustandsdelikte sind mehrfache Ehe oder eingetragene Partnerschaft (§ 192), aber auch Körperverletzung (besonders deutlich in den qualifizierten Zustandsformen der § 84 Abs 1 u § 85) sowie § 230. Dasselbe gilt für das **Ansichbringen** und die übrigen Begehungsformen der Hehlerei (§ 164); früher sehr str; inzwischen hM; vgl *StudB BT II* § 164 RN 22f; SSt 61/38 (verst Senat). Wer pornografische Darstellungen mit Unmündigen **besitzt**, etwa auf der Festplatte seines PC; vgl § 207a Abs 3. Weitere **Besitz-(= Zustands-) Delikte** sind §§ 224a, 227 Abs 1, § 233 Abs 1 Z 1 u § 241b (jeweils letzter Fall).

9. Kapitel: Deliktsgruppen

G. Verletzungsdelikte und Gefährdungsdelikte

9.31 Nach der **Intensität** der Beeinträchtigung des **Tatobjekts** bzw des **Rechtsguts** unterscheidet man Verletzungs- und Gefährdungsdelikte.

9.32 1. **Verletzungsdelikte.** Bei den Verletzungsdelikten gehört der **Eintritt einer Schädigung zum Tatbestand;** zB Tötung bei §§ 75 ff, 80 f; Willensbeugung bei § 105; Vermögensschädigung bei §§ 144, 146, 153.

9.33 2. **Gefährdungsdelikte.** Bei ihnen stellt das Gesetz auf die Herbeiführung einer bestimmten Gefahr für das Tatobjekt bzw das Rechtsgut ab. Die Systematisierung dieser sehr heterogenen Deliktsgruppe ist ebenso umstritten wie die Zuordnung der einzelnen Straftatbestände. Die hM unterscheidet **konkrete, abstrakte** und **potenzielle Gefährdungsdelikte**.

9.34 a) **Konkrete Gefährdungsdelikte.** Delikte, deren **Tatbestand die Herbeiführung einer tatsächlichen Gefahr für das Tatobjekt voraussetzt, nennt man konkrete Gefährdungsdelikte;** näher dazu *StudB BT III* Vorbem §§ 169 ff RN 15 ff.

Beispiele: Der **Prototyp** eines konkreten Gefährdungsdelikts ist § 89. Eine konkrete Gefährdung begründet idR eine Streifkollision mit einem entgegenkommenden oder zu überholenden Kfz (SSt 55/30) oder dessen Abdrängen in eine Wiese (ZVR 1992/107); ebenso das Entwinden einer entsicherten Pistole (SSt 48/24), nicht aber ein Schuss 4 m über den Kopf (EvBl 1954/367). Ebenso wenig das bloße Fahren im alkoholisierten Zustand; vgl *Burgstaller/Schütz* WK² § 89 RN 35 mN. Konkrete Gefährdungsdelikte enthalten außerdem §§ 82, 152 Abs 1 2. Fall, §§ 169–174, 176 f.

9.35 b) **Abstrakte Gefährdungsdelikte.** Man spricht von abstrakten Gefährdungsdelikten, wenn schon die **bloße gedankliche (= theoretische = abstrakte) Möglichkeit, dass das Tatobjekt bzw Rechtsgut beeinträchtigt werden könnte, zur Tatbestandserfüllung ausreicht;** vgl *Nowakowski* WK¹ Vorbem §§ 3–5 RN 20; *Fuchs/Zerbes* AT I 10/43.

9.36 Beachte! Da bei abstrakten Gefährdungsdelikten die Gefährdung des Tatobjekts bzw Rechtsguts **ex lege unwiderleglich vermutet** wird, ist der Tatbestand selbst dann erfüllt, wenn **nachweislich** feststeht, dass sich die typisierte Gefahr aufgrund der konkreten Umstände nicht verwirklichen konnte.

Beispiele: Wegen Teilnahme an einem Raufhandel (§ 91) ist auch zu bestrafen, wer **erwiesenermaßen nicht** Urheber der eingetretenen Tatfolge gewesen ist, etwa weil diese schon vor oder erst nach seiner Teilnahme an der Schlägerei eingetreten ist; hM; vgl SSt 57/73; EvBl 1976/45; *StudB BT I* § 91 RN 4 u 16 f. Weitere abstrakte Gefährdungsdelikte enthalten §§ 184 (LSK 1998/34), 282 Abs 1 (RN 34.14), §§ 288 f u § 1 NotzeichenG; ebenso § 111; vgl *BT I* § 111 RN 3 u 25.

9.37 c) **Potenzielle Gefährdungsdelikte.** Hinter dieser Bezeichnung verbergen sich Gefährdungsdelikte sui generis. Ihre Besonderheit besteht darin, dass der Tatbestand nur dann erfüllt ist, wenn die **typische Eignung eines bestimmten Verhaltens zur Herbeiführung einer konkreten Gefahr vom Gericht im Einzelfall festgestellt worden ist;** vgl *Nowakowski* WK¹ Vorbem §§ 3–5 RN 23; *Platzgummer* Beiheft ZStW 1987 44; *Öner/Schütz* in *L/St* § 17 RN 11; *Schroll* JBl 1990 683; JBl 1992 398 m Anm *Burgstaller* = RZ 1992/23 m Anm *Wegscheider*. Die tat-

H. Alternative und kumulative Mischdelikte

bestandsspezifische Gefährdungseignung kann von Delikt zu Delikt differieren und ist im Wege der Auslegung zu ermitteln; vgl *StudB BT III* Vorbem §§ 169ff RN 34.

Beispiel: Eine an AIDS erkrankte Geheimprostituierte führt den Geschlechtsverkehr ohne Verwendung eines Kondoms durch. Auch wenn ihr Partner nicht infiziert wird, ist § 178 verwirklicht, weil die **deliktsspezifische Gefährdungseignung** durch die Nichtverwendung eines Kondoms **indiziell hinreichend untermauert** ist; vgl OLG Linz RZ 1989/48 m Anm *Kienapfel;* hätte sie ein Kondom verwendet, wäre der Tatbestand des § 178 nicht erfüllt.

Weitere **potenzielle Gefährdungsdelikte** neben §§ 178f bilden § 180 Abs 1, §§ 181, 181b, 182 Abs 1, §§ 182f, 188, 208; eingehend zu 180 Abs 1 (§ 180 Abs 2 aF) vgl OLG Linz JBl 1990 463 m Anm *Kienapfel;* zum Ganzen vgl *Öner/Schütz* in *L/St* § 17 RN 11f.   9.38

H. Alternative und kumulative Mischdelikte

Von strafrechtlichen **Mischdelikten** spricht man, wenn der Gesetzgeber in ein und demselben Delikt mehrere Begehungsformen (bzw bestimmte Tat- oder Erfolgsmodalitäten) wahlweise zusammenfasst und mit derselben Strafe bedroht. Die hM differenziert insoweit wie folgt: 9.39

1. **Alternative Mischdelikte.** Bei solchen Delikten umschreibt das Gesetz den Unwert der Tat wahlweise („alternativ") durch **sinn- und wertgleiche Begehungsformen.** So sind bei der Körperverletzung des § 83 Abs 1 die Fälle einer „Verletzung am Körper" und einer „Schädigung an der Gesundheit" **gleichgestellt.** Ebenso wird der **Gesamtunwert** der Nötigung (§ 105) von den beiden **gleichwertigen Begehungsformen** „Gewalt" und „gefährliche Drohung" erfasst und abschließend umschrieben (*StudB BT I* § 105 RN 9).   9.40

Weitere Beispiele: Alternative Mischdelikte bilden weiters die beiden Begehungsformen des **§ 99 Abs 1** (*StudB BT I* § 99 RN 6), des **§ 111 Abs 1** (*BT I* 111 RN 48 u 49) und des **§ 142** (SSt 57/3); ebenso die jeweiligen Deliktsfälle des **§ 115** (*Tipold* in *L/St* § 115 RN 1), des **§ 125** (*StudB BT II* § 125 RN 41) und des **§ 223** (*StudB BT III* § 223 RN 2).

Beachte! Die Konsequenzen dieser Klassifikation sind in erster Linie **prozessualer Natur:** Es fehlt an der sog **Beschwer,** falls sich das Gericht geirrt und statt der einen Begehungsform die andere angenommen hat; vgl etwa SSt 54/79 (§ 105); SSt 57/3 (§ 142). Allerdings kann es für das Rechtsmittelgericht geboten sein, etwaige Subsumtionsfehler in den Urteilsgründen **klarzustellen.** In dieser Weise verfährt der OGH oft in Bezug auf § 12; vgl EvBl 1996/61; JBl 1989 189 m Anm *Kienapfel.* Bei alternativen Mischdelikten ist **Wahlfeststellung** zulässig, dh eine alternative Verurteilung, wenn jedenfalls eine von mehreren strafbaren Handlungen vorliegt, aber nicht geklärt werden kann, welche Deliktsvariante begangen wurde. Aufgrund der Gleichwertigkeit der Begehungsformen ist zB eine wahlweise Verurteilung bezüglich der Begehungsvarianten der Sachbeschädigung nach § 125 („zerstört, beschädigt, verunstaltet oder unbrauchbar macht") möglich. Es muss somit nicht mit Sicherheit feststehen, ob bspw eine Zerstörung oder Beschädigung einer Sache vorliegt, es reicht die wahlweise Feststellung, dass eine der Begehungsvarianten jedenfalls erfüllt ist.   9.41

2. **Kumulative Mischdelikte.** Bei diesen Delikten fasst das Gesetz unter ein und derselben Bezeichnung **Begehungsformen mit unterschiedlichem Sinn- und Wertgehalt** zusammen, vornehmlich aus formal-gesetzestechnischen Gründen und mit dem Ziel, auch solche Begehungsformen ein und derselben Strafdrohung zu unterwerfen.   9.42

9. Kapitel: Deliktsgruppen

Beispiele: Zu den kumulativen Mischdelikten gehören **§ 84 Abs 1, 2, 4 und 5** (*StudB BT I* § 84 RN 3 ff), **§ 81** (*StudB BT I* § 81 RN 4); ebenso die verschiedenen Deliktsfälle des § 85 (*Burgstaller/Fabrizy* WK² § 85 RN 25) und des § 147.

9.43 **Beachte!** Bei kumulativen Mischdelikten muss die jeweilige Begehungsform sachverhaltsmäßig genau festgestellt und präzise subsumiert werden; bedenklich insoweit die Verfahrensweise der Praxis, wenn sie auch die Abs 1 und 2 des § 83 wie ein alternatives Mischdelikt behandelt; vgl dazu *StudB BT I* § 83 RN 2 ff; wie hier *Burgstaller/Fabrizy* WK² § 83 RN 22. Die verschiedenen Deliktsfälle eines kumulativen Mischdelikts können idR tateinheitlich zusammentreffen. Etwaige **Subsumtionsfehler** des Gerichts sind mit der **Nichtigkeitsbeschwerde** anfechtbar. Eine **Wahlfeststellung** ist **nicht** zulässig.

9.44 Ob es sich um ein kumulatives oder ein alternatives Mischdelikt oder gar um eine Kombination beider handelt (zB § 83 Abs 1 u 2), ist nicht immer leicht zu entscheiden und eine Frage **tatbestandsspezifischer Auslegung.** Manche Details sind noch ungeklärt und werden in der Praxis oft uneinheitlich gehandhabt; vgl zum Ganzen *Nowakowski* WK¹ Vorbem §§ 3–5 RN 69; *Triffterer* AT 3/71 ff; *Schmoller* Tatsachenaufklärung 78.

I. Allgemeindelikte – Sonderdelikte

9.45 Die meisten Delikte des StGB können von jedermann begangen werden (Mord, Körperverletzung, Diebstahl, Raub, Betrug, Vergewaltigung). Man nennt sie **Allgemeindelikte.**

Beispiele: Die Beschreibung eines Allgemeindelikts beginnt typischerweise mit „Wer…" (s zB §§ 75, 83, 127).

9.46 **Sonderdelikte** verlangen ein bestimmtes Tatsubjekt. Diese besondere Täterqualität kann entweder für die Begründung der Strafbarkeit erforderlich sein („*eigentliche* Sonderdelikte") oder aber den Strafsatz beeinflussen, also qualifizierend oder privilegierend wirken („*uneigentliche* Sonderdelikte").

Beispiele: § 79 (Mutter während der Geburt), § 133 (Täter ist ein Gut anvertraut), § 153 (Machthaber), § 162 Abs 1 (Schuldner), § 288 (Zeuge), § 302 (Beamter), § 304 (Amtsträger). **Amtsdelikte** wie der Missbrauch der Amtsgewalt (§ 302 Abs 1) oder das Vergehen der Bestechlichkeit (§ 304) sind eigentliche Sonderdelikte, da nach der Deliktsbeschreibung der Täter nur ein Beamter bzw ein Amtsträger oder Schiedsrichter sein kann. § 79 privilegiert die **Kindestötung** durch die Mutter, wenn die Tat während der Geburt oder unter der Einwirkung des Geburtsvorganges begangen wird (uneigentliches Sonderdelikt).

Beachte! Hinter einem mit „Wer" beginnenden Deliktstatbestand kann sich auch ein Sonderdelikt verbergen, zB § 153 („Wer seine Befugnis, über fremdes Vermögen zu verfügen oder einen anderen zu verpflichten …"). Dies ist ein Sonderdelikt, das den Inhaber einer Befugnis (Machthaber) voraussetzt.

9.47 Die praktische Bedeutung der Sonderdelikte ist erheblich. Die wichtigste Frage, die sich mit ihnen verbindet, ist ihre **Begehbarkeit durch einen Tatbeteiligten,** der die geforderte Tätereigenschaft selbst nicht mitbringt (einen sog **Extraneus**). Nach § 14 gelten für eigentliche und für uneigentliche Sonderdelikte gemeinsame Grundsätze. Diese sind im Rahmen der Beteiligungslehre darzustellen (Kap 37).

J. Übersicht über die Einteilungen der Delikte

Weiters kommt dieser Deliktsgruppe Bedeutung im Zusammenhang mit der **Untauglichkeit des Versuchs** zu. Wer irrtümlich meint, er sei Träger der im Gesetz vorausgesetzten Eigenschaften oder Verhältnisse, ist **untaugliches Tatsubjekt;** vgl RN 25.4.

J. Übersicht über die Einteilungen der Delikte 9.48

Maßgebende Aspekte	Deliktseinteilungen
Art der Tathandlung	Begehungsdelikte/Unterlassungsdelikte
Schlichtes Tun oder Herbeiführung eines Erfolges	Tätigkeitsdelikte/Erfolgsdelikte
Vorsätzliches oder fahrlässiges Handeln	Vorsatzdelikte/Fahrlässigkeitsdelikte
Abstufungen innerhalb einer Deliktsfamilie	Grund-/privilegierte/qualifizierte Delikte
Stufen der Unrechtsverwirklichung	Einaktige/mehraktige Delikte
Dauerbestimmte Unrechtssteigerung	Dauerdelikte/Zustandsdelikte
Beeinträchtigungsintensität	Verletzungs-/Gefährdungsdelikte
Sinn- und Wertgleichheit	Alternative/kumulative Mischdelikte
(Qualifiziertes) Tatsubjekt	Allgemeindelikte/Sonderdelikte

Beachte! Die jeweiligen Deliktseinteilungen schließen einander idR nicht aus, sondern überschneiden sich. 9.49

Beispiel: A schlägt B mit der Faust nieder. B stürzt so unglücklich zu Boden, dass er auf einem Auge erblindet. Der hier in Betracht kommende § 85 Abs 1 Z 1 ist zugleich Begehungsdelikt, Erfolgsdelikt, Verletzungsdelikt, Zustandsdelikt, qualifiziertes Delikt, genauer: erfolgsqualifiziertes Delikt (= Erfolgsqualifikation), Vorsatzdelikt, Vorsatz-Fahrlässigkeits-Kombination sowie kumulatives Mischdelikt.

Zur Vertiefung: Zu den Deliktsgruppen vgl *J/W* AT 260 268; *Triffterer* AT 3/77 ff.

■ ■ ■ Programmbearbeiter lesen jetzt bitte die TE 9 ■ ■ ■

10. Kapitel
Objektiver Tatbestand und Kausalität

Inhaltsübersicht

	RN
A. Objektiver Tatbestand	10.1–10.2
B. Kausalität des Tuns	10.3–10.14
1. Allgemeines	10.3
2. Maßgebende Prinzipien	10.4–10.6
a) Tatsächlicher Kausalverlauf	10.4
b) Mitkausalität	10.5
c) Gleichwertigkeit der Ursachen	10.6

10. Kapitel: Objektiver Tatbestand und Kausalität

    3. Kausalitätsformel der Äquivalenztheorie 10.7–10.14
       a) Definition 10.7
       b) Konsequenzen 10.8–10.10
       c) Mängel und Grenzen 10.11–10.13
           aa) Erfahrungswissen............................ .... 10.11
           bb) Alternative Kausalität............................... 10.12
           cc) Uferlose Weite 10.13
       d) Fazit.. 10.14
  C. Sonderprobleme 10.15–10.17
  D. Kausalität und objektive Zurechnung des Erfolgs 10.18–10.21
    1. Abenteuerliche Kausalverläufe 10.18–10.19
    2. Kausalität und Haftung 10.20–10.21
  E. Kausalität und Schuld 10.22–10.25

Schrifttum (Auswahl): *Brunner* Kausalitätsfragen bei Entscheidungen von Kollegialorganen ZWF 2018 286; *Engisch* Die Kausalität als Merkmal der strafrechtlichen Tatbestände (1931); *Schild* „Unterbrechung des Kausalzusammenhanges" RZ 1974 109; *Schmoller* Die Kategorie der Kausalität und der naturwissenschaftliche Kausalverlauf im Lichte strafrechtlicher Tatbestände ÖJZ 1982 449 487; *H. Steininger* Die moderne Strafrechtsdogmatik und ihr Einfluß auf die Rechtsprechung ÖJZ 1981 365; *Wegscheider* Kausalitätsfragen im Umweltstrafrecht ÖJZ 1983 90.

A. Objektiver Tatbestand

10.1 Der objektive Tatbestand ist die **Summe aller objektiven (= äußeren) Tatbestandsmerkmale.** Die meisten objektiven Tatbestandsmerkmale werden in den Deliktstatbeständen des Besonderen Teils angeführt. Daneben gibt es allerdings auch ungeschriebene Tatbestandsmerkmale (zB die tatsächliche Möglichkeit zur Handlungsvornahme bei echten und unechten Unterlassungsdelikten, vgl RN 29.5 u 30.7 ff). Diese ergeben sich aus der Auslegung.

Ein zentrales solches Element ist die in RN 10.3 ff dargestellte **Ursächlichkeit (Kausalität):** Dieses Merkmal ist im Gesetz nur ausnahmsweise angesprochen und zählt normalerweise zu den ungeschriebenen Merkmalen.

Beispiel: Statt vom „Herbeiführen des Todes" (§ 80) zu sprechen, enthält schon der Ausdruck „töten" in § 75 das Erfordernis der Kausalität.

10.2 Die **objektiven Tatbestandsmerkmale** beschreiben die Person des Täters, die Tathandlung, das Tatobjekt und (bei Erfolgsdelikten) den Erfolg.

Die meisten Delikte sind von jedermann begehbar; bei den Sonderdelikten (s RN 9.45) ist der **Täterkreis** durch bestimmte objektive Tätermerkmale beschränkt.

Kern eines jeden Tatbestandes ist die **Tathandlung.** Straftatbestände definieren teilweise ausdrücklich eine bestimmte Verhaltensweise als Tathandlung (zB „wegnehmen" in § 127; „täuschen" in § 146). Bei reinen Erfolgs-Verursachungsdelikten kommt es „nur" auf die Herbeiführung eines bestimmten Erfolges (zB des Todes oder einer Körperverletzung) an; auf welche Art und Weise der Erfolg herbeigeführt wird, ist für die Tatbestandserfüllung nicht wesentlich. Hingegen sind Delikte mit gesetzlich geschlossenen Mitteln (sog verhaltensgebundene Erfolgsdelikte) nicht anders begehbar als durch die vorgesehene Tathandlung (zB muss bei § 146 der Vermögensschaden durch Täuschung über Tatsachen, welche eine Vermögensdisposition auslöst, herbeigeführt werden). Deshalb ist in diesen Fällen bei einer Begehung durch Unterlassung die Gleichwertigkeit problematisch; s näher RN 30.20.

B. Kausalität des Tuns

Das **Tatobjekt** ist der Gegenstand der Außenwelt, an dem oder in Bezug auf den eine Tathandlung vollzogen wird. Handlungsobjekte können Personen (zB ein „anderer"), körperliche Sachen (zB „eine fremde bewegliche Sache", eine Urkunde) oder unkörperliche Sachen (zB die Befugnis) sein; zur Unterscheidung vom Begriff des Rechtsguts RN 3.9.

Erfolg ist bei den Erfolgsdelikten der Eintritt einer von der Tathandlung zumindest gedanklich abtrennbaren Wirkung in der Außenwelt (vgl RN 9.6 ff). Der Erfolg ist nicht Teil der Tathandlung. Die Tathandlung muss aber den Erfolg herbeigeführt haben. Dies ist zunächst im Sinne der schlichten Ursächlichkeit (Kausalität) zu prüfen. Einschränkend treten die Kriterien der „objektiven Zurechnung" hinzu; vgl RN 10.3 ff.

Schließlich kommen in einer Reihe von Delikten, besonders bei Qualifikationen, noch bestimmte (zB zeitliche oder örtliche) **Modalitäten** der Tat hinzu; zB die Fälle des § 84 Abs 2 und 5 Z 1; § 128 Abs 1 Z 1 und 2; § 143 Abs 1 2. Fall.

Beachte! Von diesen unrechtsbezogenen Elementen sind besondere Schuldmerkmale (s dazu RN 16.19 f) sowie sonstige, von Unrecht und Schuld unabhängige Voraussetzungen der Strafbarkeit (s dazu RN 8.7) strikt zu unterscheiden.

B. Kausalität des Tuns

1. Allgemeines

Ein zentrales Problem bei **Erfolgsdelikten** ist, wie erwähnt, die **Kausalität** (= der **Kausalzusammenhang**) zwischen Tathandlung und Erfolg. Dieser Frage kommt große praktische Bedeutung zu; vgl RN 9.9.   10.3

Das StGB erwähnt dieses objektive Tatbestandsmerkmal nur selten ausdrücklich; zB in § 80 Abs 1: „Wer fahrlässig den Tod eines anderen **herbeiführt**"; § 87 Abs 2: „Zieht die Tat ... **nach sich**", „hat ... **zur Folge**". Meist ergibt sich das Kausalitätserfordernis aber mittelbar aus dem Gesetz.

Beispiele: „Töten" (§ 75), „am Körper verletzen" (§ 83 Abs 1), „zu einer Handlung etc nötigen" (§ 105 Abs 1), „zerstören", „beschädigen" etc (§ 125), „am Vermögen schädigen" (§ 146). Vgl auch die Definition der Tätereigenschaft in § 94.

2. Maßgebende Prinzipien

Bei der Kausalität geht es stets darum, ob eine bestimmte Handlung einen   10.4 bestimmten Erfolg **verursacht = herbeigeführt = bewirkt** hat. Die Beantwortung dieser Frage hat das StGB bewusst Lehre und Praxis überlassen, die dabei von folgenden **Grundsätzen** ausgehen:

a) **Tatsächlicher Kausalverlauf.** Maßgeblich sind immer nur der **wirkliche Geschehensablauf und der Erfolg in seiner konkreten Gestalt.** Andere, möglicherweise auch denkbare = sog **hypothetische Kausalverläufe** bleiben außer Betracht.

Beispiel: Als M nachts „eine dunkle Masse" auf dem regennassen Asphalt bemerkte, konnte er nicht mehr rechtzeitig bremsen. Der überfahrene R verstarb wenige Minuten später. Die Obduktion ergab überraschend, dass R schon durch seinen Sturz, dh **vor** dem Zusammenprall, einen Schädelbasisbruch erlitten hatte, an dem er wahrscheinlich ohnehin gestorben wäre. Mit Recht hat der OGH den Hinweis des M auf diesen **hypothetischen Kausalverlauf** als unbeachtlich zurückgewiesen; stRspr; vgl 12 Os 76/01; 14 Os 162/01.

10. Kapitel: Objektiver Tatbestand und Kausalität

10.5 b) **Mitkausalität.** Die Ursächlichkeit eines bestimmten Tuns wird nicht dadurch beseitigt, **dass der Erfolg erst im Zusammenwirken mit anderen Umständen eingetreten ist.** Bloße **Mitkausalität genügt;** vgl SSt 61/1.

Beispiel: Eine nächtliche „Tempobolzerei" des A auf der Landstraße bleibt auch dann ursächlich für den Tod des B, wenn dieser auf der falschen Straßenseite gegangen, A seinerseits geblendet worden oder ein Arzt nicht rechtzeitig erreichbar war, wenn B eine Stunde später durch einen Unfall des Rettungswagens den Tod gefunden hat oder erst nach Jahren an den Spätfolgen der Verletzung gestorben ist.

10.6 c) **Gleichwertigkeit der Ursachen.** Jeder Umstand, der **auch nur das Geringste** dazu beigetragen hat, dass der Erfolg in seiner konkreten Gestalt eingetreten ist, war für diesen Erfolg kausal, war **Ursache.** Alle Ursachen (= Bedingungen) sind **gleichwertig (= äquivalent).** Deshalb bezeichnet man diese streng logische Betrachtungsweise auch als **Äquivalenztheorie** oder **Bedingungstheorie.** Sie gilt auch für das **Verwaltungsstrafrecht;** vgl *Raschauer/Wessely* Verwaltungsstrafrecht 58.

3. Kausalitätsformel der Äquivalenztheorie

10.7 a) **Definition. Ein Tun ist kausal für einen Erfolg, wenn es nicht weggedacht werden kann, ohne dass der Erfolg in seiner konkreten Gestalt entfiele (= sog „conditio sine qua non"-Formel);** hM; vgl *Stricker* in *L/St* Vorbem § 1 RN 19; SSt 2006/54; SSt 61/1; SSt 57/69; SSt 55/86; JBl 1984 326 m Anm *Fuchs;* SSt 53/2; SSt 48/68. Diese berühmte Kausalitätsformel geht auf den österr Prozessualisten *Julius Glaser* (Kurzbio s S 374) zurück.

10.8 b) **Konsequenzen.** Aus der Äquivalenz aller Ursachen (= Bedingungen) ergeben sich folgende bedeutsame Konsequenzen:

10.9 aa) Es gibt keinen Unterschied zwischen „nahen" und „entfernten", „typischen" und „untypischen", „normalen" und „zufälligen" Ursachen.

Ebenso wenig lässt sich im Rahmen der Äquivalenztheorie zwischen „notwendigen", „wirksamen", „auslösenden" oder „überwiegenden" **Ursachen** und **sonstigen Bedingungen** differenzieren. Denn die kausale Bedeutung der einzelnen Bedingungen ist weder messbar noch abstufbar. **Alle Bedingungen sind Ursachen. Alle Ursachen wiegen gleich schwer.** Anders die früher vertretenen individualisierenden Kausaltheorien *(Binding, Birkmeyer);* vgl dazu *Triffterer* AT 8/9.

10.10 bb) Kausalität besteht auch dort, wo erst die besonderen körperlichen und geistigen Verhältnisse des Verletzten der Tathandlung zum Erfolg verholfen haben. Daher ist selbst der an sich **harmlose Kratzer,** an dem ein **Bluter** stirbt, conditio sine qua non, da der Kratzer nicht weggedacht werden kann, ohne dass der Tod entfällt; vgl RN 10.7, *Stricker* in *L/St* Vorbem § 1 RN 34. Dasselbe gilt für sonstige Fälle des sog **atypischen Kausalverlaufs.** Näher dazu RN 26.29f.

10.11 c) **Mängel und Grenzen.** aa) **Erfahrungswissen.** Die Kausalitätsformel der Äquivalenztheorie leistet weniger, als es zunächst den Anschein hat. Denn sie reicht niemals weiter als unser **derzeitiges Erfahrungswissen.** Sie ermöglicht es zwar, bereits **vorhandenes Kausalwissen logisch zu verknüpfen** und prägnant zu artikulieren, aber sie versagt völlig bei der **Ermittlung noch unbekannter Kau-**

B. Kausalität des Tuns

salzusammenhänge; vgl *Burgstaller* Fahrlässigkeitsdelikt 84; *Roxin* AT I § 11 RN 12. Mit der Formel vom „Wegdenken" (RN 10.7) wird zudem nicht berücksichtigt, dass es Fälle gibt, wo statt des Wegdenkens einer produktiven Ursache das Hinzudenken einer präventiven Ursache erforderlich ist (s Kausalität der Unterlassung; dazu RN 30.10 f).

Diese Begrenztheit ist gemeint, wenn in der Lehre vom Erfordernis der (natur- bzw erfahrungs-)**gesetzmäßigen Bedingung** gesprochen wird. Bei diesem Lösungsansatz geht es darum, ob ein gesetzmäßiger Zusammenhang den Erfolg als Wirkung einer Handlung erklärt; näher zum Ganzen *J/W* AT 281; *Roxin* AT I § 11 RN 15 ff; *Triffterer* AT 8/16 ff.

B e i s p i e l: Wegen gastritischer Beschwerden ist A mit stark überhöhter Strahlendosis geröntgt worden. Zehn Jahre danach erkrankt A an Magenkrebs und stirbt. Unser Erfahrungswissen reicht derzeit nicht aus, um **mit Sicherheit** sagen zu können, dass **diese** grob fehlerhafte Strahlenbehandlung ursächlich oder auch nur mitursächlich für die spätere Krebserkrankung und den Tod des A gewesen ist. Eine Anklage des Röntgenarztes wegen eines Tötungsdelikts verspricht schon deshalb keine Aussicht auf Erfolg. Anders war die Beweislage im berüchtigten „Contergan-Prozess", in dem das Gericht zur Überzeugung kam, dass ein Kausalzusammenhang zwischen längerer Einnahme eines Medikaments (Thalidomid) und Nervenschäden sowie körperlichen Missbildungen besteht; vgl LG Aachen JZ 1971 510.

bb) **Alternative Kausalität.** In den – in praxi freilich seltenen – Fällen der **10.12 alternativen Kausalität** lässt sich die Formel von der conditio sine qua non scheinbar mühelos ad absurdum führen; vgl *Burgstaller* Fahrlässigkeitsdelikt 90; *Triffterer* AT 8/19 f; *Schmoller* ÖJZ 1982 490.

B e i s p i e l (in Anlehnung an SSt 57/69): Während A mit einem wuchtigen Hammerschlag O den Schädel zertrümmert, sticht B – unabhängig von A – dem O **gleichzeitig** mit einem Fixiermesser ins Herz. Da bei einer derartigen Fallkonstellation jede Handlung den Erfolg auch für sich allein herbeigeführt hätte, lässt sich wie folgt argumentieren: Denkt man das Handeln des A weg, wäre der Tod des O zum selben Zeitpunkt trotzdem (nämlich durch die Hand des B) eingetreten. Entsprechendes gilt bei gedanklicher Eliminierung des Zustechens des B. Ein solches Ergebnis wäre in der Tat absurd und wird von niemand gutgeheißen. In Wirklichkeit handelt es sich bei der geschilderten Fallkonstellation um eine **Sonderform realer = nachweislicher Mitkausalität** (RN 10.5) mit der für die alternative Kausalität charakteristischen Modifikation, dass der Erfolg in seiner konkreten Gestalt durch beide Handlungen **gemeinsam und gleichzeitig** herbeigeführt worden ist und daher beide Handlungen kausal waren; so SSt 57/69.

Beachte! In derartigen Fällen alterativer Kausalität ist in aller Regel die **Gleichzeitigkeit** des Erfolgseintritts problematisch bzw nicht nachweisbar. Bleibt offen, ob der Hammerschlag des A oder der Herzstich durch B **schon für sich allein** den Tod des O herbeigeführt hat, sind **beide Täter** in Anwendung des Grundsatzes **in dubio pro reo** (bloß) wegen **versuchten Mordes** zu bestrafen.

cc) **Uferlose Weite.** Die **Hauptkritik** richtet sich jedoch gegen die **uferlose 10.13 Weite** der Äquivalenztheorie; dazu näher RN 10.18 ff.

d) **Fazit.** Trotz ihrer Mängel und Grenzen ist an der Äquivalenztheorie **10.14** festzuhalten. Denn dieses einfache **Eliminationsverfahren** ermöglicht zumindest für den **Normal- und Regelfall hinlänglichen Erfahrungswissens** eine allererste Kontrolle unter streng logischen Aspekten; hM; vgl *Burgstaller* Fahrlässigkeitsdelikt 95; *Fuchs/Zerbes* AT I 13/13 f; JBl 1994 556 m zust Anm *Burgstaller*.

10. Kapitel: Objektiver Tatbestand und Kausalität

C. Sonderprobleme

10.15 Eine „Unterbrechung" des Kausalzusammenhangs gibt es nicht, wohl aber „überholende" Kausalität. Dazu das folgende Schaubild:

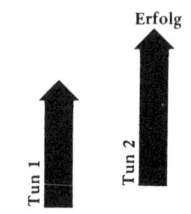

Angebliche „**Unterbrechung**" des Kausalzusammenhangs	„**Überholende**" Kausalität
Erfolg ↑ Tun 1 ↗ ↖ Tun 2	Erfolg ↑ Tun 1, Tun 2
Beide Handlungen sind kausal	Kausal ist nur **Tun 2** geworden

10.16 Zur angeblichen **Unterbrechung des Kausalzusammenhangs:** Weder Handlungen eines Dritten noch des Opfers selbst führen zu einer „Unterbrechung" des Kausalzusammenhangs. Im Gegenteil! Sie bewirken gerade dessen **Herstellung**.

Beispiel: A und B geben dem O unabhängig voneinander Gift. Keine der beiden Giftmengen bewirkt für sich allein den Tod des O. Zusammen führen sie aber zum Tod des O. Hier handelt es sich um einen Fall der **kumulativen Kausalität:** Der Erfolg tritt durch das Zusammenwirken mehrerer Handlungen ein. Damit ist jede Handlung kausal.

Beachte! Die meisten der jahrzehntelang unter dem Schlagwort „Unterbrechung des Kausalzusammenhangs" diskutierten Fälle finden heute unter dem Aspekt der **objektiven Zurechnung des Erfolgs** eine sachgerechte Lösung; vgl dazu RN 10.18 ff.

10.17 Zur **überholenden Kausalität:** Ein später vorgenommenes Tun holt das früher vorgenommene ein und führt **unabhängig von jenem** den Erfolg herbei; vgl 13 Os 91/89. Das frühere Tun wird für den Erfolg nicht mehr wirksam und daher nicht kausal. Manche sprechen daher auch von „abgebrochener" Kausalität. Zum Ganzen näher vgl *Roxin* AT I § 11 RN 30; *Stricker* in *L/St* Vorbem § 1 RN 21.

D. Kausalität und objektive Zurechnung des Erfolgs

10.18 1. **Abenteuerliche Kausalverläufe.** Berühmte Lehrbuchfälle machen die Problematik der uferlosen Weite der Äquivalenztheorie deutlich.

Beispiele: Der Bauer schickt seinen Knecht bei starkem Gewitter aufs Feld, auf dass ihn der Blitz erschlage. So geschieht es (sog **Gewitter-Fall**). Der geldgierige Neffe überredet seinen Erbonkel zu einer Flugreise. Wie erhofft, stürzt das Flugzeug mit dem Erbonkel ab (sog **Erbonkel-Fall**). Ähnlich liegt der **Blattschuss-Fall;** vgl dazu näher *Kienapfel* JAP 2003/04 93. An der Kausalität iSd Äquivalenztheorie ist in keinem dieser Fälle zu zweifeln. Dennoch scheidet nach heutiger hM die Bestrafung des Täters schon aus objektiven, dh tatbestandlichen Gründen und nicht erst mangels Schuld aus.

10.19 Seit *Binding* und *v. Kries* hat es nicht an Versuchen gefehlt, die Formel der Äquivalenztheorie durch engere Kausalitätskriterien zu ersetzen oder wenigstens zu modifizieren. Neben den individualisierenden Kausalitätstheorien (RN 10.9) sind in diesem Zusammenhang vor allem die Lehre von der **Unterbrechung des Kausalzusammenhanges** (RN 10.15 f), die **Adäquanztheorie** und die **Lehre vom Regressverbot** zu nennen. Alle diese Theorien sind inzwischen überholt.

10.20 2. **Kausalität und objektive Zurechnung.** Heute besteht in Wissenschaft und Praxis Einigkeit darüber, dass bei den **Erfolgsdelikten** zwischen der **Kausa-**

E. Kausalität und Schuld

litätsfrage (iSd Äquivalenztheorie) und der **Haftungsfrage** streng zu trennen ist. Für Letztere hat sich in Lehre und Praxis der Begriff der **objektiven Zurechnung des Erfolgs = objektive Zurechenbarkeit** durchgesetzt. Die objektive Zurechenbarkeit bildet nach heutiger hM ein **selbstständiges tatbestandliches Haftungskorrektiv aller vorsätzlichen und fahrlässigen Erfolgsdelikte** und ist im Anschluss an die Bejahung der Kausalität zu prüfen. Dabei wird untersucht, ob der Erfolg, für den die Tathandlung kausal war, in spezifisch **normativer** Weise mit der Handlung verknüpft ist; ausführlich dazu RN 28.1 ff.

Diese Differenzierung klingt erstmals in SSt 27/22 an. *Nowakowski* und vor allem *Burgstaller* haben in der Folgezeit den Gedanken der objektiven Zurechnung in Österreich maßgeblich strukturiert und vertieft; vgl dazu grundlegend *Burgstaller* Fahrlässigkeitsdelikt 69. Die Rspr hat sich angeschlossen; vgl JBl 1994 556 m zust Anm *Burgstaller;* SSt 55/86; JBl 1984 326 m Anm *Fuchs;* RZ 1981/35 m Anm *Kienapfel.*

Beispiele: A fährt in Wien bei Rot über eine Kreuzung, um weiter nach Linz zu fahren. Dort überfährt er – ohne einen weiteren Sorgfaltsverstoß – die Studentin B, die schwer verletzt wird. Im Zuge einer Rauferei schlägt C dem D mit einem Prügel auf den Kopf, sodass D eine schwere Schädelverletzung erleidet. Im Krankenhaus wird er vom Pfleger E vergiftet. Sowohl das Überfahren der Kreuzung bei Rot durch A als auch die Prügel des C sind kausal für die Verletzung bzw den Tod. Ob sie für den Eintritt dieser Erfolge aber tatsächlich strafrechtlich zur Verantwortung gezogen werden können, ist in einem nächsten Schritt auf Ebene der objektiven Zurechnung zu prüfen.

Die Kausalität ist somit nur eine Voraussetzung für die Zurechnung eines **10.21** Erfolges, es muss darüber hinaus auch eine **normative Verknüpfung zwischen Tathandlung und Erfolg** vorliegen. Die objektive Zurechnung dient der Begrenzung der Weite der Äquivalenztheorie und hat strafbarkeitseinschränkende Funktion. Als Elemente der objektiven Zurechnung müssen der **Adäquanzzusammenhang,** der **Risikozusammenhang** sowie (bei Fahrlässigkeitsdelikten) die **Risikoerhöhung gegenüber rechtmäßigen Alternativverhalten** vorliegen.

IdR **indiziert** die Kausalität bei den fahrlässigen und den vorsätzlichen Erfolgsdelikten die objektive Zurechnung des Erfolgs. Auf die Frage der objektiven Zurechenbarkeit ist daher bei Vorsatzdelikten und Vorsatz-Fahrlässigkeits-Kombinationen bloß **ausnahmsweise,** dh nur dann einzugehen, wenn es Hinweise darauf gibt, dass die objektive Zurechnung problematisch sein könnte; vgl SSt 2006/79; JBl 1994 556 m Anm *Burgstaller;* SSt 55/86.

Die Elemente der objektiven Zurechnung sind bezüglich der **vorsätzlichen Erfolgsdelikte** in RN 26.31, RN 28.15 sowie ausführlich in *StudB BT I* § 75 RN 14 ff dargestellt. Bei **fahrlässigen Erfolgsdelikten** ist die objektive Zurechnung hingegen stets zu prüfen; vgl dazu RN 26.28 ff, RN 27.12 f u RN 28.2, 28.3 ff u 28.16 f sowie ausführlich in *StudB BT I* § 80 RN 48 ff, 56 ff u 90 ff dargestellt. **Ständige Prüfungsproblematik!**

E. Kausalität und Schuld

Angehende Juristen neigen meist dazu, **Kausalität** mit **Schuld** zu verwechseln. Beides muss aber strikt auseinandergehalten werden. **10.22**

Im Rahmen der Kausalität geht es darum, ob eine bestimmte Handlung **10.23** einen bestimmten Erfolg verursacht hat.

11. Kapitel: Subjektiver Tatbestand der Vorsatzdelikte

Diese Frage ist mit Hilfe der Äquivalenztheorie zu beantworten. Da es sich dabei ausschließlich um ein logisches Schlussverfahren handelt, enthält die Feststellung, dass ein bestimmtes Tun für einen bestimmten Erfolg kausal geworden ist, **weder eine Wertung noch einen Vorwurf.**

10.24 **Im Rahmen der Schuld geht es darum, ob dem Täter der von ihm verursachte Erfolg auch rechtlich vorgeworfen werden kann.**

10.25 Was Schuld bzw Vorwerfbarkeit im Einzelnen bedeutet, wird in Kap 16 ausgeführt. Hier genügt es, Folgendes festzuhalten:

- Die Kausalität ist **getrennt** von der Schuld zu untersuchen.
- Die Frage der Kausalität ist **vor** der Frage der Schuld zu untersuchen.
- Für die Kausalität sind ganz andere Kriterien maßgebend als für die Schuld.
- Mit der **Bejahung** der Kausalität ist noch nichts darüber ausgesagt, ob dem Täter der von ihm verursachte Erfolg auch **rechtlich vorgeworfen werden kann.**
- Mit der **Verneinung** der Kausalität **erübrigt** sich die Untersuchung der Schuld.
- Innerhalb des **Fallprüfungsschemas** ist die Kausalität auf der **Stufe I** (= Tatbestandsmäßigkeit) und die Frage, ob dem Täter der von ihm verursachte Erfolg rechtlich vorgeworfen werden kann, auf der Stufe III **(= Schuld)** zu untersuchen.

Zur Vertiefung: Zur Äquivalenztheorie und ihren Grenzen vgl *Burgstaller* Fahrlässigkeitsdelikt 81; *Roxin* AT I § 11 RN 6 ff u 20 ff.

■ ■ ■ **Programmbearbeiter lesen jetzt bitte die TE 10** ■ ■ ■

11. Kapitel
Subjektiver Tatbestand der Vorsatzdelikte

Inhaltsübersicht

	RN
A. Der subjektive Tatbestand	11.1–11.2
B. Tatbildvorsatz	11.3–11.22
1. Komponenten des Vorsatzes	11.5–11.18
a) Wissenskomponente	11.6–11.12
aa) Aktualwissen und Begleitwissen	11.7–11.9
bb) Besonderheiten	11.10–11.12
b) Wollenskomponente	11.13
c) Drei Grade des Vorsatzes	11.14–11.18
aa) Bedingter Vorsatz	11.15
bb) Absichtlichkeit	11.16
cc) Wissentlichkeit	11.17–11.18
2. Sonderprobleme	11.19–11.22
a) Bedingter Handlungswille	11.19
b) Maßgebender Zeitpunkt	11.20
c) Erfolgsdelikte	11.21
d) Vorsatz trotz Schuldunfähigkeit?	11.22
C. Erweiterter Vorsatz	11.23–11.28
1. Definition	11.23
2. Anwendungsfälle	11.24–11.25
3. Dogmatische Einordnung	11.26
4. Durchblick	11.27–11.28
D. Das Fallprüfungsschema beim Vorsatzdelikt	11.29–11.30
1. Fallprüfungsschema der personalen Unrechtslehre	11.29
2. Fallprüfungsschema des neoklassischen Verbrechensbegriffs	11.30

A. Der subjektive Tatbestand

Schrifttum zu Kap 11 u 12 (Auswahl): *Felnhofer-Luksch* Irrtümer über privilegierende Deliktsmerkmale JBl 2004 703; *Hauer* Der Allgemeine Teil des Verwaltungsstrafrechts Diss jur Wien (1988); *Hochmayr* Die Vorsatzform bei notwendigen Nebenfolgen JBl 1998 205; *Kienapfel* Zur gegenwärtigen Situation der Strafrechtsdogmatik in Österreich JZ 1972 569; *ders* Unrechtsbewußtsein und Verbotsirrtum in: StP IV 112; *Moos* Zum Stand der österreichischen Verbrechenslehre aus der Sicht einer gemeinrechtlichen Tradition ZStW 1981 1023; *ders* Die Irrtumsproblematik im Finanzstrafrecht in: FinStR 1997 101; *Platzgummer* Die Bewußtseinsform des Vorsatzes (1964); *ders* Die „Allgemeinen Bestimmungen" des Strafgesetzentwurfes im Licht der neueren Strafrechtsdogmatik JBl 1971 236; *ders* Vorsatz und Unrechtsbewußtsein in: StP I 35; *ders* Probleme des Rechtsirrtums in: StP XIII 1; *Rebisant* Irrtum und grobe Fahrlässigkeit im Finanzstrafrecht seit dem Steuerreformgesetz 2015/2016 ZWF 2016 72; *Scheil* Dogmatische Probleme aus dem Finanzstrafrecht JBl 1998 353; *Schild* Die strafrechtliche Regelung des Irrtums ÖJZ 1979 173; *Schmoller* Das voluntative Vorsatzelement ÖJZ 1982 259 281; *Schütz* Tatbestandsirrtum und Verbotsirrtum im Nebenstrafrecht (2000); *Schütz* Vorsatz und Bedeutungskenntnis in der Rechtsprechung in: Höpfel-FS 27; *S. Seiler* Der „dolus generalis" in Lehre und Rechtsprechung ÖJZ 1994 85; *E. Steininger* Der Irrtum über normative Tatbestandsmerkmale JBl 1987 205 287; *Wegscheider* Der Vorsatz bei normativen Tatbestandsmerkmalen JBl 1974 192.

A. Der subjektive Tatbestand 11.1

Der subjektive Tatbestand ist das Pendant zum objektiven Tatbestand bzw zum Tatbild. Der **subjektive Tatbestand ist die Summe aller subjektiven Tatbestandsmerkmale eines Delikts.** Zum subjektiven Tatbestand gehören der **Tatbildvorsatz** und (wenn im Besonderen Teil vorgesehen) der **erweiterte Vorsatz.** Der subjektive Tatbestand ist nach der personalen Unrechtslehre (vgl RN 4.8) ein wesentliches Unrechtselement. Tatbestandsmäßig handelt nur, wer neben dem objektiven auch den subjektiven Tatbestand vollständig erfüllt.

Während sich im Regelfall des **vollendeten Delikts** der Tatvorsatz auf das 11.2 Tatbild zu beziehen hat **(„Tatbildvorsatz"),** gibt es auch subjektive Tatbestandsmerkmale, die keine Entsprechung in der Außenwelt brauchen **(„erweiterter Vorsatz").** Dies gilt unabhängig von der Möglichkeit eines versuchten Delikts (vgl die Schaubilder RN 23.16ff).

äußere Tatseite	objektiver Tatbestand	
innere Tatseite	Tatbildvorsatz	erweiterter Vorsatz

Der Tatbildvorsatz hat sich auf alle Elemente des objektiven Tatbestands (= des Tatbildes) zu beziehen. Ein erweiterter Vorsatz (= überschießende Innentendenz) geht über den objektiven Tatbestand hinaus, der Gegenstand des erweiterten Vorsatzes muss keine Entsprechung auf der äußeren Tatseite haben (sog formelle Vollendung; bei tatsächlicher Erfüllung des erweiterten Vorsatzes spricht man von materieller Vollendung).

Beispiele: Der **Mord** (§ 75) verlangt nach § 7 Abs 1 **Vorsatz** in Bezug auf die **Tötung** eines anderen (= **Tatbildvorsatz).** Zum Unterschied von solchen Tatbeständen, die subjektiv ausschließlich einfachen Tatbildvorsatz erfordern, ist **Diebstahl** (§ 127) nur dann erfüllt, wenn die Wegnahme der fremden beweglichen Sache **vorsätzlich** (= Tatbildvorsatz) **und** zusätzlich **in der Vorstellung** erfolgt, sich oder einen Dritten durch deren Zueignung unrechtmäßig zu bereichern (= **erweiterter Vorsatz** = überschießende Innentendenz). Das

11. Kapitel: Subjektiver Tatbestand der Vorsatzdelikte

vollendete Delikt verlangt die vorsätzliche Verwirklichung des Tatbildes; der erweiterte Vorsatz muss sich hingegen nur gedanklich abspielen.

äußere Tatseite	objektiver Tatbestand	obj. Bedingung der Strafbarkeit
innere Tatseite	**Tatbildvorsatz**	

Umgekehrt müssen „objektive Bedingungen der Strafbarkeit" (vgl RN 6.12 und RN 8.7), die in manchen Deliktstatbeständen als zusätzliche Strafbarkeitsvoraussetzung vorgesehen sind, nicht vom Vorsatz erfasst sein.

Beispiel: Der **Raufhandel** (§ 91) setzt die vorsätzliche Teilnahme an einer Schlägerei bzw einem Angriff mehrerer voraus **(Tatbildvorsatz)** und zusätzlich als objektive Strafbarkeitsvoraussetzung den Eintritt einer (schweren) Körperverletzung, für die aber **kein** Vorsatz (auch keine Fahrlässigkeit) erforderlich ist.

B. Tatbildvorsatz

11.3 Der **Tatbildvorsatz** – häufig auch **Tatbestandsvorsatz** oder einfach Tatvorsatz genannt – stellt nach der personalen Unrechtslehre das zentrale subjektive Tatbestandselement aller Vorsatzdelikte dar. Gesetzestechnisch wurde das Erfordernis des Tatbildvorsatzes gleichsam vor die Klammer gezogen und im Allgemeinen Teil in § 7 Abs 1 verankert. Gegenüber dieser Sicht, die nach der **personalen Unrechtslehre** geboten ist (vgl RN 4.8), pflegte man im klassischen und im neoklassischen Verbrechensbegriff Vorsatz und Fahrlässigkeit als „Schuldformen" bzw als „psychologisches Schuldelement" aufzufassen (so auch die in diesem Buch bis zur 13. Auflage vorgenommene Zuordnung des Vorsatzes zur Schuld; vgl RN 4.6 und 4.7). Dem entspricht auch die Systematik des StGB, das historisch bedingt nach dem Schuldprinzip (§ 4) die Definitionen für Vorsatz und Fahrlässigkeit folgen lässt. Zum Aufbau des Fahrlässigkeitsdelikts vgl Kap 27.

Die Definition des Vorsatzes ist in § 5 Abs 1 enthalten:

Vorsätzlich handelt, wer einen Sachverhalt verwirklichen will, der einem gesetzlichen Tatbild entspricht.

Als **Minimum** verlangt das Gesetz den **bedingten Vorsatz:** Nach § 5 Abs 1 2. Halbsatz genügt für dieses Wollen, „dass der Täter diese Verwirklichung ernstlich für möglich hält und sich mit ihr abfindet"; s RN 11.15. Daneben definiert das StGB in § 5 Abs 2 und 3 noch zwei weitere besondere **Arten** = **Stufen** = **Stärkegrade** des Vorsatzes: die Absicht und die Wissentlichkeit; s RN 11.16 und 11.17.

11.4 Der Tatbildvorsatz muss sämtliche Tatsachen umfassen, die den objektiven Tatbestand des Delikts begründen; vor allem die **Tathandlung**, das **Tatobjekt,** allfällige **Tatmodalitäten,** den **Erfolg** sowie den **Kausalverlauf** in seinen groben Zügen (RN 11.12). Weiterhin muss er sich auf etwaige **Delikts-(**zB **Wert-)qualifikationen, nicht** aber auf **Erfolgsqualifikationen** erstrecken (s RN 9.10). Hingegen muss sich der Vorsatz nicht auf objektive Bedingungen der Strafbarkeit und objektivierte Schuldmerkmale (zB § 79: Mutter) beziehen.

Beispiele: Bei der Körperverletzung (§ 83 Abs 1) muss sich der Tatbildvorsatz auf die Verletzung oder Gesundheitsschädigung eines anderen beziehen, bei der Sachbeschädigung (§ 125) auf die Zerstörung etc einer fremden Sache, beim Betrug (§ 146) auf die

B. Tatbildvorsatz

Täuschung eines anderen und die Vermögensschädigung beim Getäuschten oder einem Dritten. Auch muss er sich auf die Deliktsqualifikationen des § 84 Abs 2 und 5 (vgl *StudB BT I* § 84 RN 3 ff), des § 126 oder des § 147 erstrecken. Hingegen braucht die schwere Körperverletzung nach § 84 Abs 1 und 4 (Erfolgsqualifikation!) nicht vom Vorsatz umfasst sein; s § 7 Abs 2.

1. Komponenten des Vorsatzes

Der Vorsatz besteht aus zwei Komponenten, der **Wissenskomponente** 11.5 (kognitives Element) und der **Wollenskomponente** (voluntatives Element). Die Legaldefinition des Vorsatzes in § 5 Abs 1 1. Halbsatz erwähnt ausdrücklich nur die Wollenskomponente. Die Wissenskomponente ist in der Wollenskomponente denknotwendig mitenthalten; vgl *Stricker* in *L/St* § 5 RN 1; *Platzgummer* Bewußtseinsform 57 96; 15 Os 71/95; 13 Os 136/90; abw *Schmoller* ÖJZ 1982 259 281.

Aber: Dies gilt nicht umgekehrt. Um sagen zu können, dass der Täter etwas wollte, reicht es keinesfalls aus, dass er davon wusste (missverständlich JBl 2011 58 m Anm *Kert*).

Beachte! Irrelevant ist in diesem Zusammenhang der **Beweggrund** (= Motivation = Motiv). Er ist weder Voraussetzung noch Bestandteil des Vorsatzes; vgl RZ 1989/73; 9 Os 69/85.

a) **Wissenskomponente.** Die Wissenskomponente (kognitives Element) 11.6 betrifft die Kenntnis aller Tatsachen, auf welche sich der objektive Tatbestand (= das Tatbild) bezieht. Um tatbestandsmäßig zu handeln, müssen daher alle objektiven Tatbestandsmerkmale dem Täter bekannt sein.

Hinsichtlich des Wissens unterscheidet das StGB bestimmte Grade: Zumindest muss der Täter einen tatbestandsrelevanten Umstand „ernstlich für möglich halten" (vgl § 5 Abs 1). Manche Tatbestände verlangen, dass der Täter einen Umstand „für gewiss hält" (zB §§ 153, 298, 302; vgl § 5 Abs 3).

Insoweit stellt sich die Frage, welche Anforderungen an die **Vorstellung** des Täters, dh an den **Bewusstheitsgrad seines Wissens** zu richten sind.

aa) **Aktualwissen und Begleitwissen.** Sicheres Wissen ist beim Täter häu- 11.7 fig nicht vorhanden und auch nicht erforderlich. Bereits undeutliche und unreflektierte Vorstellungen genügen den Anforderungen an das Wissen. Aufbauend auf *Platzgummer* (1964) und *Schewe* (1967) unterscheiden Lehre und Praxis **zwei Bewusstheitsgrade (Bewusstseinsformen)** des Wissens: Das **Aktualwissen** und das **Begleitwissen = Mitbewusstsein;** grundlegend *Platzgummer* Bewußtseinsform 63 81; vgl *Stricker* in *L/St* § 5 RN 3; *Fabrizy* § 5 RN 3; *Triffterer* AT 9/18; *Reindl-Krauskopf* WK[2] § 5 RN 16 ff; aus der Rspr vgl etwa EvBl 1987/197/46; SSt 56/25; EvBl 1982/191; EvBl 1981/106.

(1) Von **Aktualwissen** spricht man, wenn der Täter **an die Verwirklichung** 11.8 **des Tatbestandes oder eines bestimmten Tatbestandsmerkmals explizit gedacht hat.**

(2) Das **Begleitwissen** umfasst solche Fälle, in denen dem Täter **die Ver-** 11.9 **wirklichung des Tatbestandes oder eines bestimmten Tatbestandsmerkmals entweder aus den Begleitumständen oder sonst latent bewusst war.**

11. Kapitel: Subjektiver Tatbestand der Vorsatzdelikte

Die Judikatur operiert mit dem Begleitwissen etwa im Bereich des § 229: Der Brieftaschendieb, der nach der Entnahme der Geldscheine Tasche nebst **Personalausweis** wegwirft, denkt idR nicht daran, dass er dadurch auch eine fremde **Urkunde unterdrückt.** Dennoch ist ihm dieser Umstand **latent bewusst.** Er ist daher gem §§ 127f (Geld!), § 135 (Brieftasche!) und § 229 (Personalausweis!) zu bestrafen; vgl GrundsatzE ZVR 1980/243 m zust Anm *Kienapfel;* heute hM; vgl *StudB BT II* § 127 RN 153 mN. **Prüfungsmaterie!**

Beachte! Das Begleitwissen beschreibt die **Untergrenze** dessen, was von der **Wissenskomponente** her gesehen noch als Vorsatz bezeichnet werden kann; vgl EvBl 1987/46. Jenseits des Begleitwissens beginnt die (unbewusste) **Fahrlässigkeit.**

11.10 bb) **Besonderheiten.** Unter dem Aspekt des **Wissens** sind vor allem bei **normativen Tatbestandsmerkmalen** und in Bezug auf den **Kausalverlauf** Besonderheiten zu beachten.

11.11 (1) Der Täter muss die Wertungen des Gesetzes nachvollziehen und die Tatbildelemente in ihrem sozialen Bedeutungsgehalt erfassen. Dazu ist keine juristisch korrekte Beurteilung notwendig, sondern es genügt, wenn seine **laienmäßige Einschätzung** dieses Tatumstands sowie dessen sozialer und rechtlicher Bedeutung jener des Rechts parallel läuft; sog **Parallelwertung in der Laiensphäre** *(Mezger);* hM; vgl *Huber* in *L/St* § 7 RN 7; *Triffterer* AT 9/76 ff; *Fuchs/Zerbes* AT I 14/21 ff; *Kert* in HB Wirtschaftsstrafrecht RN 1.25; *Schütz* in: Höpfel-FS 27; OGH 15 Os 55/17b EvBl 2018/35; SSt 2003/98; JBl 2003 592 m Anm *Köck;* EvBl 1995/16; RZ 1995/63.

Besonders bei **normativen Tatbestandsmerkmalen** (zB „unbrauchbar machen", „fremd", „Urkunde", „Beamter") wird der Täter die exakte rechtliche Bedeutung eines solchen Begriffes häufig nicht kennen. Wie sollte er auch? Es genügt daher für den Vorsatz, dass der Täter die (straf-)rechtliche Wertung zumindest in laienhafter Weise nachvollzieht.

Beispiele: Dass bereits das bloße Herauslassen von Luft aus Autoreifen vom OGH rechtlich als Sachbeschädigung gem § 125 gewertet wird (EvBl 1979/90), braucht der Täter nicht zu wissen. Es genügt, dass ihm (latent) bewusst ist, es koste einige Mühe, den Wagen wieder fahrbereit zu machen. Damit läuft seine eigene **laienmäßige Beurteilung** der rechtlichen („unbrauchbar machen" iSd § 125) durchaus parallel.

11.12 (2) Der Vorsatz muss sich auch auf den Kausalverlauf beziehen, der zum objektiven Tatbestand gehört. Allerdings kann idR niemand bezüglich des **Kausalverlaufs** den exakten Ablauf der Dinge voraussehen (dh wissen). Die hL fordert insoweit daher auch keine Kenntnis dieser Einzelheiten, sondern lässt die Kenntnis des Kausalverlaufs **in seinen wesentlichen Umrissen** genügen. Näheres RN 12.5 ff.

11.13 b) **Wollenskomponente.** Das eigentliche **Rückgrat** des Vorsatzes ist das **Wollen** (voluntatives Element). Der Täter muss die Verwirklichung des Tatbildes wollen und sich zumindest mit der Verletzung des Rechtsguts abfinden. Als stärksten Grad der Wollenskomponente kennt das StGB die Absichtlichkeit (§ 5 Abs 2; s unten RN 11.16).

11.14 c) **Drei Grade des Vorsatzes**

Der Vorsatz kann von unterschiedlicher Intensität und Akzentuierung sein. Das StGB unterscheidet insoweit drei **Arten = Stufen = Stärkegrade** des

B. Tatbildvorsatz

Vorsatzes: **Bedingter Vorsatz, Wissentlichkeit** und **Absichtlichkeit;** wie hier *Reindl-Krauskopf* WK² § 5 RN 23; *Platzgummer* JBl 1971 239; *Nowakowski* WK¹ § 5 RN 1 u 5; *Fabrizy* § 5 RN 3; *Stricker* in *L/St* § 5 RN 20; EvBl 1983/18.

Gegenüber dieser gesetzlichen Dreigliederung wird auch vertreten, dass es eine eigene (vierte) Vorsatzart, den einfachen Vorsatz, gibt; *Triffterer* AT 9/51 f; *Schmoller* ÖJZ 1982 287. Dieser Differenzierung bedarf es nicht. Die Definition des bedingten Vorsatzes dient der Abgrenzung des Vorsatzes von der bewussten Fahrlässigkeit und ist die Mindestanforderung für den Vorsatz. In vielen gewöhnlichen Fällen liegt ein einfaches Wollen vor, ohne dass die Abgrenzung zur Fahrlässigkeit eine Rolle spielt. In solchen Fällen sollte der Vorsatz nicht mit der Abgrenzungsformel des dolus eventualis begründet werden, sondern kann normal von „Wissen und Wollen" gesprochen werden. Eine weitere Charakterisierung des Vorsatzes, auch wenn sie vom Deliktstatbestand gar nicht verlangt ist, dient der Gewichtung für die Strafzumessung.

B e i s p i e l e : Wenn nicht nur gewollt, sondern absichtlich eine fremde Sache beschädigt wird, fällt dies ebenso ins Gewicht wie umgekehrt die Entziehung einer Sache, über deren Fremdheit sich der Täter nicht sicher war.

aa) **Bedingter Vorsatz (= dolus eventualis).** Er bezeichnet den geringsten Stärkegrad des Vorsatzes. **11.15**

Bedingt vorsätzlich handelt, wer es **zumindest ernstlich für möglich hält, dass er einen Sachverhalt verwirklicht, der einem gesetzlichen Tatbild entspricht, und sich damit abfindet** (§ 5 Abs 1 2. Halbsatz).

Diese betont restriktiv gefasste **Legaldefinition** des bedingten Vorsatzes geht auf *Jescheck* zurück, der sich seinerseits auf das Schweizerische Bundesgericht (BGE 81 IV 202) bezieht; vgl *Jescheck* ZStW 1991 1005. Sie wurde vom OGH schon vor Inkrafttreten des StGB (EvBl 1972/137/353; EvBl 1973/22) übernommen und beschreibt präziser als andere Abgrenzungsformeln dessen, was aus der Sicht der **Wollenskomponente** noch als Vorsatz anzusehen ist. Jenseits des bedingten Vorsatzes beginnt die (bewusste) **Fahrlässigkeit.** Näher zu dieser zentralen Abgrenzungsproblematik RN 28.22 ff.

bb) **Absichtlichkeit (= dolus specialis).** Die Absichtlichkeit ist der intensivste Stärkegrad des Vorsatzes. **11.16**

Absichtlich handelt, wem es **darauf ankommt, den Umstand oder Erfolg zu verwirklichen, für den das Gesetz absichtliches Handeln voraussetzt** (§ 5 Abs 2).

Absichtliches Handeln ist **zielgerichtetes Wollen.** Bei der Absichtlichkeit dominiert die **Wollenskomponente** („darauf ankommt"), die Wissenskomponente tritt ins zweite Glied. Es ist daher gleichgültig, ob der Täter den Eintritt des bezweckten Erfolges für sicher oder nur für möglich gehalten hat; vgl *J/W* AT 297; *Stricker* in *L/St* § 5 RN 5. Absichtlichkeit wird auch nicht dadurch ausgeschlossen, dass dem Täter der Eintritt eines bestimmten **Zwischenerfolges** (zB Tötung eines Tatzeugen) **an sich unerwünscht** ist, er aber keine andere Möglichkeit sieht, sein (außertatbestandliches) Endziel (zB unentdeckt zu bleiben) zu erreichen; hM; vgl *Nowakowski* WK¹ § 5 RN 6; *J/W* AT 297; *Stricker* in *L/St* § 5 RN 5; SSt 47/11 (GrundsatzE); seither stRspr; vgl ua RZ 1977/69; SSt 50/64; eingehend *Hochmayr* JBl 1998 205; *Reindl-Krauskopf* WK² § 5 RN 28 ff.

B e i s p i e l e : Absichtlichkeit bezüglich einzelner Tatbestandsmerkmale setzt das StGB insb bei §§ 87, 108 u 299 voraus; str bei § 105; vgl *StudB BT I* § 105 RN 59/2. Für eine Strafbarkeit nach **§ 87** ist es daher erforderlich, dass es dem Täter darauf ankommt, einen anderen am Körper schwer zu verletzen. Um **gewerbsmäßig** zu handeln, muss der Täter die Absicht haben, sich durch die wiederkehrende Begehung einer Tat ein nicht bloß geringfügiges Einkommen zu verschaffen (§ 70). Seit dem StRÄG 2015 muss zusätzlich ein objektives Kriterium hinzukommen, nämlich alternativ der Einsatz besonderer Fähigkeiten oder Mittel, die Planung zweier weiterer solcher Taten oder die bereits zurückliegende Begehung zweier Taten oder Verurteilung wegen einer solchen Tat (vgl Kap 1–3).

11.17   cc) **Wissentlichkeit (= dolus principalis** [österr] = **dolus directus** [deutsch]). Sie umschreibt den mittleren Stärkegrad des Vorsatzes.

Wissentlich handelt, wer den Umstand oder Erfolg, für den das Gesetz Wissentlichkeit voraussetzt, nicht bloß für möglich hält, sondern sein Vorliegen oder Eintreten für gewiss hält (§ 5 Abs 3).

Bei der Wissentlichkeit dominiert die **Wissenskomponente** im Vorsatz. Wissentlichkeit setzt mehr als schlichte „Kenntnis" oder bloßes „Wissen" voraus; in Bezug auf bereits vorliegende Tatumstände ist **sicheres Wissen,** in Bezug auf künftige ist **subjektive Gewissheit** erforderlich; hM; vgl *J/W* AT 298; *Triffterer* AT 9/27 ff; *Stricker* in *L/St* § 5 RN 10.

Beispiele: Wissentlichkeit fordert das StGB idR nur bezüglich **einzelner Tatbestandsmerkmale,** etwa bei §§ 153, 191, 297 Abs 1, §§ 298, 302. ZB muss man bei § 153 für gewiss halten, dass man gegen die Befugnis, über fremdes Vermögen zu verfügen oder einen anderen zu verpflichten, verstößt. Dass man dies bloß für möglich hält, ist nicht ausreichend. Hingegen reicht für den Eintritt des Vermögensnachteils, dass man diesbezüglich mit bedingtem Vorsatz handelt. Bei § 320 sowie bei § 177a Abs 2 muss sich die Wissentlichkeit dagegen auf **sämtliche** Tatbestandsmerkmale erstrecken.

11.18   Für die Vorsatzdelikte genügt **in der Regel** bedingter Vorsatz. Das ergibt sich aus § 7 Abs 1 iVm § 5 Abs 1 2. Halbsatz. Ausnahmen gelten nur insoweit, als das Gesetz **ausdrücklich** Wissentlichkeit (RN 11.17) oder Absichtlichkeit (RN 11.16) fordert.

Beachte! Der gesetzliche Hinweis in § 5 Abs 1 2. Halbsatz, dass bedingter Vorsatz **„genügt",** wird häufig missverstanden. Liegt im konkreten Fall ein **graduell stärkerer Vorsatz,** insb Absichtlichkeit, vor, so **ist** diese auch als solche zu prüfen und zu bejahen. Es wäre ein **Fehler,** sich zB bei einem **absichtlich** begangenen **Mord** mit der Feststellung zu begnügen, dass der Täter „wenigstens mit bedingtem Vorsatz" gehandelt hat, zumal sich die Intensität des Vorsatzes – wie oben gesagt – insb bei der **Strafzumessung** auswirkt; vgl *Höpfel* ÖJZ 1982 320; *Hochmayr* JBl 1998 218.

2. Sonderprobleme

11.19   a) **Bedingter Handlungswille.** Dieser Begriff darf nicht mit dem bedingten Vorsatz verwechselt werden. Jeder Tatvorsatz (auch der bedingte) erfordert stets einen **unbedingten Handlungswillen.** Solange dieser Handlungswille selbst noch bedingt ist, liegt begrifflich noch kein Vorsatz vor.

Beispiele: Offene oder latente Tat**neigung,** sogar erklärte Gewalt**bereitschaft** ist noch kein Vorsatz; vgl dazu SSt 61/75. Wer beim Ergreifen der Waffe noch nicht weiß, ob er nur drohen oder schießen wird, hat in diesem Augenblick noch keinen unbedingten Handlungswillen. Mithin scheidet Vorsatz (dh auch bedingter Vorsatz) selbst dann aus, wenn sich in diesem Moment versehentlich ein Schuss aus der Waffe löst. Dagegen enthält der definitive Entschluss, dem Mitzecher aus der Kneipe alsbald „irgendwie, notfalls mit Gewalt" Geld abzunehmen, bereits den unbedingten Handlungswillen und ist daher ein den gesetzlichen Erfordernissen genügender (Raub-)Vorsatz; zum Ganzen vgl *Stricker* in *L/St* § 5 RN 19; *Triffterer* AT 9/97.

11.20   b) **Maßgebender Zeitpunkt.** Der Vorsatz muss **zur Zeit der Tat,** dh bei Vornahme der Tathandlung, vorliegen; vgl RN 16.15. Bei mehraktigen Delikten

C. Erweiterter Vorsatz

(zB Einbruchsdiebstahl; vgl RN 9.26) muss der Vorsatz (auf den Diebstahl) bereits beim ersten Akt vorliegen, bei Dauerdelikten (RN 9.28f) kann er erst später gefasst werden; *Reindl-Krauskopf* WK² § 5 RN 20f.

Beispiel: Ist A fest entschlossen, B zu töten, scheidet § 75 dennoch mangels (im Tatzeitpunkt) vorsätzlichen Handelns aus, wenn er B am nächsten Tag **versehentlich** mit dem Auto überfährt.

Beachte! Ein erst **nach Abschluss der Tat** gefasster „Vorsatz" (sog **dolus subsequens**) entspricht nicht der Vorsatzdefinition; vgl 13 Os 79/93. Ebenso wenig erfüllt ein früherer, dh im entscheidenden Zeitpunkt schon wieder aufgegebener Vorsatz (sog **dolus antecedens**) den Vorsatzbegriff. Dagegen macht es keinen Unterschied, ob der Vorsatz erst nach reiflicher Überlegung, spontan oder gar im Affekt gefasst wurde; vgl *Reindl-Krauskopf* WK² § 5 RN 19ff; *Stricker* in *L/St* § 5 RN 22; SSt 46/4.

c) **Erfolgsdelikte.** Auch bei ihnen genügt es, wenn der Vorsatz **bei Vornahme der Tathandlung** vorliegt. Es wird nicht gefordert, dass der Vorsatz noch zur Zeit des Erfolgseintritts besteht. **11.21**

Beispiel: Schickt A dem Opfer eine „Paketbombe", ist er auch dann wegen Mordes zu bestrafen, wenn ihn nach dem Absenden die Reue gepackt und er sich vergeblich bemüht hat, das Opfer zu warnen.

d) **Vorsatz trotz Schuldunfähigkeit?** Vorsatz setzt nur **Willensfähigkeit,** dh die Fähigkeit, überhaupt einen Willen zu bilden (RN 7.1), nicht aber Schuldfähigkeit voraus. Auch Geisteskranke, Volltrunkene und Unmündige können daher vorsätzlich, zB bedingt vorsätzlich oder absichtlich handeln; vgl SSt 2005/6; SSt 62/2; SSt 55/15. Bei der **Schuldfähigkeit** geht es dagegen um die Fähigkeit, diesen (gebildeten) Willen selbstverantwortlich an den Rechtsnormen auszurichten; hM; vgl *Fuchs/Zerbes* AT I 22/3; EvBl 2001/214. **11.22**

C. Erweiterter Vorsatz

1. **Definition.** Bestimmte Deliktstatbestände verlangen zusätzlich zum Tatbildvorsatz einen **erweiterten Vorsatz.** Von **erweitertem Vorsatz = überschießender Innentendenz** spricht man, wenn ein Delikt einen bestimmten, über die Verwirklichung des objektiven Tatbestands hinausreichenden („überschießenden") Vorsatz voraussetzt; vgl *Huber* in *L/St* § 7 RN 21; *Fuchs/Zerbes* AT I 14/59; ZVR 1996/55. Dieser muss keine Entsprechung auf der äußeren Tatseite haben, sondern betrifft ein bestimmtes Ziel, das der Täter mit der Begehung der Tat verfolgen muss. **11.23**

Dass der Täter das angestrebte Ziel auch tatsächlich erreicht, gehört also nicht mehr zum objektiven Tatbestand solcher Delikte. Für die Verwirklichung zB des Diebstahls (§ 127) ist daher nicht erforderlich, dass die Bereicherung tatsächlich eintritt. Es genügt, **dass** der Täter bei der Wegnahme der fremden beweglichen Sache mit diesem erweiterten Vorsatz gehandelt hat; vgl SSt 63/13 u RN 22.27.

2. **Anwendungsfälle.** Im StGB gibt es zahlreiche **Delikte mit erweitertem Vorsatz.** **11.24**

Beispiele: Zueignungs- und Bereicherungsvorsatz beim Diebstahl (§ 127); Bereicherungsvorsatz bei Veruntreuung (§ 133), Unterschlagung (§ 134) oder Betrug (§ 146); Gebrauchsverhinderungsvorsatz bei der Urkundenunterdrückung (§ 229), Schädigungsvorsatz beim Missbrauch der Amtsgewalt (§ 302); vgl RN 8.8 mwN.

11. Kapitel: Subjektiver Tatbestand der Vorsatzdelikte

Knapp und übersichtlich ist der erweiterte Vorsatz der Gefährlichen Drohung (§ 107) formuliert: „um ihn in Furcht und Unruhe zu versetzen". Wortreich, aber weitgehend inhaltsleer ist dagegen der erweiterte Vorsatz bei der Urkundenfälschung (§ 223 Abs 1: „mit dem Vorsatz, dass sie im Rechtsverkehr zum Beweis eines Rechtes, eines Rechtsverhältnisses oder einer Tatsache gebraucht werde") gefasst; er gewinnt erst im Wege der restriktiven Auslegung Konturen und Inhalt; vgl dazu StudB BT III § 223 RN 52 ff.

Bei Delikten mit überschießender Innentendenz handelt tatbestandsmäßig nur, wer neben dem objektiven Tatbestand und dem darauf bezogenen Tatbildvorsatz **auch** den **erweiterten Vorsatz** erfüllt. Wer einem anderen eine Sache ohne Bereicherungsvorsatz abnötigt, begeht keine Erpressung; uU aber § 105. Wer als Requisiten für die Aufführung von *Molières* Lustspiel „Der Geizige" Banknoten farbkopieren lässt, begeht keine Geldfälschung, weil er nicht mit dem erweiterten Vorsatz handelt, das nachgemachte oder verfälschte Geld in Verkehr zu bringen; vgl *StudB BT III* § 232 RN 27. Ohne erweiterten Vorsatz keine Strafbarkeit.

11.25 Nicht bei allen Delikten mit überschießender Innentendenz ist diese **als solche ohne weiteres erkennbar.**

Beispiele: Erst die nähere Auslegung ergibt, dass zur Unterschlagung des § 134 Abs 2 der Bereicherungsvorsatz gehört (arg „unterschlägt"); vgl dazu *StudB BT II* § 134 RN 85; dass auch in das Urkundendelikt des § 223 Abs 2 ein erweiterter Vorsatz hinein zu lesen ist (arg „zum Beweis"); vgl *StudB BT III* § 223 RN 51.

11.26 3. **Dogmatische Einordnung.** Der erweiterte Vorsatz gehört, wie der **Tatbildvorsatz,** bei den Delikten mit überschießender Innentendenz zum **subjektiven Tatbestand** und wird ebenso unter **I. 2.** geprüft (s Anhang 1); hM; vgl *J/W* AT 317; *Stricker* in *L/St* Vorbem § 1 RN 43; JBl 1988 191.

11.27 4. **Durchblick.** Bezüglich der drei Stärkegrade des Wollens besteht zwischen Tatbildvorsatz und erweitertem Vorsatz kein Unterschied. Solche graduellen Abstufungen gibt es daher auch beim erweiterten Vorsatz. Insb ist auch insoweit zwischen **dolus eventualis** und **Absichtlichkeit** zu unterscheiden. IdR reicht auch hier **bedingter Vorsatz** iSd § 5 Abs 1 2. Halbsatz; vgl aber RN 11.18 aE.

11.28 Bei einem erweiterten Vorsatz ergibt sich jeweils aus der gesetzlichen Formulierung, welcher Stärkegrad des Vorsatzes vorausgesetzt wird. Wenn das StGB die Wendung „**um ... zu**" verwendet, wird eindeutig zum Ausdruck gebracht, welche **Absicht** der Täter mit der Begehung einer strafbaren Handlung verfolgen muss.

Beispiele: Für den erweiterten Vorsatz genügt **dolus eventualis** etwa bei §§ 127, 133 f, 142, 144, 146, 223, 302. Dagegen ist insoweit **Absichtlichkeit** bei §§ 100, 101, 102, 107, 118 Abs 2, § 131 erforderlich. Eventualvorsatz reicht nicht aus („um zu"). Dem räuberischen Dieb (§ 131) muss es also darauf ankommen, sich die weggenommene Sache zu erhalten. Geht es ihm nur darum, zu fliehen, ist dies zu wenig und scheidet § 131 aus.

D. Das Fallprüfungsschema beim Vorsatzdelikt

11.29 1. **Fallprüfungsschema der personalen Unrechtslehre.** Heute wird durchwegs das Fallprüfungsschema der personalen Unrechtslehre verwendet. Der Tatbildvorsatz wird als **zentrales subjektives Unrechtsmerkmal** und nicht länger als Schuldelement aufgefasst und daher zusammen mit dem erweiterten Vorsatz der **Tatbestandsebene** zugeordnet. Nach der personalen Unrechtslehre bilden Tatbildvorsatz und erweiterter Vorsatz gemeinsam die **subjektive Tatseite** = den

A. Begriff und Wesen

subjektiven Tatbestand des Vorsatzdelikts und sind nach dem objektiven Tatbestand zu prüfen; vgl dazu **Anhang 1 I. 2. a)** und **b)**.

2. **Fallprüfungsschema des neoklassischen Verbrechensbegriffs.** Bei diesem System gilt der Tatbildvorsatz, außer beim Versuch, nach wie vor als **zentrales Schuldelement**. Der erweiterte Vorsatz ist dagegen dem **Unrechtstatbestand** zugeordnet und daher als subjektives Tatbestandsmerkmal zu prüfen. **11.30**

Beachte! Bei Falllösungen ist die Entscheidung für den Verbrechensaufbau der personalen Unrechtslehre oder für das neoklassische System weder zu begründen noch zu rechtfertigen.

Zur Vertiefung: Zum Vorsatz vgl eingehend *J/W* AT 292 297; *Triffterer* AT 9/12 ff.

■ ■ ■ **Programmbearbeiter lesen jetzt bitte die TE 11** ■ ■ ■

12. Kapitel
Tatbildirrtum

Inhaltsübersicht

	RN
A. Begriff und Wesen	12.1–12.2
1. Grundlagen	12.1
2. Definition	12.2
B. Einschränkungen	12.3–12.10
1. Begleitwissen	12.3a
2. Irrtum über normative Tatbestandsmerkmale	12.4
3. Irrtum über den Kausalverlauf	12.5–12.8a
a) Unwesentliche Abweichungen	12.5–12.6
b) Wesentliche Abweichungen	12.7–12.8a
aa) Traditionelle Vorsatzlösung	12.8
bb) Moderne Zurechnungslösung	12.8a
4. Irrtum über Wertqualifikationen	12.9–12.10
C. Rechtsfolgen	12.11–12.12
D. Sonderprobleme	12.13–12.25
1. Irrtum über das Tatobjekt	12.13–12.15
a) Gleichartiges Tatobjekt	12.14
b) Ungleichartiges Tatobjekt	12.15
2. Aberratio ictus	12.16–12.17
3. Dolus generalis	12.18
4. Irrtum über qualifizierende Tatbestandsmerkmale	12.19
5. Irrtum über privilegierte Tatbestandsmerkmale	12.20
6. Irrtum über Schuldmerkmale	12.21
7. Irrtum über Blankettmerkmale	12.22–12.23
a) Blankettstrafgesetze, Blankettmerkmale	12.22
b) Irrtum	12.23
8. Die Sonderregelung des § 183 a	12.24–12.25

A. Begriff und Wesen

1. **Grundlagen.** Ein **Tatbildirrtum = Tatbestandsirrtum** verhüllt dem Täter die Tatbildmäßigkeit seiner Handlung. Der Täter irrt also über einen Umstand, der zum objektiven Tatbestand eines Delikts gehört. Mithin entfällt der Tatvor- **12.1**

12. Kapitel: Tatbildirrtum

satz. Der Tatbildirrtum betrifft die **Wissenskomponente** und ist aus dieser Sicht die Kehrseite, die Negation des Vorsatzes.

Entweder handelt der Täter in Bezug auf den Sachverhalt, der einem gesetzlichen Tatbild entspricht, **vorsätzlich.** Dann irrt er sich nicht. Folglich kommt ein Tatbildirrtum nicht in Betracht. **Oder** aber der Täter handelt bezüglich der Verwirklichung eines solchen Sachverhalts **nicht vorsätzlich.** Dann befindet er sich in einem **Tatbildirrtum.** Es genügt der Irrtum über ein einziges objektives Tatbestandsmerkmal. Auch ein Schuldunfähiger (§ 11) kann einem Tatbildirrtum erliegen; vgl EvBl 2008/99; SSt 2005/6.

12.2   2. **Definition.** Das StGB enthält keine ausdrückliche Definition des Tatbildirrtums. Sie ergibt sich aber aus der Vorsatzdefinition des § 5 Abs 1 1. Halbsatz, indem man diese **umkehrt** und mit negativem Vorzeichen versieht:

Ein Tatbildirrtum liegt vor, wenn der Täter nicht erkennt, dass er einen Sachverhalt verwirklicht, der einem gesetzlichen Tatbild entspricht. Es genügt, dass sich der Täter über ein einziges von mehreren Tatbildmerkmalen irrt. Dabei macht es keinen Unterschied, ob der Täter hinsichtlich des Tatumstands überhaupt keine oder eine falsche Vorstellung hatte.

B. Einschränkungen

12.3   Wegen seiner **täterfreundlichen Konsequenzen** (RN 12.11 f) wird der Tatbildirrtum von Rspr und Lehre eher restriktiv gehandhabt. Folgende Begrenzungsmechanismen sind zu beachten:

1. Begleitwissen

12.3a   Wenn dem Täter die Verwirklichung eines bestimmten Tatbestandsmerkmals **aktuell, aus den Begleitumständen** oder jedenfalls **sonst latent bewusst** ist (RN 11.7 ff), scheidet die Annahme eines Tatbildirrtums aus.

Beispiele: Deshalb kann ein Brieftaschendieb, der den miterbeuteten Führerschein in den nächsten Papierkorb wirft (§ 229), nicht mit Aussicht auf Erfolg geltend machen, er habe in diesem Moment nicht daran gedacht, dass es sich bei dem Ausweis um eine Urkunde handelt. **Anders** ist im **Pappkarton-Fall** zu entscheiden, in dem ein Lkw-Fahrer über eine Schachtel fährt, ohne zu erkennen oder auch nur daran zu denken, dass sich darin ein spielendes Kind verborgen haben könnte; vgl dazu *Lernprogramm* 132 ff.

2. Irrtum über normative Tatbestandsmerkmale

12.4   Bei einem solchen Irrtum gilt Folgendes: Ein **Tatbildirrtum** kommt in Betracht, wenn der Täter entweder die dem normativen Begriff zugrunde liegenden **tatsächlichen Umstände** nicht wahrgenommen oder ihren **sozialen und rechtlichen Bedeutungsgehalt** nicht erkannt hat; hL; vgl *Platzgummer* StP I 35; *Huber* in *L/St* § 7 RN 6 ff u 12; *Triffterer* AT 17/21; *Fuchs/Zerbes* AT I 14/45 f; *Schick* ZStW 1998 485; str; aM *Mayerhofer* § 9 Anm zu E 17 a (stets Verbotsirrtum). Auch der **OGH** nimmt bei **fehlender Bedeutungskenntnis** häufig einen Tatbildirrtum an; vgl EvBl 2008/99; SSt 2006/20; EvBl 1995/16; EvBl 1994/30; JBl 1983 659 m zust Anm *Burgstaller;* RZ 1980/6.

Beachte! Zur Wahrnehmung des sozialen und rechtlichen Bedeutungsgehalts genügt es, wenn die **laienmäßige Einschätzung** durch den Täter jener des Rechts **parallel läuft;** vgl

B. Einschränkungen

Huber in *L/St* § 7 RN 12; SSt 2006/20; EvBl 1995/16. Deshalb kommt ein Tatbildirrtum im **Autoreifen-Fall** nicht in Betracht; vgl RN 16.11. Näher zum Ganzen *Reindl-Krauskopf* WK² § 5 RN 12 ff u 50.

Weitere B e i s p i e l e: Wer dem neuen TV-Gerät, das nicht funktionieren will, einen kräftigen Tritt versetzt, kann nicht wegen Beschädigung einer **fremden** Sache iSd § 125 bestraft werden, wenn ihm nicht bekannt ist, dass das Gerät noch im Eigentum des Verkäufers steht = vorsatzausschließender Tatbildirrtum. Wer – etwa als Ausländer – die Usancen im österr Gastgewerbe nicht kennt und den Bierdeckelstrich (Dokumentation der konsumierten Speisen und Getränke durch Striche am Bierdeckel) irrtümlich bloß für die Gedächtnisstütze eines gedankenträgen Kellners hält, hat den rechtlichen Sinngehalt als beweiserhebliche **Urkunde** iSd § 74 Abs 1 Z 7 nicht einmal laienhaft erkannt = vorsatzausschließender Tatbildirrtum; zur Urkundenqualität des Bierdeckelstrichs vgl *StudB BT III* Vorbem §§ 223 ff RN 47 u 60.

Aber: Scheidet in Bezug auf ein normatives Tatbestandsmerkmal wegen der vom Täter in den meisten Fällen zutreffend vollzogenen laienmäßige Parallelwertung die Annahme eines Tatbildirrtums aus, kann seine Vorstellung, er habe jedenfalls **nicht unrecht** gehandelt, als – idR vorwerfbarer – **Verbotsirrtum** Bedeutung erlangen; vgl *Huber* in *L/St* § 7 RN 12 a. Zur parallelen Situation beim Irrtum über ein Blankettmerkmal vgl RN 12.22 f.

3. Irrtum über den Kausalverlauf

a) **Unwesentliche Abweichungen.** Auszugehen ist davon, dass der Tatvorsatz den Kausalverlauf nicht in allen Einzelheiten, sondern nur in den **wesentlichen Umrissen** umfassen muss (RN 11.12). Folglich lassen **unwesentliche Abweichungen** des wirklichen vom vorgestellten Kausalverlauf den Tatvorsatz unberührt: **Unwesentliche Abweichungen begründen keinen Tatbildirrtum.** Sie sind strafrechtlich unbeachtlich. **12.5**

Eine Abweichung ist unwesentlich, wenn sie sich innerhalb des nach allgemeiner Lebenserfahrung Voraussehbaren hält. **12.6**

B e i s p i e l e: Der Täter will eine Gemeingefahr durch ein Feuer erzeugen, die angezündete Substanz explodiert aber; vgl JBl 2009 261 m Anm *Tipold*. Wenn A den B dadurch töten will, dass er in das Zimmer, in dem er B vermutet, eine Handgranate wirft, kann sich A nicht auf einen Tatbildirrtum über den Kausalverlauf berufen, wenn B nicht schon durch die Splitterwirkung der Granate, sondern durch herabstürzende Trümmer, durch Ersticken, durch Verbrennen oder durch Herabspringen vom brennenden Dach den Tod findet.

b) **Wesentliche Abweichungen.** Insoweit gibt es verschiedene Lösungsansätze. **12.7**

aa) **Traditionelle Vorsatzlösung.** Früher wurde angenommen, dass auch eine wesentliche Abweichung keinen Tatbildirrtum begründet und daher zur Bestrafung wegen vollendeter **vorsätzlicher Tat** führt; vgl *Nowakowski* Grundzüge 75. **12.8**

bb) **Moderne Zurechnungslösung.** Ganz anders der Lösungsansatz der heutigen Lehre und Praxis. Kommt der Erfolg in einer Weise zustande, die den Anforderungen des Adäquanz- und Risikozusammenhangs entspricht, ist die Abweichung wie im Beispiel RN 12.6 **unwesentlich,** gilt der eingetretene Erfolg als objektiv zurechenbar. Mithin scheidet ein Tatbildirrtum aus. Bei einer **wesentlichen** Abweichung stellt sich nicht die Frage nach einem Tatbildirrtum, **12.8a**

12. Kapitel: Tatbildirrtum

denn einen Erfolg, der in einer Weise zustande kommt, die **den Anforderungen des Adäquanz- und Risikozusammenhangs nicht entspricht,** kann man dem Verursacher schon **objektiv nicht zurechnen;** hM; vgl *Huber* in *L/St* § 7 RN 17; *Moos* WK² 75 RN 19; *Triffterer* AT 8/94; aus der Rspr vgl JBl 1987 59; SSt 53/76.

Beispiele: A will B erschießen, verletzt ihn aber nur. Im Krankenhaus stirbt das Opfer bei einer Brandkatastrophe. Dies ist eine wesentliche Abweichung, der Tod ist dem A nicht zuzurechnen. Anders ist es, wenn der Täter das Opfer, das er für bereits tot hält, bei dessen Beseitigung versehentlich tötet; s unten RN 12.18. Näher zu den Anforderungen des Adäquanzzusammenhangs RN 26.28 ff u des Risikozusammenhangs RN 28.3 ff, jeweils mit Beispielen.

Beachte! Die hM gelangt bei wesentlichen Abweichungen, dh bei Nichtzurechenbarkeit des Erfolgs, aber nicht etwa zur Straflosigkeit des Täters, sondern plädiert im Regelfall für Bestrafung wegen **versuchter Tat;** im Beispiel also §§ 15, 75. Näher zum Versuch am Beispiel des Mordes auch RN 24.15 b u *StudB BT I* § 75 RN 16, 18 u 21.

4. Irrtum über Wertqualifikationen

12.9 Die **Wertqualifikationen** der Vermögensdelikte sind echte Tatbestandsmerkmale und müssen daher vom Tatvorsatz mitumfasst sein; hM; aus der Rspr vgl EvBl 1990/67; SSt 57/8; JBl 1987 393 m Anm *Kienapfel;* SSt 54/47; JBl 1984 269. Nicht selten beruft sich der Täter insoweit auf einen **Tatbildirrtum.** IdR zu Unrecht und ohne Erfolg.

Beispiel: A stiehlt einen schäbigen Koffer und entdeckt darin zu seiner Überraschung einen echten *Gauguin.* Dieses Gemälde verschachert er alsbald um 1 Mio €. Gegenüber der Anklage wegen wertqualifizierten Diebstahls (§ 128 Abs 2) macht er geltend, er habe den hohen Wert der Beute bei der Tat weder erkannt noch erkennen können und sei daher infolge Tatbildirrtums nur gem § 127 zu bestrafen.

12.10 Die Gerichte „erledigen" diesen (häufigen) Irrtumseinwand idR mit dem Hinweis, dass jeder Dieb eine möglichst hohe Beute erwarte und daher hinsichtlich der Wertqualifikation des § 128 Abs 2 zumindest mit **dolus eventualis** handle; vgl SSt 62/31; SSt 54/47; EvBl 1965/458. Dies läuft in manchen Fällen darauf hinaus, dass sich die Praxis schon damit begnügt, dass dem Täter ein solcher Vorsatz „zuzutrauen" sei; insoweit krit *Bertel* WK² § 128 RN 12; näher zum Ganzen *StudB BT II* § 128 RN 47 ff; *Reindl-Krauskopf* WK² § 5 RN 54 ff.

C. Rechtsfolgen

12.11 **Der Tatbildirrtum schließt den Tatvorsatz aus.** Damit entfällt die Bestrafung wegen vorsätzlicher Tat. Übrig bleibt jedoch eine Bestrafung wegen **fahrlässiger Tat.** Voraussetzung hierfür ist, dass es

12.12 ■ **ein entsprechendes Fahrlässigkeitsdelikt überhaupt gibt und**
■ **der Irrtum auf Fahrlässigkeit beruht („doppelt bedingte Fahrlässigkeitshaftung").** Es kommt darauf an, ob der Täter das Vorliegen des Tatumstandes nach den für die Fahrlässigkeitsdelikte geltenden Regeln hätte erkennen sollen und können.

Beachte! Die Annahme eines Tatbildirrtums ist für den Täter **günstig,** da ein solcher Irrtum ohne ein entsprechendes Fahrlässigkeitsdelikt bzw mangels Fahrlässigkeit in vielen Fällen zur Straflosigkeit führt.

D. Sonderprobleme

1. Irrtum über das Tatobjekt

Beim **Irrtum über das Tatobjekt = Objektsirrtum = error in persona vel** 12.13
objecto irrt sich der Täter über die **Identität** oder **sonstige deliktsrelevante Eigenschaften** einer Person oder Sache.

a) **Gleichartiges Tatobjekt.** Der Irrtum über ein gleichartiges Tatobjekt 12.14
berührt den Tatvorsatz nicht und begründet daher keinen Tatbildirrtum. Er ist strafrechtlich unbeachtlich; hM; vgl *J/W* AT 311; *Huber* in *L/St* § 7 RN 19; *Reindl-Krauskopf* WK² § 5 RN 10f; RZ 1997/17. Es bleibt deshalb bei der Strafbarkeit wegen des Vorsatzdelikts.

Beispiel: Rosahl engagiert Rose, dass dieser Schliebe ermorde. Im Dunkel der Nacht schießt Rose auf eine Person, die er für Schliebe hält. Getötet wird Harnisch; berühmter **Fall Rose – Rosahl**. Angesichts der Gleichartigkeit der Tatobjekte ist Rose wegen **vollendeten Mordes** zu bestrafen. Sein Irrtum ist unbeachtlich, denn Roses **Vorsatz** richtet sich auf die Tötung **eines anderen Menschen** und damit auf das Tatobjekt des § 75. Die Identität des Opfers ist für die Verwirklichung des § 75 nicht relevant. Wesentlich mehr Probleme bereitet die Frage nach der Strafbarkeit des Rosahl; vgl dazu unten RN 34.45.

Merkformel: Der Täter sagt sich hinterher: „**War das der?**" *Moos* Fälle¹ 48.

b) **Ungleichartiges Tatobjekt.** Bei dieser Fallkonstellation schließt der Irr- 12.15
tum über das Tatobjekt den Tatvorsatz aus. Es handelt sich um einen **Tatbildirrtum**. Hinsichtlich jenes Objekts, das tatsächlich beeinträchtigt wird, scheidet eine Strafbarkeit mangels Vorsatzes aus. Bezüglich des vorgestellten Objekts, das aber nicht beeinträchtigt wird, kommt eine Strafbarkeit wegen Versuchs in Betracht. Allenfalls könnte sich der Täter wegen eines Fahrlässigkeitsdelikts strafbar machen, sofern es ein entsprechendes Fahrlässigkeitsdelikt gibt und der Täter objektiv sorgfaltswidrig handelt.

Beispiel: Im Wachsfigurenkabinett der Madame Tussaud versetzt ein Besucher B seinem Gegenüber einen kräftigen Fußtritt, weil dieser ihn provokant anstarrt. B ist völlig perplex, als diese „Person" umstürzt und ihr „Kopf" durch den Raum kugelt. B erfüllt den objektiven Tatbestand der Sachbeschädigung (§ 125), jedoch fehlt ihm diesbezüglich infolge eines Tatbildirrtums der Tatvorsatz. Er erkennt ja nicht, dass er eine Sache beschädigt. Mangels Fahrlässigkeitsdelikts scheidet eine Strafbarkeit wegen der Beschädigung der Wachsfigur aus. B **wollte** jedoch einen **Menschen am Körper verletzen.** In Betracht kommt daher ein **Versuch einer Körperverletzung** (§§ 15, 83). Fraglich ist, ob es sich um einen strafbaren relativ untauglichen oder einen straflosen absolut untauglichen Versuch handelt; zur str Lösung derartiger Fälle vgl RN 25.5 u 25.13 aE.

Gleich verhält es sich im **umgekehrten Fall,** in dem B davon ausgeht, dass er auf eine Wachsfigur schießt, es sich aber tatsächlich um einen Menschen handelt, den er verletzt. Bezüglich der Beschädigung der Wachsfigur kommt eine versuchte Sachbeschädigung in Betracht. Hinsichtlich des verletzten Menschen entfällt mangels Vorsatzes eine Strafbarkeit wegen vorsätzlicher Körperverletzung, allenfalls könnte B wegen fahrlässiger Körperverletzung zu bestrafen sein.

2. Aberratio ictus

Von einer **aberratio ictus** spricht man, wenn infolge **Abirrens („Fehlge-** 12.16
hens") des Angriffs („ictus" = Wurfgeschoss) nicht das Objekt, auf das der Täter

12. Kapitel: Tatbildirrtum

gezielt hat, sondern eine andere Person bzw Sache getroffen wird. Der Angriff des Täters verfehlt erstens das intendierte Ziel und trifft zweitens (zufällig) eine Person oder ein Objekt, die bzw das der Täter nicht treffen wollte.

Beispiel: A möchte X töten. Er zielt auf den X. Da sich X rechtzeitig duckt, verfehlt der Schuss sein Ziel und trifft den hinter X stehenden Y. Y stirbt, X bleibt unverletzt.

Merkformel: Der Täter sagt sich hinterher: **„Der nicht!"** *Moos* Fälle[1] 48.

12.17 Die aberratio ictus ist weder ein Unterfall des Objektsirrtums noch des Irrtums über den Kausalverlauf. Vielmehr handelt es sich um eine **eigenständige Rechtsfigur.** Während beim Irrtum über das Tatobjekt das anvisierte Ziel getroffen, über dessen Identität aber geirrt wird, wird bei der aberratio ictus ein anderes als das anvisierte Objekt getroffen.

Bei der aberratio ictus sind – anders als beim Objektsirrtum – die **Rechtsfolgen** sowohl bei gleichartigem als auch bei ungleichartigem Objekt gleich: Hinsichtlich des gewollten Erfolgs, auf den der Vorsatz des Täters gerichtet ist, ist **Versuch** anzunehmen. In Bezug auf den tatsächlich eingetretenen Erfolg kommt eine Strafbarkeit nach einem **Fahrlässigkeitsdelikt** in Betracht, sofern es ein entsprechendes Fahrlässigkeitsdelikt gibt und dem Täter die Verletzung einer Sorgfaltspflicht gegen das letztendlich getroffene Objekt vorgeworfen werden kann; hM; vgl *J/W* AT 313; *Reindl-Krauskopf* WK² § 5 RN 9; *Huber* in L/St § 7 RN 17a u 18; instruktiv zur Abgrenzung vom Objektsirrtum *Moos* Fälle[1] 48.

Beispiel: Siehe RN 12.16. Hinsichtlich der (versuchten) Tötung des X ist A nach §§ 15, 75 (versuchter Mord) zu bestrafen. Wegen des Todes des Y ist er nach § 80 (fahrlässige Tötung) strafbar.

Wenn der Täter es aber ernstlich für möglich hält und sich damit abfindet, dass er die andere Person trifft, ist auch für diese eine Strafbarkeit wegen des Vorsatzdelikts anzunehmen.

3. Dolus generalis

12.18 Bei einer **in mehreren Etappen** erfolgenden Tatbestandsverwirklichung hat man früher einen einheitlichen, die ganze Tat umfassenden „generellen" Vorsatz angenommen **(dolus generalis).** Dieser Begriff ist heute – entgegen EvBl 1982/88 – überholt. In Wirklichkeit handelt es sich um einen **Sonderfall des Irrtums über den Kausalverlauf** und damit im Kern um ein Problem der **objektiven Zurechnung;** vgl *Stricker* in *L/St* § 5 RN 28; *Triffterer* AT 9/95 f; näher zum Ganzen vgl *Reindl-Krauskopf* WK² § 5 RN 62 ff; *Seiler* AT I RN 220 ff. Solche Fälle bedürfen differenzierter Betrachtung.

Klassisches Beispiel (SSt 18/68): Der Täter warf sein vermeintlich bereits durch Erschlagen getötetes Opfer in die Aurach, um, wie von Anfang an geplant, einen Unfall vorzutäuschen. Der Tod trat aber erst durch Ertrinken ein. Bei einem so engen aktionsmäßigen Zusammenhang ist ein einheitlicher Vorgang mit **unwesentlicher Abweichung** des wirklichen vom vorgestellten Kausalverlauf anzunehmen, mithin **vollendeter Mord;** vgl *Stricker* in *L/St* § 5 RN 27; *Moos* WK² § 75 RN 19; im Ergebnis auch EvBl 1982/88; aM *Fuchs/Zerbes* AT I 14/33; *B/S/V* BT I § 75 RN 2, die für eine Bestrafung nur wegen versuchten Mordes und uU wegen fahrlässiger Tötung eintreten.

Aber: Bei **wesentlicher Abweichung** gelten die in RN 12.8a dargestellten Regeln über den Ausschluss der objektiven Zurechnung mit der Folge, dass der Täter nur wegen **Versuchs** zu bestrafen ist; vgl *Stricker* in *L/St* § 5 RN 27.

D. Sonderprobleme

Beispiel: Die objektive Zurechenbarkeit des Erfolges entfällt, wenn der Täter etwa im obigen Aurach-Fall sein vermeintlich totes Opfer im Kofferraum zum „Leichenversteck" fährt und es unterwegs durch einen von ihm selbst oder von Dritten verursachten Auffahrunfall getötet wird; vgl *Triffterer* AT 9/96. Übrig bleibt Versuch gem §§ 15, 75.

4. Irrtum über qualifizierende Tatbestandsmerkmale

Der Täter, der das Vorliegen eines **qualifizierenden Tatbestandsmerkmals** verkennt, haftet infolge eines solchen Tatbildirrtums nur im Rahmen des **Grunddelikts**. 12.19

Beispiel: A beschädigt vorsätzlich eine frühgotische Madonna, ohne zu erkennen, dass es sich um eine zuvor aus der Kirche gestohlene Heiligenfigur handelt. Strafbar nur gem § 125, dagegen nicht gem § 126 Abs 1 Z 1.

Aber: Bei **Wertqualifikationen** tendiert die Praxis im Ergebnis gelegentlich in die andere Richtung; vgl dazu RN 12.9 f.

5. Irrtum über privilegierende Tatbestandsmerkmale

Wer irrtümlich glaubt, ein **privilegierendes Tatbestandsmerkmal** zu erfüllen, verwirklicht zwar das Unrecht des Grunddelikts, lädt aber subjektiv nur die **geringere Schuld** des privilegierten Delikts auf sich. Im Hinblick auf den **Schuldgrundsatz** (§ 4) ist er nach Maßgabe seiner Schuld, mithin nur nach dem privilegierten Delikt zu bestrafen. 12.20

Beispiele: Wer das Tötungsverlangen des anderen irrtümlich für **ernstlich** hält, ist nicht wegen Mordes, sondern wegen des privilegierten Delikts des § 77 zu bestrafen; vgl *Moos* WK² § 77 RN 34 mN. Dasselbe gilt, wenn der Täter eine entwendete Sache irrtümlich für geringwertig hält; vgl *StudB BT II* § 141 RN 25. Näher zum Ganzen vgl *Reindl-Krauskopf* WK² § 5 RN 58 ff; *Felnhofer-Luksch* JBl 2004 703.

6. Irrtum über Schuldmerkmale

Bezüglich der **subjektiven Schuldmerkmale** (RN 16.19) bedarf es keiner besonderen Irrtumsregelung. Sie sind a priori **subjektiv** iSv **Motivationsadäquanz** auszulegen, dh sie entfalten ihre privilegierende Wirkung auch dann, wenn die deliktsspezifische Gemütsverfassung durch eine **falsche Einschätzung der tatsächlichen Umstände ausgelöst** worden ist; vgl *J/W* AT 474; *Triffterer* AT 12/116; *StudB BT II* § 141 RN 27. 12.21

Beispiel: Wurde der Affekt, der zur Tötung eines Menschen geführt hat, durch eine falsche Nachricht ausgelöst und liegen die übrigen Voraussetzungen des § 76 vor, ist der Täter nicht gem § 75, sondern nur wegen Totschlags zu verurteilen; vgl *StudB BT I* § 76 RN 35; *Moos* WK² § 76 RN 54 mN; differenzierend *Nimmervoll* in *L/St* § 76 RN 15.

7. Irrtum über Blankettmerkmale

a) **Blankettstrafgesetze, Blankettmerkmale.** Verweist ein strafrechtliches Delikt zur Beschreibung des strafbaren Verhaltens ganz oder teilweise auf andere (zB verwaltungsrechtliche) Vorschriften, spricht man von einem **Blankettstrafgesetz;** vgl EvBl 1991/150. Derartige Delikte finden sich vielfach im Neben-, etwa im Finanzstrafrecht, im StGB dagegen nur vereinzelt; vgl § 180 („entgegen einer Rechtsvorschrift oder einem behördlichen Auftrag" = Blankettmerkmal). 12.22

12. Kapitel: Tatbildirrtum

Blankettmerkmale sind **normative Tatbestandsmerkmale** (RN 8.15). Tatvorsatz setzt daher voraus, dass der Täter zumindest nach Laienart ihren tatsächlichen und rechtlichen Sinngehalt erkennt (RN 12.4). Das ist bei Blankettmerkmalen oft nicht der Fall. Damit entfällt der Tatvorsatz. Fehlt ein entsprechendes Fahrlässigkeitsdelikt, ist der Täter freizusprechen; vgl *Reindl-Krauskopf* WK² § 5 RN 52.

12.23 b) **Irrtum.** Bezüglich des Irrtums über derartige **Blankettmerkmale** gelten die allgemeinen Regeln, dh es ist auch hier zwischen Tatbildirrtum und Verbotsirrtum zu unterscheiden; vgl *J/W* AT 309; *Schick* ZStW 1998 485; *Moos* FinStR 1997 127.

B e i s p i e l: Schon der bloße Besitz eines Spazierstocks mit einer verborgenen Klinge ist bei Strafe verboten; vgl § 50 Abs 1 Z 2 iVm § 17 Abs 1 Z 1 WaffG; zum **Stockdegen-Fall** vgl *Lernprogramm* 227. Hat F den im geerbten Spazierstock verborgenen Degen noch nicht entdeckt, befindet er sich bezüglich des **Verbotenseins** dieser Waffe in einem **vorsatzausschließenden Tatbildirrtum.** Dass zugleich ein Verbotsirrtum vorliegt, wird daher prüfungsmäßig nicht mehr relevant; vgl dazu auch RN 20.16. Hat F den Waffencharakter erkannt, ohne auf die Idee zu kommen, dass es sich um eine verbotene Waffe handeln könnte, befindet er sich in einem direkten, aber **vorwerfbaren Verbotsirrtum,** weil er verpflichtet ist, sich bei der Behörde nach der Waffenqualität eines solchen Stockdegens zu erkundigen; vgl § 9 Abs 2 2. Fall.

Beachte! Eine spezielle Regelung des Irrtums enthält das **Finanzstrafgesetz,** das für den Tatbildirrtum und den Verbotsirrtum dieselben Rechtsfolgen vorsieht. Ist der Irrtum entschuldbar, entfällt eine Strafbarkeit nach dem Vorsatz- und Fahrlässigkeitsdelikt. Im Unterschied zum StGB entfällt auch bei einem unentschuldbaren (vorwerfbaren) Verbotsirrtum die Strafbarkeit wegen des Vorsatzdelikts und ist der Täter nur wegen der grob fahrlässigen Begehung zu bestrafen; vgl § 9 FinStrG; sdazu auch RN 19.20; *Rebisant* ZWF 2016 72.

8. Die Sonderregelung des § 183 a

12.24 Für den Bereich der **Umweltdelikte** enthält § 183 a eine die **Verwaltungsrechtswidrigkeit** betreffende **Sonderregelung,** welche jener des § 9 nachgebildet ist. Sie verwandelt einen genuinen Tatbildirrtum in einen Quasi-Verbotsirrtum, indem derjenige, dem ein Irrtum über die (verwaltungsrechtlichen) Rechtsvorschriften oder den behördlichen Auftrag vorzuwerfen ist, trotz fehlender Kenntnis der Vorschriften auch wegen des Vorsatzdelikts zu bestrafen ist. Dies bedeutet für den Irrenden sowohl eine Haftungsverschärfung (Vorsatzstrafe) als auch eine Verschlechterung seiner Verteidigungsmöglichkeiten; vgl *Tipold* in *L/St* § 183 a RN 2 ff; *StudB BT III* Vorbem §§ 180 ff RN 71 ff; *Fuchs/Zerbes* AT I 14/48.

B e i s p i e l: Wer in Bezug auf § 180 die behördliche Auflage nicht kennt (der Unternehmensvorgänger hat sie ihm verschwiegen) oder diese Auflage für unwirksam hält, irrt sich über das Vorliegen des Merkmals „entgegen einem behördlichen Auftrag" und wäre **ohne** die Sondervorschrift des § 183 a nur wegen fahrlässiger Tat gem § 181 zu bestrafen. § 183 a belässt es grundsätzlich bei der Bestrafung wegen **vorsätzlicher Tat** und stellt auf die **Vorwerfbarkeit** dieses Irrtums ab.

12.25 **Beachte!** § 183 a ist eine **nicht analogiefähige Ausnahmevorschrift.**

Zur Vertiefung: Zum Tatbildirrtum vgl näher *J/W* AT 306; *M/Z* AT § 23.

■ ■ ■ Programmbearbeiter lesen jetzt bitte die TE 12 ■ ■ ■

A. Allgemeines

13. Kapitel
Rechtswidrigkeit und Notwehr

Inhaltsübersicht

	RN
A. Allgemeines	13.1–13.2
B. Struktur und Merkmale der Notwehr	13.3–13.25
1. Notwehrsituation	13.4–13.11
a) Angriff	13.5–13.8
aa) Definition	13.5
bb) Grenzen	13.6–13.8
b) Zeitliche Schranken	13.9
c) Rechtswidrigkeit des Angriffs	13.10–13.11
2. Notwehrhandlung	13.12–13.22a
a) Notwendige Verteidigung	13.12
b) Definition	13.13
c) Einzelheiten	13.14–13.17
aa) Maßgebende Kriterien	13.14
bb) Gesamtabwägung	13.15–13.17
d) Immanente Schranken	13.18–13.21
aa) Strafunmündige, Geisteskranke etc.	13.19
bb) Abwehrmindernde Vorhandlungen	13.20
cc) Notwehrprovokation	13.21
e) Notwehrexzess	13.22–13.22a
aa) Arten des Notwehrexzesses	13.22
bb) Sonderreglung des § 3 Abs 2	13.22a
3. Subjektives Rechtfertigungselement	13.23–13.25
C. Ausschluss des Notwehrrechts	13.26–13.27
1. Bagatellnotwehr	13.26
2. Art 2 MRK	13.27
D. Nothilfe	13.28–13.29
E. Prozessuales: In dubio pro reo	13.30

Schrifttum (Auswahl): *Bertel* Notwehr gegen verschuldete Angriffe ZStW 1972 1; *Fuchs* Probleme der Notwehr in: StP VIII 1; *ders* Grundfragen der Notwehr (1986); *Lewisch* Altes und Neues zur Notwehr JBl 1990 772; *Nowakowski* Zur subjektiven Tatseite der Rechtfertigungsgründe ÖJZ 1977 573; *Platzgummer* Die „Allgemeinen Bestimmungen" des Strafgesetzentwurfes im Licht der neueren Strafrechtsdogmatik JBl 1971 236; *Roxin* Die „sozialethischen Einschränkungen" des Notwehrrechts ZStW 1981 68; *H. Steininger* Die Notwehr in der neueren Rechtsprechung des OGH ÖJZ 1980 225; *ders* Die moderne Strafrechtsdogmatik und ihr Einfluß auf die Rechtsprechung ÖJZ 1981 365; *Sternberg-Lieben* Zur Strafbarkeit der aufgedrängten Nothilfe JuS 1999 444; *Triendl* Notwehr und Kampfsport RZ 2006 140; *Tipold* Zur Notwehr bei Angriffen auf die sexuelle Integrität und Selbstbestimmung in: Höpfel-FS (2018) 43; *Triffterer* Zur subjektiven Seite der Tatbestandsausschließungs- und Rechtfertigungsgründe in: Oehler-FS (1985) 209; *Wach* Private Sicherheitsdienste und Strafrecht JSt 2008 48.

A. Allgemeines

13.1 **Wer tatbestandsmäßig handelt,** verwirklicht einen Unrechtstypus (vgl RN 5.1), handelt also **grundsätzlich rechtswidrig.** Trotz Tatbestandsmäßigkeit fehlt das Unrecht (= Rechtswidrigkeit), wenn ein **Rechtfertigungsgrund** eingreift. Zu diesem Regel-Ausnahme-Prinzip s RN 5.8 ff. Um zu beurteilen, ob ein Verhalten rechtswidrig ist, muss man daher nach Bejahung der Tatbestandsmäßigkeit prüfen, ob ausnahmsweise Umstände vorliegen, durch die das Verhalten gerechtfertigt ist. Rechtfertigungsgründe finden sich in der gesamten Rechtsordnung (s RN 5.3 ff) und müssen nicht zwingend gesetzlich geregelt sein (vgl rechtfertigender – übergesetzlicher – Notstand, vgl Kap 14).

Als der wichtigste Rechtfertigungsgrund wurde die Definition der **Notwehr** (s schon § 19 ABGB) an zentraler Stelle (§ 3) in das StGB eingefügt.

Sämtliche Rechtfertigungsgründe weisen eine **identische Grundstruktur** auf und bestehen stets aus denselben drei prinzipiellen Bauelementen: **Rechtfertigungssituation, Rechtfertigungshandlung** und **subjektives Rechtfertigungselement.**

13.2 Die **Rechtfertigungssituation** beschreibt den Sachverhalt, dessen Vorliegen ein Rechtfertigungsgrund voraussetzt **(Erlaubnistatbestand);** zB ein gegenwärtiger oder unmittelbar drohender rechtswidriger Angriff auf ein notwehrfähiges Rechtsgut bei der Notwehr. Es geht also um das „**Ob**" eines Rechtfertigungsgrundes.

Die **Rechtfertigungshandlung** umschreibt die Grenzen der gerechtfertigten Handlung, also was der Handelnde tun darf, um noch gerechtfertigt zu sein, zB bei der Notwehr die notwendige Verteidigung. Es geht also um das „**Wie**" der Handlung.

Das **subjektive Rechtfertigungselement** bezeichnet das Wissen des sich in einer Rechtfertigungssituation Befindlichen von dieser Situation. Die Anerkennung subjektiver Rechtfertigungselemente hat sich in der österr Lehre erst in den siebziger Jahren des 20. Jh durchgesetzt; vgl näher *Nowakowski* ÖJZ 1977 573 mwN. Bis dahin war die hM auf die **objektive Unrechtslehre** eingeschworen; vgl *Rittler* I 121; idS auch *Seiler* AT I RN 346 ff. Die Judikatur steht insoweit nach wie vor der früheren Konzeption nahe; vgl SSt 53/69; JBl 1980 494 m krit Anm *Burgstaller* sowie RN 24.

B. Struktur und Merkmale der Notwehr

13.3 Die drei Strukturelemente der Notwehr sind **Notwehrsituation, Notwehrhandlung** und **subjektives Rechtfertigungselement.** In rechtsähnlicher Weise hatte bereits Art 140 der Constitutio Criminalis Carolina (CCC) von 1532 die Notwehrvoraussetzungen umschrieben.

Art 140 lautete: „Item so eyner mit eynem tödtlichen waffen oder weer überlaufft, anficht oder schlecht (= schlägt), und der benöttigt (= Angegriffene) kan füglich an ferlichkeyt (= ohne Gefährdung) oder verletzung, seines leibs, lebens, ehr und guten leumuts nicht entweichen, der mag sein leib unnd leben on alle straff durch eyn rechte gegenwer retten. Und so er also den benöttiger entleibt, er ist darumb nichts schuldig, ist auch mit seiner gegenwehr, biß er geschlagen wirdt zu warten nit schuldig ..." Geistiger Vater der Carolina ist *Johann von Schwarzenberg* (Kurzbio s S 375). Zu Recht gilt die CCC, Strafgesetz und Prozessordnung in einem, als das bedeutendste Gesetz des Heiligen Römischen Reiches; vgl RN 1.13. Sie wurde zum Vorbild für viele partikulare Strafgesetze und stand in Teilen Norddeutschlands bis 1871 in unmittelbarer Geltung. Zu Werk und Person *v. Schwarzenbergs* vgl *Wolf* Rechtsdenker 102.

1. Notwehrsituation

13.4 Diese Frage betrifft allein das „**Ob**" der Notwehr. Eine Notwehrsituation wird durch einen **gegenwärtigen oder unmittelbar drohenden rechtswidrigen Angriff auf ein notwehrfähiges Rechtsgut** begründet. Eine solche Situation muss **tatsächlich** gegeben sein. Deren (bloß) irrtümliche Annahme kann jedoch die Anwendbarkeit des § 8 begründen; näher dazu RN 20.3 ff.

B. Struktur und Merkmale der Notwehr

a) **Angriff**

aa) **Definition. Angriff ist jedes menschliche Verhalten, das die Beeinträchtigung von Rechtsgütern befürchten lässt.** Ein Angriff muss **tatsächlich** vorliegen, was aus der Sicht **ex ante** und ausschließlich nach **objektiven Kriterien** zu beurteilen ist; hM; vgl *Tipold* in *L/St* § 3 RN 71; *Fuchs/Zerbes* AT I 17/11; *Lewisch* WK² § 3 RN 17 ff; *H. Steininger* ÖJZ 1980 230. **13.5**

Beachte! Abweichend vom natürlichen Sprachgebrauch setzt Angriff nicht notwendigerweise ein gewolltes und aktives Verhalten voraus. Auch ein strafrechtlich nicht pönalisiertes (zB furtum usus), ein fahrlässiges und sogar ein gänzlich schuldloses Verhalten (zB eines Geisteskranken) **kann** eine Notwehrsituation begründen und – wenn auch idR eingeschränkte (vgl RN 13.19) – Notwehrbefugnisse auslösen. Ebenso ein **untauglicher Versuch;** aM *Fuchs/Zerbes* AT I 17/12. Selbst ein **pflichtwidriges Unterlassen** (§ 2) kann ein Angriff sein; vgl *Tipold* in *L/St* § 3 RN 72; *Triffterer* AT 11/54; aM *Rittler* I 139. Keinen Angriff begründen dagegen Verhaltensweisen **ohne Handlungsqualität** (insb vis absoluta), ebenso wenig **Tierattacken** und **Naturereignisse;** insoweit kann aber rechtfertigender Notstand in Betracht kommen; vgl RN 14.7 f. **Dagegen** ist das Hetzen etwa eines Hundes auf einen Menschen idR als Angriff iSd § 3 aufzufassen.

bb) **Grenzen.** (1) **Notwehrfähige Rechtsgüter.** Im Gegensatz zum deutschen und schweizerischen Recht ist die Notwehr ausdrücklich auf bestimmte = notwehrfähige Rechtsgüter beschränkt. Dazu zählen gem § 3 nur **Leben, Gesundheit, körperliche Unversehrtheit, sexuelle Integrität und Selbstbestimmung, Freiheit und Vermögen.** **13.6**

Die **sexuelle Integrität und Selbstbestimmung** wurde erst durch die StrGNov 2017 (BGBl I 2017/117) in die Aufzählung der notwehrfähigen Rechtsgüter in § 3 eingefügt. Damit wurde die Formulierung der Überschrift des zehnten Abschnitts des Besonderen Teils in die Notwehr übernommen. Voraussetzung ist aber auch bei diesen Tatbeständen, dass ein Angriff vorliegt; vgl eingehend *Tipold* Höpfel-FS 43.

Beachte! Ein Angriff auf sonstige Rechtsgüter, zB Ehre, Privatsphäre, Briefgeheimnis, familiäre Pflichten, ehelicher Frieden (SSt 5/124), begründet keine Notwehrsituation; zur Frage der Notwehrfähigkeit des Hausrechts vgl *StudB BT I* § 109 RN 23. Es kommen allerdings andere Rechtfertigungsgründe in Betracht, zB rechtfertigender Notstand (Kap 14). Nicht notwehrfähig sind über den Katalog des § 3 hinausgehende **Interessen der Allgemeinheit** und des **Staates** sowie **politische Zielsetzungen;** näher *Nowakowski* WK¹ § 3 RN 8; *H. Steininger* ÖJZ 1980 229.

Aber: Wer **Ohrfeigen** maßvoll abwehrt, ist durch § 3 gerechtfertigt, weil eine körperliche Misshandlung nicht nur die Ehre, sondern auch die körperliche Unversehrtheit beeinträchtigt; vgl *BT I* § 115 RN 21; *H. Steininger* ÖJZ 1980 229.

(2) **Bagatellschwelle.** Rechtsgutbeeinträchtigungen unterhalb der Bagatellschwelle sind (noch) keine Angriffe und begründen daher keine Notwehrsituation; vgl *Roxin* AT I § 15 RN 85; *Tipold* in *L/St* § 3 RN 72. In diese wertende Grenzziehung sind insb Aspekte der **Sozialüblichkeit** und der **Sozialadäquanz** miteinzubeziehen. Drohende Verletzungen iSd §§ 83 ff sind nie bloße Bagatellen; vgl SSt 57/63. Ebenso wenig handgreifliche sexuelle Belästigungen iSd § 218 Abs 1 Z 1. **13.7**

Beispiele: Vordrängen, Rempeln beim Sport, unerwünschtes Halten am Arm, Blenden mit der Taschenlampe oder Rauchen im Nichtraucherbereich, nicht ernst zu nehmende Drohungen, verbale sexuelle Anmache uä. Hier genügt idR Abwehr durch Worte.

13. Kapitel: Rechtswidrigkeit und Notwehr

Im Rahmen der Sozialadäquanz liegen auch **brauchtumsübliche Verhaltensweisen** (zB Maß haltende Krampusumtriebe); vgl JBl 1984 618 m Anm *Kienapfel.*

13.8 (3) **Unklare Rollenverteilung.** Bei solcher Sachlage kann sich idR keiner der Kontrahenten auf Notwehr berufen.

Beispiele: Die „Stänkerei" zwischen A und B geht **allmählich** in eine handgreifliche Auseinandersetzung über. Hier ist keiner der beiden Kontrahenten durch Notwehr gerechtfertigt. Anders kann bei einseitiger Eskalierung einer vorher vereinbarungsgemäß „begrenzten" Auseinandersetzung zu entscheiden sein; vgl *StudB BT I* § 91 RN 18 ff. IdS handelt nicht in Notwehr, wer bei einer einverständlichen Prügelei den Kürzeren zieht und dann zum Messer greift, um auf den Gegner einzustechen; vgl BGH NStZ 1990 435; ähnlich *Tipold* in *L/St* § 3 RN 84; *Steininger* AT I 11/10.

b) Zeitliche Schranken

13.9 Der **Angriff** muss entweder **unmittelbar drohen** („Versuchsnähe") oder (noch) **gegenwärtig** sein. Beide Begriffe bedürfen strikt deliktsspezifischer Interpretation, wobei jeweils die **objektive Sachlage,** nicht das Dafürhalten des Angegriffenen entscheidet. Einzelheiten zu dieser gesetzlichen Differenzierung bei *Tipold* in *L/St* § 3 RN 71 a; *Triffterer* AT 11/55 ff; *Fuchs/Zerbes* AT I 17/17 ff; zum noch fortdauernden Angriff vgl 12 Os 73/92; SSt 61/30.

Merkformel: Ist der Angriff **abgewehrt, aufgegeben** oder ist die zur Rechtsgutbeeinträchtigung führende Handlung **abgeschlossen,** kommt Notwehr nicht mehr in Betracht; vgl EvBl 2008/98; 12 Os 73/92.

Beachte! Daher darf man dem flüchtenden Dieb, Wilderer etc zwar die Beute unter Einsatz von Gewalt abnehmen (vgl RN 13.16), aber **nicht** etwa auf den **ohne Beute Fliehenden** einschlagen oder gar schießen. Auch Verletzungen, die dem Angreifer **nach einer fehlgeschlagenen Attacke** oder **nach gelungener Abwehr** zugefügt werden, sind nicht durch Notwehr gerechtfertigt, sondern ihrerseits rechtswidrige Angriffe, gegen die Notwehr geübt werden darf. Im Übrigen ist die Notwehr nicht nur an die **Zeit,** sondern auch an den **Ort** des Angriffs gebunden; vgl *Tipold* in *L/St* § 3 RN 71 a mN.

c) Rechtswidrigkeit des Angriffs

13.10 Ein Angriff ist insb dann rechtswidrig, wenn für ihn **keine Rechtfertigungsgründe** vorliegen; die weiteren Einzelheiten und Nuancen sind umstritten; vgl *Lewisch* WK[2] § 3 RN 22 ff; *Tipold* in *L/St* § 3 RN 74 u 74 a.

Handlungen, die ihrerseits etwa durch das Anhalterecht, das Selbsthilferecht, das Erziehungsrecht der Eltern oder gar durch Notwehr gerechtfertigt sind, sind keine rechtswidrigen Angriffe und schließen daher das Notwehrrecht aus; vgl dazu JBl 2008 123 m Anm *Burgstaller;* 15 Os 136/96; EvBl 1969/364; 20 Os 7/15 b.

Merkformel: Gegen Notwehr gibt es keine Notwehr; vgl 11 Os 166/94.

Es erscheint daher einigermaßen grotesk, wenn etwa bei der Tat überraschte Einbrecher, die der Eigentümer **zu Recht** vertreiben oder festnehmen will, sich häufig auf „Notwehr" bzw darauf berufen, sie hätten den „Angriff abwehren" und die (absichtsvoll mitgeführte) Waffe „zu ihrer Verteidigung einsetzen müssen".

13.11 **Beachte!** Gegen **Übergriffe** im Rahmen von **Amtshandlungen** ist nach hM Notwehr nur **ausnahmsweise,** und zwar nur bei **qualifizierter Rechtswidrigkeit** zulässig. Manche sprechen sogar von einer „Rechtspflicht, Unrecht zu leiden"; vgl näher RN 15.53.

B. Struktur und Merkmale der Notwehr

2. Notwehrhandlung
a) Notwendige Verteidigung

Bei der Notwehrhandlung geht es um das „**Wie**" der Notwehr. Gerechtfertigt ist immer nur die **notwendige** Verteidigung. Jede Überschreitung begründet einen **Handlungsexzess** und schließt rechtmäßiges Handeln aus; vgl dazu RN 13.22. **13.12**

Wichtig! Die **Notwendigkeit** der Verteidigung liegt im Schnittpunkt zweier diametral entgegengesetzter Erwägungen, die beide bei der Auslegung zu berücksichtigen sind. Einerseits muss dem Angegriffenen ein möglichst sofortiger und endgültiger Schutz garantiert werden = **Schutzprinzip;** andererseits hat die Abwehrmaßnahme dem Postulat größtmöglicher Schonung des Angreifers zu genügen = **Schonungsprinzip.**

Eine Verhältnismäßigkeitsprüfung ist nach § 3 jedoch nur bei Bagatellnotwehr vorgesehen (RN 13.26).

b) Definition

Notwendig ist jene Verteidigung, die unter den verfügbaren Mitteln das schonendste darstellt, um den Angriff sofort und endgültig abzuwehren; inzwischen hM; vgl *Tipold* in *L/St* § 3 RN 81; *Fabrizy* § 3 RN 7; SSt 62/81; EvBl 2008/98; RZ 1991/9; SSt 60/28; RZ 1989/57 m zust Anm *Kienapfel*; SSt 57/78. Bei dieser – vergleichsweise präzisen – normativen Formel kommt es auf jedes Wort an. **13.13**

Beachte! Eine lebensgefährliche Selbstschussanlage (etwa zur Abwehr von Einbrechern) kann den Erfordernissen **schonender** iSv dosierbarer Abwehr a priori nicht genügen. **Diese** Form von **Präventivnotwehr** ist daher unzulässig; näher zum Ganzen vgl *Lewisch* WK² § 3 RN 130.

c) Einzelheiten

aa) **Maßgebende Kriterien.** Was zur Abwehr notwendig ist, muss **nach objektiven Kriterien** aus der **Situation des Angegriffenen** und unter Berücksichtigung aller Umstände des **Einzelfalls** sowie aus der Sicht **ex ante** beurteilt werden; hM; vgl *Tipold* in *L/St* § 3 RN 81; EvBl 2008/98; SSt 62/81; RZ 1991/9; SSt 60/28; SSt 58/20; SSt 57/78; SSt 55/60; RZ 1984/71; EvBl 1983/134; JBl 1981 444 m Anm *Burgstaller*. Zu Gunsten des Verteidigers gilt der Grundsatz **in dubio pro reo;** vgl RN 13.30. Weil sich die Notwendigkeit nach der Gefährlichkeit richtet, kann die (objektiv vorliegende) Situation entgegen dem Eindruck des Angegriffenen eine weniger intensive Verteidigung erfordern. Hält der Notwehrübende also den Angriff für schwerwiegender, als er ist, so führt dies – ebenso wie die irrige Annahme eines Angriffs überhaupt – zur Anwendbarkeit des § 8; dazu Kap 20; vgl *Lewisch* WK² § 3 RN 89f, *Fuchs/Zerbes* AT I 17/11, *Steininger* SbgK § 3 RN 6. **13.14**

Beispiel: Bei der Drohung eines Bankräubers mit einer **ungeladenen** Pistole liegt zwar ein Angriff (auf Vermögen und Freiheit) vor, jedoch ist der Gefährlichkeitsgrad bei Beurteilung nach objektiven Kriterien weniger hoch, als dies der Verteidigende meint. Schießt dieser etwa zur Verteidigung auf den Angreifer, überschreitet er aufgrund seines Irrtums über die Beschaffenheit des Angriffs das notwendige Maß der Verteidigung. Dies ist im Rahmen des § 8 zu beurteilen; vgl *Höpfel* WK² § 8 RN 6; *Wessels/Beulke/Satzger* AT RN 504 mN; *Fuchs/Zerbes* AT I 20/14; *H. Steininger* ÖJZ 1980 230.

13. Kapitel: Rechtswidrigkeit und Notwehr

Beachte! Abzustellen ist auf die Notwendigkeit der Abwehr**handlung,** nicht aber des ungewollt eingetretenen Abwehr**erfolgs.** Abwehrtypische Risiken eines in zulässiger Weise eingesetzten Abwehrmittels gehen zu Lasten des Angreifers; vgl *Wessels/Beulke/ Satzger* AT RN 505; *Lewisch* WK² § 3 RN 96; instruktiv dazu BayObLG JZ 1988 725; vgl auch RN 13.17.

13.15 bb) **Gesamtabwägung.** Einzubeziehen sind insb **Art, Wucht und Intensität** des Angriffs, **Aggressivität** und **Gefährlichkeit** des Täters, die **Zahl** der Angreifer, die **konkrete Kampflage** sowie die dem Angegriffenen im Zeitpunkt des Angriffs **konkret zur Verfügung stehenden Abwehrmöglichkeiten;** vgl *H. Steininger* ÖJZ 1980 230; RZ 1991/9; SSt 58/20; EvBl 1979/16; SSt 43/50. Zu berücksichtigen sind weiters die **körperliche Überlegenheit** des Kontrahenten, seine etwaige **Bewaffnung** und (oft gefahrsteigernde) **Alkoholbeeinträchtigung;** vgl 15 Os 136/96; RZ 1991/9; SSt 58/15; SSt 60/28; LSK 1979/306. **Dagegen** findet nach hM eine **Güterabwägung** (außer im Fall des § 3 Abs 1 Satz 2) **nicht** statt; vgl SSt 57/63.

13.16 Der Verteidiger muss iSd **Schonungsprinzips** (RN 13.12 f) **unter mehreren wirksamen Mitteln das für den Angreifer am wenigsten gefährliche** auswählen. So darf, wer sich mit der bloßen Faust erfolgreich verteidigen könnte, nicht ohne weiteres zum Messer oder gar zur Schusswaffe greifen. Allerdings muss sich der Angegriffene weder mit unzureichenden Abwehrhandlungen noch mit einem weniger gefährlichen Verteidigungsmittel begnügen, wenn dessen **Abwehrwirkung zweifelhaft** ist; vgl zum Ganzen *Tipold* in *L/St* § 3 RN 82 f; SSt 62/81; 14 Os 180/95; RZ 1989/57 m zust Anm *Kienapfel;* SSt 58/20; EvBl 1983/134; EvBl 1978/ 106; zu eng LSK 1979/19.

Beachte! Weder § 3 noch Art 2 MRK begründen für einen **Privatmann** ein prinzipielles Verbot, zur Verteidigung von **Sachwerten** auf einen überraschten bzw mit der Beute flüchtenden Dieb oder Einbrecher zu schießen. Doch bedarf § 3 unter dem Aspekt des Schonungsprinzips insoweit einer restriktiven Interpretation, als der Einsatz von **Schusswaffen** idR ein **abgestuftes Vorgehen** (Androhung, Warnschuss) erfordert, **soweit dies Zeit und Situation erlauben;** vgl BGH NJW 2001 3201; in dieser Richtung auch SSt 62/81; SSt 60/28. Auf andere Verteidigungsmittel (Messer etc) lässt sich das abgestufte Vorgehen nicht übertragen; vgl LSK 1996/206; SSt 58/20/15; EvBl 1986/42; JBl 1981 444 m Anm *Burgstaller;* näher zum Ganzen vgl *Lewisch* WK² § 3 RN 104 f. Zu den durch § 7 Z 3 WaffGG teilw eingeschränkten Befugnissen der Polizei vgl RN 15.52.

13.17 **Aber:** Im Übrigen gilt es, Augenmaß zu bewahren. Ist die Notwehrhandlung **nach Art und Anlass zulässig,** sollte der Maßstab nicht kleinlich sein. Wer zur Nachtzeit einen anderen mit Schlägen attackiert, muss es sich gefallen lassen, dass ihm mit gleicher Münze zurückgezahlt wird, und soll nicht nachträglich den Wehleidigen spielen, wenn die erhaltenen Hiebe heftiger ausgefallen sind.

d) Immanente Schranken

13.18 **Sozialethische Überlegungen** können bei **bestimmten Fallkonstellationen** zu einer mehr oder weniger weitgehenden **Begrenzung** der Notwehrhandlung führen; str; wie hier vgl *Tipold* in *L/St* § 3 RN 87; *Triffterer* AT 11/84 ff; eingehend *Roxin* ZStW 1981 69. Eine **generelle Pflicht,** einer Konfrontation mit dem Angreifer nach Möglichkeit **auszuweichen** oder gar zu flüchten, kann dem StGB aber **nicht** entnommen werden. Dies widerspräche dem Wesen der Notwehr (RN 14.32); vgl *H. Steininger* ÖJZ 1980 230; *Fuchs* Notwehr 135; so auch die

B. Struktur und Merkmale der Notwehr

neuere Rspr; vgl EvBl 2008/98; SSt 62/81; SSt 60/28; RZ 1989/57 m zust Anm *Kienapfel;* SSt 58/15; SSt 56/28; EvBl 1986/42; überholt LSK 1979/19; JBl 1976 441.

aa) **Strafunmündige, Geisteskranke etc.** Strafunmündigen, Geisteskran- **13.19** ken und sonst offensichtlich schuldlos Handelnden (zB Irrenden) muss man ausweichen, wenn man schon dadurch das bedrohte Rechtsgut schützen kann; hM; vgl SSt 62/81; 14 Os 180/95; SSt 60/28; RZ 1989/85; SSt 58/15; SSt 56/28.

Aber: Nach heutiger hM besteht **keine Ausweichpflicht** gegenüber Angriffen von **Betrunkenen** und unter **Drogen** Stehenden; vgl *H. Steininger* ÖJZ 1980 231; SSt 60/28; RZ 1989/85; RZ 1989/57 m Anm *Kienapfel;* SSt 58/15; EvBl 1986/42; überholt JBl 1976 441; SSt 43/50.

bb) **Abwehrmindernde Vorhandlungen.** Wer sich selbst ins **Unrecht** ge- **13.20** setzt hat, muss uU **Minderungen** seiner Notwehrbefugnisse hinnehmen.

Beispiele: Wer den anderen „gehänselt" hat, darf die ihm zugedachte Ohrfeige zwar abwehren, aber ihr nicht mit einem derben Faustschlag ins Gesicht oder gar einem Knock-out „zuvorkommen". **Aber:** Nur weil man seine Schulden nicht rechtzeitig bezahlt hat, braucht man eine heftige Körperattacke des verärgerten Gläubigers nicht zu dulden; vgl BGH JR 1979 71 m Anm *Kienapfel.*

cc) **Notwehrprovokation.** Wer den Angriff **absichtlich herausgefordert** **13.21** hat, verwirkt idR das Notwehrrecht; arg § 1295 Abs 2 ABGB; vgl *Tipold* in *L/St* § 3 RN 87a; *Lewisch* WK² § 3 RN 117ff; SSt 62/81; 14 Os 180/95; EvBl 1987/190; SSt 58/15; SSt 51/58. Bei sonstigen **schuldhaften Provokationen** bzw **selbstverschuldeter Notwehrlage** neigen Rspr und Lehre zu **fallbezogenen** – idR abwehrmindernden – Lösungen, die einerseits auf etwaige Ausweichmöglichkeiten des Provozierenden, andererseits aber auch auf Art und Intensität der Reaktion des Provozierten abstellen; vgl SSt 62/81; SSt 60/28; SSt 49/39; SSt 48/82; *H. Steininger* ÖJZ 1980 231; abw *Nowakowski* WK¹ § 3 RN 27; *Fuchs/Zerbes* AT I 17/39 ff; aus der Sicht der actio illicita in causa *Bertel* ZStW 1972 1; eingehend zum Ganzen *Roxin* AT I § 15 RN 65 ff; instruktiv BGH NStZ 2002 425.

e) **Notwehrexzess**

aa) **Arten des Notwehrexzesses.** In dem Augenblick, in dem der Verteidi- **13.22** ger das **Maß** des zur Abwehr Notwendigen **überschreitet = intensiver** Notwehrexzess, wird aus dem, was als Notwehrhandlung begann, ein **rechtswidriger Angriff,** gegen den Notwehr zulässig ist. Dagegen spricht man von einem **extensiven** Notwehrexzess, wenn der Verteidiger die **zeitlichen Grenzen** der Notwehrhandlung überschreitet (RN 13.9).

Beachte! Notwehrexzess ist ein **Handlungsexzess bei gegebener Notwehrlage.** Nimmt der Exzedierende **irrtümlich** eine Notwehrsituation an, liegt daher schon begrifflich kein Notwehrexzess vor. Übermaßreaktionen bei irrtümlich angenommener Notwehrsituation bezeichnet man als **Putativnotwehrexzess;** vgl dazu RN 20.7 a.

bb) **Sonderregelung des § 3 Abs 2.** Diese Sonderregelung setzt das tatsäch- **13.22a** liche Vorliegen einer Notwehrsituation voraus, gilt aber nur für den intensiven Notwehrexzess (sowie die offensichtlich unangemessene Bagatellnotwehr), falls

13. Kapitel: Rechtswidrigkeit und Notwehr

die Überschreitung der Notwehrgrenzen **lediglich** aus Bestürzung, Furcht oder Schrecken (= sog **asthenischer Affekt**) geschah. Der Täter ist dann hinsichtlich dieser Vorsatztat **entschuldigt** (RN 21.3), haftet aber wegen des entsprechenden **Fahrlässigkeitsdelikts,** falls vorhanden und die Überschreitung auf Fahrlässigkeit beruht. Bei einem Handlungsexzess aus anderen Gründen (insb aus Zorn, Rache, Hass, Empörung = sog **sthenischer Affekt**) hat er sich dagegen wegen **vorsätzlicher Tat** zu verantworten; vgl SSt 61/30; SSt 57/78. Zur (analogen) Anwendung des § 3 Abs 2 beim Putativnotwehrexzess vgl RN 20.7 a.

Beachte! Angehörige etwa der Rotlichtszene, die sich **planmäßig** auf gewalttätige Ausein-andersetzungen mit der „Konkurrenz" einlassen (insb bei Revierkämpfen), können sich idR nicht auf § 3 Abs 2 berufen, da es insoweit an der **Alleinkausalität** (arg „lediglich") des regelmäßig behaupteten asthenischen Affekts fehlt; vgl BGH NJW 1993 1869; *Triffterer* AT 12/158.

3. Subjektives Rechtfertigungselement

13.23 Zu den beiden objektiven Elementen der Notwehr muss ein subjektives Rechtfertigungselement hinzutreten. Mindesterfordernis ist das **Wissen** um das Vorliegen der Notwehrsituation; hM; vgl *Burgstaller* Fahrlässigkeitsdelikt 175; *Tipold* in *L/St* § 3 RN 89 a; *Triffterer* AT 11/71 ff; aM *Seiler* AT I RN 385.

13.24 Eine berühmte Kontroverse geht dahin, wie zu entscheiden ist, wenn der Täter zwar alle objektiven, nicht aber die subjektiven Voraussetzungen des Rechtfertigungsgrundes erfüllt, zB weil er die Notwehrsituation als solche gar nicht erkennt. Die objektive Unrechtslehre (RN 4.6) nimmt **volle Rechtfertigung** und damit Straflosigkeit an; vgl *Rittler* I 121; JBl 1980 494 m abl Anm *Burgstaller;* mit anderer Begründung auch *Tipold* in *L/St* § 3 RN 7 ff. Andere wenden bei Vorsatzdelikten die **Versuchsregeln** teils direkt, teils analog an (wobei insb § 15 Abs 3 zu bedenken ist); vgl *Burgstaller* Fahrlässigkeitsdelikt 177; *Fuchs/Zerbes* AT I 19/2. Richtigerweise ist der Täter wegen **vollendeter Tat,** aber milder zu bestrafen (§ 34 Abs 1 Z 11); vgl *Kienapfel* ÖJZ 1975 430; *Schild* ÖJZ 1979 182; näher zum Ganzen *Lewisch* WK² § 3 RN 149 ff.

13.25 **Beachte!** § 3 wird nicht schon dadurch ausgeschlossen, dass eine (zulässige) Verteidigung durch Zorn, Wut, Erbitterung oder Hass **mitbestimmt** worden ist. Ebenso wenig durch den Vorsatz, den Angreifer zu misshandeln oder zu verletzen; vgl SSt 61/30; SSt 53/69.

C. Ausschluss des Notwehrrechts
1. Bagatellnotwehr

13.26 Trotz tatsächlichen Vorliegens einer Notwehrsituation ist Notwehr unter bestimmten Voraussetzungen ex lege ausgeschlossen. Dieser Ausschluss beruht auf dem Gedanken des **Rechtsmissbrauchs.** Gem § 3 Abs 1 Satz 2 ist die Handlung nicht gerechtfertigt, „wenn es **offensichtlich** ist, daß

- dem Angegriffenen **bloß ein geringer Nachteil** droht **und**

- die Verteidigung, insbesondere **wegen der Schwere der zur Abwehr nötigen Beeinträchtigung des Angreifers, unangemessen ist".**

Es handelt sich hier also um eine begrenzte **Ausnahme,** wo zusätzlich zur Erforderlichkeit die **Verhältnismäßigkeit** der Abwehr zu prüfen ist. Dass ein bloß geringer Nachteil

D. Nothilfe

droht, muss **offensichtlich,** dh iS einer **objektiven Betrachtung ex ante für jedermann** „leicht und auf den ersten Blick" erkennbar sein; vgl *Nowakowski* WK[1] § 3 RN 25; *Triffterer* AT 11/83; RZ 1991/9. Drohen bloß **mindere Körperrletzungen** (§ 83), führt dies idR nicht zum Ausschluss des Notwehrrechts (vgl SSt 60/28; SSt 57/63), ebenso wenig der Umstand, dass der drohende **Vermögensnachteil** unterhalb der für § 141 gültigen Wertgrenze liegt. Im Übrigen entscheidet in Bezug auf **Vermögensbagatellen** ein **objektiv-individueller Maßstab,** der insb auch die wirtschaftliche Situation des Angegriffenen einbezieht; vgl *StudB BT II* § 141 RN 19; *Tipold* in *L/St* § 3 RN 89; *E. Steininger* SbgK § 2 RN 94. Speziell zu dieser Fragestellung bei Ladendiebstählen *Burgstaller* Ladendiebstahl 75.

B e i s p i e l : Auf einen Dieb, der Äpfel stiehlt, darf man daher selbst dann nicht schießen, wenn der Schuss nach Lage des Falles die einzige Möglichkeit wäre, diesen Angriff auf das Eigentum abzuwehren = **Apfeldieb-Fall;** vgl *Lernprogramm* 170.

2. Art 2 MRK

Das in Art 2 Abs 1 MRK ausgesprochene Verbot absichtlicher Tötung, **13.27** etwa zur Verteidigung von bloßen **Sachwerten,** begrenzt nur die **hoheitlichen Eingriffsbefugnisse,** nicht aber das Notwehrrecht (§ 3) des einzelnen Staatsbürgers gegenüber Vermögenstätern; hM; vgl *Nowakowski* WK[1] Nachbem § 3 RN 24; *Fuchs/Zerbes* AT I 17/48 f.

D. Nothilfe

Übt nicht der Angegriffene selbst, sondern ein **Dritter** zu Gunsten des **13.28** Angegriffenen Notwehr, spricht man von **Nothilfe** (§ 3 Abs 1 Satz 1: „von sich oder einem anderen").

Die Nothilfe ist eine **Sonderform** der Notwehr und muss daher sämtliche **13.29** Merkmale des § 3 Abs 1 Satz 1 erfüllen. Die Voraussetzungen des Angriffs sind nach der Person dessen zu beurteilen, **dem geholfen wird.** Darüber hinaus muss beim **Nothelfer** das subjektive Rechtfertigungselement gegeben sein. Selbstverständlich gilt auch § 3 Abs 1 Satz 2.

Aber: Gegen den erkennbaren Willen des Angegriffenen, der sich nicht verteidigen möchte, den Angreifer schonen oder ohne fremde Hilfe auskommen will, ist Nothilfe idR unzulässig; vgl *J/W* AT 349; str; differenzierend *Roxin* AT I § 15 RN 116 ff; *Lewisch* WK[2] § 3 RN 133.

B e i s p i e l e : Der Bedrohte lehnt jede Nothilfe ab, „weil das Ganze nur ihn etwas angeht". Die Geisel sieht ihr Leben durch das Einschreiten des Nothelfers stärker bedroht als ohne eine solche Rettungsaktion.

E. Prozessuales: In dubio pro reo

Lassen sich **sichere Feststellungen** zu Einzelheiten der notwehrerheblichen **13.30** Umstände, insb auf den Ebenen Notwehrsituation oder -handlung, nicht treffen, darf sich dies nicht zu Lasten des Verteidigers auswirken; vgl BGH StV 1995 463.

Zur Vertiefung: Eingehend zur Notwehr vgl *Tipold* in *L/St* § 3 RN 69 ff; *Triffterer* AT 11/51 ff; *Fuchs/Zerbes* AT I 17/5 ff; *Lewisch* WK[2] § 3 RN 1 ff.

■ ■ ■ Programmbearbeiter lesen jetzt bitte die TE 13 ■ ■ ■

14. Kapitel
Rechtfertigender Notstand

Inhaltsübersicht

	RN
A. Allgemeines	14.1–14.3
B. Struktur und Merkmale	14.4–14.26
1. Notstandssituation	14.5–14.13
a) Bedeutender Nachteil für ein Rechtsgut	14.6–14.11
aa) Definition	14.6
bb) Einzelheiten	14.7–14.10
cc) Grenzen	14.11
b) Zeitliche Schranken	14.12–14.13
2. Notstandshandlung	14.14–14.25
a) Einzige Möglichkeit	14.16–14.19
b) Höherwertigkeit des geretteten Rechtsguts	14.20–14.23
aa) Anknüpfungskriterien	14.21
bb) Konkrete Gesamtabwägung	14.22–14.23
c) Kein unangemessenes Mittel	14.24–14.25
3. Subjektives Rechtfertigungselement	14.26
C. Sonderprobleme	14.27–14.30b
1. Leben gegen Leben	14.27
2. Unbeteiligte Personen	14.28
3. „Wirtschaftlicher Notstand"	14.29
4. Rechtfertigende Notstandshilfe	14.30
5. Gefahrtragungspflichten	14.30a
6. Notstandsbefugnisse von Hoheitsträgern	14.30b
D. Zum Verhältnis von Notwehr und rechtfertigendem Notstand	14.31–14.36
1. Die beiden Denkmodelle	14.31–14.33
2. Unterschiede	14.34
3. Vorrang der Notwehr	14.35–14.36
E. Verhältnis zu anderen Rechtfertigungsgründen	14.37

Schrifttum (Auswahl): *Kert* Ausgewählte Fragen des Allgemeinen Teils des Wirtschaftsstrafrechts in HB Wirtschaftsstrafrecht 1; *Kienapfel* Der rechtfertigende Notstand ÖJZ 1975 421; *Lenckner* Der rechtfertigende Notstand (1965); *Platzgummer* Eine Wendung in der Rechtsprechung zum unwiderstehlichen Zwang JBl 1959 338; *Rittler* Der unwiderstehliche Zwang (§ 2 lit g StG.) in der Rechtsprechung des Obersten Gerichtshofes in: OGH-FS (1950) 221.

A. Allgemeines

14.1 Der rechtfertigende Notstand ist ein **ungeschriebener,** aus dem Rechtsganzen im Wege der Rechtsanalogie abgeleiteter **Rechtfertigungsgrund.**

14.2 Der rechtfertigende = übergesetzliche Notstand beruht auf dem **Güter- und Interessenabwägungsprinzip,** das in zahlreichen Rechtsvorschriften Niederschlag gefunden hat; vgl § 1306a ABGB; § 97 Abs 1 Z 2 u 3; § 121 Abs 5; § 122 Abs 4; zu den theoretischen Grundlagen vgl *Kienapfel* ÖJZ 1975 422. In Lehre und Rspr ist dieser Rechtfertigungsgrund längst allgemein akzeptiert; vgl *Burgstaller* Fahrlässigkeitsdelikt 153; *Tipold* in *L/St* § 3 RN 49; SSt 47/75; SSt 43/20 (GrundsatzE).

14.3 **Aber:** Viele Fragen sind noch nicht ausjudiziert. Die Tendenz zu insgesamt **restriktiver** Handhabung ist in der Praxis unverkennbar; vgl etwa 15 Os 41/89; RZ 1977/19 m Anm *Kienapfel;* SSt 47/75; 15 Os 41/89; SSt 43/20.

B. Struktur und Merkmale

Ähnlich wie die Notwehr besteht auch der rechtfertigende Notstand aus den drei Strukturelementen **Notstandssituation, Notstandshandlung** und **subjektives Rechtfertigungselement**. 14.4

1. Notstandssituation

Diese Frage betrifft das „**Ob**" des rechtfertigenden Notstands. Eine Notstandssituation wird nur durch einen **unmittelbar drohenden bedeutenden Nachteil für ein Individualrechtsgut** des Notstandstäters oder eines Dritten begründet; vgl SSt 47/75. 14.5

a) Bedeutender Nachteil für ein Rechtsgut

aa) **Definition**. Bedeutender Nachteil ist alles, was aus wertender Sicht eine **relevante Gefahr für ein Rechtsgut** begründet. Dabei ist ein **objektiver Maßstab** anzulegen und auf den Zeitpunkt **ex ante** abzustellen; hM; vgl *Tipold* in *L/St* § 3 RN 53; *Triffterer* AT 11/117 ff; *Steininger* SbgK Nachbem § 3 RN 19. 14.6

bb) **Einzelheiten**. Im Unterschied zur Notwehrsituation kann eine Notstandssituation nicht nur durch gewolltes oder ungewolltes **menschliches Verhalten**, sondern auch durch **Tierattacken, Naturkatastrophen und sonstige Unglücksfälle oder Zufälle** heraufbeschworen werden. 14.7

Beachte! Die Abwehr von Tierangriffen wurde im früheren Recht durch die in Analogie zur Notwehr gebildete sog **Sachwehr** gerechtfertigt; vgl *Rittler* I 142; SSt 26/7. Die Profilierung des rechtfertigenden Notstands durch die moderne Lehre und Praxis macht diesen Rückgriff heute entbehrlich; wie hier *Burgstaller* Fahrlässigkeitsdelikt 153 FN 19; *Tipold* in *L/St* § 3 RN 73; *Triffterer* AT 11/138. 14.8

Ein markanter Unterschied zur Notwehr besteht darin, dass der rechtfertigende Notstand **nicht auf die notwehrfähigen Rechtsgüter beschränkt** ist. Prinzipiell sind **alle Individualrechtsgüter** notstandsfähig; vgl *Tipold* in *L/St* § 3 RN 53; *Kienapfel* ÖJZ 1975 425; *Lewisch* WK[2] Nachbem § 3 RN 46 ff. 14.9

Beispiel: Wer in seiner Wohnung eine „Wanze" zerstört, mit der seine **Privatsphäre** ausgespäht werden soll, ist zwar nicht durch Notwehr, wohl aber durch rechtfertigenden Notstand gedeckt. Bezüglich der **Ehre** scheidet allerdings rechtfertigender Notstand aus, da diesbezüglich die Spezialregelungen in § 114 Abs 1 und 2 sowie § 115 Abs 3 vorgesehen sind; vgl *E. Steininger* SbgK Nachbem § 3 RN 15; *BT I* § 114 RN 2 sowie § 115 RN 20 u 27. AA *Seiler* AT I RN 412.

Beachte! Interessen und Rechtsgüter des **Staates** und der **Allgemeinheit** sowie allgemeine **wirtschaftliche, kulturelle** und **politische Zielsetzungen** sind **für Privatpersonen** weder notwehr- noch notstandsfähig; vgl *Kienapfel* ÖJZ 1975 426; SSt 57/40. Straftaten, die etwa zur Aufdeckung oder Beseitigung angeblicher oder wirklicher öffentlicher Missstände begangen werden, fallen nicht unter rechtfertigenden Notstand. Daher können sich zB selbsternannte „Pornojäger" oder demonstrierende Hausbesetzer auf diesen Rechtfertigungsgrund nicht berufen. Ein Autofahrer darf den anderen nicht unter Hinweis auf rechtfertigenden Notstand „ausbremsen", um ihn zB wegen Überschreitung der Geschwindigkeit zur Rede zu stellen. Auch § 10 scheidet in all diesen Fällen aus; vgl RN 21.7. 14.10

14. Kapitel: Rechtfertigender Notstand

14.11 cc) **Grenzen. Bagatellgefahren** lösen selbst dann kein Notstandsrecht aus, wenn sie höherwertige Rechtsgüter betreffen. Es fehlt insoweit an der **Bedeutsamkeit** des Nachteils; vgl SSt 47/75.

Beispiele: Ein militanter Nichtraucher darf Uneinsichtige nicht „handgreiflich" zum „Lustverzicht" nötigen (§ 105). Ein Hund, der sich mit einem erschnappten Kalbsknochen „davonstehlen" will, darf deshalb nicht verletzt oder gar getötet werden.

b) Zeitliche Schranken

14.12 Das in Anlehnung an § 10 Abs 1 formulierte Erfordernis des **unmittelbar drohenden** Nachteils reicht weiter als die zeitlichen Schranken bei der Notwehr; wie hier *Tipold* in *L/St* § 3 RN 52; enger *Nowakowski* WK[1] Nachbem § 3 RN 3.

14.13 Beachte! Auch eine **allgegenwärtige Dauergefahr,** die **jederzeit** in einen Schaden umschlagen kann (zB akute Einsturzgefahr bei einem baufälligen Haus), droht unmittelbar und kann daher **sofortige** Abwehrhandlungen rechtfertigen; vgl *Roxin* AT I § 16 RN 21; näher zum Ganzen vgl *Lewisch* WK[2] Nachbem § 3 RN 41 ff.

2. Notstandshandlung

14.14 Besonders strenge und differenzierte Maßstäbe gelten für das **„Wie",** dh für die Notstandshandlung, weil rechtfertigender Notstand (anders als die Notwehr) auch Eingriffe in die Rechtsgüter **gänzlich Unbeteiligter** (RN 14.28) ermöglicht. Jede Überschreitung dieser Grenzen begründet einen **Handlungsexzess.**

14.15 Beachte! Wie bei § 3 sind die Voraussetzungen der Notstandshandlung nach **objektiven Kriterien** aus der Sicht **ex ante** zu beurteilen; maßgebend ist der Zeitpunkt der Vornahme der Notstandshandlung; hM; vgl *Burgstaller* Fahrlässigkeitsdelikt 155; *Tipold* in *L/St* § 3 RN 53. Im Übrigen müssen folgende Voraussetzungen erfüllt sein:

a) Einzige Möglichkeit

14.16 Die Rettungshandlung muss die **einzige Möglichkeit** zur Abwendung des Nachteils, dh **Ultima Ratio** sein. Anders ausgedrückt: Es müssen Rechtsgüter in der Weise kollidieren, dass das eine **nur durch die Opferung des anderen** erhalten werden kann. Es darf keinen anderen Ausweg geben, als das Rechtsgut zu opfern.

Gibt es andere Möglichkeiten der Abhilfe, kommt rechtfertigender Notstand nicht in Betracht; hM; vgl *Tipold* in *L/St* § 3 RN 54; *Burgstaller* Fahrlässigkeitsdelikt 154. Es genügt also nicht, dass die Aufopferung des anderen Rechtsguts der „nächstliegende Ausweg" ist; sie muss vielmehr der „einzig mögliche Weg", die einzige Möglichkeit sein; vgl bereits KH 3586; der Sache nach 15 Os 41/89; SSt 47/75; näher zum Ganzen *Kienapfel* ÖJZ 1975 427.

14.17 Das Erfordernis der **einzigen Möglichkeit** erfüllt ähnliche Funktionen wie die **Notwendigkeit** der Verteidigung bei der Notwehr und ist **restriktiv** auszulegen, damit nicht unnötig in fremde Güter eingegriffen wird; vgl *Roxin* AT I § 16 RN 23 ff. Dh:

14.18 aa) Das eingesetzte Mittel muss sowohl der Art als auch der Anwendung nach **geeignet** sein, die Rettungschancen mehr als nur minimal zu erhöhen.

B. Struktur und Merkmale

Beispiel: A schneidet bei einem dringenden Krankentransport die Kurve und streift dabei einen Radfahrer (= § 88). Auf rechtfertigenden Notstand kann A sich schon deshalb nicht berufen, weil durch das Kurvenschneiden die Rettungschancen für den Kranken allenfalls minimal erhöht worden wären; vgl *S/S/Perron* § 34 RN 19 mN.

14.19 bb) Ist eine Rechtsgutbeeinträchtigung die einzige Möglichkeit, stehen aber im Rahmen dessen mehrere Mittel zur Gefahrenabwehr zur Verfügung, so muss der Notstandstäter das **relativ schonendste** wählen; vgl bereits *Rittler* I 145; heute hM; vgl *Triffterer* AT 11/124; *Tipold* in *L/St* § 3 RN 54; 15 Os 41/89; LSK 1975/98; EvBl 1967/464.

Beispiele: Ein fahruntüchtiger Arzt darf sich nicht selbst ans Steuer setzen und dabei andere gefährden (= § 89), wenn er sich zum Notfallpatienten auch von Angehörigen chauffieren lassen oder ein Taxi benutzen könnte. Ist für einen Bergsteiger die Zuflucht zu einer fremden, versperrten Berghütte die einzige Möglichkeit, sich vor Erfrierungen in Sicherheit zu bringen, so muss er doch, um einzudringen, ein Fenster statt der offenkundig teureren Tür aufbrechen.

b) Höherwertigkeit des geretteten Rechtsguts

14.20 Das gerettete Rechtsgut bzw Interesse muss **höherwertig** sein als das im Zuge der Rettungshandlung beeinträchtigte; vgl mit unterschiedlichen Nuancen *Burgstaller* Fahrlässigkeitsdelikt 154; *Tipold* in *L/St* § 3 RN 54 f; *Triffterer* AT 11/128 ff; SSt 47/75. Nach hM muss diese Höherwertigkeit sogar **„eindeutig und zweifellos"** gegeben sein; vgl SSt 43/20; *Tipold* in *L/St* § 3 RN 54; *Nowakowski* WK[1] Nachbem § 3 RN 4; *Steininger* SbgK Nachbem § 3 RN 40 mwN. Eine solche meist überaus **komplexe Güter- und Interessenabwägung** bringt diffizile Probleme mit sich:

14.21 aa) **Anknüpfungskriterien.** Einen ersten Ansatz bietet das abstrakte Rangverhältnis (Höhe der Strafdrohung) der kollidierenden Rechtsgüter bzw Interessen. **Persönliche Werte** (zB körperliche Unversehrtheit, Gesundheit, Freiheit, Privat- und Intimsphäre) sind idR höher einzuschätzen als **materielle** (zB Eigentum, Vermögen). Bei kollidierenden Vermögenswerten ist insb auch deren **Ausmaß** ein maßgeblicher Abwägungsfaktor.

14.22 bb) **Konkrete Gesamtabwägung.** Entscheidend ist letztlich der **Schutzwürdigkeitsaspekt:** Welches Rechtsgut, welches Interesse verdient in der konkreten Lebenssituation und unter Berücksichtigung sämtlicher tatrelevanter Aspekte den größeren Schutz? Vgl *Lenckner* Notstand 33 96; *Kienapfel* ÖJZ 1975 428; *Lewisch* WK[2] Nachbem § 3 RN 61 ff.

14.23 In diese komplexe Gesamtabwägung müssen alle rechtlichen und tatsächlichen Umstände des Falles einbezogen werden. Dazu gehören insb **Nähe, Art, Grad und Umfang der drohenden Gefahr, Wahrscheinlichkeit, Größe und Unersetzlichkeit des bevorstehenden Schadens, offenkundige Fernwirkungen der mit dem Eingriff verbundenen Folgen, die Risiken der Rettungshandlung sowie die Größe der Rettungschancen;** vgl dazu *M/Z* AT § 27 RN 20 ff; *Nowakowski* WK[1] Nachbem § 3 RN 4; 15 Os 41/89; eingehend *Roxin* AT I § 16 RN 26 ff; *S/S/Perron* § 34 RN 25 ff; *Kienapfel* ÖJZ 1975 428.

Beispiel: Wer ein vollbesetztes Verkehrsflugzeug „kapert", um sich in die Freiheit zu retten, ist nicht durch rechtfertigenden Notstand gerechtfertigt; vgl SSt 43/20.

14. Kapitel: Rechtfertigender Notstand

Beachte! Dass der **Notstandstäter** die Notstandslage verursacht oder gar **verschuldet** hat, schließt seine Berufung auf rechtfertigendem Notstand zwar nicht aus, kann aber bei der Interessenabwägung eine Rolle spielen; vgl *Roxin* AT I § 16 RN 60 ff; *J/W* AT 363; *Kienapfel* ÖJZ 1975 427. Letzteres gilt auch, wenn der Notstandstäter eine vom **Opfer der Notstandshandlung** ausgehende Gefahr abwehrt. Näheres zu diesem bisher wenig geklärten Problemkreis bei *Roxin* AT I § 16 RN 72 ff. Zum Handeln im **Nötigungsnotstand** vgl RN 21.16 u 21.20.

c) Kein unangemessenes Mittel

14.24 Selbst bei eindeutigem Überwiegen des geretteten Rechtsguts bzw Interesses ist die Rettungshandlung nur dann gerechtfertigt, wenn die Tat unter Berücksichtigung der obersten Leitprinzipien der Rechtsordnung **kein unangemessenes Mittel** zur Abwendung der Gefahr darstellt. Dieses vor allem in der BRD entwickelte und in § 34 Satz 2 dStGB ausdrücklich aufgenommene Korrektiv wird überwiegend auch für Österreich postuliert; vgl *Burgstaller* Fahrlässigkeitsdelikt 154; *Kienapfel* ÖJZ 1975 429; *Tipold* in *L/St* § 3 RN 56 f; *Fuchs/Zerbes* AT 17/66 ff; *Steininger* AT I 11/62 ff; SSt 57/65.

Beispiel: Ein Klinikbesucher, der Träger einer seltenen Blutgruppe ist, darf nicht gegen seinen Willen zum Blutspenden für einen Schwerkranken gezwungen werden, weil ein solcher Zwangseingriff dem **Selbstbestimmungsrecht** und der **Menschenwürde** widerspricht und deshalb kein angemessenes Mittel ist; vgl *J/W* AT 364; str; aM *Triffterer* AT 11/133.

14.25 **Beachte!** Das Angemessenheitskorrektiv dient weniger der Begründung des rechtfertigenden Notstands als vielmehr seinem **Ausschluss** in besonders gelagerten Fällen. Es erfüllt insoweit ähnliche Funktionen wie das Rechtsmissbrauchskorrektiv des § 3 Abs 1 Satz 2; vgl *Tipold* in *L/St* § 3 RN 57. Einer ausdrücklichen Prüfung bedarf es daher nur, wenn Anhaltspunkte dafür sprechen, dass die Tat trotz Höherwertigkeit des geretteten Interesses obersten Wertprinzipien der Gemeinschaft widerspricht; vgl *Roxin* AT I § 16 RN 100.

3. Subjektives Rechtfertigungselement

14.26 Ähnlich der Notwehr genügt schon das bloße **Wissen** um das Vorliegen der Notstandssituation; hM; vgl *Burgstaller* Fahrlässigkeitsdelikt 176; *Tipold* in *L/St* § 3 RN 59 iVm § 10 RN 26; strenger *Triffterer* AT 11/136: Rettungswille. Im Übrigen gelten die Ausführungen RN 13.24 f entsprechend.

C. Sonderprobleme

14.27 1. **Leben gegen Leben.** Grundsätzlich können **alle Rechtsgüter** durch einen Notstandseingriff in Anspruch genommen werden. Für das **Leben** gelten jedoch Besonderheiten, weil es als das ranghöchste aller Rechtsgüter von keinem anderen Interesse überwogen werden kann. Die Konsequenzen zeigen sich, wenn **Leben gegen Leben** steht. Im Falle der Rettung eines oder vieler Menschenleben auf Kosten eines anderen kommt **nie** rechtfertigender Notstand in Betracht; hM; vgl *J/W* AT 361; *Tipold* in *L/St* § 3 RN 55; *Nowakowski* WK[1] Nachbem § 3 RN 5.

Beispiel: Um im Rettungsboot auf hoher See nicht zu verhungern und zu verdursten, schnitt im Juli 1884 Thomas Dudley dem 17-jährigen Schiffsjungen Richard Parker die

C. Sonderprobleme

Kehle durch. Vier Tage später wurde Dudley von der „Moctezuma" gerettet = nach der untergegangenen Yacht benannter **Mignonette-Fall**. Da sich Menschenleben nicht gegeneinander aufwiegen lassen, entfällt rechtfertigender Notstand. Denkbar ist aber entschuldigender Notstand gem § 10. Näheres RN 21.16.

2. Unbeteiligte Personen. Durch **Notwehr** ist nur die Beeinträchtigung von Rechtsgütern des Angreifers gerechtfertigt. Der **rechtfertigende Notstand** reicht weiter. Er erlaubt auch die Beeinträchtigung von Rechtsgütern **unbeteiligter Personen;** vgl *Nowakowski* WK¹ Nachbem § 3 RN 3. **14.28**

B e i s p i e l: Um den Angriff des A abzuwehren, entreißt B dem unbeteiligten C einen wertvollen Spazierstock und schlägt auf A ein. Dabei zerbricht der Spazierstock. Die Körperverletzung des A (§ 83 Abs 1) ist durch Notwehr (§ 3), die Zerstörung des Stocks des C (§ 125) durch rechtfertigenden Notstand gerechtfertigt.

3. „Wirtschaftlicher Notstand." Bei strafbaren Geldschöpfungspraktiken machen Angeklagte oft „wirtschaftlichen Notstand" geltend; zB im 1. AKH-Prozess; vgl SSt 54/42; *Kert* in HB Wirtschaftsstrafrecht RN 1.35. **14.29**

Rechtfertigender „wirtschaftlicher Notstand" ist jedoch aus prinzipiellen Erwägungen abzulehnen. Dies gilt insb in Bezug auf bedenkliche Geldschöpfungspraktiken, gesetzwidrige Liefersperren, den „Griff in die fremde Kasse" etc. Jedermann hat die Risiken seiner wirtschaftlichen Dispositionen selbst zu tragen und darf sie nicht unter Berufung auf rechtfertigenden Notstand auf Dritte abwälzen; vgl BGH JR 1977 27 m zust Anm *Kienapfel; Leitner/Brandl/Kert* HB Finanzstrafrecht RN 207; stRspr; vgl insb SSt 54/42.

4. Rechtfertigende Notstandshilfe. Sie ist nach hM zur Abwendung drohender Nachteile für Individualrechtsgüter Dritter zulässig. **14.30**

5. Gefahrtragungspflichten. Soweit die Rechtsordnung bestimmten Personen (zB Polizisten, Feuerwehrleuten, Soldaten) die Pflicht zur Gefahrtragung auferlegt, können sich diese nicht auf rechtfertigenden Notstand berufen. Polizisten oder Feuerwehrleute müssen in manchen Fällen auch um der Rettung von Sachwerten willen Gefahren für Leib und Leben auf sich nehmen. Die besondere Pflichtenstellung lässt die Interessen des Sacheigentümers schutzwürdiger erscheinen; vgl *Kienapfel* ÖJZ 1975 430; *Tipold* in *L/St* § 3 RN 57; *Roxin* AT I § 16 RN 65 f. Vgl dazu RN 21.21. **14.30 a**

6. Notstandsbefugnisse von Hoheitsträgern. Weder Privatleute noch Hoheitsträger können sich auf „Staatsnotstand" berufen. Personen, zu deren **amtlichen Aufgaben** der Schutz von Interessen und Rechtsgütern des Staates und der Allgemeinheit gehört, sind nur nach Maßgabe spezialgesetzlicher Ermächtigungen zu amtlichem Einschreiten befugt. **Eingriffsbegrenzende Interessenabwägungen,** zB im Falle des § 136 Abs 4 StPO oder des § 54 Abs 4 SPG, dürfen nicht unter Berufung auf rechtfertigenden Notstand unterlaufen werden; vgl *Fuchs/Zerbes* AT I 17/70 f. Ausnahmen bei außergewöhnlichen Fallkonstellationen sind jedoch denkbar; vgl *J/W* AT 486; vgl zum Ganzen auch RN 14.37, 15.48 u 15.52. **14.30 b**

Aber: Einer Folter zur Erzwingung lebensrettender Informationen bezüglich von Entführungsopfern stehen sowohl Art 3 MRK als auch § 164 Abs 4 StPO entgegen; vgl *Steininger* AT I 11/37.

14. Kapitel: Rechtfertigender Notstand

D. Zum Verhältnis von Notwehr und rechtfertigendem Notstand

14.31 1. **Die beiden Denkmodelle.** Der rechtfertigende Notstand ähnelt in seiner Grobstruktur in auffälliger Weise der Notwehr. Dennoch bestehen zwischen beiden Rechtfertigungsgründen charakteristische Unterschiede. Sie ergeben sich daraus, dass beiden Rechtfertigungsgründen **verschiedene Denkmodelle** zugrunde liegen.

14.32 Bei der **Notwehr** geht es nicht allein um den Schutz des angegriffenen Gutes, sondern zugleich auch um die **Bewährung der Rechtsordnung** als solcher; hM; vgl etwa *J/W* AT 336. Der für die Rechtsordnung maßgebende Aspekt lautet daher bei der Notwehr: **Das Recht braucht dem Unrecht nicht zu weichen;** vgl SSt 60/28; SSt 58/15.

14.33 Beim **rechtfertigenden Notstand** steht dagegen im Vordergrund, dass ein Rechtsgut mit einem anderen in der Weise kollidiert, dass **das eine nur auf Kosten des anderen** gerettet werden kann. Wie diese Kollisionslage entstanden ist, spielt keine Rolle. Der für die Rechtsordnung maßgebende Aspekt in einer solchen Situation lautet: **Welches Rechtsgut bzw Interesse überwiegt?**

14.34 2. **Unterschiede.** Notwehr und rechtfertigender Notstand unterscheiden sich in folgenden Beziehungen:

Notwehr	Rechtfertigender Notstand
1. Notwehrsituation: Angriff auf ein notwehrfähiges Individualrechtsgut gegenwärtig oder unmittelbar drohend rechtswidrig	*1. Notstandssituation:* Bedeutender Nachteil für irgendein Individualrechtsgut unmittelbar drohend diese Einschränkung entfällt
2. Notwehrhandlung: notwendige Verteidigung	*2. Notstandshandlung:* einziges Mittel Höherwertigkeit des geretteten Rechtsguts kein unangemessenes Mittel
3. Subjektives Rechtfertigungselement	*3. Subjektives Rechtfertigungselement*

14.35 3. **Vorrang der Notwehr.** Angriffe iSd § 3 begründen idR auch einen bedeutenden Nachteil für das bedrohte Rechtsgut. So gesehen bildet der rechtfertigende Notstand die **lex generalis** und die Notwehr die **lex specialis**; vgl *Roxin* AT I § 14 RN 48. Da die Notwehrsituation des § 3 insgesamt an engere und präzisere Voraussetzungen als die Notstandssituation anknüpft, kommt gegen einen **Angriff iSd § 3** nur Notwehr und nicht (außerdem) rechtfertigender Notstand in Betracht = **Vorrang der Notwehr.**

Daraus folgt für die Fallprüfung, dass die **Bejahung** eines „gegenwärtigen oder unmittelbar drohenden rechtswidrigen Angriffs auf ein notwehrfähiges Rechtsgut" die gleichzeitige Untersuchung bzw Annahme des rechtfertigenden Notstands ausschließt.

14.36 Aber: Sobald eine Notwehrsituation iSd § 3 ausscheidet, insb mangels **Angriffs**, in bestimmten Fällen mangels **Gegenwärtigkeit** (Dauergefahr) oder weil sich der Angriff **nicht gegen notwehrfähige Rechtsgüter richtet,** ist ein Rückgriff auf die lex generalis, den rechtfertigenden Notstand, denkbar = **Ergänzungsfunktion des rechtfertigenden Notstands.**

E. Verhältnis zu anderen Rechtfertigungsgründen

Beispiel 1: Es fehlt schon an einem **Angriff,** wenn A infolge eines Herzinfarkts bewusstlos zu Boden stürzt. Bricht B ihm bei der lebensrettenden Herzdruckmassage eine Rippe, kann er insoweit durch rechtfertigenden Notstand gerechtfertigt sein.

Beispiel 2: Innerhalb eines Jahres waren Dr. A und seine Frau in der Nacht mehrfach von einem voyeurhaften „Spanner" belästigt worden, ohne ihn je zu erkennen. Selbst eine extra installierte Alarmanlage und jeweils Anrufe bei der Polizei konnten dem nächtlichen Spuk kein Ende bereiten. In der Tatnacht wachte Dr. A auf und sah am Fußende des Bettes einen Mann stehen. Mit einem Schrei fuhr er aus dem Bett, griff nach seiner Pistole und lief hinter dem Flüchtenden her, ohne ihn einholen zu können. Darauf schoss er ihm ins Bein, um ein für allemal die für die Familie unerträgliche Situation zu beenden; vgl BGH NJW 1979 2053 = sog **Spanner-Fall.**

Notwehr scheidet nach österr Recht aus doppeltem Grund aus. Zum einen gehört die Privat- und Intimsphäre **nicht zu den notwehrfähigen Rechtsgütern** (vgl RN 13.6), zum anderen war der Angriff des Unbekannten im Zeitpunkt der Abgabe des Schusses **nicht mehr gegenwärtig** iSd § 3. Allerdings bestand **Dauergefahr** (RN 14.13). Es greift daher ergänzend rechtfertigender Notstand ein. Auch dessen übrige Voraussetzungen sind gegeben; ebenso *Roxin* AT I § 16 RN 86.

E. Verhältnis zu anderen Rechtfertigungsgründen

Das Verhältnis des rechtfertigenden Notstands zu anderen Rechtfertigungsgründen ist noch **weitgehend ungeklärt.** Ganz allgemein gilt, dass spezialgesetzliche Eingriffsermächtigungen nicht durch Rückgriff auf den rechtfertigenden Notstand erweitert bzw umgangen werden dürfen; vgl dazu RN 14.30b. Im Übrigen ist eine differenzierende Sicht geboten. Ergänzungsfunktionen besitzt der rechtfertigende Notstand etwa gegenüber § 3 (vgl RN 14.36), nicht aber im Verhältnis zu § 80 Abs 2 StPO (vgl RN 15.12 u 15.18).

14.37

Zur Vertiefung: Zum rechtfertigenden Notstand vgl *J/W* AT 359; *Kienapfel* ÖJZ 1975 421; *Tipold* in *L/St* § 3 RN 49 ff; *E. Steininger* SbgK Nachbem § 3 RN 1 ff.

■ ■ ■ Programmbearbeiter lesen jetzt bitte die TE 14 ■ ■ ■

15. Kapitel
Weitere Rechtfertigungsgründe

Schrifttum (Auswahl): *Brandstetter* Aktuelle Probleme des Rechtfertigungsgrundes der Einwilligung in: StP XXI 171; *Burgstaller* Zum Standort des erlaubten Risikos ÖJZ 1970 384; *ders* Zur Einwilligung im Strafrecht RZ 1977 1; *Helmreich* Recht auf Widerstand? ÖJZ 2006 13; *Hinterhofer* Die Einwilligung im Strafrecht (1998); *Kienapfel* Das erlaubte Risiko im Strafrecht (1966); *Maleczky* Unvernünftige Verweigerung der Einwilligung in die Heilbehandlung ÖJZ 1994 681; *Mayerhofer* Der Gebrauch der Schußwaffe durch Sicherheitsorgane ÖJZ 1977 449; *Müller* Die Zulässigkeit des Einsatzes staatlicher Gewalt in Ausnahmesituationen aus der Sicht des österreichischen Strafrechts RZ 1976 1; *Probst* Das Festnahmerecht nach § 86 Abs 2 StPO in: StP VI 101; *Roeder* Die Einhaltung des sozialadäquaten Risikos (1969); *ders* Haftung für durch riskantes Verhalten verursachte Erfolge ÖJZ 1970 378; *Taferner* Rechtmäßiges Unterlassen bei unzumutbarer Hilfeleistung? JBl 2016 769; *Zipf* Einwilligung und Risikoübernahme im Strafrecht (1970); *ders* Zur Einwilligung im neuen Strafrecht, insbesondere beim Zusammentreffen mehrerer Rechtsgüter in einem Straftatbestand RZ 1976 192; *ders* Die Bedeutung und Behandlung der Einwilligung im Strafrecht ÖJZ 1977 379.

15. Kapitel: Weitere Rechtfertigungsgründe

1. Unterkapitel
Anhalterecht

Inhaltsübersicht

	RN
A. Grundlagen	15.1–15.2
1. Rechtfertigungsgrund	15.1
2. Zweck	15.2
B. Struktur und Merkmale	15.3–15.27
1. Anhaltesituation	15.4–15.12
a) Strafbare Handlung	15.5–15.8
b) Tatverdacht	15.9–15.11
c) Zeitliche Schranken	15.12
2. Anhaltehandlung	15.13–15.24
a) Verhältnismäßige Weise	15.14–15.19
aa) Körperliche Gewalt	15.15–15.18
bb) Notwehr bei Gegenwehr	15.19
b) Dauer der Anhaltehandlung	15.20–15.24
aa) Wegfall des Tatverdachts	15.21–15.22
bb) Unverzügliche Anzeige	15.23–15.24
3. Subjektives Rechtfertigungselement	15.25–15.27
C. Sonderprobleme	15.28–15.29
1. Unwürdige Begleitumstände	15.28
2. Anhaltung Unschuldiger	15.29
D. Verhältnis zur Notwehr	15.30–15.31

A. Grundlagen

15.1   **1. Rechtfertigungsgrund.** § 80 Abs 2 StPO regelt das allgemeine (= private) Anhalterecht. Danach ist **jedermann** zur angemessenen und zeitlich begrenzten Anhaltung eines Tatverdächtigen befugt. § 80 Abs 2 StPO gewährt unter besonderen Voraussetzungen ein Recht zur Anhaltung, statuiert aber keine Anzeigepflicht; vgl § 80 Abs 1 StPO.

Erhebliche praktische Bedeutung besitzt das Anhalterecht heute vor allem in Bezug auf **Ladendiebstähle**; vgl *Burgstaller* Ladendiebstahl 71. Der Einzugsbereich des § 80 Abs 2 StPO reicht aber weit über diese Fallkonstellation hinaus.

15.2   **2. Zweck.** Das Anhalterecht dient insoweit öffentlichen Interessen, als es gewährleisten soll, dass ein Tatverdächtiger alsbald den Strafverfolgungsorganen überstellt wird. Dies aber **nicht um jeden Preis,** sondern nur unter der Voraussetzung, dass die Festnahme **auf verhältnismäßige Weise,** dh insb ohne vorsätzliche Verletzung des Tatverdächtigen, möglich ist. § 80 Abs 2 StPO erfüllt daher weder die Funktion einer **Ersatznotwehr** noch macht diese Vorschrift den Anhalteberechtigten zu einer Art Hilfssheriff für Polizei und Gericht.

Beachte! Aus diesem begrenzten Zweck des Anhalterechts ergeben sich bedeutsame Konsequenzen für die **einschränkende Auslegung** des § 80 Abs 2 StPO; vgl RN 15.14 ff, 15.20 ff, 15.29 u 15.31.

B. Struktur und Merkmale

15.3   Wie Notwehr und rechtfertigender Notstand besteht das Anhalterecht aus drei Strukturelementen: **Anhaltesituation, Anhaltehandlung** und **subjektives Rechtfertigungselement.**

B. Struktur und Merkmale

1. Anhaltesituation

Das Gesetz umschreibt die Anhaltesituation durch die nachstehenden An- **15.4**
haltegründe: **Verdacht der gegenwärtigen oder unmittelbar vorherigen Ausführung einer strafbaren Handlung** oder **Fahndung** wegen einer solchen.

a) **Strafbare Handlung.** Gemeint sind alle **Verbrechen und Vergehen.** Be- **15.5**
teiligung (§ 12), Versuch (§ 15) und selbstständig strafbare Vorbereitungshandlungen genügen. Selbst Fahrlässigkeitsdelikte und Bagatellstraftaten reichen aus. An sich auch Privatanklagedelikte, aber nicht gegen den erklärten Willen oder die offenkundigen Interessen des Privatanklageberechtigten; vgl *Steininger* AT I 11/75 mN.

Beachte! Das Anhalterecht des § 80 Abs 2 StPO beschränkt sich auf mit **gerichtlicher** **15.6**
Strafe bedrohte Handlungen. **Disziplinarstraftaten** (zB von Beamten), **Verwaltungsstraftaten** (zB Geschwindigkeitsübertretungen, Schwarzfahren, Betteln), **prozessuale Ordnungsverstöße** (zB Nichterscheinen trotz Ladung), **Besitzstörungen** (§§ 339 ff ABGB) uä scheiden daher aus.

Beispiele: Weil A ihn geschnitten hat, überholt und stoppt B den „Verkehrsrowdy", um ihn der Polizei zu übergeben. B ist weder durch Notwehr (RN 13.6) noch durch rechtfertigenden Notstand (RN 14.10) gerechtfertigt; erst recht liegt keine Anhaltesituation iSd § 80 Abs 2 StPO vor. Dass die **Polizei** in solcher Situation weitergehende Befugnisse besitzt (vgl insb § 97 Abs 5 StVO; § 35 VStG), liegt auf der Hand, ist aber eine ganz andere Frage. Die Anhaltung von Schwarzfahrern durch Kontrolleure ist idR nicht durch § 80 Abs 2 StPO gedeckt; vgl JBl 2008 123 m Anm *Burgstaller*. Diesbezüglich zum Selbsthilferecht vgl RN 15.36 f.

Das Anhalterecht des § 80 Abs 2 StPO entfällt bei gerechtfertigten bzw **15.7**
zumindest gerechtfertigt erscheinenden Taten; vgl RN 15.9 ff. Es muss eine tatbestandsmäßige und rechtswidrige (gerichtlich strafbare) Handlung sein. Ob der Verdächtige schuldhaft gehandelt hat oder tatsächlich bestraft werden kann, ist nicht entscheidend; vgl *Schwaighofer* WK-StPO § 80 RN 31. Insb können auch Kinder, Jugendliche sowie Unzurechnungsfähige nach Maßgabe des § 80 Abs 2 StPO angehalten werden.

Beachte! Das Anhalterecht entfällt weiters bei strafbefreiendem Rücktritt (§ 16) **15.8**
oder tätiger Reue des Täters (§ 167); vgl *Lewisch* WK² Nachbem § 3 RN 182; differenzierend *Burgstaller* Ladendiebstahl 72.

b) **Tatverdacht.** Der noch in der Vorgängerbestimmung des § 86 Abs 2 **15.9**
StPO aF verwendete plastische, aber unscharfe Begriff des **„hinreichenden Tatverdachts"** wird durch § 80 Abs 2 StPO dahin präzisiert, dass der **Anhalteberechtigte aufgrund bestimmter Tatsachen annehmen kann,** dass eine Person eine strafbare Handlung ausführe, unmittelbar zuvor ausgeführt habe etc.

Wichtig! Mit dieser Akzentuierung trifft die StPO eine dogmatisch und kriminal- **15.10**
politisch brisante Entscheidung **zu Lasten des Angehaltenen.** Denn das Gesetz bürdet ihm das **Irrtumsrisiko** des Anhaltenden auf; anders zB § 127 dStPO. Falls und solange ein solcher Tatverdacht besteht, darf sich der Angehaltene – auch wenn er unschuldig ist und zu Unrecht verdächtigt wird – gegen die (insoweit rechtmäßige) Anhaltung nicht zur Wehr setzen; hM; vgl *Tipold* in *L/St* 3 RN 25; EvBl 1973/223; EvBl 1962/332. Diese gesetzliche Risiko(um)verteilung erscheint letztlich jedoch berechtigt, weil sie der Effizienz der Strafverfolgung dient und der Anhalteberechtigte mit der Festnahme des Tatverdächtigen eine öffentliche Aufgabe erfüllt; vgl aber RN 15.29. Für § 8 bleibt nur wenig Raum; vgl RN 20.10.

15. Kapitel: Weitere Rechtfertigungsgründe

15.11 Ein den Anforderungen des § 80 Abs 2 StPO genügender **Tatverdacht** liegt vor, wenn sich für einen **objektiven Beobachter aus der Sicht ex ante aufgrund bestimmter Tatsachen (Indizien) der Verdacht einer rechtswidrigen Tat ergibt;** vgl *Triffterer* AT 11/108; *Fuchs/Zerbes* AT I 18/25. **Dringender Tatverdacht** iSd § 173 Abs 1 StPO wird nicht gefordert; hM schon im früheren Recht; vgl *Burgstaller* Ladendiebstahl 72; *Tipold* in *L/St* § 3 RN 24.

Beispiele: Beobachtung durch Angestellte oder Kunden genügt. Dagegen begründet etwa der Umstand, dass der Kunde einen besonders weiten Mantel trägt, dass er rasch dem Ausgang zustrebt oder dass er eine Taschenkontrolle ablehnt, **für sich allein** nicht ohne weiteres einen den Anforderungen des § 80 Abs 2 StPO genügenden Tatverdacht. Stets bedarf es dazu einer umfassenden Beurteilung aller konkreten Tatumstände; so mit Recht *Burgstaller* Ladendiebstahl 73.

15.12 c) **Zeitliche Schranken.** Das gesetzliche Erfordernis, dass der Verdächtige eine rechtswidrige Tat **(gerade) ausführe** oder **unmittelbar zuvor ausgeführt habe,** erfüllt beim Anhalterecht dieselbe Funktion wie die Zeitschranke bei der Notwehr, setzt aber andere zeitliche Akzente.

Die **Ausführung der Tat** entspricht im Wesentlichen der Gegenwärtigkeit des Angriffs bei § 3. Man kann diesen Aspekt auch dahin formulieren, dass es ausreicht, wenn der Verdächtige „auf frischer Tat betreten" wird; vgl dazu etwa § 170 Abs 1 Z 1 StPO. „Ausführungsnähe" iSd § 15 Abs 2 (RN 22.18 ff) genügt. Darüber hinaus ist die Festnahme eines Tatverdächtigen aber selbst **unmittelbar nach der Tat,** dh auch nach ihrer Vollendung oder Aufgabe zulässig, solange noch ein **enger zeitlicher und indizienmäßiger Konnex** zur Tat besteht, im Falle der **Fahndung** naturgemäß weit darüber hinaus; näher zum Ganzen *Lewisch* WK[2] Nachbem § 3 RN 186 f zu § 86 Abs 2 StPO aF.

Beispiele: Ein des Einbruchs Verdächtiger, der – mit oder ohne Beute – in den nahen Wald geflüchtet ist, darf selbst dann noch festgenommen werden, wenn er erst beim Verlassen des Gebäudes beobachtet wurde. Dagegen liegt keine Anhaltesituation mehr vor, wenn man den Verdächtigen am nächsten Morgen auf dem Flohmarkt entdeckt, wo er gerade die Beute verhökern will. Immerhin kann hier das allgemeine Selbsthilferecht in Betracht kommen; vgl RN 15.36 ff.

Beachte! Die Zeitschranken des § 80 Abs 2 StPO dürfen nicht etwa durch insoweit „ergänzende" Heranziehung des rechtfertigenden Notstands umgangen werden; vgl RN 14.37.

2. Anhaltehandlung

15.13 Bei der Anhaltehandlung des § 80 Abs 2 StPO geht es zum einen um das **„Wie"** und zum anderen um das **„Wie lange".**

15.14 a) **Verhältnismäßige Weise.** § 80 Abs 2 StPO rechtfertigt nur eine Anhaltung **auf verhältnismäßige Weise.** Die Gesetzesmaterialien bemerken dazu, dass die Anhaltung nur auf die gelindeste noch zum Ziele führende Weise vorgenommen werden darf. Das bedeutet in praxi, dass der Anhaltung dienende **nichtqualifizierte Freiheitseingriffe** (bis hin zu §§ 99, 105, 107) im Allgemeinen zulässig sind; zB Festhalten, Einschließen, Abdrängen des Fluchtwagens (EvBl 1962/332), Androhung einer Strafanzeige.

B. Struktur und Merkmale

aa) **Körperliche Gewalt.** Es ist seit langem strittig, in welchem Umfang 15.15
körperliche Gewalt zum Zweck der Anhaltung ausgeübt werden darf. Die Neufassung des Anhalterechts durch § 80 Abs 2 StPO trägt zur Lösung dieser Problematik nichts bei. Zwei Ansichten stehen sich gegenüber:

(1) **Relativierender Ansatz.** Man kann die Anhaltehandlung in Relation 15.16
zum **Schweregrad** der begangenen Tat setzen und gelangt dadurch bis zu einem gewissen Grad zu **fallspezifischen Lösungen.** So toleriert *Burgstaller* Ladendiebstahl 74 noch einfache Körperverletzungen (§ 83 Abs 1). *Probst* StP VI 114 will sogar eine schwere Körperverletzung zulassen (§ 84 Abs 1), falls es sich etwa um die Festnahme eines Raubmörders handelt. Vorsätzliche oder fahrlässige Tötung ist aber auch bei diesem Ansatz auf keinen Fall durch § 80 Abs 2 StPO gerechtfertigt; vgl NRsp 1988/321.

(2) **Teleologischer Ansatz.** Der relativierende Ansatz ist zu weit. Den Vorzug verdient eine **teleologische Betrachtung,** welche die Grenzen des Angemessenen aus dem Zweck des Anhalterechts ableitet. § 80 Abs 2 StPO soll die Effizienz der Strafverfolgung nicht um jeden Preis gewährleisten, sondern nur so weit, als eine Anhaltung des Tatverdächtigen **ohne vorsätzliche Körperverletzung möglich** ist (RN 15.2). Diese betont restriktive Auslegung ist vor allem deshalb geboten und unverzichtbar, weil § 80 Abs 2 StPO auch die Anhaltung **Unschuldiger** erlaubt (RN 15.10 u 15.29). 15.17

Konsequenzen: Soweit zur Durchführung bzw zur Aufrechterhaltung der Anhaltung 15.18
körperliche Gewalt eingesetzt wird, darf sie über eine allenfalls unvermeidliche körperliche Misshandlung iSd § 115 Abs 1 3. Fall, § 83 Abs 2 oder fahrlässige leichte Körperverletzung nicht hinausgehen.

Beispiele: Auf einen **ohne** Beute flüchtenden Dieb, selbst auf einen fliehenden Mörder oder Vergewaltiger, darf man weder schießen noch ihm einen Prügel „ins Kreuz" schleudern, auch wenn man seiner auf andere Weise nicht habhaft werden kann. Eine insoweit „ergänzende" Heranziehung des rechtfertigenden Notstands ist unzulässig; vgl RN 14.37.

bb) **Notwehr bei Gegenwehr.** Setzt sich der Verdächtige aber gegen eine 15.19
maßvolle Anhaltung zur Wehr, **kann** daraus ein rechtswidriger Angriff werden, den Anhaltende oder Dritte aufgrund und in den Grenzen von **Notwehr** bzw **Nothilfe (§ 3)** abwehren dürfen; vgl *Burgstaller* Ladendiebstahl 74; *Tipold* in *L/St* § 3 RN 27.

b) **Dauer der Anhaltehandlung.** Die zulässige Dauer der Anhaltehandlung 15.20
ist nach Zweck und Wortlaut des § 80 Abs 2 StPO in **zweifacher Hinsicht** begrenzt. Dies insb deshalb, weil das Anhalterecht sogar die (zeitweilige) Anhaltung **Unschuldiger** zulässt (RN 15.10).

aa) **Wegfall des Tatverdachts.** Erweist sich bei oder während einer Festnahme 15.21
der Tatverdacht als unbegründet, entfällt die Anhaltesituation. Die Anhaltung ist dann unverzüglich aufzuheben, damit sie nicht **ex nunc** zu einem rechtswidrigen Eingriff in die Freiheit wird.

Aber: Ein geständiger und einwandfrei identifizierter Ladendieb **kann** weiter angehalten 15.22
werden, bis die Polizei eintrifft; anders, wenn sich die Unschuld des Verdächtigen herausgestellt hat; differenzierend *Burgstaller* Ladendiebstahl 72.

15. Kapitel: Weitere Rechtfertigungsgründe

15.23   bb) **Unverzügliche Anzeige.** Nach dem ausdrücklichen Wortlaut des § 80 Abs 2 StPO ist der Anhaltende verpflichtet, die Anhaltung **unverzüglich dem nächst erreichbaren Sicherheitsorgan anzuzeigen.**

(1) Diese Anzeige muss **unverzüglich** erstattet werden, dh so rasch, wie es die jeweiligen Umstände ohne Gefährdung des Anhaltezwecks erlauben. Ob die Anzeige durch den Anhaltenden selbst oder auf dessen Veranlassung geschieht, ist unwesentlich.

(2) Die Anzeige muss beim **nächst erreichbaren Sicherheitsorgan** erstattet werden. Auf die örtliche Zuständigkeit soll es nicht länger ankommen. Ein Anruf bei einem rascher erreichbaren Sicherheitsorgan genügt.

15.24   **Beachte!** Wer die gem § 80 Abs 2 StPO vorgeschriebene Anzeige verzögert oder gänzlich unterlässt, kann sich durch Aufrechterhaltung der Anhaltung gem § 99 bzw gem § 105 strafbar machen; vgl SSt 7/66; *Tipold* in *L/St* § 3 RN 28. Gegen eine solche rechtswidrige Anhaltung kann man sich im Wege von Notwehr zur Wehr setzen.

3. Subjektives Rechtfertigungselement

15.25   Die Anforderungen an das subjektive Rechtfertigungselement dürfen nicht überspannt werden. Analog dem zur Notwehr und zum rechtfertigenden Notstand Ausgeführten genügt die **Kenntnis der Anhaltesituation;** wie hier *Tipold* in *L/St* § 3 RN 11 u 28.

15.26   Entgegen SSt 7/66 und *Nowakowski* WK[1] Nachbem § 3 RN 21 muss kein **spezifischer Anzeigewille** vorliegen, und zwar weder im Zeitpunkt der Festnahme noch später. Es genügt, wenn die Anzeige nach vollzogener Anhaltung durch den Anhaltenden oder zumindest mit seinem Willen unverzüglich erstattet wird.

15.27   **Beachte!** Verteidigungs- und Anhaltewille schließen sich nicht aus, sondern können nebeneinander vorliegen; vgl RN 15.30.

C. Sonderprobleme

15.28   1. **Unwürdige Begleitumstände.** Die an sich berechtigte Festnahme eines Tatverdächtigen kann vor allem durch **strafähnliche unwürdige Begleitumstände** zu einer **unverhältnismäßigen** Anhaltehandlung, mithin zu einem **Handlungsexzess** werden und sich dadurch **ex nunc** in eine rechtswidrige Freiheitsentziehung oder Nötigung verwandeln; vgl dazu bereits *Rittler* II 82; *StudB BT I* § 99 RN 24.

Beispiele: Die Praxis hat die Rechtfertigung verneint, wenn der Angehaltene mittels Schleuderkette und Vorhängeschloss am Hals an einen Baum gebunden (KH 1299) oder wenn ein 6-jähriger Bub längere Zeit in einen Schweinestall gesperrt wird (KH 3989).

15.29   2. **Anhaltung Unschuldiger.** § 80 Abs 2 StPO ist vom Gesetzgeber ganz gezielt so weit gefasst worden, dass – bei durch entsprechende Indizien untermauertem Tatverdacht – auch die **Anhaltung Unschuldiger gerechtfertigt** ist (RN 15.10 ff). Gerade dieser Aspekt bedingt aber wesentliche Einschränkungen hinsichtlich der zur Festnahme einsetzbaren Zwangsmittel (RN 15.14 ff), der sonstigen Begleitumstände (RN 15.28) sowie der Dauer der Anhaltung (RN 15.20 ff).

D. Verhältnis zur Notwehr

1. Notwehr und Anhalterecht schließen einander nicht aus. Beide Rechtfertigungsgründe können sich **überschneiden,** häufig **ergänzen** sie sich. Es kommt insoweit auf die jeweilige Fallkonstellation an. **15.30**

Beispiel: Solange der Ladendieb die Beute nicht herausgibt, ist die Anhaltung des Täters sowohl durch § 80 Abs 2 StPO als auch durch § 3 gerechtfertigt. Dieses Nebeneinander ist insofern von Bedeutung, als § 3 im Prinzip erheblich **weitergehende Eingriffe** erlaubt; dies aber – anders als § 80 Abs 2 StPO – nur gegenüber dem **wirklichen Täter;** ähnlich *Burgstaller* Ladendiebstahl 75. Auch die Zeitschranken decken sich nicht.

Beachte! Hat der Dieb die Beute herausgegeben, lässt sich seine weitere Anhaltung idR nicht mehr durch § 3, sondern nur noch mit Hilfe des § 80 Abs 2 StPO rechtfertigen.

2. Während die Notwehr uU selbst eine Tötung rechtfertigt, verleiht das Anhalterecht dem Berechtigten nur **sehr eingeschränkte Befugnisse.** Das ergibt sich aus den unterschiedlichen Zwecken beider Rechtsinstitute. **15.31**

Zur Vertiefung: Zum Anhalterecht vgl *Tipold* in *L/St* § 3 RN 22 ff; *Lewisch* WK² Nachbem § 3 RN 172 ff; speziell zum Anhalterecht gegenüber Ladendieben *Burgstaller* Ladendiebstahl 71.

2. Unterkapitel
Allgemeines Selbsthilferecht

Inhaltsübersicht

	RN
A. Grundlagen	15.32–15.33
B. Struktur und Merkmale	15.34–15.42
1. Selbsthilfesituation	15.35–15.37
a) Bestehen eines privatrechtlichen Anspruchs	15.36
b) Staatliche Hilfe käme zu spät	15.37
2. Selbsthilfehandlung	15.38–15.41
a) Unbedingte Notwendigkeit	15.39
b) Anspruchsadäquanz	15.40
c) Körperliche Gewalt	15.41
3. Subjektives Rechtfertigungselement	15.42
C. Sonderprobleme	15.43

A. Grundlagen

Nahezu sämtliche modernen Rechtsordnungen verbieten, privatrechtliche Ansprüche, und seien diese auch noch so dringlich und berechtigt, auf eigene Faust durchzusetzen. In einem Rechtsstaat hat sich, wie EvBl 1967/464 mit *Rittler* I 137 plastisch formuliert, der Staatsbürger „nicht das Recht selbst zu nehmen, sondern es bei der Behörde zu suchen". Zur Durchsetzung bzw Sicherung seiner **privatrechtlichen Ansprüche** muss er daher grundsätzlich die dafür gesetzlich vorgesehenen Behörden (insb die Gerichte) bemühen, soweit nicht ohnehin ein amtswegiges Einschreiten erfolgt. Deshalb verweist das positive Recht den Betroffenen idR ausdrücklich auf die zuständigen staatlichen Instanzen; vgl insb §§ 19 u 344 ABGB; näher zum Ganzen *Fuchs/Zerbes* AT I 17/75 ff. **15.32**

15.33 Nur in sehr engen Grenzen ist es gestattet, privatrechtliche Ansprüche im Wege der Selbsthilfe durchzusetzen bzw zu sichern. Man spricht insoweit vom **allgemeinen = privaten Selbsthilferecht.** Anders als zB Notwehr und rechtfertigender Notstand verleiht das Selbsthilferecht dem Berechtigten jedoch nur eine **subsidiäre Kompetenz** (RN 15.37).

Die Voraussetzungen des Selbsthilferechts werden von der hM im Wege der Rechtsanalogie vor allem aus dem **allgemeinen Rechtsprinzip** abgeleitet, das in §§ 19 u 344 ABGB, aber auch in speziellen Selbsthilfevorschriften zum Ausdruck gelangt. Die Kriterien sind von der Judikatur erst nach und nach herausgearbeitet und konkretisiert worden; vgl instruktiv und weiterführend nunmehr SSt 2007/66 = JBl 2008 123 m Anm *Burgstaller;* aus der früheren Rspr vgl EvBl 1967/464; SSt 38/6.

B. Struktur und Merkmale

15.34 Wie Notwehr, rechtfertigender Notstand und das Anhalterecht besteht das allgemeine Selbsthilferecht aus drei Strukturelementen: **Selbsthilfesituation, Selbsthilfehandlung** und **subjektives Rechtfertigungselement.**

1. Selbsthilfesituation

15.35 Die Selbsthilfesituation ist restriktiv auszulegen und an zwei Voraussetzungen gebunden:

15.36 a) **Bestehen eines privatrechtlichen Anspruchs.** Dieser Anspruch muss tatsächlich gegeben und darf noch nicht verjährt sein. Oft handelt es sich um Herausgabeansprüche. Es kommen aber auch sonstige Ansprüche in Betracht, zB Vertrags-, Bereicherungs- oder Schadenersatzansprüche oder ein Anspruch auf ungestörten Besitz und Ausübung des Hausrechts (OGH 20 Os 7/15 b).

Beispiele: Beim samstäglichen Rundgang über den Wiener Naschmarkt entdeckt A auf dem Flohmarkt die ihm am Vortag gestohlene Kamera **(Naschmarkt-Fall).** Kann A den Eigentumsherausgabeanspruch selbst durchsetzen? Hält ein Kontrolleur einen Schwarzfahrer bis zum Eintreffen der Polizei fest, geht es um die Durchsetzung bzw Sicherung von Vertragsansprüchen; vgl dazu näher JBl 2008 123 m Anm *Burgstaller.*

Beachte! Beim Anhalterecht (RN 15.12) muss ein zeitlicher oder indizienmäßiger Zusammenhang zwischen dem Entstehen und der Geltendmachung des privatrechtlichen Anspruchs bestehen. Beim allgemeinen Selbsthilferecht muss ein solcher Konnex nicht bestehen; vgl *Lewisch* WK[2] Nachbem § 3 RN 161 ff.

15.37 b) **Staatliche Hilfe käme zu spät.** Diese aus den §§ 19 u 344 ABGB abgeleitete **Subsidiaritätsschranke begrenzt** das Selbsthilferecht entscheidend; vgl *Rittler* I 139; EvBl 1967/464; SSt 38/6. Es kommt darauf an, ob **rechtzeitige Hilfe** durch **inländische Behörden** bzw **Organe** (zB Gericht, Polizei) nicht zu erlangen ist und ob ohne sofortiges Eingreifen die Gefahr besteht, dass die Sicherung bzw Verwirklichung des Anspruchs **vereitelt** oder **wesentlich erschwert** wird; vgl JBl 2008 123 m Anm *Burgstaller.*

Beispiel: Im Naschmarkt-Fall ist es **Tatfrage,** ob die Verständigung der Polizei die Verwirklichung des Herausgabeanspruchs **ernstlich beeinträchtigen** würde. Wer die dortigen Verhältnisse kennt, weiß, dass der Anbieter die „heiße Ware" inzwischen längst ver-

B. Struktur und Merkmale

kauft oder sich sonst aus dem Staub gemacht haben kann. Daher käme hier behördliche Hilfe zu spät.

Beachte! Zur Durchsetzung oder Sicherung (bloß) **zivilrechtlicher Ansprüche** darf und wird die **Polizei** idR nicht einschreiten; vgl dazu etwa die strikten Grenzen für die polizeiliche Identitätsfeststellung (§ 35 SPG). Daher kommt bei solcher Sach- bzw Rechtslage das private Selbsthilferecht zum Zuge; näher dazu *Fuchs/Zerbes* AT I 17/79 f; *Lewisch* WK² Nachbem § 3 RN 164. Ist dem Berechtigten aber der Anspruchsgegner der Person oder dem Namen nach bekannt, entfällt idR ein Selbsthilferecht, außer zB bei akuter Gefahr der Flucht ins Ausland.

2. Selbsthilfehandlung

Für das **„Wie"** gelten ebenfalls bedeutsame Einschränkungen. Die Selbsthilfehandlung muss **nach Art und Ausführung unbedingt notwendig** und außerdem **anspruchsadäquat** sein. Sonst liegt ein **Handlungsexzess** vor. **15.38**

a) **Unbedingte Notwendigkeit.** Die Selbsthilfehandlung hat sich – ähnlich wie bei § 3 – im Rahmen des **unbedingt Notwendigen** zu halten, dh der Betreffende muss **unter den verfügbaren Mitteln das schonendste** wählen; vgl *Nowakowski* WK¹ Nachbem § 3 RN 8; *Fuchs/Zerbes* AT I 17/78; JBl 2008 123 m Anm *Burgstaller*. **15.39**

B e i s p i e l e: In Betracht kommen daher idR nur Maßnahmen zur Identitätsfeststellung, einfache Drohungen, Festhalten des anderen, Ergreifen des Anspruchsgegenstandes uä.

b) **Anspruchsadäquanz.** Die Selbsthilfehandlung muss außerdem anspruchsadäquat sein, dh sie darf nicht außer Verhältnis zum Wert bzw zur Bedeutung des durchzusetzenden Rechts stehen; vgl *Nowakowski* WK¹ Nachbem § 3 RN 8; *Tipold* in *L/St* § 3 RN 67; EvBl 1967/464. Es darf mithin nicht „mit Kanonen auf Spatzen" geschossen werden. **15.40**

Beachte! Das bisher streng zivilrechtlich determinierte Kriterium der Anspruchsadäquanz ist vom OGH im Schwarzfahrer-Fall erstmals durch Bezugnahme auf allgemeine betriebswirtschaftliche Aspekte iSv Einbeziehung öffentlicher Interessen erheblich ausgeweitet worden; krit dazu *Fuchs/Zerbes* AT I 17/78 b.

c) **Körperliche Gewalt.** Das allgemeine Selbsthilferecht dient nicht nur privatrechtlichen Interessen, sondern bis zu einem gewissen Grad auch der Bewährung der Rechtsordnung. Dennoch darf auch dieser Rechtfertigungsgrund nicht iS einer **Ersatznotwehr** ausgelegt werden. Vorsätzliche Körperverletzungen gem § 83 Abs 1 oder gar gem §§ 84 f sind unzulässig; vgl auch EvBl 1967/464. Mit einer maßvollen Selbsthilfe verbundene **körperlichen Misshandlungen** (§ 115 Abs 1 3. Fall, § 83 Abs 2) bzw **fahrlässige leichte Körperverletzungen** sind nach neuerer Ansicht durch das private Selbsthilferecht gerechtfertigt; vgl *Lewisch* WK² Nachbem § 3 RN 168; *Burgstaller* Anm zu JBl 2008 123. Wie beim Anhalterecht kann die Gegenwehr des Kontrahenten aber eine Notwehr- bzw Nothilfesituation begründen (RN 15.19). **15.41**

B e i s p i e l: Im Naschmarkt-Fall (RN 15.36) ist es zulässig und ratsam, die Kamera rasch an sich zu nehmen und nicht mehr herauszugeben. Versucht der überführte Dieb oder Hehler die Kamera zurückzuerlangen, darf A sich aufgrund und in den Grenzen der **Notwehr (§ 3)** dagegen wehren.

3. Subjektives Rechtfertigungselement

15.42 Entsprechend dem in RN 13.1 f für alle Rechtfertigungsgründe Ausgeführten setzt das allgemeine Selbsthilferecht ein subjektives Rechtfertigungselement voraus. Wie auch sonst genügt insoweit die **Kenntnis der Selbsthilfesituation**.

C. Sonderprobleme

15.43 Ob der Betreffende zur Durchsetzung **eigener** oder **fremder** privatrechtlicher Ansprüche tätig wird, bleibt sich gleich. Das allgemeine Selbsthilferecht deckt auch **rechtfertigende Drittthilfe**.

Zur Vertiefung: Der Rechtfertigungsgrund des allgemeinen Selbsthilferechts ist im strafrechtlichen Schrifttum bisher wenig behandelt worden. Ausführlich nunmehr *Lewisch* WK[2] Nachbem § 3 RN 155 ff.

3. Unterkapitel
Besondere Selbsthilferechte

15.44 Neben dem allgemeinen Selbsthilferecht kennt die österr Rechtsordnung zahlreiche **besondere Selbsthilferechte** zur Durchsetzung bestimmter zivilrechtlicher Ansprüche. Alle diese Vorschriften spezifizieren den Selbsthilfegedanken und gehen als **leges speciales** dem allgemeinen Selbsthilferecht vor.

15.45 Zu nennen sind insb § 471 ABGB (Zurückbehaltungsrecht des Herausgabepflichtigen); § 970c ABGB (Zurückbehaltungsrecht des Gastwirts etc); § 1101 Abs 2 ABGB (Zurückbehaltungsrecht des Vermieters); § 1321 ABGB (Viehvertreibungsrecht, Privatpfändungsrecht); §§ 369 f UGB (kaufmännisches Zurückbehaltungsrecht).

15.46 **Beachte:** Alle Ausführungen zu den Grenzen des allgemeinen Selbsthilferechts gelten mutatis mutandis auch für die speziellen Selbsthilferechte.

4. Unterkapitel
Ausübung von Amts- und Dienstpflichten

Inhaltsübersicht

	RN
A. Allgemeines	15.47–15.48
B. Einzelne Anwendungsfälle	15.49–15.51
C. Sonderprobleme	15.52
D. Abwehr rechtswidriger Amtshandlungen	15.53

A. Allgemeines

15.47 Hinter diesem **Sammelbegriff** verbirgt sich eine unübersehbare Vielzahl von Rechtfertigungsgründen, die überwiegend dem geschriebenen Recht angehören. Sie sind in den einschlägigen Spezialgesetzen – mitunter ganz versteckt – geregelt. Das Prinzip ist überall dasselbe. Den Trägern bestimmter, meist öffent-

B. Einzelne Anwendungsfälle

lich-rechtlicher Funktionen, vornehmlich den **Beamten,** werden begrenzte, auf bestimmte amtliche Tätigkeiten bezogene **spezialgesetzliche Eingriffsrechte** gewährt.

Aber: Rechtfertigende Wirkung tritt nur ein, wenn sowohl die **formellen** als auch die **materiellen** Voraussetzungen der Eingriffsnorm erfüllt sind. Strukturell lassen sich auch diese Rechtfertigungsgründe idR nach Rechtfertigungssituation und -handlung gliedern. Das subjektive Rechtfertigungselement erschöpft sich in den meisten derartigen Fällen in der Kenntnis der Eingriffssituation. Die **irrtümliche Annahme** der Eingriffssituation begründet einen Irrtum gem § 8, Verkennung der Grenzen der Eingriffshandlung uU einen Irrtum gem § 9.

Aus dem **Fehlen einer spezialgesetzlichen Eingriffsermächtigung** darf nicht eo ipso auf die Unzulässigkeit bzw Rechtswidrigkeit einer Amtshandlung geschlossen werden. Stets ist nach Lage des Einzelfalls zu erwägen, ob der Gesetzgeber eine solche Amtshandlung **unter allen Umständen,** dh sogar unter Ausschluss des rechtfertigenden Notstands (vgl dazu RN 14.30 b) verbieten wollte. **15.48**

Beispiel: Das Ausstellen unechter Ausweispapiere (§§ 223 f, 311), um einen bedrohten **Zeugen** mit einer uU lebensrettenden falschen Identität auszustatten, war bis zur Novellierung des SPG (BGBl I 2002/104) allenfalls durch rechtfertigenden Notstand gedeckt. Seitdem erstreckt der neugefasste § 54a SPG den schon bisher für **verdeckte Ermittler** geltenden spezialgesetzlichen Rechtfertigungsgrund auch **auf gefährdete Zeugen** und deren **Angehörige.**

B. Einzelne Anwendungsfälle

Viele Rechtfertigungsgründe iSd **rechtmäßigen Ausübung von Amts- und Dienstpflichten** finden sich naturgemäß in strafrechtlichen Vorschriften, aber nicht nur dort. **15.49**

Zu nennen sind etwa §§ 110 ff StPO (Anordnung der Sicherstellung); § 115 StPO (Beschlagnahme); §§ 119 ff StPO (Haus- und Personendurchsuchung); § 123 StPO (Körperliche Untersuchung); §§ 173 ff StPO (Verhängung von Untersuchungshaft); § 42 Abs 2 StVG (zwangsweise Körperpflege); § 69 Abs 1 StVG (Zwangsbehandlung); § 69 Abs 2 StVG (Zwangsernährung); § 103 Abs 2 Z 5 StVG (Anlegen von Fesseln oder einer Zwangsjacke); § 104 Abs 1 Z 3 StVG (Fluchtverhinderung); § 33 SPG (Beendigung gefährlicher Angriffe); § 26 EO (Durchsuchung von Wohnungen; Taschenpfändung). **15.50**

Beachte! Wer als **Privatmann** von sich aus einer amtshandelnden Person Hilfe leistet, handelt insoweit auf eigenes Risiko, als er nicht an der Sonderbefugnis des Beamten partizipiert. Vielmehr stehen ihm nur die **allgemeinen Rechtfertigungsmöglichkeiten** (zB § 80 Abs 2 StPO; Nothilfe) zur Verfügung. Ob und in welchem Umfang ein Privatmann uU durch ein **amtliches Ersuchen** um Mithilfe gerechtfertigt ist, hängt von der jeweiligen speziellen Gesetzeslage ab; vgl *Tipold* in *L/St* § 3 RN 15.

Zu diesen Rechtfertigungsnormen gehören iwS auch die Vorschriften des **Waffengebrauchsrechts.** Hier fehlt bisher eine einheitliche Regelung. **15.51**

Für die Organe der Bundespolizei und Angehörige der Gemeindewachkörper finden sich die entsprechenden Regelungen im **WaffGG;** für die Organe der Justizwache in § **105 StVG.**

C. Sonderprobleme

Alle Rechtfertigungsgründe, insb Notwehr (§ 3), rechtfertigender Notstand und das Anhalterecht (§ 80 Abs 2 StPO), gelten an sich auch für **Beamte,** **15.52**

15. Kapitel: Weitere Rechtfertigungsgründe

die im Bereich des hoheitlichen Handelns tätig werden, **soweit nicht** speziellere Vorschriften zT weiterreichende (zB bezüglich der Festnahme), zT engere (zB für den Schusswaffengebrauch) **Sonderregelungen** treffen, was meistens der Fall ist; vgl *Nowakowski* WK[1] Nachbem § 3 RN 23 ff; SSt 57/78.

Beachte! Ein Polizeibeamter, der in Ausübung seines Dienstes einen Menschen **tötet,** kann sich mithin nur insoweit auf § 3 berufen, als nicht spezielle Regelungen – insb die Bestimmungen des WaffGG – **Einschränkungen** vorsehen.

Beispiel: Anders als ein Privatmann darf ein Polizist allein zum Zweck der Verteidigung von **Sachwerten** nicht auf einen mit der Beute fliehenden Dieb schießen; vgl § 7 Z 1 WaffGG iVm Art 2 Abs 2 lit a MRK.

D. Abwehr rechtswidriger Amtshandlungen

15.53 Auch rechtswidrige Amtshandlungen genießen **Strafrechtsschutz** und sind prinzipiell (nur) mit den gesetzlich vorgesehenen **Rechtsmitteln** (Beschwerde, Berufung) zu bekämpfen. Man kann insoweit von einem „**favor magistratus**", sogar von einem „**Irrtumsprivileg des Staates**" sprechen, das speziell durch die §§ 269 f, im Übrigen auch durch die allgemeinen Strafvorschriften (zB §§ 83 ff, 88) abgesichert ist und dem Betroffenen (vorläufige) **Duldung rechtswidriger Amtshandlungen auferlegt.**

Aber: Eine explizite Ausnahme macht das Gesetz in den Fällen der sog **qualifizierten Rechtswidrigkeit,** dh bei **strafgesetzwidrigen Amtshandlungen** (insb §§ 302, 303) sowie solchen, die der Art nach nicht in die Kompetenz der Behörde oder des Beamten fallen. Aktiver Widerstand ist in solchen Fällen gem § 269 Abs 4 straflos. Bei § 269 Abs 4 handelt es sich nicht etwa um einen Rechtfertigungsgrund, sondern um eine gesetzliche **Tatbildeinschränkung** der §§ 269 f; vgl *Fabrizy* § 269 RN 5; str; aM *Tipold* in *L/St* § 269 RN 22; eingehend zu Streitstand *Helmreich* ÖJZ 2006 13. Jenseits des § 269 Abs 4 hilft idR auch nicht § 10; vgl RN 21.13.

Beispiele: Qualifiziert rechtswidrig handelt ein Gerichtsvollzieher, der den widerspenstigen Schuldner kurzerhand verhaftet, denn für Eingriffe dieser Art besitzt er keine (sachliche) Kompetenz; vgl *Helmreich* ÖJZ 2006 17. Der Schuldner darf ex lege gem § 269 Abs 4 straflos Widerstand leisten. Körperverletzungen hat er jedoch gem §§ 83 ff zu verantworten, soweit er nicht **insoweit** durch Notwehr (§ 3) gerechtfertigt ist. Anders ist zu entscheiden, wenn der Gerichtsvollzieher (bloß) materiell rechtswidrig handelt, indem er statt der Golduhr, die zur Abdeckung der Schulden ausreichen würde, den Pkw des Schuldners pfändet; vgl *Tipold* in *L/St* § 269 RN 17 ff u 24.

5. Unterkapitel
Einwilligung

Inhaltsübersicht

	RN
A. Grundlagen	15.54–15.61
1. Volenti non fit iniuria	15.54
2. Ungeschriebener Rechtfertigungsgrund?	15.55
3. Einwilligung als Willenserklärung	15.56–15.57
4. Einwilligung und Einverständnis	15.58–15.59
5. Abweichender dogmatischer Ansatz	15.60
6. Wesen der Einwilligung	15.61

A. Grundlagen

- B. Struktur und Merkmale ... 15.62–15.76
  - 1. Einwilligungssituation ... 15.63–15.72
    - a) Sachliche Voraussetzungen ... 15.64–15.68
      - aa) Disponibilität des Rechtsguts ... 15.64–15.65
      - bb) Mängelfreiheit ... 15.66
      - cc) Erteilung vor der Tat ... 15.67–15.68
    - b) Persönliche Voraussetzungen ... 15.69–15.72
      - aa) Dispositionsbefugnis ... 15.70
      - bb) Dispositionsfähigkeit ... 15.71–15.72
  - 2. Einwilligungshandlung ... 15.73–15.74
  - 3. Subjektives Rechtfertigungselement ... 15.75–15.76
- C. Sonderprobleme ... 15.77–15.81 a
  - 1. Selbstgefährdung und Einwilligung ... 15.78–15.80
  - 2. Zusammentreffen von disponiblen mit nicht disponiblen Rechtsgütern ... 15.81
  - 3. Sterilisation, Genitalverstümmelung ... 15.81 a

A. Grundlagen

1. Volenti non fit iniuria. Hinter der Einwilligung steht die allgemeine Erwägung, dass ein Rechtsgut, das der Rechtsgutträger (= Verletzte) selbst preisgibt, des Schutzes durch die Rechtsordnung nicht bedarf. Die lateinische Formulierung bringt diesen Gedanken auf eine ebenso knappe wie präzise Formel: Volenti non fit iniuria. **15.54**

Dogmatische Leitidee bildet die Anerkennung des **Selbstbestimmungsrechts des Einzelnen**; vgl dazu *Zipf* ÖJZ 1977 380; *Fuchs/Zerbes* AT I 16/7; *Hinterhofer* Einwilligung 8. Dieses **Autonomieprinzip** ist nicht nur der tragende Gedanke der Einwilligung, sondern strahlt in zunehmendem Maße auch auf andere zentrale dogmatische Fragen aus; vgl RN 15.78 ff; 14.24; 26.17; 28.8 u 28.9; 31.22 u 31.22a sowie 34.11.

2. Ungeschriebener Rechtfertigungsgrund? Auch die Einwilligung ist ein weitgehend ungeschriebener, in ihren einzelnen Voraussetzungen durch Rspr und Lehre konkretisierter Rechtfertigungsgrund; vgl *Tipold* in *L/St* § 3 RN 34 f. **15.55**

Das StGB nimmt zwar in §§ 90, 96, 98, 102, 103, 110 u 136 ausdrücklich auf die Einwilligung Bezug; es lässt aber in wichtigen Punkten die Grenzen dieses Rechtfertigungsgrundes offen und macht die Festlegung der einzelnen Begriffsmerkmale zu einer Aufgabe für Wissenschaft und Praxis; vgl *Zipf* ÖJZ 1977 380.

3. Einwilligung als Willenserklärung. Eine Einwilligung kann **ausdrücklich** oder **konkludent** erfolgen. Als Willenserklärung ist sie der **Auslegung** zugänglich und oft auch bedürftig. Maßgebend dafür sind die konkreten Umstände und der sich daraus ergebende **objektive Erklärungssinn**; vgl *Zipf* ÖJZ 1977 381; SSt 52/55. **15.56**

Einwilligung setzt mehr als bloß passives Geschehenlassen voraus. Vor allem genügt nicht, dass der Verletzte der Rechtsgutbeeinträchtigung (bloß) innerlich zustimmt = sog **Willensrichtungstheorie;** so noch *Rittler* I 151; *Nowakowski* Grundzüge 63; *Fuchs/Zerbes* AT I 16/10. Die Einwilligung muss vielmehr nach außen hin als Willenserklärung in Erscheinung getreten sein = sog **eingeschränkte Willenserklärungstheorie;** heute hM; vgl *Burgstaller/Schütz* WK[2] § 90 RN 30; *Triffterer* AT 11/161. **15.57**

4. Einwilligung und Einverständnis. Die hM unterscheidet die **rechtfertigende** Einwilligung begrifflich vom **tatbestandsausschließenden** Einverständnis. Letzteres kommt aber nur bei solchen Delikten in Betracht, die ihren Unwert **15.58**

15. Kapitel: Weitere Rechtfertigungsgründe

aus einem **Handeln ohne oder gegen den Willen** des Rechtsgutträgers ableiten. Bei Vorliegen des Einverständnisses fehlt es schon an der Tatbestandsmäßigkeit der Handlung; vgl *Tipold* in *L/St* § 3 RN 34 f; *Triffterer* AT 11/153 f.

Beispiele: Wer sich in ärztliche Behandlung begibt, erleidet nicht etwa eine durch Einwilligung gerechtfertigte eigenmächtige Heilbehandlung; vielmehr entfällt aufgrund seines Einverständnisses bereits der Tatbestand des § 110. Wer aus dem Schuppen des B dessen altes Fahrrad abholen und behalten darf, begeht nicht einen durch die Einwilligung des B gerechtfertigten Diebstahl; vielmehr liegt schon begrifflich keine Wegnahme vor; vgl näher *StudB BT I* § 90 RN 5 f mw Beispielen.

15.59 Beachte! Beim **Einverständnis** handelt es sich nicht um ein eigenes dogmatisches Rechtsinstitut, sondern um einen bloßen **Sammelbegriff** für einwilligungsähnliche Probleme im Rahmen der **Tatbestandsauslegung.** Das bedeutet, dass für jedes einschlägige Delikt gesondert ermittelt werden muss, welche Anforderungen an das tatbildausschließende „Ja" des Rechtsgutträgers zu stellen sind. Dabei sind die für die rechtfertigende Einwilligung geltenden Rechtsgrundsätze wegen der **identischen Sachprobleme** idR auch für das Einverständnis ergänzend heranzuziehen; vgl *StudB BT I* § 90 RN 12 ff; *Fuchs/Zerbes* AT I 16/3; näher dazu *Hinterhofer* Einwilligung 59.

15.60 5. **Abweichender dogmatischer Ansatz.** Ein Teil der deutschen Lehre betrachtet die Einwilligung überhaupt nicht mehr als Rechtfertigungs-, sondern **ganz allgemein,** dh bei sämtlichen Delikten, als **Tatbestandsausschlussgrund;** vgl *Roxin* AT I § 13 RN 12 ff; *Zipf* ÖJZ 1977 380.

Dem kann in Bezug auf die österreichische Regelung nicht gefolgt werden. Denn aus § 90 ergibt sich eindeutig, dass das StGB die Einwilligung grundsätzlich als **Rechtfertigungsgrund** einstuft („ist nicht rechtswidrig"); hM; vgl *Burgstaller* Fahrlässigkeitsdelikt 158 165; *Nowakowski* WK[1] Nachbem § 3 RN 34; *Fuchs/Zerbes* AT I 16/6; aM SSt 56/37 für die Einwilligung bei § 125.

15.61 6. **Wesen der Einwilligung.** Rechtfertigende Einwilligung ist ihrem Wesen nach **umfassender Rechtsschutzverzicht durch bewusste Preisgabe des Rechtsguts;** vgl *StudB BT I* § 90 RN 8; *Tipold* in *L/St* § 3 RN 36; teilw abw *Nowakowski* WK[1] Nachbem § 3 RN 36; differenzierend *Hinterhofer* Einwilligung 14. Bezugsobjekt der rechtfertigenden Einwilligung ist stets der **Erfolg** und nicht die Handlung; vgl *Burgstaller* Fahrlässigkeitsdelikt 162; *Burgstaller/Schütz* WK[2] § 90 RN 20 f; *Zipf* ÖJZ 1977 382; *H. Steininger* ZVR 1985 100; aus der Judikatur vgl OLG Wien ZVR 1995/147 u ZVR 1988/21; SSt 52/55; str; aM *B/S/V* BT I § 90 RN 1 f sowie eingehend *Brandstetter* StP XXI 171; vermittelnd *Fuchs/Zerbes* AT I 16/11 ff; SSt 64/79.

B. Struktur und Merkmale

15.62 Auch bei diesem Rechtfertigungsgrund müssen als Voraussetzungen **Einwilligungssituation, Einwilligungshandlung** und **subjektives Rechtfertigungselement** vorliegen.

1. Einwilligungssituation

15.63 Die Einwilligungssituation hängt vom Vorliegen teils sachlicher, teils persönlicher Voraussetzungen ab.

B. Struktur und Merkmale

a) **Sachliche Voraussetzungen**

aa) **Disponibilität des Rechtsguts.** Einwilligung kommt nur bei disponi- **15.64**
blen Rechtsgütern in Betracht und setzt **alleinige** Verfügungsgewalt voraus; vgl
JBl 1996 268. Dazu zählen die meisten **Individualrechtsgüter** wie Freiheit, Ehre,
Privatsphäre, Eigentum, Vermögen und, wenn auch mit Einschränkungen, die
körperliche Integrität. Etwas anderes gilt in Bezug auf das Leben (arg §§ 77, 78),
teilw auch für das werdende Leben (arg § 96 Abs 1) sowie für bestimmte Sexual-
delikte, insb die §§ 205 ff (EvBl 1998/140; JBl 1996 268; RZ 1995/63). **Rechtsgüter der Allgemeinheit und des Staates** sind prinzipiell nicht disponibel. Dies
gilt etwa für Aussage-, Geld- und Urkundendelikte, Amtsmissbrauch, Hochverrat uä. Die Einwilligung hat bei diesen Delikten keine rechtfertigende Wirkung;
vgl *Tipold* in *L/St* § 3 RN 37. Zum Zusammentreffen von disponiblen mit nicht
disponiblen Rechtsgütern vgl RN 15.81.

Beachte! Bei den Körperverletzungsdelikten (§§ 83 ff) und bei der Gefährdung der **15.65**
körperlichen Sicherheit (§ 89) ist die rechtfertigende Wirkung der Einwilligung kraft ausdrücklicher Anordnung des § 90 Abs 1 an das **zusätzliche Erfordernis** geknüpft, dass die
Verletzung oder Gefährdung als solche **nicht gegen die guten Sitten** verstößt. Diese Klausel ist Ausdruck der überkommenen Auffassung, dass die körperliche Integrität nur ein beschränkt disponibles Rechtsgut ist. Näher zum **Sittenwidrigkeitskorrektiv** und seiner umstrittenen Auslegung vgl *StudB BT I* § 90 RN 46 ff; *Burgstaller/Schütz* WK² § 90 RN 66 ff;
Triffterer AT 11/166; aus der Judikatur vgl RZ 1978/100 m krit Anm *Kienapfel*.

Aber: Das Sittenwidrigkeitskorrektiv gilt **nur** für die Körperverletzungsdelikte der
§§ 83–89. Bei einer Einwilligung in Bezug auf andere Deliktsgruppen ist das Sittenwidrigkeitskorrektiv daher nicht zu prüfen; vgl *Zipf* ÖJZ 1977 381; *StudB BT I* § 90 RN 47.

bb) **Mängelfreiheit.** Eine Einwilligung ist nur rechtswirksam, wenn sie frei **15.66**
von wesentlichen Mängeln ist. Sie muss **ernstlich** und **freiwillig** sein und darf
nicht an gravierenden Willensmängeln leiden. Eine durch Zwang, Drohung oder
Täuschung herbeigeführte, ebenso auch eine auf unvollständiger Aufklärung
beruhende Einwilligung (zB bei einem ärztlichen Eingriff) ist idR unwirksam;
vgl *J/W* AT 382; *Burgstaller/Schütz* WK² § 90 RN 47 ff; eingehend *Roxin* AT I
§ 13 RN 97 ff; *Hinterhofer* Einwilligung 93.

Beispiel: „Wenn ich diese Wette verliere", sagt A aus Spaß zu B, „darfst Du meinen Wagen zu Schrott fahren". A verliert. B will ihn daraufhin beim Wort nehmen. Mangels Ernstlichkeit liegt keine rechtswirksame Einwilligung vor.

cc) **Erteilung vor der Tat.** Eine Einwilligung ist nur dann rechtswirksam, **15.67**
wenn sie **vor oder spätestens bei der Tat** erteilt worden ist. Nachträgliche Einwilligung („Zustimmung", „Verzeihung") macht das begangene Unrecht weder gut
noch ungeschehen. Sie kann schon deshalb keine rechtfertigende Kraft besitzen,
weil mit der Begehung der Tat ein für allemal der **staatliche Strafanspruch entstanden** ist, und über diesen kann nur der Staat, jedoch nicht der Verletzte verfügen.

Aber: Eine nachträgliche Zustimmung bzw Verzeihung kann sich **prozessual** dahin **15.68**
auswirken, dass der Verletzte durch Unterlassen der Strafanzeige oder der Privatanklage,
durch Verweigerung von Antrag oder Ermächtigung oder dadurch, dass er von seinem
etwaigen Zeugnisverweigerungsrecht Gebrauch macht, die **Durchsetzung des staatlichen
Strafanspruchs** (nicht dessen Bestehen!) blockiert bzw vereitelt.

15. Kapitel: Weitere Rechtfertigungsgründe

b) Persönliche Voraussetzungen

15.69 Die beiden persönlichen Voraussetzungen rechtswirksamer Einwilligung sind Dispositionsbefugnis und Dispositionsfähigkeit.

15.70 aa) **Dispositionsbefugnis.** Eine Einwilligung rechtfertigt nur dann, wenn sie von dem ausgeht, der zur Disposition über das Rechtsgut befugt ist. Das ist idR der **Rechtsgutträger** selbst, im Einzelfall kann dies aber auch – insb in Bezug auf Eigentum und Vermögen – ein von ihm zur Disposition Ermächtigter sein.

Beispiel: Ob der Sohn das väterliche Auto zu einer Spritztour benutzen darf oder nicht (§ 136), entscheidet bei entsprechender Ermächtigung etwa auch die Mutter.

15.71 bb) **Dispositionsfähigkeit.** Eine rechtswirksame Einwilligung setzt schließlich die **konkrete Dispositionsfähigkeit = Einwilligungsfähigkeit** des Rechtsgutträgers (bzw des Ermächtigungsbefugten) voraus. Er muss nach seiner geistigen und sittlichen Reife in der Lage sein, Bedeutung und Tragweite der (spezifischen) Rechtsguteinbuße und des Rechtsschutzverzichts zu erkennen und sachgerecht zu beurteilen; vgl RZ 1978/100 m Anm *Kienapfel*; OLG Wien ZVR 1978/295. **Geschäftsfähigkeit** iSd bürgerlichen Rechts wird jedoch **nicht** verlangt. Maßgebend ist vielmehr die **natürliche Einsichts- und Urteilsfähigkeit;** vgl *Trifftrer* AT 11/164; *Zipf* ÖJZ 1977 384; SSt 52/55; SSt 49/9; näher zum Ganzen *Burgstaller/Schütz* WK² § 90 RN 32 ff; *Hinterhofer* Einwilligung 62.

15.72 **Beachte!** Die an die Dispositionsfähigkeit zu stellenden Anforderungen hängen sowohl vom jeweiligen Rechtsgut als auch von Art und Umfang der Einbuße sowie von den sonstigen konkreten Umständen ab. Im Einzelfall **kann** (ausnahmsweise!) sogar die Einwilligung eines Betrunkenen, Jugendlichen oder Unmündigen rechtswirksam sein. Die Einwilligung eines nicht voll einsichtsfähigen **Minderjährigen** geht idR jener des gesetzlichen Vertreters vor; vgl *Burgstaller/Schütz* WK² § 90 RN 38; *Zipf* ÖJZ 1977 384. Bei Einwilligungsunfähigen ist der **gesetzliche Vertreter** zur Erteilung der Einwilligung berechtigt, uU sogar verpflichtet. Überschreitet oder missbraucht letzterer seine Befugnisse, liegt idR keine rechtswirksame Einwilligung vor. Zur Einwilligungsverweigerung aus Unvernunft vgl *Maleczky* ÖJZ 1994 681.

2. Einwilligungshandlung

15.73 Die durch Einwilligung gestattete Handlung (= Einwilligungshandlung) muss sich nach Art, Gegenstand und Umfang, gegebenenfalls auch in zeitlicher, persönlicher und örtlicher Hinsicht **im Rahmen dessen** halten, was der Rechtsgutträger **gewollt und erklärt** hat. Die diesbezüglichen Einwilligungsgrenzen sind von Fall zu Fall im Weg der Auslegung zu ermitteln (RN 15.56). Eine Überschreitung macht die Einwilligungshandlung rechtswidrig **(= Handlungsexzess);** vgl *Burgstaller/Schütz* WK² § 90 RN 27; *Nowakowski* WK¹ Nachbem § 3 RN 37.

Beispiel: Der Hausherr hat B, der das Haus hütet, erlaubt, „sich gelegentlich eine Flasche Wein aus dem Keller zu holen". Dezimiert B den Weinvorrat darauf durch ein Gelage mit seinen Freunden, greift er lieber zum Champagner oder schenkt er seiner Liebsten 3 Flaschen des sündteuren Château Mouton Rothschild zum Geburtstag, kann von einer durch rechtfertigende Einwilligung gedeckten Einwilligungshandlung keine Rede mehr sein.

15.74 **Durchblick:** Im Allgemeinen bereiten Umfang und Grenzen der Einwilligungshandlung in der Praxis weniger Probleme als etwa bei Notwehr-, Not-

C. Sonderprobleme

stands- oder Anhaltehandlungen. Denn jene richten sich sämtlich **gegen den Willen** und idR auch gegen die Interessen des von dem Eingriff Betroffenen und bedürfen schon deshalb restriktiver Auslegung und Handhabung.

3. Subjektives Rechtfertigungselement

Das für eine rechtswirksame Einwilligung erforderliche subjektive Rechtfertigungselement besteht darin, dass der Täter **aufgrund** oder **zumindest in Kenntnis** der Einwilligung gehandelt hat; hM; vgl *Burgstaller/Schütz* WK² § 90 RN 208; *Nimmervoll* in *L/St* § 90 RN 9; *Triffterer* AT 11/167. **15.75**

Beispiel: Der Neffe (N) versetzt die ihm von seinem Onkel (O) geliehene goldene Uhr beim Dorotheum (= § 133). Kurz darauf erreicht ihn ein Brief des O, dass er N die Uhr schenke. Rechtfertigung scheidet aus, weil N nicht in Kenntnis der Einwilligung gehandelt hat.

Beachte! Str ist, ob N bei dieser Fallkonstellation wegen vollendeten oder versuchten Delikts oder gar nicht zu bestrafen ist. Nach der hier zugrunde gelegten Auffassung (RN 13.24) ist vollendete Veruntreuung gem § 133 anzunehmen; vgl *StudB BT I* § 90 RN 27 mN; für analoge Heranziehung der Versuchsregeln *Burgstaller* Fahrlässigkeitsdelikt 177. **15.76**

C. Sonderprobleme

Mit der Einwilligung verbinden sich zahlreiche Sonderprobleme, von denen hier nur drei herausgegriffen werden können. **15.77**

1. **Selbstgefährdung und Einwilligung.** Zahlreiche Entscheidungen operieren **vorschnell** und oft gänzlich **lebensfremd** mit der Einwilligung, obwohl in Wirklichkeit ein umfassender Rechtsschutzverzicht **nicht gewollt** ist, sondern dem Verletzten zu Unrecht **unterstellt** wird; symptomatisch dafür etwa OLG Wien ZVR 1979/240; BayObLG JR 1978 296 m krit Anm *Kienapfel*. Insb wird die **konkludente Einwilligung** in dieser Richtung oft überinterpretiert; wie hier *Zipf* ÖJZ 1977 381; *Geppert* ZStW 1971 981; SSt 52/55 (GrundsatzE); sinngemäß bereits LSK 1980/103. **15.78**

So bedeutet das **Mitfahren** mit einem Betrunkenen idR nur, dass man sich leichtfertig in Gefahr begibt; eine Einwilligung in die eigene Körperverletzung oder Tötung bei einem etwaigen Verkehrsunfall lässt sich daraus nicht ableiten; hM; vgl *Burgstaller/Schütz* WK² § 90 RN 31; *Nimmervoll* in *L/St* § 90 RN 11; OLG Wien ZVR 1988/21; SSt 52/55; aM *B/S/V* BT I § 90 RN 7. Wer sich einem Bergführer zu einer gefährlichen **Hochgebirgstour** anvertraut, willigt damit nicht in alle denkbaren Risiken ein, sondern erwartet im Gegenteil, dass dieser sein ganzes Wissen und Können einsetzt, damit die Tour ein gutes Ende nehme; weitere Beispiele vgl RN 26.17. Ähnliche Erwägungen gelten für die Teilnahme an **sportlichen Wettkämpfen;** vgl *StudB BT I* § 88 RN 21 f. **15.79**

Wichtig! Allen derartigen Beispielen ist gemeinsam, dass sich jemand **freiwillig selbst in Gefahr** begibt. Solche und ähnliche Fälle bedürfen heute einer differenzierenden Betrachtung und Lösung. Mitunter ist ein „Ja" rechtlich irrelevant; häufig gehört es aber zu den Umständen, welche die Sorgfaltspflichten Beteiligter einschränken (RN 26.17) oder die objektive Zurechenbarkeit des Erfolgs ausschließen können (RN 28.8). In anderen Fällen ist die Lösung auf der subjektiven Tatseite zu suchen. Es handelt sich dabei um eines der umstrittensten Problemfelder der heutigen Dogmatik; vgl näher *Burgstaller/Schütz* WK² § 90 RN 28; *StudB BT I* § 80 RN 27 f 64 ff 100 f u 102 jeweils mN. **Prüfungsmaterie! 15.80**

15. Kapitel: Weitere Rechtfertigungsgründe

15.81 **2. Zusammentreffen von disponiblen mit nicht disponiblen Rechtsgütern.** Derartige Sonderkonstellationen sind im StGB selten, ihre Lösung ist umstritten.

Aktuell ist dieses Problem insb bei der **Verleumdung (§ 297).** Dieses Delikt schützt neben der Rechtspflege auch Individualrechtsgüter des Verleumdeten (insb die Ehre). Es **dominiert** aber die (nicht disponible) Rechtspflege. Entgegen SSt 47/19, *Pallin* WK[1] § 297 RN 1 f u *Fuchs/Zerbes* AT I 16/27 besitzt die Einwilligung des Verleumdeten bei § 297 daher **keine rechtfertigende Wirkung;** vgl *Burgstaller* RZ 1977 1; *Tipold* in *L/St* § 3 RN 38 f; iDs auch die neuere Rspr; vgl JBl 1989 666; SSt 53/29; eingehend zum Ganzen *Pilnacek/ Świderski* WK[2] § 297 RN 3 ff.

15.81a **3. Sterilisation, Genitalverstümmelung.** In Abs 2 und 3 regelt § 90 zwei eigenständige Fragen, nämlich die Sterilisation (erst ab vollendetem 25. Lebensjahr zulässig) und die Genitalverstümmelung, insb bei Mädchen (die männliche Beschneidung ist ausgeklammert). Näher zu diesen Bestimmungen *Burgstaller/ Schütz* WK[2] § 90 RN 184 ff und 196 ff.

6. Unterkapitel
Mutmaßliche Einwilligung

Inhaltsübersicht

RN

A. Grundlagen	15.83–15.85
1. Ungeschriebener Rechtfertigungsgrund	15.83
2. Wesen	15.84–15.85
B. Struktur und Merkmale	15.86–15.91
1. Mutmaßliche Einwilligungssituation	15.87–15.89
a) Die Einwilligung des Rechtsgutträgers ist nicht erreichbar	15.88
b) Hypothetischer Wille	15.89
2. Mutmaßliche Einwilligungshandlung	15.90
3. Subjektives Rechtfertigungselement	15.91
C. Durchblick	15.92

A. Grundlagen

15.82 **1. Ungeschriebener Rechtfertigungsgrund.** Es handelt sich um einen von der hM allgemein anerkannten Rechtfertigungsgrund **eigener Art;** vgl *Tipold* in *L/St* § 3 RN 42; *Triffterer* AT 11/171; eingehend *Zipf* ÖJZ 1977 385. Voraussetzungen und Grenzen dieses ungeschriebenen Rechtfertigungsgrundes sind allerdings nach wie vor umstritten und auch in der Judikatur bisher wenig geklärt; Ansätze in ZVR 1973/99; EvBl 1969/437; deutlicher SSt 52/29.

15.83 **2. Wesen.** Der Gedanke der mutmaßlichen Einwilligung bietet sich vor allem in solchen Fällen an, in denen eine Art „Entscheidungsnotstand" besteht, weil die Einwilligung des Rechtsgutträgers nicht oder nicht mehr rechtzeitig eingeholt werden kann, dieser aber nach Lage der Dinge mit der Rechtsgutbeeinträchtigung einverstanden gewesen wäre. Diese beiden maßgebenden Erwägungen finden auch in der Struktur und den einzelnen Merkmalen dieses Rechtfertigungsgrundes, der vor allem (aber nicht nur) bei **Heilbehandlungen** von erheblicher praktischer Bedeutung ist, ihren Niederschlag.

B. Struktur und Merkmale

Beachte! Die mutmaßliche Einwilligung ist einerseits **Nichteinwilligung** idS, dass die Einwilligung zur Zeit der Tat **nicht vorliegen darf.** Andererseits ist die mutmaßliche Einwilligung **Ersatz für die wirkliche Einwilligung.** Daraus erklärt sich, dass manche Erwägungen zu den Voraussetzungen und Grenzen der rechtfertigenden Einwilligung mutatis mutandis auch für die mutmaßliche Einwilligung gelten. So kommt mutmaßliche Einwilligung etwa ebenfalls nur bei **disponiblen Rechtsgütern** in Betracht; vgl *Nowakowski* WK[1] Nachbem § 3 RN 39; *Tipold* in *L/St* § 3 RN 42. 15.84

B. Struktur und Merkmale

Als Voraussetzungen für die mutmaßliche Einwilligung sind zu prüfen: **mutmaßliche Einwilligungssituation, mutmaßliche Einwilligungshandlung** und **subjektives Rechtfertigungselement.** 15.85

1. Mutmaßliche Einwilligungssituation

Die Situation der mutmaßlichen Einwilligung lässt sich vor allem durch zwei Kriterien näher umschreiben: 15.86

a) **Die Einwilligung des Rechtsgutträgers ist nicht erreichbar.** Es handelt sich dabei um eine idR unproblematische negative Voraussetzung. Ob sie vorliegt, ist primär **Tatfrage.** 15.87

Beispiel: Kurz vor dem Abflug hat V seinem autovernarrten 19-jährigen Sohn (S) ausdrücklich verboten, den Wagen zu benützen. Als der entfernt wohnende 85-jährige Großvater (G) erkrankt, setzt sich S über das Verbot hinweg und holt G mit dem Auto. Es geht um § 136 und die Frage, ob sich S bei solcher Fallkonstellation auf **mutmaßliche Einwilligung** berufen kann. Hier ist die erste Voraussetzung erfüllt.

b) **Hypothetischer Wille.** Maßgebend ist, ob **der Rechtsgutträger in dieser Situation die Einwilligung erteilt hätte;** vgl *J/W* AT 385; *Tipold* in *L/St* § 3 RN 42; *Triffterer* AT 11/172 f; SSt 52/29. Dieses **zentrale** begriffliche Erfordernis wirft in der Praxis viele Fragen auf, die sich nicht abstrakt, sondern nur **in concreto,** dh unter Abwägung der gesamten Umstände des Einzelfalls, beantworten lassen; vgl *Zipf* ÖJZ 1977 386; SSt 52/29. 15.88

Beachte! Im Mittelpunkt steht der **individuelle hypothetische Wille** des Rechtsgutträgers. Er ist anhand von **objektiven Indizien** aus der Sicht **ex ante** zu ermitteln, wobei es vorrangig um die Berücksichtigung der Interessen, Bedürfnisse, Wertvorstellungen und sonstigen persönlichen Gründe geht; vgl näher zum Ganzen *M/Z* AT § 28 RN 13 ff; *J/W* AT 385. Bei Interessenkollisionen (zB rasche Reparatur eines Wasserrohrbruchs) kommt es primär darauf an, ob die Handlung im **sachlichen Interesse** des Eigentümers, Mieters etc liegt. In anderen Fällen kann es schon genügen, dass der Rechtsgutträger gegen die Handlung nichts einzuwenden gehabt hätte, etwa wenn er ein Elternteil, ein naher Verwandter oder ein Freund ist. Angesichts der Gesamtumstände ist im Beispielsfall am mutmaßlichen „Ja" des V kaum zu zweifeln.

Gegenbeispiel: Als der Lenker der Planierraupe nicht erscheint, setzt sich der Bauherr selbst ans Steuer. Bei seinen Planierversuchen beschädigt er die Maschine. Unterstellt man die Nichterreichbarkeit des Bauunternehmers, ist anzunehmen, dass dieser kaum mit der eigenmächtigen Inbetriebnahme, erst recht nicht mit der unsachgemäßen Vorgangsweise einverstanden gewesen wäre. Dennoch hat der OGH den Täter freigesprochen; vgl EvBl 1969/437.

Aber: Ein striktes, auf die fragliche Situation bezogenes **Nein** des Rechtsgutträgers ist stets zu berücksichtigen. Denn die Rechtfertigung durch mutmaßliche Einwilligung darf

15. Kapitel: Weitere Rechtfertigungsgründe

nicht weiterreichen als die tatsächlich erteilte (oder verweigerte) Einwilligung. Sogar der **unvernünftige Wille** ist zu respektieren; vgl *J/W* AT 387; *Fuchs/Zerbes* AT I 16/39.

Beachte! Ein Irrtum des Handelnden bei der Einschätzung des hypothetischen Willens des Berechtigten sowie der in RN 15.87 genannten Voraussetzung ist gem § 8 zu beurteilen; *Tipold* in *L/St* § 3 RN 42.

2. Mutmaßliche Einwilligungshandlung

15.89 Die aufgrund mutmaßlicher Einwilligung vorzunehmende Handlung muss sich in den **Grenzen** dessen halten, was der Rechtsgutträger **gewollt hätte.** Die Ausführungen zur Einwilligung (RN 15.73) gelten mutatis mutandis.

3. Subjektives Rechtfertigungselement

15.90 In subjektiver Hinsicht genügt die **Kenntnis jener beiden Umstände,** welche die mutmaßliche Einwilligungssituation begründen. Dazu gehört, dass der Handelnde um die Nichterreichbarkeit des Rechtsgutträgers weiß (RN 15.87) und außerdem nach Abwägung aller Umstände überzeugt ist, dass dieser bei solcher Situation eingewilligt hätte (RN 15.88).

C. Durchblick

15.91 Auch sonst sind Erwägungen, die sich zumindest teilweise auf den Gedanken der mutmaßlichen Einwilligung zurückführen lassen, dem österr Strafrecht nicht fremd.

Diesbezügliche arztfreundliche Sonderregeln bestehen bei **unaufschiebbaren Heilbehandlungen** (insb Operationen); vgl § 110 Abs 2; dazu *BT I* § 110 RN 30ff u 37f. Ähnliches gilt für § 98 Abs 2; vgl *Triffterer* AT 11/174.

7. Unterkapitel
Rechtfertigende Pflichtenkollision

Inhaltsübersicht

	RN
A. Grundlagen	15.92–15.93
B. Eine Pflichtenkollision auslösende Situation	15.94
C. Kollision von Handlungs- und Unterlassungspflicht	15.95–15.97
D. Kollision von zwei Handlungspflichten	15.98–15.104
1. Ungleichwertige Handlungspflichten	15.99–15.102
2. Gleichwertige Handlungspflichten	15.103–15.105

A. Grundlagen

15.92 Die Pflichtenkollision ist ein **ungeschriebener Rechtfertigungsgrund.** Er ist vom Gedanken getragen, dass **eine Person zwei oder mehr Rechtspflichten treffen,** sie diese aber nicht gleichzeitig erfüllen kann, weil sie ein widersprüchliches Verhalten verlangen oder weil es aus tatsächlichen Gründen nicht möglich ist,

B. Eine Pflichtenkollision auslösende Situation

allen rechtzeitig zu entsprechen. Es werden damit Situationen erfasst, in denen jemand eine ihn treffende Rechtspflicht nur auf Kosten einer anderen, ihn gleichfalls treffenden Rechtspflicht erfüllen kann.

Die Pflichtenkollision kommt als Rechtfertigungsgrund **nur** wegen der Sachverhaltsgestaltung **im Einzelfall** in Betracht. An sich ist die Rechtsordnung so zu verstehen, dass sie keine grundsätzlichen Widersprüche enthält. Wenn sich solche ergeben, sind diese durch einschränkende Auslegung zu überwinden; vgl *Nowakowski* WK[1] Nachbem zu § 3 RN 10. Teilweise regelt das Gesetz **Kollisionsfälle** ausdrücklich, wie zB in § 121 Abs 5, § 122 Abs 4; § 286 Abs 2 Z 2 und 3. 15.93

Umstritten ist, ob es sich bei der rechtfertigenden Pflichtenkollision um einen **eigenständigen Rechtfertigungsgrund** oder um einen „Unterfall des rechtfertigenden Notstandes" (J/W AT 365) handelt. Für die inhaltlichen Voraussetzungen wird teilweise auf die **notstandsrechtlichen Grundsätze** zurückgegriffen, teilweise werden dafür abweichende Grundsätze entwickelt. Eigenständige Bedeutung kommt der rechtfertigenden Pflichtenkollision in den Fällen gleichrangiger Handlungspflichten zu; vgl *Nowakowski* WK[1] Nachbem zu § 3 RN 9; *Triffterer* AT 237, *Fuchs/Zerbes* AT I 18/3. Während der rechtfertigende Notstand nur rechtfertigt, wenn das gerettete Rechtsgut gegenüber dem aufgeopferten eindeutig höherwertig ist (RN 14.20ff), genügt bei der Pflichtenkollision schon jeder noch so geringfügige Vorrang der einen Verpflichtung gegenüber der anderen, um zu einer Rechtfertigung zu gelangen; s *Nowakowski* WK[1] Nachbem zu § 3 RN 12; J/W AT 366)

B. Eine Pflichtenkollision auslösende Situation

Eine Pflichtenkollision liegt vor, wenn jemanden **zwei oder mehr Rechtspflichten** treffen, die dieser nicht alle erfüllen kann. Zwei Fallgruppen von Pflichtenkollisionen können unterschieden werden: 15.94

- Eine **Handlungspflicht kollidiert mit einer Unterlassungspflicht.**

  B e i s p i e l : Die Ehefrau des A droht im Wasser zu ertrinken. Um sie zu retten, muss A dem sich ebenfalls im Wasser befindlichen B den Rettungsreifen entreißen. A soll seine Ehefrau retten (Handlungspflicht), könnte dies aber nur durch Eingriffe in Rechtsgüter Dritter tun (Unterlassungspflicht).

- **Zwei (oder mehr) Handlungspflichten** treffen in einer Weise zusammen, dass aus tatsächlichen Gründen **nur eine** von ihnen durch den Verpflichteten **befolgt** werden kann.

  B e i s p i e l e : Nach einem Unfall hat der herbeigerufene Notarzt mehrere Schwerverletzte gleichzeitig zu versorgen, was jedoch tatsächlich nicht möglich ist.

  Die beiden Kinder einer Familie befinden sich im brennenden Haus. Der Vater kann nur eines der beiden Kinder retten.

  Zwei Schwerverletzte werden gleichzeitig in ein Krankenhaus eingeliefert. Der Arzt kann nur einen Verletzten an die einzige vorhandene Herz-Lungen-Maschine anschließen, den anderen muss er sterben lassen.

Die Handlungspflicht kann sich aus einer **Garantenstellung** (RN 30.16ff) oder aus einer **allgemeinen Hilfeleistungspflicht** (bspw § 95) ergeben; vgl *Fuchs/Zerbes* AT I 18/1.

C. Kollision von Handlungs- und Unterlassungspflicht

15.95 Treffen eine Handlungs- und eine Unterlassungspflicht zusammen, also ein Gebot und ein Verbot, wird teilweise davon ausgegangen, dass generell die **Unterlassungspflicht der Handlungspflicht vorgeht;** *Fuchs/Zerbes* AT I 18/4. Der Täter ist daher dann gerechtfertigt, wenn er untätig bleibt und die ihn treffende Handlungspflicht verletzt.

15.96 Dies gilt jedoch nicht uneingeschränkt. Vielmehr findet der Vorrang der Unterlassungspflicht dort seine Grenzen, wo nach den **Regeln des rechtfertigenden Notstands** ein **Verstoß gegen die Unterlassungspflicht erlaubt** ist. Es handelt sich um eine **Notstandshilfe,** da eine Handlungspflicht gegenüber einem Dritten besteht, der nur entsprochen werden kann, indem in Rechtsgüter Dritter eingegriffen wird; vgl *Lewisch* WK[2] Nachbem zu § 3 RN 138; vgl RN 14.30. Daher geht die Unterlassungspflicht nur dann vor, wenn sie zur **Bewahrung eines höherwertigen oder gleichwertigen Rechtsguts** dient. Soll durch die Handlung jedoch ein höherwertiges Rechtsgut gerettet werden, ist die Verletzung der Unterlassungspflicht – nach den Regeln des rechtfertigenden Notstandes – gerechtfertigt.

Beispiel: C und sein Sohn D befinden sich im Hochgebirge. D droht zu erfrieren, wenn er nicht in die Wärme kommt. C bricht die Türe der Hütte des Z auf. Auch hier treffen eine Handlungs- und eine Unterlassungspflicht aufeinander. Aufgrund der **Höherwertigkeit** des Rechtsguts (Leben gegenüber Vermögen) geht – nach den Regeln des Notstandes – die Handlungspflicht der Unterlassungspflicht vor.

15.97 Problematisch sind jene Fälle, in denen das **Unterlassen des Täters zum Tod eines Menschen** führt, den der Täter hätte retten können und müssen, gleichzeitig aber auch die **Erfüllung der Handlungspflicht zum Tod eines Menschen** geführt hätte.

Beispiele: In einem Krankenhaus ist nur ein einziges Beatmungsgerät vorhanden. Patient X wird mit diesem Gerät gerade beatmet, als Patient Y mit lebensgefährlicher Atemnot in das Krankenhaus eingeliefert wird. Den behandelnden Arzt A trifft die Pflicht, X und Y zu retten. Da Leben **kein quantifizierbares Rechtsgut** ist, ist eine Güterabwägung im Sinne des rechtfertigenden Notstandes ausgeschlossen. Nach den Regeln des Notstandes ist weder das Absetzen der Behandlung von X noch das Vorenthalten des Beatmungsgeräts für Y gerechtfertigt.

Teile der Lit schließen eine **Rechtfertigung** in solchen Konstellationen daher aus und lassen den Täter allenfalls entschuldigt sein; vgl *Lewisch* WK[2] Nachbem zu § 3 RN 138. Andere gehen davon aus, dass in diesem Fall die Unterlassung (A setzt die Beatmung des X fort) **durch Pflichtenkollision gerechtfertigt** ist. Für letztere Ansicht spricht, dass andernfalls der Arzt keine Möglichkeit hätte, rechtmäßig zu handeln; vgl *Nowakowski* WK[1] Nachbem zu § 3 RN 9 und 13; *Fuchs/Zerbes* AT I 18/5; s auch RN 15.105.

Ebenso wenig darf der Weichensteller führerlose Waggons, die den Berg hinunterrollen, auf ein anderes Gleis umlenken, auf dem Bauarbeiter arbeiten, um sein eigenes Kind, das auf den Schienen spielt, zu retten (vgl Weichensteller-Fall). Die Garantenstellung des Weichenstellers in Bezug auf sein Kind ändert an dieser Abwägung nichts.

D. Kollision von zwei Handlungspflichten

15.98 Hier stehen sich **zwei (oder mehr) Handlungsgebote** gegenüber, von denen aus tatsächlichen Gründen **nur eines vom Verpflichteten befolgt** werden kann.

D. Kollision von zwei Handlungspflichten

1. Ungleichwertige Handlungspflichten

Sind die beiden Handlungspflichten **nicht gleichwertig,** so geht die **höherrangige Handlungspflicht** vor; vgl *Fuchs/Zerbes* AT I 18/6; *Lewisch* WK² Nachbem zu § 3 RN 142. Wird die **stärkere Pflicht befolgt,** ist die Verletzung der schwächeren Verpflichtung **gerechtfertigt.** Welche Handlungspflicht höherrangig ist, ergibt sich im Wege der Auslegung. 15.99

Welcher Wert den kollidierenden Handlungspflichten zukommt, ist zum einen nach der **Wertigkeit der Rechtsgüter** zu bestimmen. Das **eindeutig höherwertige Rechtsgut,** auf das sich die Pflicht bezieht, ist zu retten. Diese Pflicht geht jener zum Schutz des geringerwertigen Rechtsguts vor. So geht die Pflicht zur Rettung persönlicher Rechtsgüter wie Leib und Leben jener zur Rettung anderer Rechtsgüter vor. Ist das Rechtsgut quantifizierbar, so ist das quantitativ höherwertige Rechtsgut zu retten (vgl zur Abwägung beim rechtfertigenden Notstand RN 14.20 ff). Wird die Pflicht zum Schutz des geringfügigeren Rechtsguts erfüllt, ist die Verletzung der überwiegenden Pflicht nicht gerechtfertigt. 15.100

Beispiel: In einer brennenden Galerie befinden sich ein Kind und mehrere der Galerie vom Künstler anvertraute wertvolle Kunstwerke. Der Galeriebesitzer hat die Pflicht, das Kind zu retten.

Bei Gleichrangigkeit der Rechtsgüter ist die **Art der Pflichten** zu beachten. **Spezielle Handlungspflichten** – insb solche, die auf einer Garantenstellung (s RN 31.6 ff) beruhen – gehen **allgemeinen Handlungspflichten** vor. Der Verpflichtete hat die speziellere Rettungspflicht zu erfüllen; ansonsten macht er sich wegen des unechten Unterlassungsdelikts strafbar (*Lewisch* WK² Nachbem zu § 3 RN 144). 15.101

Beispiel: Im brennenden Haus befindet sich der gebrechliche Vater von A mit einem Freund. A trifft eine Garantenpflicht gegenüber seinem Vater. Diese **Garantenpflicht** geht der allgemeinen Hilfeleistungspflicht gegenüber dem Freund des Vaters nach § 95 vor. A muss daher seinen Vater retten. Hilft A dem Freund, macht er sich wegen Mordes durch Unterlassen nach §§ 2, 75 strafbar.

Schließlich sind auch das **Risiko** und die **Rettungschance** (aus einer Ex-ante-Sicht beurteilt) zu berücksichtigen und zueinander in Beziehung zu setzen. 15.102

Beispiel: Nach einer Gasexplosion liegt der Nachbar des A lebensgefährlich verletzt im Haus. Die Ehefrau des A hat einen leichten Kratzer im Gesicht. A hat dem schwer verletzten Nachbarn zu helfen. Würde er nur seiner Ehefrau helfen, wäre das Unterlassen gegenüber dem Nachbarn nicht gerechtfertigt.

2. Gleichwertige Handlungspflichten

Treffen eine Person in einer Situation **zwei oder mehrere gleichwertige Handlungspflichten,** die sie aber aus zeitlichen, räumlichen oder sonstigen Gründen nicht alle erfüllen kann, wird davon ausgegangen, dass der Täter in einer derartigen Lage **selbst entscheiden** kann, **welcher Pflicht er nachkommt.** Der Täter soll dann in jedem Fall gerechtfertigt sein, unabhängig davon, welcher Pflicht er folgt; vgl J/W AT 367; *Taferner* JBl 2018 770. Erfüllt er eine Pflicht, dann verletzt er zwar zwangsläufig die andere Pflicht, er ist aber diesbezüglich gerechtfertigt. **Strafbar** macht er sich nur dann, wenn er **keine** der ihn treffenden **Pflichten erfüllt;** *Fuchs/Zerbes* AT 18/7. 15.103

15.104 Beispiele: Zwei an Corona erkrankte Patienten mit akuter Atemnot werden gleichzeitig in das Krankenhaus eingeliefert und benötigen eine Beatmungsmaschine. Es steht jedoch nur ein Gerät zur Verfügung. Der Arzt schließt daher einen der Patienten an das Beatmungsgerät an, der andere verstirbt.

Zwei Kinder befinden sich im brennenden Haus. Der Vater kann nur ein Kind retten, das andere stirbt in den Flammen.

15.105 Strittig ist, ob der Arzt bzw der Vater in solchen Fällen **gerechtfertigt** ist. Teilweise wird davon ausgegangen, dass der Arzt bzw der Vater rechtswidrig handelt und **bloß entschuldigt** ist. Es bleibe Unrecht, denn die Rechtsordnung könne weder die eine noch die andere Rechtsverletzung als rechtmäßig anerkennen. Aber es könne dem Verpflichteten kein persönlicher Vorwurf aus der Befolgung einer der sich widersprechenden Pflichten gemacht werden, daher liege ein Schuldausschluss nahe; *Tipold* in *L/St* § 3 RN 48. Dies wird insb bei solchen Rechtsgütern angenommen, die nicht quantifizierbar sind, wie insb dem Leben; vgl *Lewisch* WK[2] Nachbem zu § 3 RN 148.

Allerdings würde dies bedeuten, dass die Rechtsordnung vom Rechtsunterworfenen schlechthin Unmögliches verlangen würde. Denn das Recht ließe ihm nicht einmal die theoretische Möglichkeit eines rechtmäßigen Verhaltens, egal was er tut; *Fuchs/Zerbes* AT I 18/7; *Nowakowski* WK[1] Nachbem zu § 3 Rz 13. Wenn den Rechtsunterworfenen daher mehrere gleichwertige Verpflichtungen treffen, ist er **bezüglich der nichterfüllten Pflicht gerechtfertigt.** Der Arzt und der Vater handeln daher nicht rechtswidrig, wenn sie einer der Pflichten nicht nachkommen. Rechtswidrig ist es lediglich, wenn sie keine der Pflichten erfüllen, also keiner Hilfeleistungspflicht nachkommen.

Prüfungsfälle mit Lösungen zur Rechtfertigungsproblematik vgl Fälle[2] 115 *(Burgstaller)*; Prüfungsfälle 31 u 76 *(Brandstetter)*, 35 60 111 163 178 u 202 *(Fuchs)*, 133 u 172 *(Medigovic)*; *Hinterhofer/Schütz* Fallbuch 25 71 97 115 126 338 368 462; *Luef-Kölbl/Sprajc* Fälle 79 98 136 167 192 200; *Sagmeister/Komenda/Madl/Höcher* 9 63 76 79 153 u 192; Trainingsfall mit Lösung vgl *Kienapfel/Herbe/Schrempf* JAP 2003/04 220.

■ ■ ■   Programmbearbeiter lesen jetzt bitte die TE 15   ■ ■ ■

16. Kapitel
Der Schuldbegriff

Inhaltsübersicht

	RN
A. Schuldprinzip	16.1–16.3
1. Gesetzliche Grundlagen	16.1
2. Strafbegrenzende Funktion	16.2–16.3
B. Strafrechtlicher Schuldbegriff	16.4–16.5
C. Schuld und Kausalität	16.6
D. Wesen und Maßstab der strafrechtlichen Schuld	16.7–16.11
1. Sozialethisches Unwerturteil	16.7–16.8
2. Objektivierter Schuldmaßstab	16.9–16.11
a) Ausgangsposition	16.9
b) Konkretisierung	16.10–16.11

A. Schuldprinzip

E. Begriff und Aufbau der Vorsatzschuld	16.12–16.16
1. Inhalt	16.13
2. Aufbau	16.14–16.15
3. Normativer Schuldbegriff	16.16
F. Fahrlässigkeitsschuld	16.17–16.18
1. Inhalt	16.17
2. Aufbau	16.18
G. Besondere Schuldmerkmale	16.19–16.21
H. Strafzumessungsschuld	16.22

Schrifttum (Auswahl): *Brandstetter* Grundprobleme der Deliktsverwirklichung im Vollrausch in: StP XVI 161; *Burgstaller* Grundprobleme des Strafzumessungsrechts in Österreich ZStW 1982 127; *ders* Zum Stand der österreichischen Strafrechtsdogmatik JAP 1995/96 83; *Frank* Über den Aufbau des Schuldbegriffs, Gießener Festschrift (1907) 3; *Juhász* Die strafrechtliche Schuldfähigkeit. Vorschlag für eine zukünftige europäische Regelung (2013); *Moos* Der Verbrechensbegriff in Österreich im 18. und 19. Jahrhundert (1968); *ders* Die finale Handlungslehre in: StP II 5; *Karollus* Zur verfassungsrechtlichen Verankerung des strafrechtlichen Schuldprinzips ÖJZ 1987 677; *Arthur Kaufmann* Das Schuldprinzip[2] (1976); *Nowakowski* Das Ausmaß der Schuld ZStrR 1950 301; *ders* Freiheit, Schuld, Vergeltung in: Rittler-FS (1957) 55; *ders* Probleme der Strafzumessung in: StP II 167; *Roeder* Die Lehre von der Willensfreiheit in der strafrechtsphilosophischen Doktrin der Gegenwart JBl 1964 229; *Stratenwerth* Die Zukunft des strafrechtlichen Schuldprinzips (1977); *Wahlberg* Das Prinzip der Individualisierung in der Strafrechtspflege (1869); *Zipf* Der strafrechtliche Schuldbegriff JBl 1980 186.

A. Schuldprinzip

16.1 1. **Gesetzliche Grundlagen.** Der Grundsatz „keine Strafe ohne Schuld" = nulla poena sine culpa ist in § 4 verankert und gehört zu den tragenden rechtsstaatlichen Prinzipien des österr Strafrechts. Zur Frage seiner verfassungsrechtlichen Absicherung vgl *Lewisch* Verfassung 256; *Karollus* ÖJZ 1987 677.

Für die **unmittelbare Rechtsanwendung** ergibt sich aus dem **Schuldprinzip** des § 4 und der ergänzenden Vorschrift des § 32 Abs 1 zweierlei:

- **Schuld ist die Voraussetzung der Strafe.**
- **Das Maß der Strafe darf das Maß der Schuld nicht übersteigen.**

16.2 2. **Strafbegrenzende Funktion.** Die Schuld ist mithin sowohl **Grund** als auch **Grenze** jeder Strafe. Letzteres ist angesichts der nicht eindeutigen – wenn auch durch die nachfolgenden Absätze präzisierten – Formel des § 32 Abs 1 zu betonen. Nach dieser Formel ist die Schuld des Täters „Grundlage für die Bemessung der Strafe". Das Schuldprinzip erfüllt vor allem auch **strafbegrenzende Funktionen,** indem es dem Angeklagten **Schutz vor schuldüberschreitender Strafe** garantiert; vgl *J/W* AT 23; *Stricker* in *L/St* § 4 RN 3.

16.3 Das Schuldprinzip ist ein **Eckpfeiler** des rechtsstaatlichen Strafrechts. Eine **kriminalpolitische Herausforderung** besteht darin, dass es auch den besonders gefährlichen Kriminellen nur an seiner – im Einzelfall uU geringen – **Schuld,** jedoch nicht an seiner **spezifischen Gefährlichkeit** misst. Deshalb gibt es neben dem Schuldprinzip das System der **vorbeugenden Maßnahmen** der §§ 21 ff; vgl RN 2.16 ff. Diese knüpfen allein an die besondere Gefährlichkeit und gerade nicht an die Schuld des Täters an. Vor den Gefahren und Möglichkeiten der **Aushöhlung des Schuldprinzips** warnt zu Recht *Zipf* Grundsätze 41.

16. Kapitel: Der Schuldbegriff

B. Strafrechtlicher Schuldbegriff

16.4 Von „Schuld" spricht man auch in der Religion, Psychologie, Erziehung, Philosophie, Dichtung etc. Diese Verwendungen des Begriffs Schuld haben mit dem strafrechtlichen Schuldbegriff mitunter kaum die Richtung, geschweige denn den Inhalt gemein.

16.5 Der **strafrechtliche Schuldbegriff** unterscheidet sich vom sonstigen Sprachgebrauch sowohl durch seinen **spezifischen Bezugsgegenstand** als auch durch seinen **spezifischen Maßstab**. Gegenstand des strafrechtlichen Schuldvorwurfs ist das durch die Kategorien von Tatbestandsmäßigkeit und Rechtswidrigkeit bereits vorgefilterte menschliche Verhalten. **Bezugsobjekt** der strafrechtlichen Schuld ist somit allein die **rechtswidrige Tat.** Zum Maßstab der Schuld vgl RN 16.7 ff, zum Aufbau des strafrechtlichen = strafrechtsdogmatischen Schuldbegriffs vgl RN 16.14 f; weiterführend *Zipf* JBl 1980 190. Zur Unterscheidung vom **Schuldbegriff des Prozessrechts** vgl RN 39.20.

C. Schuld und Kausalität

16.6 Der strafrechtliche Begriff der **Schuld** muss streng von der **Kausalität** unterschieden werden; vgl dazu bereits RN 10.22 ff.

Die Kausalität ist objektives Tatbestandsmerkmal der Erfolgsdelikte. Sie betrifft allein das **Unrecht** der Tat. Im Mittelpunkt der **Kausalität** steht die mit Hilfe eines logischen Schlussverfahrens und nach Maßgabe unseres Erfahrungswissens zu beantwortende Frage, ob der Täter einen bestimmten Erfolg **verursacht** hat.

Beim Verbrechenselement **Schuld** geht es hingegen um die ganz andere Frage, ob die rechtswidrige Tat (einschließlich des vom Täter verursachten Erfolgs) dem Täter **rechtlich zum Vorwurf** gemacht werden kann. Diese Frage lässt sich nur mit Hilfe der differenzierten Wertmaßstäbe der Vorsatz- bzw Fahrlässigkeitsschuld entscheiden.

D. Wesen und Maßstab der strafrechtlichen Schuld

1. Sozialethisches Unwerturteil

16.7 Mit dem strafrechtlichen Begriff der Schuld verbindet sich ein **sozialethisches Unwerturteil:** Die Tat wird dem Täter aus rechtlich wertender Sicht „vorgeworfen". Man bezeichnet diesen Schuldbegriff seit seinem Begründer *Frank* als **normativen Schuldbegriff** und formuliert: **Schuld ist Vorwerfbarkeit.**

16.8 Damit diese heute allgemein anerkannte Formel keine leere Floskel bleibt, bedarf sie der Ausfüllung anhand des **strafrechtlichen Schuldmaßstabs.** Viele verknüpfen diese Frage mit jener nach der **Willensfreiheit** und landen daher bei dem ebenso unfruchtbaren wie unlösbaren Streit zwischen **Determinismus** und **Indeterminismus.** Dieses Lehrwerk legt demgegenüber mit der in Österreich herrschenden Lehre eine vermittelnde Position zugrunde, die diesen Streit ausklammert und auf die **Erfahrungstatsache der normativen Ansprechbarkeit** des Menschen abstellt. Auf diese Weise gelangt man zu einem **objektivierten Schuldmaßstab;** vgl dazu *Nowakowski* WK[1] Vorbem § 3 ff RN 46 ff; *Triffterer* AT 12/17 ff; *Burgstaller* JAP 1995/96 86. Die Frage der Willensfreiheit bleibt unentschieden.

2. Objektivierter Schuldmaßstab

16.9 a) **Ausgangsposition.** Maßstab der Schuld **ist nicht das individuelle Dafürkönnen des Täters,** sondern der **maßgerechte Mensch in der Situation des Täters.**

E. Begriff und Aufbau der Vorsatzschuld

Wichtig! Hinter dem „maßgerechten Menschen" steht das **Menschenbild des StGB**. Ein solcher Mensch fühlt sich mit der Rechtsordnung verbunden und richtet sich nach ihr. An dieser **Modellfigur** des den Anforderungen durchschnittlicher Rechtstreue genügenden und idS **maßgerechten Menschen** orientiert sich der strafrechtliche Schuldvorwurf; vgl § 10 Abs 1 aE.

b) **Konkretisierung.** Mit dem Unwerturteil der Schuld wird dem Täter vorgeworfen, dass er nicht so gehandelt hat, wie an seiner Stelle ein **maßgerechter** = durchschnittlich **rechtstreuer Mensch** gehandelt hätte. 16.10

Der Täter hat **schuldhaft** gehandelt, **wenn ein anderer (= ein maßgerechter Mensch) in der Lage des Täters nach allgemeiner Erfahrung der Tatversuchung widerstanden hätte;** vgl *J/W* AT 428; eingehend *Moos* SbgK § 4 RN 75 ff; grundlegend *Nowakowski* ZStR 1950 317.

Wichtig! Dieser objektivierte Schuldmaßstab des maßgerechten Menschen stellt vor allem auf ein **generelles Sollen** und nur modifizierend auf das **individuelle Können** des Täters ab. *Zipf* JBl 1980 193 spricht insoweit plastisch von einer „Standardisierung" der strafrechtlichen Schuld. Mit Recht. Denn zum einen lässt sich die Frage, ob gerade **dieser Täter** der Tatversuchung hätte widerstehen **können**, nicht auf rationaler Basis beantworten; zum anderen gäbe sich das Strafrecht als eine **für alle verbindliche Werteordnung** selbst auf, würde es den Rechtsbrecher allein an seinen eigenen Maßstäben und individuellen Gegebenheiten messen; vgl EB 123. Wesentliche Ansätze für diesen objektivierten Schuldmaßstab finden sich bereits bei *Wilhelm Emil Wahlberg* Individualisierung 6 (Kurzbio s S 375). 16.11

E. Begriff und Aufbau der Vorsatzschuld

Man unterscheidet in Bezug auf den strafrechtsdogmatischen Schuldbegriff zwischen **Vorsatzschuld** und **Fahrlässigkeitsschuld;** zur letzteren unten RN 16.17 f sowie Kap 27. 16.12

1. **Inhalt.** Mit dem Unwerturteil der Vorsatzschuld wird dem Täter vorgeworfen, dass er sich wissentlich und willentlich gegen das Recht und für das Unrecht entschieden hat. Außerhalb dieser bewussten Entscheidung kann nur ausnahmsweise – insb bei **Vorwerfbarkeit eines Rechtsirrtums** (vgl RN 19.20) – die Strafbarkeit des Vorsatzdelikts bestehen bleiben. 16.13

2. **Aufbau.** Um dem Täter eine rechtswidrige Vorsatztat vorwerfen zu können, müssen aus der Sicht der personalen Unrechtslehre (RN 4.8 f) die nachfolgenden **Schuldelemente** gegeben sein: 16.14

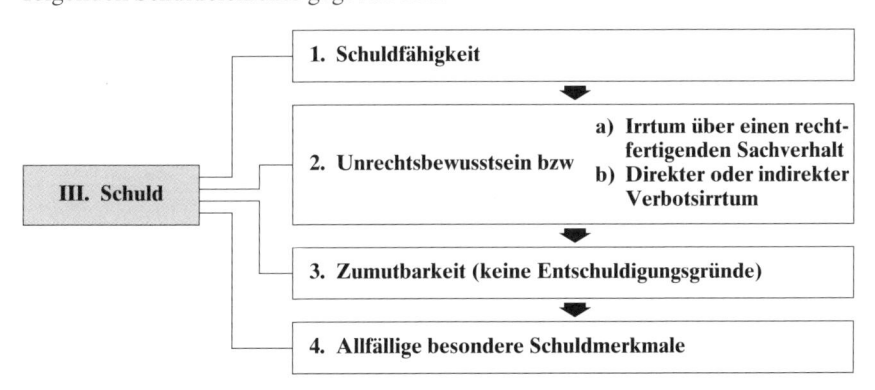

III. Schuld	
	1. Schuldfähigkeit
	2. Unrechtsbewusstsein bzw a) Irrtum über einen rechtfertigenden Sachverhalt b) Direkter oder indirekter Verbotsirrtum
	3. Zumutbarkeit (keine Entschuldigungsgründe)
	4. Allfällige besondere Schuldmerkmale

16. Kapitel: Der Schuldbegriff

16.15 **Beachte!** Alle Schuldelemente müssen **zur Zeit der Tat** vorhanden sein (arg zB § 11). Fehlt auch nur eines, handelt der Täter im Zeitpunkt der Tat **ohne Schuld** und kann daher nicht wegen einer rechtswidrigen Vorsatztat bestraft werden.

16.16 3. **Normativer Schuldbegriff.** Diese Struktur des Schuldbegriffs entspricht der Tradition des normativen Schuldbegriffs (RN 16.7).

Der normative Schuldbegriff stellt die Bewertung der inneren Beziehung des Täters zu seiner Tat in den Vordergrund; vgl *J/W* AT 420. Schuld beinhaltet damit die persönliche Vorwerfbarkeit eines rechtswidrigen Verhaltens; *Frank* Aufbau 11. Durch die finale Handlungslehre erfuhr der normative Schuldbegriff insofern eine Modifizierung, als der Vorsatz bereits dem Tatbestand zugeordnet und damit dem Schuldbegriff entzogen wurde. Die drei Elemente der Vorwerfbarkeit sind seither die Zurechnungsfähigkeit, das Unrechtsbewusstsein und die Zumutbarkeit normgemäßen Verhaltens; *Roxin* AT § 19 Rz 14; *J/W* AT 421; *Triffterer* AT 97. Zu den einzelnen Entwicklungsstufen dieses Schuldbegriffs vgl *J/W* AT 419 ff; speziell zur österr Entwicklung *Moos* StP II 22.

F. Fahrlässigkeitsschuld

16.17 1. **Inhalt.** Bei der Fahrlässigkeitsschuld geht es um den **Vorwurf aus einem Fahrlässigkeitsdelikt,** also aus einem Sorgfaltsverstoß, der zu einem bestimmten Erfolg geführt hat (zur Fahrlässigkeit im Einzelnen Kap 26 bis 28). Mit dem Unwerturteil der Schuld wird dem Fahrlässigkeitstäter vorgeworfen, dass der Täter **nicht jene ihm mögliche und zumutbare Sorgfalt eingehalten hat, zu der er objektiv verpflichtet gewesen wäre.**

16.18 2. **Aufbau.** Zu den „allgemeinen" Schuldelementen kommen daher beim Fahrlässigkeitsdelikt noch die speziellen Elemente der Fahrlässigkeitsschuld hinzu. Um dem Täter ein objektiv sorgfaltswidriges Verhalten vorwerfen zu können, müssen folgende Schuldelemente gegeben sein:

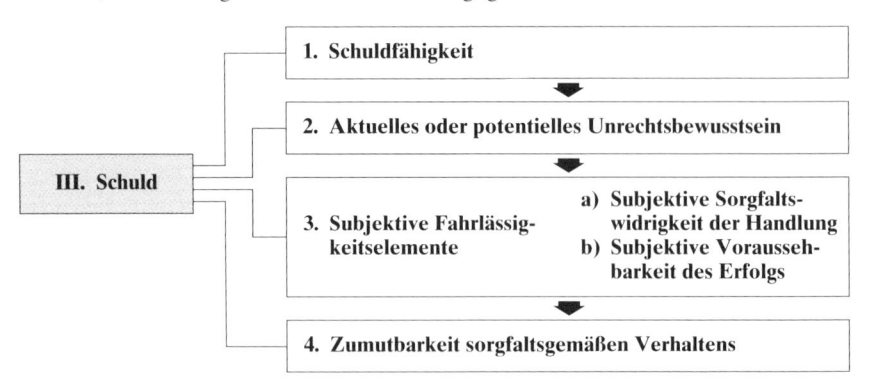

III. Schuld	1. Schuldfähigkeit	
	2. Aktuelles oder potentielles Unrechtsbewusstsein	
	3. Subjektive Fahrlässigkeitselemente	a) Subjektive Sorgfaltswidrigkeit der Handlung
		b) Subjektive Voraussehbarkeit des Erfolgs
	4. Zumutbarkeit sorgfaltsgemäßen Verhaltens	

Ausführlich zur Fahrlässigkeitsschuld RN 27.17 ff.

G. Besondere Schuldmerkmale

16.19 Bei einer Reihe von Delikten nimmt der Gesetzgeber auf schuldspezifische Umstände Bezug, deren Vorliegen die Strafbarkeit des Täters herabsetzt oder ausnahmsweise erhöht (oder überhaupt als strafbegründend normiert) = **besondere Schuldmerkmale. IdR** handelt es sich dabei um **situativ bedingte Gemüts-**

H. Strafzumessungsschuld

verfassungen bzw -zustände mit einer mehr oder weniger ausgeprägten charakterologischen Komponente.

Beispiele: Bei § 141 Handeln **„aus Not, aus Unbesonnenheit oder zur Befriedigung eines Gelüstes";** vgl *StudB BT II* § 141 RN 26 ff. Handeln in dem in § 76 umschriebenen **Affekt;** vgl *Triffterer* AT 12/115; aus dem im § 77 implizierten Motiv; vgl *Moos* WK² § 77 RN 36 ff. – Als Qualifikationsgrund, ausnahmsweise überhaupt als Voraussetzung für die Strafbarkeit, ist etwa das Merkmal der **gewerbsmäßigen Begehung** aufzufassen, zB §§ 130, 148; strafbegründend etwa in § 153 e. Der **Rückfall,** normalerweise ein einfacher Erschwerungsgrund (§ 33 Abs 1 Z 2) und im Fall des § 39 zur fakultativen Strafschärfung führend, ist ausnahmsweise ebenfalls ein qualifizierender Umstand, zB § 198 Abs 2, ebenso in § 28 a Abs 2 Z 1 SMG (dort in Kombination mit der Gewerbsmäßigkeit).

Man spricht von **objektivierten Schuldmerkmalen,** wenn die schuldmindernde Gemütsverfassung ex lege **unwiderleglich vermutet** wird (selten); zB „während der Geburt" bei § 79; vgl *StudB BT I* § 79 RN 20 f; *Moos* WK² § 79 RN 25; EvBl 2004/79; Gutgläubigkeit des Empfängers bei § 236; vgl *StudB BT III* § 236 RN 2 f. Meist verwendet das StGB jedoch **subjektive Schuldmerkmale,** bei denen die motivierende Wirkung der besonderen Gemütsverfassung auf die Willensbildung **in concreto nachgewiesen** werden muss; vgl *Triffterer* AT 12/112; *Fuchs/Zerbes* AT I 25/3. Dazu gehören etwa die besonderen Schuldmerkmale bei den §§ 76 und 141. Dasselbe gilt für das alternative Schuldelement im § 79: solange die Mutter „noch unter Einwirkung des Geburtsvorgangs steht"; vgl *Moos* WK² § 79 RN 30; *StudB BT I* § 79 RN 23. Mitunter werden sog **Gesinnungsmerkmale** begrifflich abgeschichtet; vgl *Fuchs/Zerbes* AT I 25/4. Nötig ist das nicht. Denn sie gehören zu den subjektiven Schuldmerkmalen. Dagegen ist „roh" bei § 222 kein Schuld-, sondern ein objektives Tatbestandsmerkmal; vgl EvBl 1996/114.

Beachte! Besondere Schuldmerkmale sind aufbaumäßig stets auf der Ebene der Schuld zu prüfen; vgl **Anhang 1.**

16.20

16.21

H. Strafzumessungsschuld

Der in RN 16.4–16.16 skizzierte abstrakte **strafrechtsdogmatische Schuldbegriff** deckt sich nur zum Teil mit dem weiten Schuldbegriff des Strafzumessungsrechts = **Strafzumessungsschuld,** wie er insb den §§ 32 ff zugrunde liegt; hM; vgl *Tipold* WK² § 4 RN 41 ff; *Schroll* WK² Nachbem § 42 RN 17 ff; *Zipf* JBl 1980 190; *Tipold* in *L/St* § 32 RN 6; SSt 2003/26; EvBl 1979/208; EvBl 1977/270. Bei ersterem geht es um die formale begriffliche Struktur der Schuld iSd in RN 16.14 angeführten abstrakten Schuldelemente, die **Strafzumessungsschuld** zielt dagegen darauf ab, die Höhe der Strafe im Einzelfall nach der **Größe der persönlichen Schuld** des Täters zu bemessen. Auf der Strafzumessungsebene hat der Strafrichter einerseits den **Erfolgsunwert** zu berücksichtigen, dh insb die Schwere und Folgen der verschuldeten Rechtsgutbeeinträchtigung (RN 4.27) sowie den **Handlungsunwert,** dh Art, Ausmaß und den Störwert des rechtsfehlerhaften Verhaltens (RN 4.29). Andererseits aber auch den **Gesinnungsunwert,** dh das Maß der kriminellen Energie und der rechtsfeindlichen Einstellung (RN 4.33) sowie charakterliche Defizite, schädliche Neigungen, kriminelles Vorleben etc. Im Gegensatz zum abstrakten strafrechtsdogmatischen Schuldbegriff ist die Strafzumessungsschuld eine **von Fall zu Fall variierende quantifizierbare Größe:** graviore culpa, gravior poena; vgl *Burgstaller* ZStW 1982 134; *Tipold* in *L/St* § 32 RN 6 ff; *Moos* SbgK § 4 RN 74 u § 10 RN 32.

16.22

Beachte! In manchen Vorschriften nimmt das Gesetz auf den strafrechtsdogmatischen Schuldbegriff (insb §§ 4, 14 Abs 2), in anderen primär auf die Strafzumessungsschuld (§§ 32 ff, § 4 Abs 2 Z 2 JGG, § 7 Abs 1 JGG, § 198 Abs 2 Z 2 StPO), in § 13 auf beide Schuldbegriffe Bezug. Welcher Schuldbegriff jeweils gemeint ist, ist daher durch **normspezifische**

17. Kapitel: Schuldfähigkeit

Auslegung zu ermitteln; vgl EvBl 2002/90; RN 40.13; zum Ganzen näher *Zipf* JBl 1980 193. Zur Gegenüberstellung von Strafzumessungsschuld und Schuld als Verbrechenselement vgl näher Kap 39; dort auch zu dem – auf sämtliche Voraussetzungen der Strafbarkeit bezogenen – Begriff der **Schuld als Kategorie des Prozessrechts** (Schuldnachweis; RN 39.20).

Zur Vertiefung: Zu den Grundlagen der Schuldlehre vgl *J/W* AT 425; *Roxin* AT I § 19 RN 1 ff; eingehend zum Ganzen *Moos* SbgK § 4 RN 1 ff 54 ff 93 ff.

■ ■ ■ **Programmbearbeiter lesen jetzt bitte die TE 16** ■ ■ ■

17. Kapitel
Schuldfähigkeit

Inhaltsübersicht

	RN
A. Grundlagen und Definition	17.1–17.5
1. Wesen	17.1–17.2
2. Definition	17.3–17.4
3. Unmündige und Jugendliche	17.5
B. Ausschluss der Schuldfähigkeit	17.6–17.15
1. Geisteskrankheit	17.8
2. Geistige Behinderung	17.9
3. Tiefgreifende Bewusstseinsstörung	17.10–17.11
4. Gleichwertige seelische Störung	17.12
5. Verzögerte Reife	17.13–17.14
6. Besonderheiten	17.15
C. Verminderte und partielle Schuldfähigkeit	17.16–17.18
D. Actio libera in causa	17.19–17.22
1. Verhältnis zu § 11	17.19
2. Vorsätzliche actio libera in causa	17.20
3. Fahrlässige actio libera in causa	17.21
4. Zeitpunkt der Schuldprüfung	17.22
E. Das Delikt des § 287 Abs 1	17.23–17.25
F. Durchblick	17.26–17.27

Schrifttum (Auswahl): *Bertel* Die Zurechnungsfähigkeit ÖJZ 1975 622; *Brandstetter* Grundprobleme der Deliktsverwirklichung im Vollrausch in: StP XVI 161; *Eder-Rieder* Die freiheitsentziehenden vorbeugenden Maßnahmen (1985); *Haller* Das psychiatrische Gutachten[2] (2008); *Puppe* Grundzüge der actio libera in causa JuS 1980 346.

A. Grundlagen und Definition

17.1 1. **Wesen.** Die **Schuldfähigkeit** ist ein essenzielles Element sowohl der Vorsatz- als auch der Fahrlässigkeitsschuld. Ein Schuldunfähiger erfüllt nicht den **psycho-physischen Mindeststandard normativer Ansprechbarkeit** eines maßgerechten Menschen, an den das Strafrecht anknüpft (RN 16.9 ff). Auch ein Schuldunfähiger kann handeln und rechtswidrige Taten begehen, er kann aber im strafrechtlichen Sinn nicht „schuldig" und daher idR auch nicht bestraft werden; Besonderheiten RN 17.19 ff u 17.23 ff.

17.2 Der in § 11 als Synonym für **Schuldfähigkeit** verwendete Begriff der **Zurechnungsfähigkeit** lässt sich aus dogmengeschichtlicher Sicht auf die Imputationslehre *Samuel Pufendorfs* (Kurzbio s S 375) (imputatio = Zurechnung) zurückführen. Heute sollte man

B. Ausschluss der Schuldfähigkeit

den Begriff der Zurechnungsfähigkeit besser vermeiden, da er im Hinblick auf die moderne Lehre von der objektiven Zurechenbarkeit zu Unklarheiten und Verwechslungen führen kann. Der Begriff **Schuldfähigkeit** bringt das Gemeinte ohnehin schärfer zum Ausdruck.

2. **Definition.** Im § 11 ist die Schuldfähigkeit **negativ** und in Form abschließender kasuistischer Aufzählung umschrieben. Aus dieser Regelung lässt sich folgende **positive Definition** ableiten: **17.3**

Schuldfähigkeit = Zurechnungsfähigkeit ist die Fähigkeit, das Unrecht der Tat einzusehen (= Einsichts- oder Diskretionsfähigkeit) **und nach dieser Einsicht zu handeln** (= Steuerungs- oder Dispositionsfähigkeit). Beides muss „zur Zeit der Tat" vorhanden sein; vgl § 11.

Ob der Täter schuldfähig ist, hängt zunächst einmal von seinem **Alter,** im Übrigen aber vom **Nichtvorliegen bestimmter seelischer Störungen** ab. **17.4**

3. **Unmündige und Jugendliche.** Für sie sieht das JGG Sonderregelungen vor. **Unmündige (= bis 14-Jährige) gelten ausnahmslos als schuldunfähig** (= strafunmündig; § 1 Z 1 iVm § 4 Abs 1 JGG); **Jugendliche (= 14- bis 18-Jährige) nur bei verzögerter Reife** (§ 1 Z 2 iVm § 4 Abs 2 Z 1 JGG). **17.5**

Die Schuldunfähigkeit von **Unmündigen** wird vom Gesetz **unwiderleglich vermutet,** obwohl die Lebenserfahrung zeigt, dass zumindest größere Kinder normativ durchaus ansprechbar und ihnen zentrale Verbote, etwa des Stehlens und Tötens, idR bekannt sind. Der Ausschluss der Strafbarkeit beruht einerseits darauf, dass rechtswidrige Taten von Unmündigen das allgemeine Rechtsbewusstsein weniger erschüttern, andererseits darauf, dass ihre strafrechtliche Verfolgung spezialpräventiv nicht angezeigt ist; vgl *Roxin* AT I § 20 RN 50.

Beachte! Es gibt Erwachsene, die auf dem geistigen Niveau Unmündiger stehen. Eine analoge Anwendung des § 4 Abs 1 JGG scheidet aus. Es gilt ausschließlich § 11; vgl SSt 2006/46. **Junge Erwachsene** (§ 1 Z 5 JGG) sind in Verfahrens- und Strafzumessungsbestimmungen teilweise den Jugendlichen gleichgestellt, sie gelten aber grundsätzlich als schuldfähig.

B. Ausschluss der Schuldfähigkeit

Das StGB und das JGG gehen vom **Regelfall** aus, dass Jugendliche und Erwachsene **schuldfähig** sind. Die Schuldfähigkeit entfällt daher nur in bestimmten, im Gesetz ausdrücklich aufgezählten Fällen: **17.6**

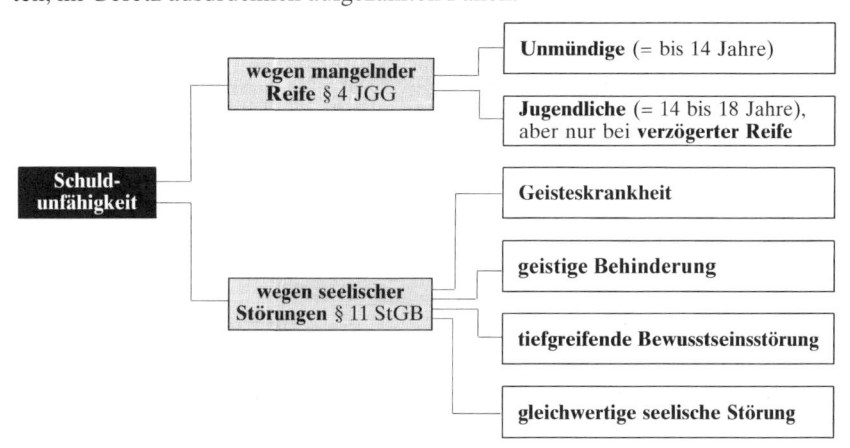

```
                              ┌─ Unmündige (= bis 14 Jahre)
          ┌─ wegen mangelnder ─┤
          │   Reife § 4 JGG    └─ Jugendliche (= 14 bis 18 Jahre),
Schuld-   │                       aber nur bei verzögerter Reife
unfähigkeit┤
          │                    ┌─ Geisteskrankheit
          │                    │
          │  wegen seelischer  ├─ geistige Behinderung
          └─  Störungen § 11   ┤
                   StGB        ├─ tiefgreifende Bewusstseinsstörung
                               │
                               └─ gleichwertige seelische Störung
```

17. Kapitel: Schuldfähigkeit

17.7 Die Vorschriften des StGB und des JGG über die Schuldunfähigkeit beruhen auf der in der Psychiatrie anerkannten sog **gemischten** (dh **biologisch-psychologischen**) **Methode.** Das bedeutet, dass zu einem **„biologischen"** Merkmal (Geisteskrankheit, geistige Behinderung etc) **kumulativ** mindestens auch ein **„psychologisches"** Merkmal (entweder Einsichts- oder Steuerungsunfähigkeit) hinzukommen muss, um die Schuldfähigkeit auszuschließen. Diese Methode garantiert ein Maximum an Rechtssicherheit; vgl *J/W* AT 437. Dass es wegen der Begrenztheit des menschlichen Erkenntnisvermögens gerade in diesem Bereich immer wieder zu folgenschweren Fehleinschätzungen kommt, ist ein bedauerliches Faktum.

17.8 1. **Geisteskrankheit.** Darunter fallen nicht nur die klassischen psychischen Erkrankungen wie Schizophrenie und manisch-depressives Irresein, sondern auch andere seelische Erkrankungen, etwa aufgrund von Infektionen (zB Syphilis), Hirnverletzungen, Alkoholsucht, Tumoren; näher dazu *Höpfel* WK² § 11 RN 4.

17.9 2. **Geistige Behinderung.** Geistige Behinderung ist eine idR angeborene Intelligenzschwäche unterschiedlichen Grades. Man kann bspw zwischen schwerer, mittelgradiger und leichter Intelligenzminderung differenzieren (vgl *Haller* Gutachten 203 ff). Auch die geringste Stufe einer geistigen Behinderung geht über schlichte Dummheit hinaus; zum Ganzen näher vgl *Höpfel* WK² § 11 RN 5.

Beachte! Eine geistige Behinderung fällt nur dann unter § 11, wenn der Täter zur Tatzeit **außerdem** unfähig war, das Unrecht seiner Tat einzusehen oder danach zu handeln. Dies betrifft idR nur **schwere Fälle;** vgl SSt 48/55.

17.10 3. **Tiefgreifende Bewusstseinsstörung.** Es handelt sich dabei um einen – meist alsbald vorübergehenden – Zustand, bei dem der Täter geistig desorientiert („weggetreten") ist und die ihn umgebende Wirklichkeit nicht mehr erfasst oder illusionär verkennt; vgl *Bertel* ÖJZ 1975 623; *Koller/Schütz* in *L/St* § 11 RN 11; eingehend *Höpfel* WK² § 11 RN 6; *Triffterer* SbgK § 11 RN 29 ff.

Eine tiefgreifende Bewusstseinsstörung – der praktisch wichtigste Fall des § 11 – kann sich insb aus **erheblicher Trunkenheit, Drogeneinwirkung** (14 Os 1/93), **Medikamentenmissbrauch, Hypnose, massiven Schlafstörungen** bzw **Schlaflosigkeit, starker Übermüdung, epileptischen Anfällen** (BGHSt 40 349), **hochgradigen Schock-** oder **Angstzuständen** uä ergeben.

Beachte! Auch hier genügt das bloße Vorliegen dieses „biologischen" Merkmals nicht. Vielmehr müssen Trunkenheit, Drogeneinwirkung etc so erheblich sein, dass der Täter **dadurch** unfähig war, das Unrecht seiner Tat einzusehen (= **mangelnde Einsichtsfähigkeit**), oder unfähig, nach dieser Einsicht zu handeln (= **mangelnde Steuerungsfähigkeit**); vgl RN 17.7. Ob das zutrifft, ist eine vom Richter – idR mit Hilfe eines Sachverständigen – zu beantwortende **Rechtsfrage;** vgl *Höpfel* WK² § 11 RN 15.

17.11 **Wichtig!** Beim **Alkoholrausch** nimmt die Praxis eine tiefgreifende Bewusstseinsstörung idR erst bei 3‰ an (dieser Fall ist zu unterscheiden von sog Minderrausch nach § 81 Abs 2); vgl *Burgstaller* WK² § 81 RN 42 f; *Höpfel* WK² § 11 RN 7 mN. Auch ein **schwerer Unfallschock,** zB des bei einem Verkehrsunfall selbst verletzten Täters, **kann** eine tiefgreifende Bewusstseinsstörung iSd § 11 auslösen. Die Praxis neigt insoweit zu allzu restriktiver Handhabung; vgl etwa OLG Wien ZVR 1982/68; ZVR 1980/21.

17.12 4. **Gleichwertige schwere seelische Störung.** Dieser Schuldausschluss kann insb bei **höchstgradigen Affekten, schweren Triebstörungen, besonders schweren Neurosen und Psychopathien** in Betracht kommen; näher dazu *Koller/Schütz* in *L/St* § 11 RN 13 ff; *Höpfel* WK² § 11 RN 8 f; *Triffterer* SbgK § 11 RN 35 ff.

C. Verminderte und partielle Schuldfähigkeit

Aber: Diesem häufigen Einwand des Verteidigers begegnet die Praxis sehr zurückhaltend. Mit Recht. Denn bei vielen Intensivtätern lassen sich asoziale Veranlagung, neurotische und psychopathische Züge, mehr oder weniger große Charakteranomalien, Gemütsarmut, Haltlosigkeit etc feststellen. Würde das genügen, wären viele der gefährlichsten Rechtsbrecher schuldunfähig (12 Os 137/92; SSt 58/41). Selbst erhebliche psychische Defekte wie Kleptomanie (11 Os 117/88), Pädophilie (BGH NJW 1998 2753), Pyromanie, Querulantenwahn (SSt 31/9), Cäsarenwahn, Verfolgungswahn, Spielsucht oder sexuelle Hörigkeit schließen die Schuldfähigkeit idR nicht aus.

5. **Verzögerte Reife.** Die in § 4 Abs 2 Z 1 JGG geregelte verzögerte Reife spielt in der Praxis insb bei **milieugeschädigten Jugendlichen** eine erhebliche Rolle und **kann** den Eintritt der Schuldfähigkeit weit über das 14. Lebensjahr hinausschieben. Schuldunfähigkeit wegen verzögerter Reife kann aus frühkindlichen Erkrankungen, schweren Unfällen, groben Erziehungsmängeln, Verwahrlosung, Erbkrankheiten uä resultieren. **17.13**

Beachte! Auch wenn die Schuldfähigkeit des Jugendlichen nicht ausgeschlossen ist, entfällt für Vergehen, die **vor dem 16. Lebensjahr** begangen wurden, die Strafbarkeit, falls den Jugendlichen **kein schweres Verschulden** (RN 16.22) trifft und die Bestrafung **nicht** aus besonderen Gründen **spezialpräventiv geboten** ist; vgl § 4 Abs 2 Z 2 JGG. **17.14**

6. **Besonderheiten.** Entfällt die Schuldfähigkeit, so kommt zwar **keine Strafe,** aber in vielen Fällen die Anordnung einer **vorbeugenden Maßnahme** gem § 21 Abs 1 in Betracht. Sonderkonstellationen werden durch die Rechtsfigur der actio libera in causa bzw durch das Delikt des § 287 Abs 1 erfasst; vgl RN 17.19 ff u 17.23 ff. **17.15**

C. Verminderte und partielle Schuldfähigkeit

Manchmal ist die Schuldfähigkeit des Täters bei Begehung der Tat zwar nicht ausgeschlossen, aber erheblich vermindert. **17.16**

Anders als in der BRD und der Schweiz bildet die **verminderte Schuldfähigkeit** nach dem StGB jedoch keine eigene dogmatische Kategorie. Vermindert Schuldfähige werden wie Gesunde, dh als schuldfähig behandelt. Illustrativ das Bonmot Robert Musils: „Es gibt für Juristen keine halbverrückten Menschen." Allerdings wird dem, dessen Fähigkeit vermindert ist, das Unrecht der Tat einzusehen oder danach zu handeln, bei der Strafbemessung ein – idR als **dominant** zu wertender – **Milderungsgrund** zugestanden; vgl § 34 Abs 1 Z 1 u 35; näher zum Ganzen *Höpfel* WK^2 § 11 RN 19. **17.17**

Etwas ganz Anderes ist die **partielle Schuldunfähigkeit.** Sie liegt vor, wenn die Schuldunfähigkeit nur Teilbereiche des Unrechts betrifft, und führt **insoweit** zur Anwendung des § 11. **17.18**

Beispiel: SSt 31/9 attestiert einem an Querulantenwahn Leidenden in Bezug auf etwaige **krankheitsspezifische** Straftaten partielle Schuldunfähigkeit, hält ihn aber in Bezug auf die von ihm begangenen Vermögensdelikte für voll schuldfähig. Zu derartigen (seltenen) Fallkonstellationen vgl weiter SSt 38/52; *Rittler* I 175.

D. Actio libera in causa

1. **Verhältnis zu § 11.** Die im StGB nicht ausdrücklich geregelte Rechtsfigur der **actio libera in causa** (= alic) ist nach hM nur scheinbar eine Durchbrechung des Schuldprinzips und des § 11. Denn § 11 lässt sich so deuten, dass **17.19**

17. Kapitel: Schuldfähigkeit

die Schuld des Täters nach dieser Vorschrift nur dann entfällt, wenn ihm die Tat nicht nach den Regeln der actio libera in causa vorgeworfen werden kann; instruktiv zu dieser rechtstheoretisch sehr umstrittenen Rechtsfigur *Triffterer* AT 12/64 ff; *Roxin* AT I § 20 RN 56 ff.

17.20 2. **Vorsätzliche actio libera in causa.** Davon spricht man, wenn sich der Täter **mit dem Vorsatz in den Status der Schuldunfähigkeit versetzt hat, in diesem Zustand eine rechtswidrige Tat zu begehen.** Entsprechendes gilt für das vorsätzliche Versetzen in den Zustand der **Handlungsunfähigkeit.** Der Täter macht sich so zu seinem eigenen handlungs- oder schuldunfähigen Werkzeug; vgl *J/W* AT 445; *Triffterer* AT 12/64.

B e i s p i e l e : A betrinkt sich erheblich, um im Zustand der Volltrunkenheit (= Schuldunfähigkeit) einen Mord oder eine Brandstiftung zu begehen. B legt ihren Säugling zu sich ins Bett, wobei sie damit rechnet und sich damit abfindet, dass sie ihn im Schlaf (= Handlungsunfähigkeit) erdrücken könnte, was auch geschieht.

17.21 3. **Fahrlässige actio libera in causa.** Von fahrlässiger actio libera in causa spricht man, wenn sich der Täter in einen **die Schuldfähigkeit ausschließenden Rauschzustand** versetzt, obwohl er **voraussehen hätte müssen,** er werde in diesem Zustand ein **bestimmtes Delikt begehen.** Er macht sich dann wegen fahrlässiger Begehung dieses Delikts strafbar, sofern die fahrlässige Begehung mit Strafe bedroht ist. Anders als in der BRD spielt diese Rechtsfigur im österr Strafrecht nur eine untergeordnete Rolle.

Beachte! Die praktisch bedeutsamere Regelung des § 81 Abs 2 setzt nicht beim Vollrausch, sondern bei einem die Schuldfähigkeit **nicht** ausschließenden, sog **Minderrausch** an (vgl RN 17.11).

17.22 4. **Zeitpunkt der Schuldprüfung.** Bei der alic wird die **gesamte Schuldprüfung** (dh die Prüfung der Schuldfähigkeit einschließlich der übrigen Schuldmerkmale) auf die actio praecedens, dh auf den Zeitpunkt **vorverlegt,** in dem sich der Täter in den Zustand der Schuldunfähigkeit versetzt hat. Tatbestandsmäßigkeit und Rechtswidrigkeit bleiben dagegen auf die spätere Tatausführung bezogen. Entsprechendes gilt im Falle der Herbeiführung der eigenen **Handlungsunfähigkeit.**

E. Das Delikt des § 287 Abs 1

17.23 Nach dem StGB ist das bloße (= folgenlose) Sich-Berauschen straflos. Die „Begehung einer mit Strafe bedrohten Handlung im Zustand voller Berauschung" hat der Gesetzgeber aber in § 287 Abs 1 als **selbstständiges Delikt** unter Strafe gestellt. Auch diese Strafvorschrift ist rechtstheoretisch umstritten, sie lässt sich jedoch als eine (verfassungskonforme) Modifizierung des Schuldprinzips (§ 4) deuten; vgl dazu *Brandstetter* StP XVI 183; *Lewisch* Verfassung 273.

B e i s p i e l : A betrinkt sich und fügt im Vollrausch einem Mitzecher, von dem er sich provoziert fühlt, eine schwere Körperverletzung zu, indem er ihm mehrere Faustschläge ins Gesicht verpasst.

Beachte! Man zitiert stets § 287 Abs 1 iVm § X, dh iVm jenem Delikt, das der Täter im Zustand der vollen Berauschung begangen hat.

F. Durchblick

Actio libera in causa und das **Delikt des § 287 Abs 1** erfüllen im Prinzip 17.24
ähnliche Funktionen. Sie sollen insb solche Sachverhalte erfassen, in denen mangels Schuldfähigkeit **zur Zeit der Tatausführung** die Strafbarkeit des Täters „an sich" entfallen würde (Schuldprinzip!). Ohne diese beiden Rechtsfiguren würden kriminalpolitisch unerträgliche Straflücken entstehen.

Beachte! Der wesentliche Unterschied beider besteht darin, dass sich bei der actio 17.25
libera in causa Vorsatz bzw Fahrlässigkeit stets auf eine **konkrete rechtswidrige Tat** beziehen müssen, während gem § 287 Abs 1 gerade der bestraft wird, der die konkrete, im Rausch begangene rechtswidrige Tat **weder** gewollt **noch** vorausgesehen hat.

F. Durchblick

Zwischen der Schuldunfähigkeit und der Handlungsunfähigkeit gibt es 17.26
manche Berührungspunkte. Geht die **tiefgreifende Bewusstseinsstörung** (§ 11 3. Fall) in den Zustand der **Bewusstlosigkeit** oder des **Schlafes** über, was etwa bei Volltrunkenheit, Drogeneinwirkung, totaler Übermüdung etc der Fall sein kann, ist bereits der **strafrechtliche Handlungsbegriff** ausgeschlossen.

Diese Differenzierung bringt dem, der nicht einmal **gehandelt** hat, gegenüber dem 17.27
„bloß" Schuldunfähigen den praktischen Vorteil, dass gegen ihn **auch keine vorbeugenden Maßnahmen** angeordnet werden können.

Zur Vertiefung: Zur Schuldfähigkeit vgl *Höpfel* WK[2] § 11 RN 1 ff; *Koller/Schütz* in *L/St* § 11 RN 1 ff; *Triffterer* SbGK § 11 RN 1 ff.

■ ■ ■ Programmbearbeiter lesen jetzt bitte die TE 17 ■ ■ ■

18. Kapitel
Unrechtsbewusstsein

Inhaltsübersicht

	RN
A. Grundlagen und Definition	18.1–18.4
1. Allgemeines	18.1–18.2
2. Definition	18.3
3. Maßgebender Zeitpunkt	18.4
B. Aktuelles und potenzielles Unrechtsbewusstsein	18.5–18.13
1. Aktuelles Unrechtsbewusstsein	18.6–18.9
a) Bewusstheitsgrad	18.6
b) Einzelfragen	18.7–18.9
aa) Laienmäßig ausgeprägtes Unrechtsbewusstsein	18.7
bb) Bedingtes Unrechtsbewusstsein	18.8
cc) Tatbildbezogenes Unrechtsbewusstsein	18.9
2. Potenzielles Unrechtsbewusstsein	18.10–18.13
a) Definition	18.10–18.11
b) Praktische Relevanz	18.12–18.13
C. Unrechtsbewusstsein und Tatvorsatz	18.14–18.15
D. Unrechtsbewusstsein und Bewusstsein der Strafbarkeit	18.16–18.17

Schrifttum zu Kap 18 u Kap 19 (Auswahl): *Horak* Der Rechtsirrtum des Jugendlichen im Strafrecht JBl 1963 245; *Kert* Ausgewählte Fragen des Allgemeinen Teils des Wirtschaftsstrafrechts in HB Wirtschaftsstrafrecht 1; *Kienapfel* Zur gegenwärtigen Situation

18. Kapitel: Unrechtsbewusstsein

der Strafrechtsdogmatik in Österreich JZ 1972 569; *ders* Unrechtsbewußtsein und Verbotsirrtum ÖJZ 1976 113; *Platzgummer* Die „Allgemeinen Bestimmungen" des Strafgesetzentwurfes im Licht der neueren Strafrechtsdogmatik JBl 1971 236; *ders* Vorsatz und Unrechtsbewußtsein in: StP I 35; *ders* Probleme des Rechtsirrtums in: StP XIII 1; *Rudolphi* Die Verbotsirrtumsregelung des § 9 StGB im Widerstreit von Schuld und Prävention JBl 1981 289; *Schick* Die Vorwerfbarkeit des Verbotsirrtums bei Handeln auf falschen Rat ÖJZ 1980 595; *Schild* Die strafrechtliche Regelung des Irrtums ÖJZ 1979 173; *Schütz* Tatbestandsirrtum und Verbotsirrtum im Nebenstrafrecht (2000); *E. Steininger* Der Irrtum über normative Tatbestandsmerkmale JBl 1987 205 287; *Zipf* Der strafrechtliche Schuldbegriff JBl 1980 186.

A. Grundlagen und Definition

18.1 1. **Allgemeines. Vorwerfbar** handelt, wer unrecht tut, obwohl er entweder **weiß,** dass seine Handlung Unrecht ist, oder dies zumindest **hätte erkennen können.** Das steht zwar so nicht ausdrücklich im Gesetz, ergibt sich aber durch Umkehrschluss aus § 9.

Vorwerfbar handelt nur, wer **mit Unrechtsbewusstsein** handelt.

18.2 Das Unrechtsbewusstsein ist erst seit dem StGB allgemein anerkannter Bestandteil der strafrechtlichen Schuld; zum StG vgl *Platzgummer* JBl 1971 240; *Kienapfel* JZ 1972 577. Es bildet heute ein „**Kernstück des Schuldvorwurfs,** denn der Entschluss zur Tat bei voller Kenntnis der entgegenstehenden Rechtsnorm charakterisiert am deutlichsten den Mangel an Rechtsgesinnung, der den Täter belastet"; *J/W* AT 452.

18.3 2. **Definition. Unrechtsbewusstsein = Bewusstsein der Rechtswidrigkeit ist das Bewusstsein, dass die Tat gegen die Rechtsordnung verstößt.**

Das StGB und die hM folgen damit – wie in Deutschland und der Schweiz – der **Schuldtheorie.** Diese Theorie verdankt ihren Namen dem Umstand, dass sie das Unrechtsbewusstsein nicht als Teil des Vorsatzes (idS aber die darum so genannte **Vorsatztheorie**), sondern ausschließlich als **Element der Schuld** auffasst und zwischen Vorsatz und Unrechtsbewusstsein einen scharfen Trennstrich zieht; näher dazu RN 18.14 mN.

18.4 3. **Maßgebender Zeitpunkt.** Wie alle anderen Schuldelemente muss das Unrechtsbewusstsein zur **Zeit der Tat** vorliegen; vgl RN 16.15.

B. Aktuelles und potenzielles Unrechtsbewusstsein

18.5 Wissenschaft und Praxis unterscheiden **aktuelles** und **potenzielles Unrechtsbewusstsein;** vgl *Kienapfel* ÖJZ 1976 115; *Öner/Schütz* in *L/St* § 9 RN 3f; *Triffterer* AT 12/93; *Burgstaller* Fahrlässigkeitsdelikt 195; SSt 56/82; EvBl 1984/65; SSt 52/44. Letzteres wird gelegentlich auch als **virtuelles** Unrechtsbewusstsein bezeichnet; vgl *Öner/Schütz* in *L/St* § 9 RN 4; SSt 56/82.

1. Aktuelles Unrechtsbewusstsein

18.6 **Aktuelles Unrechtsbewusstsein ist zur Zeit der Tat wirklich vorhandenes Unrechtsbewusstsein.**

a) **Bewusstheitsgrad.** Es ist nicht erforderlich, dass der Täter sich über das Unrecht seiner Tat explizit „Gedanken gemacht" hat. Die Eindrücke von Recht und Unrecht sind

B. Aktuelles und potenzielles Unrechtsbewusstsein

bei jedem Menschen von frühester Kindheit an unverlierbar gespeichert. Auch ein in diesem Sinne **latent** vorhandenes Unrechtsbewusstsein ist **aktuelles** Unrechtsbewusstsein. Selbst Affekt-, Gewohnheits- und Überzeugungstäter handeln daher idR mit aktuellem Unrechtsbewusstsein; vgl zum Ganzen *Kienapfel* ÖJZ 1976 115; *Öner/Schütz* in *L/St* § 9 RN 3; *Triffterer* AT 12/91; *Rudolphi* JBl 1981 294.

b) **Einzelfragen.** aa) **Laienmäßig ausgeprägtes Unrechtsbewusstsein.** Es genügt, **18.7** wenn der Verstoß gegen die Rechtsordnung dem Täter wenigstens nach Laienart bewusst ist. Hierfür reicht idR das **Bewusstsein, dass man etwas von Rechts wegen nicht tun darf**; vgl zum Ganzen *Schick* ÖJZ 1980 600; *Triffterer* AT 12/88; *Öner/Schütz* in *L/St* § 9 RN 3; SSt 62/56; EvBl 1987/22; EvBl 1984/65; EvBl 1979/194. Dass der Täter die Tat bloß für unmoralisch oder sittlich verwerflich hält, genügt dagegen nicht; vgl SSt 50/14; EvBl 1978/46.

bb) **Bedingtes Unrechtsbewusstsein.** In Anlehnung an den bedingten Vorsatz ist von **18.8** der Lehre die analoge Figur des **bedingten Unrechtsbewusstseins** entwickelt worden; vgl *J/W* AT 454; *Kienapfel* ÖJZ 1976 116; *Öner/Schütz* in *L/St* § 9 RN 3. Die Gerichte haben diesen Gedanken alsbald aufgegriffen und mehrfach ausgesprochen, dass auch bedingtes Unrechtsbewusstsein als **aktuelles Unrechtsbewusstsein** anzusehen ist; vgl SSt 59/78; SSt 50/14; EvBl 1979/194; SSt 47/39; *Öner/Schütz* in *L/St* § 9 RN 3. Es geht jedoch zu weit, wenn die Judikatur bedingtes Unrechtsbewusstsein schon bei entfernten Zweifeln an der Rechtmäßigkeit annimmt; es müssen vielmehr substantiierte und erhebliche Zweifel sein; vgl näher *Schick* ÖJZ 1980 600; *Platzgummer* StP XIII 19; *Höpfel* WK² § 9 RN 10.

cc) **Tatbildbezogenes Unrechtsbewusstsein.** Es gibt kein Unrechtsbewusstsein „an **18.9** sich". Wie der Vorsatz ist auch das Unrechtsbewusstsein **tatbildbezogen** und daher **teilbar.** Es ist also denkbar, dass ein und derselbe Täter nur in Bezug auf das Tatbild A mit Unrechtsbewusstsein gehandelt hat, nicht dagegen hinsichtlich des Tatbilds B; hM; vgl *Öner/ Schütz* in *L/St* § 9 RN 2; *Triffterer* AT 12/98; *Platzgummer* StP XIII 18; EvBl 1982/175.

2. Potenzielles Unrechtsbewusstsein

a) **Definition. Von potenziellem (= virtuellem) Unrechtsbewusstsein 18.10 spricht man, wenn der Täter das Unrecht seiner Tat zwar nicht erkannt hat, aber verpflichtet gewesen wäre, sich danach zu erkundigen.**

Das potenzielle Unrechtsbewusstsein hängt eng mit dem **Menschenbild** zusammen, von dem das StGB im Schuldbereich ausgeht. Es ist der „mit den rechtlich geschützten Werten verbundene Mensch" = den Maßstäben durchschnittlicher Rechtstreue genügende und in diesem Sinne **maßgerechte Mensch** (§ 10 Abs 1 aE); vgl bereits RN 16.9 ff. Der maßgerechte Mensch ist **verpflichtet,** alle zumutbaren Erkenntnismöglichkeiten von Recht und Unrecht zu nutzen. Wer sie nicht nutzt, handelt vorwerfbar. Ein solcher vorwerfbarer Mangel des Unrechtsbewusstseins (= das potenzielle Unrechtsbewusstsein) steht dem aktuellen Unrechtsbewusstsein gleich.

Für sämtliche Delikte des StGB und des Nebenstrafrechts genügt poten- **18.11** zielles Unrechtsbewusstsein; hM; vgl *Öner/Schütz* in *L/St* § 9 RN 4; SSt 56/82.

Wer ohne aktuelles Unrechtsbewusstsein und nicht einmal mit potenziellem Unrechtsbewusstsein handelt, handelt nicht vorwerfbar. Mit dem so verstandenen Schuldelement Unrechtsbewusstsein **entfällt die Schuld schlechthin;** vgl RN 19.16.

b) **Praktische Relevanz.** In der Praxis bereitet die Feststellung des **18.12** Unrechtsbewusstseins zumindest im **Kernbereich der herkömmlichen Delikte** (Mord, Betrug, Untreue, Sexualstraftaten etc) meist kaum Schwierigkeiten; vgl EvBl 1987/190; 13 Os 12/85. Bezüglich solcher Delikte ist das aktuelle Unrechtsbewusstsein idR – zumindest latent – vorhanden.

18.13 Das gilt nicht in gleichem Maße für das **Nebenstrafrecht.** Bei vielen Delikten des Nebenstrafrechts handelt der Täter ohne aktuelles Unrechtsbewusstsein. In solchen Fällen stellt sich stets die Frage nach dem **potenziellen Unrechtsbewusstsein;** vgl *Öner/Schütz* in *L/St* § 9 RN 4; *Triffterer* AT 12/99 f.

Beachte! Bei Prüfungen und in der Praxis sind Ausführungen zum Unrechtsbewusstsein nur zu machen, wenn der Sachverhalt in dieser Hinsicht Zweifel nahelegt; vgl *Platzgummer* StP XIII 15. Näheres RN 19.12 ff.

C. Unrechtsbewusstsein und Tatvorsatz

18.14 Im Gegensatz zum früheren Recht dürfen Tatvorsatz und Unrechtsbewusstsein nicht zu **einem** Begriff verschmolzen werden.

Seit dem StGB bildet das **Unrechtsbewusstsein** ein vom Vorsatz **getrenntes selbstständiges Schuldelement** im systematischen Aufbau des Vorsatzdelikts; sog **Schuldtheorie;** hM; vgl *Öner/Schütz* in *L/St* § 9 RN 1; *Fuchs/Zerbes* AT I 23/16; JBl 1996 470.

Darin besteht der prinzipielle Unterschied zur **Vorsatztheorie** des StG. Gestützt auf den Wortlaut des § 1 StG betrachteten das StG und die frühere hM das Unrechtsbewusstsein als wesentlichen (= integrierten) Bestandteil des Vorsatzes, gingen mithin vom „bösen Vorsatz" aus. Fehlte das Unrechtsbewusstsein, entfiel der **Vorsatz;** vgl *Platzgummer* JBl 1971 241. Die Vorsatztheorie ist heute durch die eindeutige Gesetzeslage zu Gunsten der **Schuldtheorie** überholt (arg §§ 5 u 9); vgl auch RN 18.3.

Beachte! Im Unterschied zum StGB folgen sowohl das **Verwaltungs-** (§ 5 Abs 2 VStG) als auch das **Finanzstrafrecht** (§ 9 FinStrG) der Sache nach weiterhin der **Vorsatztheorie;** vgl *Fuchs/Zerbes* AT I 23/28; *Moos* FinStR 1997 114; *Scheil* JBl 1998 355. Dies führt im Ergebnis zu einer bemerkenswerten **Besserstellung** von Verwaltungs- und Finanzstraftätern; vgl RN 19.20.

18.15 Zwischen Tatvorsatz und Unrechtsbewusstsein bestehen mannigfaltige, insb **inhaltliche Unterschiede.**

Der Vorsatz bezieht sich auf die **tatsächliche** Seite der Tat (= „Sachverhalt" iSd § 5 Abs 1). Das Unrechtsbewusstsein bezieht sich auf ihre **rechtliche Seite,** dh auf die Bewertung der Tat als Unrecht. Außerdem muss der Vorsatz im Zeitpunkt der Tat **tatsächlich,** das Unrechtsbewusstsein dagegen nur **potenziell** vorhanden sein.

D. Unrechtsbewusstsein und Bewusstsein der Strafbarkeit

18.16 Das (aktuelle bzw potenzielle) Unrechtsbewusstsein darf schließlich nicht mit dem **Bewusstsein der Strafbarkeit** verwechselt werden. Letzteres ist weder Voraussetzung für die Schuld noch für die Bestrafung des Täters; hM; vgl *Öner/Schütz* in *L/St* § 9 RN 19; *Triffterer* AT 12/84; LSK 1995/185; EvBl 1987/22; SSt 50/14.

18.17 Wer das **Unrecht** seiner Handlung kennt oder jedenfalls zu kennen verpflichtet ist, handelt daher auch dann **schuldhaft** (und strafbar), wenn er sich der **Strafbarkeit** seiner Handlung nicht bewusst gewesen ist; zur Irrtumsproblematik vgl näher RN 19.30 f.

Zur Vertiefung: Zum Unrechtsbewusstsein vgl näher *J/W* AT 452; *Kienapfel* ÖJZ 1976 113; *Öner/Schütz* in *L/St* § 9 RN 2 ff; *Höpfel* WK² § 9 RN 4 ff. Eingehend zur Schuld- bzw zur Vorsatztheorie *M/Z* AT § 37 RN 10 ff.

■ ■ ■ **Programmbearbeiter lesen jetzt bitte die TE 18** ■ ■ ■

A. Grundlagen und Definition

19. Kapitel
Verbotsirrtum

Inhaltsübersicht

	RN
A. Grundlagen und Definition	19.1–19.5
1. Wesen und Definition	19.1–19.2
2. Gesetzliche Regelung	19.3–19.5
B. Arten des Verbotsirrtums	19.6–19.14
1. Direkter Verbotsirrtum	19.7–19.8
2. Indirekter Verbotsirrtum	19.9–19.11
a) Irrtum über die Existenz eines Rechtfertigungsgrundes	19.10
b) Irrtum über die Grenzen eines Rechtfertigungsgrundes	19.11
3. Praktische Handhabung	19.12–19.14
C. Rechtsfolgen	19.15–19.28
1. Systematik	19.15–19.20
a) Nicht vorwerfbarer Verbotsirrtum	19.16–19.19
b) Vorwerfbarer Verbotsirrtum	19.20
2. Konkretisierung der Vorwerfbarkeit	19.21–19.28
a) Die Richtlinie des § 9 Abs 2 1. Halbsatz	19.21–19.22
b) Die Richtlinie des § 9 Abs 2 2. Halbsatz	19.23–19.27
c) Durchblick	19.28
D. Abgrenzung gegenüber anderen Irrtumsarten	19.29–19.31
1. Tatbildirrtum	19.29
2. Irrtum über die Strafbarkeit, insb Subsumtionsirrtum	19.30–19.31
E. Durchblick	19.32

A. Grundlagen und Definition

1. Wesen und Definition. Der Verbotsirrtum ist die Kehrseite, die Negation des Unrechtsbewusstseins. Bildlich gesprochen verhüllt ein Verbotsirrtum dem Täter das Unrecht seiner Tat; vgl *Kienapfel* ÖJZ 1976 113; *Öner/Schütz* in *L/St* § 9 RN 1; SSt 51/31; SSt 50/14. Mit den Worten des § 9 lässt sich der Verbotsirrtum wie folgt definieren: **Ein Verbotsirrtum liegt vor, wenn der Täter das Unrecht seiner Tat nicht erkennt.** 19.1

Beachte! Dabei ist es gleichgültig, ob er **eine falsche oder gar keine Vorstellung** davon hat, dass seine Tat Unrecht ist. In beiden Fällen fehlt ihm die Einsicht, Unrecht zu tun. Wissentliches Handeln (§ 5 Abs 3) schließt einen Verbotsirrtum nicht eo ipso aus; aM SSt 60/77. 19.2

2. Gesetzliche Regelung. Der Verbotsirrtum ist in § 9 geregelt. Das StGB und der OGH bezeichnen diesen Irrtum als **Rechtsirrtum;** vgl SSt 2006/20; JBl 1996 470; SSt 60/77; SSt 59/78; JBl 1979 551 m Anm *Kienapfel*. Das Schrifttum bevorzugt demgegenüber den umfassenderen Begriff **Verbotsirrtum;** vgl *Kienapfel* ÖJZ 1976 113; *Öner/Schütz* in *L/St* § 9 RN 1; *Triffterer* AT 17/42 ff; *Schick* ÖJZ 1980 595; JBl 1987 393 m Anm *Kienapfel*. 19.3

Beachte! Die Praxis stellt dem Verbots-(= Rechts-)Irrtum mit Vorliebe den Begriff **Subsumtionsirrtum** gegenüber. Diese Bezeichnung ist wenig glücklich gewählt. Sie umfasst insb solche Fälle, in denen der Täter das Unrecht der Tat zwar erkennt, aber seine Tat nicht unter die maßgebliche Strafvorschrift subsumiert; vgl *Öner/Schütz* in *L/St* § 9 RN 18; ua EvBl 1987/22. Ein solcher „Subsumtionsirrtum" bildet jedoch **keine eigene dogmatische Kategorie,** sondern läuft idR auf einen unbeachtlichen Irrtum über die Strafbarkeit hinaus; vgl näher RN 19.30 f. 19.4

19. Kapitel: Verbotsirrtum

19.5 Die heutige, vom früheren Recht gänzlich abweichende Regelung des § 9 beruht auf der Anerkennung des Unrechtsbewusstseins als **selbstständiges Schuldelement** und damit auf der sog **Schuldtheorie;** vgl RN 18.3 u 18.14.

B. Arten des Verbotsirrtums

19.6 Die Wissenschaft unterscheidet den **direkten** und den **indirekten Verbotsirrtum;** vgl *J/W* AT 456; *Burgstaller* Fahrlässigkeitsdelikt 197; *Triffterer* AT 17/43; *Öner/Schütz* in *L/St* § 9 RN 6; *Fuchs/Zerbes* AT I 23/20 ff. Die Regelung des § 9 bezieht sich auf beide Formen des Verbotsirrtums.

1. Direkter Verbotsirrtum

19.7 Von einem direkten Verbotsirrtum spricht man, **wenn der Täter überhaupt nicht erkennt, dass seine Tat verboten und daher Unrecht ist.**

19.8 Im **Kernbereich der herkömmlichen Delikte** spielt der direkte Verbotsirrtum im Gerichtsalltag kaum eine Rolle; anders mitunter bei **Ausländern** und **Jugendlichen;** vgl JBl 2007 670 (in Bezug auf § 78); vgl im Übrigen RN 19.13 f u 19.17 ff. Umso größer ist seine praktische Bedeutung im **Nebenstrafrecht** mit seinen unzähligen, rasch wechselnden und vielfach unbekannten Vorschriften. Hier stellt sich häufig die Frage, ob selbst ein **maßgerechter,** dh iSd § 10 Abs 1 **rechtstreuer Mensch** das Unrecht der Tat hätte erkennen können; vgl *Kienapfel* ÖJZ 1976 117; EvBl 1997/117; SSt 54/46.

2. Indirekter Verbotsirrtum

19.9 Beim indirekten Verbotsirrtum irrt sich der Täter **entweder über die Existenz oder die Grenzen eines Rechtfertigungsgrundes und erkennt deshalb nicht das Unrecht seiner Tat.** Der Täter weiß also, dass seine Tat „an sich" verboten ist; aber er glaubt, dass er sie „ausnahmsweise" doch begehen dürfe. Zwei Fälle des indirekten Verbotsirrtums sind zu unterscheiden:

19.10 a) **Irrtum über die Existenz eines Rechtfertigungsgrundes.** Hier nimmt der Täter zu seinen Gunsten irrtümlich die Existenz eines nicht oder nicht mehr vorhandenen Rechtfertigungsgrundes an.

Beispiele: Der „gehörnte" Ehemann meint, er dürfe den in flagranti überraschten Ehebrecher verprügeln. Der Lehrer glaubt, er dürfe Schüler züchtigen. Ein Vizeleutnant hält sich für berechtigt, einen Rekruten zu ohrfeigen. Ein Finder beruft sich auf „sein Recht", den gefundenen Ring zu behalten.

19.11 b) **Irrtum über die Grenzen eines Rechtfertigungsgrundes.** Dabei überdehnt der Täter die Grenzen eines an sich existenten Rechtfertigungsgrundes zu seinen Gunsten.

Beispiele: Der Täter überdehnt die **zeitlichen Schranken** des Notwehrrechts oder glaubt, seine Abwehrhandlung liege **noch innerhalb** des „Notwendigen" (RN 13.22). Er meint, rechtfertigender Notstand erlaube notfalls auch „den Griff in die fremde Kasse" (RN 14.29), die eigenmächtige „Bestrafung" eines Verkehrssünders (RN 14.10) oder gar die Tötung eines Menschen (RN 14.27). Die – vielfältigen – Formen des indirekten Verbotsirrtums besitzen in der Praxis erhebliche Bedeutung.

C. Rechtsfolgen

3. Praktische Handhabung

Die – vor allem in Übungs- und Prüfungsarbeiten – häufige Berufung des **19.12**
Täters auf einen Verbotsirrtum **geht meist ins Leere.** Das hat folgende Gründe:

a) Insb das **aktuelle Unrechtsbewusstsein** reicht viel weiter, als meist angenommen wird. Denn schon ein nur latentes (RN 18.6), ebenso das bloß laienmäßig ausgeprägte (RN 18.7), erst recht das bedingte Unrechtsbewusstsein (RN 18.8) sowie die besonderen Bewusstseinskonstellationen bei Überzeugungs- und Gewohnheitstätern schließen idR die Annahme eines Verbotsirrtums aus. Dasselbe gilt für den Affekttäter; vgl *Platzgummer* StP I 52; *Kienapfel* ÖJZ 1976 116; differenzierend *Moos* WK² § 76 RN 18f.

b) Vor allem ist zu berücksichtigen, dass § 9 eine **Ausnahmeregelung** enthält. Denn **19.13**
für gewöhnlich handelt ein **Vorsatztäter mit Unrechtsbewusstsein.** Dies gilt zumindest für den **Kernbestand** des kriminellen Unrechts. Für diesen Bereich ist beim erwachsenen und schuldfähigen Täter die Verbots- bzw Gebotskenntnis **erfahrungsgemäß** gegeben; vgl *Kienapfel* ÖJZ 1976 120; *Öner/Schütz* in *L/St* § 9 RN 8; *Triffterer* AT 12/99f; SSt 52/44; JBl 1979 551 m Anm *Kienapfel*; SSt 47/39. Damit ist aber keine Umkehr der Beweislast gemeint; vgl *Höpfel* WK² § 9 RN 10 aE. Vielmehr bedarf es einer Prüfung des Unrechtsbewusstseins idR nur, wenn der Sachverhalt diesbezügliche **Anhaltspunkte** enthält.

Beachte! Dies **kann** insb dann der Fall sein, wenn der Täter **Ausländer** (13 Os 12/85; **19.14**
EvBl 1979/194), **Jugendlicher** oder **Heranwachsender** bzw **junger Erwachsener** (SSt 53/13; JBl 1979 551 m Anm *Kienapfel*; SSt 50/14), die Auslegung des Delikts ungewiss ist (JBl 1979 551 m Anm *Kienapfel*) oder der Täter die Norm für ungültig, insb für verfassungs- oder EU-rechtswidrig gehalten hat (*Kienapfel* ÖJZ 1976 114; VfGH JBl 1992 372; JBl 1997 542 m Anm *Schütz*); wenn er eine **falsche Rechtsauskunft** erhalten (VfGH ÖJZ 1986 56/1; RN 19.18) oder einen behördlichen Erlass falsch interpretiert hat (SSt 59/78), wenn Vorgesetzte den Gesetzesverstoß lange Zeit toleriert haben (SSt 57/89), wenn das Delikt nicht zum Kernbestand des kriminellen Unrechts gehört (SSt 1982/175; SSt 51/31), wenn der Täter seine Tat für gerechtfertigt gehalten hat (SSt 57/89; LSK 1976/136), wenn **widersprüchliche Entscheidungen** vorliegen (vgl *Öner/Schütz* in *L/St* § 9 RN 15; SSt 48/21; näher *Kienapfel* ÖJZ 1976 119), wenn bei gleichem Sachverhalt ein früheres Verfahren eingestellt worden ist (SSt 2003/34) oder ganz allgemein immer dann, wenn sich der Täter auf das Fehlen seines Unrechtsbewusstseins **explizit berufen** hat und dieser Einwand **nicht** schon als bloße **Schutzbehauptung** zurückzuweisen ist; vgl *Kienapfel* ÖJZ 1976 116; *Schick* ÖJZ 1980 600; SSt 2003/34; SSt 52/44; SSt 51/42.

Aber: IdR liegt eine bloße **Schutzbehauptung** vor, wenn sich ein Gewalttäter auf „Sexualfreiheit" gegenüber Prostituierten (EvBl 1987/190), ein Polizist auf mangelnde Kenntnis des Waffengebrauchsrechts (15 Os 45/88), ein Drogenabhängiger auf die Unkenntnis, dass Paracodin dem (seinerzeitigen) SGG unterfällt (RZ 1987/39), ein am Maturaschwindel Beteiligter darauf beruft, die Weitergabe von Prüfungsaufgaben in Schulen sei „gang und gäbe" (12 Os 56/96).

C. Rechtsfolgen

1. Systematik

Bezüglich der Rechtsfolgen des direkten bzw indirekten Verbotsirrtums ist **19.15**
gem § 9 danach zu differenzieren, ob er **vorwerfbar** oder **nicht vorwerfbar** ist.

a) **Nicht vorwerfbarer Verbotsirrtum.** Nur ein solcher Verbotsirrtum **19.16**
schließt **jede Schuld und damit jede Strafe** aus; vgl § 9 Abs 1: „handelt nicht schuldhaft". Der nicht vorwerfbare Verbotsirrtum bildet somit einen **Schuldausschließungsgrund;** hM; vgl SSt 2006/20; JBl 1997 122; SSt 62/56; JBl 1979 551 m Anm *Kienapfel*.

19. Kapitel: Verbotsirrtum

19.17 Der nicht **vorwerfbare Verbotsirrtum** zielt von vornherein auf **Grenzfälle**. Die gegenwärtige Praxis handhabt dieses normative Schuldkorrektiv daher idR zurückhaltend. Freisprüche gem § 9 Abs 1 sind selten; vgl RZ 1977/19 m Anm *Kienapfel;* SSt 48/21. Immerhin machen die Gerichte bei **Jugendlichen** und **Heranwachsenden** bzw **jungen Erwachsenen** von den Möglichkeiten des § 9 Abs 1 relativ großzügig Gebrauch; vgl SSt 53/13; JBl 1979 551 m Anm *Kienapfel;* EvBl 1978/46. In der Tat ist gerade hier eine wohlmeinende Handhabung vonnöten und nicht selten unabweisbares kriminalpolitisches Gebot; vgl SSt 50/14 (GrundsatzE); JBl 1979 551 m Anm *Kienapfel;* strenger JBl 1987 393 m Anm *Kienapfel;* SSt 51/42; näher zum Ganzen *Höpfel* WK² § 9 RN 13.

19.18 **Beachte!** Auch bei geringer Intelligenz, kontroverser oder geänderter Judikatur, stillschweigender Duldung von Gesetzesverstößen durch Vorgesetzte oder die zuständigen Behörden, irreführender Information, zB durch Behörden oder Rechtsanwälte (dazu EvBl 1980/115; SSt 48/21), uU bei völlig überraschendem Geschehensablauf, **kann** im Einzelfall ein Freispruch gem § 9 Abs 1 geboten sein; vgl zum Ganzen *Kienapfel* ÖJZ 1976 117; *Öner/ Schütz* in *L/St* § 9 RN 15.

Eine **unrichtige Rechtsauskunft** entlastet den Täter nur dann, wenn er sie als **vertrauenswürdig** ansehen durfte. Letzteres setzt voraus, dass diese Auskunft von einer sachlich kompetenten Person oder Stelle, die Gewähr für eine unvoreingenommene objektiv richtige Auskunft bietet, in (vollständiger) Kenntnis des Sachverhalts erstellt wurde; vgl *Öner/ Schütz* in *L/St* § 9 RN 15; *Kienapfel* ÖJZ 1976 119; eingehend *Schick* ÖJZ 1980 595; aus der Rspr vgl JBl 1997 122; NRsp 1993/256.

Aber: Das „Drängen" von **Politikern** oder ein eingerissener **Abusus** (Missbrauch) vermag strafbare Wirtschaftsdelikte oder sonstige Straftaten weder zu rechtfertigen noch iSd § 9 Abs 1 zu entschuldigen; vgl dazu JBl 1986 713 m Anm *Reich-Rohrwig* (zivilr E).

19.19 Bei **Ausländern,** die in Österreich aufgewachsen sind (EvBl 1976/185) oder hier seit längerem leben (JBl 2007 670; 11 Os 42/03; 13 Os 12/85; EvBl 1979/194), legt die Praxis weitgehend denselben Schuldmaßstab an wie bei Inländern; vgl weiter SSt 49/40; differenzierend *Kienapfel* ÖJZ 1976 118; *Öner/Schütz* in *L/St* § 9 RN 12.

19.20 b) **Vorwerfbarer Verbotsirrtum.** Er ist der Regelfall der Praxis. Der vorwerfbare Verbotsirrtum lässt Schuld und Strafbarkeit wegen vorsätzlicher bzw fahrlässiger Tat bestehen (§ 9 Abs 3), bildet aber einen **Strafmilderungsgrund** (§ 34 Abs 1 Z 12).

Beachte! Praxis- und täterfreundlicher ist die Irrtumsregelung im **Finanz- und Verwaltungsstrafrecht.** Beide Gesetze verzichten bewusst auf die Unterscheidung von Tatbestands- und Verbotsirrtum. Der **vorwerfbare Verbotsirrtum** führt hier zur Strafbarkeit wegen (grober) **Fahrlässigkeit;** vgl § 9 FinStrG u § 5 Abs 2 VStG; näher dazu RN 12.23; *Leitner/Brandl/Kert* HB Finanzstrafrecht RN 554 ff; *Kert* in HB Wirtschaftsstrafrecht RN 1.46 f; *Moos* FinStR 1997 135; *Rebisant* ZWF 2016 72; *Schick* ZStW 1998 488.

2. Konkretisierung der Vorwerfbarkeit

19.21 Auf der Konkretisierung der Vorwerfbarkeit liegt in der Praxis der eigentliche Akzent. Insoweit enthält § 9 Abs 2 zwei taxative Kriterien:

a) **Die Richtlinie des § 9 Abs 2 1. Halbsatz.** Der Verbotsirrtum ist vorwerfbar, **wenn das Unrecht der Tat für den Täter wie für jedermann leicht erkennbar war.** Das Gesetz arbeitet hier gezielt mit einem **objektiv-subjektiven Doppelmaßstab;** vgl *Öner/Schütz* in *L/St* § 9 RN 11; *Triffterer* AT 17/50 ff; *Schick* ÖJZ 1980 601; *Zipf* JBl 1980 194; NRsp 1993/256; vgl dazu näher *Höpfel* WK² § 9 RN 12.

D. Abgrenzung gegenüber anderen Irrtumsarten

Beachte! Die leichte Erkennbarkeit des Unrechts **für jedermann,** dh für einen **maßgerechten** (§ 10 Abs 1 aE) **Menschen,** indiziert die leichte Erkennbarkeit **auch für den Täter.** Deshalb ist ein Verbotsirrtum im Kernbereich der herkömmlichen Delikte idR vorwerfbar. Das gilt vor allem für den direkten Verbotsirrtum Erwachsener, doch bedarf es selbst hier stets fallspezifischer und differenzierender Betrachtung; vgl dazu *Kienapfel* ÖJZ 1976 117; *Schick* ÖJZ 1980 600. 19.22

b) **Die Richtlinie des § 9 Abs 2 2. Halbsatz.** Der Verbotsirrtum ist auch dann vorwerfbar, **wenn sich der Täter mit den einschlägigen Vorschriften nicht bekannt gemacht hat, obwohl er seinem Beruf, seiner Beschäftigung oder sonst den Umständen nach dazu verpflichtet gewesen wäre.** 19.23

Zu den Pflichten eines maßgerechten Menschen gehört es, sich bei entsprechendem Anlass rechtzeitig nach den einschlägigen Rechtsvorschriften zu erkundigen. Das gilt vor allem, wenn – wie im Fall des § 78 – ein ranghohes Rechtsgut oder Handlungen in Frage stehen, die erfahrungsgemäß rechtlich geregelt sind; vgl SSt 2007/14. Wer eine Auslandsreise unternimmt, Exportgeschäfte tätigt etc, muss sich deshalb idR auch über die wichtigsten Pass-, Zoll-, Export- und Devisenbestimmungen informieren; vgl *Triffterer* AT 17/54; SSt 54/46; SSt 51/31. Dasselbe gilt bezüglich waffengesetzlicher Bestimmungen (EvBl 1997/117). 19.24

Den Umständen nach ist man verpflichtet, sich mit den maßgeblichen Rechtsnormen seines **Berufs- und sonstigen Lebenskreises** vertraut zu machen. Deshalb müssen sich **Jäger** nach den Jagdvorschriften (RZ 1987/22), **Unternehmer** bzw **Manager** zB nach den einschlägigen Gewerbe- (SSt 59/78), Devisen- (SSt 54/46) oder Insolvenzvorschriften (EvBl 1979/97; LSK 1976/137) erkundigen, **Verleiher von Videofilmen** oder Geschäftsführer eines Sex-Shops (SSt 55/14) mit dem Unzuchtsbegriff, ein **politischer Redakteur** mit dem VerbotsG (JBl 1997 122) vertraut machen, **Fahrzeuglenker** nach den Straßenverkehrsbestimmungen (SSt 51/42), **Gastarbeiter** nach den wichtigsten Rechtsvorschriften des Gastlandes etc erkundigen; ebenso eine **deutsche Heilpraktikerin,** die in Österreich Augendiagnosen vornimmt (SSt 2003/34); vgl zum Ganzen *Höpfel* WK² § 9 RN 14 u *Öner/Schütz* in *L/St* § 9 RN 14 mN. 19.25

Auch hinter der Richtlinie des § 9 Abs 2 2. Halbsatz verbirgt sich der in RN 19.21 angesprochene **objektiv-subjektive Doppelmaßstab;** vgl *Kienapfel* ÖJZ 1976 120; inzwischen hM; *Öner/Schütz* in *L/St* § 9 RN 13; *Triffterer* AT 17/54; *Moos* FinStR 1997 140; *Schick* ÖJZ 1980 601; SSt 2007/14; SSt 2003/34; VfGH ÖJZ 1986 56/1; enger *Platzgummer* StP XIII 28; eingehend zur Vorwerfbarkeit in den Fällen des § 9 Abs 2 vgl *Höpfel* WK² § 9 RN 11 ff. 19.26

Beachte! Die Praxis neigt dazu, die Anforderungen an den nicht vorwerfbaren Verbotsirrtum zu **überspannen;** vgl *Schick* ÖJZ 1980 596. Es muss jedoch zur Entschuldigung ausreichen, „wenn der Bürger den Ansprüchen normaler Rechtstreue genügt"; *Roxin* Bockelmann-FS 290. 19.27

c) **Durchblick.** Der **vorwerfbare Verbotsirrtum** ist lediglich eine andere Bezeichnung für das **potenzielle Unrechtsbewusstsein.** Beide Begriffe bringen zum Ausdruck, dass der Täter das Unrecht seiner Handlung zwar nicht erkannt hat, es aber bei pflichtgemäßer Erkundigung hätte erkennen können. 19.28

D. Abgrenzung gegenüber anderen Irrtumsarten

1. **Tatbildirrtum.** Dieser bezieht sich auf die tatsächliche Seite der Tat und verhüllt dem Täter den **Sachverhalt.** Der Täter erkennt nicht, dass er einen Sachverhalt verwirklicht, der einem gesetzlichen Tatbild entspricht. Beim **Verbotsirrtum** dagegen kennt der Täter diesen Sachverhalt. Ein Verbotsirrtum bezieht 19.29

sich nicht auf die tatsächliche, sondern allein auf die **rechtliche Seite** der Tat und verhüllt dem Täter das **Unrecht;** vgl SSt 50/14.

Schwierigkeiten bereitet die Abgrenzung von Tatbild- und Verbotsirrtum insb bei den **normativen** Tatbestandsmerkmalen; vgl dazu mit Beispielen RN 12.4 u RN 12.22f; vgl zum Ganzen *Höpfel* WK² § 9 RN 7ff; *E. Steininger* JBl 1987 205 287; *Platzgummer* StP XIII 3; *Schütz* Tatbestandsirrtum 7 19; 17 Os 1/13w.

19.30   2. **Irrtum über die Strafbarkeit, insb Subsumtionsirrtum.** Da das **Bewusstsein der Strafbarkeit keine Voraussetzung** für die Bestrafung des Täters bildet, ist auch der Irrtum über die Strafbarkeit **unbeachtlich;** vgl bereits RN 18.16f. Das gilt insb auch für jene Fälle, welche die Praxis sub titulo Subsumtionsirrtum (RN 19.4) erörtert.

Beispiele: Ein unbeachtlicher Irrtum über die Strafbarkeit liegt auch vor, wenn der Täter seine Tat nicht als Raub, sondern (nur) als Diebstahl oder nicht als gerichtlich strafbare Handlung, sondern (bloß) als Verwaltungsübertretung eingestuft hat; stRspr; vgl LSK 1995/185; EvBl 1987/22; EvBl 1984/65; SSt 51/31; RZ 1976/63.

19.31   **Aber:** Es kommt immer wieder vor, dass sich der Täter **aus Rechtsunkenntnis** nur ganz allgemein auf einen Irrtum über die Strafbarkeit beruft, obwohl sich dahinter bei genauer Analyse seines Einwands ein **Verbotsirrtum** oder sogar ein **Tatbildirrtum** verbirgt; vgl JBl 2007 670. Hier **rechtsfreundlich und helfend einzugreifen,** ist nicht nur Aufgabe des Verteidigers, sondern auch des Richters.

E. Durchblick

19.32   Der geläufige Satz „Irrtum schützt vor Strafe nicht", gilt in dieser allgemeinen Form nicht im Strafrecht. Tatbildirrtum (Kap 12), Verbotsirrtum (Kap 19), Irrtum über einen rechtfertigenden Sachverhalt (Kap 20) und Irrtum über einen entschuldigenden Sachverhalt (RN 21.24ff) sehen differenzierte Lösungen vor. Nur in den Fällen eines reinen Strafbarkeitsirrtums (RN 19.30) gilt die obige Sentenz uneingeschränkt. Vgl die Übersicht in RN 20.15.

Zur Vertiefung: Zum Verbotsirrtum vgl *J/W* AT 456; *M/Z* AT § 38; *Kienapfel* ÖJZ 1976 113. Zu den Richtlinien des § 9 vgl *Kienapfel* ÖJZ 1976 117; *Schick* ÖJZ 1980 595.

■ ■ ■   Programmbearbeiter lesen jetzt bitte die TE 19   ■ ■ ■

20. Kapitel
Irrige Annahme eines rechtfertigenden Sachverhalts

Inhaltsübersicht

	RN
A. Grundlagen und Definition	20.1–20.7a
1. Terminologie	20.1
2. Gesetzliche Grundlagen	20.2
3. Definition	20.3
4. Systematische Zuordnung	20.4–20.6
a) Eingeschränkte Schuldtheorie	20.5
b) Rechtsfolgenverweisende Schuldtheorie	20.6
5. Hypothetische Prüfung des Rechtfertigungsgrundes	20.7–20.7a

A. Grundlagen und Definition

B. Rechtsfolgen 20.8–20.10
C. Abgrenzung gegenüber anderen Irrtumsarten 20.11–20.13
   1. Indirekter Verbotsirrtum 20.12
   2. Tatbildirrtum 20.13
D. Die wichtigsten Irrtumsarten 20.14–20.15
E. Exkurs: Irrtumskombinationen 20.16

Schrifttum (Auswahl): *Platzgummer* Die „Allgemeinen Bestimmungen" des Strafgesetzentwurfes im Licht der neueren Strafrechtsdogmatik JBl 1971 236; *ders* Vorsatz und Unrechtsbewußtsein in: StP I 35; *Schild* Die strafrechtliche Regelung des Irrtums ÖJZ 1979 173; *Schmoller* Die irrtümliche Annahme eines rechtfertigenden Sachverhalts – Auswirkungen auf Unrecht und Schuld, in: Fuchs-FS (2014) 453; *E. Steininger* Der Putativnotwehrexzeß ÖJZ 1986 747.

A. Grundlagen und Definition

1. **Terminologie.** Der in der Überschrift des § 8 verwendete Begriff **recht-** 20.1
fertigender Sachverhalt deckt sich in der Sache vollständig mit dem zentralen Strukturmerkmal aller Rechtfertigungsgründe, der **rechtfertigenden Situation;** ebenso *Koller/Schütz* in *L/St* § 8 RN 2.

Beispiele für derartige rechtfertigende Sachverhalte sind demnach Notwehr-, Notstands- und Einwilligungssituation sowie die Eingriffssituation bei der Wahrnehmung amtlicher Befugnisse.

Vor allem in der BRD wird dieser Irrtum oft **Erlaubnistatbestandsirrtum** genannt; vgl etwa *J/W* AT 462 und *Schmoller* Fuchs-FS 457. Die österr Bezeichnung in der Legalüberschrift des § 8 ist präziser.

2. **Gesetzliche Grundlagen.** Der Irrtum über einen rechtfertigenden Sach- 20.2
verhalt ist in § 8 geregelt. Es handelt sich um eine **eigenständige Irrtumsart** neben Tatbild- und Verbotsirrtum; vgl *Koller/Schütz* in *L/St* § 8 RN 2; *Triffterer* AT 17/36 ff.

3. **Definition.** In einem Irrtum über einen rechtfertigenden Sachverhalt 20.3
handelt, **wer irrtümlich einen Sachverhalt annimmt, welcher die Rechtswidrigkeit seiner Tat ausschließen würde;** vgl § 8 Satz 1. Der Täter **irrt** somit über **Tatsachen.** Anwendungsfälle dieser nur bei **Vorsatztaten** in Betracht kommenden Irrtumskategorie sind insb „Putativnotwehr", „Putativnotstand" und „Putativeinwilligung". Letztere darf nicht mit der mutmaßlichen Einwilligung (RN 15.82 ff) verwechselt werden, die ja wirklich ein Rechtfertigungsgrund ist.

Beachte! Es geht nur um die irrige Annahme einer Rechtfertigungs**situation;** vgl zB zur Notwehr RN 13.4 ff. Eine Ausdehnung des § 8 auch auf die irrtümliche Überschreitung der Rechtfertigungs**handlung** (der Angegriffene irrt zB über die Gefährlichkeit seiner Verteidigung) wäre weder vom Wortlaut noch vom Sinn des Gesetzes gedeckt.

Beispiele: Der Spaziergänger im Prater nimmt irrtümlich an, dass der aus dem Wald kommende A, der tatsächlich ein harmloser Jogger ist, ihn überfallen möchte. B sieht am Abend eine Person mit Mund-Nasen-Schutz durch seinen Garten schleichen und glaubt, es handle sich um einen Einbrecher; tatsächlich ist es nur der Freund der Tochter.

4. **Systematische Zuordnung.** Die systematische Zuordnung dieser Irr- 20.4
tumskategorie war lange ein „Zankapfel der Lehre" *(Platzgummer);* vgl dazu eingehend *Schmoller* Fuchs-FS 453.

20. Kapitel: Irrige Annahme eines rechtfertigenden Sachverhalts

20.5 a) **Eingeschränkte Schuldtheorie.** Bei der Ausarbeitung der Strafgesetzentwürfe wollte man durch die ausdrückliche Regelung klarstellen, dass nicht der von *Welzel* vertretenen „strengen Schuldtheorie" gefolgt wird, wonach die fahrlässige Annahme eines Rechtfertigungsgrundes trotz Kenntnis der Tatbestandsmäßigkeit wie beim Verbotsirrtum den Vorwurf des Vorsatzes bestehen gelassen hätte. Zwar ist der Vorsatz selbst nicht berührt, der Irrtum nach § 8 nimmt ihm aber seinen Unwert. Die gesetzliche Lösung ist beeinflusst durch die eingeschränkte Schuldtheorie (vgl *Höpfel* WK² § 8 RN 2) und behandelt den Fall in der Auswirkung wie einen Tatbildirrtum. Diese Theorie nimmt an, dass schon das **Unrecht** der vorsätzlichen Tat ausgeschlossen ist; in diesem Sinne *Nowakowski* JBl 1972 30; *Fuchs/Zerbes* AT I 20/12; *Schild* ÖJZ 1979 180.

Bei einer systematischen Einordnung des Vorsatzes und des Tatbildirrtums in das Unrecht (dies entspricht der personalen Unrechtslehre, s RN 4.8) entsteht allerdings das **Problem,** dass dieser Ansatz in Bezug auf die Vorsatztat zu einer teilweisen Gleichstellung mit einem tatsächlich gerechtfertigt Handelnden führt. Daraus wird manchmal abgeleitet, dass Notwehr gegen den, der einem Irrtum gem § 8 erlegen ist, ausgeschlossen sei (*Fuchs/Zerbes* AT I 20/12). Gerade diese Konsequenz sollte man aber vermeiden, denn die Bestimmung regelt gerade die nach der wahren Sachlage **nicht gerechtfertigte Tat;** vgl *Schild* ÖJZ 1979 180.

20.6 b) **Rechtsfolgenverweisende Schuldtheorie.** Sie ordnet den Irrtum des § 8 der **Schuld** zu und argumentiert wie folgt: Wer sich in einem solchen Irrtum befindet, handelt **vorsätzlich.** Denn er **will** das Delikt begehen. Sein Irrtum verhüllt ihm aber die Rechtswidrigkeit der Tat. Denn er glaubt, gerechtfertigt, mithin **rechtstreu** zu handeln. Daher schließt der Irrtum über einen rechtfertigenden Sachverhalt zwar nicht (schon) das Unrecht, auch nicht den Vorsatz, sondern (erst) das **Unrechtsbewusstsein** und damit die **Schuld** in Bezug auf die Vorsatztat aus (daher entfällt auch eine Versuchsstrafbarkeit; vgl § 15 Abs 1). Gibt es kein Fahrlässigkeitsdelikt, ist die Rechtsfolge Straflosigkeit; wenn doch, ist Fahrlässigkeitsstrafe zu verhängen, falls der Irrtum des Täters auf Fahrlässigkeit beruht = **rechtsfolgenverweisende Schuldtheorie;** vgl *J/W* AT 464; *Koller/Schütz* in *L/St* § 8 RN 4; *Triffterer* AT 17/37. Diese Verweisung führt auch dazu, dass kein Verbrechen iSd § 17 vorliegen kann.

Auch die Rspr ordnet § 8 – ohne ausführliche Begründung – durchwegs als Schuldausschließungsgrund ein; vgl 11 Os 86/09w; 12 Os 41/86; 13 Os 4/86; 13 Os 17/84; s auch *Schmoller* Fuchs-FS 455 FN 3 mwN.

Beachte! Diese Theorie wird in verschiedenen Schattierungen vertreten. Gemeinsam ist ihnen die Konsequenz, dass gegen den, der im Irrtum des § 8 Angriffshandlungen vornimmt, prinzipiell **Notwehr** geübt werden kann; vgl *Koller/Schütz* in *L/St* § 8 RN 11; *Höpfel* WK² § 8 RN 4. Diese Theorie verdient daher den Vorzug. Die Ausübung der Notwehr ist aber nur innerhalb der in RN 13.19 angedeuteten Grenzen zulässig.

Beispiel: A glaubt, dass ihn der hinter ihm laufende (harmlose) Jogger B überfallen will. Als B auf einem schmalen Wegstück ganz nahe ist, dreht er sich um und will dem B mit der Faust ins Gesicht schlagen, um den vermeintlichen Angriff abzuwehren. B wehrt sich dagegen. Schließt der Irrtum nach § 8 bereits das gesamte Unrecht aus, wäre der Angriff des A rechtmäßig und Notwehr durch B ausgeschlossen. Diese Konsequenz wäre unbefriedigend. Nach der rechtsfolgenverweisenden Schuldtheorie handelt es sich hingegen bei A's Faustschlag um einen rechtswidrigen Angriff, gegen den sich B im Rahmen der Notwehr verteidigen darf.

20.7 5. **Hypothetische Prüfung eines Rechtfertigungsgrundes.** Die praktische Anwendung des § 8 erfordert immer, dass geprüft wird, ob der irrig vorgestellte Sachverhalt einer Rechtfertigungssituation entspräche (hypothetische Prüfung). Das Privileg und damit die Rechtsfolgen des § 8 kommen nur dann zur Anwendung, wenn sich der Täter in einem **Irrtum über die rechtfertigende Situation** (= den rechtfertigenden Sachverhalt; RN 20.1) befindet **und bei Zugrundelegung**

B. Rechtsfolgen

der Tätervorstellung sämtliche übrigen objektiven und subjektiven Merkmale des betreffenden Rechtfertigungsgrundes erfüllt wären. Denn der Handlungsspielraum des irrenden Täters darf nicht größer sein als bei dem, der sich tatsächlich in einer rechtfertigenden Situation befindet. Der Irrende darf daher nicht mehr tun, als er tun dürfte, würde tatsächlich eine Rechtfertigungssituation vorliegen. Es darf mithin **kein Handlungsexzess** vorliegen; vielmehr muss sich die (Putativ-)Notwehr-(Notstands-, Einwilligungs-, Selbsthilfe- etc)**Handlung** in den **rechtlich zulässigen Grenzen** halten; sonst bleibt es bei der Bestrafung wegen **vorsätzlicher Tat;** hL; vgl *Koller/Schütz* in *L/St* § 8 RN 6; *Schild* ÖJZ 1979 182; *Triffterer* AT 17/59; stRspr; vgl 13 Os 159/87; SSt 55/88; SSt 54/69; abw noch RZ 1977/19 m krit Anm *Kienapfel*.

B e i s p i e l: A erschlägt den nach ihm schnappenden hochbetagten und sich schon langsam bewegenden Dackel in Gegenwart seines Besitzers, weil er den Hund irrtümlich für tollwütig hält. Zwar befindet sich A **subjektiv** in einer **Notstandssituation.** Aber es liegt ein **Handlungsexzess** vor. Denn bei Zugrundelegung der Tätervorstellung hätte eine Abwehr mit dem Fuß, uU auch eine Rückfrage beim Hundehalter, genügt. Die Rechtsfolgen des § 8 Satz 2 treten daher nicht ein. A ist gem § 125 zu bestrafen. G e g e n b e i s p i e l: **Tatort-Fall;** ein Passant eines heimlichen Filmdrehs versetzt dem „Mörder" einen Kinnhaken, um das vermeintliche Opfer zu retten; vgl *Kienapfel* JAP 1992/93 168.

Bei der **Notwehr** ergibt sich ein eigenes Problem, wenn die Notwehrsituation **20.7a** irrig angenommen und dann eine Handlung gesetzt wird, die auch bei tatsächlichem Vorliegen des Angriffs das Maß der zulässigen Verteidigung (hypothetische Notwendigkeit) überschreiten würde (**Putativnotwehrexzess,** vgl RN 13.22). Nach hM findet § 3 Abs 2 iVm § 8 **analoge** Anwendung, wenn im Falle von Putativnotwehr die Grenzen des (vermeintlichen) Notwehrrechts aus Bestürzung, Furcht oder Schrecken (= **asthenischer Affekt**) überschritten werden; vgl 14 Os 180/95; SSt 62/81. Beruht der Handlungsexzess dagegen auf Zorn, Hass oder Rache (= **sthenischer Affekt**), bleibt es bei der Bestrafung wegen vorsätzlicher Tat; vgl EvBl 1994/64; SSt 55/88; SSt 54/69. Diese Linie beruht aber auf einer Auffassung des § 3 Abs 2 als Schuldminderungsgrund. Man sollte in dieser Regelung aber ein Privileg für einen tatsächlich Angegriffenen sehen und damit einen Nachteil für den Angreifer – den es aber im Fall des § 8 gar nicht gibt! Daher ist die Berechtigung dieser analogen Anwendung in Zweifel zu ziehen; *Höpfel* WK² § 8 RN 7.

B. Rechtsfolgen

Gem § 8 Satz 2 zieht ein Irrtum über einen rechtfertigenden Sachverhalt **20.8** **dieselben Rechtsfolgen** nach sich wie ein **Tatbildirrtum.** Die irrige Annahme eines rechtfertigenden Sachverhalts schließt die Schuld in Bezug auf die Vorsatztat aus. Daher kann der Täter nicht wegen vorsätzlicher Tat, unter bestimmten Voraussetzungen aber wegen **fahrlässiger Tat** bestraft werden.

Der Grund für diese Regelung liegt in folgendem: Wer zu seinen Gunsten einen rechtfertigenden Sachverhalt annimmt, will **nicht minder rechtstreu** handeln als der, dem wirklich ein Rechtfertigungsgrund zur Seite steht. Er verdient daher ebenso wenig Strafe **wegen vorsätzlicher Tat** wie derjenige, der gerechtfertigt ist. Allenfalls kann man ihm vorwerfen, dass er den rechtfertigenden Sachverhalt vorschnell und ungeprüft angenommen hat. **Mangelnde Sorgfalt** ist aber das Charakteristikum von Fahrlässigkeit und zugleich der maßgebliche Grund dafür, dass nicht nur beim Tatbildirrtum, sondern auch beim § 8-Irrtum Strafe wegen **fahrlässiger Tat** in Betracht kommen kann.

20. Kapitel: Irrige Annahme eines rechtfertigenden Sachverhalts

20.9 Das bedeutet: **Trotz seines Vorsatzes wird der Täter nicht wegen vorsätzlicher Tat bestraft.** Er ist jedoch **wegen fahrlässiger Tat** zu bestrafen,

- wenn es ein entsprechendes Fahrlässigkeitsdelikt überhaupt gibt und
- sein Irrtum auf Fahrlässigkeit beruht („doppelt bedingte Fahrlässigkeitshaftung"). Maßgebend ist, ob der Täter nach den für Fahrlässigkeitsdelikte geltenden Regeln hätte erkennen sollen und können, dass eine **Rechtfertigungssituation nicht vorlag**; vgl *Fuchs/Zerbes* AT I 20/7.

20.10 **Wichtig!** Eine gesetzliche Sonderregelung dieses Irrtums und seiner Rechtsfolgen findet sich beim **Anhalterecht,** und zwar insoweit**,** als der derjenige Anhalteberechtigte, der irrtümlich annimmt, dass eine Person eine strafbare Handlung begehe, unter den Voraussetzungen des § 80 Abs 2 StPO hinsichtlich der Vorsatztat **gerechtfertigt** und nicht gem § 8 (bloß) entschuldigt ist. **Dagegen** begründet eine Fehleinschätzung der Verdachtslage einen Irrtum gem § 8; vgl *Tipold* in *L/St* § 3 RN 25 u *Koller/Schütz* in *L/St* § 8 RN 10; *Höpfel* WK² § 8 RN 8.

Beachte! Ist der Irrtum des § 8 Ausfluss einer pathologischen Geistesverfassung, steht dies der Annahme einer den Anforderungen des § 21 Abs 1 genügenden **Anlasstat** nicht entgegen; stRspr; vgl RZ 1998/17; SSt 62/2; JBl 1990 532; SSt 54/45; EvBl 1978/32.

Beispiel: Der an Verfolgungswahn leidende A tötet einen 7-jährigen (!) Buben, der frech mit einer Holzpistole (!) auf ihn zielt und dabei fröhlich (!) „peng, peng" ruft.

C. Abgrenzung gegenüber anderen Irrtumsarten

20.11 Der Irrtum über einen rechtfertigenden Sachverhalt weist **strukturelle Gemeinsamkeiten** sowohl mit dem **Tatbildirrtum** als auch mit dem **(indirekten) Verbotsirrtum** auf und stimmt dennoch mit keinem von beiden völlig überein. Gerade deshalb bedarf er nach beiden Seiten der Abgrenzung.

20.12 1. **Indirekter Verbotsirrtum.** Hier wie dort glaubt der Täter, **nicht rechtswidrig** zu handeln.

Beim indirekten Verbotsirrtum gelangt der Täter zu dieser Annahme, weil er sich über die **rechtliche Seite eines Rechtfertigungsgrundes,** nämlich über dessen Existenz oder Grenzen irrt. Deshalb ist ihm die Rechtswidrigkeit (bzw das Unrecht) seiner Handlung verhüllt. Der Irrtum des § 8 bezieht sich dagegen stets auf die **tatsächliche Seite eines Rechtfertigungsgrundes,** dh auf den **rechtfertigenden Sachverhalt.** Weil der Täter irrtümlich eine Notwehr-, Notstands- oder Einwilligungssituation annimmt, ist ihm (im Ergebnis) ebenfalls die Rechtswidrigkeit seiner Handlung (und damit das Unrecht) verhüllt.

Aber: Während beim indirekten (wie auch beim direkten) **Verbotsirrtum** zu prüfen ist, ob der Verbotsirrtum **vorwerfbar oder nicht vorwerfbar** ist (bei Vorwerfbarkeit bleibt nach § 9 die Vorsatzstrafe erhalten), kommt es beim **§ 8-Irrtum** darauf an, ob er **auf Fahrlässigkeit beruht** und es ein **entsprechendes Fahrlässigkeitsdelikt** gibt.

20.13 2. **Tatbildirrtum.** Sowohl beim Tatbildirrtum als auch beim Irrtum des § 8 irrt sich der Täter über die **tatsächliche Seite des Geschehens,** über den **Sachverhalt.**

Aber: Beim Tatbildirrtum irrt sich der Täter über einen **Sachverhalt, der für die Tatbestandsmäßigkeit** der Handlung von Bedeutung ist. Demgemäß verhüllt ihm ein solcher Irrtum die **Tatbestandsmäßigkeit** seiner Handlung. **Dagegen** bezieht sich der Irrtum des § 8 auf einen **Sachverhalt, der für die Rechtswidrigkeit** der Handlung von Bedeutung ist. Ein solcher Irrtum verhüllt dem Täter nicht die Tatbestandsmäßigkeit, sondern die **Rechtswidrigkeit** seiner Handlung (und damit das Unrecht).

D. Die wichtigsten Irrtumsarten

Beachte! Anders als der Tatbildirrtum schließt der Irrtum des § 8 bei einem Vorsatzdelikt daher **nie den Vorsatz** aus. Wer sich über einen rechtfertigenden Sachverhalt irrt, handelt **vorsätzlich**. Es entfällt aber das **Unrechtsbewusstsein** bezüglich der vorsätzlichen Tat und damit die **Vorsatzschuld**; vgl RN 20.6. Übrig bleibt jedoch – unter den gleichen Voraussetzungen wie beim Tatbildirrtum – uU die Bestrafung des Täters **wegen fahrlässiger Tat**; vgl RN 20.8 ff.

D. Die wichtigsten Irrtumsarten

Irrtumsfragen gehören zu den **gängigsten Problemen** in Übungsklausuren, in Diplomprüfungsarbeiten und in der Praxis. Im Folgenden werden vier Irrtumsarten einander gegenübergestellt, und zwar neben Tatbildirrtum, Putativrechtfertigung und Verbotsirrtum auch die irrige Annahme eines entschuldigenden Sachverhalts (in Vorgriff auf RN 21.24 ff). Folgende Hauptfälle von Irrtümern und deren Rechtsfolgen sind zu unterscheiden: 20.14

Übersicht Irrtumsarten: 20.15

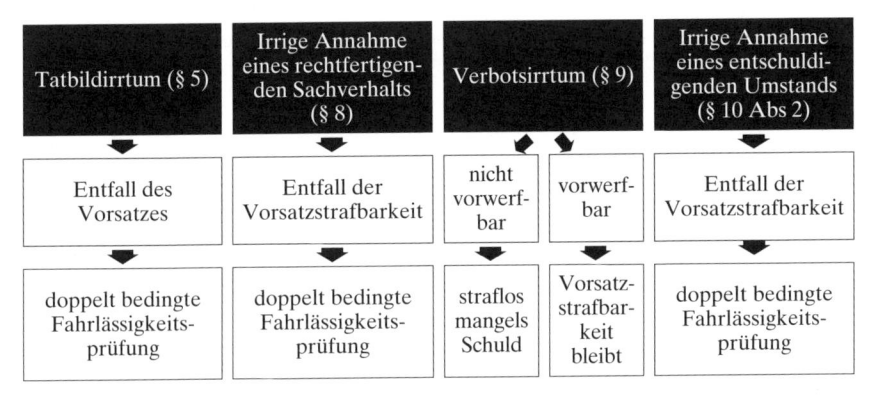

Tatbildirrtum (§ 5)	Irrige Annahme eines rechtfertigenden Sachverhalts (§ 8)	Verbotsirrtum (§ 9)		Irrige Annahme eines entschuldigenden Umstands (§ 10 Abs 2)
Entfall des Vorsatzes	Entfall der Vorsatzstrafbarkeit	nicht vorwerfbar	vorwerfbar	Entfall der Vorsatzstrafbarkeit
doppelt bedingte Fahrlässigkeitsprüfung	doppelt bedingte Fahrlässigkeitsprüfung	straflos mangels Schuld	Vorsatzstrafbarkeit bleibt	doppelt bedingte Fahrlässigkeitsprüfung

Beachte! Die Unterscheidung nach der Konsequenz eines Irrtums ist immer wesentlich. So führt der Irrtum über ein normatives Tatbestandsmerkmal je nach seiner Behandlung (RN 12.4) entweder zum Entfall des Vorsatzes (Tatbildirrtum) oder erst der Schuld (Verbotsirrtum). Hingegen ist ein Irrtum nie relevant, der nur die Voraussetzungen eines Strafausschließungsgrundes betrifft und nichts mit Unrecht oder Schuld zu tun hat; vgl RN 24.29.

E. Exkurs: Irrtumskombinationen

Von einer **Irrtumskombination = Doppelirrtum** spricht man, wenn mehrere Irrtumsarten zusammentreffen. Hier kommt es auf die jeweilige Kombination an. Einheitliche Lösungen erscheinen nicht möglich. 20.16

1. Beispiel: Genau genommen ist schon **jeder Tatbildirrtum** ein solcher Doppelirrtum. Dem Täter fehlt „in weiterer Folge" **auch** das Unrechtsbewusstsein; vgl etwa RN 12.23. Dieser (direkte) Verbotsirrtum kommt jedoch aus sachlogischen Gründen nicht zum Tragen.

2. Beispiel: Eine berühmt-berüchtigte Irrtumskombination ist im Zusammenhang mit dem **Putativnotwehrexzess** (RN 20.7a) vorstellbar. Der Täter nimmt irrtümlich eine Notwehrsituation an **und** glaubt, er dürfe etwa auch auf den bereits kampfunfähigen „Angreifer" noch weiter einschlagen. Die Befugnisse eines bloß vermeintlich Bedrohten

21. Kapitel: Entschuldigender Notstand

können bei einem **Handlungsexzess** aber nicht weiter reichen als die eines wirklich Angegriffenen. Mithin bleibt es bei der Bestrafung wegen **vorsätzlicher Tat** (RN 20.7). Doch ist im Hinblick auf das gleichzeitige Verkennen der Notwehrgrenzen ein **indirekter Verbotsirrtum** (§ 9) zu prüfen; vgl *M/Z* AT § 38 RN 19; eingehend zum Putativnotwehrexzess *E. Steininger* ÖJZ 1986 747.

Prüfungsfälle mit Lösungen zur Irrtumsproblematik vgl *Luef-Kölbl/Sprajc* Fälle 75 80 98 181 u 193; Prüfungsfälle 31 128 a u 166 *(Brandstetter)*, 180 *(Fuchs)*, 99 *(Medigovic)*; *Hinterhofer/Schütz* Fallbuch 26; *Kienapfel/Herbe/Plöckinger* JAP 2001/02 212; *Sagmeister/Komenda/Madl/Höcher* 47 57 80 101 154 159 u 169.

■ ■ ■ **Programmbearbeiter lesen jetzt bitte die TE 20** ■ ■ ■

21. Kapitel
Entschuldigender Notstand

Inhaltsübersicht

	RN
A. Entschuldigungsgründe	21.1–21.5
1. Wesen	21.1
2. Maßgerechter Mensch	21.2
3. Besondere Entschuldigungsgründe	21.3
4. Theorienstreit	21.4
5. Rechtswidrigkeit	21.5
B. Entschuldigender Notstand	21.6–21.22
1. Notstandssituation	21.7–21.14
a) Bedeutender Nachteil für ein Individualrechtsgut	21.8–21.13
aa) Individualrechtsgüter	21.10
bb) „Wirtschaftlicher Notstand"	21.11–21.12
cc) Abwehr von Amtshandlungen	21.13
b) Zeitliche Schranken	21.14
2. Notstandshandlung	21.15–21.21
a) Allgemeine Anforderungen	21.15–21.16
b) Ausschlussgründe	21.17–21.21
aa) Unverhältnismäßigkeitskorrektiv	21.18
bb) Verschuldenskorrektiv	21.19
cc) Zumutbarkeitskorrektiv	21.20–21.21
3. Rettungsabsicht	21.22
C. Gegenüberstellung	21.23–21.23 a
D. Irrige Annahme eines entschuldigenden Sachverhalts	21.24–21.29
1. Begriff	21.24
2. Definition	21.25
3. Praktische Handhabung	21.26
4. Rechtsfolgen	21.27
5. Sonstige Irrtümer	21.28
6. Analoge Anwendung	21.29
E. Fallprüfungsschema beim vorsätzlichen Begehungsdelikt	21.30

Schrifttum (Auswahl): *Birklbauer* Gewissensfreiheit und Militärdienst – strafrechtliche Aspekte in: *Kohlhofer* (Hrsg) Gewissensfreiheit und Militärdienst (2000) 17; *Kienapfel* Der rechtfertigende Notstand ÖJZ 1975 421; *Platzgummer* Die „Allgemeinen Bestimmungen" des Strafgesetzentwurfes im Licht der neueren Strafrechtsdogmatik JBl 1971 236; *Rittler* Der unwiderstehliche Zwang (§ 2 g StG) in der Rechtsprechung des Obersten Gerichtshofes in: OGH-FS (1950) 221; *Schild* Die strafrechtliche Regelung des Irrtums ÖJZ 1979 173.

A. Entschuldigungsgründe

1. Wesen. Bei sämtlichen Entschuldigungsgründen geht es um die Frage 21.1
der **Zumutbarkeit rechtmäßigen Verhaltens**. Ist rechtmäßiges Verhalten nicht
mehr zumutbar, betrachtet und bezeichnet das StGB den Täter als **entschuldigt**;
vgl etwa § 10 Abs 1, § 94 Abs 3, § 95 Abs 2. Wer entschuldigt ist, kann nicht
bestraft werden.

2. Maßgerechter Mensch. Maßstab für die Beurteilung dieser Zumutbar- 21.2
keit ist – wie ganz allgemein bei der Schuld – der **maßgerechte Mensch,** dh ein
Mensch, der sich **mit den rechtlich geschützten Werten verbunden fühlt** (§ 10
Abs 1 aE); vgl bereits RN 18.10.

Das StGB geht davon aus, dass jedermann ein gewisses Maß an äußerer oder innerer
Bedrängnis hinzunehmen hat, ohne deswegen in eine rechtswidrige Tat auszuweichen. Es
berücksichtigt in seinen Entschuldigungsgründen daher nur Situationen **besonderer Bedrängnis**, die im Einzelfall einen **so starken Motivationsdruck** entfalten, dass die Rechtsordnung **selbst von einem maßgerechten Menschen** rechtmäßiges Handeln realistischerweise nicht mehr erwarten kann. Das Strafrecht toleriert in seinen Entschuldigungsgründen letztlich das Prinzip: „Jeder ist sich selbst der Nächste" = „Not kennt kein Gebot". Zu
dieser psychologisch-normativen Deutung der Entschuldigungsgründe vgl *Höpfel* WK²
§ 10 RN 6, 10f u 16ff; 12 Os 107/01; 14 Os 79/00.

3. Besondere Entschuldigungsgründe. Neben dem im § 10 geregelten, 21.3
prinzipiell für alle Delikte geltenden **entschuldigenden Notstand** und dem **nicht
vorwerfbaren Verbotsirrtum** (RN 19.16) gibt es eine Reihe spezieller Entschuldigungsgründe, deren Geltungsbereich **auf bestimmte Delikte beschränkt** ist.

Zu nennen sind insb die sog Entrüstungsbeleidigung (§ 115 Abs 3) und der Aussagenotstand (§ 290). Vgl weiter § 94 Abs 3, §§ 95, 114 Abs 2, §§ 290, 299 Abs 4. Es handelt sich
dabei jeweils um deliktsspezifisch zugeschärfte Ausprägungen des in § 10 enthaltenen Prinzips. Als **exklusive Sonderregelungen** verdrängen sie die allgemeine Regelung des § 10. § 3
Abs 2 statuiert einen Entschuldigungsgrund sui generis hinsichtlich einer im asthenischen
Affekt begangenen Vorsatztat (RN 13.22 a).

4. Theorienstreit. Im StG war die Rechtsnatur des Notstands ungeklärt 21.4
und äußerst streitig. Die Aus- und Fernwirkungen dieser einst ungewissen
dogmatischen Zuordnung sind noch heute im Strafrecht und im Zivilrecht nachweisbar.

Mit seiner strikten Trennung von entschuldigendem und rechtfertigendem Notstand
hat sich das StGB von der früheren **Einheitstheorie** gelöst und folgt heute der sog **Differenzierungstheorie**; vgl *Tipold* in *L/St* § 3 RN 50; *Fuchs/Zerbes* AT I 17/54. Wesentliche Vorarbeiten hierfür haben *Rittler* und *Platzgummer* sowie die GrundsatzE SSt 43/20 geleistet;
näher zum Ganzen vgl *Kienapfel* ÖJZ 1975 421; *Moos* SbgK § 10 RN 24.

5. Rechtswidrigkeit. Die durch einen Entschuldigungsgrund gedeckte Tat 21.5
wird von der Rechtsordnung nicht gebilligt. Sie bleibt rechtswidrig. Allein die
Schuld wird dem Täter nachgesehen; arg § 10 Abs 1: „ist entschuldigt".

Daraus folgt: Gegen einen bloß entschuldigt Handelnden ist prinzipiell **Notwehr**
zulässig; doch ist aus sozialethischen Erwägungen das Notwehrrecht in ähnlicher Weise
eingeschränkt wie gegenüber Kindern und Geisteskranken; vgl RN 13.19.

B. Entschuldigender Notstand

21.6 Der praktisch wichtigste Entschuldigungsgrund ist der in § 10 geregelte **entschuldigende Notstand**. Er ist allerdings nur auf **vorsätzliche Begehungsdelikte** anwendbar; vgl SSt 56/78. Denn bei Fahrlässigkeits- und Unterlassungsdelikten ist die entsprechende Problematik im Rahmen der **Zumutbarkeit** zu behandeln; vgl RN 27.23 ff u RN 31.29.

Wie beim rechtfertigenden ist auch beim entschuldigenden Notstand zwischen **Notstandssituation, Notstandshandlung** und **subjektivem Element** zu unterscheiden.

1. Notstandssituation

21.7 Die Notstandssituation des § 10 ist mit der des rechtfertigenden Notstands identisch; vgl *Tipold* in *L/St* § 3 RN 53; SSt 47/75. Vorausgesetzt wird ein **unmittelbar drohender bedeutender Nachteil für Individualrechtsgüter** des **Notstandstäters** oder eines **Dritten;** arg § 10 Abs 1: „von sich oder einem anderen" (= **entschuldigende Notstandshilfe**).

Beachte! Entschuldigender Notstand zu Gunsten von Rechtsgütern des Staates oder der Allgemeinheit – insb der sog **Staatsnotstand** – ist der österr Rechtsordnung fremd; vgl *Koller/Schütz* in *L/St* § 10 RN 7; SSt 61/99. Dieser Aspekt begrenzt nicht nur den rechtlichen Handlungsspielraum von Landeshauptleuten (VfGH ÖJZ 1986 56/1: Salzburger Ladenschlusscausa) und Beamten (SSt 61/99), sondern auch von Privatpersonen, zB Bürgerinitiativen (VwGH ZVR 1984/218); weitere Beispiele RN 14.10.

21.8 a) **Bedeutender Nachteil für ein Individualrechtsgut.** Ob ein solcher Nachteil droht, ist wie beim rechtfertigenden Notstand nach **objektiven Kriterien** und aus der Sicht **ex ante** zu beurteilen; vgl *Koller/Schütz* in *L/St* § 10 RN 5 u 8; *Moos* SbgK § 10 RN 66 u 68. Der Nachteil muss **bedeutend,** dh von solchem Gewicht sein, „dass er auch einen rechtschaffenen Menschen zu einem Rechtsbruch veranlassen könnte"; EB 73. Eine bloße körperliche Misshandlung begründet nicht unbedingt einen bedeutenden Nachteil, eine auf andere Weise leicht abwendbare Gefahr (zB durch Ausweichen, Hilfeholen) idR keinen drohenden Nachteil iSd § 10; vgl SSt 50/69; SSt 47/75.

21.9 Beachte! Ausschließlich **persönlichkeitsbestimmte** Zwänge, etwa momentane Gemütsverfassungen, Ängste, Affektstau, charakterliche Veranlagungen, begründen keinen Nachteil iS beider Notstände und sind nicht im Rahmen des Zumutbarkeitskorrektivs (RN 21.20) zu berücksichtigen; vgl *Kienapfel* ÖJZ 1975 424; SSt 61/110. Daher sind Zwangshandlungen etwa eines Pädophilen, Pyromanen oder Kleptomanen unter dem Aspekt des § 10 nicht entschuldbar. Sedes materiae derartiger „innerer Notstände" ist § 11 bzw die Strafzumessung; vgl RZ 1959 168; SSt 20/73; *Koller/Schütz* in *L/St* § 10 RN 12.

21.10 aa) **Individualrechtsgüter.** Im Gegensatz zum früheren Recht entfällt auch beim entschuldigenden Notstand die Beschränkung auf die **notwehrfähigen Rechtsgüter;** allerdings muss der Nachteil einem **Individualrechtsgut** drohen; vgl *Kienapfel* ÖJZ 1975 425 426; *Koller/Schütz* in *L/St* § 10 RN 7; 11 Os 48/95; SSt 61/99. Entschuldigender Notstand ist daher auch zum Schutz zB der Privatsphäre oder der ehelichen Treue (trotz Aufhebung des § 194) denkbar; weitergehend *Höpfel* WK[2] § 10 RN 11. Bezüglich der Beleidigung wird § 10 aber durch die Sonderregelung des § 115 Abs 3 verdrängt.

B. Entschuldigender Notstand

bb) **"Wirtschaftlicher Notstand"**. Ob und inwieweit drohende vermögens- **21.11**
rechtliche Nachteile unter dem Aspekt eines „wirtschaftlichen Notstands" strafbare Handlungen zu entschuldigen vermögen, hängt **von den Umständen des Einzelfalls** ab; vgl *Pallin* ÖJZ 1982 344; *Koller/Schütz* in *L/St* § 10 RN 9; näher dazu *Höpfel* WK² § 10 RN 6; *Kert* in HB Wirtschaftsstrafrecht RN 1.35 ff.

Beachte! Der OGH stellt sowohl an die **Unmittelbarkeit** als auch an die **Bedeutsam-** **21.12**
keit des wirtschaftlichen Nachteils hohe Anforderungen und gelangt so zu einer äußerst restriktiven Anerkennung des wirtschaftlichen Notstandes. Die Rspr lehnt die Anerkennung des wirtschaftlichen Notstands nicht nur als Rechtfertigungs- (RN 14.29), sondern auch als Entschuldigungsgrund im Ergebnis durchweg ab; vgl die GrundsatzE SSt 54/42 (1. AKH-Urteil). Das gilt sowohl für die Berufung auf allgemeine wirtschaftliche bzw wirtschaftspolitische Zielsetzungen (VfGH ÖJZ 1986 56/1), den Schutz vieler Arbeitsplätze (12 Os 107/01; zivilrE JBl 1986 713 m Anm *Reich-Rohrwig*) oder des individuellen Arbeitsplatzes (14 Os 79/00; JBl 1984 619) als auch bei drohender Umsatzeinbuße durch Verlust eines Großauftrages (SSt 54/42). Eine allgemeine **Volksnot** entschuldigt niemanden, weder Inländer noch Wirtschaftsflüchtlinge (SSt 43/20). Auch aus der befürchteten nachteiligen Behandlung als syrischer Flüchtling in der Türkei oder Verbringung in ein türkisches Flüchtlingslager kann kein unmittelbar drohender, bedeutender Nachteil iSd § 10 geschlossen werden (7 Bs 185/13z). Ähnlich restriktiv EvBl 1984/142 in Bezug auf kridaträchtige Handlungen eines vor dem Ruin stehenden Gemeinschuldners: „Selbst eine derartige Vernichtungsangst könnte darum, von Ausnahmefällen abgesehen, keinen (entschuldigenden) Notstand begründen"; aM OLG Linz RdU 1994 76 m krit Anm *Wegscheider*.

cc) **Abwehr von Amtshandlungen.** Ergangene oder bevorstehende **Ge-** **21.13**
richtsurteile, behördliche Eingriffe (zB Blutabnahme) und staatliche **Verfolgungsmaßnahmen** (Festnahme, Strafvollzug etc) bilden nur in extremen Ausnahmefällen einen „Nachteil" iSd § 10 und schließen daher in einem Rechtsstaat idR die Berufung auf entschuldigenden Notstand aus; vgl SSt 63/18; OLG Wien ZVR 1996/15 u MR 1986/5/11/14; ZVR 1978/65; EvBl 1977/221; SSt 47/74; näher dazu *Höpfel* WK² § 10 RN 22.

b) **Zeitliche Schranken.** Das Zeitmoment reicht wesentlich weiter als bei **21.14**
der Notwehr; vgl dazu bereits RN 14.12 f. Auch die Abwehr einer **Dauergefahr** kann die strafrechtliche Schuld ausschließen; vgl *Roxin* AT I § 22 RN 17.

2. Notstandshandlung

a) **Allgemeine Anforderungen.** Wie der rechtfertigende Notstand setzt **21.15**
auch der entschuldigende eine **Kollisionslage** voraus. Der maßgebliche Unterschied besteht darin, dass das gerettete Rechtsgut (bzw Interesse) im Falle des § 10 **gerade nicht höherwertig** sein muss, sondern von gleichem oder sogar geringerem Wert sein kann; vgl *Koller/Schütz* in *L/St* § 10 RN 15 f; *Triffterer* AT 12/138 f. Die Notstandshandlung muss zur Abwendung des Nachteils **notwendig** und **an sich geeignet**, braucht aber – anders als beim rechtfertigenden Notstand (vgl RN 14.16 ff) – weder das **einzige** noch das **mildeste Mittel** zu sein; vgl *Kienapfel* ÖJZ 1975 427; *Koller/Schütz* in *L/St* § 10 RN 20 f; teilw zu streng SSt 54/63. Allerdings muss der Einsatz des Rettungsmittels erforderlich sein und fremde Güter möglichst wenig beeinträchtigen. Weiters darf er – bezogen auf die obersten Wertprinzipien des Rechts – **nicht unangemessen** sein; vgl OGH 15 Os 38/18d; SSt 57/65. Insoweit gelten die Ausführungen RN 14.24 f entsprechend; näher zum Ganzen *Moos* SbgK § 10 RN 94 ff u 98 f.

21. Kapitel: Entschuldigender Notstand

Beispiele: Eine mit besonderen Qualen verbundene Freiheitsentziehung (§ 99 Abs 2) scheidet daher als Notstandshandlung iSd § 10 von vornherein aus (SSt 57/65). Dasselbe gilt für einen Amtsmissbrauch durch einen von der Mafia bedrohten Staatsanwalt oder Richter.

21.16 **Wichtig!** Durch einen Notstandseingriff iSd § 10 können prinzipiell sämtliche **Individual- und Universalrechtsgüter** in Anspruch genommen werden, im Unterschied zum rechtfertigenden Notstand sogar das **menschliche Leben;** Karneades-Fall; Mignonette-Fall; vgl RN 14.27. Unter den Voraussetzungen des § 10 kann auch entschuldigt sein, wer von einem **Dritten** zur Begehung einer strafbaren Handlung **genötigt** wird; sog **Nötigungsnotstand;** stRspr; vgl 15 Os 9/88; SSt 29/83; *Kienapfel* ÖJZ 1975 430 mwN; vgl aber RN 21.20.

21.17 b) **Ausschlussgründe.** Die Notstandshandlung unterscheidet sich sowohl inhaltlich als auch methodisch vom rechtfertigenden Notstand, indem § 10 die maßgeblichen Kriterien nicht positiv, sondern **negativ,** dh in Form von **drei Ausschlussgründen** formuliert:

21.18 aa) **Unverhältnismäßigkeitskorrektiv.** Der Täter ist nicht entschuldigt, wenn der Schaden aus seiner Tat **unverhältnismäßig schwerer wiegt** als der Nachteil, der abgewendet werden soll; vgl § 10 Abs 1 1. Halbsatz. Wie beim rechtfertigenden Notstand geht es insoweit auch bei § 10 nicht nur um eine reine Güter-, sondern um eine **komplexe Interessenabwägung;** vgl RN 14.20 ff; *Koller/Schütz* in *L/St* § 10 RN 15; *Höpfel* WK² § 10 RN 12 f.

Beispiele: Droht nur ein geringer körperlicher Schaden, darf ein anderer keinesfalls schwer verletzt oder gar vorsätzlich getötet werden. Anders, wenn wie im Karneades- oder Mignonette-Fall Leben gegen Leben steht.

21.19 bb) **Verschuldenskorrektiv.** Der Täter ist nicht entschuldigt, wenn er sich der Gefahr **ohne** einen von der Rechtsordnung anerkannten Grund **bewusst ausgesetzt** hat; vgl § 10 Abs 2 Satz 1. Dieser Ausschlussgrund zielt auf Personen, die sich außerhalb des Sozialüblichen **leichtfertig** in Gefahr begeben, dagegen sollen berufsmäßige und freiwillige Helfer, Inhaber oder Angestellte von gefährlichen Betrieben, Sportausübende, in Bergnot geratene Wanderer etc idR straflos bleiben.

Beispiel: Wer im Überholverbot überholt und nun das überholte Fahrzeug in den Straßengraben drängt, um nicht selbst frontal mit einem Entgegenkommenden zu kollidieren, kann sich nicht auf § 10 Abs 2 Satz 1 berufen. Dieses Korrektiv ist noch nicht im Einzelnen ausjudiziert; vgl aber EvBl 1984/142; SSt 47/74; *Koller/Schütz* in *L/St* § 10 RN 22 ff; weiterführend *Höpfel* WK² § 10 RN 20.

21.20 cc) **Zumutbarkeitskorrektiv.** Hier liegt in praxi der eigentliche Akzent.

(1) **Ausgangsposition.** Der Täter ist entschuldigt, wenn auch von einem **maßgerechten Menschen** (RN 16.9 ff) in der psycho-physischen Situation des Täters kein anderes Verhalten zu erwarten war; vgl SSt 61/110; 11 Os 48/95. Es geht dabei um eine **abschließende Gesamtabwägung** unter normativen Aspekten. Maßgebend ist insoweit der in RN 16.9 ff dargestellte **objektivierte Schuldmaßstab;** eingehend *Höpfel* WK² § 10 RN 16 ff; differenzierend *Moos* SbgK § 10 RN 100 ff u 131 ff.

Beispiele: Eine 15-Jährige, die von ihrem Stiefvater unter Androhung von Schlägen zum Holzdiebstahl gezwungen wird, kann sich daher auf Nötigungsnotstand berufen und gem § 10 entschuldigt sein; vgl SSt 29/83 **(Holzliesel-Fall).** Ein Polizeibeamter unterlässt die dienstliche Weitergabe strafrechtlich relevanter Informationen (= § 302), weil sein

Informant sonst als Verräter schwere Repressalien aus der Unterwelt zu fürchten hätte; vgl SSt 61/99 **(Verräter-Fall).**

Aber: IdR entfällt § 10, wenn sich der zu einer Straftat Genötigte rechtzeitig an die Sicherheitsbehörde wenden kann (SSt 50/69) oder sich sonst „mit etwas Zivilcourage" der Nähe und dem Druck des Nötigers entziehen kann (vgl SSt 61/110). Einem **Beamten,** der gegen einen Angehörigen vorgehen muss, ist es zuzumuten, sich in dieser Angelegenheit vertreten zu lassen (SSt 56/72). Vgl weiter 12 Os 34/89; JBl 1984 619: Keine Entschuldigung bei **vorauseilendem Gehorsam** bzw **innerbetrieblichen Zwängen** (Subordination). Auch **Gewissensnot** entschuldigt idR nicht (LSK 1999/108). Zum „inneren Notstand" vgl RN 21.9.

(2) **Gesteigerte Zumutbarkeit.** Bei **Personen,** die kraft Gesetzes, Vertrages oder Verkehrsauffassung zu erhöhter Gefahrtragung verpflichtet sind, ist die Zumutbarkeitsschwelle („Opfergrenze") höher anzusetzen. **21.21**

Zu denken ist dabei vor allem an **Soldaten** (vgl auch § 4 MilStG), **Polizeibeamte, Seeleute, Piloten, Bergführer, Feuerwehrleute, Ärzte, Krankenpfleger** und **ähnliche Berufsgruppen.** Solchen Personen obliegen kraft Gesetz, Vertrag oder Verkehrsauffassung in Bezug auf **berufstypische Gefahren** erhöhte Duldungspflichten. Das Recht verlangt jedoch auch von schutzpflichtigen Personen nur die Hinnahme von (erhöhten) Gefahren, da sich die Gemeinschaft gerade unter solchen Umständen auf sie verlassen können muss, nicht aber bewusste Lebensaufopferung um jeden Preis; vgl *J/W* AT 486; *Höpfel* WK[2] § 10 RN 21; *Fuchs/Zerbes* AT I 24/15 ff.

3. Rettungsabsicht

Bloßes Wissen um das Vorliegen der Notstandssituation genügt nicht. § 10 Abs 1 setzt insoweit **Rettungsabsicht** iSd § 5 Abs 2 voraus („um abzuwenden"). Sonst bleibt es bei der Bestrafung wegen vorsätzlicher Tat; hM; vgl *Koller/Schütz* in *L/St* § 10 RN 26; *Höpfel* WK[2] § 10 RN 8. Die Strafe kann gem § 34 Abs 1 Z 11 gemildert werden. **21.22**

C. Gegenüberstellung 21.23

Rechtfertigender Notstand	Entschuldigender Notstand (§ 10)
1. *Notstandssituation:* unmittelbar drohender Nachteil für ein Individualrechtsgut Bedeutsamkeit des Nachteils	1. *Notstandssituation:* ebenso ebenso
2. *Notstandshandlung:* Höherwertigkeit des geretteten Rechtsguts einziges Mittel kein unangemessenes Mittel	2. *Notstandshandlung:* gleich- oder geringerwertiges Rechtsgut geeignetes und angemessenes Mittel Unverhältnismäßigkeitskorrektiv Verschuldenskorrektiv Zumutbarkeitskorrektiv
3. *Subjektives Rechtfertigungselement*	3. *Rettungsabsicht*

Beachte! Liegen bereits die Voraussetzungen des **rechtfertigenden Notstands** vor, ist die Notstandstat rechtmäßig. Die Prüfung von Entschuldigungsgründen (zB des § 10) erübrigt sich und kommt allenfalls als Hilfslösung in Betracht. **21.23a**

21. Kapitel: Entschuldigender Notstand

Beispiel: In dem Theaterstück „Terror" des deutschen Juristen und Schriftstellers *Ferdinand von Schirach* wird folgender Sachverhalt verhandelt: Ein Terrorist entführt ein Passagierflugzeug mit 164 Menschen an Bord auf dem Flug von Berlin nach München. Als das Flugzeug Kurs auf das am Ende nur noch 15 km entfernte und mit 70.000 Menschen gefüllte Fußballstadion „Allianz-Arena" nimmt, entscheidet sich Major Lars Koch, das Flugzeug eigenmächtig mit einer IRIS-T-Luft-Luft-Rakete abzuschießen, um damit die Leben der Menschen im Stadion zu retten. Die Passagiere des Flugzeuges kommen beim Absturz über einem Kartoffelfeld alle ums Leben. Major Koch ist **nicht** durch **rechtfertigenden Notstand gerechtfertigt**, da sich Menschenleben nicht gegeneinander aufwiegen lassen und daher das gerettete Rechtsgut nicht höherwertig gegenüber dem durch die Rettungshandlung beeinträchtigten ist; vgl RN 14.27. Aber es kommt eine Entschuldigung durch **entschuldigenden Notstand** in Betracht, sofern man davon ausgeht, dass auch von einem mit den rechtlich geschützten Werten verbundenen Menschen kein anderes Verhalten zu erwarten gewesen wäre (Zumutbarkeitskorrektiv).

D. Irrige Annahme eines entschuldigenden Sachverhalts

21.24   1. **Begriff.** Der im § 10 Abs 2 Satz 2 geregelte Irrtum ist nach dem Modell des § 8 konzipiert. Es erscheint daher sinnvoll, an die präzisere Diktion des strukturverwandten § 8 anzuknüpfen und von **irriger Annahme eines entschuldigenden Sachverhalts** zu sprechen; vgl *Kienapfel* ÖJZ 1975 423; *Koller/Schütz* in *L/St* § 10 RN 25; *Triffterer* AT 17/61; *Fuchs/Zerbes* AT I 24/35 f. Es handelt sich um eine weitere **selbstständige** Irrtumskategorie. Solche Fälle sind in der höchstrichterlichen Praxis allerdings selten; angedeutet in SSt 54/42 (1. AKH-Urteil).

21.25   2. **Definition.** In einem Irrtum über einen entschuldigenden Sachverhalt handelt, **wer irrtümlich einen Sachverhalt annimmt, der seine rechtswidrige Tat entschuldigen würde**; vgl § 10 Abs 2 Satz 2. Der entschuldigende Sachverhalt ist identisch mit der in RN 21.7 ff dargestellten entschuldigenden Situation.

Beispiel: Mit vorgehaltener Pistole zwingt A den B, C zu erstechen. B weiß nicht, dass die Drohung des A nur Bluff gewesen war und dieser ihn im Weigerungsfalle keineswegs erschossen hätte.

21.26   3. **Praktische Handhabung.** Das Privileg des § 10 Abs 2 Satz 2 findet nur Anwendung, wenn der Täter irrtümlich eine entschuldigende Notstandssituation annimmt und bei Zugrundelegung der Tätervorstellung auch **alle übrigen objektiven und subjektiven Merkmale** des § 10 Abs 1 u Abs 2 Satz 1 erfüllt sind. Insb darf **kein Handlungsexzess** vorliegen. Sonst bleibt es bei der Bestrafung wegen vorsätzlicher Tat.

21.27   4. **Rechtsfolgen.** Der Irrtum des § 10 Abs 2 Satz 2 wirkt sich weder auf das Unrechtsbewusstsein aus noch ist der Täter sonst entschuldigt. Aber kraft ausdrücklicher gesetzlicher Anordnung treten **dieselben Rechtsfolgen** ein wie beim Irrtum des § 8. Das bedeutet, dass der Täter **nicht wegen vorsätzlicher Tat,** sondern wegen **fahrlässiger Tat** zu bestrafen ist,

- wenn es ein entsprechendes Fahrlässigkeitsdelikt überhaupt gibt und
- sein Irrtum auf Fahrlässigkeit beruht (doppelt bedingte Fahrlässigkeitshaftung); RN 20.9 gilt entsprechend.

21.28   5. **Sonstige Irrtümer.** Durch § 10 Abs 2 wird weder der Irrtum über die **Grenzen** des entschuldigenden Notstands noch die irrtümliche Annahme eines

nicht existenten Entschuldigungsgrundes erfasst; vgl *Moos* SbgK § 10 RN 147; EvBl 2008/53.

Beispiele: Wegen Neutralitätsgefährdung (§ 320 Abs 1 Z 3 aF) angeklagte Manager machten geltend, der sonst drohende Verlust von Milliardenaufträgen mit der Folge der Gefährdung vieler Arbeitsplätze entschuldige die nach dem Kriegsmaterialgesetz verbotenen Waffenlieferungen in den Nahen Osten (1. Noricum-Prozess). Ein Richter hält die von ihm gesetzwidrig verfügte Enthaftung des Angeklagten für entschuldbar iSd § 10, weil er von den übrigen Mitgliedern der kriminellen Organisation mit dem Umbringen von Frau und Kindern bedroht worden ist.

Derartige Irrtümer sind **rechtlich unbeachtlich** (insb keine analoge Anwendung des § 9) und allenfalls bei der Strafzumessung im Rahmen des § 34 Abs 1 Z 11 bzw Z 12 zu berücksichtigen; vgl *Kienapfel* ÖJZ 1975 423; SSt 63/18; JBl 1986 737.

6. **Analoge Anwendung.** Die Regelung des § 10 Abs 2 Satz 2 findet auf **alle** **21.29** **sonstigen Entschuldigungsgründe** analoge Anwendung; vgl *Kienapfel* JBl 1977 533; inzwischen hM; *Fuchs/Zerbes* AT I 24/36; *Moos* SbgK § 10 RN 146; JBl 1986 737; SSt 48/80.

Beispiel: Durch unvorsichtiges Fahren kollidiert der Mopedfahrer A mit dem Radfahrer B. Als A sich benommen vom Boden erhebt, bemerkt er, dass er stark am Kopf blutet. Da er fürchtet, erhebliche Blessuren davongetragen zu haben, fährt er sofort ins Krankenhaus, ohne sich um den schwerverletzten B zu kümmern. Dort stellt sich heraus, dass A bloß Schürfwunden erlitten hat und es ihm möglich und zumutbar gewesen wäre, zunächst B zu versorgen. In einem solchen Fall ist § 10 Abs 2 Satz 2 **analog** heranzuziehen, so dass eine Bestrafung des A gem § 94 Abs 1 infolge seines Irrtums über den entschuldigenden Sachverhalt des § 94 Abs 3 Satz 1 iVm Satz 2 ausscheidet. Übrig bleibt § 88 Abs 4 1. Fall.

Zur Vertiefung: Zu den Problemen des entschuldigenden Notstands vgl *Höpfel* WK[2] § 10 RN 1 ff; *Moos* SbgK § 10 RN 1 ff; *Koller/Schütz* in *L/St* § 10 RN 1 ff.

E. Fallprüfungsschema beim vorsätzlichen Begehungsdelikt

Das der Systematik dieses Buches entsprechende zentrale Fallprüfungs- **21.30** schema für die Vorsatzdelikte ist als **Anhang 1** abgedruckt; vgl dazu bereits RN 11.26 f.

Durchblick. Das im **Anhang 1** abgedruckte Fallprüfungsschema für die vorsätzlichen Begehungsdelikte bildet das **Grundschema** für die Prüfung sämtlicher Vorsatzdelikte. Die späteren speziellen Schemata für den Versuch (Anhang 2), das erfolgsqualifizierte Vorsatzdelikt (Anhang 4), das vorsätzliche unechte Unterlassungsdelikt (Anhang 5) sowie für den Bestimmungstäter (Anhang 7) und den vorsätzlichen Beitragstäter (Anhang 8) sind **deliktsspezifische Varianten** dieses Grundschemas.

■ ■ ■ Programmbearbeiter lesen jetzt bitte die TE 21 ■ ■ ■

22. Kapitel
Vorbereitung, Versuch und Vollendung

Schrifttum zu Kap 22 bis Kap 25 (Auswahl): *Burgstaller* Versuch und Rücktritt vom Versuch in: StP III 7; *ders* Der Versuch nach § 15 StGB JBl 1976 113; *ders* Strafbarer oder strafloser Versuch? JBl 1986 76; *ders* Versuch und Vollendung im Strafprozess JBl 2008

22. Kapitel: Vorbereitung, Versuch und Vollendung

743; *Fuchs* Probleme des Deliktsversuchs ÖJZ 1986 257; *ders* Tatentschluß und Versuchsbeginn in: Triffterer-FS (1996) 73; *ders* Überlegungen zu Fahrlässigkeit, Versuch, Beteiligung und Diversion in: Burgstaller-FS (2004) 41; *Karollus* Zum Versuchsbeginn beim Betrug JBl 1989 627; *Kienapfel* Zur gegenwärtigen Situation der Strafrechtsdogmatik in Österreich JZ 1972 569; *ders* Probleme des unvermittelt abgebrochenen Versuchs in: Pallin-FS (1989) 205; *Koller* Ausgewählte Probleme des straflosen Versuchs JSt 2019 201; *Moos* Die Abgrenzung Versuch/Vollendung als Nichtigkeitsgrund JBl 2008 341; *Lewisch* Zur Endgültigkeit und Freiwilligkeit beim Versuchsrücktritt ÖJZ 1990 396; *Platzgummer* Die „Allgemeinen Bestimmungen" des Strafgesetzentwurfes im Licht der neueren Strafrechtsdogmatik JBl 1971 236; *ders* Die Vorverlegung des Strafrechtsschutzes durch Gefährdungs- und Unternehmensdelikte im österr Strafrecht in: Beiheft zur ZStW 1987 37; *Ratz* Sanktions- statt Subsumtionsrüge bei fraglicher Vollendung der Tat JBl 2008 708; *Roxin* Tatentschluß und Anfang der Ausführung beim Versuch JuS 1979 1; *ders* Über den Rücktritt vom unbeendeten Versuch in: Heinitz-FS (1972) 251; *ders* Der fehlgeschlagene Versuch JuS 1981 1; *Sautner* Der Beginn der Strafbarkeit beim Versuch JBl 2013 753; *Schick* Der Allgemeine Teil des StGB und das Wirtschaftsstrafrecht RZ 1980 100; *E. Steininger* Der Anwendungsbereich des Putativrücktritts nach § 16 Abs 2 StGB beim Einzeltäter ÖJZ 1985 266; *H. Steininger* Die moderne Strafrechtsdogmatik und ihr Einfluß auf die Rechtsprechung ÖJZ 1981 365; *ders* Strafrechtswissenschaft und Strafrechtspraxis in: Jesionek-FS 513; *Tipold* Rücktritt und Reue (2002); *Triffterer* Versuch und Rücktritt bei Beteiligung mehrerer an der Straftat ZfRV 1986 105; *Wach* Versuchsbeginn bei nachfolgender unbewusst selbstschädigender Opfermitwirkung ÖJZ 2002 791; *Wegscheider* Versuch und Rücktritt beim schlichten Unterlassungsdelikt? JBl 1976 353; *Wieser* Der Versuch beim Vorbereitungsdelikt JBl 1987 497 556.

Inhaltsübersicht

	RN
A. Stadien des vorsätzlichen Delikts	22.1–22.9b
1. Entschließung und Vorbereitung	22.1–22.4
2. Vorbereitungsdelikte	22.5–22.9
a) Definition	22.5–22.6
b) Sonderprobleme	22.7–22.9
aa) Versuch	22.7
bb) Vollendung und tätige Reue	22.8
cc) Subsidiarität	22.9
3. Versuchsdelikte	22.9a–22.9b
a) Definition	22.9a
b) Funktion	22.9b
B. Versuch	22.10–22.16
1. Allgemeines	22.10–22.12
2. Bedeutung des § 15 Abs 1	22.13
3. Strafgrund des Versuchs	22.14–22.16
a) Früheres Recht	22.15
b) Geltendes Recht	22.16
C. Abgrenzung von Vorbereitung und Versuch	22.17–22.24
1. Gesetzliche Grundlagen	22.17
2. Konkretisierung	22.18–22.19
3. Deliktsspezifische Abgrenzungen	22.20–22.24
a) Tötungsdelikte	22.21
b) Diebstahl	22.22
c) Urkundenfälschung	22.23
d) Sonstige Delikte	22.24
D. Vollendung	22.25–22.29
1. Definition	22.25
2. Konsequenzen	22.26
3. Sonderprobleme	22.27–22.29
a) Delikte mit erweitertem Vorsatz	22.27
b) Dauerdelikte und Dauerstraftaten	22.28
c) Vorbereitungsdelikte und Versuchs- bzw Unternehmensdelikte	22.29

A. Stadien des vorsätzlichen Delikts
1. Entschließung und Vorbereitung

Das vorsätzliche Delikt lässt sich in vier Stadien zerlegen: **22.1**

Entschließung	▷ Vorbereitung	▶ Versuch	▶ Vollendung

Entschließung und **Vorbereitung** sind idR **straflos**. **22.2**

Für die **Entschließung** ist das selbstverständlich: Cogitationis poenam nemo **22.3** patitur; vgl dazu früher § 11 StG. Auch **Vorbereitungshandlungen** sind idR noch straflos, „weil sie von der Vollendung zu weit entfernt sind, als dass sie noch als ernsthafte Bedrohung des Rechtsguts erscheinen könnten"; *J/W* AT 523.

Vorbereitungshandlungen sind Handlungen, welche die spätere Ausfüh- 22.4 rung der Tat ermöglichen, erleichtern oder absichern sollen.

Beispiele: Typische Vorbereitungshandlungen sind beim Mord: Beschaffen der Waffe. Beim Raub: „Ausspähen" einer für den Überfall geeigneten Bank. Beim Diebstahl: Anfertigen eines Nachschlüssels. Beim Schwangerschaftsabbruch: Erkundigung nach einer Person, die illegale Schwangerschaftsabbrüche vornimmt. Beim Betrug: Inseratenaufgabe eines Heiratsschwindlers.

2. Vorbereitungsdelikte

Für sie wird das Prinzip der Straflosigkeit von Vorbereitungshandlungen **22.5** ex lege durchbrochen.

a) **Definition.** Vorbereitungsdelikte sind Delikte, die bestimmte Vorbereitungshandlungen mit Strafe bedrohen.

Da Vorbereitungsdelikte eine weitreichende und nicht unbedenkliche **22.6** Vorverlagerung der Strafbarkeit in das sonst strafrechtsfreie Vorfeld bedeuten, greift das StGB auf diese Rechtsfigur nur bei Vorliegen **dringender kriminalpolitischer Bedürfnisse** zurück.

Beispiele: Vorbereitung der Fälschung von öffentlichen Urkunden oder Beglaubigungszeichen (§ 227 Abs 1), von Geld (§ 239) oder von unbaren Zahlungsmitteln (§ 241 c); Vorbereitung eines Hochverrats (§ 244). Praktisch wichtige Vorbereitungsdelikte enthalten neben §§ 151, 223 Abs 1 (im Verhältnis zu § 223 Abs 2) u § 277 auch die sog **Organisationsdelikte** wie insb Kriminelle Vereinigung (§ 278), Kriminelle Organisation (§ 278a), Terroristische Vereinigung (§ 278b) sowie Terrorismusfinanzierung (§ 278d).

b) **Sonderprobleme.** Folgendes ist zu beachten: **22.7**

aa) **Versuch.** Auch bei Vorbereitungsdelikten ist ein Versuch denk- und strafbar, mithin auch Rücktritt möglich; vgl *Durl/Schütz* in *L/St* § 15 RN 40; *Triffterer* AT 15/21; SSt 46/61; eingehend *Wieser* JBl 1987 497 556; aM *Fabrizy* § 15 RN 2; differenzierend *Fuchs/Zerbes* AT I 28/31 ff.

bb) **Vollendung und tätige Reue.** Vorbereitungsdelikte sind bereits mit der Vor- **22.8** nahme der Vorbereitungshandlung vollendet, weshalb das StGB idR die Möglichkeit vorsieht, sich durch tätige Reue **Straffreiheit** zu verschaffen; vgl zB § 227 Abs 2, §§ 240, 245 Abs 1, § 277 Abs 2, § 278 Abs 4.

cc) **Subsidiarität.** Die Strafbarkeit des Vorbereitungsdelikts erlischt, sobald das **22.9** Hauptdelikt in das **eigentliche** Versuchs- oder Vollendungsstadium getreten ist, und lebt

22. Kapitel: Vorbereitung, Versuch und Vollendung

im Falle eines Rücktritts vom Versuch nur dann nicht wieder auf, wenn zugleich die Voraussetzungen des jeweils besonderen Strafaufhebungsgrundes gegeben sind; hM; vgl *Tipold* in *L/St* § 28 RN 75; *Burgstaller* JBl 1978 467. Zur Subsidiarität vgl RN 38.26 ff.

Beachte! Besonderheiten gelten für die **Kriminelle Vereinigung (§ 278).** Sie ist ein **eigenständiges Delikt** gegen den öffentlichen Frieden, das auch **neben** – versuchten oder vollendeten – Delikten wie Mord, Geldfälschung etc Bestand hat; hM; vgl *Tipold* in L/St § 278 RN 10; *Moos* WK² § 75 RN 30. Entsprechendes gilt für die **Kriminelle Organisation (§ 278a)** und die **Terroristische Vereinigung (§ 278b).** Bezüglich der **Terroristischen Finanzierung (§ 278d)** ordnet Abs 2 dagegen relative Subsidiarität an.

3. Versuchsdelikte

22.9 a   a) **Definition.** Im Unterschied zu den Vorbereitungsdelikten bewirken Versuchsdelikte keine Ausdehnung der Strafbarkeit, sondern nur die Vorverlagerung des **Vollendungszeitpunkts. Bei einem Versuchsdelikt erklärt das Gesetz schon die Vornahme eines Versuchs zur vollendeten Tat.** Dasselbe gilt für die **Unternehmensdelikte;** sie bilden eine spezielle Untergruppe der Versuchsdelikte.

Beispiele: **Versuchsdelikte** sind insb §§ 263 u 283 Abs 2; **Unternehmensdelikte** enthalten §§ 242, 249, 250 u 316 jeweils iVm § 242 Abs 2; dem Sinn und der Funktion nach auch das Nachstellen und Fischen in § 137 (sog **unechtes Unternehmensdelikt**). Kein Unternehmensdelikt ist dagegen § 206 Abs 1; vgl *StudB BT III* §§ 206 f RN 31; RZ 2004/21.

22.9 b   b) **Funktion.** Der eigentliche Zweck von Versuchs- bzw Unternehmensdelikten besteht darin, die **allgemeinen Privilegien** der Versuchsregelung qua Deliktsvollendung **außer Kraft zu setzen;** mithin entfällt die Anwendbarkeit der täterfreundlichen Vorschriften der § 15 Abs 3, §§ 16 und 34 Abs 1 Z 13 2. Fall; vgl *Platzgummer* Beiheft ZStW 1987 47.

Beachte! Versuchs- und Unternehmensdelikte sind zugleich leges speciales zu § 15 Abs 2. Deshalb können solche Delikte nicht ihrerseits wieder nach § 15 versucht werden; bloße Vorbereitungshandlungen sind straflos; vgl *Platzgummer* Beiheft ZStW 1987 40; *Hager/Massauer* WK² §§ 15 f RN 10.

B. Versuch

22.10   1. **Allgemeines.** Versuch und Vollendung bezeichnen die **beiden strafbaren Erscheinungsformen** des vorsätzlichen Delikts.

Hinsichtlich ihrer dogmatischen Zuordnung gehört die Versuchslehre primär zur **Tatbestandslehre.** Der Versuchstatbestand wird gebildet, indem man § 15 Abs 1 dem Sinne nach in den jeweiligen Deliktstatbestand hineinliest. Es gibt mithin keinen „Versuch an sich", sondern immer nur den **Versuch des Mordes, des Betruges** etc.

22.11   Anders als nach deutschem und schweizerischem Strafrecht – und auch im Gegensatz zum österr Verwaltungsstrafrecht (§ 8 Abs 1 VStG) – ist gem § 15 Abs 1 der Versuch **generell,** dh bei **sämtlichen Vorsatzdelikten** strafbar. Dasselbe gilt für das Finanzstrafrecht; vgl § 13 FinStrG.

22.12   Die prinzipielle Strafbarkeit des Versuchs ist zwar vom System her konsequent, verträgt sich aber zumindest bei den leichten Delikten (zB §§ 125, 127, 135, 141, 149, 150) nicht mit dem Bestreben des StGB nach **Entkriminalisierung des Bagatellbereichs.** Aus dieser Sicht ist § 191 StPO ein notwendiges Korrektiv, dessen großzügige Anwendung gerade in solchen Fällen geboten sein kann. Umfassende und weit über den Versuch und den Be-

C. Abgrenzung von Vorbereitung und Versuch

reich des bloß Bagatellmäßigen hinausweisende Abhilfe schafft die durch die StPO-Nov 1999 eingeführte **Diversionslösung**; vgl heute §§ 198 ff StPO; näher dazu Kap 40.

2. Bedeutung des § 15 Abs 1. Diese Vorschrift dehnt die Strafbarkeit eines **22.13** **Vorsatzdelikts** auf das Versuchsstadium aus (= **Strafausdehnungsgrund**) und hat dreifache Bedeutung:

- Sie erklärt den Versuch bei **sämtlichen Vorsatzdelikten** (RN 9.16) für strafbar.
- Mit ihrer Hilfe wird der **Tatbestand** des versuchten Delikts gebildet (RN 22.10).
- Sie ordnet an, dass für das versuchte Delikt prinzipiell **dieselben Rechtsfolgen** gelten wie für das vollendete; vgl aber § 34 Abs 1 Z 13 (wichtiger **Milderungsgrund** bei der Strafzumessung).

Beachte! Vorsatz-Fahrlässigkeits-Kombinationen (§ 83 Abs 2 und die Erfolgsqualifikationen nach dem Muster des § 7 Abs 2) verlangen hinsichtlich der besonderen Folge der Tat keinen Vorsatz und sind insofern keine „Strafdrohungen gegen vorsätzliches Handeln". Sie können daher nach hM auch nicht versucht werden; näher dazu RN 28.29 und 35.

3. Strafgrund des Versuchs. Diese Frage birgt vielfältige Implikationen **22.14** und gehört traditionell zu den Schicksalsfragen der Strafrechtstheorie. Das StGB hat hier entscheidend zum Abbau der einst schroffen und unversöhnlichen **Gegenpositionen** beigetragen; vgl *Sautner* JBl 2013 757.

a) **Früheres Recht.** Überholt sind die rein **objektiven Theorien** (*Rittler, Graßberger,* **22.15** *Malaniuk*), die allein auf die nach außen hin sichtbar gewordene „Gefährlichkeit der Tat" abstellten. Ihnen steht die prinzipielle Gleichbehandlung von versuchter und vollendeter Tat im § 15 Abs 1 entgegen; für eine primär objektive Versuchsauffassung jedoch *Fuchs/Zerbes* AT I 28/39 ff. Ebenso wenig lässt sich der Ausschließlichkeitsanspruch der früheren **subjektiven Theorien** (*Kadečka, Nowakowski, Roeder*), die allein von der „Gefährlichkeit des Täters" ausgingen und den Strafgrund des Versuchs ausschließlich in der rechtsfeindlichen Gesinnung erblicken, für das StGB aufrechterhalten. Dies zeigen schon die Straflosigkeit des absolut untauglichen Versuchs (§ 15 Abs 3) und die objektive Unrechtskomponente der Ausführungs- bzw ausführungsnahen Handlung (RN 22.16) im § 15 Abs 2.

b) **Geltendes Recht.** Dem StGB entspricht eine vermittelnde **gemischte Theorie**, die **22.16** den subjektiven Ansatz mit objektiven Aspekten vereinigt und sich an den Strafzwecken orientiert. Diese vermittelnde Ansicht wird anschaulich als **Eindruckstheorie** *(Jescheck)* bezeichnet und besagt folgendes: Der Strafgrund des Versuchs besteht darin, dass sich der Vollendungswille **(subjektiver Ansatz)** in einem Tatgeschehen offenbart **(objektive Komponente)**, dessen Tolerierung einen negativen Eindruck bei der Allgemeinheit hinterlassen und zu einer Korrumpierung des allgemeinen Rechtsbewusstseins und damit zur Gefährdung des Rechtsfriedens führen würde; vgl mit unterschiedlichen Akzenten *Burgstaller* JBl 1976 114 122 127; *Triffterer* AT 15/6.

Bemerkenswert erscheint, dass bereits die Carolina (1532) eine **allgemeine Versuchsdefinition** enthielt, der *Jescheck* „hohen wissenschaftlichen Rang" bescheinigt, weil Art 178 CCC in beinahe modern anmutender Weise den **subjektiven Ansatz** („böser will") mit der **objektiven Komponente** der „scheinlichen wercken, die zur volnbringung der missethatt dienstlich sein mögen", zu kombinieren wusste; vgl *J/W* AT 511.

C. Abgrenzung von Vorbereitung und Versuch
1. Gesetzliche Grundlagen

Mit der Abgrenzung von Versuch und Vorbereitung befasst sich § 15 **22.17** Abs 2. Diese Frage gehört zu den praktisch wichtigsten Problemen der Versuchslehre. Ab wann liegt ein Versuch vor?

22. Kapitel: Vorbereitung, Versuch und Vollendung

Außer Zweifel steht, dass Versuch jedenfalls dann anzunehmen ist, wenn der Täter eine **Ausführungshandlung** vornimmt. Die Ausführungshandlung ist prinzipiell mit der gesetzlich umschriebenen **Tathandlung** des jeweiligen Delikts identisch. Das gilt uneingeschränkt für die **schlichten Tätigkeitsdelikte**. Bei den **Erfolgsdelikten** gilt als Ausführungshandlung die letzte Handlung des Täters, die den Erfolg **unmittelbar**, dh ohne weitere Handlungen des Täters oder eines Dritten **herbeiführt**; vgl zum Ganzen *Fuchs/Zerbes* AT I 29/21 ff. Diese Akzentuierung bei den **Erfolgsdelikten** wird vor allem in solchen Fällen relevant, in denen Handlung und Eintritt des Erfolgs zeitlich auseinanderfallen; Sonderkonstellationen in RN 22.21 aE.

Wichtig! Gem § 15 Abs 2 genügt aber ganz generell schon die Vornahme einer „der Ausführung unmittelbar vorangehenden Handlung", dh einer sog **ausführungsnahen Handlung**; vgl die sorgfältige Differenzierung in JBl 1990 329 m Anm *Kienapfel;* ähnlich JBl 1990 332.

Eine Tat ist versucht, sobald der Täter seinen Tatentschluss durch eine Ausführungshandlung oder zumindest durch eine ausführungsnahe Handlung iSd § 15 Abs 2 betätigt hat; hM; vgl *Durl/Schütz* in *L/St* § 15 RN 6; *Fuchs/Zerbes* AT I 29/19; SSt 2007/62; EvBl 2000/131; SSt 61/109.

2. Konkretisierung

22.18   Einer Konkretisierung bedarf insb die **ausführungsnahe Handlung**. Die entscheidende Frage lautet: **Ab wann** ist eine ausführungsnahe Handlung iSd § 15 Abs 2 anzunehmen? Hier ist noch vieles strittig.

22.19   Auszugehen ist von der **Eindruckstheorie** (RN 22.16). Ob bereits eine ausführungsnahe Handlung iSd § 15 Abs 2 vorliegt, ist durch **wertende Betrachtung vom objektiven Standpunkt eines begleitenden Beobachters** zu ermitteln. Beurteilungsgrundlage bildet aber weniger das für den Beobachter oft nur bruchstückhaft erkennbare äußere Geschehen, sondern **in erster Linie** jene Vorstellung, die sich der Täter selbst vom konkreten Ablauf der Tat gemacht hat, dh der **konkrete Tatplan**; hL; vgl *Burgstaller* JBl 1976 119; *Durl/Schütz* in *L/St* § 15 RN 8 ff; *Triffterer* AT 15/15; stRspr; vgl EvBl 2007/85; SSt 63/14; JBl 1990 332; RZ 1988/49; JBl 1981 108; EvBl 1980/220. IdS muss die Handlung „subjektiv und objektiv ausführungsnah" sein; vgl EvBl 1981/192; ähnlich SSt 56/55; SSt 56/10; SSt 46/22.

Beachte! Das in Lehre und Rspr beliebte Abstellen darauf, ob der Täter die **entscheidende Hemmschwelle** bereits überschritten hat (vgl ua *Durl/Schütz* in *L/St* § 15 RN 11; EvBl 1994/78; SSt 61/109; SSt 52/40; SSt 46/22), ist kaum mehr als eine bildhaft-einprägsame Umschreibung eines idR bereits auf anderem Wege gefundenen Ergebnisses und daher verzichtbar; so *Hager/Massauer* WK[2] §§ 15 f RN 31 f; *Fuchs/Zerbes* AT I 29/35; SSt 2003/18. Auch kommt es nicht darauf an, ob der **Täter** selbst sein Verhalten bereits als den entscheidenden Schritt zur Tatausführung **empfunden** hat; vgl *Burgstaller* JBl 1976 120; *Durl/Schütz* in *L/St* § 15 RN 11.

Abgrenzungsformel: Maßgebend ist, ob die Handlung **aus wertender Sicht ex ante und unter Berücksichtigung der konkreten Vorstellungen des Täters unmittelbar, dh ohne weitere selbständige Zwischenakte, in die Tatbestandsverwirklichung einmünden soll.** Bedarf es dagegen noch **weiterer essentieller zeitlicher, örtlicher und/oder manipulativer Etappen,** fehlt es an der für die ausführungsnahe Handlung erforderlichen engen zeitlich-örtlichen bzw aktionsmäßigen Beziehung zur Tatbestandsverwirklichung; stRspr; vgl dazu mit unter-

C. Abgrenzung von Vorbereitung und Versuch

schiedlichen Akzenten SSt 63/14; EvBl 1996/132; SSt 62/65; JBl 1992 726 m Anm *Kienapfel;* JBl 1990 329 m Anm *Kienapfel;* JBl 1990 332; JBl 1988 661; JBl 1987 58 m Anm *Mayerhofer;* SSt 57/21; EvBl 1979/6; SSt 49/26; SSt 48/98; SSt 46/22; *Burgstaller* JBl 1976 116; *Durl/Schütz* in *L/St* § 15 RN 9 f; *Hager/Massauer* WK² §§ 15 f RN 30; *Triffterer* AT 15/15 ff.

Beispiele: Verfolgt der **zu sofortiger Tatausführung entschlossene Täter** das Opfer, um ihm an geeigneter Stelle und im passenden Moment die Handtasche gewaltsam wegzunehmen, liegt nach der ersten Abgrenzungsformel schon eine ausführungsnahe Handlung iSd § 15 Abs 2, § 142 vor (SSt 55/69); differenzierend *Sautner* JBl 2013 766. Nach der Rspr ist Diebstahlsversuch bereits anzunehmen, wenn der zu sofortiger Tatausführung entschlossene Täter am Tatobjekt nach einer Einsteigemöglichkeit sucht (14 Os 45/93), in das Firmengelände eindringt (11 Os 11/95) oder das Stiegenhaus betritt, um dort Wohnungen aufzubrechen (11 Os 167/86).

Beachte! Deliktsqualifikationen (zB § 129 Abs 1 Z 1–4, § 136 Abs 2, § 147) erweitern prinzipiell nicht den Versuchsbereich. Der Beginn der Verwirklichung eines Qualifikationsmerkmals (zB Aufbrechen der Tür bei § 129 Abs 1 Z 1) begründet aber nur dann Ausführungsnähe iSd § 15 Abs 2, wenn **im unmittelbaren Anschluss daran** die Verwirklichung des Grundtatbestandes erfolgen sollte.

Bei **zweiaktigen Delikten,** deren Tatbild nicht eine, sondern zwei (oder mehrere) aufeinanderfolgende Handlungen voraussetzt, genügt Ausführungsnähe in Bezug auf den **ersten Deliktsakt;** vgl *Burgstaller* JBl 1976 118; *Durl/Schütz* in *L/St* § 15 RN 12. Ist der vermummte Bankräuber im Begriff, die Bank mit gezogener Waffe zu betreten, um dann die Mitarbeiter zu bedrohen, besteht eine Ausführungsnähe zur Drohung mit gegenwärtiger Gefahr für Leib und Leben. Damit ist der Raub versucht.

3. Deliktsspezifische Abgrenzungen

Übereinstimmung herrscht heute insoweit, als die Frage der ausführungsnahen Handlung bei den einzelnen Delikten **unterschiedliche Akzentuierungen** erfordert und daher unter Berücksichtigung der jeweiligen **tat- und deliktsspezifischen Besonderheiten** zu entscheiden ist; hM; vgl *Durl/Schütz* in *L/St* § 15 RN 9; *Fuchs/Zerbes* AT I 29/37 ff; stRspr; vgl SSt 63/14; RZ 1988/49; EvBl 1983/168; SSt 52/23; EvBl 1981/104; SSt 48/98. In der Handhabung des § 15 Abs 2 bestehen allerdings bei einzelnen Delikten zum Teil erhebliche Differenzen zwischen Lehre und Praxis: **22.20**

a) **Tötungsdelikte.** Bei den vorsätzlichen Tötungsdelikten tritt durch § 15 Abs 2 idR nur eine geringfügige zeitliche Vorverlagerung des Strafbarkeitsbeginns ein. Nach SSt 48/75 kann das Durchsuchen der Wohnung nach dem (zB abwesenden) Opfer durch den zur sofortigen Tötung Entschlossenen genügen. **22.21**

Aber: Erfordert das Wirksamwerden des Tatmittels längere Zeit (zB Bombe mit Zeitzünder, dazu eingehend *Sautner* JBl 2013 766) oder bedarf es zum Erfolgseintritt der Mitwirkung des Opfers oder eines Dritten (zB A deponiert das mit Gift versetzte Lieblingsgetränk im Eisschrank des urlaubenden B), beginnt der Tötungsversuch idR schon in dem Moment, in dem der Täter die **den unmittelbaren Angriff bildende Kausalkette in Gang gesetzt und den weiteren Geschehensablauf definitiv aus der Hand gegeben hat.** Jedoch ist in solchen und vergleichbaren Fällen noch **straflose Vorbereitung** anzunehmen, solange sich das Opfer **noch nicht in den unmittelbaren Gefahrenbereich** begeben hat **und** der Täter den Geschehensablauf **jederzeit stoppen kann;** vgl *Wessels/Beulke/Satzger* AT RN 857; grundlegend *Roxin* JuS 1979 1; im Ergebnis auch BGHSt 43 177; differenzierend *Wach* ÖJZ 2002 791. Zu den Fällen des **Auflauerns** bzw **Verfolgens** vgl *Fuchs* Triffterer-FS 82; *StudB BT II* § 142 RN 61 mN.

22. Kapitel: Vorbereitung, Versuch und Vollendung

22.22   b) **Diebstahl**. Ausführungsnahe Handlungen iSd § 15 Abs 2: Einseifen einer Fensterscheibe, um das Klirren beim Eindrücken zu vermeiden; Anlegen der Leiter, um unmittelbar danach über den Balkon einzusteigen; Abtasten der Kleidung durch den Dieb; vgl *StudB BT II* § 127 RN 188; *Durl/Schütz* in *L/St* § 15 RN 17.

Aber: Zu **weit** geht es, wenn manche E schon das Aneignen eines Tatfahrzeugs oder das Losfahren zum späteren Tatort (EvBl 1978/197) als Einbruchsversuch werten; krit dazu *StudB BT II* § 127 RN 189 mw Beispielen. Dies bedeutet einen bedauerlichen Rückfall in die durch § 15 Abs 2 überholte **Manifestationstheorie** der früheren Judikatur; zu dieser Theorie vgl *Burgstaller* JBl 1969 531. Zu Recht hat die Praxis aber im bloßen Auskundschaften des Tatorts, ohne gleich in das Haus einsteigen zu wollen, (EvBl 1981/192; LSK 1976/3) und im vergeblichen Anwerben von Tatgenossen eine noch straflose Vorbereitung des Diebstahls gesehen; str; vgl dazu RN 36.17. Zum Ganzen wie hier *Durl/Schütz* in *L/St* § 15 RN 16.

22.23   c) **Urkundenfälschung**. Das bloße Bei-sich-Führen eines gefälschten Führerscheins, um sich damit bei etwaigen Kontrollen auszuweisen, ist heute nicht mehr als versuchter Urkundengebrauch (§ 223 Abs 2, § 224) strafbar. In solchen und vergleichbaren Fällen ist das 2004 neu geschaffene (strafmildere) Besitzdelikt des § 224a anzuwenden; vgl dazu *StudB BT III* § 224a RN 4; SSt 2005/50.

22.24   d) **Sonstige Delikte**. Praktisch und prüfungsmäßig wichtig ist die Abgrenzung von Versuch und Vorbereitung insb auch beim **Raub** (vgl *StudB BT II* § 142 RN 59 ff mN; *Sautner* JBl 2013 766) und beim **Betrug** (vgl *StudB BT II* § 146 RN 241 ff mN); speziell zum **mehrstufig** begangenen Betrugsversuch vgl EvBl 1993/39; JBl 1992 126; JBl 1990 329 m Anm *Kienapfel*; ebenso BGH JR 1992 121 m Anm *Kienapfel*; eingehend *Karollus* JBl 1989 627; *Hager/Massauer* WK[2] §§ 15 f RN 217 ff.

D. Vollendung

22.25   **1. Definition. Ein Delikt ist vollendet, sobald seine sämtlichen Tatbestandsmerkmale erfüllt sind.** Auch die Abgrenzung von Versuch und Vollendung ist **tat- und deliktsspezifisch** vorzunehmen und hängt entscheidend von Fassung und Auslegung des jeweiligen Delikts ab. Es handelt sich damit in erster Linie um eine Frage des **Besonderen Teils**.

Beispiele: **Diebstahl** und **Raub** sind erst mit der Begründung **neuen Gewahrsams** vollendet; dieser Zeitpunkt wirft allerdings bei beiden Delikten eine Fülle von (oft klausurrelevanten!) Einzelfragen auf; näher *StudB BT II* § 127 RN 107 ff u § 142 RN 41 f. Der **Betrug** ist erst mit dem Eintritt des Vermögensschadens vollendet; eine bloße Vermögensgefährdung genügt nicht; vgl *StudB BT II* § 146 RN 154 ff mN; JBl 2008 539 m krit Anm *Kienapfel*. Eine **Vergewaltigung** ist nach der Rspr schon in dem Augenblick vollendet, in dem es zur Berührung der Geschlechtsteile kommt; vgl EvBl 1991/13.

22.26   **2. Konsequenzen.** Bedeutsam ist die Abgrenzung von Versuch und Vollendung

- vor allem für die **Strafzumessung**. Das vollendete Delikt wird idR **strenger bestraft** (vgl § 34 Abs 1 Z 13).
- Vom versuchten Delikt kann man **prinzipiell strafbefreiend zurücktreten**; vgl § 16. Beim vollendeten Delikt kommt Strafbefreiung dagegen nur in bestimmten Ausnahmefällen in Betracht. Näheres RN 24.23.
- Nur bis zur Vollendung des Delikts ist strafbare Beteiligung möglich; vgl RN 35.20.

Wichtig! Die dogmatisch kategoriale Bedeutung der Abgrenzung von Versuch und Vollendung ist durch die **E eines verstärkten Senats** aus prozessökonomischen Erwägungen stark reduziert worden; vgl SSt 2007/35 = JBl 2008 401 m krit Anm *Burgstaller*. Nach

D. Vollendung

Ansicht des OGH beschränkt sich die rechtliche Bedeutung der **Abgrenzung von Versuch und Vollendung** ausschließlich auf das Vorliegen eines Milderungsgrundes (§ 34 Abs 1 Z 13) und soll daher **nur** für die **Strafzumessung** relevant sein. Der damit eingeleitete **Paradigmenwechsel** – angedacht bereits bei *L/St*[1] 127 – hat prozessual die Konsequenz, dass diese Abgrenzungsfrage **nicht** mehr mit der **Subsumtionsrüge** des § 281 Abs 1 Z 10 StPO, sondern nur noch mit der **Sanktionsrüge** des § 281 Abs 1 Z 11 2. Fall StPO geltend zu machen ist. Dieser Schritt begegnet sowohl aus materiellrechtlichen als auch aus prozessualen Gründen (insb § 314 StPO) Bedenken. Näher zur ebenso kontroversiellen wie facettenreichen Diskussion vgl *Moos* JBl 2007 341; *Ratz* JBl 2008 708; *Burgstaller* JBl 2008 743; *Tipold* JBl 2009 262 (Anm).

3. **Sonderprobleme. a) Delikte mit erweitertem Vorsatz.** Sie sind bereits in dem Zeitpunkt **vollendet,** in dem der Täter mit dem erweiterten Vorsatz die **Tathandlung** vorgenommen hat bzw bei Erfolgsdelikten der Erfolg eingetreten ist. Die **Realisierung des erweiterten Vorsatzes** ist zur Vollendung nicht erforderlich. 22.27

Beispiele: Der Eintritt der Bereicherung bei §§ 127, 133 f, 142 u 146, der Gebrauch der gefälschten Urkunde bei § 223 Abs 1, der Eintritt einer Schädigung bei § 302 Abs 1 gehören nicht mehr zum objektiven Tatbestand dieser Delikte; vgl bereits RN 11.23.

b) **Dauerdelikte und Dauerstraftaten.** Bei ihnen ist zwischen (rechtlicher) **Vollendung** und **tatsächlicher „Beendigung"** zu unterscheiden; zu den Konsequenzen vgl RN 9.28 f. 22.28

c) **Vorbereitungsdelikte und Versuchs- bzw Unternehmensdelikte.** Erstere sind schon mit der Vornahme einer Vorbereitungshandlung, die anderen mit der Vornahme einer Versuchs- bzw Unternehmenshandlung **vollendet.** Zu den unterschiedlichen Konsequenzen vgl RN 22.5 ff sowie 9 a u 9 b. 22.29

Zur Vertiefung: Zur Abgrenzung von Vorbereitung und Versuch vgl eingehend *Burgstaller* JBl 1976 114; *Durl/Schütz* in *L/St* § 15 RN 8 ff; *Fuchs/Zerbes* AT I 29/19 ff; *Sautner* JBl 2013 766.

■ ■ ■ Programmbearbeiter lesen jetzt bitte die TE 22 ■ ■ ■

23. Kapitel

Aufbau der Versuchsprüfung

Inhaltsübersicht

RN

A. Der Tatbestand des versuchten Delikts 23.1–23.13
   1. Nichterfüllung des gesetzlichen Tatbildes 23.4–23.5
   2. Voller Tatentschluss 23.6–23.11
      a) Auslegung 23.7–23.9
      b) Dogmatische Zuordnung 23.10–23.11
   3. Ausführungshandlung bzw ausführungsnahe Handlung 23.12–23.13
B. Die Rechtswidrigkeit beim versuchten Delikt 23.14
C. Die Schuld beim versuchten Delikt 23.15
D. Durchblick 23.16–23.18
E. Fallprüfungsschema beim versuchten Delikt 23.19

23. Kapitel: Aufbau der Versuchsprüfung

A. Der Tatbestand des versuchten Delikts

23.1 Das versuchte Delikt ist eine **besondere Erscheinungsform des vorsätzlichen Delikts**. Plastisch formuliert: Versuch ist **vollständig gewollte,** aber **vor der Vollendung** „steckengebliebene" Tat. Das allgemeine Fallprüfungsschema der vorsätzlichen Delikte gilt daher grundsätzlich auch für die Prüfung des versuchten Delikts.

23.2 Doch ergeben sich aus dem **Wesen** des Versuchs einige bedeutsame Abweichungen. **Drei Mindestvoraussetzungen** müssen bei jedem Versuch zusammentreffen:

- Es dürfen nicht sämtliche objektiven Tatbestandsmerkmale erfüllt sein – denn sonst läge ein vollendetes Delikt vor.
- Der Täter muss mit vollem Tatentschluss gehandelt haben – denn der Versuch ist eine Erscheinungsform des vorsätzlichen Delikts.
- Der Täter muss diesen Tatentschluss bereits durch eine Ausführungshandlung bzw eine ausführungsnahe Handlung iSd § 15 Abs 2 betätigt haben – denn sonst wäre die Tat als bloße Vorbereitungshandlung noch straflos.

23.3 Daraus ergibt sich zwanglos das **Fallprüfungsschema** für den Tatbestand des Versuchs:

1. Nichterfüllung des gesetzlichen Tatbildes

2. Voller Tatentschluss

3. Ausführungshandlung bzw ausführungsnahe Handlung

Beachte! Im Hinblick auf die Identität von § 15 StGB mit § 13 FinStrG gilt die gesamte Versuchslehre auch für das **Finanzstrafrecht;** vgl näher *Leitner/Brandl/Kert* HB Finanzstrafrecht RN 319 ff. Ebenso für das **Verwaltungsstrafrecht** (§ 8 VStG); vgl näher *Raschauer/Wessely* Verwaltungsstrafrecht 107.

1. Nichterfüllung des gesetzlichen Tatbildes

23.4 Ob der objektive Tatbestand erfüllt ist, wird im Wege der **Auslegung** der einzelnen Tatbestandsmerkmale ermittelt. Diese Frage kann bei komplizierten Merkmalen Schwierigkeiten bereiten.

Es genügt schon das (zB teilweise) Fehlen eines **einzigen** objektiven Tatbestandsmerkmals. Das ist bei den Erfolgsdelikten meist der **Erfolg** bzw die **Kausalität,** kann im Übrigen aber auch irgendein anderes objektives Tatbestandsmerkmal betreffen, etwa die **Tathandlung** (zB Wegnahme bei § 127), **Eigenschaften** einer Person (zB unmündige Person bei § 206 Abs 1) oder einer **Sache** (zB Fremdheit bei § 127).

23.5 Versuch kommt insb auch dann in Betracht, wenn der eingetretene Erfolg dem Täter **nicht objektiv zugerechnet** werden kann, weil er in einer Weise zustandegekommen ist, die nicht den Anforderungen des Adäquanz- und Risikozusammenhangs entspricht; vgl JBl 1994 556 m Anm *Burgstaller;* dazu RN 12.8 a.

Beispiel: Das Opfer hat den Mordanschlag überlebt, wird aber auf dem Weg zum Arzt vom Blitz oder von einem Dachziegel erschlagen. Solche Fallkonstellationen führen nur zur Bestrafung wegen **Mordversuchs,** obwohl der Erfolg „letztlich" eingetreten ist; vgl näher RN 24.15 b u 17 sowie *StudB BT I* § 75 RN 16 ff u 21. **Prüfungsmaterie!**

A. Der Tatbestand des versuchten Delikts

2. Voller Tatentschluss

Voller Tatentschluss bezeichnet den in § 15 Abs 2 beschriebenen „Entschluss, die Tat auszuführen". Damit ist gemeint, dass beim Versuch **in subjektiver Hinsicht nichts fehlen darf;** in der Sache ebenso *Burgstaller* JBl 1976 113; *Fuchs/Zerbes* AT I 29/15. 23.6

a) **Auslegung.** Bei den meisten Delikten ist „voller Tatentschluss" identisch mit **Tatvorsatz.** 23.7

Beachte! Voller Tatentschluss erfordert stets einen **unbedingten Handlungswillen;** vgl RN 11.15. Der Täter muss sich **definitiv entschieden** haben, die Tat zu verwirklichen; vgl 11 Os 170/98. Bloßes „Geneigtsein", latente Handlungsbereitschaft, Abhängigmachen des definitiven Handlungswillens von einer Bedingung (zB Mitwirken eines bestimmten Komplizen) erfüllen diese Voraussetzung nicht (RN 11.15). Hat sich der Täter aber zur Tatausführung **endgültig entschlossen,** genügt für den Versuch **bedingter Tatvorsatz,** soweit er auch für die vollendete Tat ausreicht.

Der **Vorsatz** muss **auf Vollendung** der Tat gerichtet sein = sog **Vollendungswille.** Will der Täter es von vornherein beim Versuch bewenden lassen, liegt kein wirklicher Tatentschluss vor; hM; vgl *Durl/Schütz* in *L/St* § 15 RN 5 b; *Rittler* I 253. 23.8

Aber: Schießt A auf B nach dem Motto, „mal sehen, ob ich treff", handelt er mit Vollendungswillen in der Form des bedingten Tötungsvorsatzes.

Bei den **Delikten mit erweitertem Vorsatz** bedeutet „voller Tatentschluss" **Tatvorsatz plus erweiterter Vorsatz.** 23.9

B e i s p i e l e : Deshalb scheidet Diebstahlsversuch aus, falls der Täter fremden Gewahrsam zwar brechen, die weggenommene Sache aber sofort zerstören oder in den Fluss werfen will; vgl näher *StudB BT II* § 127 RN 150; SSt 47/13. Wer aus Jux beginnt, einen unechten Wechsel herzustellen, handelt nicht mit dem erweiterten Vorsatz des § 241 a Abs 1 und begeht daher keine versuchte Fälschung eines unbaren Zahlungsmittels.

b) **Dogmatische Zuordnung.** Der „volle Tatentschluss" gehört nach hM zum **Begriff** und damit zum **Tatbestand** des versuchten Delikts. Denn **ohne** ihn lässt sich nicht entscheiden, **ob** der Täter überhaupt ein Delikt verwirklichen wollte, und, wenn ja, **welches.** 23.10

Beim Versuch ist der Tatvorsatz daher nach allen heute vertretenen Lehrmeinungen ein **subjektives Tatbestandsmerkmal.** Die personale Unrechtslehre sieht darin ein Hauptargument dafür, dass der Tatvorsatz auch beim vollendeten Delikt zum Tatbestand gehört; vgl *Moos* StP II 18; *Triffterer* AT 6/21 ff.

Wichtig! Ein **Tatbildirrtum** schließt somit immer den **Tatbestand** des Vorsatzdelikts aus. 23.11

3. Ausführungshandlung bzw ausführungsnahe Handlung

Begrifflich beginnt der Versuch **frühestens** mit dem Überschreiten der im § 15 Abs 2 umschriebenen Schwelle. Versuch liegt daher vor, sobald der Täter seinen Tatentschluss durch eine **ausführungsnahe Handlung iSd § 15 Abs 2** betätigt hat. Umso mehr ist Versuch anzunehmen, sobald der Täter bereits eine **Ausführungshandlung** vorgenommen hat; vgl zum Ganzen näher RN 22.17 ff. 23.12

23. Kapitel: Aufbau der Versuchsprüfung

23.13 **Wichtiger Hinweis für die Fallprüfung!** Hat der Täter seinen Tatentschluss bereits durch eine **Ausführungshandlung** (Abgabe eines Schusses auf das Mordopfer; Einschlagen der Scheibe durch den Einbrecher) betätigt, ist es **falsch,** den Versuch mit der Formel des § 15 Abs 2 für die **ausführungsnahe Handlung** zu begründen. Diese ist nur dann heranzuziehen, wenn die Tat **noch nicht** das eigentliche Ausführungsstadium erreicht hat; ebenso *Burgstaller* JBl 1976 115 FN 19; *Moos* Fälle[1] 52; SSt 55/8; 14 Os 81/13 p.

B. Die Rechtswidrigkeit beim versuchten Delikt

23.14 Insoweit gelten keine Besonderheiten. Auch die versuchte Tat kann durch einen **Rechtfertigungsgrund** gerechtfertigt sein.

Beispiel: Der Schlag, mit dem ein rechtswidriger Angriff abgewehrt wird, ist, wenn er trifft, als vollendete Körperverletzung, wenn er daneben geht, als versuchte Körperverletzung durch Notwehr gerechtfertigt.

C. Die Schuld beim versuchten Delikt

23.15 Die Schuldprüfung gliedert sich beim versuchten Delikt in vier Prüfungselemente – zweckmäßigerweise in nachstehender Reihenfolge:

1. **Schuldfähigkeit**
2. **Besondere Schuldmerkmale** (falls gesetzlich vorgesehen)
3. **Unrechtsbewusstsein** bzw **Verbotsirrtum**
   a) Irrtum über einen rechtfertigenden Sachverhalt (§ 8)
   b) Direkter bzw indirekter Verbotsirrtum (§ 9)
4. **Entschuldigungsgründe** bzw **Irrtum über einen entschuldigenden Sachverhalt** (§ 10)

D. Durchblick

23.16 1. Das **vollendete Delikt** (der Vereinfachung wegen bleiben die Delikte mit erweitertem Vorsatz aus dem Spiel) ist dadurch gekennzeichnet, dass alle objektiven Tatbestandsmerkmale erfüllt und auch vom Vorsatz des Täters umfasst sind. Man kann deshalb wie folgt formulieren: Die objektive Tatseite (= das gesetzliche Tatbild) ist mit der subjektiven Tatseite (= dem Vorsatz) **kongruent:**

Tatbild
Vorsatz

= vollendetes Delikt

23.17 2. Dagegen ist das **versuchte Delikt** dadurch gekennzeichnet, dass zwar nicht sämtliche objektiven Tatbestandsmerkmale erfüllt sind, der Täter aber alle objektiven Tatbestandsmerkmale, dh das gesetzliche Tatbild verwirklichen will. Beim Versuch ist die objektive mit der subjektiven Tatseite **nicht kongruent. Die subjektive Tatseite reicht über die objektive hinaus:**

Tatbild
Vorsatz

= versuchtes Delikt

E. Fallprüfungsschema beim versuchten Delikt

23.18 3. Ähnlich wie der Versuch ist auch der **Tatbildirrtum** dadurch gekennzeichnet, dass objektive und subjektive Tatseite **nicht kongruent** sind, dies aber in einem dem Versuch umgekehrten Sinne. **Die objektive Tatseite reicht über die subjektive hinaus:**

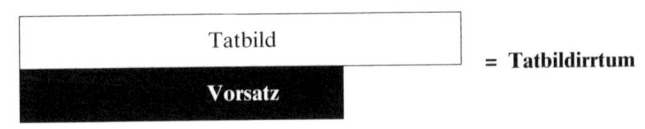

```
┌─────────────────────────────┐
│         Tatbild             │
├──────────────┐              │     = Tatbildirrtum
│   Vorsatz    │              │
└──────────────┴──────────────┘
```

E. Fallprüfungsschema beim versuchten Delikt

Dieses Fallprüfungsschema ist als **Anhang 2** abgedruckt. **23.19**

Prüfungsfälle mit Lösungen zum Versuch vgl Fälle[2] 19 *(H. Steininger)*, 35 *(Kienapfel)*, 139 *(Moos)*; Prüfungsfälle 46 u 51 *(Medigovic)*, 75 *(Brandstetter)*; *Hinterhofer/Schütz* Fallbuch 4 11 20 33 79 129 179 190 281 328 398; *Luef-Kölbl/Sprajc* Fälle 115 166 208 240; *Kienapfel/Plöckinger* JAP 2000/01 148; *Kienapfel/Herbe/Plöckinger* JAP 2001/02 212; *Kienapfel/Mitgutsch* JAP 2002/03 82; *Kienapfel/Koppler* JAP 2008/09 132; *Sagmeister/Komenda/Madl/Höcher* 42 59 u 77.

■ ■ ■ Programmbearbeiter lesen jetzt bitte die TE 23 ■ ■ ■

24. Kapitel
Rücktritt und tätige Reue

Inhaltsübersicht

	RN
A. Beendeter und unbeendeter Versuch	24.1–24.5
1. Ausgangsposition	24.1
2. Abgrenzung	24.2
3. Definition	24.3
4. Maßgebender Zeitpunkt	24.4–24.5
B. Rücktritt des Alleintäters	24.6–24.10
1. Grundlagen	24.6–24.8
2. Systematik	24.9–24.10
C. Rücktrittsvoraussetzungen	24.11–24.19
1. Rücktrittsvoraussetzungen beim unbeendeten Versuch	24.11–24.15b
a) Endgültige Aufgabe der Tatausführung	24.12
b) Freiwilligkeit	24.13–24.15a
aa) *Frank*'sche Formel	24.14
bb) *Roxin*'sche Formel	24.15
cc) Grenzfälle	24.15a
c) Sonderkonstellation: Nicht objektiv zurechenbarer Erfolg	24.15b
2. Rücktrittsvoraussetzungen beim beendeten Versuch	24.16–24.19
a) Abwendung des Erfolgs	24.17
b) Freiwilligkeit	24.18
c) Eigenes Zutun	24.19

24. Kapitel: Rücktritt und tätige Reue

D. Fehlgeschlagener Versuch 24.20–24.21
E. Qualifizierter Versuch 24.22
F. Strafaufhebungsgründe....................................... 24.23–24.25c
   1. Definition.. 24.23–24.24
   2. Tätige Reue.. 24.25
   3. Verjährung...24.25a–24.25c
G. Strafausschließungsgründe................................... 24.26–24.29
   1. Definition und Wesen 24.26–24.27
   2. Aufbauhinweise 24.28
   3. Irrtümliche Annahme eines Strafausschließungsgrundes 24.29
H. Prozessuale Aspekte... 24.29a
I. Schaubild 24.30

A. Beendeter und unbeendeter Versuch

24.1 **1. Ausgangsposition.** Da gem § 16 für den **Rücktritt** vom beendeten Versuch andere Voraussetzungen als für den Rücktritt vom unbeendeten Versuch gelten, ist bei jeder Rücktrittsprüfung zunächst die Frage des **beendeten** oder **unbeendeten Versuchs** zu erörtern.

24.2 **2. Abgrenzung.** Die Frage, **wann** ein Versuch **beendet** ist, wird vom StGB nicht ausdrücklich geregelt. Diese Abgrenzung erfolgt ausschließlich nach **subjektiven Kriterien.**

Diesem subjektiven Ansatz haben sich *Burgstaller* StP III 32, *Triffterer* AT 15/37, *Durl/Schütz* in *L/St* § 16 RN 7, *Fuchs/Zerbes* AT I 31/21 sowie der **OGH** in SSt 2005/59, EvBl 1996/68, 16 Os 23/89 u RZ 1980/66 m zust Anm *Kienapfel* angeschlossen; für eine Grenzziehung nach **objektiven Kriterien** SSt 48/98; *Hager/Massauer* WK² §§ 15f RN 171; *Fabrizy* § 16 RN 3f; *Seiler* AT I RN 768ff; vermittelnd *Tipold* Rücktritt 69.

24.3 **3. Definition.** Der Versuch ist beendet, wenn der Täter glaubt, alles zur Vollendung der Tat Erforderliche getan zu haben. Glaubt er dagegen, noch weiterhandeln zu müssen, ist der Versuch unbeendet.

Beachte! Die subjektive Vorstellung des Täters ist auch dann maßgebend, wenn sie falsch ist. Ein Mordversuch ist mithin beendet, wenn der Mordschütze glaubt, das Opfer tödlich getroffen zu haben, während dieses sich jedoch noch rechtzeitig zu Boden geworfen hatte.

24.4 **4. Maßgebender Zeitpunkt.** Es kommt auf die **Abbruchsperspektive = Rücktrittshorizont** an. Maßgebend ist die Vorstellung des Täters bei **Abschluss bzw Abbruch der Tatausführung.** Glaubt der Täter zu diesem Zeitpunkt, noch weiterhandeln zu müssen, ist der Versuch **unbeendet**; vgl *Kienapfel* Pallin-FS 205 213; *Fuchs/Zerbes* AT I 31/20f; *Rebisant* Kontroversen RN 85f; zuletzt 11 Os 122/10 s.

Die hier in Übereinstimmung mit der modernen **Gesamtbetrachtungslehre** (Synonym: **Tateinheitslehre**) bezogene Position ist insoweit **rücktrittsfreundlich,** als sie in relativ weitem Umfang die Annahme des (für den Täter günstigen) **unbeendeten Versuchs** ermöglicht. Dieser Ansatz bedeutet allerdings einen Stich in ein dogmatisches Wespennest. Denn die bisherige hM stellt nicht auf die Abbruchs-, sondern auf die **Tatplanperspektive** ab, dh auf die ursprüngliche Vorstellung des Täters **bei Beginn der Tatausführung,** und differenziert danach, ob der Täter von vornherein nur einen einzigen Akt oder ob er Wiederholungs- oder Fortsetzungsakte eingeplant hatte; vgl *Burgstaller* StP III 33; *Triffterer* AT 15/40; SSt 2005/59; RZ 1980/66 m Anm *Kienapfel*. Nach der sog **Einzelakttheorie** werden

B. Rücktritt des Alleintäters

mehraktige oder wiederholte Ausführungshandlungen in einzelne, selbstständige Versuchshandlungen zerlegt, sodass der Versuch bei entsprechendem Vorsatz des Täters bereits mit der ersten Teilhandlung fehlgeschlagen und keinem Rücktritt mehr zugänglich ist. Deren Ergebnisse sind jedoch widersprüchlich und kriminalpolitisch anfechtbar; vgl näher *Roxin* JuS 1981 1; *Fuchs/Zerbes* AT I 31/38 ff. In der BRD hat der BGH in seiner GrundsatzE JR 1984 70 m zust Anm *Kienapfel* der Einzelakttheorie eine deutliche Absage erteilt; eingehend zum Ganzen *Kienapfel* Pallin-FS 205; *Fuchs/Zerbes* AT I 31/25 ff u 38 ff; *Tipold* Rücktritt 84; *Rebisant* Kontroversen RN 93 f.

Beachte! Ein häufiges Problem in der Praxis und den Klausuren ist der **unvermittelt abgebrochene Tötungsversuch.** Hält es der Täter beim Abbruch der Ausführungshandlung für sicher oder zumindest **für möglich und naheliegend,** dass das bereits Geschehene ausreicht, um den Tod herbeizuführen, ist der Versuch (auch) aus der Sicht der hier zugrunde gelegten Position **beendet.** In solchen Fällen genügt es zur Strafbefreiung nicht, dass der Täter nunmehr darauf verzichtet, den Erfolg auf andere Weise herbeizuführen. Straffreiheit kann er dann nicht mehr durch **bloßes Nichtweiterhandeln** (RN 24.11 ff), sondern nur noch durch tätigen Rücktritt gem § 16 Abs 1 3. Fall (RN 24.16 ff), dh durch **gefahrneutralisierendes Handeln,** erlangen; vgl *Kienapfel* Pallin-FS 217; RZ 1980/66 m Anm *Kienapfel;* BGHSt 33 295. **24.5**

Beispiele: Der Versuch ist idR **beendet,** wenn der Täter dem Opfer aus kürzester Entfernung in die Schläfe oder die Herzgegend schießt, einen tiefen Messerstich in den Bauchbereich führt oder ein 9-jähriges Kind in einen reißenden, hochwasserführenden Fluss stößt; vgl *Kienapfel* Pallin-FS 219.

B. Rücktritt des Alleintäters

1. **Grundlagen.** Durch das Institut des Rücktritts vom Versuch räumt das Gesetz dem Zurücktretenden das praktisch höchst bedeutsame **Privileg voller Straffreiheit** ein. Der Täter soll dafür **belohnt** werden, dass er die Tatausführung freiwillig aufgibt bzw bewirkt, dass die Tat nicht vollendet wird. Denn mit dieser **Rückkehr in die Legalität** beseitigt er den korrumpierenden Eindruck der Tat auf die Gemeinschaft und verdient deswegen Nachsicht; sog **Prämien-** oder **Gnadentheorie** *(Jescheck, Platzgummer, Fuchs).* **24.6**

Neben der Prämien- oder Gnadentheorie werden als Grund für die Strafaufhebung beim Rücktritt auch die ihr nah verwandte **Strafzwecktheorie** *(Burgstaller, Triffterer)* und die **Theorie der goldenen Brücke** *(Foregger, Rittler)* vertreten. Die praktische Bedeutung dieser unterschiedlichen Akzentuierungen hält sich jedoch in Grenzen; zu den Theorien vgl *Triffterer* AT 15/49 ff. **24.7**

Beachte! Prämiert wird bereits die **Tatsache,** dass der Täter die Tatausführung **freiwillig** aufgegeben bzw den Erfolg abgewendet hat. Auf Einsicht oder reumütige Umkehr kommt es ebenso wenig an wie auf die Lauterkeit der **Motive;** vgl *Durl/Schütz* in *L/St* § 16 RN 2. **24.8**

2. **Systematik.** Entsprechend den beiden **Formen** des Versuchs (RN 24.1) unterscheidet das StGB **zwei Arten des Rücktritts:** den **einfachen Rücktritt** vom unbeendeten Versuch (§ 16 Abs 1 1. Fall) und den **tätigen Rücktritt** vom beendeten Versuch (§ 16 Abs 1 3. Fall). **24.9**

Beachte! § 16 Abs 1 1. Fall regelt nur den Rücktritt vom unbeendeten Versuch durch den **Alleintäter.** Bei **mehreren Beteiligten** verschärft das StGB die Rücktrittsvoraussetzungen. Straffreiheit tritt nur ein, falls auch die etwaige Ausführung der Tat durch den oder die anderen Beteiligten **verhindert** wird; vgl § 16 Abs 1 2. Fall; vgl dazu RN 36.27 ff. **24.10**

24. Kapitel: Rücktritt und tätige Reue

C. Rücktrittsvoraussetzungen
1. Rücktrittsvoraussetzungen beim unbeendeten Versuch

24.11 Beim unbeendeten Versuch genügt **einfacher Rücktritt** gem § 16 Abs 1 1. Fall. Seine beiden Voraussetzungen:
- **Endgültige Aufgabe der Tatausführung**
- **Freiwilligkeit**

24.12 a) **Endgültige Aufgabe der Tatausführung.** Aufgabe der Tatausführung bedeutet, dass der Täter die begonnene Tatverwirklichung **abbricht.** Beim versuchten Begehungsdelikt genügt schon das **bloße Nichtweiterhandeln.** Nur beim versuchten Unterlassungsdelikt muss der Täter aktiv tätig werden.

Endgültig muss die Aufgabe der Tatausführung in dem Sinne sein, dass der Täter seinen Tatentschluss revidiert und auf jede weitere Ausführung **dieser Tat** verzichtet; vgl *Durl/Schütz* in *L/St* § 16 RN 7; JBl 1998 666. Strafbar bleibt also, wer die Tatausführung nur unterbrechen bzw aufschieben und später in **planäquivalenter Weise** fortsetzen will. Doch ist der bloße Vorbehalt, die Tat *irgendwann,* bei anderer Gelegenheit, erneut zu versuchen, unschädlich; vgl *Triffterer* AT 15/54 f; *Hager/Massauer* WK[2] §§ 15 f RN 130; näher zum Ganzen *Tipold* Rücktritt 134.

24.13 b) **Freiwilligkeit.** Das Freiwilligkeitserfordernis und seine Anwendung bilden in der Praxis und vielen Prüfungsarbeiten idR ein **Hauptproblem.** Dieser schillernde Begriff ist bis heute nicht abschließend geklärt und streitig:

24.14 aa) *Frank*'sche Formel. Die auf einem **psychologischen Ansatz** beruhende *Frank*'sche Formel wird in Lehre und Praxis seit jeher mit Vorliebe verwendet, auch wenn völlig unbestritten ist, dass sie **nicht alle Fälle** (vgl etwa RN 24.15 a) zu lösen vermag; vgl *Rittler* I 267; *Durl/Schütz* in *L/St* § 16 RN 2; *Fabrizy* § 16 RN 8; iSd *Frank*'schen Formel, wenn auch teilw mit Modifikationen, insb die Rspr; vgl EvBl 1995/92; SSt 58/61; SSt 52/40; EvBl 1978/197; SSt 48/28; EvBl 1976/98; ebenso die deutsche und die schweizerische Rspr; vgl etwa BGHSt 35 187; BGH NStZ 1988 404 m Anm *Lackner;* BGE 108 IV 106; BGE 83 IV 2; krit zu diesem Ansatz *Burgstaller* StP III 35; *Triffterer* AT 15/57; *Hager/Massauer* WK[2] §§ 15 f RN 127.

Freiwillig = „ich will nicht, obwohl ich kann".
Unfreiwillig = „ich kann nicht, obwohl ich will".

Beispiele: Freiwillig iSd *Frank*'schen Formel ist idR der Rücktritt aus Gewissensgründen, aus Mitleid, aus Angst vor Schimpf und Schande, mangels „Mutes", aus (allgemeiner) Furcht vor Strafe (SSt 52/40; LSK 1977/290), wegen der Vorhalte eines Mittäters, des Opfers oder eines Dritten (SSt 58/61), weil es sich der Täter „anders überlegt" hat. Entscheidend ist, ob im Täter **trotz der veränderten Umstände** die **Vorstellung** erhalten bleibt, dass eine **seinem Tatplan entsprechende Tatvollendung noch möglich wäre**; vgl 11 Os 2/06 p; SSt 62/127/65; EvBl 1995/92; SSt 58/66/61; *Hager/Massauer* WK[2] §§ 15 f RN 128; *Durl/Schütz* in *L/St* § 16 RN 2 mN. **Unfreiwillig** ist der Rücktritt idR, wenn das Opfer Widerstand leistet (11 Os 2/06 p; SSt 62/69/23; SSt 40/23) oder flüchtet (11 Os 2/06 p; EvBl 1996/54; JBl 1990 807; JBl 1977 327 m Anm *Liebscher*), wenn ein Polizeiauto naht (SSt 63/14) oder die Alarmanlage ausgelöst wird (SSt 63/32), wenn sich der Täter beobachtet (SSt 49/26) oder ertappt fühlt (SSt 58/61), wenn er einschläft (12 Os 103/90), wenn ihn tiefer Ekel erfasst (13 Os 176/86), wenn sich die Haustür nicht öffnen oder das aufgebrochene Fahrzeug nicht starten lässt.

24.15 bb) *Roxin*'sche Formel. Sie geht von einem **normativen Ansatz** aus und legt die Verbrechervernunft als Maßstab an. Danach ist der Rücktritt unfrei-

C. Rücktrittsvoraussetzungen

willig, wenn die Tat zwar objektiv noch ausführbar ist oder der Täter sie (beim untauglichen bzw misslungenen Versuch) zumindest noch für ausführbar hält, es aber nach der **Verbrechervernunft unklug** wäre, dies angesichts der veränderten (insb die Tatausführung erschwerenden) oder mit sonstigen Nachteilen verbundenen Umstände zu tun. Darin liegt **keine verdienstvolle Rückkehr in die Legalität**; vgl *Roxin* Heinitz-FS 256; ähnlich *Fuchs/Zerbes* AT I 31/44.

Beachte! Meist decken sich die mit der *Roxin*'schen und der *Frank*'schen Formel gewonnenen Ergebnisse. Dennoch empfiehlt es sich, beide Ansätze nebeneinander zur **Gegenkontrolle** zu verwenden. In einigen Randbereichen führt erst der normative Ansatz *Roxins* zum richtigen Ergebnis; vgl RN 24.15a.

Beispiele: Unfreiwillig sowohl iSd *Frank*'schen als auch der *Roxin*'schen Formel ist der Rücktritt idR **bei tatsächlicher oder vermeintlicher Erschwerung der tatplanmäßigen Deliktsausführung**, etwa wenn der Täter am Tatort „zu viele Leute" antrifft (EvBl 1998/182; EvBl 1978/197), eine Gendarmeriestreife herannahen sieht oder hört (SSt 63/14; EvBl 1998/182), durch Hundegebell irritiert wird (JBl 1981 108), die Alarmanlage ausgelöst hat (JBl 1999 479) oder sonst aufgrund der **konkreten Umstände** fürchtet, bei der weiteren Tatausführung entdeckt, erkannt oder festgenommen zu werden (SSt 63/32; SSt 58/61; EvBl 1978/197; RZ 1975/57), mag diese Befürchtung auch unbegründet sein.

cc) **Grenzfälle.** Manche Fälle lassen sich mit der *Frank*'schen Formel nicht angemessen lösen. **24.15a**

In dem Moment, in dem A zur Beraubung des B ansetzt, verliert der zufällig vorbeikommende Bankbote C ein Bündel Banknoten. A schaltet blitzschnell, bricht den Raubversuch ab und „begnügt" sich mit dem gefundenen Geld. **Im Gegensatz** zur *Frank*'schen Formel (= freiwillig) bleibt nach der *Roxin*'schen Formel die Strafbarkeit wegen Raubversuchs erhalten. **Umgekehrt** führt der normative Ansatz *Roxins* mit Recht zur Straflosigkeit eines abergläubischen Täters, der einen Einbruchsversuch nur deshalb aufgibt, weil in der Nähe ein Käuzchen ruft (anders nach der *Frank*'schen Formel).

c) **Sonderkonstellation: Nicht objektiv zurechenbarer Erfolg.** Tritt der Erfolg **trotz** freiwilliger Aufgabe der Tatausführung ein, stellt sich die Frage, ob der Täter wegen Rücktritts straflos oder aber wegen vollendeten Delikts zu verurteilen ist. Entscheidend ist, ob der Eintritt **dieses** Erfolgs dem Rücktrittswilligen nach Maßgabe des **Adäquanz- und Risikozusammenhangs** (RN 26.28ff u RN 28.3ff) noch **objektiv zugerechnet** werden kann. **24.15b**

Beispiel: A hört auf, B zu Tode zu würgen, und veranlasst dessen Einlieferung in ein Krankenhaus. Auf dem Transport dahin kommt es zu einem Verkehrsunfall, bei dem B den Tod findet. **Dieser** Erfolg ist A nicht objektiv zuzurechnen, da diesbezüglich der Risikozusammenhang durchbrochen ist; vgl RN 12.8a sowie näher *StudB BT I* § 75 RN 18; **Prüfungsmaterie!** Vom **Versuch** des § 75 ist A freiwillig zurückgetreten; übrig bleibt vollendete Körperverletzung; vgl RN 24.22.

2. Rücktrittsvoraussetzungen beim beendeten Versuch

Rücktritt vom beendeten Versuch ist an strengere Voraussetzungen geknüpft und erfordert einen **tätigen Rücktritt**. Gem § 16 Abs 1 3. Fall müssen drei Erfordernisse erfüllt sein: **24.16**

- **Abwendung des Erfolgs**
- **Freiwilligkeit**
- **eigenes Zutun des Täters**

24. Kapitel: Rücktritt und tätige Reue

24.17 a) **Abwendung des Erfolgs.** Der Täter muss den Erfolg **tatsächlich abwenden.** Die Anforderungen sind streng. Bloß halbherziges Bemühen genügt nicht. Der rücktrittswillige Täter trägt das **Erfolgsabwendungsrisiko;** hM; vgl *Triffterer* AT 15/60; *Durl/Schütz* in *L/St* § 16 RN 8.

Aber: Dieses Erfolgsabwendungsrisiko wird auch beim **beendeten Versuch** zu Gunsten des Rücktrittswilligen durch die Prinzipien der **objektiven Zurechnung** begrenzt. Bei gezielter Verhinderung der Erfolgsabwendung durch den Verletzten oder Dritte sowie in allen sonstigen Fällen, in denen der eingetretene Erfolg **außerhalb des Adäquanz- bzw Risikozusammenhangs** liegt (RN 26.28 ff u 28.3 ff), findet § 16 Abs 2 **analoge** Anwendung; näher dazu vgl *Tipold* Rücktritt 180.

24.18 b) **Freiwilligkeit.** Dazu RN 24.13 ff.

24.19 c) **Eigenes Zutun.** Gefordert wird **aktives Gegensteuern** durch **gefahrneutralisierendes Handeln** = Gegenaktivität mit Verhinderungskausalität; vgl SSt 2005/6. Passives Verhalten reicht ebenso wenig wie versehentliche Erfolgsabwendung. Eigenhändige Erfolgsabwendung ist allerdings nicht nötig. Es genügt, wenn Dritte auf Initiative des Täters den Erfolg abwenden (Arzt, Polizei, Feuerwehr etc). Das Erfolgsabwendungsrisiko trägt auch hier der Täter; vgl jedoch RN 24.17 aE.

Beispiel: Der Täter fährt sein schwerstverletztes Opfer O bis in Krankenhausnähe und entfernt sich. Unmittelbar danach bricht O zusammen, wird aber zufällig von einem Passanten entdeckt und gerettet. Das ist noch kein honorierungswürdiges Rücktrittsbemühen; vgl BGHSt 31, 48.

Beachte! Konnte der Erfolg nicht eintreten, was der rücktrittswillige Täter aber nicht wusste, oder wurde der Erfolg ohne sein Wissen und Zutun (zB durch Dritte) bereits abgewendet, scheidet strafbefreiender Rücktritt gem § 16 Abs 1 3. Fall aus. Zu denken ist an **Putativrücktritt** gem § 16 Abs 2; vgl RN 25.25.

D. Fehlgeschlagener Versuch

24.20 Ein Versuch ist fehlgeschlagen, wenn **der Täter erkennt oder zumindest glaubt, dass er sein Ziel nicht mehr oder höchstens durch einen neuen Versuch erreichen kann.** Dieser Begriff ist mithin **rein subjektiv** zu bestimmen; vgl *J/W* AT 543; *Triffterer* AT 15/42; SSt 2005/59. **Prüfungsmaterie!**

Beispiele: Der Einbrecher merkt, dass er den Tresor mit seinem Gerät nicht „knacken" kann. Die einzige Kugel, über die der Attentäter verfügt, verfehlt das Ziel. Beide berufen sich auf „Rücktritt".

24.21 Solche Täter haben „doppeltes Pech"; vgl *Moos* Fälle[1] 55. Einerseits ist ihre Tat gescheitert, andererseits bleibt ihnen auch die Rückkehr in die Legalität versagt, weil ihr Rücktritt logisch und begrifflich voraussetzt, dass der Täter sein Ziel für **noch erreichbar hält**; vgl *Burgstaller* StP III 36; SSt 58/66; JBl 1983 103; RZ 1980/66 m zust Anm *Kienapfel*. Eingehende Judikaturanalyse bei *Tipold* Rücktritt 104.

Beachte! Vom **fehlgeschlagenen Versuch** ist **weder Rücktritt** gem § 16 Abs 1 **noch Putativrücktritt** gem § 16 Abs 2 möglich; vgl *Durl/Schütz* in *L/St* § 16 RN 11 a; SSt 2005/59. Damit erübrigen sich die Fragen, ob der Versuch unbeendet oder beendet ist oder der Täter freiwillig gehandelt hat. Deshalb ist der fehlgeschlagene Versuch aufbaumäßig **vor** der gesamten Rücktrittsproblematik zu prüfen; s **Anhang 2;** wie hier *Roxin* JuS 1981 3; *Moos* Fälle[1] 55; *Brandstetter* Prüfungsfälle 29; EvBl 1996/68. Zum misslungenen Versuch vgl RN 25.25.

E. Qualifizierter Versuch

Als qualifizierten Versuch bezeichnet man einen Versuch, in dem ein vollendetes Delikt enthalten ist. Der Begriff ist missverständlich, gehört aber zu den anerkannten termini technici; vgl etwa *J/W* AT 549; *Durl/Schütz* in *L/St* § 16 RN 13; *Triffterer* AT 15/67. 24.22

Beachte! Diese Rechtsfigur ist in jenen Fällen von erheblicher praktischer Bedeutung, in denen der Täter **vom Versuch strafbefreiend zurücktritt**. Denn das im Versuch enthaltene **vollendete Delikt** bleibt von diesem Rücktritt unberührt und daher **strafbar;** arg § 16 Abs 1: nur „wegen des Versuches".

Beispiele: Beim Rücktritt vom versuchten Einbruchsdiebstahl bleibt gem § 16 Abs 1 oft Bestrafung wegen vollendeter Sachbeschädigung übrig. Letzteres gilt auch beim Rücktritt von einer versuchten Brandstiftung; vgl SSt 2005/6. Der Rücktritt vom Mordversuch befreit nur von der Bestrafung gem § 75. Der Täter ist jedoch idR wegen vollendeter Körperverletzung, allenfalls in der Qualifikation des § 84 Abs 4 oder § 87 Abs 1, zu verurteilen; vgl 11 Os 122/10s; EvBl 1981/77. Entsprechendes gilt beim Rücktritt vom versuchten Urkundenbetrug; vgl *StudB BT II* § 147 RN 28: §§ 223 f bleiben übrig.

F. Strafaufhebungsgründe

1. Definition 24.23

Hier handelt es sich um Fallkonstellationen, bei denen der Strafanspruch wegen der begangenen (versuchten bzw vollendeten) Straftat an sich **bereits entstanden** ist, aber aus besonderen kriminalpolitischen Gründen wieder aufgehoben wird; vgl näher *Medigovic/Reindl-Krauskopf/Luef-Kölbl* AT II 239.

Strafaufhebungsgründe beschreiben die Voraussetzungen, unter denen die wegen einer Straftat an sich bereits verwirkte Strafe wieder aufgehoben wird. 24.24

Mit den Strafaufhebungsgründen berücksichtigt das Gesetz besondere Umstände, die **nach Begehung** der (versuchten bzw vollendeten) Straftat eingetreten sind. Wichtige Strafaufhebungsgründe des materiellen Rechts sind **Rücktritt vom Versuch** (§ 16) und **tätige Reue** (insb § 167). Bei ihnen honoriert das Gesetz **verdienstvolles Umkehrhandeln**. Als Strafaufhebungsgründe iwS gelten aber auch vom tatbezogenen Handeln unabhängige formale Fakten wie Verjährung (§§ 57 ff), Tod des Rechtsbrechers sowie das Erlöschen des Strafanspruchs (zB durch Strafverbüßung, Amnestie, Begnadigung); vgl *Durl/Schütz* in *L/St* Vorbem § 1 RN 60 f.

Beachte! Ein geisteskranker Täter, der gem § 16 strafbefreiend zurückgetreten ist – zB vom Mordversuch –, kann auch nicht nach § 21 Abs 1 untergebracht werden; vgl SSt 2005/6. Entsprechendes gilt in den Fällen strafbefreiender tätiger Reue.

2. Tätige Reue

Dem **Rücktritt** vom versuchten Delikt entspricht nach Funktion und Wirkung die **tätige Reue** beim vollendeten Delikt. Letztere ist im StGB aber nur für bestimmte Delikte vorgesehen; vgl insb §§ 167, 226, 240, 241 d, 243, 291, 294; zu weiteren Beispielen vgl RN 22.8. Von diesen Vorschriften über die tätige Reue ist § 167 **in der Praxis** und in **Prüfungen** die bei weitem wichtigste. 24.25

Beachte! Der Zweck des § 167 ist ein grundsätzlich anderer als bei § 16 und geht dahin, dem Opfer zu prompter Schadensgutmachung zu verhelfen; vgl *Burgstaller* Platzgummer-FS 102. Eine analoge Anwendung des § 167 auf Versuchstaten kommt daher nicht in Betracht; vgl JBl 1999 479.

24. Kapitel: Rücktritt und tätige Reue

3. Verjährung

24.25 a Die **Verjährung** nach §§ 57f bewirkt, dass ein mutmaßlicher Täter nach Ablauf einer gewissen Zeit infolge Entfalls der konkreten Strafbarkeit nicht mehr verfolgt werden kann **(Strafbarkeitsverjährung).** Dieser Strafaufhebungsgrund wird damit gerechtfertigt, dass mit zunehmendem Abstand zur Tat zum einen das Strafbedürfnis abnimmt und die Bestrafung ihren resozialisierenden Effekt verliert, zum anderen die Beweisschwierigkeiten größer werden. Die Länge der **Verjährungsfristen** richtet sich nach der Höhe der Strafdrohung (§ 57 Abs 3). Die Verjährungsfrist beginnt zu laufen, sobald die mit Strafe bedrohte Tätigkeit abgeschlossen ist oder das mit Strafe bedrohte Verhalten aufhört; näher *Marek* WK² § 57 RN 2; *Medigovic/Reindl-Krauskopf/Luef-Kölbl* AT II 240f.

24.25 b **Beachte!** Bestimmte Umstände **verlängern die Frist:** So sieht das Gesetz eine Verlängerung vor, wenn ein zum Tatbild gehörender Erfolg erst eintritt, nachdem die mit Strafe bedrohte Tätigkeit abgeschlossen worden ist oder das mit Strafe bedrohte Verhalten aufgehört hat. Bei Begehung einer neuerlichen mit Strafe bedrohten Handlung (einschlägiger Rückfall) während offener Verjährungsfrist endet die Verjährungsfrist nicht, bevor auch die Verjährungsfrist für diese Tat abgelaufen ist. Vgl dazu näher *Medigovic/Reindl-Krauskopf/Luef-Kölbl* AT II 243 ff.

Bei strafbaren Handlungen gegen Leib und Leben, gegen die Freiheit oder gegen die sexuelle Integrität und Selbstbestimmung beginnt die Verjährungsfrist erst mit Vollendung des 28. Lebensjahres des Opfers.

Unverjährbar sind nur Verbrechen, die mit Freiheitsstrafe von 10 bis 20 Jahren oder lebenslanger Freiheitsstrafe bedroht sind, sowie strafbare Handlungen nach dem 25. Abschnitt.

24.25 c Die **Rechtsnatur der Verjährung** ist mitunter umstritten. In Österreich wird sie als **materiell-rechtlicher Strafaufhebungsgrund** gesehen, in Deutschland hingegen als prozessuales Verfolgungshindernis. Dieser Unterschied ist nicht wesentlich für das Prozessrecht (in beiden Fällen unterfällt die Verjährung dem Nichtigkeitsgrund des § 281 Abs 9 lit b StPO), sehr wohl aber für die Anwendbarkeit des Analogieverbots und des Verbotes der Rückwirkung strengerer Strafvorschriften; vgl RN 4.18 u 4.20. So ist umstritten, ob und unter welchen Voraussetzungen Verjährungsbestimmungen rückwirkend geändert werden dürfen.

Von der Strafbarkeitsverjährung zu unterscheiden ist die **Vollstreckungsverjährung** nach §§ 59f, nach deren Ablauf keine strafgerichtlichen Sanktionen bzw Maßnahmen mehr vollzogen werden dürfen; vgl dazu *Medigovic/Reindl-Krauskopf/Luef-Kölbl* AT II 253 ff.

G. Strafausschließungsgründe

24.26 1. **Definition und Wesen.** Bei einer Reihe von Delikten stellt der Gesetzgeber bestimmte Personen von vornherein und aus sehr unterschiedlichen kriminalpolitischen Gründen straffrei. Man spricht insoweit von **Strafausschließungsgründen.**

Hier berücksichtigt das Gesetz entlastende Umstände, die idR **bereits zur Zeit der Straftat** gegeben sind; vgl § 136 Abs 4, § 141 Abs 3, § 206 Abs 4, § 207 Abs 4, § 211 Abs 4, § 299 Abs 2; vgl aber auch Art 57 Abs 1 B-VG (berufliche Immunität der Mitglieder des Nationalrats). Im **Gerichtsalltag** besonders wichtig: § 88 Abs 2; vgl näher *StudB BT I* § 88 RN 29 ff, insb 48 ff.

24.27 **Strafausschließungsgründe** beschreiben bestimmte Umstände, die idR schon bei der Begehung der Straftat vorliegen und einer Bestrafung des Täters entgegenstehen.

H. Prozessuale Aspekte

Wichtig! Strafaufhebungs- und Strafausschließungsgründe wirken nur **ad personam**, dh nur zu Gunsten dessen, der ihre Voraussetzungen erfüllt; man spricht deshalb auch von **persönlichen Strafaufhebungs- bzw Strafausschließungsgründen.**

Beispiel: Benutzt der Sohn heimlich den seinem Vater anvertrauten Firmenwagen für eine sonntägliche Spritztour, kommt **ihm** das Dienstnehmerprivileg des § 136 Abs 4 Satz 1 2. Fall nicht zugute; vgl SSt 57/18.

2. **Aufbauhinweise.** Aus Gründen der Sachlogik können Strafaufhebungsgründe, insb Rücktritt bzw tätige Reue, sowie Strafausschließungsgründe erst **nach Bejahung** von Tatbestandsmäßigkeit, Rechtswidrigkeit und Schuld geprüft werden. 24.28

3. **Irrtümliche Annahme eines Strafausschließungsgrundes.** Die irrtümliche Annahme eines Strafausschließungsgrundes ist weder für die Schuld noch für die Bestrafung beachtlich. Auf die Vorstellungen des Täters von einem Strafausschließungsgrund kommt es daher nicht an. Im Gegensatz zum Irrtum über Tatbestandsmerkmale, über eine Rechtfertigungssituation oder über Rechtsvorschriften kommt somit der irrtümlichen Annahme eines Strafausschließungsgrundes keine Bedeutung zu. 24.29

Beispiel: Irrt der Täter über das Vorliegen der sog Alterstoleranzklausel des § 206 Abs 4, indem er irrtümlich einen geringeren als den tatsächlichen Altersunterschied annimmt, hat dies auf seine Strafbarkeit keine Auswirkung; vgl EvBl 2011/6.

H. Prozessuale Aspekte

Strafausschließungs- und Strafaufhebungsgründe betreffen ebenso die Strafbarkeit wie die Tatbestandsmäßigkeit, Rechtswidrigkeit und Schuldhaftigkeit der Handlung. Für das Fallprüfungsschema bildet das Fehlen solcher Gründe eine vierte Kategorie (näher RN 6.12). Sie sind also – ins Negative gewendet – sonstige Strafbarkeitsvoraussetzungen. 24.29a

I. Schaubild

Im Folgenden werden die Gründe, die einer Bestrafung des Täters entgegenstehen können, noch einmal schaubildartig zusammengefasst: 24.30

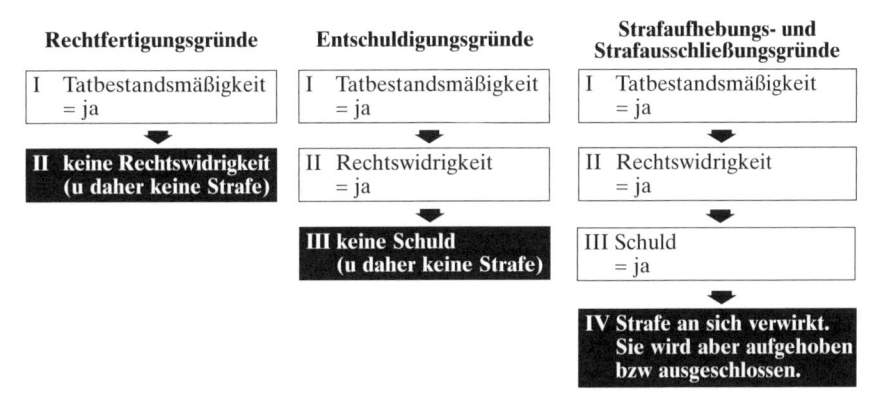

Rechtfertigungsgründe	Entschuldigungsgründe	Strafaufhebungs- und Strafausschließungsgründe
I Tatbestandsmäßigkeit = ja	I Tatbestandsmäßigkeit = ja	I Tatbestandsmäßigkeit = ja
II keine Rechtswidrigkeit (u daher keine Strafe)	II Rechtswidrigkeit = ja	II Rechtswidrigkeit = ja
	III keine Schuld (u daher keine Strafe)	III Schuld = ja
		IV Strafe an sich verwirkt. Sie wird aber aufgehoben bzw ausgeschlossen.

25. Kapitel: Untauglicher Versuch

Zur Vertiefung: Zu den Theorien der Strafbefreiung durch Rücktritt vgl *J/W* AT 538; *Burgstaller* StP III 29. Zur Freiwilligkeit beim Rücktritt vgl *Durl/Schütz* in *L/St* § 16 RN 2 ff. Zum fehlgeschlagenen Versuch vgl eingehend *Roxin* JuS 1981 1. Zum unvermittelt abgebrochenen Versuch vgl *Kienapfel* Pallin-FS 205.

Prüfungsfälle mit Lösungen zu Rücktrittsproblemen vgl Fälle[2] 37 *(Kienapfel)*, 91 *(Triffterer);* Prüfungsfälle 152 *(Medigovic);* Hinterhofer/Schütz Fallbuch 4 61 81 125; *Luef-Kölbl/Sprajc* Fälle 118 167; *Kienapfel/Mitgutsch* JAP 2002/03 82; *Sagmeister/Komenda/Madl/Höcher* 45.

■ ■ ■ **Programmbearbeiter lesen jetzt bitte die TE 24** ■ ■ ■

25. Kapitel
Untauglicher Versuch

Inhaltsübersicht

	RN
A. Definition	25.1–25.2
B. Ursachen für die Untauglichkeit des Versuchs	25.3–25.6
1. Untauglichkeit des Subjekts	25.4
2. Untauglichkeit des Objekts	25.5
3. Untauglichkeit der Handlung	25.6
C. Strafwürdigkeit	25.7
D. Rechtliche Behandlung	25.8–25.9
E. Der absolut untaugliche Versuch	25.10–25.19
1. Untauglichkeit des Objekts und der Handlung	25.10–25.17a
a) Ausgangsposition	25.10
b) Meinungsstand	25.11–25.17a
aa) Eindruckstheorie	25.12–25.14
bb) Objektive Theorie	25.15–25.17a
2. Untauglichkeit des Subjekts	25.18–25.19
F. Wahndelikt	25.20–25.20c
a) Übertretung eines Fantasieverbots	25.20a
b) Überdehnung eines bestehenden Verbots	25.20b
c) Verkennung eines Rechtfertigungsgrundes	25.20c
G. Rücktritt vom untauglichen Versuch	25.21–25.24
1. Unbeendeter untauglicher Versuch	25.23
2. Beendeter untauglicher Versuch	25.24
H. Putativrücktritt	25.25
I. Fallprüfungsschema beim versuchten Delikt	25.26

A. Definition

25.1 Mit dem Begriff **untauglicher Versuch** verbindet sich ein in Theorie und Praxis höchst kontroversieller Bereich der Versuchslehre.

Der Disput über den **Strafgrund** des Versuchs ist früher vornehmlich auf dem – dafür besonders prädestinierten – Feld des untauglichen Versuchs ausgetragen worden; vgl RN 22.15. Daran hat sich im Prinzip wenig geändert. Denn die gesetzliche Regelung des untauglichen Versuchs gilt nach wie vor als maßgeblicher Indikator für die Frage, welcher **Versuchstheorie** (RN 22.14 ff) das StGB nahesteht. Vgl weiter RN 25.7.

B. Ursachen für die Untauglichkeit des Versuchs

Untauglich ist ein Versuch, der **aus tatsächlichen oder rechtlichen Gründen, die im Subjekt, in der Handlung oder im Objekt schon von vornherein angelegt** (= „vorprogrammiert") **sind, nicht zur Vollendung der Tat führen kann.** 25.2

Beachte! Ist das Ausbleiben der Tatvollendung dagegen nicht schon im **Subjekt,** in der **Handlung** oder im **Objekt vorprogrammiert,** sondern hat das Scheitern der Tat andere, eher **zufällige Gründe** (zB Erscheinen der Polizei, Ungeschick des Täters, atypischer Kausalverlauf), war der Versuch **tauglich,** und die Frage des § 15 Abs 3 stellt sich gar nicht.

Beispiele: Die Kassiererin durchschaut den Trick mit den umgeklebten Preisetiketten (vgl dazu SSt 53/71) und ruft den Geschäftsführer = kein untauglicher, sondern **tauglicher Betrugsversuch.** Damit erübrigt sich eine Prüfung des § 15 Abs 3. Dasselbe gilt, wenn das Opfer das Hinabstoßen aus 15 m Höhe überlebt, weil es auf der Plane eines zufällig vorbeifahrenden Lkw landet; daher kein § 15 Abs 3; vgl dazu auch den **Fenstersturz-Fall** *Lernprogramm* 330.

Aber: In **Grenz- und Zweifelsfällen** sollte man sich eher **für** die Annahme eines untauglichen Versuchs entscheiden, weil dem Täter so die (ohnehin bloß minimale) Chance der Straflosigkeit gem § 15 Abs 3 erhalten bleibt.

B. Ursachen für die Untauglichkeit des Versuchs

Das StGB unterscheidet in § 15 Abs 3 drei Ursachen für die Untauglichkeit eines Versuchs: Untauglichkeit des **Subjekts,** des **Objekts** und der **Handlung,** wobei sich die beiden letzteren nicht immer scharf voneinander abgrenzen lassen. 25.3

1. **Untauglichkeit des Subjekts.** Sie liegt vor, wenn die Vollendung der Tat „mangels persönlicher Eigenschaften oder Verhältnisse, die das Gesetz beim Handelnden voraussetzt", ausgeschlossen ist; vgl § 15 Abs 3 1. Fall. Diese Konstellation tritt allerdings nur bei den **Sonderdelikten** auf; vgl RN 9.45 ff. 25.4

Beispiele: Die zweite Eheschließung eines Verheirateten, der vom Tod seiner ersten Frau noch nichts weiß (§ 192 1. Fall); vermeintlicher Missbrauch der Amtsgewalt (§ 302 Abs 1) durch eine Bedienerin im Justizministerium, die sich für eine Beamtin hält.

Durchblick. Der Fall des untauglichen Subjekts ist bei näherer Betrachtung eine **bivalente** dogmatische Erscheinung. Denn er lässt sich gleichzeitig als eine besondere **Irrtumskonstellation,** nämlich als Irrtum des Täters über seine eigene Täterqualität, begreifen; vgl *Durl/Schütz* in *L/St* § 15 RN 31; näher dazu RN 25.20 b.

2. **Untauglichkeit des Objekts.** Davon spricht man, wenn die Vollendung der Tat „nach der Art des Gegenstands, an dem die Tat begangen wurde", ausgeschlossen ist; vgl § 15 Abs 3 3. Fall. 25.5

Beispiele: A verwechselt in der Dämmerung seinen Todfeind B mit einem Baumstumpf und schießt auf diesen mit Tötungsvorsatz = **Baumstumpf-Fall.** Weitere Fälle des untauglichen Objekts: Griff des Diebes in die leere Jackentasche; Schuss auf einen scheinbar Schlafenden, in Wirklichkeit aber bereits Verstorbenen.

Beachte! Der **OGH** ordnet auch solche Fälle, in denen der Täter glaubt, Suchtgift einzuführen, auszuführen, in Verkehr zu setzen etc, während es sich in Wahrheit zB um Plastiksprengstoff oder bloß um weißes Mehl handelt, dem Versuch am untauglichen Objekt zu = **Suchtgift-Fall;** vgl SSt 57/81 (verst Senat); RZ 1985/87 m Anm *Kienapfel;* RZ 1975/13; vgl zur weiteren (str) Lösung RN 25.13 aE u 25.16.

25. Kapitel: Untauglicher Versuch

25.6 3. **Untauglichkeit der Handlung.** Bei dieser Fallgruppe ist die Vollendung „nach der Art der Handlung" ausgeschlossen; vgl § 15 Abs 3 2. Fall. Meist verwendet der Täter dabei ein **untaugliches Mittel.**

Beispiele: Die Mordwaffe schießt nicht weit genug, funktioniert nicht oder war ungeladen. Die gewählte Giftdosis war zu gering, der Schraubenzieher zu schwach, der Täter verwendet irrtümlich Zucker statt Arsenik.

C. Strafwürdigkeit

25.7 Mit der **Eindruckstheorie** (RN 22.16) lässt sich auch die Frage nach der Strafwürdigkeit des untauglichen **Versuchs** überzeugend beantworten: Danach ist prinzipiell **jeder Versuch strafwürdig,** auch der untaugliche.

Zwar mag der untaugliche Versuch weniger gefährlich sein, aber der **Auflehnungswille** des Täters gegen die Rechtsordnung ist deshalb nicht geringer. Vor allem haftet der **schlechte und verderbliche Eindruck,** den die Tat bei anderen hervorrufen kann, auch dem untauglichen Versuch an; vgl *J/W* AT 530. Nur für den **absolut untauglichen Versuch** macht § 15 Abs 3 eine Ausnahme, die in der Sache berechtigt, in der Methode aber umstritten ist; vgl näher RN 25.10 ff.

D. Rechtliche Behandlung

25.8 Das StGB selbst verzichtet wegen der **gleichen Strafwürdigkeit** auf jede begriffliche Differenzierung zwischen tauglichem und untauglichem Versuch und behandelt beide hinsichtlich der **Rechtsfolgen prinzipiell gleich;** vgl § 15 Abs 1. Etwas anderes gilt für die wissenschaftliche Systematik. Hier hat der **untaugliche Versuch** seit Jahrzehnten seinen festen Platz.

25.9 Denn Begriff, Inhalt und Grenzen des untauglichen Versuchs geraten insb dann ins Blickfeld, wenn ein **absolut untauglicher Versuch** (RN 25.10 ff) bzw ein **Versuch des untauglichen Subjekts** (RN 25.18 f) zur Debatte steht oder **strafbefreiender Rücktritt** vom untauglichen Versuch (RN 25.21 ff) zu prüfen ist.

E. Der absolut untaugliche Versuch
1. Untauglichkeit des Objekts und der Handlung

25.10 a) **Ausgangsposition.** § 15 Abs 3 erklärt den absolut untauglichen Versuch **für straflos** und durchbricht damit das in § 15 Abs 1 aufgestellte Prinzip.

ISd **Eindruckstheorie** lässt sich diese Straflosigkeit schlüssig damit begründen, dass eine Erschütterung des allgemeinen Rechtsbewusstseins dann nicht zu erwarten ist, wenn sich der Vollendungswille in einer Tat offenbart, die eher Kopfschütteln über so viel Dummheit als einen verderblichen Eindruck hervorruft; ähnlich *Burgstaller* JBl 1976 122.

Die Frage, **wann** ein Versuch **absolut** untauglich und daher **straflos** ist, gehört seit vielen Jahrzehnten zu den berühmtesten Streitpunkten der österr Strafrechtsdogmatik und die (meist vergebliche) Berufung auf § 15 Abs 3 zum Standardrepertoire jedes Strafverteidigers. Das StGB hat diese Problematik zwar **kasuistisch vorstrukturiert,** aber **in der Sache nicht wirklich gelöst.** Lehre und Praxis stehen bei der Auslegung und Anwendung des § 15 Abs 3 vor einer wahren Sisyphusarbeit.

25.11 b) **Meinungsstand.** Außer Streit ist nur die strafrechtliche Behandlung des Versuchs des untauglichen **Subjekts;** vgl dazu RN 25.18 f. Bezüglich der Untaug-

E. Der absolut untaugliche Versuch

lichkeit der **Handlung** und des **Objekts** liegen dagegen die Ansichten sowohl methodisch als auch in den praktischen Ergebnissen weit auseinander. Es war vor allem die 1986 ergangene GrundsatzE **SSt 57/81** (verst Senat), die zumindest im Hinblick auf die absolute Untauglichkeit des Objekts zu einem Stillstand der bis dahin erfreulichen Annäherung der Praxis an die Wissenschaft (RN 25.13 mN) und zugleich zu einer Verhärtung der Fronten geführt hat; ähnlich *Burgstaller* JBl 1998 399 (Anm).

aa) **Eindruckstheorie.** Nach dieser in der österr Lehre heute überwiegend vertretenen Rechtsmeinung (RN 22.16) entscheidet ein **gemischt objektiv-subjektiver Maßstab** darüber, ob ein Versuch absolut untauglich und damit straflos oder nur relativ untauglich und daher strafbar ist. Maßgebend ist der **Ex-ante-Standpunkt eines verständigen (= mit Durchschnittswissen ausgestatteten) begleitenden Beobachters, der mit dem Tatplan und den spezifischen Vorstellungen des Täters vertraut ist.** 25.12

Beispiele: Im **Baumstumpf-Fall** (RN 25.5) ist in den Kopf des begleitenden Beobachters die spezifische Vorstellung des Täters zu projizieren: „In der Dämmerung erblicke ich meinen Todfeind; ihn will ich erschießen". Im **Suchtgift-Fall** (RN 25.5) hat sich der begleitende Beobachter die Vorstellung des Täters zu eigen zu machen, der tatsächlich geglaubt hat, es handle sich um Suchtgift; zur weiteren Lösung dieser beiden Fälle vgl RN 25.13 aE.

Ein Versuch ist **absolut untauglich,** wenn es nach dem **Urteil eines verständigen begleitenden Beobachters,** der mit dem **Tatplan** und den **spezifischen Vorstellungen des Täters** vertraut ist, im **Zeitpunkt der Handlungsvornahme geradezu denkunmöglich** erscheint, dass die **Verwirklichung des konkreten Tatplans zur Vollendung der Tat führen kann;** vgl *Burgstaller* JBl 1986 77; *ders* JBl 1976 122; *Durl/Schütz* in *L/St* § 15 RN 38ff; *H. Steininger* ÖJZ 1981 373; *Triffterer* AT 15/24 ff; *Moos* WK² § 75 RN 26; iDS auch der OGH bis 1986 in zahlreichen E; vgl JBl 1979 100 m zust Anm *Burgstaller*; vgl SSt 53/32; JBl 1983 103; EvBl 1985/122; zuletzt eingehend JBl 1986 129 m zust Anm *Burgstaller* = RZ 1986/20 m zust Anm *Kienapfel* u abl Anm *Pallin;* instruktiv zur Entwicklung der Rspr *H. Steininger* Jesionek-FS 520; *Hager/Massauer* WK² §§ 15 f RN 73 ff. Zum aktuellen Stand vgl RN 25.17 a. Ein bloß **relativ untauglicher (= strafbarer) Versuch** ist anzunehmen, wenn die **Tatvollendung nur infolge der zufälligen Modalitäten des Einzelfalles gescheitert** ist; vgl JBl 2012 65. 25.13

Beispiele: Wer einen anderen „totbeten" oder mittels eines harmlosen Abführmittels umbringen will, wer durch Trinken von Kamillentee die Leibesfrucht abtreiben, mit einer Nagelfeile einen Stahltresor „aufbrechen" will, begeht auch nach der Eindruckstheorie einen gem § 15 Abs 3 **straflosen Versuch.** Solche aberwitzigen und abstrusen Tatpläne stellen nach dem Urteil eines **verständigen** begleitenden Beobachters ein völlig aussichtsloses Unterfangen dar.

Dagegen nimmt die **Eindruckstheorie** etwa im **Baumstumpf-** und im **Suchtgift-Fall** sowie beim Schuss auf einen scheinbar schlafenden, in Wirklichkeit bereits verstorbenen Menschen (vgl RN 25.5) einen (nur) **relativ untauglichen** und damit **strafbaren Versuch** an, da bei strikter Zugrundelegung **dieser** Tätervorstellung (zB Baumstumpf = Mann) auch ein verständiger begleitender Beobachter den Eintritt des vorgestellten Erfolges nicht als völlig aussichtslos, sondern im Gegenteil als sehr wohl denkmöglich betrachten würde; vgl zum Ganzen *Burgstaller* JBl 1976 125; *ders* JBl 1986 76.

25. Kapitel: Untauglicher Versuch

25.14 Die **Gegner der Eindruckstheorie** konzedieren, dass sie „eine klare, eindeutige und intellektuell befriedigende Lösung des Abgrenzungsproblems anbietet"; vgl *Fuchs* ÖJZ 1986 259. Zugleich wird aber unter dem Aspekt „nullum crimen sine lege" eingewendet, dass dieser Ansatz, wie die **Strafbarkeit** des Schießens auf einen Baumstumpf oder auf einen bereits Verstorbenen zeige, die strafrechtliche Haftung viel weiter ausdehnt, als dies dem früheren Recht und den Vorstellungen des Gesetzgebers entspricht; vgl *Platzgummer* Beiheft ZStW 1987 39; *Pallin* RZ 1986 44 (Anm); *Fuchs* ÖJZ 1986 257.

25.15 bb) **Objektive Theorie.** Seit SSt 57/81 (verst Senat) ist die Judikatur (zumindest) hinsichtlich der **Untauglichkeit des Objekts** wieder zur objektiven Theorie zurückgekehrt; vgl EvBl 1995/92; NRsp 1994/118; JBl 1989 192; RZ 1989/6; SSt 58/66; SSt 2012/16.

Die **objektive Theorie** legt nicht den Ex-ante-Standpunkt der Eindruckstheorie, sondern das ganz anders geartete **nachträgliche Kalkül** des Richters zugrunde, der die **wahre Sachlage einschließlich aller erst im Nachhinein bekannt gewordenen Fakten** kennt. Er entscheidet aus der **Sicht ex post,** ob die Tat **objektiv** = „an sich" **gefährlich** war, weil ihre Vollendung nur vermöge der zufälligen Umstände gescheitert ist (dann relativ untauglicher = strafbarer Versuch), oder ob die Tat **objektiv** = „an sich" **ungefährlich** war, weil ihre Vollendung auch bei **abstrahierender und generalisierender Betrachtungsweise geradezu denkunmöglich** erschien. Detaillierte Übersicht über das gesamte Spektrum dieser Judikatur bei *Hager/Massauer* WK[2] §§ 15 f RN 87 ff.

Beispiele: Nach der **objektiven Theorie** ist – entgegen der Eindruckstheorie – sowohl im Baumstumpf- als auch im Suchtgift-Fall **Straflosigkeit** wegen **absoluter Untauglichkeit des Objekts** anzunehmen; vgl RZ 1985/87 m krit Anm *Kienapfel*.

25.16 Abweichend von der Ansicht des OGH stellt *Fuchs/Zerbes* AT I 30/24 ff, insb 30/34 f sowie *ders* Burgstaller-FS 47, bezüglich der **Untauglichkeit der Handlung** auf eine „**wirklich objektive Ex-ante-Beurteilung**" ab und kombiniert so den objektiven Ansatz mit der Formel vom begleitenden Beobachter; dazu krit *Burgstaller* JBl 1998 399 (Anm). Der objektiven Theorie folgt auch der **VwGH;** vgl *Leitner/Brandl/Kert* HB Finanzstrafrecht RN 355; *Raschauer/Wessely* Verwaltungsstrafrecht 108.

25.17 **Kritik:** Für die objektive Theorie spricht, dass sie in weiterem Umfang als die Eindruckstheorie zu einer – an sich begrüßenswerten – **Einengung** der Strafbarkeit führt. Dennoch ist sie aus grundsätzlichen Erwägungen abzulehnen, da sie in manchen Fällen kriminalpolitisch unerwünschte Strafbarkeitsdefizite produziert, vor allem aber, weil in Ermangelung verlässlicher oder auch nur einsichtiger Abgrenzungskriterien bezüglich ihrer Ergebnisse in hohem Maße Rechtsgefühl und Zufall obwalten; vgl *Burgstaller* JBl 1998 399 (Anm).

Beispiel: Schießt der Täter auf ein **zufällig leeres Bett,** das A gerade verlassen hat, ist die Tat aus der Sicht ex post an sich gefährlich und nach der objektiven Theorie strafbarer Versuch anzunehmen. War A aber kurz zuvor **verstorben,** ist die Tat aus der Sicht ex post objektiv ungefährlich und bleibt daher gem § 15 Abs 3 straflos, weil eine Leiche „unter keinen Umständen" mehr getötet werden kann; vgl dazu krit wie hier *Burgstaller* JBl 1976 125; *Durl/Schütz* in *L/St* § 15 RN 38a; *Triffterer* AT 15/24; *Moos* WK[2] § 75 RN 28.

25.17a **Aber:** Hinsichtlich der **Untauglichkeit der Handlung** haben mehrere Senate des OGH seither erklärt, dass diesbezüglich weiterhin an der **Eindruckstheorie** festzuhalten ist. Daher ist die **Untauglichkeit der Handlung** aus der

E. Der absolut untaugliche Versuch

Ex-ante-Sicht eines verständigen begleitenden Beobachters zu beurteilen; vgl 15 Os 165/11 w; JBl 2012 65; 14 Os 3/10 p; SSt 2007/80; JBl 2006 605; JBl 2001 63; JBl 2001 62 u RZ 1998/38. Trotz SSt 57/81 (verst Senat) scheint auch bezüglich der **Untauglichkeit des Objekts** eine Annäherung bzw Rückkehr zur Eindruckstheorie nicht gänzlich ausgeschlossen; im Ergebnis auch JBl 1998 397 m Anm *Burgstaller;* eher skeptisch H. *Steininger* Jesionek-FS 522.

Beachte! In der täglichen Praxis überwiegen bezüglich der **Untauglichkeit des Objekts** bei weitem die unstreitigen Fälle. So begehen sowohl der Taschendieb, der in die leere Tasche greift (RN 25.5), als auch ein Wohnungsräuber, der an der falschen Tür (vergeblich) Sturm läutet (EvBl 1999/61), einen strafbaren, weil (bloß) **relativ untauglichen Versuch,** wenn man darauf abstellt, dass das Objekt nur zufällig abwesend und nicht schlicht inexistent ist; vgl *Fuchs/Zerbes* AT I 30/37; *Salimi* SbgK § 127 RN 194 f; *StudB BT II* § 127 RN 190 mwN.

2. Untauglichkeit des Subjekts

Dieses Problem tritt nur bei **Sonderdelikten** auf; vgl RN 9.46 f. Der Versuch des untauglichen Subjekts ist gem § 15 Abs 3 1. Fall **straflos;** hM; vgl RZ 1986/20 m insoweit zust Anm *Kienapfel* u *Pallin; Durl/Schütz* in *L/St* § 15 RN 39; *Fuchs* ÖJZ 1986 261; *Burgstaller* JBl 1986 131 (Anm) unter Aufgabe der Gegenposition JBl 1976 126.

25.18

Die **Eindruckstheorie** begründet dies wie folgt: Durch ein Sonderdelikt werden nur dem „Intraneus" Pflichten auferlegt, nie aber dem „Extraneus". Dieser vermag daher durch seine „Tat" weder das allgemeine Rechtsbewusstsein zu korrumpieren noch den Rechtsfrieden zu gefährden. Das gilt für Versuch und Vollendung gleichermaßen. Hält ein untaugliches Subjekt seine Tat dennoch für strafbar, liegt darin ein (strafloses) **Wahndelikt,** wodurch der Grundsatz nullum crimen sine lege als weiteres Argument ins Spiel kommt; vgl RN 25.20 u 25.20 b.

Aber: Anders ist für den zu entscheiden, der sich als Extraneus an der Tat eines Intraneus, etwa an dessen Versuch, **beteiligt;** vgl näher RN 37.4 ff.

Beachte! Trifft die absolute Untauglichkeit des Subjekts mit einer bloß relativen Untauglichkeit, zB des Objekts oder der Handlung, zusammen, gibt der Aspekt der **absoluten Untauglichkeit** den **Ausschlag.** Es genügt, wenn die Vollendung des Delikts unter **einem** der drei in § 15 Abs 3 genannten Aspekte denkunmöglich ist.

25.19

F. Wahndelikt

Beim sog **Wahndelikt** (Synonym: **Putativdelikt**) handelt es sich um einen **Irrtum eigener Art,** der in engem Zusammenhang mit dem Prinzip nullum crimen sine lege (§ 1) steht und bis zu einem gewissen Grad dem Verbotsirrtum ähnelt. Aber während der Täter beim Verbotsirrtum infolge irriger Einschätzung der Rechtslage **zu seinen Gunsten** einen **ihn entlastenden Irrtum** geltend macht, nimmt er beim Wahndelikt infolge irriger rechtlicher Beurteilung eine **Verbotslage** an, die ihn, würde seine Beurteilung zutreffen, **belasten würde.**

25.20

Kurzformel: Der Verbotsirrtum ist ein **Zuwenig** an Unrechtsbewusstsein, das Wahndelikt ist dagegen ein **Zuviel** an Unrechtsbewusstsein, gewissermaßen ein **umgekehrter Verbotsirrtum;** vgl *Triffterer* AT 15/32; zur aufbaumäßigen Einordnung vgl RN 25.20 c aE.

25. Kapitel: Untauglicher Versuch

Man unterscheidet drei Fälle des Wahndelikts, die im Hinblick auf § 1 Abs 1 sämtlich zur **Straflosigkeit** des „Täters" führen:

25.20 a a) **Übertretung eines Fantasieverbots. Der Täter glaubt, sein Verhalten erfülle einen Tatbestand, den es in Wirklichkeit nicht oder nicht mehr gibt.** Zu diesem klassischen Fall der Straflosigkeit wegen „Wahndelikts" vgl *Wessels/Beulke/Satzger* AT RN 883; *Triffterer* AT 15/34.

B e i s p i e l: Der verheiratete A liebt neben seiner Ehegattin auch deren beste Freundin und glaubt, sich deshalb wegen Ehebruchs (§ 194 aF: aufgehoben durch das StRÄG 1996), zumindest aber wegen „Verletzung der ehelichen Treue" (dereinst § 525 StG) strafbar gemacht zu haben.

25.20 b b) **Überdehnung eines bestehenden Verbots.** Solche Fallkonstellationen sind relativ häufig und treten vorwiegend im Zusammenhang mit **normativen** Tatbestandsmerkmalen auf. Dazu gehören auch die Fälle des Irrtums über die eigene **Täterqualität** bei den **Sonderdelikten,** wobei sich § 15 Abs 3 1. Fall als spezielle Konkretisierung des Gesetzlichkeitsprinzips des § 1 Abs 1 deuten lässt.

B e i s p i e l e: Der Verfasser einer anonymen Anzeige glaubt, dadurch das Delikt des § 223 begangen zu haben. Sog anonyme Schriftstücke sind jedoch keine Urkunden, so dass schon deshalb die Annahme des § 223 ausscheidet; vgl *StudB BT III* Vorbem §§ 223ff RN 51 mN. Bezüglich des Irrtums über die **Täterqualität** bei Sonderdelikten vgl die in RN 25.4 angeführten Beispiele. Dabei macht es keinen Unterschied, ob sich der Extraneus aus **tatsächlichen** oder aus **rechtlichen Gründen** über seine Sondereigenschaft irrt.

25.20 c c) **Verkennung eines Rechtfertigungsgrundes.** Ein Wahndelikt liegt auch vor, wenn jemand seine Tat trotz Vorliegens eines Rechtfertigungsgrunds irrtümlich für unrecht hält; vgl *Wessels/Beulke/Satzger* AT RN 883; *Fuchs/Zerbes* AT I 29/11.

B e i s p i e l: Der Angegriffene hat einen betrunkenen Schläger in Ausübung berechtigter Notwehr verletzt, wähnt sich aber im Unrecht, weil er irrig davon ausgeht, man müsse Betrunkenen stets ausweichen; vgl dazu RN 13.19 aE.

Beachte! In den Fällen a) und b) ist das Problem des Wahndelikts bereits auf **Tatbestandsebene** zu erörtern, im Fall c) auf der Ebene der **Rechtswidrigkeit**.

G. Rücktritt vom untauglichen Versuch

25.21 Rücktrittsprobleme können auch beim **untauglichen Versuch** auftreten.

25.22 **Beachte!** Der Fall des **absolut untauglichen Versuchs** bereitet insoweit keine Probleme. Hier ist ein Rücktritt zwar theoretisch denkbar, aber zur Strafbefreiung nicht nötig, weil der absolut untaugliche Versuch gem § 15 Abs 3 ohnehin straflos ist. Dasselbe gilt für den Versuch des **untauglichen Subjekts** (RN 25.18 f).

Demnach bleiben beim (relativ) untauglichen Versuch für einen Rücktritt zwei Fälle übrig, nämlich Rücktritt bei **relativer Untauglichkeit des Objekts oder der Handlung.** In beiden Fällen ist wie folgt zu differenzieren:

25.23 1. **Unbeendeter untauglicher Versuch.** Maßgebend sind die Regeln des **einfachen Rücktritts** gem § 16 Abs 1 1. Fall. Freiwillige Aufgabe der Tatausführung genügt (RN 24.11 ff).

B e i s p i e l: A hält seinem Opfer den Revolver mit Tötungsvorsatz an die Schläfe. Im letzten Moment überlegt er es sich anders. Dass die Waffe defekt ist und daher ohnehin

H. Putativrücktritt

nicht funktioniert hätte, weiß er nicht = Rücktritt vom unbeendeten untauglichen Versuch gem § 16 Abs 1 1. Fall; vgl RN 24.14.

2. Beendeter untauglicher Versuch. Die Regeln für einen **tätigen Rücktritt** gem § 16 Abs 1 3. Fall sind schon aus logischen Gründen nicht anwendbar: Eine Tatvollendung, die gar nicht eintreten kann, kann auch nicht verhindert werden. 25.24

Aber: Dieses Ergebnis wäre kriminalpolitisch unbefriedigend; denn der Täter eines untauglichen (und daher weniger gefährlichen) Versuchs würde schlechter gestellt als der Täter eines tauglichen Versuchs. Diese Unbill wird durch § 16 Abs 2 vermieden (RN 25.25).

Beispiel: Der Täter stößt ein fremdes Kind mit Tötungsvorsatz ins tiefe Wasser. Im Moment des Untergehens reut ihn die Tat, und er springt hinterher. Als er den Sechsjährigen zu fassen bekommt, merkt er, dass dieser schwimmen kann = Rücktritt vom beendeten untauglichen Versuch, vorausgesetzt, dass die spezifischen Rücktrittsvoraussetzungen des § 16 Abs 2 erfüllt sind; vgl RN 25.25.

H. Putativrücktritt

§ 16 Abs 2 enthält eine Sonderregelung für den sog **Putativrücktritt,** bei dem im Falle des **unbeendeten Versuchs ohne Zutun des rücktrittswilligen Täters die Tatausführung** (gemeint: durch Dritte) oder aber im Falle des **beendeten Versuchs der Erfolg** unterbleibt. 25.25

Ist der Versuch beendet, kommt ein Putativrücktritt sowohl beim **(relativ) untauglichen Versuch** als auch bei einem **an sich tauglichen,** aber aus zufälligen Gründen gescheiterten Versuch (RN 25.2) in Betracht, der in der Wissenschaft als (objektiv) **misslungener Versuch** bezeichnet wird; vgl *Triffterer* AT 15/42; *Durl/Schütz* in *L/St* § 16 RN 10 a. Gem § 16 Abs 2 genügt beide Mal zur Straflosigkeit das **freiwillige** (RN 24.13 ff) und **ernstliche Bemühen,** den Erfolg abzuwenden.

Ernstlich ist das Bemühen des Rücktrittswilligen nur, wenn er in der **Absicht,** den drohenden Erfolg abzuwenden, die **ihm bekannten und erreichbaren Verhinderungsmöglichkeiten ausschöpft.** Dazu kann uU auch die (anonyme) Verständigung der Polizei gehören; idS SSt 62/131. Näher zum Ganzen *Tipold* Rücktritt 168; *E. Steininger* ÖJZ 1985 270; JBl 2006 129; SSt 2005/6; LSK 2004/218.

Aber: Strafbefreiender Rücktritt gem § 16 Abs 2 kommt nur so lange in Betracht, als der rücktrittswillige Täter von der (relativen) Untauglichkeit oder dem (objektiven) Misslingen des Versuchs noch **keine Kenntnis** hat. Denn sonst ist der Versuch **fehlgeschlagen** und daher jeglicher Rücktritt ausgeschlossen; vgl *Durl/Schütz* in *L/St* § 16 RN 11 a; *Fuchs/ Zerbes* AT I 31/22 ff; RZ 1980/66 m Anm *Kienapfel*; zum fehlgeschlagenen Versuch vgl bereits RN 24.20 f.

I. Fallprüfungsschema beim versuchten Delikt

Dieses Fallprüfungsschema ist als **Anhang 2** abgedruckt. 25.26

Prüfungsfälle mit Lösungen zur Untauglichkeitsproblematik vgl Fälle[2] 19 *(H. Steininger),* 35 *(Kienapfel),* 139 *(Moos);* Prüfungsfälle 17 u 113 *(Fuchs),* 46 *(Medigovic),* 75 *(Brandstetter);* Hinterhofer/Schütz Fallbuch 33 57 73 169 330 444 456; *Luef-Kölbl/Sprajc* Fälle 117 176; *Kienapfel/Herbe/Plöckinger* JAP 2001/02 212; *Kienapfel/Mitgutsch* JAP 2002/03 82; *Sagmeister/Komenda/Madl/Höcher* 171.

■ ■ ■ **Programmbearbeiter lesen jetzt bitte die TE 25** ■ ■ ■

26. Kapitel
Fahrlässigkeitsbegriff

Schrifttum zu Kap 26 bis Kap 28 (Auswahl): *Brandl/Leitner* Grobe Fahrlässigkeit als Strafbarkeitsschwelle im Finanzstrafrecht SWK 2015 1260; *Burgstaller* Grundzüge einer neuen Fahrlässigkeitsdogmatik in: StP I 105; *ders* Das Fahrlässigkeitsdelikt im Strafrecht (1974); *ders* Zu den objektiven Grenzen der Fahrlässigkeitshaftung AnwBl 1980 99; *ders* Erfolgszurechnung bei nachträglichem Fehlverhalten eines Dritten oder des Verletzten selbst in: Bezauer Tage 1983 131; *ders* Spezielle Fragen der Erfolgszurechnung und der objektiven Sorgfaltswidrigkeit in: Pallin-FS (1989) 39; *ders* Normative Lehren der objektiven Zurechnung JAP 1992/93 136; *ders* Zum Stand der österreichischen Strafrechtsdogmatik JAP 1995/96 83; *ders* Erfolgszurechnung ohne Risikoerhöhung gegenüber rechtmäßigem Alternativverhalten? in: Moos-FS 55; *Dannecker* Zur Begrenzung der Strafbarkeit auf grob fahrlässiges Verhalten durch das Steuerreformgesetz 2015/2016 ZWF 2016 65; *Fuchs* Überlegungen zu Fahrlässigkeit, Versuch, Beteiligung und Diversion in: Burgstaller-FS (2004) 75; *Hinterhofer/Wirth* Begriff und Bedeutung der groben Fahrlässigkeit nach dem Strafrechtsänderungsgesetz 2015 ÖJZ 2016 764; *Hörburger* Zur Frage der strafrechtlichen Beurteilung von Bergunfällen ÖJZ 1971 57; *Kienapfel* Die Fahrlässigkeit unter besonderer Berücksichtigung des Straßenverkehrs ZVR 1977 129 162; *Lewisch* Erfolgszurechnung bei nachträglichem Opferfehlverhalten ZVR 1995 98; *ders* Strafrecht Besonderer Teil I² (1999); *ders* Mitverschulden im Fahrlässigkeitsstrafrecht ÖJZ 1995 296; *ders* Funktion und Reichweite des Vertrauensgrundsatzes im Fahrlässigkeitsstrafrecht ZVR 2000 146; *ders* Sorgfaltsmaßstäbe im Schadenersatz- und Strafrecht ÖJZ 2000 489; *ders* Der Vertrauensgrundsatz im Straßenverkehr in: Burgstaller-FS 97; *Medigovic* Das neue Delikt der grob fahrlässigen Beeinträchtigung von Gläubigerinteressen gemäß § 159 StGB ÖJZ 2003 161; *Melnizky* Gurtenanlegungspflicht – strafrechtliche Aspekte ZVR 1976 67; *Messner* Strafrechtliche Verantwortung bei riskantem Zusammenwirken von Täter und „Opfer" ZVR 2005 43; *Moos* Die subjektive Sorgfaltswidrigkeit bei der Fahrlässigkeit als Unrechtselement in: Burgstaller-FS 111; *Platzgummer* Die „Allgemeinen Bestimmungen" des Strafgesetzentwurfes im Licht der neueren Strafrechtsdogmatik JBl 1971 236; *Plöckinger* (Voll-)Autonomes Fahren und Strafrecht. Das StGB 1975 auf dem Prüfstand einer zunehmend digitalisierten Welt ÖJZ 2019 452; *Rohregger* Autonome Fahrzeuge und strafrechtliche Verantwortlichkeit JSt 2017 196; *Roxin* Zum Schutzzweck der Norm bei fahrlässigen Delikten in: Gallas-FS (1973) 241; *Schick* Die „einleitende Fahrlässigkeit" ÖJZ 1974 257 281; *ders* Problemaspekte des Verkehrsstrafrechts ZVR 1974 353; *Schmoller* Fremdes Fehlverhalten im Kausalverlauf in: StP XXII 25; *ders* Ist die versuchte Herbeiführung einer qualifizierenden Folge strafbar? JBl 1984 654; *Schünemann* Neue Horizonte der Fahrlässigkeitsdogmatik in: Schaffstein-FS (1975) 159; *Schwaighofer* Kann eine schwere Körperverletzung nach § 84 Abs 4 versucht werden? JSt 2017 286; *R. Seiler* Die Aufbauelemente des Fahrlässigkeitsdeliktes in: Wesener-FS (1992) 447; *E. Steininger* Einige Gedanken zu handlungsbezogenen Haftungsfragen beim Vorsatzdelikt ÖJZ 2005 825; *H. Steininger* Vertrauensgrundsatz und Fahrlässigkeit ZVR 1963 57 120; *ders* Die moderne Strafrechtsdogmatik und ihr Einfluß auf die Rechtsprechung ÖJZ 1981 365; *ders* Ausgewählte Probleme der Fahrlässigkeitsdelinquenz in: Bezauer Tage 1981 189; *ders* „Freiwillige Selbstgefährdung" als Haftungsbegrenzung im Strafrecht ZVR 1985 97; *Stricker* StRÄG – Neuerungen im Allgemeinen Teil des StGB ÖJZ 2016 16; *Trifferer* Die „objektive Voraussehbarkeit" (des Erfolges und des Kausalverlaufs) – unverzichtbares Element im Begriff der Fahrlässigkeit oder allgemeines Verbrechenselement aller Erfolgsdelikte? in: Bockelmann-FS (1979) 201; *ders* Die Theorie der objektiven Zurechnung in der österreichischen Rechtsprechung in: Klug-FS II (1983) 419.

Inhaltsübersicht

	RN
A. Fahrlässigkeit	26.1–26.6
1. Allgemeines	26.1–26.3
2. Legaldefinition	26.4–26.6

A. Fahrlässigkeit

B. Elemente der Fahrlässigkeit 26.7–26.34
  1. Objektive Sorgfaltswidrigkeit der Handlung 26.7–26.21
    a) Allgemeiner Sorgfaltsmaßstab 26.7–26.9
    b) Besondere Sorgfaltsvorschriften 26.10–26.12
      aa) Rechtsvorschriften 26.11
      bb) Verkehrsnormen 26.12
    c) Zur Relativität der Sorgfaltspflichten 26.13–26.14a
      aa) Besonders gefährliche Situationen 26.13
      bb) Überdurchschnittliche Fähigkeiten und Kenntnisse 26.14
      cc) Unterdurchschnittliche Fähigkeiten und Kenntnisse 26.14a
    d) Grenzen der Sorgfaltspflichten 26.15–26.20
      aa) Erlaubtes Risiko 26.17
      bb) Vertrauensgrundsatz 26.18–26.19
      cc) Arbeitsteiliges Zusammenwirken 26.20
    e) Aufbauhinweise 26.21
  2. Subjektive Sorgfaltswidrigkeit der Handlung 26.22–26.27
    a) Vereinfachtes Prüfverfahren 26.22
    b) Objektiviert-subjektiver Maßstab 26.23–26.25
    c) Sonderproblem: Übernahmefahrlässigkeit 26.26–26.27
  3. Objektive Voraussehbarkeit des Erfolgs = Adäquanzzusammenhang 26.28–26.31
    a) Definition 26.28
    b) Atypischer Kausalverlauf 26.29
    c) Handhabung in der Praxis 26.30
    d) Vorsätzliche Erfolgsdelikte 26.31
  4. Subjektive Voraussehbarkeit des Erfolgs 26.32–26.34
    a) Vereinfachtes Prüfverfahren 26.32
    b) Objektiviert-subjektiver Maßstab 26.33
    c) Praktische Bedeutung 26.34

A. Fahrlässigkeit

1. **Allgemeines.** Fahrlässiges Handeln ist nur strafbar, wenn es das Gesetz **26.1** **ausdrücklich** unter Strafe stellt (§ 7 Abs 1). Die Fahrlässigkeitstat wird idR mit geringerer Strafe bedroht als das entsprechende Vorsatzdelikt. Es gibt aber Ausnahmen (gleiche Strafdrohung zB bei §§ 89, 222 Abs 2); vgl dazu RN 9.17 u RN 39.7.

Im StGB finden sich nur verhältnismäßig **wenige** Fahrlässigkeitsdelikte. Die prak- **26.2** tisch bedeutsamsten sind Fahrlässige Tötung (§§ 80 f), Fahrlässige Körperverletzung (§ 88), Gefährdung der körperlichen Sicherheit (§ 89) sowie Grob fahrlässige Beeinträchtigung von Gläubigerinteressen (§ 159). Allein im Abschnitt über die „Gemeingefährlichen strafbaren Handlungen und strafbaren Handlungen gegen die Umwelt" gibt es zahlreiche Fahrlässigkeitsdelikte; vgl §§ 170, 172, 174, 177, 177 c, 179, 181, 181 c, 181 e, 183.

Wichtig! Fahrlässigkeit kommt nur in Betracht, wenn Vorsatz entweder auszuschlie- **26.3** ßen ist oder sich jedenfalls nicht nachweisen lässt. Die Fahrlässigkeit ergibt sich aber nicht automatisch aus der Verneinung des Vorsatzes. Vielmehr bedarf die Feststellung, dass der Täter fahrlässig gehandelt hat, stets einer **selbstständigen und ausdrücklichen Begründung**; näher zum Ganzen *Schmoller* ÖJZ 1983 657; *Burgstaller* WK² § 6 RN 17 ff.

2. **Legaldefinition.** Sie findet sich im § 6 Abs 1: **26.4**

„**Fahrlässig handelt, wer die Sorgfalt außer acht lässt, zu der er nach den** **26.5** **Umständen verpflichtet und nach seinen geistigen und körperlichen Verhältnissen befähigt ist, und deshalb nicht erkennt, daß er einen Sachverhalt verwirklichen könne, der einem gesetzlichen Tatbild entspricht."**

Beachte! Die im § 6 Abs 1 ebenfalls mitgenannte **Zumutbarkeit** erfüllt eine unter systematischen Aspekten eigenständige Funktion. Dazu näher RN 27.23 ff.

26. Kapitel: Fahrlässigkeitsbegriff

26.6 Der **strafrechtliche Fahrlässigkeitsbegriff** setzt sich somit aus **vier Elementen** zusammen:

- **objektive Sorgfaltswidrigkeit der Handlung**
- **subjektive Sorgfaltswidrigkeit der Handlung**
- **objektive Voraussehbarkeit des Erfolgs**
- **subjektive Voraussehbarkeit des Erfolgs**

Beachte! Im Hinblick auf den wortlautidentischen § 8 Abs 2 FinStrG gilt die gesamte Fahrlässigkeitsdogmatik auch für das **Finanzstrafrecht;** vgl näher *Leitner/Brandl/Kert* HB Finanzstrafrecht RN 261 ff. Ebenso für das **Verwaltungsstrafrecht;** vgl *Hengstschläger/Leeb* Verwaltungsverfahrensrecht RN 689; *Raschauer/Wessely* Verwaltungsstrafrecht 84.

B. Elemente der Fahrlässigkeit
1. Objektive Sorgfaltswidrigkeit der Handlung

26.7 a) **Allgemeiner Sorgfaltsmaßstab.** Maßstab der einzuhaltenden **objektiven Sorgfalt** (= „nach den Umständen verpflichtet") ist ein Verhalten, das von einem **einsichtigen und besonnenen Menschen in der Lage des Täters** verlangt werden kann.

26.8 **Modellfigur** ist ein **einsichtiger und besonnener Mensch aus dem Verkehrskreis des Täters.** Es handelt sich dabei um ein **Ex-ante-Urteil,** das auf die **konkrete Situation** bei der Handlungsvornahme zu beziehen ist; hM; vgl *Burgstaller* WK² § 6 RN 36 u 38; *Huber* in *L/St* § 6 RN 6; SSt 63/10; EvBl 1995/185; SSt 61/121; SSt 61/44; ZVR 1986/143 m Anm *Kienapfel;* SSt 56/12; SSt 54/82.

26.9 Der Täter hat **objektiv sorgfaltswidrig** gehandelt, **wenn sich ein einsichtiger und besonnener Mensch aus dem Verkehrskreis des Täters, ausgestattet mit dessen Sonderwissen, in der konkreten Situation anders verhalten hätte;** so auch die stRspr; vgl JBl 1996 193; SSt 61/44; *StudB BT I* § 80 RN 14 mwN.

B e i s p i e l e: Maßstab ist daher ein einsichtiger und besonnener Benützer der Autobahn (nicht schlicht „Autofahrer"!), ein einsichtiger und besonnener Kinderarzt (nicht schlicht „Arzt"!), ein einsichtiger und besonnener bergunerfahrener Wanderer (nicht schlicht „Wanderer"!); vgl *Fuchs/Zerbes* AT I 12/15 ff; SSt 61/121. Näher zum Ganzen *Burgstaller* Fahrlässigkeitsdelikt 54 57; *Triffterer* SbgK § 6 RN 58 ff.

26.10 b) **Besondere Sorgfaltsvorschriften.** Für viele Lebensbereiche gibt es Sorgfaltsregeln, die den allgemeinen Sorgfaltsmaßstab des einsichtigen und besonnenen Menschen **modifizieren** und **spezifizieren.** Sie gehören teils dem geschriebenen, teils dem ungeschriebenen Recht an.

26.11 aa) **Rechtsvorschriften.** Zahlreiche Gesetze und Verordnungen enthalten solche speziellen Sorgfaltsregeln. So finden sich zB in der **StVO** und im **KFG** ganze Kataloge von Sorgfaltsnormen. Es kommen aber auch sonstige Rechtsvorschriften im weitesten Sinne als Quelle für Sorgfaltspflichten in Betracht: Unfallverhütungsvorschriften, feuerpolizeiliche, gewerbepolizeiliche, baupolizeiliche etc Sicherheitsbestimmungen, Dienstanweisungen, Betriebsvorschriften (SSt 61/77), auch Bauordnungen (SSt 63/10). Zahlreiche **Sicherheitsvorschriften** betreffen den Betrieb gefährlicher Unternehmen; zB Steinbrüche, Berg-, Stahl-, Chemiewerke, Eisenbahnen etc.

B. Elemente der Fahrlässigkeit

Beachte! Der Verstoß gegen Rechtsvorschriften **indiziert** zwar idR die objektive Sorgfaltswidrigkeit, zwingt aber nicht in jedem Fall zu deren Annahme; vgl *Huber* in *L/St* § 6 RN 8f; instruktiv *Burgstaller* Fahrlässigkeitsdelikt 45. Das gilt erst recht bei Übertretung von (bloßen) Verkehrsnormen; vgl *Burgstaller* aaO 52.

Beispiele: Wer ohne Zulassungsschein mit dem Kfz fährt, verstößt zwar gegen eine Rechtsnorm (§ 102 Abs 5 lit b KFG); aber daraus lässt sich keine objektive Sorgfaltswidrigkeit **in Bezug auf die §§ 80f, 88 oder 89** ableiten, falls bei einer solchen Fahrt „etwas passiert"; vgl *Fuchs/Zerbes* AT I 12/13. Entsprechendes gilt beim Fahren ohne mitgeführten Führerschein (§ 14 Abs 1 FSG).

bb) **Verkehrsnormen.** Für alle **gefahrengeneigten Tätigkeiten** (Sport, Jagd, Aufsicht 26.12 über Kinder, Kranke, Tiere etc) sowie **risikobehafteten Berufe** (zB Arzt, Apotheker, Architekt) gibt es zahlreiche, meist ungeschriebene Erfahrungs- bzw Sorgfaltsregeln. Diese gelten kraft **Verkehrssitte** und sind vielfach erst von der Praxis der Gerichte herausgearbeitet bzw konkretisiert worden, zB die **leges artis der Heilberufe, Jagdregeln, Sportregeln.** Man spricht insoweit von **Verkehrsnormen;** näher dazu *Burgstaller* WK² § 6 RN 46f. Zur Bedeutung der **FIS-Regeln** vgl JBl 1991 742 m Anm *Pichler;* SSt 61/44; SSt 57/30.

Beispiele: Objektiv sorgfaltswidrig handelt, wer als Jäger auf ein nicht genau „ansprechbares" Objekt schießt (RZ 1968 105); wer als Schichtmeister einen die Umwelt massiv gefährdenden Defekt der Emissionsanlage nicht weitermeldet (JBl 1992 398 m Anm *Burgstaller;* OLG Linz JBl 1990 463 m krit Anm *Kienapfel*); wer sein „spritziges" Pferd ohne genügende Aufsicht neben spielenden Kindern grasen lässt (ZVR 1986/143 m Anm *Kienapfel*); wer als Schilehrer mit seiner Gruppe durch akut lawinengefährdetes Gebiet abfährt (ZVR 1967/82); wer sich beim Schlepplifttfahren „hin- und herpendeln" lässt (ZVR 1978/53 m Anm *Melnizky*); wer ein Fahrzeug mit Holzpantoffeln lenkt (OLG Wien ZVR 1978/330). Weitere Rspr vgl *BT I*³ § 80 RN 25ff; *Burgstaller* WK² § 80 RN 17ff.

Aber: Entgegen OLG Linz JBl 1990 463 m insoweit abl Anm *Kienapfel* handeln auch die verantwortlichen **Manager** von umweltgefährdenden Betrieben objektiv sorgfaltswidrig, wenn sie für gefährliche Zwischenfälle weder Alarm- noch Notfallpläne vorbereiten; vgl dazu *StudB BT I* § 80 RN 21.

c) **Zur Relativität der Sorgfaltspflichten.** aa) **Besonders gefährliche Situa-** 26.13 **tionen.** Sorgfaltsregeln legen meist nur das **Mindestmaß** der anzuwendenden Sorgfalt fest. In atypischen und besonders gefährlichen Situationen wird von einem einsichtigen und besonnenen Menschen in der Lage des Täters ein **erhöhtes Maß an Sorgfalt** verlangt. Das läuft auf eine **differenzierte Einzelfallbetrachtung** hinaus und ist insb im Straßenverkehr in einer Vielzahl von Entscheidungen durchjudiziert worden; vgl *BT I*³ § 80 RN 54 mN.

Beispiele: Bei unklarer Verkehrssituation muss man **situationsangepasst,** dh insb bremsbereit fahren. Ein Motorradlenker, dem ein Fremdkörper ins Auge fliegt, muss sogleich anhalten (ZVR 1960/257). Bei starker Blendung muss man sofort seine Geschwindigkeit herabsetzen (ua ZVR 1982/412; zivilrE).

bb) **Überdurchschnittliche Fähigkeiten und Kenntnisse.** Ob **Sonderwissen** 26.14 **bzw -können** die objektiven Sorgfaltspflichten erhöht, ist strittig; dafür *Huber* in *L/St* § 6 RN 13; *StudB BT I* § 80 RN 18f; JBl 1988 395; differenzierend *Burgstaller* WK² § 6 RN 55; aM *Platzgummer* JBl 1971 240.

Beispiele: Ein Unternehmer, der weiß, dass die behördlichen Auflagen unzureichend sind, muss darüber hinausgehende Sicherheitsvorkehrungen zum Schutz von Leib und Leben seiner Angestellten treffen; vgl SSt 22/28; SSt 13/41. Wer spezielle Rettungstechniken beherrscht (zB Herzdruckmassage), muss sie einsetzen und darf sich beim Kreislaufstillstand bzw Herzinfarkt nicht auf tröstende Worte beschränken.

26.14a   cc) **Unterdurchschnittliche Fähigkeiten und Kenntnisse.** Solche individuellen Momente, die vor allem bei alten und kranken Menschen, aber auch bei sehbehinderten Kraftfahrern sowie bei Jugendlichen von Bedeutung sein können, begründen nach hM weder eo ipso objektiv sorgfaltswidriges Handeln noch führen sie zur Herabsetzung der allgemeinen Sorgfaltsanforderungen; es kommt vielmehr auf den **Einzelfall** an; vgl *Huber* in *L/St* § 6 RN 13; *Kienapfel* ZVR 1977 131; BGHSt 40 345. In manchen Fällen kann jedoch die Fahrlässigkeitsschuld entfallen; vgl dazu *StudB BT I* § 80 RN 115, 124 f.

Beispiele: Demgemäß wird auch einem ungeübten Autofahrer ein Manövrierfehler beim Schijöring als objektiv sorgfaltswidrig angelastet (SSt 60/48). Einen angeborenen Sehfehler muss der Lenker durch besondere Vorsicht ausgleichen (OLG Wien ZVR 1987/63).

26.15   d) **Grenzen der Sorgfaltspflichten.** Die Anforderungen an die objektive Sorgfaltspflicht dürfen gerade im Hinblick auf die Modellfigur des einsichtigen und besonnenen Menschen (RN 26.7 ff) **nicht überspannt** werden. Nicht schon die Verletzung bloßer Sorgfaltsmöglichkeiten, sondern erst die Nichtbeachtung solcher Sorgfaltspflichten, welche „**die Rechtsordnung nach den gesamten Umständen des Falles vernünftigerweise auferlegen darf**" *(Jescheck)*, macht das Wesen der objektiven Sorgfaltswidrigkeit aus; vgl EvBl 1995/185; SSt 61/44; SSt 55/24; OLG Wien ZVR 1980/136; LSK 1979/64.

Beispiele: Wer einen Defekt in einer **Fachwerkstätte** beheben lässt, darf idR darauf vertrauen, dass die Reparatur sorgfältig und erfolgreich durchgeführt wurde (SSt 57/50). Schulweggewöhnte **Taferlklassler** brauchen von ihren Eltern nicht begleitet zu werden; ähnlich EvBl 1995/185. Weitere Beispiele *StudB BT I* § 80 RN 26.

26.16   In der Praxis sehr bedeutsame **Einschränkungen** der objektiven Sorgfaltspflichten verbinden sich insb mit dem Begriff des **erlaubten Risikos,** dem **Vertrauensgrundsatz** und dem **arbeitsteiligen Zusammenwirken mehrerer.**

26.17   aa) **Erlaubtes Risiko.** Da viele gefährliche Handlungen (zB Autofahren, Bergsteigen, Kampfsport, risikobehaftete Tätigkeiten in Industrie und Gewerbe, ärztliche Eingriffe) von der Rechtsordnung toleriert werden, handelt nach hM nur objektiv sorgfaltswidrig, wer ein **rechtlich missbilligtes = sozialinadäquates Risiko** für den Eintritt eines verbotenen Erfolgs schafft oder vergrößert; hM; vgl *Burgstaller* Fahrlässigkeitsdelikt 39; *ders* WK² § 6 RN 37; *Triffterer* SbgK § 6 RN 52 ff; SSt 2003/49; SSt 63/101; SSt 61/121 (Angiografie mit tödlichem Ausgang); SSt 61/77; SSt 60/48; EvBl 1987/171/21; BGHSt 40 345.

Beispiele: Eine Hüttenwirtin genügt ihrer Sorgfaltspflicht, wenn sie offenbar bergerfahrene Schiwanderer auf die wetterbedingten Gefahren des Aufstiegs zur nächsten Hütte aufmerksam macht. Das Aufstiegsrisiko tragen allein die beiden Wanderer; vgl JBl 1975 160 m zust Anm *Kienapfel* JBl 1975 502. Wer eine ausreichend gekennzeichnete und gesicherte Schipiste verlässt und sich stattdessen für eine erkennbar „wilde Abfahrt" entscheidet, handelt auf eigene Gefahr und trägt selbst das Risiko seiner Verletzung; vgl EvBl 1998/89. Ebenso wenig begründet ein rechtlich missbilligtes Risiko, wer als Gastwirt oder als Hausherr im Rahmen des Üblichen Alkohol ausschenkt; vgl weiters RN 15.79. In allen diesen Beispielen bildet das **eigenverantwortliche Handeln** dessen, der sich „sehenden Auges" in Gefahr begibt, ein wesentliches Kriterium für das **erlaubte Risiko** iS einer **Begrenzung der objektiven Sorgfaltspflicht;** vgl *Hörburger* ÖJZ 1971 58; *Burgstaller* WK² § 6 RN 73, § 80 RN 42 u 83 ff; *H. Steininger* ZVR 1985 100; *Lewisch* ÖJZ 1995 298. Auch in der Rspr wird dieser Aspekt in zunehmendem Maße betont; instruktiv insb EvBl 1998/89

B. Elemente der Fahrlässigkeit

("wilde Abfahrt"); 11 Os 167/97 ("Katapultspringen"); vgl bereits JBl 1975 160. Vgl zum Ganzen auch *BT I*³ § 80 RN 57f mN (vor allem zum erlaubten Risiko im Straßenverkehr). Zum **Eigenverantwortlichkeitsprinzip** vgl im Übrigen RN 28.8.

Beachte! Diese Grundsätze gelten auch für **sportliche Wettkämpfe.** Hier gesteht die Judikatur idR sogar eine **wettkampfspezifische Erhöhung** des erlaubten Risikos zu, dh **unvermeidbare typische Regelverstöße** begründen (noch) keine objektive Sorgfaltswidrigkeit; vgl dazu SSt 60/48 (Schijöring); ZVR 1987/65 (Windschattenfahren beim Radrennen). Insoweit ist die frühere „Einwilligungslösung" überholt; vgl *StudB BT I* § 80 RN 28 u § 88 RN 21 f.

bb) **Vertrauensgrundsatz.** Der in § 3 StVO verankerte Vertrauensgrundsatz ist eine gesetzliche Ausformung des erlaubten Risikos für den Bereich des **Straßenverkehrs** und dient der **Begrenzung** der objektiven Sorgfaltspflichten; vgl SSt 63/101; EvBl 1999/71; JBl 1996 193; RZ 1995/17. Danach darf ein Straßenbenützer, von bestimmten Ausnahmen und Einschränkungen abgesehen, grundsätzlich darauf vertrauen, dass **„andere Personen die für die Benützung der Straße maßgeblichen Rechtsvorschriften befolgen".** 26.18

Aber: Der Vertrauensgrundsatz gilt nicht, wenn fremdes verkehrswidriges Verhalten **eindeutig erkennbar** ist. Darüber hinaus gilt er auch dann nicht, wenn bei **unklarer Verkehrssituation** fremdes Fehlverhalten nach den konkreten Umständen indiziert ist; vgl dazu näher *Burgstaller* WK² § 80 RN 31 ff; *StudB BT I* § 80 RN 34f mN. Vor allem aber gilt der Vertrauensgrundsatz nur für den, der **sich selbst verkehrsgerecht verhält;** stRspr; vgl SSt 63/101; EvBl 1999/71; SSt 52/2.

Beispiele: Wer selbst den Vorrang verletzt (OLG Wien ZVR 1983/214) oder das Rechtsfahrgebot missachtet (ZVR 1976/33 m Anm *Melnizky*), kann sich auf den Vertrauensgrundsatz nicht berufen.

Beachte! Der Vertrauensgrundsatz ist für das Pistenschifahren (JBl 1991 742 m Anm *Pichler;* OLG Innsbruck ZVR 1989/205; EvBl 1987/171), für Bergtouren, den Eisenbahn- und Schiffsverkehr etc **analog** anzuwenden. 26.19

cc) **Arbeitsteiliges Zusammenwirken.** Rspr und Lehre dehnen den Vertrauensgrundsatz auch auf Fälle arbeitsteiligen Zusammenwirkens mehrerer Personen aus, etwa im Hoch- und Tiefbau (JBl 1996 193), in Handwerksbetrieben (EvBl 1960/243), bei der Treibjagd und insb im Krankenhaus. 26.20

Beispiel: Der Chirurg darf sich idR darauf verlassen, dass ihm die OP-Schwester die richtige Injektion reicht; vgl SSt 29/39; enger OLG Innsbruck LSK 1982/71. Zum Ganzen vgl *Burgstaller* WK² § 80 RN 60; *Kert* in HB Wirtschaftsstrafrecht RN 1.29 ff; speziell zur **Arbeitsteilung bei Operationen** vgl *StudB BT I* § 80 RN 38 mN.

Aber: Bei **hierarchisch organisierten Strukturen** (zB Industrie- und Gewerbebetrieben, Krankenhäusern) gilt die Einschränkung, dass sich auf den Vertrauensgrundsatz nur berufen kann, wer seinen **Auswahl-, Überwachungs- und Begleitpflichten** genügt, insb die erforderlichen eindeutigen Anweisungen erteilt, wozu je nachdem auch die Aufstellung von Alarm- oder Notfallplänen gehört; vgl *StudB BT I* § 80 RN 21 u 40. Überhaupt rückt die strafrechtliche Haftung für **Organisationsmängel** zunehmend in den Blickpunkt; vgl SSt 61/77. Allerdings kann sich das **Topmanagement** durch Bestellung von geeigneten Sicherheits-, Umwelt- oder Gewerbebeauftragten, von verantwortlichen Projektleitern etc weitgehend **strafrechtlich entlasten;** vgl OLG Linz JBl 1990 463 m Anm *Kienapfel;* instruktiv *Karollus* ZAS 1989 159.

Wichtig! Der Vertrauensgrundsatz spielt in der **Praxis** eine große Rolle. Mit den Voraussetzungen und Einschränkungen dieses Prinzips müssen Sie sich daher näher beschäftigen; vgl dazu insb *Burgstaller* WK² § 80 RN 27 ff; *StudB BT I* § 80 RN 29–37.

26. Kapitel: Fahrlässigkeitsbegriff

26.21 e) **Aufbauhinweise.** In den Übungen und im Rechtsalltag bildet die Untersuchung der objektiven Sorgfaltswidrigkeit regelmäßig den **Schwerpunkt;** instruktiv SSt 61/121. Ausführungen bzw Urteilsgründe dürfen sich nicht mit der Feststellung begnügen, dass der Täter etwas falsch gemacht hat, sondern müssen sich vor allem auch darüber aussprechen, wie er sich in der konkreten Situation hätte **anders** verhalten sollen; vgl statt vieler EvBl 1998/160; SSt 61/121.

2. Subjektive Sorgfaltswidrigkeit der Handlung

26.22 a) **Vereinfachtes Prüfverfahren.** Die **subjektive Sorgfaltswidrigkeit** wird durch die objektive **indiziert;** dh wer objektiv sorgfaltswidrig handelt, verletzt **in der Regel** zugleich seine subjektive Sorgfaltspflicht.

Beachte! Einer eingehenden Prüfung der subjektiven Sorgfaltswidrigkeit bedarf es daher nur, wenn nach dem Sachverhalt **Anhaltspunkte** für Zweifel in dieser Richtung bestehen; hM; vgl *Burgstaller* WK² § 6 RN 91; *Huber* in *L/St* § 6 RN 15; JBl 1999 399; JBl 1992 398 m Anm *Burgstaller;* SSt 60/48; ZVR 1986/143 m Anm *Kienapfel.*

26.23 b) **Objektiviert-subjektiver Maßstab.** Anzulegen ist nicht der allgemeine (RN 26.9 ff), sondern ein **begrenzt individueller täterspezifischer Maßstab.** Nach hM ist maßgebend, ob auch „**ein anderer", ausgestattet mit den geistigen und körperlichen Verhältnissen des Täters, in dessen Situation fähig gewesen wäre, den objektiven Sorgfaltsanforderungen zu genügen;** für diesen **objektiviert-subjektiven Mindeststandard** hat der Täter einzustehen; vgl *Burgstaller* WK² § 6 RN 87 ff; *Huber* in *L/St* § 6 RN 15.

Wichtig! Deshalb kann sich der Täter auf die Unkenntnis dessen, was zum **allgemeinen Erfahrungs- und Wissensstandard** gehört, idR nicht berufen; vgl B/S/V BT I § 80 RN 21; JBl 1992 398 m Anm *Burgstaller;* eingehend zum Ganzen StudB BT I § 80 RN 107 u 110 ff.

Beispiele: Zum allgemeinen Wissensstandard eines **Kraftfahrers** gehören etwa Kenntnisse über die Gefahren des Aquaplanings (ZVR 1975/71; OLG Wien ZVR 1984/145), über Nebenwirkungen von bestimmten Medikamenten (OLG Wien ZVR 1977/243), über die Ablenkungsgefahr durch mitgeführte Hunde (OLG Wien ZVR 1979/105), über die Vereisungsgefahr auf Brücken in der kalten Jahreszeit (ZVR 1976/223; OLG Graz ZVR 1979/187). **Dagegen** braucht man als Kraftfahrer lebensrettende Sofortmaßnahmen nicht zu beherrschen; näher dazu *Burgstaller* WK² § 80 RN 100.

Beachte! Im Bereich der **Umweltdelikte** gehört zum Mindeststandard eines Schichtmeisters das Wissen, dass eine längere auflagenwidrige grenzwertüberschreitende Schadstoffemission zu gefährlicher Luftverunreinigung führen kann; vgl JBl 1992 398 m Anm *Burgstaller* gegen OLG Linz JBl 1990 463 m insoweit abl Anm *Kienapfel.*

26.24 Legt man diesen täterspezifischen objektiviert-subjektiven Ansatz zugrunde, bleibt für den Schuldausschluss bei der Fahrlässigkeit nicht allzu viel übrig. Der Täter handelt nur dann **nicht** subjektiv sorgfaltswidrig, wenn er „nach **seinen** geistigen und körperlichen Verhältnissen" (§ 6 Abs 1) zur Beachtung der objektiven Sorgfalt **nicht befähigt** ist; vgl ua JBl 1999 399. Die subjektive Sorgfaltswidrigkeit ist also zu verneinen, wenn der Täter entweder nicht in der Lage war zu erkennen, was objektiv geboten ist, oder nicht in der Lage war, der objektiv gebotenen Sorgfalt entsprechend zu handeln.

Beachte! Körperliche (zB schlechtes Gehör, Kurzsichtigkeit, Körperbehinderung, Übermüdung) und **intellektuelle Mängel** (zB unzureichende Begabung), aber auch der

B. Elemente der Fahrlässigkeit

Mangel einer bestimmten Fähigkeit in einer Situation, in der es ihrer bedarf (zB der Betreffende kann nicht schwimmen, nicht Auto fahren), können die subjektive Sorgfaltswidrigkeit ausschließen; vgl näher *StudB BT I* § 80 RN 114ff mN. **Charakter- und Gesinnungsmängel** (zB Ärger, Empörung, Aggressivität, Leichtsinn) entlasten dagegen nicht; vgl *Burgstaller* WK² § 6 RN 87; *Huber* in *L/St* § 6 RN 15; SSt 53/76. Zur strittigen Frage, ob eine **Alkoholisierung** des Täters (mit-)zuberücksichtigen ist, vgl *StudB BT I* § 80 RN 119ff u § 81 RN 95.

Beispiel: Der aufgrund seiner Alkoholisierung (1,5‰) Schlangenlinien fahrende A kollidiert mit dem entgegenkommenden Fahrzeug des B, der schwer verletzt wird. Aufgrund der Alkoholisierung war dem A die Einhaltung der objektiv gebotenen Sorgfalt (Rechtsfahrgebot) nicht möglich. In Betracht kommt aber eine Anknüpfung an die Übernahmefahrlässigkeit; sRN 26.26f.

Der objektiviert-subjektive Maßstab darf aber **nicht zu einer Überspannung der subjektiven Sorgfaltsanforderungen** führen; vgl dazu *StudB BT I* § 80 RN 113. Problemträchtig sind vor allem **geringfügige Sorgfaltswidrigkeiten,** die durch eine quasi schicksalhafte Verkettung widriger Umstände **erhebliche Folgen** nach sich gezogen haben und trotz dieser Folgen nicht oder kaum strafwürdig erscheinen. 26.25

Beispiel: Aus Mitleid lässt Frau A einen weinenden 3-Jährigen auf der Rodel bei leichter Hangneigung zu seiner 50–60m entfernten Mutter fahren. Es kommt zu einer fatalen, für Frau A kaum vorhersehbaren Richtungsänderung, in deren Folge das Kind auf ein Hindernis aufprallt und stirbt. Instruktiv OLG Wien ZVR 1996/41: „tragisches Versehen ohne erkennbare Schuldkomponente".

c) **Sonderproblem: Übernahmefahrlässigkeit.** Ist eine subjektive Sorgfaltswidrigkeit iSv Ausführungsfahrlässigkeit nicht nachweisbar, greift die Praxis mit Vorliebe auf den Gedanken der **Übernahmefahrlässigkeit** („Einlassungsfahrlässigkeit") zurück. Dabei ist darauf abzustellen, **ob der Täter eine Tätigkeit übernommen hat, von der er erkennen konnte oder erkennen hätte können, dass er ihr nicht gewachsen ist.** 26.26

Diese Rechtsfigur ist seit jeher auch in der Lehre anerkannt; vgl *Burgstaller* WK² § 6 RN 108ff; *Kienapfel* ZVR 1977 170; *Huber* in *L/St* § 6 RN 16ff. Bedenken bestehen aber gegen den von der Praxis oft unscharf verwendeten Begriff der „einleitenden Fahrlässigkeit"; wie hier *Schick* ÖJZ 1974 257 281; *Burgstaller* WK² § 6 RN 117ff. Vorbildlich OLG Innsbruck RZ 1981/33 im Seegruben-Fall.

Die Übernahmefahrlässigkeit ist Fahrlässigkeit iSd § 6. Sie besteht daher ebenfalls aus **objektiven** und **subjektiven Merkmalen.** Zur objektiven Seite vgl näher *Burgstaller* WK² § 6 RN 111ff; *StudB BT I* § 80 RN 44f; zur subjektiven Seite vgl *Burgstaller* WK² § 6 RN 114ff; *StudB BT I* § 80 RN 124f. Es müssen daher sämtliche Strafbarkeitsvoraussetzungen des Fahrlässigkeitsdelikts zum Zeitpunkt der Übernahme der Tätigkeit erfüllt sein. 26.27

Beispiele: Übernahmefahrlässigkeit kann etwa für den anzunehmen sein, der sich unter Medikamenteneinwirkung (OLG Wien ZVR 1977/243), alkoholisiert oder übermüdet ans Steuer setzt. Ähnliches gilt, wenn ein „Gesundbeter" die alleinige Behandlung einer Krebserkrankung oder eines anderen schweren Leidens übernimmt.

Beachte! Manche Rechtsvorschriften sind als gesetzliche Ausformungen von Übernahmefahrlässigkeit aufzufassen; vgl etwa § 58 Abs 1 StVO über das Lenken von Fahrzeugen. Von der Übernahmefahrlässigkeit zu **unterscheiden** ist hingegen die Qualifikation der fahrlässigen Tötung nach § 81 Abs 2 (vgl auch § 88 Abs 3 2. Fall und Abs 4 Satz 2 sowie

§ 89): Wer sich trotz Voraussehbarkeit einer Tätigkeit, zu der er nüchtern sein muss, berauscht, lädt ein besonderes Verschulden auf sich, wenn er dann in diesem Zustand der Berauschung eine Tötung bzw eine Verletzung oder Gefährdung begeht. Die eigentliche **Übernahmefahrlässigkeit** besteht hier **nicht** im **Sich-Berauschen**, sondern in der nachherigen **Aufnahme der gefährlichen Tätigkeit** (zB dem Antritt einer Autofahrt).

3. Objektive Voraussehbarkeit des Erfolgs = Adäquanzzusammenhang

26.28   a) **Definition.** Ein Erfolg ist objektiv voraussehbar, wenn sein Eintritt für einen einsichtigen und besonnenen Menschen in der Lage des Täters innerhalb der allgemeinen Lebenserfahrung liegt. Das moderne Synonym für das Erfordernis der objektiven Voraussehbarkeit, dem seit jeher **Zurechnungserwägungen** zugrunde liegen, ist der **Adäquanzzusammenhang**; vgl *StudB BT I* § 80 RN 48; *Burgstaller* WK² § 6 RN 63; *Triffterer* AT 8/119; *Stricker* in *L/St* Vorbem § 1 RN 33; stRspr; vgl SSt 63/51; JBl 1996 804; SSt 61/57; SSt 61/1. Bezugspunkt und Inhalt dieser wertenden Gesamtschau ist der Geschehensablauf in seiner „vollen Konkretheit"; *Burgstaller* Pallin-FS 41; SSt 61/112; JBl 1988 395; EvBl 1987/142 (GrundsatzE).

Aber: Das bedeutet nicht, dass das Kausalgeschehen in allen seinen Einzelheiten vorhersehbar war; vielmehr genügt es, wenn der **konkrete Kausalverlauf** (samt Erfolg) **generell innerhalb der allgemeinen Lebenserfahrung liegt;** vgl SSt 2006/79; SSt 63/51; JBl 1999 399; JBl 1996 804.

26.29   b) **Atypischer Kausalverlauf.** Außerhalb des Adäquanzzusammenhangs liegt der atypische Kausalverlauf. Er schließt die **objektive Voraussehbarkeit** des Erfolgs und damit den **Tatbestand** aus. Das gilt im Übrigen nicht nur für fahrlässige, sondern auch für alle vorsätzlichen Erfolgsdelikte (RN 26.31). **Als atypisch gilt ein Kausalverlauf nur dann, wenn er gänzlich außerhalb der allgemeinen Lebenserfahrung liegt;** hM; vgl *Burgstaller* WK² § 6 RN 63; *Triffterer* SbgK § 6 RN 63; *Stricker* in *L/St* Vorbem § 1 RN 33; *Kienapfel* ZVR 1977 166; stRspr; vgl SSt 2007/70; SSt 2006/79; SSt 63/51; JBl 1999 399; JBl 1996 804 („geradezu schicksalhafte Verkettung unglücklicher Umstände"); SSt 61/112; EvBl 1987/141; SSt 57/49; SSt 56/40/12.

26.30   c) **Handhabung in der Praxis.** An die Anerkennung atypischer Kausalverläufe legt die Praxis **strenge Maßstäbe** an.

Beispiele für **objektiv voraussehbare Erfolge bzw Kausalverläufe:** Dass der **Verletzte** an einer hinzukommenden Lungenentzündung (SSt 63/51; 13 Os 91/89) oder Embolie (ZVR 1986/53) oder im Zusammenwirken mit einer Vorerkrankung, zB Leberzirrhose (JBl 1999 399), stirbt, dass der **Arzt** die Tiefe einer Stichwunde unterschätzt (SSt 61/57) oder beginnende Komplikationen zu spät erkennt (SSt 47/1), betrachten die Gerichte noch als **innerhalb** der allgemeinen Lebenserfahrung liegend; vgl zum Ganzen *StudB BT I* § 80 RN 51 ff.

Beispiele für **atypische Kausalverläufe:** Der Verletzte wird auf dem Weg zum Arzt von einem Dachziegel erschlagen, Opfer eines Amokläufers oder im Krankenhaus von einer Hornisse zu Tode gestochen. Auch ganz ungewöhnliche Komplikationen bei einer Operation (zB Gasbrandinfektion) oder einer harmlosen Narkose gelten als atypisch und daher als objektiv nicht voraussehbar; ebenso der vor Aufregung oder Ärger eingetretene **Herzinfarkt** (eines an sich Gesunden) oder bestimmte **Körperanomalien**, zB Bluteigenschaft; vgl *Burgstaller* WK² § 80 RN 70; SSt 63/51 („Papierschädel").

B. Elemente der Fahrlässigkeit

d) **Vorsätzliche Erfolgsdelikte.** Als normatives Zurechnungskorrektiv findet der Adäquanzzusammenhang auch bei den vorsätzlichen Erfolgsdelikten in **vollem Umfang Anwendung;** vgl *Kienapfel* ZVR 1977 163 166 FN 83; inzwischen hM; vgl *Stricker* in *L/St* Vorbem § 1 RN 26 ff 33 f; *Triffterer* AT 138 149 183; *ders* Bockelmann-FS 212; *Moos* WK² § 75 RN 19; *Schmoller* ÖJZ 1982 452; *H. Steininger* ÖJZ 1981 369; ebenso die Rspr; vgl JBl 1994 556 m Anm *Burgstaller*; EvBl 1987/142; SSt 55/86; Ansätze bereits in SSt 46/67. Vgl dazu auch das Fallprüfungsschema für die vorsätzlichen Begehungsdelikte **Anhang 1.** 26.31

Beispiele: Der durch den Mordanschlag des A nur leicht verletzte B stirbt beim Transport ins Spital, etwa weil sein Krankenwagen angefahren (RN 28.13), von Extremisten beschossen oder von einem Erdrutsch oder einer Lawine erfasst wird. Jedes Mal fehlt es am Adäquanzzusammenhang. A ist daher nicht wegen vollendeten, sondern wegen **versuchten Mordes** zu bestrafen; vgl *StudB BT I* § 75 RN 16.

4. Subjektive Voraussehbarkeit des Erfolgs

a) **Vereinfachtes Prüfverfahren.** Die subjektive Voraussehbarkeit des Erfolgs wird durch die objektive **indiziert.** Dh ein Erfolg, der objektiv voraussehbar ist, ist **in der Regel** auch **für den Täter (= subjektiv)** voraussehbar. 26.32

Beachte! Einer eingehenden Prüfung dieses Erfordernisses bedarf es daher nur, wenn nach dem Sachverhalt **Anhaltspunkte** für Zweifel in dieser Richtung bestehen.

b) **Objektiviert-subjektiver Maßstab.** Es genügt, dass der Erfolg einschließlich des Kausalverlaufs für den Täter **im Rahmen des Adäquanz- und Risikozusammenhangs** voraussehbar ist; vgl dazu näher *Burgstaller* WK² § 6 RN 97; *Huber* in *L/St* § 6 RN 19 a; SSt 2007/70; JBl 1999 399; SSt 57/49; SSt 53/76. Es gilt derselbe objektiviert-subjektive Maßstab wie bei der subjektiven Sorgfaltswidrigkeit (RN 26.23). 26.33

c) **Praktische Bedeutung.** Die praktische Bedeutung der subjektiven Voraussehbarkeit des Erfolgs ist im Allgemeinen gering. Denn entweder handelt es sich um einen **atypischen Kausalverlauf.** Dann entfällt bereits die objektive Voraussehbarkeit, dh der Adäquanzzusammenhang. Oder der Kausalverlauf liegt **innerhalb des Adäquanzzusammenhangs.** Dann ist er idR auch für den Täter, dh **subjektiv voraussehbar;** vgl *Kienapfel* ZVR 1977 170; zum Ganzen vgl *Burgstaller* WK² § 6 RN 98. 26.34

Beispiele: Dass beim vorsichtigen Rückwärtseinparken eine Passantin dermaßen erschrickt, dass sie unglücklich zu Fall kommt und letztlich an den Folgen dieses Sturzes stirbt, ist schon nicht objektiv und für den Lenker erst recht nicht subjektiv voraussehbar; vgl OLG Wien ZVR 1988/1. Nach OLG Wien ZVR 1996/41 war das Linksabkommen des rodelnden Kindes (RN 26.25) aufgrund der geringen und kaum erkennbaren Neigung des Hanges nicht subjektiv voraussehbar.

Aber: Eigenständige Bedeutung hat die subjektive Voraussehbarkeit des Erfolgs insb bei den **erfolgsqualifizierten Delikten;** vgl näher RN 28.36 f.

Zur Vertiefung: Zu den Problemen der objektiven Sorgfaltswidrigkeit vgl eingehend *Burgstaller* WK² § 6 RN 33 ff und § 80 RN 10 ff; *StudB BT I* § 80 RN 14 ff; *Huber* in *L/St* § 6 RN 6 ff. Zur subjektiven Sorgfaltswidrigkeit vgl *Burgstaller* WK² § 6 RN 83 ff; *StudB BT I* § 80 RN 107 ff.

■ ■ ■ Programmbearbeiter lesen jetzt bitte die TE 26 ■ ■ ■

27. Kapitel
Aufbau des Fahrlässigkeitsdelikts

Inhaltsübersicht

	RN
A. Fahrlässigkeit als eigenständige Verhaltensform	27.1–27.7
1. Unrecht	27.3–27.4
2. Schuld	27.5
3. Weitere Besonderheiten	27.6–27.7
B. Der Tatbestand des Fahrlässigkeitsdelikts	27.8–27.13
1. Vornahme einer objektiv sorgfaltswidrigen Handlung	27.10
2. Erfolg und Kausalität	27.11
3. Objektive Zurechnung des Erfolgs	27.12–27.13
C. Die Rechtswidrigkeit beim Fahrlässigkeitsdelikt	27.14–27.16
D. Die Fahrlässigkeitsschuld	27.17–27.27
1. Schuldfähigkeit	27.17
2. Subjektive Sorgfaltswidrigkeit und subjektive Voraussehbarkeit	27.18–27.20
3. Unrechtsbewusstsein	27.21–27.22
4. Unzumutbarkeit sorgfaltsgemäßen Handelns	27.23–27.27
a) Normatives Schuldkorrektiv	27.23–27.24
b) Definition	27.25–27.26
c) Anwendungsfälle	27.27
E. Fallprüfungsschema beim Fahrlässigkeitsdelikt	27.28

A. Fahrlässigkeit als eigenständige Verhaltensform

27.1 Nach heutiger hM sind die Fahrlässigkeitsdelikte kein bloßes „Minus" gegenüber den Vorsatzdelikten, sondern ein **„Aliud"** mit eigenständiger Struktur von **Unrecht** und **Schuld.**

27.2 Die Verselbstständigung des Fahrlässigkeitsdelikts gegenüber der vorsätzlichen Tat ist ein Ergebnis der modernen Fahrlässigkeitslehre. Früher sah man in der Fahrlässigkeit eine **reine Schuldform** (*v. Beling, v. Liszt, Rittler*). Die heutige hM betrachtet die Fahrlässigkeit dagegen als **eigenständige Verhaltensform,** die sowohl Unrechts- als auch Schuldelemente in sich vereinigt; vgl etwa *J/W* AT 563; *Burgstaller* WK[2] § 6 RN 26ff; *Huber* in *L/St* § 6 RN 3a. Die Praxis ist dem gefolgt. Dabei werden die beiden objektiven Elemente des strafrechtlichen Fahrlässigkeitsbegriffs der **Tatbestandsmäßigkeit** und die beiden subjektiven Fahrlässigkeitselemente der **Schuld** zugewiesen = „Zweistufigkeit" der Fahrlässigkeitsprüfung. Dies schlägt sich auch im Fallprüfungsschema nieder; vgl **Anhang 3.**

27.3 **1. Unrecht.** Das spezifische Unrecht der fahrlässigen Tat besteht darin, dass der Täter ein Rechtsgut durch eine **objektiv sorgfaltswidrige Handlung** beeinträchtigt.

27.4 Manche Autoren gehen noch einen Schritt weiter und verlagern auch die **subjektive Sorgfaltswidrigkeit** in den Tatbestand und damit in das **Unrecht** des Fahrlässigkeitsdelikts; vgl *Triffterer* AT 13/25ff; *Wegscheider* BT 42; *Hilf/Schick* Fälle 87 122 135; näher *Moos* Burgstaller-FS 111. Die hM folgt dem **nicht,** weil auf diese Weise nicht nur die Fahrlässigkeitsschuld entleert, sondern auch die Trennung von Unrecht und Schuld bei den Fahrlässigkeitsdelikten in Frage gestellt wird; vgl *J/W* AT 575; *Burgstaller* WK[2] § 6 RN 26f; *Fuchs/Zerbes* AT I 26/2ff u 9; *Seiler* AT I RN 588ff.

Beachte! Ob man mit einem Teil der neueren Lehre die subjektive Sorgfaltswidrigkeit in den Tatbestand vorverlagert oder in der Schuld belässt, ist eine **reine Systemfrage** und hat keinerlei Einfluss auf die eigentlichen **Sachfragen.** Beide Aufbauschemata sind gleichwertig.

B. Der Tatbestand des Fahrlässigkeitsdelikts

2. Schuld. Mit dem Unwerturteil der Schuld wird dem Fahrlässigkeitstäter 27.5 vorgeworfen, dass er **nicht jene ihm mögliche und zumutbare Sorgfalt beachtet hat, die an seiner Stelle ein maßgerechter Mensch beachtet hätte.**

3. Weitere Besonderheiten. a) Die meisten Fahrlässigkeitsdelikte (zB 27.6 §§ 80, 88, 89, 170, 172, 174, 177) sind **reine Verursachungsdelikte** und enthalten keine abschließende Umschreibung der Tathandlung; vgl *Burgstaller* Fahrlässigkeitsdelikt 42; *Huber* in *L/St* § 6 RN 3 b. Sie sind **insoweit ergänzungsbedürftig,** als der Richter die objektive Sorgfaltspflicht unter Berücksichtigung der maßgebenden Rechtsvorschriften und Verkehrsnormen für den jeweiligen Einzelfall zu **konkretisieren** hat. Taxativ aufgezählte **Sorgfaltsverstöße** finden sich in § 159 Abs 5 („kridaträchtige Handlungen").

Beachte! In einer Reihe von Vorschriften benützt das StGB in jüngerer Zeit den im Zivilrecht schon länger geläufigen Begriff der **groben Fahrlässigkeit.** § 6 Abs 3 enthält eine Legaldefinition dieser Fahrlässigkeitsform; näher dazu RN 28.25 b ff.

b) Bei den Fahrlässigkeitsdelikten gibt es weder **Versuch** noch **Rücktritt.** 27.7

B. Der Tatbestand des Fahrlässigkeitsdelikts

Das allgemeine **dreistufige Fallprüfungsschema** sowie die Ausführungen 27.8 zum **Handlungsbegriff** (Z 7) gelten auch für die Fahrlässigkeitsdelikte.

Beachte! Automatisierte Handlungen, etwa beim Autofahren (zB Kuppeln, Schalten), insb auch **Fehlreaktionen** im Straßenverkehr, erfüllen idR den strafrechtlichen Handlungsbegriff; vgl *StudB BT I* § 80 RN 7; *Burgstaller* WK² § 80 RN 15; OLG Wien ZVR 1984/58. Zur Reaktionszeit bzw Schrecksekunde vgl *StudB BT I* § 80 RN 42 f 113 u 118.

Die hM zerlegt die Prüfung des **Tatbestandes** eines fahrlässigen Erfolgs- 27.9 delikts in die folgenden Abschnitte:

1. Vornahme einer objektiv sorgfaltswidrigen Handlung

2. Erfolg und Kausalität

3. Objektive Zurechnung des Erfolgs

Dieses Fallprüfungsschema hat sich in Lehre und Praxis durchgesetzt; vgl *Burgstaller* WK² § 6 RN 60 ff; *Huber* in *L/St* § 6 RN 13 c; SSt 61/57; SSt 61/1.

1. Vornahme einer objektiv sorgfaltswidrigen Handlung

Das spezifische Unrecht und zugleich das zentrale Kennzeichen jeder fahr- 27.10 lässigen Tat besteht darin, dass der Täter eine **objektiv sorgfaltswidrige Handlung** vornimmt; vgl RN 26.7 ff.

2. Erfolg und Kausalität

Ob durch die objektiv sorgfaltswidrige Handlung der tatbestandsmäßige 27.11 **Erfolg** verursacht wurde, ist wie bei den vorsätzlichen Erfolgsdelikten nach der Kausalitätsformel der **Äquivalenztheorie** zu beurteilen. Die geringste Mitursächlichkeit genügt. Vgl zum Ganzen RN 10.3–10.17.

27. Kapitel: Aufbau des Fahrlässigkeitsdelikts

3. Objektive Zurechnung des Erfolgs

27.12 Unmittelbar im Anschluss an die Kausalität ist die **objektive Zurechnung des Erfolgs** zu prüfen. Es handelt sich dabei um ein tatbestandliches Gesamtkorrektiv, das das erklärte Ziel verfolgt, die uferlose Weite der Äquivalenztheorie durch das Erfordernis einer **spezifisch normativen Verknüpfung** zwischen Handlung und Erfolg einzugrenzen. Die Lehre von der objektiven Zurechnung des Erfolgs ist nach heutiger hM ein allgemeines **normatives Haftungsbegrenzungsprinzip, das sowohl für die vorsätzlichen als auch für die fahrlässigen Erfolgsdelikte gilt;** vgl bereits RN 10.18–10.21. Die Ausführungen zur objektiven Zurechnung haben daher nicht bloß für Fahrlässigkeitsdelikte, sondern auch für **Vorsatzdelikte** Bedeutung; s RN 28.1 ff.

27.13 Hinter der **objektiven Zurechnung des Erfolgs** verbirgt sich ein differenziertes Prüfungsverfahren, das sich bei den **fahrlässigen Erfolgsdelikten** aus **drei Schritten** in der nachstehenden Reihenfolge zusammensetzt:

- **Adäquanzzusammenhang**
- **Risikozusammenhang**
- **Risikoerhöhung gegenüber rechtmäßigem Alternativverhalten**

Während der **Adäquanzzusammenhang** im Hinblick auf die gesetzliche Verankerung der objektiven Voraussehbarkeit des Erfolgs im § 6 ein **unverzichtbares Element jeder Fahrlässigkeitsprüfung** darstellt, bezeichnen **Risikozusammenhang** (RN 28.3 ff) und **Risikoerhöhung gegenüber rechtmäßigem Alternativverhalten** (RN 28.16 f) spezielle Zurechnungsprobleme, die in der Praxis nur bei entsprechender Fallgestaltung aufgeworfen werden; vgl zB SSt 61/1. In Prüfungsarbeiten sollten sie dennoch regelmäßig erörtert werden.

Über die Reihenfolge der beiden erstgenannten Prüfungselemente kann man diskutieren. Die hM prüft aus praktischen Erwägungen den **Adäquanzzusammenhang** idR **vor dem Risikozusammenhang;** vgl etwa *Burgstaller* WK² § 6 RN 63; *Triffterer* SbgK § 6 RN 62; idR ebenso die Praxis; vgl ua EvBl 1999/71; JBl 1996 804; SSt 61/57; SSt 56/12.

C. Die Rechtswidrigkeit beim Fahrlässigkeitsdelikt

27.14 Auch bei Fahrlässigkeitsdelikten können **Rechtfertigungsgründe** in Betracht kommen, insb Notwehr, rechtfertigender Notstand, das Anhalterecht und die Einwilligung. In der Praxis zählen wirkliche Rechtfertigungskonstellationen im Fahrlässigkeitsbereich allerdings zu den Raritäten. Denn bei vielen – scheinbar einschlägigen – Fallkonstellationen geht es idR nicht um Rechtfertigung, sondern darum, dass nach heutiger Auffassung bereits die Tatbildmäßigkeit eines Fahrlässigkeitsdelikts zu verneinen ist; vgl *StudB BT I* § 80 RN 97; *Burgstaller* WK² § 80 RN 94.

27.15 Beispiel: Für den „Arzt in Stalingrad", der unter den damaligen widrigen Verhältnissen an der Kriegsfront den letalen Ausgang von Operationen oft nicht verhindern konnte, wurde lange Zeit eine Lösung auf der Rechtfertigungsebene gesucht; so noch 12. Aufl. Betrachtet man solche Fälle heute unter dem Aspekt des § 80, bedarf es keines Rückgriffs auf **rechtfertigenden Notstand,** weil solche Eingriffe infolge kriegsbedingt

D. Die Fahrlässigkeitsschuld

erlaubten Risikos nicht als objektiv sorgfaltswidrig zu werten sind. Es entfällt schon der Tatbestand des § 80; zum erlaubten Risiko in spezifischen Risikosituationen vgl bereits RN 26.17.

Aber: Ein klassisches **Rechtfertigungsproblem** stellt sich bei fahrlässiger Tat, wenn jemand auf den Arm des Angreifers zielt, den Angreifer jedoch ungewollt tödlich trifft. Abwehrtypische Risiken eines zulässigerweise eingesetzten Abwehrmittels gehen zu Lasten des Angreifers; vgl bereits RN 13.14; näher dazu *StudB BT I* § 80 RN 99; *Burgstaller* WK² § 80 RN 95. **27.16**

D. Die Fahrlässigkeitsschuld

1. **Schuldfähigkeit.** Vgl RN 17.1 ff. **27.17**

2. **Subjektive Sorgfaltswidrigkeit und subjektive Voraussehbarkeit.** Auf der Stufe der Schuld ist vor allem zu prüfen, ob der Täter „nach seinen geistigen und körperlichen Verhältnissen" (§ 6 Abs 1) befähigt war, die objektive Sorgfalt zu beachten **(= subjektive Sorgfaltswidrigkeit)** und den eingetretenen Erfolg vorauszusehen **(= subjektive Voraussehbarkeit des Erfolgs).** Entfällt auch nur eines dieser beiden subjektiven Fahrlässigkeitselemente, handelt der Täter **nicht schuldhaft.** Einzelheiten vgl RN 26.22 ff u 26.32 ff. **27.18**

Beachte! *Burgstaller* WK² § 6 RN 96 fasst beide subjektiven Fahrlässigkeitselemente zu einem einzigen Begriff der **subjektiven Zurechenbarkeit** zusammen. Das ist nur ein terminologischer, kein sachlicher Unterschied. Dasselbe gilt für *Fuchs/Zerbes* AT I 26/9, die subjektive Zurechenbarkeit als Synonym für subjektive Voraussehbarkeit des Erfolgs verwenden. **27.19**

Alle Schuldelemente sind auf den **Zeitpunkt der Handlungsvornahme** zu beziehen. Bei der sog **Übernahmefahrlässigkeit** (RN 26.26 f) ist insoweit der Zeitpunkt der Handlungs**übernahme** maßgebend. Näher zur subjektiven Tatseite bei der Übernahmefahrlässigkeit vgl *StudB BT I* § 80 RN 124 f; *Burgstaller* WK² § 6 RN 114 ff. **27.20**

Zum vereinfachten Prüfverfahren der beiden subjektiven Fahrlässigkeitselemente in der Praxis und in schriftlichen Arbeiten vgl RN 26.22 u 26.32.

3. **Unrechtsbewusstsein.** Auch der Fahrlässigkeitstäter kann nur dann bestraft werden, wenn er mit Unrechtsbewusstsein gehandelt hat. **Aktuelles** Unrechtsbewusstsein ist im Einzelfall denkbar, bloß **potenzielles** genügt; vgl näher *Triffterer* AT 13/62 f. Die Probleme des direkten bzw indirekten Verbotsirrtums können auch beim Fahrlässigkeitsdelikt auftreten; vgl EvBl 1998/160. **27.21**

Ebenso wie beim Vorsatzdelikt schließt der **nicht vorwerfbare Verbotsirrtum** beim Fahrlässigkeitsdelikt die Schuld aus; vgl § 9 Abs 1. Ein **vorwerfbarer Verbotsirrtum** lässt die Strafdrohung wegen fahrlässiger Tat bestehen, kann aber zur **Strafmilderung** führen; vgl § 9 Abs 3 iVm § 34 Abs 1 Z 12. In den Klausuren und in der Praxis wird allerdings nur selten Anlass bestehen, auf die Frage des Unrechtsbewusstseins bzw des Verbotsirrtums näher einzugehen; vgl *Burgstaller* Fahrlässigkeitsdelikt 197. **27.22**

4. **Unzumutbarkeit sorgfaltsgemäßen Handelns.** a) **Normatives Schuldkorrektiv.** Die Unzumutbarkeit wird in der Legaldefinition des § 6 ausdrücklich angeführt und bildet ein **selbstständiges Element** der Fahrlässigkeitsschuld; vgl *Burgstaller* WK² § 6 RN 101; *Moos* Burgstaller-FS 124. Es handelt sich um einen allgemeinen, **generalklauselartigen Entschuldigungsgrund,** für den die auf die **27.23**

27. Kapitel: Aufbau des Fahrlässigkeitsdelikts

vorsätzlichen Begehungsdelikte zugeschnittenen strengeren Anforderungen des § 10 nicht gelten; hM; vgl *Burgstaller* WK² § 6 RN 104 ff; *Huber* in *L/St* § 6 RN 20; SSt 56/78.

27.24 **Beachte!** Das **normative Schuldkorrektiv** der Unzumutbarkeit soll einen Täter straflos stellen, der die objektiv gebotene Sorgfalt zwar nach seinen geistigen und körperlichen Verhältnissen hätte beachten können, dem aber **aus besonderen Gründen** kein Vorwurf gemacht werden kann, dass er dies nicht getan hat; vgl *J/W* AT 597; OLG Wien ZVR 1989/163. Einzelheiten *StudB BT I* § 80 RN 131 ff.

27.25 b) **Definition. Sorgfaltsgemäßes Verhalten ist unzumutbar, wenn auch von einem maßgerechten Menschen** (RN 16.8 ff) **in der Lage des Täters die Einhaltung der gebotenen Sorgfalt realistischerweise nicht erwartet werden kann;** hM; vgl *Burgstaller* WK² § 6 RN 100; *Triffterer* AT 13/29; *Huber* in *L/St* § 6 RN 20; OLG Wien ZVR 1989/163; SSt 56/78.

27.26 **Beachte!** Im Straßenverkehr, dem wichtigsten Fahrlässigkeitsbereich, sind die Sollensanforderungen des Rechts verhältnismäßig hoch. Weder Ärger über fremdes Fehlverhalten noch die Erregung über einen zuvor erlittenen Verkehrsunfall noch ein heftiger Streit mit der mitfahrenden Gattin oder das Gezanke der am Rücksitz herumtobenden Kinder entbinden davon, die einem maßgerechten Menschen im Straßenverkehr obliegende und daher auch dem Täter **zumutbare unfallverhütende Sorgfalt** zu beachten. Solche Fallkonstellationen werden mitunter auch unter dem (irritationsanfälligen) Stichwort der „Zumutbarkeit rechtmäßigen Alternativverhaltens" erörtert; vgl SSt 60/48; *Lewisch* ÖJZ 1995 303.

Beispiele: Bei einer erzwungenen Notbremsung kann auch von einem maßgerechten Autofahrer nicht gleichzeitig Bremsen **und** dosiertes Umsteuern des Hindernisses verlangt werden (OLG Wien ZVR 1986/52). **Dagegen** gelten etwa beim Schijöring erhöhte Anforderungen an das fahrerische Können (SSt 60/48); weitere Beispiele für eine Aktivierung des Zumutbarkeitskorrektivs im Straßenverkehr *BT I*³ § 80 RN 164a.

27.27 c) **Anwendungsfälle. Unzumutbarkeit sorgfaltsgemäßen Verhaltens** ist vor allem in solchen Fällen anzunehmen, in denen der Täter in Erfüllung einer **sittlichen oder religiösen Pflicht** oder zumindest aus **menschlich verständlichen und billigenswerten Motiven** gehandelt hat.

Beispiele: Aufgrund der Hiobsbotschaft eines Grubenunglücks läuft die Ehefrau eines verschütteten Bergarbeiters angsterfüllt zur Zeche, ohne zuvor in ihre Wohnung zurückzukehren, um das eingeschaltete Bügeleisen abzustellen. Bald darauf steht das Haus in Flammen; vgl *Nowakowski* JBl 1953 509. Mangels personeller Alternative übernimmt ein übermüdeter Arzt eine unaufschiebbare Notoperation, bei der ihm ein Fehler unterläuft; vgl zum Ganzen näher *StudB BT I* § 80 RN 137 ff.

Zur Vertiefung: Zu den dogmatischen Grundlagen des modernen Fahrlässigkeitsbegriffs vgl *J/W* AT 563; *Burgstaller* Fahrlässigkeitsdelikt 15. Ausführliche Darstellung der Fahrlässigkeit auf der Grundlage der aktuellen Judikatur und Lehre *StudB BT I* § 80 RN 1 ff.

E. Fallprüfungsschema beim Fahrlässigkeitsdelikt

27.28 Dieses Fallprüfungsschema ist als **Anhang 3** abgedruckt. Ähnliche Aufbaumuster finden sich bei *Burgstaller* StP I 132, *Fuchs/Zerbes* AT I 421 f, *H. Steininger* Bezauer Tage 1981 194 u *Luef-Kölbl/Sprajc* Fälle 263.

■ ■ ■ **Programmbearbeiter lesen jetzt bitte die TE 27** ■ ■ ■

E. Fallprüfungsschema beim Fahrlässigkeitsdelikt

28. Kapitel
Zentrale Probleme des Fahrlässigkeitsdelikts

Inhaltsübersicht

	RN
A. Objektive Zurechnung des Erfolgs	28.1–28.17a
1. Adäquanzzusammenhang	28.2
2. Risikozusammenhang	28.3–28.15
a) Funktion	28.3
b) Definition	28.4–28.5
c) Einzelne Fallgruppen	28.6–28.14
aa) Räumlich, gegenständlich oder zeitlich begrenzter Schutzzweck der übertretenen Sorgfaltsnorm	28.7
bb) Eigenverantwortliche Selbstgefährdung	28.8
cc) Nachträgliches Fehlverhalten des Verletzten	28.9
dd) Nachträgliches Fehlverhalten eines Dritten	28.10–28.12
ee) Unfälle im Zusammenhang mit Rettungsmaßnahmen	28.13
ff) Sonstige Fallgruppen	28.14
d) Übergreifende Aspekte	28.15
aa) Reichweite der Lehre von der objektiven Zurechnung	28.15
bb) Konsequenzen bei fehlendem Adäquanz- oder Risikozusammenhang	28.15
cc) Durchblick Strafrecht/Zivilrecht	28.15
3. Risikoerhöhung gegenüber rechtmäßigem Alternativverhalten	28.16–28.17
a) Spezielles Zurechnungsproblem	28.16
b) Risikoerhöhungstheorie	28.17
4. Exkurs: Prüfungsschwerpunkte	28.17a
B. Bewusste und unbewusste Fahrlässigkeit	28.18–28.21
1. Unbewusste Fahrlässigkeit	28.19
2. Bewusste Fahrlässigkeit	28.20–28.21
C. Zur Abgrenzung von Vorsatz und Fahrlässigkeit	28.22–28.25a
1. Ausgangsposition	28.22
2. Einzelheiten und bewährte Faustregeln	28.23–28.25a
D. Grobe Fahrlässigkeit	28.25b–28.2i
1. Hintergrund	28.25b
2. Elemente	28.25c–28.25i
a) Ungewöhnlicher Sorgfaltsverstoß	28.25d–28.25e
b) Qualifizierte Vorhersehbarkeit	28.25f–28.25g
c) Subjektive Vorwerfbarkeit	28.25h
3. Fazit	28.25i
E. Erfolgsqualifizierte Delikte	28.26–28.37
1. Definition	28.26–28.27
2. Besonderheiten	28.28–28.32
a) Bedeutung des § 7 Abs 2	28.28
b) Vorsatz hinsichtlich der besonderen Folge?	28.29
c) Dogmatische Zuordnung	28.30
d) Einteilungen	28.31–28.32
aa) Erfolgsqualifizierte Vorsatzdelikte	28.31
bb) Erfolgsqualifizierte Fahrlässigkeitsdelikte	28.32
3. Einzelfragen	28.33–28.35b
a) Erfolgsspezifische Sorgfaltswidrigkeit	28.33
b) Kausalität und objektive Zurechnung	28.34
c) Versuch	28.35–28.35b
4. Schuldprüfung bei Erfolgsqualifikationen	28.36–28.37
F. Fallprüfungsschema beim erfolgsqualifizierten Delikt	28.38

28. Kapitel: Zentrale Probleme des Fahrlässigkeitsdelikts

A. Objektive Zurechnung des Erfolgs

28.1 Die objektive Zurechnung des Erfolgs setzt bei den Fahrlässigkeitsdelikten den **Adäquanzzusammenhang** und den davon zu trennenden **Risikozusammenhang** voraus. Ein spezielles Zurechnungsproblem verbindet sich mit dem Begriff des **rechtmäßigen Alternativverhaltens**.

1. Adäquanzzusammenhang

28.2 Hier geht es nach heutiger hM vorrangig um die Ausscheidung der Fälle des **atypischen Kausalverlaufs**. Ein Erfolg, dessen Eintritt **gänzlich außerhalb der allgemeinen Lebenserfahrung** liegt, ist nicht objektiv voraussehbar und daher nicht zurechenbar; vgl näher RN 26.28 ff u RN 27.12 f.

2. Risikozusammenhang

28.3 a) **Funktion.** Der Risikozusammenhang ist Teil des normativen Haftungskorrektivs der objektiven Zurechnung und erfüllt gezielt **strafbarkeitseinschränkende Funktionen.** Der Risikozusammenhang ist zu ermitteln, indem zwischen dem eingetretenen Erfolg und dem ihn verursachenden Verhalten eine **spezifisch normative Verknüpfung** hergestellt wird, deren Maßstab der **Schutzzweck der übertretenen Sorgfaltsnorm** bildet; vgl *Burgstaller* WK^2 § 6 RN 60 u 64 ff; *Triffterer* SbgK § 6 RN 66 f.

28.4 b) **Definition.** Mit Blick auf diese normative Verknüpfung definiert die hM den **Risikozusammenhang** wie folgt: Der durch ein objektiv sorgfaltswidriges Verhalten herbeigeführte Erfolg ist dem Verursacher nur dann **objektiv zuzurechnen, wenn sich in dem Erfolg gerade das Risiko verwirklicht hat, dessen Abwendung die übertretene Sorgfaltsnorm bezweckt;** vgl *Burgstaller* WK^2 § 6 RN 65; *Huber* in *L/St* § 6 RN 13 c; *Triffterer* AT 8/122; SSt 61/57; ZVR 1989/207; SSt 56/12; RZ 1981/35 m Anm *Kienapfel; StudB BT I* § 80 RN 56 mwN.

28.5 **Wichtig!** Um die praktische Handhabung dieser allgemeinen Formel zu erleichtern und zu exemplifizieren, bedarf es ihrer **Konkretisierung** durch einzelne Fallgruppen. In Praxis und Lehre hat sich daher eine **fallgruppenspezifische Betrachtungsweise** des Risikozusammenhangs durchgesetzt; vgl *Burgstaller* WK^2 § 6 RN 70 ff u § 80 RN 73 ff; *StudB BT I* § 80 RN 59 ff; *Fuchs/Zerbes* AT I 13/36 ff; *B/S/V* BT I § 80 RN 7 ff; SSt 2003/49; JBl 1994 556 m Anm *Burgstaller*; SSt 61/57.

28.6 c) **Einzelne Fallgruppen.** Wie weit der Schutzzweck der übertretenen Sorgfaltsnorm im konkreten Fall reicht, ist durch **teleologische Auslegung** der jeweiligen sorgfaltspflichtbegründenden Rechtsvorschriften bzw Verkehrsnormen zu ermitteln; hM; vgl *Burgstaller* Fahrlässigkeitsdelikt 96; OLG Wien ZVR 1987/63; SSt 53/48/2. Dabei sind insb folgende Fallgruppen hervorzuheben:

28.7 aa) **Räumlich, gegenständlich oder zeitlich begrenzter Schutzbereich der übertretenen Sorgfaltsnorm.** Diese Fälle sind besonders einprägsam.

Beispiele: § 38 Abs 5 Satz 2 StVO (= das Verbot, bei Rot in Kreuzungen einzufahren) bezweckt, Unfälle zu vermeiden, die sich aus den **spezifischen Gefahren des Kreuzungsverkehrs** ergeben, sich also entweder auf der Kreuzung oder im unmittelbaren zeitlichen und räumlichen Zusammenhang mit dem Kreuzungsverkehr ereignen; vgl *Burgstaller*

A. Objektive Zurechnung des Erfolgs

Fahrlässigkeitsdelikt 100. Entsprechendes gilt für die **örtlich begrenzten Geschwindigkeitsbeschränkungen.** Durchfährt ein Autofahrer etwa einen **Baustellenbereich** (höchstens 30 km/h) mit 60 km/h und überfährt er drei Straßen weiter **ohne nochmaligen Sorgfaltsverstoß** ein Kind, besteht zwischen der Geschwindigkeitsübertretung und dem Tod des Kindes **kein** Risikozusammenhang mehr; näher zu solchen Fallkonstellationen *Burgstaller* Fahrlässigkeitsdelikt 99; *ders* ZVR 1978 Sonderheft 22*. Zum Schutzzweck der **Beleuchtungspflicht** gem § 60 Abs 3 Satz 1 StVO vgl *Lernprogramm* 381 **(Radfahrer-Fall).**

Beachte! Wie in den angeführten Beispielen muss stets durch sorgfältige konkrete teleologische Interpretation ermittelt werden, **welchen spezifischen Gefahren** die jeweilige Schutznorm entgegenwirken will und ob sich **gerade dieses Risiko** im eingetretenen Erfolg verwirklicht hat. Zu pauschal und wenig hilfreich sind in der Judikatur noch gelegentlich anzutreffende **allgemeine Floskeln,** dass eine bestimmte Verkehrsvorschrift oder gar „die Verkehrsvorschriften" Leib und Leben der Verkehrsteilnehmer schützen sollen; bedenklich insoweit OLG Wien ZVR 1977/48; ZVR 1976/166; ZVR 1976/91 m abl Anm *Liebscher.*

bb) **Eigenverantwortliche Selbstgefährdung.** Diese Fallkonstellation, in **28.8** deren Mittelpunkt das **Eigenverantwortlichkeitsprinzip = Autonomieprinzip** steht, tritt in Wissenschaft und Praxis immer stärker in den Vordergrund. Heute ist allgemein anerkannt, dass die bloße **Veranlassung, Förderung oder Ermöglichung fremder Selbstgefährdung** (einschließlich fremder Lebensgefährdung) die objektive Zurechnung des Erfolgs, sogar des **Todes,** ausschließen kann; vgl *Kienapfel* ZVR 1977 163; inzwischen hM; vgl *Burgstaller* WK² § 6 RN 73; *Schmoller* StP XXII 71; SSt 2003/49; EvBl 2003/174; EvBl 1999/71; EvBl 1998/89; JBl 1996 804; näher zum Ganzen *StudB BT I* § 80 RN 64 ff; *Triffterer* SbgK § 6 RN 70 ff; *Messner* ZVR 2005 43. Darüber hinaus dient das Eigenverantwortlichkeitsprinzip in zunehmendem Maße auch als Kriterium, das die soziale Inadäquanz (RN 35.23 a), die objektive Sorgfaltswidrigkeit (RN 26.17) und die Garantenstellung gem § 2 (RN 31.22 u 31.22 a) begrenzt; vgl außerdem RN 28.9.

Beispiele: Tritt ein am Straßenrand unauffällig wartender Selbstmörder **gezielt** vor ein mit **erheblich überhöhter Geschwindigkeit** fahrendes Kfz, ist dem Lenker **dieser** Tod **nicht objektiv zuzurechnen;** vgl näher dazu *Burgstaller* WK² § 80 RN 86; str; aM EvBl 1999/71. Im Prinzip nicht anders liegen die aktuellen Fälle von **Suchtgiftweitergabe, gemeinschaftlichem Drogenkonsum** oder die **Überlassung einer Wohnung** zum „ungestörten" Konsum, die für einen Beteiligten tödlich enden; EvBl 2015/92. Vorbehaltlich besonderer gefahrerhöhender Begleitumstände entfällt idR die objektive Zurechnung des Erfolgs; vgl die GrundsatzE BGH JZ 1984 750 m zust Anm *Kienapfel;* weiters BGH NJW 2000 2287; BGH NStZ 1987 406; BGHSt 36 17. Der **OGH** ist in dieser Frage zurückhaltender; manche E übergehen das Problem (zB SSt 47/42), andere umgehen es (zB SSt 59/89); vgl *StudB BT I* § 80 RN 67 f. Vgl zur Strafbarkeit des Beitragstäters RN 35.23 a. Zur **AIDS-**Problematik vgl *StudB BT I* § 80 RN 69.

Aber: Das Eigenverantwortlichkeitsprinzip findet seine Grenzen dort, wo der Mitwirkende das Risiko kraft **überlegenen Sachwissens** besser erfasst **oder leichtsinnig vergrößert** oder der Selbstgefährdungsentschluss des anderen erkennbar an **gravierenden Beurteilungsmängeln,** zB Schock, Panik, Irrtum, Täuschung, jugendlicher Unreife, Trunkenheit leidet; vgl *StudB BT I* § 80 RN 65; *Triffterer* SbgK § 6 RN 79; *H. Steininger* ZVR 1985 102; SSt 2003/49; EvBl 2003/79; SSt 64/79; SSt 59/89; grundlegend auch insoweit BGH JZ 1984 750 m Anm *Kienapfel.*

Beispiele: Springt eine bereits brutal missbrauchte junge Frau, um weiterer sexueller Folter zu entgehen, in schockartiger Panik aus dem Fenster des 3. Stockes, ist die dabei eingetretene schwere Körperverletzung dem Sexualtäter gem § 7 Abs 2, § 201 Abs 2 1. Fall objektiv zuzurechnen; so mit Recht JBl 1996 804. Ähnlicher Fall bei *Kienapfel/*

28. Kapitel: Zentrale Probleme des Fahrlässigkeitsdelikts

Plöckinger JAP 2000/01 148. Sogar ein Todessprung der geschockten Frau wäre dem Täter objektiv zuzurechnen; vgl *Fuchs/Zerbes* AT I 13/48. Weitere Beispiele vgl *StudB BT I* § 80 RN 66.

Entgegen SSt 2003/49 liegt straflose **eigenverantwortliche Selbstgefährdung** auch dann vor, wenn zwei 15-Jährige auf einer Rodel verbotenerweise eine extrem steile und stark vereiste Schipiste hinabfahren, wobei das hinten sitzende Mädchen tödlich verunglückt; wie hier *Fuchs* Burgstaller-FS 42.

28.9   cc) **Nachträgliches Fehlverhalten des Verletzten. (1) Die Position des OGH.** In Anknüpfung an den Kerngedanken des Autonomieprinzips (RN 28.8) judiziert die neuere Rspr seit der GrundsatzE **EvBl 1987/142** in solchen Fällen wie folgt: Der Erstverursacher haftet mangels Risikozusammenhanges nicht, wenn der Verletzte im vollen Bewusstsein seiner eigenverantwortlichen Lebens- oder sonstigen Selbstgefährdung ein **Folgeverhalten** setzt, das für **jeden vernünftigen Menschen** unter den gegebenen Umständen **schlechthin unbegreiflich** ist und der Tod oder eine schwere Körperverletzung **sonst wahrscheinlich nicht eingetreten wäre;** seither stRspr; vgl SSt 2006/79; JBl 1996 804; ZVR 1992/14; SSt 61/112; SSt 61/57; eingehend zum Ganzen vgl *Burgstaller* Pallin-FS 44; *ders* WK^2 § 6 RN 71; *Triffterer* SbgK § 6 RN 68f; *StudB BT I* § 80 RN 80ff.

Leading-case dieser Judikatur ist der bekannte **Gekröse-Fall** (EvBl 1987/142): Obwohl der durch heftige Fußtritte in den Bauch (Darm- und Gekröseriss) bereits schwerverletzte M von den Ärzten **auf die lebensbedrohliche Situation und die Notwendigkeit einer Sofortoperation hingewiesen** worden ist, nimmt er eine 20-stündige Autofahrt in ein Belgrader Spital auf sich. Unterwegs stirbt er an einem verletzungsbedingten toxischen Schock. Unter solchen Umständen ist dem Erstverursacher nur die schwere Bauchverletzung (§ 84), nicht aber der Tod des M (§ 86) objektiv zuzurechnen. Zum Gegenvergleich SSt 61/112.

(2) **Tendenzen in der Lehre.** Das Schrifttum ist insoweit großzügiger, als das strenge Teilkriterium „schlechthin unbegreiflich" abgemildert und der Risikozusammenhang schon dann verneint wird, wenn das nachträgliche Fehlverhalten des Verletzten bei objektiver Betrachtung **grob unvernünftig** war; vgl *Fuchs/Zerbes* AT I 13/47.

Beispiele: Das Tatopfer, das in Kenntnis drohender Erblindung das Lasern seines verletzten Auges so lange hinausschiebt, bis es zu spät ist, aus religiösen Gründen eine lebensrettende Bluttransfusion ablehnt oder eine septische Schussverletzung nur mit feuchten Umschlägen „therapiert", weil es fürchtet, selbst angezeigt und verhaftet zu werden, handelt in diesem Sinne **grob unvernünftig.** Die Erblindung oder gar der Tod sind dem Erstverursacher unter solchen Umständen nicht zuzurechnen.

Aber: Komplikationen, die sich daraus ergeben, dass der Verletzte es mit der ärztlich angeordneten Bettruhe nicht so genau nimmt oder die Einnahme seines Medikamentes vernachlässigt oder zu früh aufsteht und einen Rückfall erleidet uä, fallen idR (noch) in die Risikosphäre des Erstverursachers; vgl *StudB BT I* § 80 RN 82.

28.10   dd) **Nachträgliches Fehlverhalten eines Dritten.** Hinter dieser überkommenen Sammelbezeichnung verbergen sich seit eh und je ebenso heterogene wie umstrittene Fallkonstellationen. Rspr und Schrifttum stehen heute vor der Aufgabe, jahrzehntelang vornehmlich unter **Kausalitäts- bzw Mitschuldgesichtspunkten** erörterte pauschale Lösungen im Lichte der Lehre von der objektiven Zurechnung neu zu überdenken und differenzierter Betrachtung zuzuführen. Die Schwierigkeiten liegen vor allem darin, in solchen Fällen die jeweiligen

A. Objektive Zurechnung des Erfolgs

Risikosphären unter normativen Aspekten gegeneinander abzugrenzen; vgl dazu *Kienapfel* ZVR 1977 164; sog **Risikosphärentheorie;** vgl dazu mit unterschiedlichen Nuancen SSt 61/57; RZ 1981/35 m Anm *Kienapfel; Nimmervoll* in *L/St* § 80 RN 22; *Triffterer* AT 8/130; *Lewisch* ÖJZ 1995 298. Vgl weiters RN 28.14.

Am weitesten geht *Burgstaller,* der nicht nur bei **vorsätzlichem,** sondern auch bei **grob fahrlässigem nachträglichem Fehlverhalten Dritter** generell für den Ausschluss bzw die Begrenzung der objektiven Zurechenbarkeit eintritt; vgl *Burgstaller* WK² § 6 RN 72; der Sache nach liegt auch RZ 1981/35 m zust Anm *Kienapfel* auf dieser Linie; vgl weiter *B/S/V* BT I § 80 RN 13; *Triffterer* SbgK § 6 RN 68. Sympathie für diesen Vorschlag bei *Kienapfel* ZVR 1977 164; krit *Schmoller* StP XXII 36.

Der **OGH** neigt demgegenüber eher zu einem stärker differenzierenden Ansatz, der nicht schematisch auf Vorsatz oder grobe Fahrlässigkeit abstellt, sondern nach einzelnen Fallkonstellationen unterscheidet und nach **fallspezifischen Lösungen** sucht:

(1) **Folgeunfälle im Straßenverkehr, insb Auffahrunfälle.** Die Praxis legt bei Folge-, insb bei Auffahrunfällen **strenge Maßstäbe** an und rechnet dem Erstverursacher ein **konnexes Folgegeschehen** prinzipiell zu. Ausgenommen sind allein atypische, geradezu ganz außergewöhnliche Folgen; vgl *Nimmervoll* in *L/St* § 80 RN 18 f; stRspr; vgl grundlegend ZVR 1976/305 m Anm *Melnizky*. 28.11

Beispiele: A wurde auf der Westautobahn als „Nummer 8" in eine Massenkarambolage verwickelt, weil er bei dichtem Nebel viel zu schnell gefahren war. Der OGH hat die Frage, ob der erst durch das anschließende Auffahren von „Nummer 11" verursachte Tod eines Mitbeteiligten für A noch innerhalb des Risikozusammenhanges lag, unter den gegebenen Umständen bejaht; vgl ZVR 1976/305 m zust Anm *Melnizky*. Dasselbe gilt, wenn ein von einem Verkehrsteilnehmer niedergestoßener Radfahrer (Fußgänger etc) von einem nachkommenden Fahrzeug überrollt und getötet wird; vgl ZVR 1985/146. Solche Folgeunfälle sind auch beim Schifahren denkbar.

Aber auch für den Bereich der **Folgeunfälle** werden in zunehmendem Maße Einschränkungen erörtert und in der Praxis zumindest punktuell anerkannt, ohne dass sich bisher eine einheitliche Konzeption abzeichnet:

(a) JBl 1959 164 hat die **Konnexität** des Folgegeschehens, dh der Sache nach den Risikozusammenhang zumindest für den Fall verneint, dass ein Einsatzfahrzeug (Polizei, Rettung, Feuerwehr) auf dem Weg zum Unfallort verunglückt.

(b) Der Risikozusammenhang entfällt, wenn der Erstverursacher oder Dritte die Gefahr von Folgeunfällen, etwa durch Anbringung der vorgeschriebenen Warneinrichtungen oder auf andere Weise, im Wesentlichen schon **entschärft** bzw **beseitigt** haben (§ 89 Abs 2 StVO); vgl *Burgstaller* Fahrlässigkeitsdelikt 110; *B/S/V* BT I § 80 RN 13; *Schmoller* StP XII 54; bereits EvBl 1970/296.

(c) Risikozusammenhang zu Lasten des Anlassgebers entfällt idR auch dann, wenn das **verfolgende Polizeifahrzeug** (zB infolge zu hoher Geschwindigkeit; anders durch Abgedrängtwerden) verunglückt oder mit einem Dritten zusammenstößt; vgl zum Ganzen *Lewisch* ZVR 1989 161.

(2) **Ärztliche Diagnose-, Therapie- und sonstige Behandlungsfehler.** Nach stRspr muss sich der **Erstverursacher** in weitem Umfang, dh selbst **grobe** Behandlungsfehler zurechnen lassen, wobei in den Urteilen meist nur der **Adäquanzzusammenhang** problematisiert und idR bejaht wird; vgl SSt 56/40; ZVR 1977/273; SSt 48/68; SSt 47/1; ZVR 1976/178 m Anm *Liebscher*. Das Schrifttum befürwortet auch hier eine **ausgewogenere Begrenzung der Risikosphären** und 28.12

damit der Haftung des Erstverursachers. Will man wenigstens in einzelnen Fällen beim Erstverursacher zu einer diesbezüglichen **Strafbarkeitsbegrenzung** gelangen, muss insb beim **Risikozusammenhang** angesetzt werden; vgl *Kienapfel* ZVR 1977 164; *Burgstaller* Bezauer Tage 1983 77 136 145; *Schmoller* StP XXII 36 42; instruktiv und weiterführend SSt 61/57; vgl dazu RN 28.34. Diese Problematik kommt nicht nur bei § 80, sondern insb auch bei § 75 und § 86 zum Tragen; vgl *StudB BT I* § 75 RN 18, § 80 RN 78 f u insb § 86 RN 13 f.

Beachte! Die Abgrenzung der Risikosphäre bei Ärzten und deren Hilfspersonen betrifft eine besonders sensible Materie und bedarf hochkomplexer personaler wie situativer Abwägungen im Einzelfall. Zumindest insoweit dürfte Übereinstimmung bestehen, dass weder **ungewöhnlich leichtfertiges** oder **stümperhaftes ärztliches Handeln** noch **krasse Behandlungsfehler** dem Erstverursacher zuzurechnen sind.

Beispiele: Bei einer Operation wird eine Hepatitis C-verseuchte Blutkonserve verwendet, obwohl dem Arzt sowohl die mögliche Kontamination als auch die daraus drohenden Gefahren bekannt sind. Dasselbe gilt bei einem krassen Narkosefehler des Anästhesisten oder einer grob nachlässigen Fehlprogrammierung des implantierten Herzschrittmachers. **Dagegen** rechnet die Praxis dem Erstverursacher im Allgemeinen Versäumnisse und Komplikationen zu, die sich aus **ärztlichen Diagnosefehlern** ergeben, etwa wenn der Arzt ohne grobe Nachlässigkeit einen Darmstich (SSt 61/57) oder einen Schädelbruch übersieht (SSt 47/1).

28.13 ee) **Unfälle im Zusammenhang mit Rettungsmaßnahmen.** Hinsichtlich der Zurechnung von Verletzungen eines Dritten, insb des **Retters,** die sich im Zuge von Rettungsmaßnahmen ereignen, tendiert die österr Praxis in aller Regel zu einem weiten Haftungsrahmen zu Lasten des Erstverursachers; vgl dazu *Burgstaller* Fahrlässigkeitsdelikt 112 und *StudB BT I* § 80 RN 85 jeweils mN. Diese Judikatur ist abzulehnen, da sie weder dem haftungsbegrenzenden **Aspekt eigenverantwortlicher Selbstgefährdung** (RN 28.8) noch jenem des **berufstypischen Risikos** (zB bei Feuerwehrleuten) genügend Rechnung trägt. Schon *Burgstaller* aaO 115 hat im Anschluss an *Roxin* Gallas-FS 246 mit überzeugender Begründung für eine **generelle Freistellung** des Erstverursachers plädiert. Dabei macht es keinen Unterschied, ob es sich um freiwillige oder berufsmäßige Helfer handelt. Verletzungen von Schaulustigen liegen ohnehin außerhalb des Risikozusammenhanges.

Beispiel 1: Findet beim Löschen ein freiwilliger Helfer den Tod, während ein Feuerwehrmann Verbrennungen 3. Grades erleidet, ist dem, der das Feuer fahrlässig oder vorsätzlich verursacht hat, weder der Tod des einen noch die schwere Körperverletzung des anderen zuzurechnen. Das gilt auch dann, wenn sich der Retter weder leichtsinnig noch unvernünftig verhalten hat; vgl etwa *Fuchs/Zerbes* AT I 13/49; *StudB BT I* § 80 RN 85.

Beispiel 2: Dass das bloß verletzte Unfall- oder Mordopfer nur deshalb stirbt, weil der Krankenwagen wegen eines Fahrfehlers des Lenkers oder gar wegen eines Reifenplatzers verunglückt, ist dem Erstverursacher **nicht** objektiv zuzurechnen. **Anders** ist zu entscheiden, wenn der Fahrer auf einer solchen Fahrt, bei der es um „Minuten geht", in einen todesursächlichen Stau gerät; dieses Risiko gehört noch zur Risikosphäre des Erstverursachers; vgl zum Ganzen mit unterschiedlichen Nuancen *Kienapfel* ZVR 1977 164; *Nimmervoll* in *L/St* § 80 RN 22; *Schmoller* StP XXII 52.

28.14 ff) **Sonstige Fallgruppen.** Nach Abschluss der Heilbehandlung beim Verletzten eintretende **Spätschäden** (zB der durch die Tat Erblindete läuft später in ein Auto), allein durch **Körperanomalien** (zB Blutereigenschaft, Glasknochen) bedingte Folgen sowie **Schockschäden Dritter** (zB Herzinfarkt bei Überbringen

A. Objektive Zurechnung des Erfolgs

der Todesnachricht des überfahrenen Kindes) lassen sich iSd **Risikosphärentheorie** (RN 28.10) dahin lösen, dass solche zum **allgemeinen Lebensrisiko** des Betroffenen zählende Umstände von diesem selbst zu tragen und nicht etwa dem Verursacher (insb eines Verkehrsunfalls) anzulasten sind; vgl *Fuchs/Zerbes* AT I 13/39 ff; *StudB BT I* § 80 RN 88 f; *Burgstaller* Fahrlässigkeitsdelikt 125. Im Übrigen ist in solchen Fällen oft auch (schon) der **Adäquanzzusammenhang** zu verneinen.

Aber: Es fehlt weder am Adäquanz- noch am Risikozusammenhang, wenn der Tod aufgrund operations- oder sonst unfallbedingter Schwächung, zB durch Grippe, Lungenentzündung oder Thrombose eintritt; das gilt auch bzw erst recht bei sehr alten Unfallopfern (RN 26.30). Solche Komplikationen gehören nicht zum allgemeinen Lebensrisiko des Verletzten, sondern zum weitgefächerten **Tat- und Folgenrisiko des Verletzers;** so im Ergebnis die stRspr; vgl *StudB BT I* § 80 RN 51 ff mN.

d) **Übergreifende Aspekte. aa) Reichweite der Lehre von der objektiven Zurechnung.** Nicht nur der Adäquanzzusammenhang (RN 26.31 mN), sondern auch der Risikozusammenhang findet über die Fahrlässigkeitsdelikte hinaus auch bei den **erfolgsqualifizierten Delikten** und bei den **vorsätzlichen Erfolgsdelikten** (zB § 75) in vollem Umfang Anwendung; hM; vgl *Burgstaller* Bezauer Tage 1983 131; *Stricker* in L/St Vorbem § 1 RN 26 ff; *BT I* § 75 RN 14 ff; *Triffterer* AT 8/76 ff; *Schmoller* ÖJZ 1982 452; aus der Rspr vgl JBl 1996 804; JBl 1994 556 m Anm *Burgstaller;* SSt 55/86; JBl 1984 326 m Anm *Fuchs.* Es liegt in der Konsequenz der bis heute nicht abgeschlossenen Entwicklung der Lehre von der objektiven Zurechnung, dass ihre Kriterien auch bei den **unechten Unterlassungsdelikten** zunehmend Bedeutung gewinnen; vgl näher RN 30.12 ff. Die verschiedenen Aspekte und Fallgruppen der objektiven Zurechnung finden auch in den jeweiligen Deliktsprüfungsschemata ihren Niederschlag; vgl **Anhang 1** (Vorsätzliches Begehungsdelikt), **Anhang 3** (Fahrlässiges Begehungsdelikt), **Anhang 4** (Erfolgsqualifiziertes Delikt), **Anhang 5** u **6** (Unechtes Unterlassungsdelikt).

Beachte! Die objektive Zurechnungslehre gilt im Übrigen auch im **Nebenstrafrecht,** etwa im **Finanzstrafrecht;** vgl dazu *Leitner/Brandl/Kert* HB Finanzstrafrecht RN 216 ff. Dem Ansatz nach ebenso im **Verwaltungsstrafrecht;** vgl *Raschauer/Wessely* Verwaltungsstrafrecht 60.

bb) **Konsequenzen bei fehlendem Adäquanz- oder Risikozusammenhang.** Nur bei den **Fahrlässigkeitsdelikten** und den **fahrlässigen unechten Unterlassungsdelikten** führt die Verneinung der objektiven Zurechnung idR zur **Straflosigkeit** oder, wie im Falle des § 80, uU zum Rückgriff auf ein minderschweres Fahrlässigkeitsdelikt (§ 88). Beim **Vorsatzdelikt** einschließlich des **vorsätzlichen unechten Unterlassungsdelikts** ist dagegen idR **Versuch** anzunehmen; vgl RN 26.31; insb *StudB BT I* § 75 RN 16 u 18 f m Beispielen zu den diesbezüglichen Fallkonstellationen sogar beim Mord. Bei einem **erfolgsqualifizierten Delikt** ist je nach Fallkonstellation wegen des **Grunddelikts** (zB § 83 statt §§ 84 ff), gegebenenfalls wegen einer **minderschweren Erfolgsqualifikation** (zB § 84 statt § 86) zu verurteilen; wie hier *Fuchs/Zerbes* AT I 13/51.

cc) **Durchblick Strafrecht/Zivilrecht.** Auch wenn sich inzwischen die Systeme der objektiven Zurechnung im Zivil- und im Strafrecht weitgehend angenähert haben (vgl dazu insb *Welser/Zöchling-Jud* II 370 384), gibt es in den **praktischen Ergebnissen** manche Divergenzen. Es handelt sich dabei aber nicht um

28.15

28. Kapitel: Zentrale Probleme des Fahrlässigkeitsdelikts

unerträgliche Widersprüche, sondern um den unterschiedlichen Zielen des Straf- und des Zivilrechts entsprechende **sachgerechte Lösungen**. Eine ganz wesentliche Rolle spielt dabei, dass es im Strafrecht immer nur eine Entweder-oder-Lösung gibt, während das zivilrechtliche **Mitverschulden** flexiblere Lösungen ermöglicht.

Beispiele: Ein Brandleger haftet für Verletzungen eines freiwilligen Helfers zwar nicht strafrechtlich (RN 28.13), ist uU aber **zivilrechtlich schadenersatzpflichtig;** so mit Recht *Burgstaller* Fahrlässigkeitsdelikt 115; idS auch ZVR 1988/67 (zivilR E) bezüglich Beschädigungen (bzw Verletzungen) von Einsatzwagen (bzw Lenker) bei einer polizeilichen Verfolgungsjagd; vgl RN 28.11 (c). Nichtanlegen des Gurtes durch den Beifahrer begründet idR nur schmerzensgeldminderndes **zivilrechtliches Mitverschulden** (*Welser/Zöchling-Jud* II 397), entlastet den Lenker strafrechtlich unter dem Aspekt fehlenden Risikozusammenhangs aber jedenfalls dann, wenn er den Beifahrer nachdrücklich aufgefordert hat, sich anzuschnallen; vgl *Melnizky* ZVR 1976 67.

3. Risikoerhöhung gegenüber rechtmäßigem Alternativverhalten

28.16 a) **Spezielles Zurechnungsproblem.** Mit dem Begriff der **Risikoerhöhung gegenüber rechtmäßigem Alternativverhalten** verbindet sich ein praxisrelevantes Spezialproblem, das sich mit den bisher erörterten Zurechnungskriterien nicht lösen lässt. Es geht um Fälle, in denen sowohl Adäquanz- als auch Risikozusammenhang gegeben sind, der Täter aber einwendet, **dass der Erfolg auch dann eingetreten wäre, wenn er sich rechtmäßig (= sorgfaltsgemäß) verhalten hätte.**

Beispiel 1: Der gem § 80 angeklagte Autolenker verteidigt sich damit, er hätte dem Fußgänger trotz Vollbremsung auch dann nicht mehr rechtzeitig ausweichen können, wenn er statt 60 km/h nur mit den zulässigen 50 km/h gefahren wäre.

Beispiel 2: Der Patient stirbt, weil der Arzt zur Narkose vorschriftswidrig Kokain verwendet hat. Er wäre aber **möglicherweise** auch dann gestorben, wenn der Arzt das indizierte Novokain verabreicht hätte, wie ein Sachverständigengutachten ergibt = sog **Kokain-Fall.**

28.17 b) **Risikoerhöhungstheorie.** Eine kriminalpolitisch überzeugende Lösung für die Problematik des rechtmäßigen Alternativverhaltens bietet die **Risikoerhöhungstheorie** *(Roxin)*. Danach kommt es darauf an, ob das sorgfaltswidrige Verhalten das auch bei rechtmäßigem Verhalten bestehende Risiko **wesentlich erhöht** hat; hM; näher zum Ganzen *Burgstaller* WK² § 6 RN 74 ff; *StudB BT I* § 80 RN 93 ff; *Triffterer* SbgK § 6 RN 82 ff; *Fuchs/Zerbes* AT I 13/53 ff.

Beachte! Am Beispiel des § 80 formuliert man: Hätte das Opfer bei sorgfaltsgemäßem Verhalten **zweifelsfrei eine reale Überlebenschance** besessen, ist dem Täter der eingetretene Tod objektiv zuzurechnen. Diese Frage ist unter sorgfältiger Berücksichtigung aller Umstände des Einzelfalles zu untersuchen und nicht ex ante, sondern **ex post** zu beurteilen; vgl instruktiv *Burgstaller* AnwBl 1980 102; so auch die Rspr; vgl JBl 2000 327 m Anm *Burgstaller;* ZVR 1986/143 m Anm *Kienapfel;* OLG Wien ZVR 1986/64; ZVR 1985/116/71; zu pauschal SSt 53/2.

Eine wesentliche Risikoerhöhung wurde im Beispiel 1 vom OLG Wien ZVR 1975/276 mit der überzeugenden Begründung bejaht, dass laut Sachverständigengutachten die Anstoßgeschwindigkeit bei der zulässigen Geschwindigkeit von 50 km/h nur 13 km/h (statt 40 km/h) betragen hätte. Beispiel 2: Auch im **Kokain-Fall** hat die Verabreichung des falschen Mittels das Todesrisiko **wesentlich** erhöht. Dass der Patient **möglicherweise** auch bei

B. Bewusste und unbewusste Fahrlässigkeit

Verabreichung des indizierten Novokains gestorben wäre, bleibt bei diesem Ansatz außer Betracht. Anders wäre zu entscheiden, wenn feststeht, dass der Patient auf jede Art von Narkotika überempfindlich reagiert.

4. Exkurs: Prüfungsschwerpunkte

Schriftliche Aufgaben und mündliche Fragen zu den zentralen **Zurech-** **28.17 a**
nungsproblemen, insb zum Adäquanz- und Risikozusammenhang bei den **vorsätzlichen und fahrlässigen Erfolgsdelikten** (einschließlich der **erfolgsqualifizierten Delikte**) sowie zum rechtmäßigen Alternativverhalten, gehören zum **ständigen Repertoire sämtlicher Prüfer.** Es empfiehlt sich daher, diesen Bereich anhand von Examensfällen zu vertiefen.

Prüfungsfälle mit Lösungen zu derartigen Zurechnungsproblemen finden sich in Fälle[2] 32 *(Kienapfel)*, 52 *(Schick)*, 120 *(Burgstaller)*; Prüfungsfälle 77 *(Brandstetter)*, 88 *(Medigovic)*, 103 u 161 *(Fuchs)*; *Hinterhofer/Schütz* Fallbuch 8 36 84 94 284 311 389; *Luef-Kölbl/Sprajc* Fälle 48 101; *Kienapfel/Plöckinger* JAP 2000/01 148; *Kienapfel/Koppler* JAP 2008/09 132; *Sagmeister/Komenda/Madl/Höcher* 4 97 u 190; **Trainingsfälle** mit Lösung bei *Kienapfel* JAP 2003/04 93; *Kienapfel/Plöckinger* JAP 2004/05 208.

B. Bewusste und unbewusste Fahrlässigkeit

Es kann zwischen unbewusster und bewusster Fahrlässigkeit unterschieden **28.18**
werden:

1. **Unbewusste Fahrlässigkeit.** Unbewusst fahrlässig handelt, wer nicht **28.19**
erkennt, dass er einen Sachverhalt verwirklichen kann, der einem gesetzlichen Tatbild entspricht (§ 6 Abs 1).

2. **Bewusste Fahrlässigkeit.** Bewusst fahrlässig handelt, wer es zwar für **28.20**
möglich hält, dass er einen solchen Sachverhalt verwirkliche, ihn aber nicht herbeiführen will (§ 6 Abs 2).

Beachte! Während bei der unbewussten Fahrlässigkeit die subjektive Voraussehbarkeit des Erfolgs genügt, verlangt die bewusste Fahrlässigkeit die tatsächliche **subjektive Voraussicht** des Erfolgs.

Aber: Im Unterschied zu den drei Stärkegraden des Vorsatzes bedeutet die Gegen- **28.21**
überstellung dieser beiden Fahrlässigkeitsformen **keine Abstufung im Unrechts- oder Schuldgehalt** einer Fahrlässigkeitstat. Die Art der Fahrlässigkeit kann im Einzelfall bei der Strafzumessung Bedeutung erlangen. In allen Fällen, in denen das StGB fahrlässige Taten mit Strafe bedroht (zB §§ 80, 88, 170, 177), genügt unbewusste Fahrlässigkeit. Bei der Deliktsprüfung (s RN 27.28 und Anhang 3) spielt die Unterscheidung keine Rolle.

C. Zur Abgrenzung von Vorsatz und Fahrlässigkeit

1. **Ausgangsposition.** Der Zweck der Gegenüberstellung der beiden Fahr- **28.22**
lässigkeitsformen ist es nur, eine **scharfe Grenzziehung** zwischen **bewusster Fahrlässigkeit** einerseits und **bedingtem Vorsatz** (dolus eventualis) andererseits zu ermöglichen.

Weitgehende Übereinstimmung zwischen bedingtem Vorsatz und bewusster Fahrlässigkeit besteht hinsichtlich der **Wissenskomponente.** Denn in beiden Fällen hält der Täter die Tatbestandsverwirklichung für möglich. Der wesentliche Unterschied liegt in der

28. Kapitel: Zentrale Probleme des Fahrlässigkeitsdelikts

(nur) für den Vorsatz charakteristischen **Wollenskomponente**; vgl RN 11.13; näher dazu *Stricker* in *L/St* § 5 RN 16a u 17; *Reindl-Krauskopf* WK² § 5 RN 37ff. Bezüglich Letzterer hat das StGB mit dem voluntativen Mindesterfordernis des **Sich-Abfindens** die Latte relativ hoch angesetzt.

28.23   2. **Einzelheiten und bewährte Faustregeln.** Wer **bewusst fahrlässig** handelt, hält die Tatbestandsverwirklichung **nicht ernstlich** für möglich, sondern **vertraut** darauf, dass sie **nicht eintritt. Er will sie also nicht;** vgl § 6 Abs 2.

Merkformel: „Es wird schon nicht!"

Beispiel: Wer vor einer Bergkuppe überholt und dadurch einen tödlichen Verkehrsunfall heraufbeschwört, hofft und vertraut bei diesem leichtsinnigen Manöver idR auf den guten Ausgang iS von „es wird schon nicht". Vorbehaltlich eines nur selten zu führenden Gegenbeweises bleibt es bei einer Bestrafung gem § 80 bzw § 81 Abs 1. Das Verhalten wird häufig **grob fahrlässig** sein, aber **nicht** vorsätzlich; vgl RN 28.25b ff.

28.24   **Dagegen:** Wer **bedingt vorsätzlich** handelt, hält die Tatbildverwirklichung **ernstlich für möglich und findet sich mit ihr ab. Er will sie also;** vgl § 5 Abs 1 2. Halbsatz.

Merkformel: „Na, wenn schon!"

28.25   Die Tendenz des **OGH** geht dahin, den bedingten Vorsatz noch etwas restriktiver zu fassen und zu Gunsten der bewussten Fahrlässigkeit **einzuschränken.** Für den bedingten Vorsatz genügt danach weder „bodenloser Leichtsinn" noch bewusste „Gleichgültigkeit"; beides lässt keine sicheren Schlüsse auf die **Wollenskomponente** zu. Entscheidend ist vielmehr das **Sich-Abfinden** iS von **Inkaufnahme** der Tatbestandsverwirklichung. In diesem Sinne handelt **bedingt vorsätzlich,** wer die Möglichkeit der Tatbestandsverwirklichung als **nahe liegend und relativ groß ansieht** (= „ernstlich für möglich hält") und **trotzdem hinzunehmen gewillt ist** (= „sich abfindet"); vgl GrundsatzE SSt 46/8; seither stRspr; mit zT unterschiedlichen Nuancen JBl 2003 399; SSt 57/90; EvBl 1983/58; SSt 52/39; SSt 49/18; EvBl 1978/80; EvBl 1977/155; ebenso *Stricker* in *L/St* § 5 RN 16ff. Eine **Billigung** iSd Einverstandenseins mit der Tatbestandsverwirklichung bzw mit dem Erfolg wird für den bedingten Vorsatz nicht gefordert; vgl SSt 64/33. Die Wollenskomponente wird auch nicht dadurch ausgeschlossen, dass die Tatbestandsverwirklichung dem Täter **an sich unerwünscht** ist, er sich aber **wohl oder übel mit ihr abfindet;** vgl *Roxin* AT I § 12 RN 27.

Beachte! Der für das Sich-Abfinden erforderliche **Willensentschluss** muss im Urteil durch entsprechende Sachverhaltsfeststellungen zumindest **indiziell hinreichend untermauert** werden. Allgemeine Formulierungen wie der Täter „hätte wissen müssen" oder „ihm hätte bewusst sein müssen" vermögen die Annahme bedingten Vorsatzes weder in tatsächlicher noch in rechtlicher Hinsicht zu tragen; idS nachdrücklich *Stricker* in *L/St* § 5 RN 18; SSt 52/39.

28.25a   **Wichtig!** Bei der **Tötung eines Menschen** ist die **Hemmschwelle** idR besonders hoch anzusetzen. Hier bedarf es bezüglich der subjektiven Tatseite der genauen Prüfung sämtlicher Indizien des konkreten Falles. Aus der (häufigen) Inkaufnahme einer Lebensgefährdung (zB Schuss auf einen Menschen, Zufahren auf einen Polizisten) darf nicht eo ipso auf bedingten Tötungsvorsatz geschlossen werden. In Anwendung des Grundsatzes **in dubio pro reo** bleibt in solchen Fällen oft nur § 86, ist der Verletzte nicht gestorben, bloß vollendete oder versuchte Körperverletzung übrig; vgl *StudB BT I* § 75 RN 20 u § 86 RN 3.

Da die meisten Delikte nur bei Vorsatz strafbar und die Strafdrohungen für Fahrlässigkeitsdelikte zudem idR viel geringer sind, ist die richtige Abgrenzung von (bedingtem) Vorsatz und (bewusster) Fahrlässigkeit von **erheblicher praktischer Tragweite.**

D. Grobe Fahrlässigkeit 28.25b
1. Hintergrund

Das StGB differenzierte lange Zeit nicht zwischen verschiedenen Graden der Fahrlässigkeit. Mit dem StRÄG 2015 hat der Gesetzgeber in § 6 Abs 3 eine **Definition** der **groben Fahrlässigkeit** eingefügt. Dabei handelt es sich um eine **gesteigerte Form der Fahrlässigkeit,** somit um eine besonders schwere Pflichtverletzung. Nach § 6 Abs 3 handelt grob fahrlässig, „wer ungewöhnlich und auffallend sorgfaltswidrig handelt, sodass der Eintritt eines dem gesetzlichen Tatbild entsprechenden Sachverhaltes als geradezu wahrscheinlich vorhersehbar war". Eine identische Definition enthält § 8 Abs 3 FinStrG, vgl *Dannecker* ZWF 2016 65; *Leitner/Brandl/Kert* HB Finanzstrafrecht RN 304 ff.

Grobe Fahrlässigkeit bezeichnet einen erhöhten Grad von Fahrlässigkeit. Die Definition orientiert sich an der bisherigen **zivil- und strafrechtlichen Judikatur;** vgl EBRV 689 BlgNR 25. GP 6. Ähnlich der groben Fahrlässigkeit ist auch das Verständnis des bisherigen „schweren Verschuldens" nach § 88 Abs 2 sowie zu § 34 Abs 3 FinStrG aF. Daher kann diese Judikatur auch zur Auslegung des § 6 Abs 3 StGB herangezogen werden.

Beachte! Das Gesetz verlangt grobe Fahrlässigkeit bei bestimmten **Tatbeständen** und insb **Qualifikationen:** In den §§ 81 und 88 Abs 3 und 4 stellt die grob fahrlässige Herbeiführung des Todes oder einer Körperverletzung eine straferhöhende Qualifikation dar. Die Anwendung des Strafausschließungsgrundes des § 88 Abs 2 ist bei grober Fahrlässigkeit ausgeschlossen. In den Tatbeständen der §§ 89 und 159 ist die grobe Fahrlässigkeit strafbarkeitsbegründend. Einige vorsätzliche Umweltdelikte hatten bereits vor Einführung der Legaldefinition korrespondierende Delikte der groben Fahrlässigkeit (zB §§ 177 e, 181 e, 181 g, 181 i). § 303 erfuhr durch das StRÄG 2015 eine Einschränkung auf grob fahrlässiges Verhalten; vgl ausführlich *Hinterhofer/Wirth* ÖJZ 2016 766 f. Im **Finanzstrafrecht** führte die Einführung der groben Fahrlässigkeit durch das StRefG 2015/2016 zu einer Entkriminalisierung der §§ 34 und 36 FinStrG, die nunmehr nur noch grob fahrlässiges Verhalten unter Strafe stellen; vgl *Leitner/Brandl/Kert* HB Finanzstrafrecht RN 304 ff.

Rechtsvergleichende Betrachtung. Vergleichbare Fahrlässigkeitsgrade finden sich bspw auch im anglo-amerikanischen Raum, wo die Strafbarkeit teilweise an „recklessness" anknüpft. Das deutsche Strafrecht verwendet den Begriff der Leichtfertigkeit, wie etwa im Subventionsbetrug nach § 264 Abs 4 dStGB; vgl dazu *S/S/Perron* § 264 RN 63 ff.

2. Elemente 28.25c

Grobe Fahrlässigkeit verlangt eine **Kombination** einer **besonders schweren Nachlässigkeit** und einer **qualifizierten Voraussehbarkeit der Tatbestandsverwirklichung.** Für die Beurteilung sind alle unrechts- und schuldrelevanten konkreten Tatumstände abzuwägen, wobei der **Erfolg außer Betracht** bleibt; *Burgstaller/Schütz* WK[2] § 88 RN 20; *Kirchbacher* WK[2] § 159 RN 27; *Medigovic* ÖJZ 2003 164; *dies* JBl 2003 397; SSt 2006/45; aM hinsichtlich des Erfolgsunwerts noch SSt 64/15.

a) **Ungewöhnlicher Sorgfaltsverstoß.** Grob fahrlässig handelt, wer die er- 28.25d forderliche Sorgfalt in hohem Maße, aus Unbekümmertheit oder Leichtfertigkeit außer Acht lässt. Voraussetzung ist, dass das gewöhnliche Maß an nie ganz vermeidbaren Fahrlässigkeitshandlungen des täglichen Lebens erheblich überschritten wird; vgl VersE 1584; 1839; 1919 ua; zuletzt 7 Ob 9/14 w. Der grob fahrlässig Handelnde verletzt die Sorgfalt in **„ungewöhnlich großem Maße"**. Es muss sich um ein besonders achtloses Verhalten des Täters handeln. Er beachtet nicht, was in einem solchen Fall jedem hätte einleuchten müssen; vgl 7 Ob 47/12 f; BGH NJW 1953 1139.

Was auffallend und ungewöhnlich sorgfaltswidrig ist, muss im **Einzelfall deliktsbezogen** beurteilt werden, wobei alle konkreten Gesamtumstände der Tat einzubeziehen sind; vgl *Hinterhofer/Wirth* ÖJZ 2016 769. Ob ein derart gesteigerter Umfang der drohenden Rechtsgutbeeinträchtigung vorliegt, ist mittels einer strikten Ex-ante-Beurteilung festzustellen.

Beispiele: Grob fahrlässig verhält sich etwa ein „Geisterfahrer" auf der Autobahn oder eine Kindergärtnerin, die ein ätzendes Putzmittel in einer Limonadenflasche an einer den Kindern zugänglichen Stelle aufbewahrt; vgl *StudB BT I* § 81 RN 20f. Die Inbetriebnahme eines Kfz mit einer praktisch wirkungslosen Bremsanlage mit einhergehender Beschleunigung auf über 100 km/h gilt ebenso als grob fahrlässig; ZVR 1989/175. Zur Verantwortlichkeit eines Schiführers beim Befahren eines akut lawinenbedrohten Hangs vgl SSt 2009/39. Die Haltung gefährlicher Tiere begründet trotz Aufhebung des § 81 Abs 1 Z 3 aF idR weiterhin eine Strafbarkeit nach der qualifizierten fahrlässigen Tötung. Wer etwa einen unangeleinten Bullterrier ohne Beißkorb zu einem Kinderspielplatz mitführt, handelt grob fahrlässig; vgl *StudB BT I* § 81 RN 26/1. Das Fahren durch das Ortsgebiet mit 70 km/h stellt zwar einen Verstoß gegen eine Rechtsnorm dar (= objektiv sorgfaltswidrig), es handelt sich jedoch nicht um grobe Fahrlässigkeit, weil der Sorgfaltsverstoß nicht auffallend und ungewöhnlich sorglos ist. Fährt der Autofahrer aber mit 130 km/h durch das Ortsgebiet, handelt es sich um einen ungewöhnlichen Sorgfaltsverstoß; *Hinterhofer/Wirth* ÖJZ 2016 769.

Nicht nur **gewichtige Einzelumstände** begründen grob fahrlässiges Verhalten. Auch im Wege einer **wertenden Zusammenschau** mehrerer unfallträchtiger Faktoren kann sich grobe Fahrlässigkeit ergeben. Die iZm § 81 Abs 1 Z 1 aF vertretene Mosaiktheorie kann daher auf die Auslegung des § 6 Abs 3 übertragen werden; vgl *Fuchs/Zerbes* AT I 12/19 c; *StudB BT I* § 81 RN 17 ff.

Beispiele: Grob fahrlässig ist daher etwa das Lenken eines Kfz im alkoholisierten Zustand bei objektiv schwierigen Bedingungen wie Dunkelheit, Schneefall und nasser Fahrbahn (ZVR 1979/142). Nicht per se grob fahrlässig ist – jeweils bloß – eine Vorrangverletzung (*Burgstaller/Schütz* WK[2] § 88 RN 27), Fahren mit überhöhter Geschwindigkeit (ZVR 1983/150), ein riskanter Überholvorgang (ZVR 1979/104) oder Fahren nach mäßigem Alkoholkonsum (ZVR 1978/272).

28.25 e **Maßstab.** Für die Beurteilung, ob grob fahrlässiges Verhalten vorliegt, ist auf den **Verkehrskreis** abzustellen, dem der konkret Handelnde angehört. Maßstab ist ein ordentlicher Mensch in der Lage und mit dem allfälligen Sonderwissen des Täters. Grobe Fahrlässigkeit liegt vor, wenn ein derartiger Fehler einem ordentlichen Menschen in dieser Situation niemals unterlaufen wäre.

28.25 f b) **Qualifizierte Vorhersehbarkeit.** Für die grobe Fahrlässigkeit muss der Eintritt eines dem gesetzlichen Tatbild entsprechenden Sachverhaltes als **geradezu wahrscheinlich vorhersehbar** sein. Die nur entfernte Möglichkeit einer Tatbildverwirklichung reicht somit für grobe Fahrlässigkeit ebenso wenig aus wie die bloß einfache Wahrscheinlichkeit einer solchen. Neben der Pflichtverletzung ist daher die **konkrete Gefährlichkeit des Verhaltens** in die Beurteilung miteinzubeziehen. Es ist somit eine qualifizierte Vorhersehbarkeit für den Täter erforderlich. Die Verwirklichung des Tatbestandes hätte von jedermann und

D. Grobe Fahrlässigkeit

daher auch vom Täter durch einfache Überlegungen erkannt werden können; *Dannecker* ZWF 2016 68. Daher müssen besondere Umstände die konkrete Gefahr der Tatbestandsverwirklichung vor Augen führen.

Ob eine erhöhte Wahrscheinlichkeit vorliegt, ist ex ante aus der Sicht eines objektiven Dritten aus dem Verkehrskreis und in der Lage des Täters zu prüfen; *Hinterhofer/Wirth* ÖJZ 2016 770. Die Schadenswahrscheinlichkeit muss offenkundig so groß sein, dass es bei Anwendung eines objektiven Maßstabes ohne weiteres nahelag, zur Vermeidung des drohenden Schadensfalles ein anderes Verhalten als das tatsächlich geübte zu setzen; ZVR 1993/153; 9 Ob 358/97 f; 7 Ob 289/98 w ua; zuletzt 1 Ob 188/15 a.

Lässt der Täter daher das außer Acht, was **jedermann einleuchten müsste,** oder setzt er sich in besonders rücksichtsloser Weise über die als wahrscheinlich erkannte Möglichkeit der Tatbestandsverwirklichung hinweg, kommt grobe Fahrlässigkeit in Betracht.

Aber: Bei einer Herzoperation kann der kleinste Aufmerksamkeitsfehler, der jedem Chirurgen einmal unterlaufen kann, mit hoher Wahrscheinlichkeit zum Tod führen, das Versehen ist dennoch ein leichtes; *Reischauer* in *Rummel* ABGB³ § 1324 RN 3. Hier fallen die Elemente des ungewöhnlichen Sorgfaltsverstoßes und der qualifizierten Vorhersehbarkeit auseinander, eine Strafbarkeit nach grob fahrlässiger Tötung ist daher zu verneinen.

Die **Elemente** des ungewöhnlichen Sorgfaltsverstoßes und der qualifizierten Vorhersehbarkeit **beziehen sich aufeinander.** Der Sorgfaltsverstoß muss derart ungewöhnlich und auffallend sorgfaltswidrig sein, dass die Verwirklichung des Risikos geradezu wahrscheinlich vorhersehbar war. Ein ungewöhnlicher Sorgfaltsverstoß, der nicht eine derartige qualifizierte Vorhersehbarkeit zur Folge hat, begründet noch keine grobe Fahrlässigkeit. Die Erkennbarkeit des Risikos hat eine besondere Sorgfaltspflicht zur Folge; vgl *Dannecker* ZWF 2016 68. **28.25 g**

c) **Subjektive Vorwerfbarkeit.** Das Verhalten des Schädigers muss auch subjektiv **schwerstens vorwerfbar** sein; dies entspricht auch dem zivilrechtlichen Verständnis; vgl *Brandl/Leitner* SWK 2015 1261; *Reischauer* in *Rummel* ABGB³ § 1324 RN 3 mwN; *Schick* ZVR 1974 361; *Seiler* AT I RN 289; VwGH ÖJZ 1987, 461; 2006/14/0045; FJ 2013 173. Mit einem mittleren, durchschnittlichen Ausmaß an Schuldunwert begnügen sich hingegen *Burgstaller/Schütz* WK² § 88 RN 24; *Kirchbacher* WK² § 159 RN 30; *StudB BT I* § 81 RN 7/3; eingehend zu § 159 *Medigovic* ÖJZ 2003 164 ff; 13 Os 55/13 g. Auch bei der Prüfung der groben Fahrlässigkeit sind die **Elemente der Fahrlässigkeitsschuld,** insb die subjektive Sorgfaltswidrigkeit und Zumutbarkeit, zu beachten und ist auf einen individuellen Maßstab abzustellen. **28.25 h**

Der Täter muss die Umstände erkennen können, die sein Verhalten als grob fahrlässig erscheinen lassen **(subjektive Sorgfaltswidrigkeit).** Er muss daher auch aufgrund seiner individuellen Fähigkeiten und Kenntnisse in der Lage sein, die Umstände zu erkennen, die sein Verhalten als grob fahrlässig erscheinen lassen; *J/W* AT⁵ 569. Persönliche Umstände (zB Krankheit, körperlicher Mangel, Arbeitsüberlastung) können die Vorwerfbarkeit erheblich mindern und grobe Fahrlässigkeit ausschließen.

28. Kapitel: Zentrale Probleme des Fahrlässigkeitsdelikts

28.25i

3. Fazit

grobe Fahrlässigkeit
gewöhnliche Fahrlässigkeit
leichte Fahrlässigkeit

Das Feld grober Fahrlässigkeit grenzt nicht unmittelbar an jenes der leichten. Vielmehr steht zwischen leichter und grober Fahrlässigkeit ein breites Feld „gewöhnlicher", durchschnittlicher Fahrlässigkeit. Eine ähnliche Einteilung haben bereits *Burgstaller/Schütz* in Bezug auf § 88 Abs 2 aF vorgenommen: geringfügige Fahrlässigkeit – durchschnittliche Fahrlässigkeit – schweres Verschulden; *Burgstaller/Schütz* WK² § 88 RN 19. Nicht entscheidend ist, ob es sich um bewusste oder unbewusste Fahrlässigkeit handelt; ebenso *Hinterhofer/Wirth* ÖJZ 2016 768; aM *Fuchs/Zerbes* AT I 12/19c.

E. Erfolgsqualifizierte Delikte

1. Definition

28.26 Viele der bei den Fahrlässigkeitsdelikten behandelten Probleme treten auch bei den **erfolgsqualifizierten Delikten** auf. Die praktisch und im Prüfungsbetrieb wichtigsten sind § 84 Abs 1 und 4, §§ 85, 86, 94 Abs 2, § 143 Abs 2, § 169 Abs 3 und § 201 Abs 2.

Beachte! Die erfolgsqualifizierten Delikte (= Erfolgsqualifikationen) dürfen nicht mit den qualifizierten Erfolgsdelikten (= Deliktsqualifikationen), zu denen insb auch die Wertqualifikationen zählen, verwechselt werden. Für Letztere gilt nicht etwa § 7 Abs 2, sondern **§ 7 Abs 1;** vgl bereits RN 9.10ff.

28.27 **Erfolgsqualifizierte Delikte sind alle Delikte, bei denen das Gesetz nach der Deliktsbeschreibung im BT oder gem § 7 Abs 2 an eine besondere Folge der Tat eine höhere Strafe knüpft.** Beide Ansätze stehen einander gleich und verlangen für die besondere Folge zumindest **Fahrlässigkeit**.

2. Besonderheiten

28.28 a) **Bedeutung des § 7 Abs 2.** Diese Vorschrift enthält das Muster für die erfolgsqualifizierten Delikte. Danach muss die besondere Folge der Tat „**wenigstens fahrlässig**" herbeigeführt worden sein. Ist sie nicht „wenigstens fahrlässig" verursacht worden, bleibt es bei der Bestrafung wegen des vorsätzlichen oder fahrlässigen **Grunddelikts**.

Beachte! Die hM begnügt sich idR mit einer **vereinfachten Fahrlässigkeitsprüfung.** Gehört der eingetretene Erfolg **der Art nach** zu den objektiv voraussehbaren Folgen der

E. Erfolgsqualifizierte Delikte

Tat – und das ist die Regel –, entfällt die Prüfung der objektiven und der subjektiven Sorgfaltswidrigkeit bezüglich der „besonderen Folge". Denn im Allgemeinen stellt bei den erfolgsqualifizierten Delikten schon die Erfüllung des Grunddelikts eo ipso einen Verstoß gegen die zur Vermeidung der besonderen Folge gebotenen Sorgfalt dar; hM; vgl *Huber* in *L/St* § 7 RN 33; *Triffterer* AT 13/78; SSt 59/5; SSt 47/1.

Beispiel: Zieht ein mit Körperverletzungsvorsatz durchgeführter wuchtiger Faustschlag gegen den Kopf oder Bauchstich in objektiv zurechenbarer Weise den **Tod** des Angegriffenen nach sich (= § 86), impliziert dies stets auch die **Sorgfaltswidrigkeit** hinsichtlich der „besonderen Folge". Einer diesbezüglichen Prüfung bedarf es daher nicht; vgl SSt 59/5. Anders bei der in RN 28.33 dargestellten speziellen Fallkonstellation.

b) **Vorsatz hinsichtlich der besonderen Folge?** Der Wortlaut des § 7 Abs 2 **28.29** „wenigstens fahrlässig" (ebenso § 84 Abs 4: „wenn auch nur fahrlässig") deutet eine solche Möglichkeit an. Doch lässt sich diese Frage nicht generell, sondern nur unter Berücksichtigung der jeweiligen **deliktsspezifischen Besonderheiten** im Wege der Auslegung beantworten; vgl dazu *Burgstaller* WK² § 7 RN 16 ff; *Triffterer* AT 13/77.

Beispiele: Die Möglichkeit **vorsätzlicher** Herbeiführung der besonderen Folge ist etwa für § 85 (schwere Dauerfolgen), § 92 Abs 2 (Schädigung), § 206 Abs 3 2. Fall (Schwangerschaft) u § 169 Abs 3 3. Fall (Not vieler Menschen) zu bejahen. Gleiches gilt für § 84 Abs 4, sofern nicht Absichtlichkeit in Bezug auf die schwere Körperverletzung iSd § 87 vorliegt. Vgl RN 9.10 ff.

Aber: Ist die besondere Folge der **Tod,** besteht bei einer vorsätzlichen Tötung idR **Exklusivität** zu Gunsten des § 75; das gilt etwa im Verhältnis zu §§ 86 (SSt 48/55), 82 Abs 3, § 201 Abs 2 5. Fall; vgl *StudB BT I* § 75 RN 35; im Ergebnis ebenso, wenngleich mit anderer Begründung (Subsidiarität) *Burgstaller* WK² § 7 RN 17 u 35; *Triffterer* SbgK § 7 RN 31.

c) **Dogmatische Zuordnung.** Die erfolgsqualifizierten Vorsatzdelikte **28.30** (RN 28.31) sind ihrem Wesen nach **Vorsatzdelikte,** da schon das Grunddelikt eine strafbare Vorsatztat darstellt; hM; vgl *Triffterer* AT 13/79; *Huber* in *L/St* § 7 RN 34.

Konsequenzen: Daher finden zB die §§ 17 (Verbrechen) u 27 bei erfolgsqualifizierten Delikten Anwendung. Zur Bedeutung für § 15 näher RN 28.35.

d) **Einteilungen.** aa) **Erfolgsqualifizierte Vorsatzdelikte.** Sie setzen als **28.31** Grunddelikt ein Vorsatzdelikt und hinsichtlich der besonderen Folge wenigstens Fahrlässigkeit voraus = **Vorsatz-Fahrlässigkeits-Kombinationen** (RN 9.19); vgl dazu *Burgstaller* WK² § 7 RN 12; *Huber* in *L/St* § 7 RN 2 u 32. Speziell zur Schuldseite vgl RN 28.36 f.

Beispiele: Schwangerschaftsabbruch gem § 98 Abs 1 2. Fall; Vergewaltigung gem § 201 Abs 2 1., 2. u 5. Fall. Weitere Beispiele RN 9.11.

bb) **Erfolgsqualifizierte Fahrlässigkeitsdelikte.** Bei ihnen ist das Grund- **28.32** delikt ein **Fahrlässigkeitsdelikt.** Man könnte sie als **Fahrlässigkeits-Fahrlässigkeits-Kombinationen** bezeichnen; vgl *Triffterer* AT 13/76. Auch für sie gilt § 7 Abs 2.

Beispiele: Fahrlässige Körperverletzung gem § 88 Abs 4 1. Strafsatz; vgl weiter § 170 Abs 2, § 172 Abs 2, § 174 Abs 2, § 177 Abs 2.

28. Kapitel: Zentrale Probleme des Fahrlässigkeitsdelikts

3. Einzelfragen

28.33 a) **Erfolgsspezifische Sorgfaltswidrigkeit.** Hierbei geht es um das Problem der Ausklammerung von **tatinadäquaten schweren bzw überschweren Folgen** aus dem Einzugsbereich der erfolgsqualifizierten Delikte, insb der §§ 84, 85 u 86. Die Frage stellt sich idR dahin, ob angesichts einer – **ex ante betrachtet** – vergleichsweise harmlosen körperlichen Misshandlung eine so schwere oder gar überschwere **Folge der eingetretenen Art** erfahrungsgemäß überhaupt erwartet werden konnte. Mit Hilfe des Begriffs der **erfolgsspezifischen Sorgfaltswidrigkeit** werden **tatinadäquate Folgen,** dh Folgen, die **der Art nach außerhalb des generellen Gefahrenradius der konkreten Tatbegehung liegen,** aus dem Begriff der objektiven Sorgfaltswidrigkeit vorab ausgeschieden; so SSt 57/28 im Anschluss an *Burgstaller* WK¹ § 85 RN 28; JBl 1989 395 m zust Anm *Kienapfel;* JBl 1999 399; SSt 63/51; idS auch *Nimmervoll* in *L/St* § 85 RN 19; näher *Burgstaller* Pallin-FS 54; *StudB BT I* § 84 RN 40, § 85 RN 13 u § 86 RN 8f.

Beachte! Diese Frage zielt von vornherein nur auf **Ausnahmefälle** und ist nur dann zu verneinen, wenn es nach allgemeiner Lebenserfahrung so gut wie ausgeschlossen ist, dass derartige Misshandlungen unter den konkreten Umständen eine so schwere Körperverletzung (oder gar den Tod) nach sich ziehen; vgl JBl 1989 395 m Anm *Kienapfel.*

Beispiel: Ein heftiger Stoß gegen die Schultern führt infolge äußerst unglücklicher Verkettung von Umständen zu einem Halswirbelbruch mit sofortiger Lähmung und schwersten Dauerfolgen. SSt 57/28 verneint bei einer solchen Ausnahmekonstellation die deliktsspezifische Sorgfaltswidrigkeit hinsichtlich der eingetretenen schweren Dauerfolge des § 85, bejaht sie aber hinsichtlich des § 84 Abs 1; vgl dazu eingehend *Burgstaller* Pallin-FS 54.

Aber: Versetzt A dem B, der an der Kante einer steilen Treppe steht, einen leichten Stoß, wodurch B das Gleichgewicht verliert, rücklings die Stufen hinunterstürzt und eine Querschnittslähmung erleidet, liegt dieser Erfolg **innerhalb des generellen Gefahrenradius der konkreten Tatbegehung,** so dass sich A gem § 83 Abs 2 iVm § 85 Z 3 zu verantworten hat.

28.34 b) **Kausalität und objektive Zurechnung.** Die **besondere Folge** kann dem Täter nur dann angelastet werden, wenn sie ihm objektiv zurechenbar ist, dh wenn sie **sowohl innerhalb des Adäquanz- als auch des Risikozusammenhangs** liegt; es gelten die in RN 26.28–26.30 sowie oben RN 28.2–28.15 dargestellten allgemeinen Regeln; hM; vgl *Burgstaller* WK² § 7 RN 23; *Huber* in *L/St* § 7 RN 33 u § 86 RN 3; *B/S/V* BT I § 85 RN 7 u § 86 RN 1 f; stRspr; vgl SSt 2006/79; JBl 1999 399; SSt 63/51; JBl 1996 804; SSt 61/112; SSt 57/49; SSt 56/40; JBl 1984 326 m Anm *Fuchs.* Einzelheiten dazu vgl *StudB BT I* § 80 RN 48–55 u RN 56–89 sowie § 86 RN 10–15.

Beispiele: An erster Stelle ist hier erneut der **Gekröse-Fall** (RN 28.9) zu nennen, bei dem EvBl 1987/127 dem Erstverursacher zwar die folgenschweren Tritte in den Bauch gem § 84, nicht aber den durch eigenen Leichtsinn eingetretenen Tod des Verletzten (§ 86) zugerechnet hat; vgl näher *Burgstaller* Pallin-FS 39. Anders ist der ebenfalls letal ausgegangene **Bauchstich-Fall** (SSt 61/57) gelagert. Weder ein spitalsärztlicher Diagnosefehler (RN 28.12) noch die darauf gegründete Sorglosigkeit des Verletzten entlassen den Erstverursacher aus dem Risikozusammenhang bezüglich der Todesfolge. Ähnlich SSt 61/112.

28.35 c) **Versuch.** Bei erfolgsqualifizierten Delikten ist ein Versuch nur in engen Grenzen begrifflich denkbar und praktisch möglich, denn ein fahrlässig herbei-

E. Erfolgsqualifizierte Delikte

zuführender Erfolg kann nicht versucht werden. Ein Versuch eines erfolgsqualifizierten Delikts beschränkt sich auf den nicht allzu häufigen Fall, in dem das Grunddelikt bloß versucht wurde, **der bloße Versuch des Grunddelikts** aber schon die besondere Folge in objektiv zurechenbarer Weise herbeigeführt hat (**„erfolgsqualifizierter Versuch"**); vgl *StudB BT I* § 84 RN 49 f u § 86 RN 21; *Huber* in *L/St* § 7 RN 34; *Triffterer* AT 15/92; *Fuchs/Zerbes* AT I 28/27; *Schmoller* JBl 1984 655; str; generell abl *Burgstaller/Fabrizy* WK² § 84 RN 37; *B/S/V* BT I § 84 RN 8; JBl 2001 601 m Anm *Burgstaller;* EvBl 1997/14; EvBl 1987/141; SSt 47/84 (GrundsatzE). In diesem Fall wird allerdings nicht die Erfolgsqualifikation versucht, sondern das zugrundeliegende Grunddelikt; der Erfolg tritt aber tatsächlich ein. Diese Problematik wird meist in Bezug auf die §§ 83 ff erörtert, beschränkt sich aber nicht auf diese Deliktsgruppe.

Beispiel: Der Räuber A attackiert sein Opfer B brutal, muss aber ohne Beute fliehen. Stirbt B infolge der Gewaltanwendung, macht sich A gem §§ 15, 142, 143 Abs 2 letzter Fall strafbar.

Anderes gilt für die durch das StRÄG 2015 geänderten Qualifikationen des § 84 Abs 4 und § 85 Abs 2. Bis zur Änderung vertrat der OGH die Ansicht, dass ein Versuch der schweren Körperverletzung (nach § 84 Abs 1 aF) „rechtlich nicht denkbar" sei (vgl OGH 15 Os 178/10 f; RS0089439). Unter Berufung auf den neuen Wortlaut des § 84 Abs 4 geht der OGH nun davon aus, dass **§ 84 Abs 4 in der Vorsatz-Variante versucht** werden kann; grundlegend OGH 13 Os 136/16 y JBl 2017 677. § 84 Abs 4 ist eine selbstständige Abwandlung zu § 83 Abs 1 und setzt **Verletzungsvorsatz** und die „wenn auch nur fahrlässige" Herbeiführung einer schweren Folge voraus. Diese schwere Folge kann fahrlässig oder vorsätzlich herbeigeführt werden. § 84 Abs 4 enthält daher zwei Varianten: Bei vorsätzlicher Herbeiführung des schweren Erfolgs stellt es ein reines Vorsatzdelikt dar, bei fahrlässiger Herbeiführung eine Vorsatz-Fahrlässigkeits-Kombination. Während die **Vorsatz-Fahrlässigkeits-Kombination nicht versucht** werden kann, kann die **Vorsatz-Variante versucht** werden; vgl *StudB BT I* § 84 RN 22; *Fuchs/Zerbes* AT I 28/24 ff; *Burgstaller/Fabrizy* WK StGB § 84 RN 76; *Tipold* JSt 2015 407; abl *Schwaighofer* JSt 2017 290 ff. Gleiches gilt für § 85 Abs 2.

28.35 a

Beispiel: A schlägt sein Opfer B mit einem Holzprügel. Er hält es dabei ernstlich für möglich und findet sich damit ab, B die Knochen zu brechen, was aber nicht eintritt. Damit begeht er nicht bloß eine Körperverletzung nach §§ 83 Abs 1, sondern nach neuerer Rsp eine versuchte schwere Körperverletzung nach §§ 15, 84 Abs 4. Wenn er in Bezug auf diese Folge (schwere Körperverletzung) aber absichtlich handeln würde, käme §§ 15, 87 Abs 1 in Betracht; vgl JBl 2001 601 m Anm *Burgstaller*.

Beachte! Hingegen stellen § 84 Abs 1 und § 85 Abs 1 Vorsatz-Fahrlässigkeits-Kombinationen dar, bei denen der (schwere) Erfolg **zwingend fahrlässig** herbeigeführt werden muss. Daher scheidet für sie ein Versuch – mit Ausnahme der in RN 28.35 b genannten Sonderkonstellation, in der die Misshandlung versucht wird – aus; vgl *Schwaighofer* JSt 2017 289. Liegt Vorsatz hinsichtlich der schweren Körperverletzung oder der Verletzung mit Dauerfolgen vor, ist § 84 Abs 4 oder § 85 Abs 2 anzuwenden.

§ 83 Abs 2 kann als **Vorsatz-Fahrlässigkeits-Kombination** grundsätzlich nicht versucht werden. Ausnahmsweise ist eine Strafbarkeit nach §§ 15, 83 Abs 2 jedoch dann denkbar, wenn in Folge der versuchten Misshandlung der tatbestandsmäßige Erfolg (Verletzung) eintritt; vgl *StudB BT I* § 83 RN 77. Ob ein

28.35 b

28. Kapitel: Zentrale Probleme des Fahrlässigkeitsdelikts

Versuch des § 83 Abs 2 tatsächlich anzunehmen ist, ist eine Frage des Risikozusammenhangs.

Beispiel: A will dem B eine Ohrfeige geben. Beim Ausweichen gerät B ins Stolpern, stürzt und bricht sich den Knöchel.

In der Literatur wird in solchen Konstellationen teilweise auch eine Strafbarkeit nach vollendetem § 83 Abs 2 (*Lewisch* BT I 29; *Schmoller* JBl 1984 657) sowie Straflosigkeit nach § 83 Abs 2, aber Strafbarkeit nach § 88 angenommen (*Fuchs/Zerbes* AT I 28/28).

4. Schuldprüfung bei Erfolgsqualifikationen

28.36   Bei den erfolgsqualifizierten Vorsatzdelikten muss der Täter hinsichtlich des Grunddelikts **vorsätzlich** und bezüglich der besonderen Folge wenigstens **fahrlässig** gehandelt haben; vgl RN 28.26 ff. Im Hinblick auf die Ausführungen RN 28.28 liegt bei den erfolgsqualifizierten Delikten der Akzent der subjektiven Fahrlässigkeitsprüfung auf der Frage der **subjektiven Voraussehbarkeit der besonderen Folge;** vgl JBl 1987 59; SSt 53/76; SSt 49/41. Es genügt die subjektive Voraussehbarkeit der besonderen Folge **im Allgemeinen,** dh **innerhalb des durch den Adäquanz- und den Risikozusammenhang gezogenen Rahmens.** Den Ablauf des Kausalgeschehens im Einzelnen, insb den Eintritt des **konkreten Erfolgs,** braucht und kann der Täter idR nicht vorhersehen; hM; vgl *Burgstaller* WK² § 6 RN 97, § 7 RN 27; *Huber* in *L/St* § 7 RN 33; aus der Rspr vgl SSt 2006/79; JBl 1996 804; SSt 57/49; SSt 53/76.

Beispiele: Dass **wuchtige Faustschläge** zum Schädelbruch (SSt 61/112), zu einem tödlichen Sturz (SSt 47/1) oder in weiterer Folge zum Tod infolge Fettembolie (SSt 53/76) führen oder dass der zu Boden Geschlagene an seinem Blut erstickt (SSt 50/7), ist nicht nur objektiv, sondern idR auch subjektiv voraussehbar; ebenso, dass ein **Bauchstich** zu einer tödlichen Bauchfellentzündung führen kann (RN 28.34).

28.37   **Beachte!** Entfällt die auf den **Zeitpunkt der Handlungsvornahme** zu beziehende subjektive Voraussehbarkeit der besonderen Folge, etwa des Todes bei § 86, darf diese Erfolgsqualifikation **nicht** mit – ihrerseits den Tod mitverursachenden – **späteren Sorgfaltswidrigkeiten** des Täters begründet werden; zB zu spätes Alarmieren der Rettung, falsche Lagerung des Verletzten, Imstichlassen uä; vgl dazu *StudB BT I* § 86 RN 7 u 20; *Nimmervoll* in *L/St* § 86 RN 7. Zu denken ist uU an § 80 bzw § 94 Abs 2 2. Fall.

F. Fallprüfungsschema beim erfolgsqualifizierten Delikt

28.38   Dieses Fallprüfungsschema ist als **Anhang 4** abgedruckt.

Zur Vertiefung: Zum Adäquanzzusammenhang vgl *StudB BT I* § 80 RN 48–55; zum rechtmäßigen Alternativverhalten vgl eingehend *Burgstaller* Fahrlässigkeitsdelikt 129; *ders* AnwBl 1980 99; *StudB BT I* § 80 RN 90–96; zu den Problemen bei erfolgsqualifizierten Delikten vgl *Burgstaller* WK² § 7 RN 7 ff; *Huber* in *L/St* § 7 RN 28 ff. **Zentrale Prüfungsmaterie!**

Prüfungsfälle mit Lösungen zum erfolgsqualifizierten Delikt vgl Fälle² 56 (*Schick*), 120 (*Burgstaller*); Prüfungsfälle 14 u 55 (*Medigovic*), 31 u 129 (*Brandstetter*), 35 u 61 (*Fuchs*); *Hinterhofer/Schütz* Fallbuch 97 113; *Luef-Kölbl/Sprajc* Fälle 47; *Kienapfel/Plöckinger* JAP 2000/01 148.

■ ■ ■ Programmbearbeiter lesen jetzt bitte die TE 28 ■ ■ ■

A. Echte Unterlassungsdelikte

29. Kapitel
Echte und unechte Unterlassungsdelikte

Schrifttum zu Kap 29 bis 30 (Auswahl): *Bertel* Der Amtsmißbrauch durch Unterlassen JBl 1970 345; *Burgstaller* Omissive Offences and Penal Responsibility for Omissive Conduct in Austria RIDP 1984 535; *Glaser* Meldepflichten und Garantenstellung ZWF 2018 269; *Hinterhofer* Strafbarkeit infolge Nichteinhaltung wohnrechtlicher Verkehrssicherungspflichten? immolex 2010 109; *Jescheck* Die Behandlung der unechten Unterlassungsdelikte im deutschen und ausländischen Strafrecht ZStW 1965 109; *Kert/Komenda* Strafrechtliche Risiken für den Aufsichtsrat in: *Kalss/Kunz* Handbuch für den Aufsichtsrat[2] (2016) 1483; *Kienapfel* Aktuelle Probleme der unechten Unterlassungsdelikte in: StP II 77; *ders* Die Garantenpflichten (§ 2 StGB): System, Voraussetzungen und Grenzen JBl 1975 13 80; *ders* Zur Gleichwertigkeit von Tun und Unterlassen ÖJZ 1976 197; *ders* Zur Abgrenzung von Tun und Unterlassen ÖJZ 1976 281; *Maleczky* Imstichlassen eines Betrunkenen auf der Autobahn JAP 1992/93 234; *Nowakowski* Zur Begehung durch Unterlassung (§ 2 StGB) in: Bezauer Tage 1979 71; *Platzgummer* Die „Allgemeinen Bestimmungen" des Strafgesetzentwurfes im Licht der neueren Strafrechtsdogmatik JBl 1971 236; *Proske* Zur Gleichstellungsproblematik beim unechten Unterlassungsdelikt in: Wertung und Interessenausgleich im Recht (1975) 203; *Roxin* An der Grenze von Begehung und Unterlassung in: Engisch-FS (1969) 380; *Schallmoser* Zur strafrechtlichen Verantwortlichkeit des Host Providers für „Hasspostings" ÖJZ 2018 205; *Schmoller* Grundfragen strafbaren Unterlassens bei der Abgabenverkürzung ÖJZ 2011 397; *H. Steininger* Die moderne Strafrechtsdogmatik und ihr Einfluß auf die Rechtsprechung ÖJZ 1981 365; *Wegscheider* Versuch und Rücktritt beim schlichten Unterlassungsdelikt? JBl 1976 353.

Inhaltsübersicht

	RN
A. Echte Unterlassungsdelikte	29.1–29.8
1. Definition	29.1–29.2
2. Besonderheiten	29.3–29.6
a) Gebotenes Tun	29.4
b) Tatsächliche Handlungsmöglichkeit	29.5–29.6
3. Erfolgsqualifizierte Unterlassungsdelikte	29.7
4. Spezielle Probleme	29.8
B. Unechte Unterlassungsdelikte	29.9–29.21
1. Begriff und Wesen	29.9–29.14
a) Definition	29.9–29.11
b) Wesen	29.12–29.13
c) Einteilungen	29.14
2. Die Bedeutung des § 2 für die unechten Unterlassungsdelikte	29.15–29.20
3. Durchblick	29.21
C. Zur Abgrenzung von Tun und Unterlassen	29.22–29.31
1. Mehrdeutige Verhaltensweisen	29.22–29.24
2. Primat des Tuns	29.25
3. Ausnahmen	29.26–29.30
4. Durchblick	29.31
D. Fallprüfungsschema beim vorsätzlichen unechten Unterlassungsdelikt	29.32

A. Echte Unterlassungsdelikte

1. Definition. Echte = schlichte Unterlassungsdelikte sind Delikte, bei 29.1 denen das Gesetz die Nichtvornahme eines gebotenen Tuns mit Strafe bedroht. Ihr Tatbestand erschöpft sich in der Nichtvornahme eines gebotenen Tuns. Damit bilden sie den Gegentypus zu den **schlichten Tätigkeitsdelikten**; vgl *Stricker* in *L/St* § 2 RN 6; *Hilf* WK[2] § 2 RN 9; *Triffterer* AT 14/14.

29. Kapitel: Echte und unechte Unterlassungsdelikte

29.2 Im StGB gibt es nur wenige echte Unterlassungsdelikte. Die drei wichtigsten sind Imstichlassen eines Verletzten (§ 94), Unterlassung der Hilfeleistung (§ 95) und Unterlassung der Verhinderung einer mit Strafe bedrohten Handlung (§ 286).

29.3 2. **Besonderheiten.** Sie betreffen vor allem die Stufe der **Tatbestandsmäßigkeit.**

29.4 a) **Gebotenes Tun.** Welches Tun geboten ist, richtet sich nach dem jeweiligen Delikt, seinem Schutzzweck und der konkreten Situation. Es genügt die Vornahme einer **Handlung mit Gebotserfüllungstendenz;** vgl RN 30.3 ff.

Maßgebend dafür ist das **Ex-ante-Urteil** eines **objektiven Beobachters.** Tröstender Zuspruch genügt bei §§ 94 f nicht, wenn der andere zu verbluten droht. Umgekehrt kann der Tatbestand der §§ 94 f entfallen, wenn der um Rettung Bemühte letztlich zu wenig oder gar das Falsche getan hat; vgl *StudB BT I* § 95 RN 26.

Beispiel: B zieht den bewusstlosen A aus dem brennenden Autowrack, bettet ihn ins Gras und rast zur nächsten Notrufsäule. Inzwischen erstickt A am Erbrochenen, da B ihn **nicht seitlich gelagert** hatte. § 95 scheidet für B schon objektiv wegen hinreichender Gebotserfüllungstendenz, § 80 uU mangels subjektiver Sorgfaltswidrigkeit aus.

29.5 b) **Tatsächliche Handlungsmöglichkeit.** Die Pflicht zur Vornahme des gebotenen Tuns wird bei allen Unterlassungsdelikten durch die realen Gegebenheiten, insb die zur Verfügung stehenden Hilfsmittel sowie die Kenntnisse und Fähigkeiten des Betreffenden begrenzt. Damit wird die **physisch-reale Möglichkeit,** das gebotene Tun vorzunehmen = **tatsächliche Handlungsmöglichkeit** zum ungeschriebenen Tatbestandsmerkmal aller echten und unechten Unterlassungsdelikte; vgl *J/W* AT 616; *Kienapfel* StP II 88; inzwischen hM; vgl *Hilf* WK² § 2 RN 46 ff; *Stricker* in *L/St* § 2 RN 10 ff; EvBl 2008/99; EvBl 2004/104; LSK 2000/267; RZ 1989/86; SSt 56/70; SSt 54/21.

29.6 **Aber:** Kann der hilfsfähig gebliebene Verletzer aus dem brennenden Kfz nur den Fahrer **oder** den Beifahrer retten, ist das keine Frage der tatsächlichen Handlungsmöglichkeit, sondern (zB in Bezug auf § 94 Abs 2) ein Problem der **Pflichtenkollision** oder der **Zumutbarkeit** der Hilfeleistung; vgl *StudB BT I* § 94 RN 44 u 60.

29.7 3. **Erfolgsqualifizierte Unterlassungsdelikte.** Sie unterscheiden sich von den schlichten Unterlassungsdelikten (RN 29.1) dadurch, dass das Gesetz an eine besondere Folge des Unterlassens eine höhere Strafe knüpft; vgl § 94 Abs 2; § 95 Abs 1 2. Fall.

Aus dogmatischer Sicht handelt es sich um ein ebenso widersprüchliches wie kompliziertes **Zwittergebilde,** um eine Kombination von echtem Unterlassungsdelikt (= Grunddelikt) und Erfolgsqualifikation. Für Letztere gilt die allgemeine Regel des **§ 7 Abs 2:** Die „besondere Folge der Tat" muss daher wenigstens fahrlässig verursacht worden sein; näher dazu RN 28.28 f. Insoweit finden (zB bei § 94 Abs 2) auch die Grundsätze zur erfolgsspezifischen Sorgfaltswidrigkeit (RN 28.33) sowie zur objektiven Zurechnung der besonderen Folge (RN 28.34) Anwendung. Neben den echten gibt es im Übrigen auch **unechte** erfolgsqualifizierte Unterlassungsdelikte; zB § 82 Abs 2 iVm Abs 3.

29.8 4. **Spezielle Probleme.** Sie betreffen insb den **Unterlassungsvorsatz** (vgl dazu *StudB BT I* § 94 RN 45 ff), die **Beteiligung** (vgl dazu *Hilf* WK² § 2 RN 159 ff) sowie **Versuch** und **Vollendung** (vgl dazu *Fuchs/Zerbes* AT I 37/84 ff; *Hilf* WK² § 2 RN 153 ff).

B. Unechte Unterlassungsdelikte
1. Begriff und Wesen

a) **Definition. Unechte Unterlassungsdelikte sind Delikte, bei denen das Gesetz die Herbeiführung eines Erfolgs durch Nichtvornahme eines gebotenen Tuns mit Strafe bedroht;** vgl § 2. 29.9

Die Bezeichnung „unechte Unterlassungsdelikte" entspricht zwar der hM, ist aber nicht unproblematisch. Denn nach der **Art der Tathandlung** sind die unechten Unterlassungsdelikte wirkliche Unterlassungsdelikte. Bezüglich der **Tatbestandskonstruktion** stehen die unechten Unterlassungsdelikte den Begehungsdelikten (speziell den Erfolgsdelikten; vgl RN 29.19) nahe. Darauf weist auch die Überschrift zu § 2 „Begehung durch Unterlassung" hin. 29.10

Dem Mischcharakter der unechten Unterlassungsdelikte wird es am ehesten gerecht, wenn man sie als **eigenständige Deliktsgruppe** neben den echten Unterlassungsdelikten und den Begehungsdelikten klassifiziert; vgl *Kienapfel* StP II 79; *Triffterer* AT 14/18. 29.11

b) **Wesen.** Im Unterschied zum echten Unterlassungsdelikt trifft den Täter beim unechten Unterlassungsdelikt eine ganz **spezifische** und **qualifizierte Pflicht:** Er muss den Eintritt des drohenden Erfolgs abwenden = **Erfolgsabwendungspflicht.** Eine so weitgehende Pflicht wird von der Rechtsordnung aber nicht jedermann auferlegt, sondern nur bestimmten Personen, die von der hM traditionell und treffend als **Garanten** bezeichnet werden. Daraus leitet sich auch der Begriff **Garantenunterlassungsdelikte** ab; vgl *Kienapfel* StP II 79; *Triffterer* AT 14/20; *Fuchs/Zerbes* AT I 37/36. Näheres zur Garantenstellung Kap 31. 29.12

Ausgangspunkt für die im Ansatz bereits bei *Feuerbach* nachweisbare Rechtsfigur des unechten Unterlassungsdelikts bildet die Erwägung, dass es zB beim Verbot: „Du sollst nicht töten" (§ 75) keinen Unterschied machen kann, ob Eltern ihr Kind vergiften (Tun) oder es verhungern lassen (Unterlassen). Erfolgsabwendungspflicht und Garantenstellung hatten bis zum Inkrafttreten des StGB 1975 nur eine **gewohnheitsrechtliche Basis.** Erst durch § 2 wurden die **gesetzlichen Grundlagen** für die unechten Unterlassungsdelikte geschaffen. 29.13

c) **Einteilungen.** Je nachdem, ob die Unterlassung vorsätzlich oder fahrlässig begangen wird, unterscheidet man **vorsätzliche** und **fahrlässige unechte Unterlassungsdelikte.** 29.14

Beachte! Die unechten Unterlassungsdelikte besitzen – ähnlich wie die Fahrlässigkeitsdelikte – besondere **Prüfungsrelevanz.** Zum Fallprüfungsschema für das vorsätzliche unechte Unterlassungsdelikt vgl **Anhang 5,** für das fahrlässige unechte Unterlassungsdelikt vgl **Anhang 6.**

2. Die Bedeutung des § 2 für die unechten Unterlassungsdelikte

Die Regelung des § 2 ist in mehrfacher Beziehung von grundlegender Bedeutung für das **Verständnis** der unechten Unterlassungsdelikte und ihre **dogmatische Konstruktion:** 29.15

a) Nahezu sämtliche Delikte sind so formuliert, dass sie nach dem **Wortlaut** an sich durch ein **Tun** erfüllt werden; vgl §§ 75, 80, 83, 88, 99, 105, 125, 146, 169. § 2 enthält insoweit die **gesetzliche Klarstellung,** dass alle genannten Delikte auch durch Unterlassen verwirklicht werden können; vgl *Stricker* in *L/St* § 2 RN 7 u 9.

29. Kapitel: Echte und unechte Unterlassungsdelikte

29.16 b) § 2 trägt dem rechtsstaatlichen Gebot **nullum crimen sine lege** Rechnung, indem ausdrücklich die **gesetzlichen Voraussetzungen** festgelegt werden, unter denen die Herbeiführung eines Erfolgs durch ein Unterlassen bestraft werden kann.

§ 2 ist daher insb in unmittelbarem Zusammenhang mit dem **Gesetzlichkeitsprinzip** des § 1 Abs 1 1. Halbsatz (RN 4.20) zu sehen, das durch § 2 **ergänzt** wird. Die früheren Einwände gegen die unechten Unterlassungsdelikte unter dem Aspekt des **Analogieverbots** sind damit hinfällig geworden; dem **Bestimmtheitsgebot** vermag die Regelung des § 2 jedoch nur zum Teil Rechnung zu tragen; vgl *Nowakowski* Bezauer Tage 1979 82; *Lewisch* Verfassung 80.

29.17 c) § 2 enthält eine **authentische Auslegungsregel.** Sie bestimmt, unter welchen rechtlichen Voraussetzungen die **Nichtvornahme eines gebotenen Tuns** dem „Tun" **gleichgestellt** und unter die entsprechende Tathandlung eines Begehungsdelikts **subsumiert** werden kann.

Dabei geht es vor allem um die **Garantenstellung** und das sog **Gleichwertigkeitskorrektiv.** Näher dazu Kap 30 und 31.

29.18 d) § 2 bildet die Brücke zwischen dem Begehungsdelikt und dem damit korrespondierenden unechten Unterlassungsdelikt. Das gilt insb für die **Tatbestandsbildung.** Denn der Tatbestand des unechten Unterlassungsdelikts wird mit Hilfe des § 2 aus dem Tatbestand des entsprechenden Begehungsdelikts abgeleitet; vgl *Stricker* in *L/St* § 2 RN 8; OLG Wien ZVR 1992/29.

Beachte! § 2 ist mithin in den Tatbestand des jeweiligen Begehungsdelikts sinngemäß **hineinzulesen.** Daher ist zB beim Mord durch Unterlassen zu zitieren: § 2 iVm § 75 oder §§ 2, 75.

29.19 e) § 2 bestimmt ausdrücklich, dass nicht sämtliche Begehungsdelikte, sondern nur **Erfolgsdelikte** in der Form des unechten Unterlassungsdelikts verwirklicht werden können. Diese Ausgrenzung bezieht sich in der Regel auf die **schlichten Tätigkeitsdelikte,** die nach hM in **unmittelbarer Täterschaft** nicht durch Unterlassen begangen werden können; vgl *Stricker* in *L/St* § 2 RN 8; *Fuchs/Zerbes* AT I 37/6; JBl 1997 471; SSt 61/3; SSt 40/19.

Beispiele: Meineid (§ 288 Abs 2) kann man nicht dadurch begehen, dass man **nicht** schwört, schweren sexuellen Missbrauch (§ 206) nicht dadurch, dass man mit der geschützten Person **nicht** geschlechtlich verkehrt. Beide Delikte können vom **unmittelbaren Täter** nur durch ein **Tun** verwirklicht werden. Entsprechendes gilt für die Urkunden- und Geldfälschung (§§ 223, 232) sowie für die übrigen in RN 9.14 angeführten schlichten Tätigkeitsdelikte. Für sonstige Beteiligte kommt aber Bestimmungs- oder Beitragstäterschaft in Betracht, weil der Erfolg dabei im Zustandekommen der Tätigkeit besteht, vgl RN 30.16, s auch *Hilf* WK² § 2 RN 162. Zum Beitrag durch Unterlassen näher RN 35.23.

Beachte! Obwohl es sich bei § 302 um ein **schlichtes Tätigkeitsdelikt** (RN 9.14) handelt, geht die überwiegende Auffassung davon aus, dass Amtsmissbrauch unter den Voraussetzungen des § 2 auch durch pflichtwidriges Unterlassen begangen werden kann; vgl *Stricker* in *L/St* § 302 RN 31; näher dazu *StudB BT III* § 302 RN 37ff; stRspr; vgl ua EvBl 2000/101; EvBl 1990/107. Der Rückgriff auf § 2 ist jedoch bei § 302 von vornherein nicht notwendig; vgl *Hilf* WK² § 2 RN 16. Nach der jüngsten Rsp erfasst die Handlungsbeschreibung „missbrauchen" auch ein Unterlassen. Räumt das Gesetz einem Beamten Befugnis ein und verpflichtet es ihn zu einem bestimmten Handeln, könne ein tatbildlicher Fehlgebrauch gerade auch in der Nichterfüllung dieser Handlungspflichten liegen; vgl EvBl 2015/71; 17 Os 23/15 h.

C. Zur Abgrenzung von Tun und Unterlassen

f) **§ 2** erstreckt die **Strafdrohung** des entsprechenden Begehungsdelikts auf 29.20
das unechte Unterlassungsdelikt. Da das Gesetz aber die Herbeiführung eines
Erfolgs durch „bloßes" Unterlassen idR als **weniger strafwürdig** ansieht als das
entsprechende Tun, statuiert § 34 Abs 1 Z 5 insoweit einen **Strafmilderungsgrund.**

Beachte! Eine dem § 2 entsprechende Regelung fehlt im **Finanzstrafrecht.** Die strafbarkeitseinschränkenden Voraussetzungen des § 2 StGB sind auch im Finanzstrafrecht sinngemäß heranzuziehen; idS vgl näher *Leitner/Brandl/Kert* HB Finanzstrafrecht RN 405 ff; *Kert* JBl 2011 62; *Schmoller* ÖJZ 2011 400 f.

3. Durchblick

Das wissenschaftliche und praktische Interesse an der Begehung durch 29.21
Unterlassung konzentriert sich idR auf einige wenige **zentrale Delikte** wie vorsätzliche und fahrlässige Tötung (§§ 75 ff, 80), Aussetzung (§ 82), Körperverletzung (§§ 83 ff, 88), Freiheitsentziehung (§ 99), in zunehmendem Maße auch
Untreue (§ 153) und Amtsmissbrauch (§ 302); vgl aber etwa auch § 3 h VerbotsG
(JBl 1997 471). Vor allem bei geringem Tatunwert bzw Schaden halten sich
private Anzeigebereitschaft und staatliche Verfolgungsintensität in Bezug auf
Unterlassungen in Grenzen; vgl dazu außerdem RN 29.31.

C. Zur Abgrenzung von Tun und Unterlassen
1. Mehrdeutige Verhaltensweisen

Das StGB geht vom Idealfall aus, dass die Tathandlung entweder in einem 29.22
Nur-Tun oder in einem **Nur-Unterlassen** besteht. Der „Normalfall" der Praxis
sieht aber eher so aus, dass sich Elemente des „Tuns" mit jenen des „Unterlassens" in höchst unterschiedlicher und komplexer Weise mischen = sog **mehrdeutige Verhaltensweisen.**

Beispiele: Ein Radfahrer stößt in der Dunkelheit einen Menschen nieder (= Tun),
weil er die Beleuchtung nicht eingeschaltet hat (= Unterlassen). Eine Kindesmutter entbindet auf der Klosettmuschel (= Tun), ohne das Kind mit ihren Händen aufzufangen
(= Unterlassen); durch den Sturz wird das Kind getötet. Ein Arzt schaltet die Herz-Lungen-Maschine wegen Aussichtslosigkeit ab (= Tun oder Unterlassen?).

Beachte! Von den mehrdeutigen sind die in **mehrere Phasen zerlegbaren** Handlungsabläufe zu unterscheiden. Diese unterliegen selbständiger strafrechtlicher Prüfung und
Wertung, insb auch unter dem Aspekt allfälliger Konkurrenz; vgl *Hilf* WK² § 2 RN 27; SSt 2006/85.

Bei allen **mehrdeutigen** oder **gemischten Verhaltensweisen** – dh solchen, 29.23
bei denen Tun und Unterlassungshandlungen miteinander verwoben sind – stellt
sich stets die **Vorfrage,** ob die erfolgsverursachende Handlung unter dem
Aspekt eines Tuns als Begehungsdelikt oder unter jenem des Unterlassens als
unechtes Unterlassungsdelikt einzuordnen und anzuklagen ist.

Beachte! Die Beantwortung dieser im Gesetz nicht ausdrücklich geregelten Frage ist 29.24
von **erheblicher praktischer Bedeutung.** Denn die rechtlichen Voraussetzungen der Bestrafung wegen der Herbeiführung eines Erfolgs durch Unterlassen sind zum Teil **andere** und
im Hinblick auf § 2 wesentlich **enger** als im Falle eines Tuns. Dies wirkt sich nicht nur in objektiver (= tatbestandseinschränkender), sondern vor allem auch in subjektiver Hinsicht

entscheidend **zu Gunsten des Angeklagten** aus, zB dadurch, dass sich vielfältige Möglichkeiten des Tatbild- bzw Gebotsirrtums eröffnen; vgl RN 31.24ff. Außerdem kann der Unterlassungstäter nach Maßgabe des § 34 Abs 1 Z 5 **milder bestraft** werden; näher zum Ganzen *Kienapfel* ÖJZ 1976 282.

2. Primat des Tuns

29.25 Dem Gesetz entspricht der **Grundsatz vom Vorrang des Tuns**. Dh bei mehrdeutigen Verhaltensweisen ist idR vom **Tun** auszugehen, weil die Herbeiführung des Erfolgs durch ein Tun **prinzipiell strafwürdiger** erscheint als im Falle eines Unterlassens (arg §§ 2, 34 Abs 1 Z 5); vgl *Kienapfel* ÖJZ 1976 284; inzwischen hM; vgl *Stricker* in *L/St* Vorbem § 1 RN 9; *Triffterer* AT 14/12; *Fabrizy* § 2 RN 15; *Hilf* WK² § 2 RN 24; stRspr; vgl SSt 2006/85; EvBl 1998/89; JBl 1989 457; ZVR 1986/143 m zust Anm *Kienapfel*. Die Anwendung dieses Grundsatzes setzt voraus, dass jemand durch ein bestimmtes Tun eine Gefahr herbeigeführt oder vergrößert hat und gleichzeitig seiner Verpflichtung nicht nachgekommen ist, eine Rechtsgutsbeeinträchtigung hintanzuhalten; vgl *Kert* JBl 2011 61.

ISd Vorrangs des Tuns hat der OGH im obigen Scheinwerfer- (ZVR 1967/201) und im Klosettmuschel-Fall (EvBl 1977/59) mit Recht fahrlässige Tötung durch ein **Tun** geprüft und aus der Unterlassungskomponente die Fahrlässigkeit abgeleitet. Zu solchen und vergleichbaren Fällen existierte schon zur Zeit des StG eine umfangreiche Judikatur, die auf die methodischen Prinzipien zwar mit keinem Wort einging, im Ergebnis aber meist zu sinnvollen Lösungen gelangte; vgl dazu *Kienapfel* StP II 85. Zum Primat des Tuns hat sich der OGH erstmals in ZVR 1986/143 m zust Anm *Kienapfel* (GrundsatzE) geäußert.

Die vor allem in der BRD vertretene **Gegenansicht** stellt bei mehrdeutigen Verhaltensweisen auf den **Schwerpunkt** des strafrechtlich relevanten Verhaltens ab = sog **Schwerpunkttheorie;** vgl *Wessels/Beulke/Satzger* AT RN 987 mwN; in der Sache auch OLG Wien ZVR 1996/41. In vielen Fällen ist das Ergebnis dasselbe. Gleichwohl ist diese Lehre aus grundsätzlichen Erwägungen abzulehnen, denn sie kommt über einen Appell an das Rechtsgefühl nicht hinaus und führt tendenziell zu einer **Ausdehnung der Unterlassungshaftung;** krit wie hier *Hilf* WK² § 2 RN 32.

3. Ausnahmen

29.26 Der Grundsatz vom Vorrang des Tuns gilt jedoch nicht ausnahmslos, sondern wird bei bestimmten Fallkonstellationen durchbrochen. Das aktive Tun gibt nur dann den Ausschlag für die strafrechtliche Beurteilung, wenn das Tun eine Gefahr herbeigeführt oder vergrößert, also den Erfolg (mit-)verursacht hat und den Unwert des Gesamtverhaltens vollständig ausschöpft; vgl OGH 14 Os 89/15t JBl 2017 739 m Anm *Tipold*. Präzise sollte man daher vom **Primat des strafbarkeitsausschöpfenden Tuns** sprechen; zust *Stricker* in *L/St* Vorbem § 1 RN 9; *Hilf* WK² § 2 RN 24; *Triffterer* AT 14/12; SSt 2006/85.

29.27 a) Auf den Unterlassungsaspekt ist zurückzugreifen, wenn der Täter wegen des **Tuns** nicht bestraft werden kann, weil er insoweit **nicht tatbestandsmäßig, rechtmäßig** oder jedenfalls **schuldlos** gehandelt hat. Es handelt insofern auch der durch Unterlassen, der aktiv etwas tut, aber nicht das Richtige tut; vgl SSt 2006/85.

Beispiel: Ein Patient wird mit Vorerkrankungen in das Krankenhaus eingeliefert, der Arzt A übernimmt die Behandlung und entscheidet sich für die falsche Vorgehensweise. Er übergibt den Dienst ohne detaillierte Besprechung dieses Patienten. Die Folge ist, dass das gesamte rechte Bein und der rechte Hoden amputiert werden müssen. Denkt

D. Fallprüfungsschema beim vorsätzlichen unechten Unterlassungsdelikt

man sich die falsche Behandlung und die mangelhafte Übergabe weg, verliert der Patient dennoch sein rechtes Bein und seinen rechten Hoden. Daher ist nicht die falsche Behandlung kausal für die Amputation, sondern das Unterlassen der richtigen Behandlung; vgl OGH 14 Os 89/15t JBl 2017 739 m Anm *Tipold*. Daher liegt auch eine Begehung durch Unterlassen vor, wenn der Arzt mangelhaft untersucht und den Patienten nach Hause schickt, obwohl eine Operation geboten gewesen wäre. Kausal für eine schwere Folge ist die Nichtvornahme der Operation.

F fährt einen Lkw, der Öl verliert, weil sich unterwegs die Ölablassschraube gelockert hat (= Tun). F bemerkt dies, als er zufällig anhält, und entfernt sich, ohne irgendwelche Warneinrichtungen anzubringen oder die Ölspur zu beseitigen (= Unterlassen). Ein Motorradfahrer stürzt tödlich; sog **Ölspur-Fall**. Bezüglich des Tuns (§ 80) entfällt schon die objektive Sorgfaltswidrigkeit; hinsichtlich des Unterlassens ist F gem §§ 2, 80 (uU iVm § 81 Abs 1) zu verurteilen; vgl ZVR 1968/106. Der Sache nach ist der OGH auch im Hüttenwirtin-Fall (JBl 1975 160 m zust Anm *Kienapfel* JBl 1975 502) und im Romilartabletten-Fall (ZVR 1977/46 m Anm *Liebscher*) in dieser Weise verfahren; weitere Beispiele bei *Kienapfel* ÖJZ 1976 285.

b) Manchmal ist der Erfolg nicht allein auf ein fahrlässiges Tun, sondern 29.28 zugleich auf ein daran **anschließendes vorsätzliches Unterlassen** desselben Täters zurückzuführen.

Beispiel: A stößt B **fahrlässig** ins Wasser und unterlässt dann **vorsätzlich** jede Rettungsmaßnahme. In solchen Fällen ist A sowohl wegen eines fahrlässigen Begehungsdelikts als auch wegen des vorsätzlichen unechten Unterlassungsdelikts zu bestrafen; vgl *J/W* AT 604; *Kienapfel* ÖJZ 1976 285; *Stricker* in *L/St* Vorbem § 1 RN 9. Der Tod darf bei der **Strafzumessung** jedoch nicht zweimal angelastet werden.

c) Bei Abbruch **eigener Rettungsbemühungen** ist nach dem **sozialen Sinn** 29.29 der Handlung idR allein Unterlassen anzunehmen.

Beispiele: Deshalb hat sich wegen Unterlassens nicht nur zu verantworten, wer die Herzdruckmassage zu früh abbricht, sondern auch der behandelnde Arzt, der die Herz-Lungen-Maschine vorzeitig abstellt; vgl *Wessels/Beulke/Satzger* AT RN 990; näher dazu *Hilf* WK² § 2 RN 33.

Aber: Anders ist nach hL zu entscheiden, wenn ein **Dritter** fremde Rettungshandlun- 29.30 gen vereitelt (= Tun). A will dem ertrinkenden B den Rettungsring zuwerfen. C hindert A mit Gewalt daran. B ertrinkt, was C vorausgesehen und gewollt hat. Bei solcher Sachlage hat sich C wegen **Tuns** zu verantworten ist gem § 75 als unmittelbarer Täter zu bestrafen; vgl *Wessels/Beulke/Satzger* AT RN 989; *Hilf* WK² § 2 RN 34; *Fuchs/Zerbes* AT I 37/17.

Zur Vertiefung: Zum Thema der mehrdeutigen und mehrphasigen Verhaltensweisen vgl *Hilf* WK² § 2 RN 22 ff; *Kienapfel* ÖJZ 1976 281.

4. Durchblick

Die idR strikte Beachtung des **Grundsatzes vom Primat des strafbarkeits-** 29.31 **ausschöpfenden Tuns** durch die Rspr des OGH hat entscheidend dazu beigetragen, dass der Einzugsbereich des unechten Unterlassungsdelikts im Vergleich zur deutschen Praxis wesentlich reduziert erscheint; vgl *Kienapfel* ÖJZ 1976 287; *Burgstaller* RIDP 1984 537; *Hilf* WK² § 2 RN 40.

D. Fallprüfungsschema beim vorsätzlichen unechten Unterlassungsdelikt

Dieses Fallprüfungsschema ist als **Anhang 5** abgedruckt. 29.32

30. Kapitel
Aufbau des unechten Unterlassungsdelikts

Inhaltsübersicht

	RN
A. Der Tatbestand des unechten Unterlassungsdelikts	30.1–30.16
1. Eintritt des Erfolgs	30.2
2. Nichtvornahme des gebotenen Tuns	30.3–30.6
3. Tatsächliche Handlungsmöglichkeit	30.7–30.9
4. Hypothetische Kausalität und objektive Zurechnung	30.10–30.13
a) Hypothetische Kausalität	30.10–30.11
b) Objektive Zurechnung	30.12–30.13
aa) Adäquanzzusammenhang	30.12a
bb) Risikozusammenhang	30.12b
cc) Rechtmäßiges Alternativverhalten	30.13
5. Garantenstellung	30.14–30.16
a) Definition	30.14–30.15
b) Beteiligung	30.16
B. Gleichwertigkeitskorrektiv	30.17–30.22
1. Gesetzliche Grundlagen	30.17
2. Einzelheiten	30.18–30.20
3. Kein Tatbestandsmerkmal	30.21–30.22

A. Der Tatbestand des unechten Unterlassungsdelikts

30.1 Der **Tatbestand** des unechten Unterlassungsdelikts wird mit Hilfe des § 2 aus dem Tatbestand des entsprechenden (vorsätzlichen oder fahrlässigen) Begehungsdelikts abgeleitet; vgl RN 29.18.

Der Tatbestand des unechten Unterlassungsdelikts setzt sich aus mehreren teils **geschriebenen,** teils **ungeschriebenen Tatbestandsmerkmalen** zusammen, die zweckmäßigerweise in der nachstehenden **Reihenfolge** zu prüfen sind.

1. Eintritt des Erfolgs

30.2 Beim **vollendeten** unechten Unterlassungsdelikt muss der **Erfolg,** zB der Tod bei § 75, der Freiheitsverlust bei § 99 Abs 1, tatsächlich eingetreten sein. Sonst kommt **Versuch** in Betracht.

Beispiel: Der Bademeister hat vorsätzlich nichts zur Rettung unternommen. Im letzten Moment wird der Ertrinkende jedoch von Dritten aus dem Wasser gezogen. In einem solchen Fall ist **versuchte Tötung** durch Unterlassen (§§ 2, 15, 75) zu prüfen. Dasselbe gilt, wenn die hypothetische Kausalität (RN 30.10f) nicht nachweisbar oder der eingetretene Erfolg nicht objektiv zurechenbar ist (RN 30.12ff). Das **Fallprüfungsschema** des **versuchten** unechten Unterlassungsdelikts ist durch **Kombination** der beiden Fallprüfungsschemata **Anhang 2** und **Anhang 5** zu bilden.

2. Nichtvornahme des gebotenen Tuns

30.3 Die **Tathandlung** eines unechten Unterlassungsdelikts besteht in der Nichtvornahme des gebotenen Tuns.

A. Der Tatbestand des unechten Unterlassungsdelikts

Geboten ist stets ein solches Tun, das darauf gerichtet ist, den tatbestandsmäßigen Erfolg möglichst rasch und sicher abzuwenden; vgl *Stricker* in *L/St* § 2 RN 10. Maßgebend ist die **Ex-ante-Sicht** eines **objektiven Beobachters** im Zeitpunkt der Vornahme des gebotenen Tuns; näher zum Ganzen *Hilf* WK² § 2 RN 43 ff.

a) Diese Beurteilung hat **strikt fallspezifisch** zu erfolgen. Dabei kommt es entscheidend auf die **konkreten Umstände** an, insb auf den Wissensstand, die Fähigkeiten und Möglichkeiten des Verpflichteten, die Art und Intensität der Gefahr, die räumliche Nähe zur Gefahrenstelle, das Vorhandensein der zur Rettung notwendigen Hilfsmittel sowie der zu ihrem Einsatz erforderlichen Erfahrungen und Kenntnisse etc; vgl 14 Os 73/90. **30.4**

Beispiele: Hat sich ein Kind mit **kochendem Wasser verbrüht,** hängt es von Art und Grad der Verletzung, Alter und Konstitution des Kindes sowie von Ort und Zeit des Unfalls ab, ob fließendes Kaltwasser und später Auftragen von Brandsalbe genügt, der Arzt geholt oder das Kind sofort in ein Krankenhaus gebracht werden muss; vgl *J/W* AT 615. Bei einem schweren **elektrischen Stromunfall** ist es geboten, den Stromkreis zu unterbrechen, lebensrettende Sofortmaßnahmen zu ergreifen (Mund-zu-Mund-Beatmung, Herzdruckmassage) und einen Arzt zu alarmieren.

b) Wie bei den echten Unterlassungsdelikten lässt schon die Vornahme einer Handlung mit **Erfolgsabwendungstendenz** den Tatbestand entfallen; vgl RN 29.4. **30.5**

Beachte! Es wird mithin nicht gefordert, dass es dem Verpflichteten gelingt, den Erfolg effektiv abzuwenden; Voraussetzung ist allerdings, dass er alles getan hat, was nach objektiver Sachlage zur best- und raschestmöglichen Erfolgsabwendung geboten war, zB rechtzeitiges Alarmieren von Rettung, Arzt oder Behörde; vgl LSK 2000/267 (zu § 286). Wer mit Erfolgsabwendungstendenz zu wenig oder das Falsche tut, haftet uU wegen fahrlässiger Tat; vgl *J/W* AT 616; *Burgstaller* WK² § 80 RN 100. **30.6**

3. Tatsächliche Handlungsmöglichkeit

Die erfolgsabwendende Handlung muss dem Täter **tatsächlich möglich** sein (RN 29.5). Diese (ungeschriebene) **Tatbestandseinschränkung** beruht auf dem allgemeinen Rechtsprinzip ultra posse nemo obligatur. **30.7**

An der tatsächlichen Handlungsmöglichkeit kann es fehlen, wenn der Betreffende blind oder sonst gebrechlich, verletzt oder zu weit entfernt ist, die zur Rettung notwendigen Hilfsmittel, Erfahrungen oder Kenntnisse nicht besitzt und auch keine hilfsfähigen Personen alarmieren kann; vgl *J/W* AT 616; *Stricker* in *L/St* § 2 RN 10a; SSt 2006/5; 14 Os 73/90. **30.8**

Beachte! Die tatsächliche Handlungsmöglichkeit darf weder mit dem **strafrechtlichen Handlungsbegriff** noch mit der **Zumutbarkeit** verwechselt werden. **30.9**

Beispiel: Bringt der Vater es nicht über das Herz, sein sich verängstigt an ihn klammerndes einjähriges Kind aus dem zweiten Stock eines brennenden Hauses in die Arme eines fangbereiten Retters zu werfen, ist das weder ein Problem des Handlungsbegriffs noch der tatsächlichen Handlungsmöglichkeit, sondern eine Frage der Zumutbarkeit und damit der **Schuld;** vgl *StudB BT I* § 80 RN 139 mwN.

4. Hypothetische Kausalität und objektive Zurechnung

30.10 Nach hM gilt die **Äquivalenztheorie** auch für die unechten Unterlassungsdelikte, allerdings mit bedeutsamen Modifikationen:

a) **Hypothetische Kausalität.** Die Kausalität des Unterlassens für den eingetretenen Erfolg muss durch **Hinzudenken** des gebotenen Tuns ermittelt werden = sog **hypothetische Kausalität** oder **Quasikausalität**. Maßstab dafür ist die **an Sicherheit grenzende Wahrscheinlichkeit;** näher dazu vgl *Kienapfel* StP II 90; inzwischen hM; vgl *Hilf* WK² § 2 RN 57 mwN.

30.11 Ein Unterlassen ist kausal für einen Erfolg, wenn das **gebotene Tun nicht hinzugedacht** werden kann, **ohne dass der Erfolg in seiner konkreten Gestalt mit an Sicherheit grenzender Wahrscheinlichkeit entfiele;** hM; vgl *J/W* AT 619; *Burgstaller* Fahrlässigkeitsdelikt 86; *Stricker* in *L/St* Vorbem § 1 RN 23; *Nowakowski* WK¹ Vorbem § 2 RN 28; OGH 14 Os 89/15 t JBl 2017 739 m Anm *Tipold;* JBl 1996 191 m zust Anm *Burgstaller;* SSt 55/46; OLG Wien ZVR 1992/29; vgl *Rebisant* Kontroversen RN 148. Die Anforderungen an den Gewissheitsgrad dürfen allerdings nicht überspannt werden. An den Haaren herbeigezogene Eventualitäten bleiben außer Betracht; vgl *Kienapfel* RZ 1978 5. Eine allenfalls verbleibende tatsächliche Ungewissheit darf nicht zu Lasten des Täters gehen. Insoweit gilt der Grundsatz in dubio pro reo, was bei vorsätzlicher Unterlassung zur Bestrafung wegen Versuchs führen kann (RN 30.2).

30.12 b) **Objektive Zurechnung.** Auch bei den unechten Unterlassungsdelikten ist strikt zwischen der **Kausalitäts-** und der **Haftungsfrage** zu unterscheiden. Die Grundsätze der **objektiven Zurechnung** finden daher bei den (vorsätzlichen und fahrlässigen) unechten Unterlassungsdelikten sinngemäß Anwendung (RN 28.15), wobei noch vieles strittig und die wissenschaftliche Diskussion nicht abgeschlossen ist; vgl *Wessels/Beulke/Satzger* AT RN 999 ff; näher zum Ganzen *Hilf* WK² § 2 RN 61 ff.

Beachte! In der Lehre wird erwogen, das Erfordernis der **hypothetischen Kausalität** preiszugeben und durch ein normatives Kriterium zu **ersetzen.** Es komme darauf an, ob durch die Nichtvornahme der gebotenen Handlung die **Erfolgsabwendungschancen verringert** worden sind; vgl *Rudolphi* SK Vor § 13 RN 16; *Fuchs/Zerbes* AT I 37/32 ff; *Lambauer* RZ 1997 85. Dieser Ansatz ist abzulehnen. Zum einen bewirkt er eine erhebliche **Strafbarkeitsausweitung** (insb bei fahrlässiger Tat), zum anderen vermengt er Kausalität mit objektiver Zurechnung und funktioniert die unechten Unterlassungsdelikte de facto, dh der Art und Richtung nach in **Gefährdungsdelikte** um; instruktiv *Burgstaller* JBl 1996 193 (Anm); wie hier *Hilf* WK² § 2 RN 58. An der bewährten Kausalitätsformel ist auch deshalb festzuhalten, weil sie in der Regel trennscharfe und nachvollziehbare Ergebnisse liefert.

30.12 a aa) **Adäquanzzusammenhang.** Daran fehlt es ungeachtet der Bejahung der hypothetischen Kausalität, wenn der Erfolg auf **gänzlich atypische Weise** eintritt.

Beispielsvariante 1: Trotz gefährlicher Eisglätte bleibt der streupflichtige H untätig, wobei ihm bewusst ist, dass ein Fußgänger zu Schaden kommen könnte. F bricht sich den Oberschenkel und findet den Tod, als nach der Operation eine (extrem seltene) Gasbrandinfektion eintritt. H ist gem §§ 2, 88 Abs 1 iVm Abs 4 Satz 1 zwar die **Körperverletzung** des F, **nicht** aber dessen **Tod** objektiv zuzurechnen (RN 26.30).

A. Der Tatbestand des unechten Unterlassungsdelikts

bb) **Risikozusammenhang.** In der Judikatur findet sich bisher kaum An- **30.12b**
schauungsmaterial.

Beispielvariante 2: Stirbt F auf dem Operationstisch, weil dem Anästhesisten ein grober Fehler unterläuft, ist dem Erstverursacher H zumindest nach Ansicht eines Teiles des Schrifttums **dieser** Tod mangels Risikozusammenhangs nicht objektiv zuzurechnen; vgl RN 28.12.

cc) **Rechtmäßiges Alternativverhalten.** Während man lange davon aus- **30.13**
gegangen war, dass diese Frage bei den unechten Unterlassungsdelikten in der (ohnehin strengen) Kausalitätsprüfung (RN 30.10f) aufgeht (vgl SSt 55/46; *L/St*² § 80 RN 29), nimmt in der Lehre die Tendenz zu, beide Aspekte begrifflich zu trennen. Bei Zugrundelegung der (entsprechend adaptierten) Risikoerhöhungstheorie (RN 28.17) kommt es darauf an, ob die Vornahme der gebotenen Handlung die **Chancen zur Erhaltung des bedrohten Rechtsguts zweifelsfrei erhöht hätte;** vgl *Hilf* WK² § 2 RN 65; ähnlich *Wessels/Beulke/Satzger* AT RN 1002.

Beispiel: Vom Feuer eingeschlossen gibt es nur noch einen Weg für A, seinen 89-jährigen Vater (V) zu retten, indem er ihn aus gut 10 m Höhe in die Arme eines Retters fallen lässt. Wegen des bei dieser Fallkonstellation **hohen Todesrisikos** kann sich A nicht dazu durchringen. V erstickt alsbald im Rauch, A wird gerettet. ISd obigen Ausführungen ist A der Tod des V **nicht objektiv zuzurechnen.**

5. Garantenstellung

a) **Definition.** Unmittelbarer Täter eines unechten Unterlassungsdelikts **30.14**
kann **nicht jedermann,** sondern nur eine Person sein, die aufgrund ihrer qualifizierten Pflichtenstellung **Garant** für die Abwendung des Erfolgs ist. Das StGB verwendet den Begriff Garant zwar nicht ausdrücklich, umschreibt aber das damit Gemeinte in § 2 der Sache nach. **Garant iSd § 2 ist, wer rechtlich dafür einzustehen hat, dass der Erfolg nicht eintritt.**

Beispiele: Eine solche besondere Pflichtenstellung trifft zB Eltern gegenüber ihren Kindern, Kinder gegenüber ihren Eltern, Ehegatten zueinander, den behandelnden Arzt oder Krankenpfleger gegenüber Patienten oder auch Personen, die durch ihr Vorverhalten eine Gefahrenquelle eröffnen; vgl zu den Garantenstellungen im Detail RN 31.4ff.

Mit dieser normativen Formulierung wird aber nur der allgemeine Rahmen abge- **30.15**
steckt. Denn auf die entscheidende Frage nach den **Kriterien** einer solchen **Garantenstellung** bleibt das StGB die Antwort schuldig (RN 29.16). Nach wie vor obliegt es Rspr und Lehre, eine **sachgerechte Systematik und geeignete Kriterien** für derartige Garantenstellungen zu entwickeln; dazu näher Kap 31.

b) **Beteiligung.** Unechte Unterlassungsdelikte können in jeder Form des **30.16**
§ 12 begangen werden. Voraussetzung dafür ist, dass den Täter in eigener Person eine Garantenpflicht trifft (zum Unterschied von den Sonderdelikten nach § 14; vgl RN 37.31; zum Problem auch *Hilf* WK² § 2 RN 14 u 164 mwN).

Beispiel: Eine Mutter M, die nicht gegen den sexuellen Missbrauch ihrer kleinen Tochter durch ihren Lebensgefährten einschreitet, begeht als Beitragstäterin durch ihr Unterlassen selbst das Verbrechen nach § 206 oder § 207; so mit Recht EvBl 2005/90; 14 Os 11/97: Sie verhindert unter Vernachlässigung ihrer im Gesetz statuierten Erfolgsabwendungspflicht (Beistandspflicht nach § 137 Abs 1 ABGB) den an ihrer unmündigen Tochter begangenen sexuellen Missbrauch trotz bestehender Möglichkeit nicht. Die ebenfalls passiv bleibende Freundin der M, die selbst keine Garantenpflicht trifft, beteiligt sich hingegen nicht an §§ 206, 207, sondern kann nur wegen § 286 zur Verantwortung gezogen werden.

B. Gleichwertigkeitskorrektiv

30.17 1. **Gesetzliche Grundlagen.** Auch ein **Garant** kann gem § 2 nur dann wegen Unterlassens bestraft werden, wenn „die Unterlassung der Erfolgsabwendung einer Verwirklichung des gesetzlichen Tatbildes durch ein Tun gleichzuhalten ist" = **Gleichwertigkeitskorrektiv = Gleichstellungsklausel.**

30.18 2. **Einzelheiten.** Rechtsnatur, Bedeutung und Reichweite dieser wahrhaft sibyllinischen Formel sind bis heute umstritten; näher zum Ganzen vgl *Hilf* WK² § 2 RN 127 ff und *Steininger* SbgK § 2 RN 117 ff jeweils mwN.

30.19 a) Die Rspr und ein Teil der Lehre leiten aus § 2 die Befugnis zu einer abschließenden **Gesamtbewertung** aller objektiven und subjektiven Umstände des Falles ab; vgl EvBl 2004/104: Es kommt darauf an, ob „bei wertender Betrachtung das Unterlassen der Strafwürdigkeit des leichtesten Falles einer Tatförderung durch positives Tun gleichzuhalten ist"; vgl weiters EvBl 2000/101; SSt 54/42; JBl 1972 276; SSt 41/38; *Bertel* JBl 1970 350 356; *Nowakowski* WK¹ § 2 RN 13 f: „Sicherheitsventil". Eine solche Gesamtbewertung läuft auf eine Art Gefühlsjustiz hinaus und gefährdet die Rechtssicherheit; abl daher *J/W* AT 629; *Platzgummer* JBl 1971 237; *Kienapfel* ÖJZ 1976 198. Ganz anders *Moos* WK² § 75 RN 21: Kriterium objektiver Handlungszurechnung.

Beachte! In der älteren Judikatur fand das Gleichwertigkeitskorrektiv iS einer solchen Gesamtbewertung insb beim Amtsmissbrauch (§ 302) Anwendung; vgl EvBl 2000/101; JBl 1994 487; NRsp 1992/267; EvBl 1991/72; EvBl 1990/107; EvBl 1975/9. Nach neuerer E ist das Gleichwertigkeitskorrektiv jedoch keine Voraussetzung für eine Strafbarkeit nach § 302, weil der Missbrauch der Amtsgewalt kein Erfolgsdelikt ist und daher § 2 keine Anwendung darauf findet; vgl EvBl 2015/71; 17 Os 23/15 h; vgl RN 29.19.

30.20 b) Die überwiegende Lehre interpretiert das Gleichwertigkeitskorrektiv sehr restriktiv und schließt die **reinen Erfolgsdelikte**, die ausschließlich auf die Herbeiführung eines bestimmten Erfolges abstellen (zB §§ 75, 83, 99, 125, 169), von einer Gleichwertigkeitsprüfung **generell** aus. Der Gleichstellungsklausel wird überhaupt nur für solche Delikte Bedeutung beigemessen, die eine **besondere Handlungsmodalität** voraussetzen, wie zB § 144 („mit Gewalt oder durch gefährliche Drohung"), § 146 („durch Täuschung über Tatsachen") = sog **verhaltensgebundene Erfolgsdelikte;** vgl *J/W* AT 629; *Fuchs/Zerbes* AT I 37/66; *Stricker* in *L/St* § 2 RN 33 f mwN. Insoweit erfüllt § 2 die Funktion einer **expliziten Interpretationsanweisung,** die Gleichwertigkeitskriterien für die jeweiligen Delikte genauer zu erarbeiten; vgl *Kienapfel* ÖJZ 1976 199; *Nowakowski* WK¹ § 2 RN 16.

30.21 3. **Kein Tatbestandsmerkmal.** Keine der beiden dargestellten Ansichten betrachtet das Gleichwertigkeitskorrektiv als selbstständig zu prüfendes Tatbestandsmerkmal.

30.22 **Beachte!** Bei den fahrlässigen **reinen Verursachungsdelikten** wie etwa §§ 80, 88 Abs 1 u § 170 entfällt überhaupt jede Gleichwertigkeitsprüfung; vgl relativierend *Burgstaller* WK² § 80 RN 14; aM EvBl 1979/92. Zur Gleichwertigkeit des **Beitrags** (§ 12 3. Fall) vgl EvBl 2004/104.

Zur Vertiefung: Zur hypothetischen Kausalität vgl *J/W* AT 617. Zum Gleichwertigkeitskorrektiv vgl *Stricker* in *L/St* § 2 RN 31 ff; *Hilf* WK² § 2 RN 127 ff.

A. Garantenstellung

31. Kapitel
Zentrale Probleme beim unechten Unterlassungsdelikt

Inhaltsübersicht

	RN
A. Garantenstellung	31.1–31.5
1. Dogmatische Zuordnung	31.1–31.2
2. Auslegungsrichtlinien	31.3–31.5
a) Verpflichtung durch die Rechtsordnung	31.4
b) Besondere Verpflichtung	31.5
B. Einzelne Garantenstellungen	31.6–31.23
1. Rechtsvorschrift	31.9–31.11
a) Ausgangsposition	31.9–31.10
b) Restriktive Auslegung	31.11
2. Enge natürliche Verbundenheit	31.12–31.13
3. Freiwillige Pflichtenübernahme	31.14–31.15
4. Gefahrengemeinschaft	31.16–31.17
5. Gefahrbegründendes Vorverhalten	31.18–31.22
a) Adäquates Vorverhalten	31.20
b) Pflichtgemäßes Vorverhalten	31.21
c) Weitere Grenzen des Ingerenzprinzips	31.22
6. Eröffnung bzw Überwachung von Gefahrenquellen	31.22a
7. Ergänzende Hinweise	31.23
C. Unterlassungsvorsatz	31.24–31.27
1. Tatbildvorsatz	31.24–31.26
a) Grundsatz	31.24–31.25
b) Spezielle Probleme	31.26
2. Tatbildirrtum	31.27
D. Rechtswidrigkeitsprobleme	31.28
E. Schuldprobleme	31.29–31.30
F. Zum Verhältnis von echten und unechten Unterlassungsdelikten	31.31–31.34
1. Ausgangsposition	31.31–31.32
2. Einzelfragen	31.33–31.34
G. Fallprüfungsschema beim vorsätzlichen unechten Unterlassungsdelikt	31.35

A. Garantenstellung

1. Dogmatische Zuordnung. Der Tatbestand des unechten Unterlassungs- **31.1** delikts setzt sich aus den in Kap 30 dargestellten Tatbestandsmerkmalen zusammen. Von diesen ist die in § 2 nur sehr allgemein formulierte **Garantenstellung** nicht nur das komplexeste, sondern auch das bei weitem **wichtigste Erfordernis**.

Die früher vertretene Auffassung, dass die Garantenstellung ausschließlich Pro- **31.2** bleme der Rechtswidrigkeit oder gar der Schuld betrifft, ist inzwischen aufgegeben; vgl *Kienapfel* JBl 1975 14. Nach hM ist die Garantenstellung ein **objektives Tatbestandsmerkmal**; vgl *Stricker* in *L/St* § 2 RN 15 f; *Triffterer* AT 14/27; EvBl 2004/104; SSt 61/3; SSt 54/42.

2. Auslegungsrichtlinien. Das StGB bezeichnet die einzelnen Garanten- **31.3** stellungen nicht näher, sondern überlässt deren Systematisierung, Ausdeutung und Begrenzung Wissenschaft und Praxis; vgl EB 60. Dabei sind die beiden folgenden durch § 2 explizit vorgegebenen **restriktiven** Richtlinien zu beachten, die eine starke **Differenzierung** der Betrachtungsweise bedingen; vgl RN 31.4 f, 31.11 u 31.23 sowie RN 30.4.

a) **Verpflichtung durch die Rechtsordnung.** Eine Garantenstellung kann **31.4** nur durch **Rechts**pflichten begründet werden. Diese ergeben sich häufig unmittelbar aus dem **Gesetz,** können aber auch aus der **Rechtsordnung** als solcher (zB mittels Rechts- oder Gesetzesanalogie) abgeleitet werden; hM; vgl *Stricker* in *L/St* § 2 RN 14; *Nowakowski* WK[1] § 2 RN 6; *Hilf* WK[2] § 2 RN 71 f. Dagegen lassen sich den Regeln der Moral, des Anstands oder der gesellschaftlichen Konvention keine derartigen Rechtspflichten entnehmen; ebenso wenig aus Treu und Glauben; vgl *Kienapfel* JBl 1975 15; *Stricker* in *L/St* § 2 RN 12; SSt 2006/85.

B e i s p i e l e: Daher ergibt sich aus bloßer Freundschaft, Kameradschaft (ZVR 1967/82), Nachbarschaft, Hausgemeinschaft (SSt 30/130), Zechgenossenschaft, Teilnahme an einer Drogen-Party (ZVR 1977/46 m Anm *Liebscher*), der Stellung als Hüttenwirt (JBl 1975 160 m Anm *Kienapfel* JBl 1975 502) oder Gastwirt, aus Partei-, Vereins-, Standes-, Religionszugehörigkeit uä noch keine Garantenstellung iSd § 2.

31.5 b) **Besondere Verpflichtung.** Von einer Garantenstellung spricht man außerdem nur dann, wenn die eben beschriebene Rechtspflicht den Täter „**im besonderen**", dh **persönlich** trifft. Dies muss unter Berücksichtigung aller maßgeblichen Umstände des Einzelfalls ermittelt werden.

Es genügen mithin weder **jedermann** obliegende Rechtspflichten (zB § 95) noch solche Rechtspflichten, welche „die" Ärzte, „die" Architekten, „die" Beamten etc **im Allgemeinen** treffen. Es ist vielmehr nach den Rechtspflichten eines bestimmten Arztes, eines bestimmten Beamten etc in einer bestimmten Situation zu differenzieren; vgl *Kienapfel* JBl 1975 16; *Hilf* WK[2] § 2 RN 70.

B e i s p i e l: Nicht jeder Arzt ist Garant für Leben und Gesundheit eines Kranken, sondern etwa nur der **Dienst tuende Bereitschaftsarzt** oder der Arzt, der die Behandlung **dieses Patienten übernommen** hat.

Beachte! Bei einer juristischen Person trifft die Garantenstellung nicht die AG, GmbH, den Verein etc, sondern die einzelnen Mitglieder des Vorstands oder Aufsichtsrats, den Geschäftsführer, den Vereinsvorstand etc **ad personam;** vgl SSt 54/42 (1. AKH-Urteil); BGH MDR 1990 1025. Die verbandsbezogene Garantenpflicht des § 3 Abs 2 iVm Abs 1 2. Fall VbVG tritt neben die Verantwortlichkeit unternehmensangehöriger Personen; vgl *Hilf* WK[2] § 2 RN 89, 123 u 126. Zur Verbandsverantwortlichkeit vgl näher Kap 41.

B. Einzelne Garantenstellungen

31.6 Entstehungsgründe sind **Rechtsvorschrift, enge natürliche Verbundenheit, freiwillige Pflichtenübernahme, Gefahrengemeinschaft, gefahrbegründendes Vorverhalten (= Ingerenz)** sowie die **Überwachung von Gefahrenquellen.** Zwischen den einzelnen Garantenstellungen gibt es Übergänge und Überschneidungen; vgl etwa RN 31.10, 31.16 u 31.18 f; zur Garantenstellung von Organmitgliedern *Kert/Komenda* in Handbuch Aufsichtsrat RN 46/32.

31.7 Beachte! Die damit zugrunde gelegte Systematik versucht, materielle mit formalen Aspekten zu verknüpfen; vgl näher *Kienapfel* JBl 1975 16; ähnlich *Fabrizy* § 2 RN 3 ff; *Mayerhofer* § 2 Anm 5; *Foregger* ZNStR I 21. Enger die überkommene, im Ansatz schon auf *Feuerbach* zurückgehende **formale Rechtspflichtenlehre.** Sie hält an der „klassischen Trias" **Gesetz, Vertrag** und **gefahrbegründendem Vorverhalten (Ingerenz)** fest und lehnt eine Typenvermehrung der Garantenstellungen tendenziell ab; vgl *Nowakowski* WK[1] § 2 RN 7 f u 17 ff; *Triffterer* AT 14/30 ff; *Stricker* in *L/St* § 2 RN 17 ff u 29; *H. Steininger* ÖJZ 1981 371.

31.8 Die **Rechtspraxis** ist erfreulicherweise wesentlich flexibler. Hatte der **OGH** bereits in ZVR 1977/46 m Anm *Liebscher* der Sache nach die Garantenstellung aus **Gefahrengemeinschaft** anerkannt, so ist durch EvBl 1998/89 die **Eröffnung** und **Überwachung von**

B. Einzelne Garantenstellungen

Gefahrenquellen als weiterer Entstehungsgrund hinzugekommen (RN 31.22 a). Skepsis und Zurückhaltung bestehen in der Rspr dagegen nach wie vor hinsichtlich einer Garantenstellung aus **enger natürlicher Verbundenheit** (RN 31.12 f).

1. Rechtsvorschrift

a) **Ausgangsposition.** Eine Garantenstellung iSd § 2 kann sich **durch oder aufgrund von Rechtsvorschriften** ergeben. **31.9**

Besonders markante garantenbegründende Rechtsvorschriften finden sich im **Familienrecht.** Sie betreffen Ehegatten (§§ 44, 90 Abs 1 ABGB) sowie das Verhältnis Eltern/Kinder (§ 137 Abs 1, § 160 ABGB) und umfassen den gegenseitigen lebenslangen Schutz von Leib, Leben und Freiheit; vgl EvBl 2005/90; 14 Os 11/97; EvBl 1995/185; vgl aber RN 31.23. Dasselbe gilt in Bezug auf Adoptiv- (§ 197 Abs 1 ABGB) und uneheliche Kinder unter den Voraussetzungen des § 137 Abs 1 iVm § 144 Abs 1 ABGB; vgl dazu SSt 2006/85. Die Aufsichtspflicht gegenüber minderjährigen Kindern (§ 160 ABGB) impliziert einerseits die Pflicht, strafbaren Handlungen derselben entgegenzutreten; anders bei Ehegatten (RN 31.23). Andererseits ist es auch Pflicht der Eltern (§ 137 Abs 1 ABGB), gegen sexuelle Übergriffe auf ihre unmündigen Kinder (zB gem §§ 206, 207) einzuschreiten; das gilt selbst bei Entzug oder Einschränkung der Elternrechte (§ 181 ABGB); vgl 14 Os 11/97. **31.10**

Die **Judikatur** hat Garantenstellungen weiterhin vor allem aus den Vorschriften des ABGB (EvBl 1998/160), des Straßenverkehrsrechts (zB §§ 92, 93 StVO, § 102 KFG), des Eisenbahnrechts, des Arbeitnehmerschutzes (SSt 2004/1), des Baurechts, des Gewerberechts, aus Bergführerordnungen (ZVR 1967/82; JBl 1962 46) sowie aus behördlichen Anordnungen (zB Auflagen); auch bei der Tierhalterhaftung (§ 1320 ABGB) sowie sonstige gesetzlich auferlegte Verantwortlichkeiten für bestimmte **Gefahrenquellen** gehören in diesen Zusammenhang; speziell zur Verkehrssicherungspflicht vgl RN 31.22 a. Ebenso bestimmte Amts- und Dienstpflichten bei **Beamten;** vgl JBl 1994 487 (Gewerbereferent); NRsp 1992/267 (Bürgermeister); EvBl 1991/72 (Justizwachebeamter); EvBl 1990/107 (Polizeibeamter); vgl näher zum Ganzen *Hilf* WK² § 2 RN 84; *Bertel* WK² § 302 RN 37 ff; *Hinterhofer* immolex 2010 109.

Beispiel: Ein 6-jähriges Kind wird von einem „spritzigen" Pferd getreten, das der Reiter (R) ohne ausreichende Aufsicht in unmittelbarer Nähe von spielenden Kindern grasen lässt. Die Garantenstellung des R ergibt sich unmittelbar aus § 1320 ABGB; vgl ZVR 1986/143 m Anm *Kienapfel.*

b) **Restriktive Auslegung.** Nicht jede Rechtsvorschrift begründet eo ipso eine Garantenstellung iSd § 2. Es kommt entscheidend auf **Schutzzweck und Inhalt** der jeweiligen Norm an; vgl RN 31.23; *Kienapfel* JBl 1975 18; *Hilf* WK² § 2 RN 75 ff mN. **31.11**

Maßgebend ist der **konkrete Schutzzweck** der pflichtenbegründenden Norm. Nur solche Rechtsvorschriften kommen in Betracht, die **Obhutspflichten** für bestimmte Rechtsgüter (zB §§ 44, 90 Abs 1, § 137 Abs 1 ABGB) oder **Kontrollpflichten** zur Überwachung bestimmter Gefahrenquellen begründen (zB § 1320 ABGB). **Dagegen** scheiden solche Gebotsnormen aus, die in erster Linie den Informationsbedürfnissen von Behörden und Ämtern uä (zB Meldepflicht bei bestimmten Krankheiten; bei Verdacht auf Kindesmissbrauch) oder der allgemeinen Gefahrenabwehr dienen (zB § 21 SPG) oder sonst das Funktionieren der Verwaltung gewährleisten sollen, mögen sie dadurch auch **mittelbar** zum Schutz des Einzelnen beitragen.

Beispiele: Gem **§ 48 ÄrzteG** darf der Arzt „die erste Hilfe im Falle drohender Lebensgefahr nicht verweigern". Ein Arzt, der etwa bei einem Verkehrsunfall keine Erste Hilfe leistet, hat sich gleichwohl nicht gem §§ 2, 75 bzw §§ 2, 80, sondern nur gem § 95 zu verantworten; vgl *Kienapfel* JBl 1975 18; *Fuchs/Zerbes* AT I 37/54. Auch die durch **§ 4 Abs 3**

31. Kapitel: Zentrale Probleme beim unechten Unterlassungsdelikt

StVO statuierte Hilfeleistungspflicht macht Zeugen eines Verkehrsunfalls nicht zu Garanten iSd §§ 2, 75, 80, 83 ff, 88. Es bleibt bei § 95; vgl *E. Steininger* SbgK § 2 RN 36. In Bezug auf **§ 78 Abs 1 StPO** ist ebenfalls zu differenzieren; vgl näher *StudB BT III* § 302 RN 42.

Beachte! Polizeibeamte sind im Rahmen ihrer jeweiligen Dienstpflichten und in den Grenzen ihres örtlichen und sachlichen Verantwortungsbereichs zwar zur **Verhinderung** bevorstehender und zur **Aufklärung** begangener Straftaten verpflichtet und insoweit Garanten iSd § 2; vgl EvBl 1990/107.

Aber: Die gebotene **differenzierende Betrachtung** (RN 31.3) engt die **Bestrafung von Polizeibeamten** unter dem Aspekt des § 2 ganz erheblich ein. Denn Art und Zeitpunkt des dienstlichen Einschreitens sind idR von den besonderen Umständen des Falles abhängig und unterliegen zudem meist dem pflichtgemäßen Ermessen. Dieser **Ermessensspielraum** kann einerseits bereits das Erfordernis der Nichtvornahme der gebotenen Handlung (RN 30.3 f) relativieren, andererseits die Rechtspflichten in concreto modifizieren und zB die **sofortige** Festnahme eines Straftäters inopportun erscheinen lassen oder die Vornahme einer bestimmten (scheinbar gebotenen bzw vom Betroffenen erwarteten) Amtshandlung ausschließen oder aufschieben.

Ausschließlich privat erworbenes Wissen verpflichtet unter dem Aspekt der §§ 2, 299 bzw 302 idR weder Staatsanwälte noch Polizeibeamte zum dienstlichen Einschreiten; vgl EvBl 1990/107; *Bertel* WK[2] § 302 RN 41 f; differenzierend ÖstZB 2001/233. Ob dies allerdings auch für **Mord** und andere das öffentliche Verfolgungsinteresse massiv berührende **schwere Straftaten** gilt (zB §§ 142 f, 278a, 278b, 278d), erscheint zweifelhaft.

2. Enge natürliche Verbundenheit

31.12 Eine **natürliche Verbundenheit** begründet nur dann eine Garantenstellung iSd § 2, wenn sie **eng** ist und eine **rechtliche** (insb durch zumindest faktische Übernahme einer Beschützerfunktion konkretisierte) und nicht bloß eine sittlich-moralische **Grundlage** besitzt; vgl *Foregger* ZNStR I 21; näher zum Ganzen *Kienapfel* JBl 1975 84; sehr str.

31.13 Die enge natürliche Verbundenheit wird teilweise mit Recht als „der stärkste und einleuchtendste Rechtsgrund" bezeichnet, aus dem sich eine Garantenstellung ergeben kann; vgl *J/W* AT 622, der allerdings zusätzlich ein „rechtliches Band" voraussetzt. Der Praxis fällt es schwer, sich in diesem Punkt von der überkommenen formalen Rechtspflichtenlehre (RN 31.7) zu lösen. Entgegen SSt 14/20 **kann** der **Verlobte**, entgegen SSt 40/19 die ältere **Schwester**, entgegen SSt 31/1 die **Lebensgefährtin** aufgrund enger natürlicher Verbundenheit zur Abwendung von erheblichen Gefahren für Leib und Leben verpflichtet sein; generell abl *Stricker* in *L/St* § 2 RN 19; *Nowakowski* WK[1] § 2 RN 18; *Triffterer* AT 14/55 f; *Fuchs/Zerbes* AT I 37/48. Für die Einbeziehung **eheähnlicher Lebensgemeinschaften** *Hilf* WK[2] § 2 RN 73.

Beispiel: Die 18-jährige T bleibt untätig, als ihre 3-jährige Schwester im Swimmingpool ertrinkt. T hat sich bei Vorsatz gem §§ 2, 75 zu verantworten; nach der Gegenansicht haftet sie in Ermangelung einer speziellen gesetzlichen Verpflichtung nur gem § 95. Letzteres wird der Rechtsbindung der T nicht gerecht und erscheint – etwa in Relation zur rigorosen Haftung eines Kindermädchens (RN 31.14) – disproportional.

3. Freiwillige Pflichtenübernahme

31.14 Durch **Pflichtenübernahme** wird nur Garant iSd § 2, wer eine solche Pflicht **freiwillig übernommen** und **tatsächlich angetreten** hat; vgl *Kienapfel* JBl 1975 20; *Stricker* in *L/St* § 2 RN 21 ff; EvBl 1998/89; SSt 57/66. In den meisten Fällen wird dieser Pflichtenübernahme ein **rechtsgültiger Vertrag** zugrunde liegen; vgl etwa

B. Einzelne Garantenstellungen

SSt 57/66; SSt 54/42. Entscheidend ist dieser formale Aspekt aber nicht; vgl *Hilf* WK² § 2 RN 93 mN.

Beispiele: Bademeister, Bergführer, Sporttrainer, Schi- und Schwimmlehrer, Kindermädchen, Ärzte, Krankenschwestern, Vermögensverwalter, Nachtwächter etc werden zu Garanten, sobald sie ihren Dienst **tatsächlich angetreten** haben (und nicht schon mit dem bloßen Abschluss des Vertrages). Freiwillige Pflichtenübernahme kommt auch in Betracht, wenn man einen Blinden über die Straße führt oder einen Betrunkenen am Pannenstreifen der Autobahn aussteigen und dann dort stehen lässt (OLG Wien ZVR 1992/29; krit *Maleczky* JAP 1992/93 235). Die Gerichte erkennen diese Garantenstellung seit langem an. Der OGH hat sich bereits unter der Herrschaft des StG in zwei bekannten Entscheidungen, dem Furt-Fall (SSt 31/1) und dem Linzer Notzuchts-Fall (SSt 40/19), auf diesen Aspekt gestützt. Auch die **Fürsorgepflicht** der **Pflegeeltern** (SSt 57/66), des **Arbeitgebers** (SSt 2004/1; SSt 47/77), der Löscheinsatz von **Feuerwehrleuten** (*StudB BT III* §§ 169f RN 18), die vertraglich übernommene **Streupflicht** uä sind Unterfälle der freiwilligen Pflichtenübernahme. Ebenso eine (zB nebenvertragliche) **Vermögensfürsorgepflicht** des Vertragspartners; vgl SSt 54/42 (1. AKH-Urteil).

Beachte! Es macht keinen Unterschied, ob eine solche Pflicht ausdrücklich oder konkludent, entgeltlich oder unentgeltlich, vorübergehend oder auf Dauer übernommen worden ist. Zum Ganzen vgl *J/W* AT 623; *Stricker* in *L/St* § 2 RN 21 ff. **31.15**

Aber: Die Nichterfüllung von bloßen **Bagatellpflichten** (zB Blumengießen während des Urlaubs) macht den Übernehmer uU zivilrechtlich haftbar, aber nicht zum Garanten iSd § 2. Zurückhaltung ist auch gegenüber einer **sittenwidrigen** Pflichtenübernahme geboten.

4. Gefahrengemeinschaft

Von einer Garantenstellung aus **Gefahrengemeinschaft** spricht man, wenn sich **mehrere Personen zu dem Zweck verbunden haben, durch ihren Zusammenschluss die Chancen zur Bewältigung eines gefährlichen Unternehmens zu erhöhen;** vgl *Kienapfel* JBl 1975 85; *Fuchs/Zerbes* AT I 37/56; abl *Triffterer* AT 14/56; *Stricker* in *L/St* § 2 RN 29. Der Sache nach handelt es sich um einen besonders gearteten Sonderfall der freiwilligen Pflichtenübernahme. Ein „Rückzug" auf § 95 kommt insoweit nicht in Betracht. **31.16**

Beispiele: Bergsteigerseilschaften, Expeditionen zur Erforschung von Höhlen, Tiefseetauchunternehmungen.

Aber: Dass sich mehrere Personen zufällig, zB beim gemeinsamen Wandern oder anlässlich einer gemeinschaftlichen Schiffsreise, beim Paarlaufen auf brüchigem Eis derselben Gefahr ausgesetzt sehen (= sog **Zufallsgemeinschaft**), reicht nicht; idS ZVR 1977/46 m Anm *Liebscher* in Bezug auf eine Drogen-Party. **31.17**

5. Gefahrbegründendes Vorverhalten

Wer durch sein objektiv pflichtwidriges Verhalten eine nahe Gefahr für fremde Rechtsgüter herbeiführt, ist verpflichtet, den Eintritt des Erfolgs abzuwenden = gefahrbegründendes Vorverhalten = Prinzip der Ingerenz. **31.18**

Eine nähere Analyse der Judikatur hat ergeben, dass die Gerichte das Ingerenzprinzip schon vor Inkrafttreten des StGB **restriktiv gehandhabt** hatten; vgl dazu *Kienapfel* JBl 1975 82. Diese Tendenzen haben sich seither in Rspr und Schrifttum verstärkt; vgl etwa EvBl 1998/89 zur Pistensicherungspflicht bei sog „wilden Abfahrten". Dafür tritt die **Eröffnung** bzw **Überwachung von Gefahrenquellen** immer stärker in den Blickpunkt; vgl RN 31.22a. **31.19**

31. Kapitel: Zentrale Probleme beim unechten Unterlassungsdelikt

31.20 a) **Adäquates Vorverhalten.** Eine Garantenstellung begründet nur ein solches Vorverhalten, welches den konkreten Erfolgseintritt wahrscheinlich macht (**Adäquanzgedanke**), dh eine diesbezügliche **nahe Gefahr** schafft; vgl *J/W* AT 625; *Kienapfel* JBl 1975 81; inzwischen hM; *Stricker* in *L/St* § 2 RN 26; *H. Steininger* ÖJZ 1981 371; SSt 2006/85; SSt 61/3; SSt 54/21; SSt 47/42.

Beispiele: Wer im Prozess Zeugen benennt, haftet nur nach Maßgabe des § 292, wenn diese falsch aussagen; vgl RN 37.42. Ebenso wenig genügt das Erteilen einer Auskunft an offenbar bergerfahrene Schitouristen (JBl 1975 160); auch nicht das bloße Aushändigen von Romilartabletten an einen Süchtigen (ZVR 1977/46 m Anm *Liebscher*). Als **ingerenzbegründend** ist dagegen das Liegenlassen eines Betrunkenen im heftigen Schneegestöber (KH 1231), das Zurücklassen des alkoholisierten Lebensgefährten an einer gefährlichen Furt (SSt 31/1) und das Mitbasteln an einem Sprengkörper (EvBl 1979/92) anzusehen.

Beachte! Allein durch die **Übernahme von Bauaufträgen** (SSt 31/87; SSt 21/1) oder das **Betreiben eines gefährlichen Unternehmens**, zB eines Chemiewerkes (vgl dazu inzident OLG Linz JBl 1990 463 m Anm *Kienapfel*), einer Reparaturwerkstätte (ZVR 1968/107) oder eines Steinbruchs (KH 3268), wird noch keine nahe Gefahr iSd Adäquanzgedankens geschaffen. Dazu bedarf es idR eines Verstoßes gegen Rechtsvorschriften, behördliche Auflagen etc; vgl *Hilf* WK² § 2 RN 118. Die **Überwachung von Gefahrenquellen** reicht indessen weiter; vgl RN 31.22 a.

Beispiel: Wer als Produzent oder Händler Produkte in Verkehr bringt, deren bestimmungsgemäße Verwendung Gefahren für Leben oder Gesundheit der Verbraucher begründet, ist **kraft Ingerenz** oder qua **Überwachung von Gefahrenquellen** (RN 31.22 a) zur Gefahrenabwendung (zB Rückruf) verpflichtet; vgl BGHSt 37 106 (GrundsatzE zur strafrechtlichen **Produkthaftung:** Lederspray-Fall); ebenso *Hilf* WK² § 2 RN 117.

31.21 b) **Pflichtgemäßes Vorverhalten.** Wer sich **objektiv pflichtgemäß,** insb wer sich **rechtmäßig** verhält, schafft dadurch keine Ingerenz iSd § 2, sondern haftet für allfällige Folgen seines Tuns (oder Unterlassens) nur gem §§ 94 f; vgl *J/W* AT 625; *Nowakowski* WK¹ § 2 RN 27; idS auch die deutsche Rspr; vgl BGH StV 1998 125; BGHSt 37 106. Die **österr Praxis** dagegen hat sich zu dieser generellen Einschränkung des Ingerenzprinzips bisher **nicht** durchgerungen; vgl SSt 54/21; EvBl 1970/169; RZ 1967 200; idS auch *Stricker* in *L/St* § 2 RN 24; *Fabrizy* § 2 RN 5. Diese noch aus dem früheren Recht stammende Position lässt sich schon mit Blick auf Wortlaut und Zweck des § 94 nicht halten und widerspricht den verstärkten Haftungsbegrenzungstendenzen der modernen Dogmatik; zum Ganzen vgl *Hilf* WK² § 2 RN 105 ff; *Steininger* SbgK § 2 RN 84 ff. Vgl weiters RN 31.23 u RN 30.12 ff.

Beispiel 1: Wer seinen Angreifer in **Notwehr** niederschlägt, dann jedoch verbluten lässt, hat den Tod seines Gegners zwar gem § 94 Abs 2, mangels Garantenstellung aber nicht gem § 2 iVm § 75 zu verantworten; vgl dazu *StudB BT I* § 94 RN 19; *Triffterer* AT 14/53 f; *Fuchs/Zerbes* AT I 37/62; wie hier auch BGH NStZ 2000 414; aM *L/St* § 2 RN 24 f.

Beispiel 2: Wer durch eine **nicht einmal objektiv sorgfaltswidrige** Handlung (etwa Ausschenken von Alkohol im üblichen Rahmen) einen tödlichen Unfall seines Gastes (oder eines Dritten) mitverursacht hat und dann untätig bleibt, haftet weder gem §§ 2, 75 bzw §§ 2, 80 noch gem § 94 Abs 2, sondern allenfalls gem § 95 Abs 1 2. Fall; vgl *StudB BT I* § 94 RN 16 f.

31.22 c) **Weitere Grenzen des Ingerenzprinzips.** aa) Bei den **Delikten gegen Leib und Leben** fordert die Rspr einschränkend, dass das Opfer durch das Vorverhalten in eine Lage **qualifizierter Schutzbedürftigkeit** versetzt worden sein

B. Einzelne Garantenstellungen

muss, aus der es sich nicht ohne fremde Hilfe befreien kann; vgl SSt 2006/85; EvBl 1998/89; SSt 54/21; SSt 47/42; OLG Wien ZVR 1992/29; *Stricker* in *L/St* § 2 RN 26; *Fabrizy* § 2 RN 5; näher *Kienapfel* JBl 1975 83; str; aM *Nowakowski* WK[1] § 2 RN 27; *Triffterer* AT 14/48.

bb) Schließlich wird das Ingerenzprinzip durch das **eigenverantwortliche Handeln eines anderen** begrenzt; vgl *Kienapfel* JBl 1975 82; *Fabrizy* § 2 RN 5; *H. Steininger* ZVR 1985 103; *Hilf* WK[2] § 2 RN 112; SSt 54/21. Insb begründet das (bloße) **Schaffen einer Tatgelegenheit** (noch) keine Ingerenz, falls der andere sua sponte, dh aus eigenem Antrieb straffällig wird.

Beispiel: Kurz nach Mitternacht chauffiert A den ihm gut bekannten Gewalttäter B sowie den betrunkenen P durch den Wienerwald. Aufgrund eines spontan gefassten Tatentschlusses lässt B den A anhalten und raubt P aus. SSt 54/21 verneint mit Recht eine Garantenstellung des vollkommen passiv gebliebenen A, weil das eigenverantwortliche Handeln des B die Ingerenz des A begrenze; ähnlich BGH wistra 1996 259.

6. Eröffnung bzw Überwachung von Gefahrenquellen

Ausgehend von der **Verkehrssicherungspflicht** im Zivilrecht leitet die neuere Rspr eine Verantwortlichkeit für bestimmte innerhalb des eigenen Herrschaftsbereichs gelegene Gefahrenquellen ab, soweit sich aus bestimmten Sachen, Anlagen oder Einrichtungen **spezifische zustandsbedingte Risiken** ergeben. Eine solche Verantwortlichkeit kann insb Eigentümer bzw Besitzer (zB von Grundstücken), Betreiber (eines Flughafens, Bergwerks, Fitnesscenters uä) sowie auch Halter (zB von Fahrzeugen) treffen; zu dieser Garantenstellung vgl EvBl 1998/89 (GrundsatzE); SSt 63/10; eingehend *Hilf* WK[2] § 2 RN 119ff; ebenso die deutsche hM; vgl *J/W* AT 627; *Wessels/Beulke/Satzger* AT RN 1014 jeweils mN. **31.22a**

Beispiele: Eröffnung und Betrieb einer Schipiste machen den **Betreiber** strafrechtlich zum Garanten dafür, dass er seiner Pistensicherungspflicht nachkommt und alle zumutbaren Vorkehrungen trifft, damit kein Pistenbenutzer zu Schaden kommt; instruktiv EvBl 1998/89. In diesem Sinn haften **Hauseigentümer** bzw Verwalter, ebenso Gastwirte und Geschäftsinhaber als Garanten für den verkehrssicheren Zustand von Räumlichkeiten, Treppen, Gängen etc; vgl SSt 63/10. **Dagegen** haftet zB ein Gastwirt in Bezug auf in seinem Lokal begangene Straftaten (zB §§ 83ff oder 201ff) nicht als Überwachungsgarant, sondern allenfalls gem § 95; vgl *J/W* AT 627; BGH GA 1971 337.

Beachte! Anders als im Falle von Ingerenz (RN 31.20f) trägt der Überwachungsgarant auch für solche Gefahren(quellen) die Verantwortung, die mit einer **rechtlich erlaubten bzw sozialadäquaten Betätigung** verbunden sind; vgl *J/W* AT 627; der Sache nach auch EvBl 1998/89.

Beispiel: Kommt es in einem Chemieunternehmen trotz strikter Einhaltung der in der Betriebsbewilligung festgelegten Auflagen zur Schädigung oder Gefährdung von Mitarbeitern oder Dritten, scheidet zwar eine Garantenstellung aus Ingerenz (RN 31.21), nicht aber jene auf der Grundlage von Verkehrssicherungspflichten.

Aber: Wie die Strafhaftung des Ingerenzgaranten (RN 31.22) wird auch jene des Überwachungsgaranten durch das **Eigenverantwortlichkeitsprinzip** begrenzt.

Beispiel: Wer eine ausreichend markierte und gesicherte Schipiste verlässt und sich bewusst für eine als solche erkennbare „wilde Abfahrt" entscheidet, kann für einen späteren folgenschweren Sturz nicht den Pistensicherungspflichtigen verantwortlich machen; vgl EvBl 1998/89.

7. Ergänzende Hinweise

31.23 Vielfach liegen die Probleme bei der nach Typus und Fallkonstellation **unterschiedlichen Reichweite** der Garantenstellung. Es bahnt sich eine zunehmend differenzierende und restriktive Betrachtung vor allem der **gegenständlichen und zeitlichen Grenzen** der Garantenpflichten unter dem Aspekt ihres jeweiligen **Schutzzwecks** an; vgl *Kienapfel* JBl 1975 22 83; *H. Steininger* ÖJZ 1981 371; *Stricker* in *L/St* § 2 RN 28; *Hilf* WK[2] § 2 RN 75; SSt 54/21 (GrundsatzE). Vgl auch oben RN 31.11.

Beispiele: Die Garantenstellung des Arztes (zB kraft freiwilliger Pflichtenübernahme) geht nicht so weit, dass er das Leben eines Sterbenden um jeden Preis verlängern muss; vgl *StudB BT I* Vorbem §§ 75 ff RN 20 mwN. Aus § 90 ABGB ergibt sich nicht die Pflicht, den Ehegatten von strafbaren Handlungen abzuhalten; vgl *Kienapfel* JBl 1975 19; *Nowakowski* WK[1] § 2 RN 9 u 18. Zeitweises Getrenntleben oder ehewidriges Verhalten hebt die Garantenstellung nicht auf; vgl JBl 1980 162. Anders bei definitiver Trennung; vgl BGH NStZ 2004 31.

Beachte! Von vertraglich übernommenen Garantenpflichten kann man sich **nicht einseitig lossagen** (SSt 57/66). Ein rechtswirksamer **Verzicht** beendet oder reduziert jedoch die Garantenpflichten. Die Ausführungen *StudB BT I* § 94 RN 50 f gelten sinngemäß auch für die unechten Unterlassungsdelikte.

C. Unterlassungsvorsatz

31.24 1. **Tatbildvorsatz.** a) **Grundsatz.** Der **Tatbildvorsatz** muss sich auf alle in RN 30.2–30.15 angeführten objektiven Tatbestandsmerkmale erstrecken, mithin insb auch auf die **Garantenstellung;** vgl 14 Os 73/90; SSt 54/42/21; näher *Hilf* WK[2] § 2 RN 135 f.

31.25 **Beachte!** Fehlt der Vorsatz auch nur bezüglich eines einzigen objektiven Tatbestandsmerkmals, kommt allenfalls eine Bestrafung wegen **fahrlässiger Tat** in Betracht.

31.26 b) **Spezielle Probleme.** Mit dem **Unterlassungsvorsatz** verbinden sich zahlreiche noch nicht definitiv geklärte Fragen. Es ist davon auszugehen, dass „bloße Gleichgültigkeit iSv innerer Teilnahmslosigkeit" noch nicht zur Annahme des bedingten Vorsatzes ausreicht; vgl SSt 57/90; Os 150/86. Es fehlt in solchen Fällen an der emotionalen Akzeptanz der Tatfolgen; vgl dazu *Nowakowski* WK[1] § 5 RN 14; *Steininger* AT I 8/46. Etwas anderes gilt, wenn die Gleichgültigkeit der durch entsprechende Sachverhaltsfeststellungen zumindest indirekt untermauerte Ausdruck einer bewussten = positiven Entscheidung für das Untätigbleiben des Handlungspflichtigen ist; vgl bereits RN 28.24.

Aber: Lehre und Rspr billigen dem Pflichtigen im Rahmen der §§ 94 u 95 eine **situationsbezogene Wahrnehmungs- und Überlegungsfrist** zu; vgl näher *StudB BT I* § 94 RN 47 f mN. Das gilt auch für das Untätigbleiben eines Garanten. Zutreffend formuliert *Nowakowski* WK[1] § 2 RN 39: Solange der Garant „noch um den Entschluss ringt, die erwartete Handlung zu unterlassen, kann ihn sein Zögern nicht wegen Versuches strafbar machen".

31.27 2. **Tatbildirrtum.** Bei den unechten Unterlassungsdelikten sind vielfältige Möglichkeiten des Tatbildirrtums denkbar; vgl dazu *Fuchs/Zerbes* AT I 37/70 ff. Der praktisch wichtigste Fall betrifft den **Irrtum über die Garantenstellung.**

D. Rechtswidrigkeitsprobleme

Beachte! Die moderne Lehre differenziert hier wie folgt: Ein **Tatbildirrtum** liegt vor, wenn sich der Täter über die **tatsächlichen Umstände** irrt, die eine Garantenstellung begründen, oder wenn er deren **soziale Sinnbedeutung** verkennt; vgl RN 12.4. Kennt oder erkennt der Täter beides, hält er sich rechtlich gleichwohl nicht für verpflichtet, den Erfolg abzuwenden, so betrifft dieser Irrtum **nicht** die **Garantenstellung** als solche, sondern Existenz bzw Grenzen der daraus resultierenden **Rechtspflichten**. Für einen solchen (bloßen) **Gebotsirrtum** gelten dieselben Regeln wie für den Verbotsirrtum (§ 9); hM; näher zum Ganzen *J/W* AT 636; *Stricker* in *L/St* § 2 RN 15; *Hilf* WK² § 2 RN 139 f.

Beispiele: Der verheiratete A erkennt nicht, dass es sich bei der in unmittelbarer Nähe Ertrinkenden um seine Frau handelt = **Tatbildirrtum über die Garantenstellung**. Bleibt A dagegen untätig, weil er glaubt, er sei seiner Frau rechtlich zu keinem Beistand mehr verpflichtet, weil sie die Ehe gebrochen hat (RN 31.23) oder die Scheidung bevorsteht, liegt ein **Gebotsirrtum** gem § 9 über Umfang bzw Grenzen seiner Garantenpflichten vor.

D. Rechtswidrigkeitsprobleme

31.28 Als Rechtfertigungsgrund für ein unechtes Unterlassungsdelikt kommt in erster Linie **rechtfertigende Pflichtenkollision** in Betracht. Zu den – im Einzelnen umstrittenen – Voraussetzungen dieses Rechtfertigungsgrundes vgl näher *J/W* AT 365; *Lewisch* WK² Nachbem § 3 RN 125 ff; *Triffterer* AT 11/141 ff; JBl 1990 807 m Anm *Bertel;* s ausführlich RN 15.92 ff.

E. Schuldprobleme

31.29 Für den Vorwurf, untätig geblieben zu sein, ist regelmäßig ausschlaggebend, ob das erwartete Tun nach den Umständen auch **zuzumuten** war. Das lässt sich schon daran ablesen, dass die meisten echten Unterlassungsdelikte explizite Entschuldigungsgründe für **Unzumutbarkeit** vorsehen (zB § 94 Abs 3, § 95 Abs 2, § 286 Abs 2). Auch bei den unechten Unterlassungsdelikten handelt es sich insoweit um ein Problem der **Schuld** und nicht etwa des Tatbestands; hM; vgl *Triffterer* AT 14/70; *Moos* WK² § 75 RN 25. Als **Vergleichskriterium** ist daher die in § 10 angesprochene Reaktionsweise eines mit den rechtlich geschützten Werten verbundenen Menschen heranzuziehen. Dieser klare dogmatische Ansatz wurde in der Judikatur gelegentlich durch die Vermischung mit dem Gleichwertigkeitskorrektiv verdunkelt; vgl JBl 1972 276; SSt 41/38; dazu krit *Kienapfel* ÖJZ 1976 200.

31.30 **Beachte!** Bezüglich des **Maßstabes** der Unzumutbarkeit entfallen die auf die vorsätzlichen Begehungsdelikte zugeschnittenen Schranken des § 10. Das ergibt sich für die **fahrlässigen** unechten Unterlassungsdelikte schon aus dem Wortlaut des § 6 und für die **vorsätzlichen** unechten Unterlassungsdelikte aus ihrer Parallelität zu den echten; *Hilf* WK² § 2 RN 149; *Triffterer* AT 14/70.

F. Zum Verhältnis von echten und unechten Unterlassungsdelikten

31.31 1. **Ausgangsposition.** Die dargestellte restriktive Handhabung der Rechtspflichten des § 2 führt häufig dazu, dass eine Bestrafung wegen eines unechten Unterlassungsdelikts **mangels Garantenstellung** ausscheidet. In solchen Fällen ist an die **Auffangfunktion der echten Unterlassungsdelikte** zu denken. Soweit nicht § 94 zum Zug kommt, kann ein „Unglücksfall", manchmal eine „Gemeingefahr" übrig bleiben und § 95 zu erörtern sein.

31.32 Beachte! Das Verhältnis des § 94 zu § 95 bildet ein Problem für sich und ist nicht selten Gegenstand schriftlicher Aufgaben. Dazu näher *StudB BT I* § 94 RN 13 ff u § 95 RN 57.

31.33 2. **Einzelfragen.** a) Die **jedermann** treffende Pflicht aus einem echten Unterlassungsdelikt begründet nie eine Garantenstellung iSd § 2; hM; vgl *Stricker* in *L/St* § 2 RN 12 mN.

Beispiele: Wer bei einem Verkehrsunfall, Waldbrand, Lawinenunglück nicht hilft, macht sich (nur) gem § 95 und nicht gem § 2 iVm §§ 75 oder 83 ff strafbar.

31.34 b) Ein Garant kann idR **nicht zusätzlich** wegen eines **richtungsgleichen** echten Unterlassungsdelikts bestraft werden.

Das – meist mit strengerer Strafe bedrohte – unechte Unterlassungsdelikt geht vor. Dies wird meist mit der **Subsidiarität** der echten Unterlassungsdelikte gegenüber den unechten begründet. Denkbar wäre auch **Exklusivität**; vgl *L/St* § 286 RN 12; 14 Os 11/97; näher dazu RN 38.7 ff. So oder so ist bei einer Fallprüfung **zunächst das unechte Unterlassungsdelikt** zu untersuchen. Nur wenn es ausscheidet, ist auf ein etwaiges echtes Unterlassungsdelikt einzugehen.

Zur Vertiefung: Zur Garantenstellung vgl *Kienapfel* JBl 1975 13 u 80; *Stricker* in *L/St* § 2 RN 14 ff; *Hilf* WK² § 2 RN 68 ff; *Triffterer* AT 14/23 ff.

G. Fallprüfungsschema beim vorsätzlichen unechten Unterlassungsdelikt

31.35 Dieses Fallprüfungsschema ist als **Anhang 5** abgedruckt.

Prüfungsfälle und Lösungen zum unechten Unterlassungsdelikt vgl *Kienapfel* Strafrechtsfälle 156; Prüfungsfälle 146 *(Brandstetter),* 201 *(Fuchs),* 133 u 193 *(Medigovic); Hinterhofer/Schütz* Fallbuch 143 282; *Luef-Kölbl/Sprajc* Fälle 68 232; *Sagmeister/Komenda/Madl/Höcher* 24 u 94.

■ ■ ■ Programmbearbeiter lesen jetzt bitte die F 5 ■ ■ ■

32. Kapitel
Grundlagen der Beteiligungslehre

Schrifttum zu Kap 32 bis Kap 37 (Auswahl): *Bloy* Die Beteiligungsform als Zurechnungstypus im Strafrecht (1985); *ders* Neuere Entwicklungstendenzen der Einheitstäterlehre in Deutschland und Österreich in: Schmitt-FS (1992) 33; *Burgstaller* Zur Täterschaftsregelung im neuen StGB RZ 1975 13 29; *ders* Vollendung oder Ende der Einheitstäterschaft? RZ 1982 216; *ders* Individualverantwortung bei Alleinhandeln; Einzel- und/oder Mitverantwortung bei Zusammenwirken mit anderen in: *Eser/Huber/Cornils* (Hrsg) Einzelverantwortung und Mitverantwortung im Strafrecht (1998) 13; *ders* Zur Beteiligung an §§ 33, 34 FinStrG FinStR 2008 39; *Eder* Die Strafbarkeit des Anwerbens von Raubkomplizen JBl 2000 69; *Engert* Einheitstäter oder getrennte Behandlung von Täter und Teilnehmer? (2005); *Friedrich* Triffterers Beteiligungslehre – eine vermittelnde Lösung? RZ 1986 227 258; *ders* Zur Beteiligung an einem Versuch (§ 15 Abs 1 StGB) ÖJZ 1995 9; *ders* Strafbare Beteiligung – akzessorische oder originäre Täterschaft? in: Triffterer-FS (1996) 43; *Fuchs* Probleme der Beteiligung mehrerer in: StP XIV 1; *ders* Überlegungen zu Fahrlässigkeit, Versuch, Beteiligung und Diversion in: Burgstaller-FS (2004) 41; *Hamdorf* Beteili-

G. Fallprüfungsschema beim vorsätzlichen unechten Unterlassungsdelikt

gungsmodelle im Strafrecht (2002); *Harbich* Ausgewählte Themen aus dem Allgemeinen Teil des Finanz- und Justizstrafrechts RZ 1979 1 25 45; *Höpfel* Einige Fragen der subjektiven Tatseite bei Beteiligung mehrerer ÖJZ 1982 314; *Juhász* Zur Reichweite des strafbaren Versuchs bei Beihilfedelikten ÖJZ 2015 670; *Kert* Finanzstrafrechtliche Verantwortlichkeit des Steuerberaters ZWF 2018 308; *Kienapfel* „Beteiligung" und „Teilnahme" NJW 1970 1826; *ders* Der Einheitstäter im Strafrecht (1971); *ders* Erscheinungsformen der Einheitstäterschaft in: *Müller-Dietz* (Hrsg) Strafrechtsdogmatik und Kriminalpolitik (1971) 21; *ders* Probleme der Einheitstäterschaft in: StP I 63; *ders* Die Einheitstäterregelung der §§ 12 ff und 32 ff StGB JBl 1974 113 180; *ders* Das Prinzip der Einheitstäterschaft JuS 1974 1; *ders* Zur Täterschaftsregelung im StGB RZ 1975 165; *ders* Zum gegenwärtigen Stand der Lehre von der Einheitstäterschaft in der höchstrichterlichen Praxis ÖJZ 1979 90; *ders* Der Einheitstätergedanke (Druckfehlerkorrektur!) – lebendiger denn je in: StP VII 53; *ders* Zur Einheitstäterschaft im Ordnungswidrigkeitsrecht NJW 1983 2236; *ders* Probleme der Einheitstäterschaft JBl 1989 407; *ders* Reichweite und Grenzen der Begünstigung in: Strasser-FS (1993) 227; *ders* Bildung einer kriminellen Organisation (§ 278 a Abs 1 StGB) JBl 1995 613; *ders* Der Oberste Gerichtshof und das Prinzip der funktionalen Einheitstäterschaft in: Steininger-FS (2003) 157; *Lewisch* Probleme der Einheitstäterschaft JBl 1989 294; *Miller* Die Beteiligung am Verbrechen nach italienischem Strafrecht (2007); *Moos* Sozialadäquanz und objektive Zurechnung bei Tatbeiträgen im Finanzstrafrecht in: FinStR 1996 85; *Niedermair* Straflose Beihilfe durch neutrale Handlungen ZStW 1995 507; *Nowakowski* Die Sonderdelikte, beurteilt nach ihrer Begehbarkeit durch Extranei in: ZNStR II 147; *ders* Zur Einheitstäterschaft nach § 12 StGB insbesondere im Hinblick auf § 15 Abs 2 StGB und § 314 StPO RZ 1982 124; *Platzgummer* Die „Allgemeinen Bestimmungen" des Strafgesetzentwurfes im Licht der neueren Strafrechtsdogmatik JBl 1971 236; *Roeder* Der Unbegriff des „extranen" Täters und der „eigenhändigen" Delikte (zu § 14 Abs 1 StGB) JBl 1975 561; *Rotsch* „Einheitstäterschaft" statt Tatherrschaft (2009); *Roxin* Täterschaft und Tatherrschaft[9] (2015); *ders* Was ist Beihilfe? in: Miyazawa-FS (1995) 501; *Schick/Bernreiter* Die fahrlässige Beteiligung am Fahrlässigkeitsdelikt – eine notwendige Figur der Beteiligungslehre? in: Höpfel-FS (2018) 67; *Schild* Die Täterformen des § 12 StGB ZfRV 1976 182; *Schmoller* Grundstrukturen der Beteiligung mehrerer an einer Straftat – die objektive Zurechnung fremden Verhaltens ÖJZ 1983 337 379; *ders* Fremdes Fehlverhalten im Kausalverlauf in: StP XXII 25 = Triffterer-FS (1996) 223; *ders* Sukzessive Beteiligung und Einheitstäterschaft in: Zipf-GS (1999) 295; *ders* Erhaltenswertes der Einheitstäterschaft GA 2006 365; *ders* Grundfragen der Beteiligung an Abgabenhinterziehung und fahrlässiger Abgabenverkürzung FinStR 2008 11; *Schöberl* Die Einheitstäterschaft als europäisches Modell (2006); *Schwaighofer* Die Strafbarkeit der (versuchten) Anwerbung eines Komplizen – Anmerkung zur Entscheidung des OGH 15 Os 102/98 ÖJZ 2000 881; *E. Steininger* Sozialadäquanz und berufstypisches Handeln (2005); *van Toorenburg* Medeplegen (= Mittäterschaft) (1998); *Triffterer* Die österreichische Beteiligungslehre (1983); *Trunk* Einheitstäterbegriff und besondere persönliche Merkmale Diss jur Bochum (1987); *Volk* Tendenzen zur Einheitstäterschaft – Die verborgene Macht des Einheitstäterbegriffs in: Roxin-FS (2001) 563; *Weißer* Täterschaft in Europa (2011); *Zipf* Die mittelbare Täterschaft und ihre Einordnung in § 12 StGB ÖJZ 1975 617; *ders* Probleme der versuchten Bestimmung zu einer Straftat RZ 1980 141; *Zoll* Strafbare Beteiligung an Sonderdelikten im polnischen Strafrecht in: Triffterer-FS (1996) 275.

Inhaltsübersicht

	RN
A. Einleitung	32.1–32.3a
1. Alleintäter	32.1
2. Mehrere Täter	32.2
3. Doppelnatur der Beteiligung	32.3
4. Ziel und Methode der Darstellung	32.3a
B. Restriktiver und extensiver Täterbegriff	32.4–32.8
1. Restriktiver Täterbegriff	32.5–32.7
2. Extensiver Täterbegriff	32.8

32. Kapitel: Grundlagen der Beteiligungslehre

   C. Die beiden Regelungsmodelle 32.9–32.38
      1. Teilnahmesystem 32.10–32.24a
         a) Dualistisches Regelungsmodell 32.10
         b) Funktionsweise 32.11–32.13
            aa) Täter 32.12
            bb) Teilnehmer 32.13
         c) Qualitative (= limitierte) Akzessorietät der Teilnahme 32.14–32.15
         d) Unterschiedliche Strafdrohung 32.16
         e) Ansatzpunkte zur Kritik 32.17–32.21
            aa) Dominanz der Dogmatik 32.18
            bb) Vernachlässigung der Strafbemessung 32.19–32.20
            cc) Strafgrund der Teilnahme 32.21
         f) Zusammenfassung und Ausblick 32.22–32.24a
      2. Einheitstätersystem 32.25–32.37
         a) Monistisches Regelungsmodell 32.25–32.26
         b) Funktionsweise 32.27–32.28
         c) Autonome und individuelle Verantwortlichkeit aller Beteiligten 32.29–32.30
         d) Varianten des Einheitstätersystems 32.31–32.33
            aa) Formales Einheitstätersystem 32.32
            bb) Funktionales Einheitstätersystem 32.33
         e) Einheitliche Strafdrohung 32.34–32.35
         f) Leitlinien des funktionalen Einheitstätersystems 32.36
         g) Die Einheitstäteridee im Meinungswandel 32.37
      3. Abschließender Systemvergleich 32.38
   D. Das geltende österreichische Recht 32.39–32.55
      1. Die gesetzliche Regelung 32.39–32.41a
         a) Ausschließlich Täterformen 32.40
         b) Keine qualitative (= limitierte) Akzessorietät 32.41
         c) Funktionales Einheitstätersystem 32.41a
      2. Die verschiedenen Positionen 32.42–32.45
         a) Herrschende Meinung 32.42–32.43
         b) Abweichende Auffassung: Reduzierte Einheitstäterschaft 32.44–32.45
      3. Prozessuale Aspekte 32.46–32.49
         a) Rechtsmittelbereich 32.46–32.47
         b) Wahlfeststellung 32.48
         c) Unbekannte Mittäter 32.49
      4. Rechtsvergleichender Ausblick 32.50–32.55

A. Einleitung

32.1   1. **Alleintäter.** Bisher ging es durchwegs um Fälle, in denen ein Delikt von einer einzigen Person begangen wurde. Anders ausgedrückt: Der unmittelbar Handelnde war ein **Alleintäter**.

Auf den unmittelbar handelnden Alleintäter sind nach Wortlaut und Gesetzestechnik nahezu sämtliche strafrechtlichen Tatbestände zugeschnitten. Auf ihn stellen auch die Fallprüfungsschemata **Anhang 1–6** ab.

32.2   2. **Mehrere Täter.** Es können aber auch **mehrere Personen** an der Begehung eines Delikts (oder mehrerer Delikte) beteiligt sein. Für solche Fallgestaltungen verwendet das StGB den alle Täterformen umfassenden Oberbegriff **Beteiligung;** vgl Überschrift und Text der §§ 12 f.

Ausgangsbeispiel: Auf Drängen seines Vaters (V) und von seiner Mutter (M) mit einer eigens dafür präparierten Tasche versehen, begibt sich A zum Stehlen in ein Kaufhaus. Während seine Schwester (S), wie mit A verabredet, die Verkäuferin ablenkt, lässt A eine Armbanduhr im doppelten Boden der Tasche verschwinden.

32.3   3. **Doppelnatur der Beteiligung.** Fallkonstellationen mit mehreren Beteiligten besitzen stets zwei Ebenen. Auf der **dogmatisch-begrifflichen Ebene** geht

B. Restriktiver und extensiver Täterbegriff

es um die Frage, wer **Täter** ist – nur der die Tat unmittelbar ausführende A oder auch die anderen Beteiligten S, V und M? Auf der Ebene der **Strafzumessung** muss das Gesetz Vorsorge treffen, dass die Strafe für jeden Beteiligten nach Maßgabe seines Unrechts und seiner Schuld, dh so individuell wie möglich, bemessen werden kann. Beide Aspekte zusammen machen die **Doppelnatur der Beteiligung** aus; vgl dazu näher *Kienapfel* JBl 1974 113.

4. Ziel und Methode der Darstellung. Die §§ 12 ff werden im Folgenden bewusst auf breiter wissenschaftlicher Grundlage dargestellt. Zum einen stehen die österr Beteiligungsregelung und ihre Bewährung in der Praxis auch im Blickpunkt des **internationalen Interesses;** vgl etwa *J/W* AT 645; *Roxin* LK[11] Vor § 25 RN 13; *Bloy* Schmitt-FS 33, insb 44; *Hamdorf* Beteiligungsmodelle 104 206 279 (pass); *Rotsch* „Einheitstäterschaft" 131 177; *Engert* Einheitstäter 20 46 (pass); *Miller* Beteiligung 234 351; *van Toorenburg* Medeplegen 251 316 (pass); *Weißer* Täterschaft 125 ff. Zum anderen erschließt sich diese von den Nachbarrechten der BRD und der Schweiz erheblich abweichende Konzeption in ihren wahren Dimensionen erst, wenn man sie sowohl im Spiegel der Dogmengeschichte als auch unter Einbeziehung rechts- und systemvergleichender Aspekte betrachtet; ebenso *Öner/Schütz* in L/St § 12 RN 6 ff; *Schmoller* GA 2006 368; näher *Schöberl* Einheitstäterschaft 50; eingehend *Rotsch* aaO 11 34 151; *Weißer* Täterschaft 145 ff.

32.3a

B. Restriktiver und extensiver Täterbegriff

Bei der Frage nach dem **Täterbegriff** geht es in erster Linie um die **Auslegung des Tatbestands und seine Reichweite,** falls mehrere an einer Tat beteiligt sind.

32.4

1. Restriktiver Täterbegriff

Danach ist nur derjenige Täter, dessen Handlung sich genau unter den Wortlaut eines Tatbestands subsumieren lässt. Täter ist mithin nur der die Tat **unmittelbar Ausführende,** indem er zB einen anderen „nötigt" (§ 105 Abs 1), „verspottet" (§ 115 Abs 1) oder eine „falsche Urkunde herstellt" (§ 223 Abs 1). Personen, die sich in **sonstiger Weise** an der Tat beteiligen (zB durch Chauffieren des Täters zum Tatort, „Schmierestehen", Fortlocken des Opfers, Ablenkmanöver uä), sind danach schon begrifflich **keine Täter.**

32.5

Ein solch restriktives Verständnis des Täterbegriffs und damit auch des Tatbestands würde den **Bereich der Strafwürdigkeit** ersichtlich nicht ausreichend abdecken. Denn strafwürdig erscheinen auch Personen, die, ohne unmittelbar Ausführende zu sein, in sonstiger Weise an der Tat beteiligt sind. Um auch sie strafrechtlich zu erfassen, bedarf es spezieller **strafbarkeitserweiternder Vorschriften.** Deshalb wird der **restriktive Täterbegriff** in vielen Rechtsordnungen durch die Rechtsfigur des sog **Teilnehmers** ergänzt. Auf diese Weise bildet der restriktive Täterbegriff den Ausgangspunkt für ein **dualistisches Regelungsmodell,** das mit Täter- **und** Teilnahmetypen operiert; Einzelheiten RN 32.10 ff.

32.6

Von diesem restriktiven Täterbegriff geht das **deutsche Strafrecht** aus. Es enthält in §§ 25 ff dStGB die zentralen Regelungen über **Täterschaft und Teilnahme;** vgl *J/W* AT 648. Entsprechendes gilt für das **schweizerische Recht;** vgl Art 24 f schwStGB; vgl *Stratenwerth* AT I § 13 RN 76; *Riklin* AT I § 18 RN 31 ff.

32.7

32. Kapitel: Grundlagen der Beteiligungslehre

2. Extensiver Täterbegriff

32.8 Das österr StGB hat den gegenteiligen Weg gewählt. Es differenziert begrifflich nicht zwischen Tätern und „bloßen" Teilnehmern, sondern bezeichnet jeden, der einen wie auch immer gearteten Beitrag zur Ausführung einer strafbaren Handlung geleistet hat, als **Täter**. Man kann sogar von einem **exklusiven Täterbegriff** sprechen, weil er die Kategorie der Teilnahme nicht nur entbehrlich macht, sondern begrifflich geradezu ausschließt; vgl *Roeder* Erscheinungsformen 56; *ders* JBl 1975 562.

Wichtig! Im Gegensatz zum restriktiven Täterbegriff führt der extensive bzw exklusive Täterbegriff zu einem **monistischen Regelungsmodell**, dh zu einer Beteiligungsregelung, die **ausschließlich** mit der Kategorie der Täterschaft, mithin allein mit **Täterformen** arbeitet; Einzelheiten RN 32.25 ff.

C. Die beiden Regelungsmodelle

32.9 Sind wie im Ausgangsbeispiel (RN 32.2) verschiedene Personen an der Begehung eines Delikts beteiligt, gibt es mit dem **Teilnahme-** und dem **Einheitstätersystem** zwei konträre Konstruktionsmodelle, um die unterschiedliche Art der Beteiligung sowohl begrifflich-dogmatisch als auch sanktionsmäßig zu erfassen.

1. Teilnahmesystem

a) Dualistisches Regelungsmodell

32.10 Dem Teilnahmesystem liegt der restriktive Täterbegriff (RN 32.5 ff) zugrunde. Dies führt zu einem dualistischen Regelungsmodell, das notwendigerweise mit zwei grundverschiedenen begrifflichen Kategorien operiert, nämlich mit dem Typus des **Täters** und jenem des **Teilnehmers**.

Streng genommen müsste man ein solches Regelungsmodell als **Täter-Teilnehmer-System** bezeichnen. Doch hat sich längst die Kurzform **Teilnahmesystem** eingebürgert, weil damit der Gegensatz zu einem ausschließlich auf Täterformen fixierten System, dem **Einheitstätersystem,** hinreichend deutlich zum Ausdruck gelangt.

b) Funktionsweise

32.11 Dem Krakauer Rechtslehrer *Makarewicz* verdanken wir eine ebenso feinsinnige wie einprägsame Beschreibung jenes **Denkmodells,** das dem Teilnahmesystem zugrunde liegt und dessen Funktionsweise verdeutlicht.

In einem solchen System ist der **Täter** „von einer Schar dienstbarer Geister umgeben", den **Teilnehmern**. Der eine stärkt den Willen des Täters, der andere gibt ihm Ratschläge zur besseren technischen Durchführung; der Dritte bietet ihm hilfreiche Hand; vgl *Makarewicz* Einführung in die Philosophie des Strafrechts (1906) 330; ähnlich *Roxin* Täterschaft 26.

32.12 aa) **Täter**. In diesem Regelungsmodell dominiert typischerweise derjenige, der die **Tat ausführt**. Er ist die „Hauptfigur", die „Zentralgestalt" des gesamten

C. Die beiden Regelungsmodelle

Tatgeschehens und gibt deshalb auch dogmatisch den Ton an. Er, und nur er, ist „der Täter". Um das tatsächliche Gewicht und die rechtliche Dominanz seines Tatanteils zu unterstreichen, wird er als **Haupttäter** und die von ihm ausgeführte Tat als **Haupttat** bezeichnet und dadurch sowohl begrifflich als auch wertmäßig von den (bloßen) **Teilnahmehandlungen** abgegrenzt; vgl näher *Roxin* Täterschaft 26.

Ausgangsbeispiel: In einem Teilnahmesystem ist A die „Zentralgestalt", die „Hauptfigur", nur er ist der **Täter**. Denn er war es, der die Uhr weggenommen und die Tat ausgeführt hat. Dagegen sind V und M keine Täter. Für S ist dies fraglich. Sie war zwar bei der Tatausführung „dabei", hat aber selbst nichts weggenommen.

bb) **Teilnehmer.** Neben dem Täter gibt es eine zweite (namensgebende) Kategorie, die (bloßen) „Teilnehmer". Man unterteilt sie idR in **Anstifter** und **Gehilfen;** vgl etwa §§ 26 f dStGB; Art 24 f schwStGB. Das Entscheidende: Anstiftung und Beihilfe sind gerade keine Täter-, sondern **reine Teilnahmeformen.** Dabei besteht zwischen Tätern und (bloßen) Teilnehmern ein **eklatantes normatives Wertgefälle,** was ganz gezielt auch in der Begriffsbildung – auf der einen Seite „Haupttäter" = „Zentralgestalt", auf den anderen bloße „Teilnehmer" – zum Ausdruck kommt. **32.13**

Ausgangsbeispiel: V und M sind **Teilnehmer.** V ist **Anstifter,** weil er seinen Sohn zur Tat „gedrängt" hat. M, die ihm das Tatwerkzeug mitgegeben hat, erfüllt den Begriff der **Gehilfin.** Ob aus **S** nur Gehilfin oder aber selbst Täterin ist, bleibt fraglich und kann nur aufgrund komplizierter und subtiler Überlegungen zur Abgrenzung von Täterschaft und Teilnahme entschieden werden. Zu dem damit verbundenen Theorienstreit und den maßgeblichen Abgrenzungskriterien vgl *Roxin* AT II § 25 RN 10 ff.

c) **Qualitative (= limitierte) Akzessorietät der Teilnahme**

Der Teilnehmer haftet, wie schon die Begriffe „Teil-nehmer", „An-stiftung", „Bei-hilfe" andeuten, für **fremdes Unrecht** und in letzter theoretischer Konsequenz sogar für fremde Schuld. Anstiftung und Beihilfe setzen das Vorhandensein einer Haupttat logisch voraus und „beziehen" = „entlehnen" ihren Unwert primär aus dieser. Diese begriffliche Abhängigkeit von einer Haupttat bezeichnet man als **Akzessorietät der Teilnahme.** Da für eine Bestrafung des Teilnehmers bestimmte Mindestanforderungen an die **rechtliche Qualität der Haupttat** gestellt werden, verwendet man in Österreich insoweit meist den Begriff der **qualitativen Akzessorietät;** vgl *Kienapfel* JBl 1974 117; *Burgstaller* RZ 1975 14; *Öner/Schütz* in *L/St* § 12 RN 7; *Triffterer* AT 16/25; *Fabrizy* WK² § 12 RN 8. **Die qualitative Akzessorietät ist das zentrale dogmatische Strukturprinzip des dualistischen Systems.** Das soll auch der im Folgenden gelegentlich gebrauchte (im Grunde pleonastische) Begriff **akzessorisches Teilnahmesystem** verdeutlichen. **32.14**

Beachte! Im deutschen und im schweizerischen Recht spricht man **gleichbedeutend** von **limitierter Akzessorietät.** Gemeint ist damit eine ganz bestimmte Form von gelockerter Akzessorietät, wie sie sich heute aus §§ 26 f dStGB und – nicht ganz so deutlich – aus Art 24 f schwStGB ergibt: Anstiftung und Beihilfe setzen danach eine **tatbestandsmäßige, rechtswidrige und vorsätzlich begangene Haupttat** voraus; vgl *J/W* AT 656; *Wessels/Beulke/ Satzger* AT RN 795. **32.15**

32. Kapitel: Grundlagen der Beteiligungslehre

Ausgangsbeispiel: Wäre der unmittelbare Täter A erst 12 Jahre alt oder geisteskrank, hätte dies weder auf den Begriff Anstifter bzw Gehilfe noch auf die Strafbarkeit von V und M Einfluss. Denn auch der von einem Schuldunfähigen begangene Diebstahl ist eine **tatbestandsmäßige, rechtswidrige und vorsätzlich begangene Haupttat** und erfüllt damit iSd **qualitativen Akzessorietät** alle Voraussetzungen der Strafbarkeit der Teilnehmer V, M und S.

d) Unterschiedliche Strafdrohung

32.16 Der scharfen begrifflichen und wertmäßigen Gegenüberstellung von (übergeordneten) Tätern und (bloßen) Teilnehmern entsprechen **unterschiedliche Strafdrohungen,** und zwar prinzipiell strengere für den Täter und mildere für die Teilnehmer.

Anders als im österr Recht gelten die Strafdrohungen im deutschen Recht nur für den **Täter.** Für die **Gehilfen** wurden durch § 27 Abs 2 iVm § 49 Abs 1 dStGB **mildere Strafdrohungen** geschaffen. Dass der Anstifter gem § 26 dStGB „**gleich**" einem Täter" (nicht etwa „**als**" Täter), dh nach derselben Strafdrohung wie der Täter bestraft wird, hat kriminalpolitische Gründe, bedeutet aber keine Preisgabe der skizzierten dogmatischen Ausgangsposition.

Ausgangsbeispiel: Daher könnte zumindest M damit rechnen, dass sie als „bloße" **Gehilfin** aufgrund der für die Beihilfe gem § 27 Abs 2 iVm § 49 Abs 1 dStGB generell herabgesetzten Strafdrohung wesentlich „billiger" davonkommen wird als A. Das Gleiche würde auch für S gelten – wenn man sie rechtlich ebenfalls nur als Gehilfin betrachten könnte.

e) Ansatzpunkte zur Kritik

32.17 Der Vergleich der österr Beteiligungslehre mit dem deutschen Teilnahmesystem lenkt den Blick in verstärktem Maße auf die Probleme und Schwächen des akzessorischen Teilnahmesystems; vgl *Kienapfel* Erscheinungsformen 21; *ders* JuS 1974 1; *Fuchs/Zerbes* AT I 32/16 ff; *Schmoller* GA 2006 368; *Engert* Einheitstäter 147. Besonders drastische Kritik bei *Rotsch* „Einheitstäterschaft": „völlig inhärentes Mischsystem" (416); „inhaltsloses Kriterium der Tatherrschaft" (417).

32.18 aa) **Dominanz der Dogmatik.** Das Teilnahmesystem wird eindeutig vom Akzessorietätsdogma beherrscht, was enormen begrifflichen Aufwand und dogmatischen Scharfsinn erfordert. Beides steht im Vergleich mit dem Einheitstätersystem in keinem angemessenen Verhältnis zum praktischen Ertrag; vgl näher *Kienapfel* Einheitstäter 26 29; *Platzgummer* JBl 1971 244; *Roeder* JBl 1975 562; *Schmoller* ÖJZ 1983 348; *Nowakowski* RZ 1982 126: „große Vereinfachungen"; Missverständnisse insoweit bei *Bloy* Schmitt-FS 44.

32.19 bb) **Vernachlässigung der Strafbemessung.** Das eigentliche Ziel jeder Beteiligungsregelung, die bestmögliche **Individualisierung der Strafe** nach Maßgabe von Unrecht und Schuld des einzelnen, gerät angesichts der erdrückenden Dominanz der Dogmatik im deutschen Teilnahmesystem beinahe aus dem Blickfeld und wird insb durch **unterschiedlich hohe Strafdrohungen** für Täterschaft und Beihilfe blockiert; vgl *Kienapfel* Einheitstäter 31; *Platzgummer* JBl 1971 244; *Schöberl* Einheitstäterschaft 220 225 227 (pass).

C. Die beiden Regelungsmodelle

Beachte! Konsequenzen hat dies auf vielen Ebenen, etwa in den – gar nicht so seltenen – Fällen des **atypisch entlasteten Täters** sowie des **atypisch belasteten Gehilfen.** Die deutschen Gerichte haben drängenden Gerechtigkeitsbedürfnissen schon im berühmten Badewannen-Fall (RGSt 74 84; instruktiv dazu *Hartung* JZ 1954 430), im nicht minder berüchtigten Staschynskij-Urteil (BGHSt 18 87) und im Feigling-Fall (RN 33.16) nur dadurch Rechnung tragen können, dass Fälle von Täterschaft zur (bloßen) Beihilfe herabgestuft und so das Akzessorietätsdogma durchbrochen wurde. Solche Entscheidungen lösen deshalb im deutschen Schrifttum regelmäßig heftige Kritik aus; vgl statt vieler *Roxin* Täterschaft 128 u 562; *Sax* JZ 1963 329. Zur – vergleichsweise problemlosen – Lösung des Staschynskij- und des Feigling-Falls aus der Sicht des heutigen österr Rechts vgl *Kienapfel* JuS 1974 3 sowie RN 33.16.

32.20

cc) **Strafgrund der Teilnahme.** Das wertmäßige Gefälle zwischen Täter- und bloßen Teilnahmeformen führt unausweichlich dazu, dass man sich Gedanken über den Strafgrund der Teilnahme machen muss. Bis heute wird diese Frage im deutschen und schweizerischen Recht unterschiedlich und zum Teil widersprüchlich beantwortet; vgl dazu den Überblick bei *Roxin* AT II § 26 RN 11ff u *Riklin* AT I § 18 RN 60ff. Diese Uneinigkeit in einer derart zentralen Frage ist ein untrüglicher Indikator für verborgene Spannungsfelder im Teilnahmesystem. Bei der Einheitstäterschaft stellt sich diese Frage erst gar nicht.

32.21

f) Zusammenfassung und Ausblick

Der Begriff „Teilnahmesystem" täuscht. Unter dem Aspekt des höheren Unrechts- und Schuldgehalts und der strengeren Strafdrohung dominieren auch im deutschen Recht nicht Teilnahmeformen, sondern die **Täterformen.** Sie sind die eigentlichen Eck- und Stützpfeiler des Teilnahmesystems. Es ist bezeichnend, dass überall dort, wo wegen der limitierten Akzessorietät Anstiftung oder Beihilfe aus begrifflich-dogmatischen Gründen ausscheidet, die dadurch **drohenden Straflücken** durch Rückgriff auf die **Kategorie der Täterschaft** geschlossen werden. Besonders deutlich im deutschen Recht.

32.22

Die **mittelbare Täterschaft** (§ 25 Abs 1 2. Fall dStGB) ist das täterschaftliche Sammelbecken für zahlreiche Fälle, denen aus dogmatisch-begrifflichen Gründen die Zuordnung zur Teilnahme versagt bleibt. Hinter der mittelbaren Täterschaft verbirgt sich ein zwar nach verschiedenen Tätertypen differenziertes, **im Kern aber einheitstäterschaftliches Denken.** Dasselbe gilt für die in der Praxis hoch bedeutsame Täterform der **Mittäterschaft** (§ 25 Abs 2 dStGB). Sie bezweckt und ermöglicht es, insb **Beihilfehandlungen** unter bestimmten Voraussetzungen zur Täterschaft aufzuwerten. Sowohl diese Sichtweise als auch die Argumentationstechnik entsprechen der formalen Einheitstäterschaft (RN 33.6 aE); näher zur formalen Einheitstäterschaft vgl RN 32.32 mN. Auch die übrigen Figuren des Teilnahmesystems, etwa die des **Täters hinter dem Täter** (RN 33.27f) und des **Nebentäters** (RN 33.2), sind schon dem Begriffe nach Täterschaftsformen. Dass im deutschen Recht bei den **fahrlässigen Delikten** das Prinzip der Einheitstäterschaft gilt, ist seit jeher allgemeine Ansicht; vgl *J/W* AT 646 654. Bei der ganzheitlichen Handhabung der **Straffrage** in Durchbrechung der dem Teilnahmesystem gezogenen begrifflichen Grenzen, etwa im Badewannen- und Staschynskij-Fall (RN 32.20), kommt die deutsche Praxis in der Sache und im Ergebnis dem **einheitstäterschaftlichen Denken** nahe; ähnlich *Rotsch* „Einheitstäterschaft" 462.

So betrachtet gehört auch die Beteiligungsregelung der §§ 25ff dStGB zu den **Mischsystemen.** Abgesehen von den beiden akzessorietätsgeprägten Teilnahmeformen orientieren sich Unrechtsgehalt der Tat und Tatbestandsausle-

32.23

gung prinzipiell an der Kategorie der **Täterschaft.** Die Krux dieses Systems: Es funktioniert nur, wenn nicht nur Anstiftung und Beihilfe, sondern auch alle Täterformen typisiert, systematisiert und penibel voneinander abgegrenzt werden. Unter den europäischen Beteiligungsregelungen ist das Teilnahmesystem des deutschen StGB das begrifflich und dogmatisch anspruchsvollste, aber auch das bei weitem aufwändigste und komplizierteste; zur Begriffswelt des deutschen Teilnahmesystems vgl das Schaubild RN 32.51. Bemerkenswert erscheint, dass sich der moderne deutsche Gesetzgeber in zunehmendem Maße durch **spezielle einheitstäterschaftliche Tatbestandsformulierungen** über die Unterscheidung von Täterschaft und Teilnahme hinwegsetzt; vgl dazu *Rotsch* „Einheitstäterschaft" 204; *Volk* Roxin-FS 563. Vgl weiters RN 33.17.

32.24 In diesem Zusammenhang stößt auch das deutsche **OrdnungswidrigkeitsG** auf nachdrückliches österr Interesse. Denn der deutsche Gesetzgeber hat sich 1968 für diesen Bereich zur Einführung der **Einheitstäterschaft** und damit gegen das akzessorische Teilnahmesystem des deutschen StGB entschieden. Inzwischen sind aber Schrifttum und Praxis bemüht, die Entscheidung des Gesetzgebers für die Einheitstäterschaft im Wege der Auslegung so weit als möglich **rückgängig zu machen** und wieder in **gewohnte akzessorische Bahnen** zurückzulenken; vgl insb BGHSt 31 309; dazu krit *Kienapfel* NJW 1983 2236; für eine strikt einheitstäterschaftliche Auslegung des dOWiG dagegen OLG Koblenz JA 1983 98 m Anm *Seier; Trunk* Einheitstäterbegriff 155.

32.24a Umgekehrt stellt sich die Situation in Österreich dar: Im Gegensatz zu § 12 StGB spricht § 7 VStG in der Überschrift ausdrücklich von **Anstiftung** und **Beihilfe.** Aus § 7 VStG leitet die Verwaltungslehre die traditionelle Verankerung der limitierten Akzessorietät für das Verwaltungsstrafrecht ab; vgl *Hengstschläger/Leeb* Verwaltungsverfahrensrecht RN 700ff; *Schulev-Steindl* Verwaltungsverfahrensrecht RN 499ff.

Aber: Zwingend ist dieser Schluss nicht. Denn aufgrund der **einheitlichen Strafdrohung** für Täter, Anstifter und Gehilfen sowie vor allem aus dem Umstand, dass der Gesetzestext auch Anstiftung und Beihilfe zu **fahrlässiger Tat impliziert,** ließe sich § 7 VStG durchaus iS von Einheitstäterschaft deuten, zumindest aber iS eines der Einheitstäterschaft der Sache nach stark angenäherten „Teilnahme"systems; iS einer solchen Annäherung an die Einheitstäterschaft sowohl in der Systematik und im Begrifflichen vgl *Raschauer/ Wessely* Verwaltungsstrafrecht.

2. Einheitstätersystem

a) Monistisches Regelungsmodell

32.25 Die Idee der Einheitstäterschaft geht vom **extensiven = exklusiven Täterbegriff** (RN 32.8) aus. Das führt zu einem **monistischen System,** das ganz bewusst auf jede begriffliche Gegenüberstellung von Tätern und Teilnehmern und zugleich auf wertmäßige Abstufungen innerhalb der Täterschaft verzichtet. Sämtliche an einer Tat beteiligten Personen – auch sehr entfernt oder nur untergeordnet Beteiligte – werden einheitlich als **Täter** bezeichnet, rechtlich prinzipiell gleich gewertet und **derselben Strafdrohung** unterstellt. Daraus leitet sich der Begriff des **Einheitstäters** bzw der **Einheitstäterschaft** ab.

32.26 Diese Begriffsbildung ist nicht besonders glücklich und wird oft missverstanden. Sie verstellt etwas den Blick auf die **praxisfreundliche Funktion** sowie die **strafzumessungsspezifische Dimension** dieses Regelungsmodells und scheint zudem auf ein in sich geschlossenes einheitliches System hinzudeuten, das die Einheitstäteridee weder ist noch sein will; vgl *Kienapfel* Einheitstäter 12 20 25. Das Einheitstäterprinzip ist zwar **das Alternativ-**

C. Die beiden Regelungsmodelle

modell zum Teilnahmesystem, ermöglicht und erlaubt aber Modifikationen bzw Mischformen und lässt insb auch Übergänge zum Teilnahmesystem zu; vgl *Kienapfel* Einheitstäter 24; *Triffterer* Beteiligungslehre 33; *Schmoller* GA 2006 366.

b) Funktionsweise

Im Einheitstätersystem ist **Täter** nicht nur, wer die Tat unmittelbar ausführt, sondern auch, wer dem Ausführenden „den Willen stärkt" oder ihm „hilfreiche Hand bietet". Die für das Teilnahmemodell so zentrale Frage, wer von mehreren Beteiligten die **Zentralgestalt der Tat = Haupttäter** ist, bildet im Einheitstätersystem **kein Thema.** Es kommt darauf in keiner Weise an. 32.27

Wichtig! Bei der Einheitstäterschaft gibt es begrifflich weder „Haupttäter" noch „Teilnehmer", mithin auch keine „Anstifter" oder „Gehilfen". Alle drei Begriffe sind seit vielen Jahrzehnten durch das Denken in Teilnahmekategorien geprägte termini technici. Sie sollten daher für das österr Einheitstätersystem nicht verwendet werden; vgl *Kienapfel* JBl 1974 119 122; in der Sache ebenso *Öner/Schütz* in *L/St* § 12 RN 7, 27 f u 44; *Triffterer* AT 16/31 ff; *Fabrizy* WK² § 12 RN 42 u 81; *Schmoller* ÖJZ 1983 347; vgl weiter RN 32.40. 32.28

Ausgangsbeispiel: Aus einheitstäterschaftlicher Sicht sind sowohl A als auch V, M und S Täter. Die für das Teilnahmesystem strittige Frage, ob auch S Täterin oder „nur" Teilnehmerin ist, stellt sich in einem solchen monistischen Tätersystem nicht.

c) Autonome und individuelle Verantwortlichkeit aller Beteiligten

Im Einheitstätersystem sind alle Beteiligten **Täter** und verantworten ausschließlich **eigenes Unrecht und eigene Schuld.** Anders ausgedrückt: Als Täter kann nur bestraft werden, wer sämtliche allgemeinen und besonderen Unrechts- und Schuldmerkmale **in seiner eigenen Person** verwirklicht; vgl *Kienapfel* JBl 1974 118; *Öner/Schütz* in *L/St* § 12 RN 4; *Triffterer* AT 16/14; *Fabrizy* WK² § 12 RN 11; *Höpfel* ÖJZ 1982 317; *Schmoller* GA 2006 368; *Schöberl* Einheitstäterschaft 225 (pass). Im Gegensatz zum akzessorischen Teilnahmesystem lehnt sich die strafrechtliche Haftung der Beteiligten gerade **nicht** an die eines „Haupttäters" an. Es ist daher gleichgültig, ob die Tat des unmittelbar Ausführenden den rechtlichen Mindestanforderungen der qualitativen = limitierten Akzessorietät (RN 32.14 f) genügt; vgl *Kienapfel* JBl 1974 118; *Öner/Schütz* in *L/St* § 12 RN 4; *Triffterer* AT 16/16; *Fabrizy* WK² § 12 RN 11; *Schmoller* GA 2006 368; *Nowakowski* ZNStR II 147 FN 3; *Höpfel* ÖJZ 1982 317; 12 Os 37/07 v; SSt 2006/11; RZ 2004/9; EvBl 2002/90; EvBl 1997/32; JBl 1994 627 m krit Anm *Burgstaller;* SSt 61/92. 32.29

Wichtig! Der **prinzipielle Verzicht auf die qualitative Akzessorietät** ist nicht nur das dogmatische und kriminalpolitische Credo des Einheitstätergedankens, sondern zugleich auch das **untrügliche Kennzeichen** dafür, ob eine bestimmte gesetzliche Regelung dem Teilnahme- oder dem Einheitstätersystem zuzuordnen ist; vgl *Kienapfel* Erscheinungsformen 24; *ders* JBl 1974 118; *Öner/Schütz* in *L/St* § 12 RN 7 f; *Roeder* JBl 1975 563; *Triffterer* AT 16/16; *Platzgummer* JBl 1971 245; *Höpfel* ÖJZ 1982 321. 32.30

d) Varianten des Einheitstätersystems

Es gibt zwei grundsätzliche Möglichkeiten, ein Einheitstätersystem legistisch näher auszugestalten. Insoweit haben nach einem Vorschlag *Kienapfels* 32.31

die Begriffe **formales** und **funktionales Einheitstätersystem** Eingang in die wissenschaftliche Diskussion gefunden; vgl *J/W* AT 645 FN 4; *M/G/Z* AT § 47 RN 8; *Roxin* LK[11] Vor § 25 RN 4 u 14; *Öner/Schütz* in *L/St* § 12 RN 8; *Fabrizy* WK[2] § 12 RN 12; *Nowakowski* RZ 1982 125; *Triffterer* AT 16/19 ff; *Bloy* Schmitt-FS 36; *van Toorenburg* Medeplegen 266 316. Sämtliche Einheitstätersysteme sind primär **Tatbestandsauslegungsmodelle.**

32.32   aa) **Formales Einheitstätersystem.** Ein solches **Eintypensystem** führt den Einheitstätergedanken besonders streng und konsequent durch und operiert mit einem **undifferenzierten,** naturgemäß sehr weitgefassten **einheitlichen Täterbegriff.** Alle denkbaren Täterformen = Tatbegehungsformen fließen zusammen „wie drei Wassertropfen auf einer Glasplatte", wie *Nowakowski* RZ 1982 125 plastisch formuliert. Dieser einheitliche Täterbegriff umfasst jede nur denkbare Form der Mitwirkung an einem deliktischen Geschehen; näher dazu vgl *Kienapfel* JBl 1974 120; *ders* Erscheinungsformen 26; *Triffterer* Beteiligungslehre 36.

Schon *v. Liszt* stand dieser Sichtweise nahe, als er 1895 anlässlich der 6. Hauptversammlung der Internationalen Kriminalistischen Vereinigung (IKV) in Linz kämpferisch formulierte: „Die ganze Unterscheidung zwischen Täterschaft, Beihilfe und Anstiftung kann, **muss** entfallen"; vgl dazu *Kienapfel* Erscheinungsformen 26 mN. Ein derartiges formales Einheitstätersystem liegt, nach allerdings nicht unbestrittener Ansicht, dem deutschen OWiG sowie dem italienischen StGB zugrunde; vgl *Kienapfel* Erscheinungsformen 30 32; *Miller* Beteiligung 346. Der Sache nach ist das von *Rotsch* „Einheitstäterschaft" 485 präsentierte „beteiligungsindifferente normativ-funktionale Straftatmodell" ein Paradebeispiel für ein konsequent durchgedachtes formales Einheitstätersystem.

Beachte! Die österr Beteiligungsregelung lässt sich **nicht** der formalen Einheitstäterschaft zuordnen. Das folgt zwingend aus jenen Vorschriften, in denen eine Differenzierung nach **verschiedenen Täterformen** expressis verbis verankert ist; vgl insb §§ 12, 15 Abs 2, § 64 Abs 1 Z 8 iVm § 12, § 314 Abs 1 StPO. Vgl aber RN 32.47 sowie RN 33.6, 33.12 u 33.17.

32.33   bb) **Funktionales Einheitstätersystem.** Auch dieses System gehört zu den monistischen Beteiligungsmodellen, weil es auf der Ebene der **Tatbestandsauslegung** angesiedelt ist und ausschließlich mit der **Kategorie der Täterschaft** operiert. Zwar wird diese Täterschaft sowohl aus Gründen des rechtsstaatlichen Bestimmtheitsgebots und der traditionellen Tatbestandsauslegung als auch zum Zweck spezifischer Strafbarkeitsbegrenzung (RN 34.7 u RN 36.34 ff), ähnlich wie im deutschen Recht, in **verschiedene Tatbegehungsformen** gegliedert. Aber diese Tatbegehungsformen sind – und darin besteht der maßgebliche Unterschied zum deutschen Teilnahmesystem – nach **Funktion, Typus und Ausgestaltung reine (originäre) Täterformen = funktionale Einheitstäterschaft.** Im Vorgriff auf die Regelung des österr StGB kann man zwischen dem **unmittelbaren Täter,** dem **Bestimmungstäter** und dem **Beitragstäter** unterscheiden. Auch ein solches **Mehrtypensystem** ist ein **Einheitstätersystem,** weil sämtliche Tatbegehungsformen einander **wert-, wesens- und haftungsmäßig gleichgestellt** und daher derselben **einheitlichen Strafdrohung** unterstellt sind; vgl *Kienapfel* JBl 1974 120; *Öner/Schütz* in *L/St* § 12 RN 16; *Triffterer* AT 16/31 ff u 40 ff; *Schmoller* GA 2006 368; *Fabrizy* WK[2] § 12 RN 12. Näher zur funktionalen Einheitstäterschaft des österr Rechts vgl RN 32.39 ff, insb RN 32.41 a, 32.42 ff u 32.46 ff; dazu die Schaubilder RN 32.38 u 32.52.

C. Die beiden Regelungsmodelle

e) Einheitliche Strafdrohung

Der Einheitstätergedanke hat auf der Strafebene die ebenso naheliegende **32.34** wie bestechende Konsequenz, dass für alle Täter und somit für sämtliche Täterschaftsformen **dieselben Strafdrohungen** gelten. Zusammen mit einer **beteiligungsspezifischen Strafzumessungsregelung** bezweckt und ermöglicht das Einheitstätersystem auf verhältnismäßig einfache Weise die erstrebenswerte **maximale Individualisierung** der Strafe nach dem Maß von Unrecht und Schuld jedes Beteiligten; vgl *Fabrizy* WK² § 12 RN 117; *Kienapfel* JBl 1974 115; *Schöberl* Einheitstäterschaft 220.

Beachte! Die Einheitstäteridee richtet sich – und so hatte es schon *v. Liszt* als ihr **32.35** überzeugter Anhänger und maßgeblicher Proponent gesehen – vor allem auch gegen das **Übergewicht der Dogmatik** im Beteiligungsbereich, wo kategoriales akzessorisches Stufendenken und eine Überfülle filigraner dogmatischer Begrifflichkeit eine sachgerechte Bestrafung der Beteiligten mitunter sogar verhindern (RN 32.19f); zu *v. Liszt* vgl *Kienapfel* Einheitstäter 11; *Schöberl* Einheitstäterschaft 40. Dass das Einheitstätersystem auf der Strafbemessungsebene zu einer Vergröberung der Maßstäbe führt, wie etwa *J/W* AT 646 befürchten, trifft zumindest für das österr Recht nicht zu; vgl *Schmoller* GA 2006 367.

f) Leitlinien des funktionalen Einheitstätersystems

Abschließend sollen die wesentlichen Aspekte des funktionalen Einheits- **32.36** tätersystems noch einmal kurz zusammengefasst werden:

- Es handelt sich um ein **Tatbestandsauslegungsmodell,** dessen **Strafumfang** sich nahezu vollständig mit jenem des Teilnahmesystems deckt.

- Die Typenbildung des funktionalen Einheitstätersystems dient der **Begrenzung der Strafbarkeit** und trägt dem **rechtsstaatlichen Bestimmtheitsgebot** und der **traditionellen täterbezogenen Tatbestandsauslegung** Rechnung.

- Das Einheitstätersystem kommt mit einem vergleichsweise geringen begrifflichen Instrumentarium aus und ist daher wesentlich **elastischer** und **einfacher** zu handhaben als das von strenger Begrifflichkeit und subtiler Dogmatik geprägte akzessorische Teilnahmesystem.

- In weit stärkerem Maße und auf einfachere Weise als das Teilnahmesystem bezweckt, ermöglicht und erreicht das Einheitstätersystem eine **maximale Individualisierung der Rechtsfolgen** nach dem Maß von Unrecht und Schuld jedes Beteiligten.

g) Die Einheitstäteridee im Meinungswandel

In der internationalen Diskussion ist das Einheitstäterprinzip von den Ver- **32.37** tretern des Teilnahmesystems meist pauschal und abstrakt sowie ohne kritische Distanz zum eigenen System erörtert worden. Dadurch ist vieles als Nachteil hingestellt worden, was in Wirklichkeit die **Vorzüge der Einheitstäteridee** ausmacht; vgl *Höpfel* ÖJZ 1982 317; *Schmoller* GA 2006 368; *Schöberl* Einheitstäterschaft 267. Lange Zeit hat man aneinander vorbeigeredet; zur Kritik der Einheitstäterschaft vgl *J/W* AT 645; *M/G/Z* AT § 47 RN 7 ff; *Schünemann* LK Vor § 25 RN 5 ff; *ders* AT II § 25 RN 2 ff; *Bloy* Schmitt-FS 44; *Volk* Roxin-

32. Kapitel: Grundlagen der Beteiligungslehre

FS 563. Der häufige Vorwurf einer rein kausalen Betrachtung der Täterschaft lässt sich schon lange nicht mehr aufrecht erhalten; vgl *Schmoller* GA 2006 367; näher dazu RN 34.6 u RN 35.11 f.

Inzwischen beginnen sich die Gewichte zu verschieben. Mit Blick auf Regelungen in europäischen Rechtsakten ist es das **akzessorische Teilnahmesystem**, das in eingehenden strafrechtsvergleichenden Untersuchungen in zunehmendem Maße **in Frage gestellt** wird; vgl RN 32.54 mN.

3. Abschließender Systemvergleich

32.38 Die nachfolgende Gegenüberstellung soll die wesentlichen Unterschiede zwischen beiden Regelungsmodellen zusammenfassend verdeutlichen:

	Einheitstätersystem	Teilnahmesystem
1. Kennzeichen	a) Verzicht auf die Gegenüberstellung von Tätern und Teilnehmern b) Aufwertung aller Beteiligten zu Tätern c) Einheitliche Strafdrohungen für alle Beteiligten d) Schwerpunkt: Differenzierte Strafbemessungsregelung	a) Es wird streng zwischen Tätern und Teilnehmern unterschieden b) Anstifter und Gehilfen sind die beiden Teilnahmeformen c) Tendenziell unterschiedliche Strafdrohungen für Täter (strenger) und bloße Teilnehmer (milder) d) Schwerpunkt: Kategoriale dogmatische Begriffsbildungen. Dagegen bloß schematische Strafbemessungsregelung
2. Tragendes Prinzip	Jeder **Täter** verantwortet **ausschließlich eigenes Unrecht und eigene Schuld**	a) Dieses Prinzip gilt im Teilnahmesystem nur für den bzw die **Täter** b) **Anstifter** und **Gehilfen** werden dagegen wegen Teilnahme an fremder Tat bestraft = **Akzessorietät der Teilnahme**
3. Praktische Auswirkungen	a) Geringer begrifflicher Aufwand. Allenfalls müssen die verschiedenen Täterformen voneinander abgegrenzt werden b) Sorgfältige individualisierende Strafzumessung c) Subsumtion unter die falsche Täterschaftsform begründet mangels Beschwer **keine Nichtigkeit** iSd § 281 Abs 1 Z 10 StPO	a) Erheblicher begrifflicher Aufwand. Einmal müssen die Täterformen von den Teilnahmeformen abgegrenzt werden, aber auch die verschiedenen Täter- und Teilnahmeformen untereinander b) Untergeordnete Rolle der Strafzumessung c) Derartige Subsumtionsfehler würden **Nichtigkeit** iSd § 281 Abs 1 Z 10 StPO begründen

D. Das geltende österreichische Recht

Ergänzend wird auf die beiden Schaubilder zur **unterschiedlichen Begriffswelt** des deutschen Teilnahmesystems und der Einheitstäterschaft des österr Rechts verwiesen; vgl RN 32.51 u 32.52.

D. Das geltende österreichische Recht
1. Die gesetzliche Regelung

§ 12 enthält die zentrale Vorschrift und lautet: **32.39**

„**Nicht nur der unmittelbare Täter begeht die strafbare Handlung, sondern auch jeder, der einen anderen dazu bestimmt, sie auszuführen, oder der sonst zu ihrer Ausführung beiträgt.**"

Beachte! Dieselbe Regelung findet sich in § 11 FinStrG. Die nachstehenden Ausführungen gelten daher auch für das **Finanzstrafrecht;** vgl RN 32.42. Zum **Verwaltungsstrafrecht** vgl RN 32.24 a.

Im Anschluss daran greift § 13 den Gedanken des § 4 (Schuldprinzip) auf und bekräftigt für die Behandlung jedes Beteiligten, dass jeweils die **persönliche Schuld** zu prüfen ist. Dazu gehört nach der ursprünglichen Konzeption des StGB (vgl RN 11.3) insbesondere auch das psychologische Schuldelement, heute der subjektive Tatbestand. Wenn daher mehrere Beteiligte mit verschiedenen Vorstellungen im Hinblick auf dasselbe Ziel handeln, ergibt sich aus § 13, dass für die Anwendung eines Tatbestandes die **Erfordernisse des subjektiven Tatbestandes bei jedem einzelnen** erfüllt sein müssen.

a) **Ausschließlich Täterformen.** Im Gegensatz zum deutschen Recht verzichtet das StGB, wie seine Materialien mehrfach belegen, ganz bewusst auf die Gegenüberstellung von Täter- und Teilnahmeformen. Auch wer einen anderen zur Tat bestimmt oder sonst zu ihrer Ausführung beiträgt, „**begeht** die strafbare Handlung". Diese Personen sind daher ebenfalls **Täter** und nicht etwa bloße Teilnehmer (RN 32.8). Zugleich trifft § 12 die gerade für ein **Einheitstätersystem** charakteristische Anordnung, dass für alle an der Tat Beteiligten **dieselben Strafdrohungen** gelten.   **32.40**

Nach einem Vorschlag *Kienapfels* StP I 90 zur Terminologie des neuen Rechts hat sich in Judikatur und Lehre für den Bestimmenden der Begriff **Bestimmungstäter** und für die sonst Beteiligten der Begriff **Unterstützungs- bzw Beitragstäter** durchgesetzt; vgl *Burgstaller* RZ 1975 14; *Öner/Schütz* in *L/St* § 12 RN 4; *Fabrizy* § 12 RN 1; *Triffterer* AT 16/2; aus der Judikatur vgl SSt 2006/11; SSt 2003/83; EvBl 1998/9; weitere Nachw in 12. Aufl.

Beachte! Es spricht für die inzwischen erreichte terminologische und inhaltliche Akzeptanz des funktionalen Einheitstätersystems, dass die früheren (teilnahmegeprägten) Begriffe **Anstiftung** und **Beihilfe** in den Urteilen und im Schrifttum heute kaum mehr Verwendung finden.

b) **Keine qualitative (= limitierte) Akzessorietät.** Dieser **prinzipielle Verzicht** ist das Kennzeichen jeder Einheitstäterregelung (RN 32.29f). Für die Strafbarkeit des Bestimmungs- oder Beitragstäters ist es nicht notwendig, dass der unmittelbare Täter tatbestandsmäßig, rechtswidrig oder schuldhaft handelt. Zum Nachweis, dass das StGB **im Bereich des § 12** ohne jede qualitative Akzessorietät auskommt, s schon *Kienapfel* ua JBl 1974 113 180; *ders* RZ 1975 165;   **32.41** seither hM u ständige Praxis; vgl *Rebisant* Kontroversen RN 114; näher dazu RN 32.41 a sowie 32.42 f; zur Gegenposition vgl RN 32.44 f sowie RN 33.24 ff.

Mit einer solchen qualitativen Akzessorietät nicht zu verwechseln ist der Begriff der **quantitativen Akzessorietät der Beitragstäterschaft.** Darunter ist zu verstehen, dass der **Beitragstäter** nur dann strafbar ist, wenn der **unmittelbare Täter zumindest** ins **Versuchsstadium** gelangt ist. Hat der unmittelbare Täter die Tat nicht versucht, scheidet eine Strafbarkeit des Beitragstäters aus. Der versuchte Beitrag ist somit straflos. Dies ergibt sich aus der Definition des Versuchs in § 15 Abs 2, wo die versuchte Beitragstäterschaft aus der Strafbarkeit ausgeklammert wird; vgl unten RN 35.24 f, RN 36.35 ff.

32.41 a   c) **Funktionales Einheitstätersystem.** Die Beteiligungsregelung der §§ 12 ff ist ein **Tatbestandsauslegungsmodell** und weist insgesamt die folgenden charakteristischen Merkmale auf:

- **Es gibt nur Täterschaftsformen = Täterformen.**
- **Alle Täterformen sind rechtlich gleichwertig.**
- **Prinzipieller Verzicht auf die qualitative Akzessorietät.**
- **Gleiche Strafdrohung für alle Beteiligten.**

Für diese Grundentscheidungen des geltenden österr Rechts wird im Folgenden die Systembezeichnung **funktionale Einheitstäterschaft** (RN 32.33) = Einheitstäterregelung der §§ 12 ff = österr Einheitstätersystem verwendet.

Zu diesen zentralen Kriterien der Einheitstäterregelung der §§ 12 ff vgl *Kienapfel* JBl 1974 121; *ders* RZ 1975 165; *Öner/Schütz* in *L/St* § 12 RN 4; *Triffterer* AT 16/40 ff; *ders* Beteiligungslehre 49, insb 55; *Fabrizy* WK² § 12 RN 13. Dieses System war in manchen Grundzügen schon im StG angelegt; vgl näher *Kienapfel* Erscheinungsformen 40; *Schöberl* Einheitstäterschaft 50.

2. Die verschiedenen Positionen

32.42   a) **Herrschende Meinung.** Der Meinungsstreit über das den §§ 12 ff, 32 ff zugrunde liegende System ist heute zu Gunsten der **funktionalen Einheitstäterschaft** iSd Ausführungen RN 32.41 a entschieden; vgl *Öner/Schütz* in *L/St* § 12 RN 4 ff 10 12 ff; *Kienapfel* Steininger-FS 157; *Triffterer* AT 16/31 ff u 40 ff; *Fabrizy* WK² § 12 RN 13 u 16 f; *Moos* WK² § 75 RN 31 ff; *Nowakowski* RZ 1982 124; *Schmoller* ÖJZ 1983 347; *Höpfel* ÖJZ 1982 317 321; *Friedrich* RZ 1986 232; zusammenfassend *Rebisant* Kontroversen RN 113. Dasselbe gilt gem § 11 FinStrG für das **Finanzstrafrecht;** vgl *Leitner/Brandl/Kert* HB Finanzstrafrecht RN 432 ff; *Kert* ZWF 2018 308; EvBl 1999/27; ÖStZB 1998 680. Zum **Verwaltungsstrafrecht** vgl RN 32.24 a.

32.43   Der **OGH** folgt dieser Auslegung. Das Gericht hatte sich schon früher in **allen systemrelevanten Grundfragen** auf die Seite der funktionalen Einheitstäterschaft gestellt. Seit der Grundsatz-E JBl 1994 627 m krit Anm *Burgstaller* bekennt sich der OGH auch **ausdrücklich zur Lehre von der funktionalen Einheitstäterschaft;** idS weiters RZ 2004/9; ÖStZB 1998 680; EvBl 1997/32. Besonders deutlich kommt dies zum einen in jenen Entscheidungen zum Ausdruck, die dem Zentralprinzip des Teilnahmesystems, der **qualitativen Akzessorietät,** expressis verbis eine Absage erteilen; vgl insb JBl 1994 627 mit krit Anm *Burgstaller;* SSt 61/92; JBl 1990 331 (mit Leitsatzberichtigung in JBl 1990 468); SSt

D. Das geltende österreichische Recht

59/97; RZ 1986/31 u RZ 1978/72 jeweils m zust Anm *Kienapfel*. Die Rsp geht auch – dem Teilnahmedenken diametral entgegengesetzt – von einer **rechtlichen Gleichwertigkeit** der in § 12 verankerten Täterformen aus (RN 32.46 mN). Vgl *Kienapfel* Steininger-FS 157; *ders* ÖJZ 1979 91.

Aber: Dieser **erfreuliche Grundkonsens** zwischen höchstrichterlicher Rspr und herrschender Lehre schließt naturgemäß nicht aus, dass der OGH die eine oder andere Detailfrage anders entscheidet als das (durchaus auch nicht immer einhellige) funktional-einheitstäterschaftliche Schrifttum.

b) **Abweichende Auffassung: Reduzierte Einheitstäterschaft.** Unter diesem missverständlichen Titel hat *Burgstaller* RZ 1975 13 29 in Konfrontation mit dem in JBl 1974 113 180 skizzierten System der funktionalen Einheitstäterschaft eine Interpretation der §§ 12 ff unterbreitet, die von einem **restriktiven Täterbegriff** ausgeht und ein in sich schlüssiges System entwickelt, das in der Methode sowie im Ergebnis weitgehend auf das RN 32.10 ff dargestellte **qualitativ = limitiert akzessorische Teilnahmesystem** hinausläuft; näher dazu RN 33.24 ff. 32.44

Für eine solche **qualitativ-akzessorische Auslegung** der §§ 12 ff bestehen weder Anlass noch Rechtfertigung oder Bedürfnis. Wortlaut, Entstehungsgeschichte und unmittelbarer Vergleich der §§ 12 ff mit den deutlich abweichend formulierten Teilnahmevorschriften der §§ 26 f dStGB u Art 24 f schwStGB lassen erkennen, dass dem österr Gesetzgeber ein **echtes Einheitstätersystem und nicht etwa ein verkapptes Teilnahmesystem** vorschwebt. *Burgstallers* Vorschlag ist daher im funktional-einheitstäterschaftlichen Schrifttum auf Kritik und Ablehnung gestoßen; vgl *Kienapfel* RZ 1975 165; *Öner/Schütz* in *L/St* § 12 RN 12 f; *Nowakowski* ZNStR II 147 FN 3; *Roeder* JBl 1975 563 FN 19 a; *Triffterer* AT 16/46 ff; *Schmoller* ÖJZ 1983 347; *Höpfel* ÖJZ 1982 317; *Friedrich* RZ 1986 229 m FN 24. 32.45

3. Prozessuale Aspekte

a) **Rechtsmittelbereich.** Die Entscheidung der Praxis für die funktionale Einheitstäterschaft wirkt sich vor allem im Rechtsmittelbereich aus. Der **OGH** vertritt in stRspr die Auffassung, dass der Angeklagte im Hinblick auf die **rechtliche Gleichwertigkeit aller Täterformen** durch die **Subsumtion unter eine falsche Täterform nicht beschwert** ist; vgl *Ratz* WK-StPO § 281 RN 646; *Öner/Schütz* in *L/St* § 12 RN 14; SSt 2006/54; SSt 2003/18; EvBl 2002/20; JBl 2001 194 m Anm *Moos*. Mithin entfallen sowohl Nichtigkeitsbeschwerde gem **§ 281 Abs 1 Z 10 StPO** als auch amtswegiges Vorgehen gem **§ 290 Abs 1 StPO**. Damit ist ein **beträchtliches Maß an Verfahrensvereinfachung** gewährleistet. 32.46

Wichtig! Diese prozessuale Handhabung der §§ 12 ff schließt ein qualitativ-akzessorisches Verständnis aus. Sie bestätigt die Richtigkeit der hier vertretenen Position; vgl *Kienapfel* StP I 100; *Triffterer* Beteiligungslehre 52. Auch aus **§ 314 StPO** ergibt sich nichts anderes. Diese Vorschrift zwingt im **Geschworenenverfahren** dazu, in Anklage, Fragestellung und Urteil zwischen den drei Täterformen des § 12 StGB zu unterscheiden. Damit sichert sie ab, dass den Geschworenen anschaulich vor Augen geführt wird, welche konkrete Täterform gerade gemeint ist; vgl *Kienapfel* StP VII 73; *Öner/Schütz* in *L/St* § 12 RN 16.

Die in §§ 12, 64 Abs 1 Z 8 und § 314 StPO verbriefte Gegenüberstellung der verschiedenen Täterformen hat **weitere prozessuale Auswirkungen:** 32.47

(1) Es entspricht der Grundidee der Einheitstäterschaft, nicht nur im Geschworenenverfahren (RN 32.46 aE), sondern auch in allen anderen Verfahren prozessual sicherzustellen, dass der die **jeweilige Täterform konstituierende konkrete Tatanteil** sachver-

32. Kapitel: Grundlagen der Beteiligungslehre

haltsmäßig hinreichend deutlich festgestellt wird. Dass diesbezügliche Urteilsmängel gem § 281 Abs 1 Z 5 StPO als formelle Begründungsmängel des Ausspruchs über entscheidende Tatsachen angefochten werden können, wird aber bestritten; vgl *Ratz* WK-StPO § 281 RN 398; vgl *Öner/Schütz* in *L/St* § 12 RN 15; *Friedrich* RZ 1986 261 m FN 103; SSt 54/68; RZ 1982/45 m Anm *Kienapfel* (GrundsatzE); JBl 1979 662. Im **Urteil** ist die jeweils vorliegende Tatbegehungsform, bei Bestimmungs- und Beitragstätern unter ausdrücklichem Hinweis auf § 12 2. oder 3. Fall, festzuhalten; vgl *Öner/Schütz* in *L/St* § 12 RN 16; SSt 60/13; SSt 59/97.

(2) Anders die neuere Rechtsprechung. Danach betrifft die Beteiligungsform (§ 12) keine entscheidende Tatsache; vgl JBl 2003 463 m Anm *Schmoller;* EvBl 2001/75; *Nowakowski* RZ 1982 129; *Fuchs/Zerbes* AT I 36/5 f; *Schmoller* Alternative Tatsachenaufklärung 92; *Fabrizy* WK² § 12 RN 121 f. Auf diese Weise wird zum einen Doppelgleisigkeit im Strafverfahren (strikte funktionale Einheitstäterschaft nur für den Bereich des Geschworenenverfahrens) begründet. Zum anderen hat dieser Schritt auch bedeutsame Auswirkungen im materiellen Strafrecht, weil dadurch die Gefahr heraufbeschworen wird, dass die traditionell **auf den unmittelbaren Täter bezogene Tatbestandsauslegung** zum Nachteil der tatbestandlichen Bestimmtheit unterminiert und der höchstrichterlichen Kontrolle durch § 281 Abs 1 Z 5 StPO für das Gros der Fälle entgleitet. Auf prozessualer Ebene droht sich die funktionale Einheitstäterschaft insoweit zur **formalen Einheitstäterschaft** (RN 32.32) zu wandeln; vgl auch *Moos* JBl 2008 346.

32.48 b) **Wahlfeststellung.** Sie ist im Hinblick auf die Gleichwertigkeit aller Täterformen grundsätzlich **zulässig;** vgl *Kienapfel* Erscheinungsformen 54; inzwischen hM; vgl 15 Os 171/01; NRsp 1993/30; RZ 1978/73 m zust Anm *Kienapfel;* EvBl 1974/118; *Fabrizy* WK² § 12 RN 124; *Nowakowski* RZ 1982 125 129; *Schmoller* Alternative Tatsachenaufklärung 96; insoweit zust auch *Burgstaller* RZ 1982 217.

Aber: Eine „Wahlfeststellung" mit dem allgemeinen Hinweis, dass A gem §§ 12, 146 zu verurteilen ist, weil er die Tat „ohnehin" entweder als unmittelbarer Täter oder als Beitragstäter begangen hat, ist mangels **ausreichender Sachverhaltsfeststellungen** unzulässig und begründet Nichtigkeit gem § 281 Abs 1 Z 5 StPO; vgl dazu SSt 54/68.

32.49 c) **Unbekannte Mittäter.** Selbst wenn der unmittelbare Täter nicht ausgeforscht werden kann und für immer unbekannt bleibt, steht ein solches non liquet der Verurteilung eines anderen Tatbeteiligten als unmittelbarer Mittäter, Bestimmungs- oder Beitragstäter nicht entgegen; vgl *Kienapfel* ÖJZ 1979 93; SSt 2006/11; SSt 61/86/75.

B e i s p i e l : Im spektakulären Nittel-Mordfall gelang es nicht, den unmittelbaren Täter auszuforschen. Mit Recht sah sich das Gericht nicht daran gehindert, Mohammed Y als Beitragstäter zu verurteilen; vgl dazu den Hinweis in EvBl 1984/94; *Nowakowski* RZ 1982 135 (krit *Burgstaller* RZ 1982 217); weiters EvBl 1983/74; RZ 1978/73 m zust Anm *Kienapfel.*

4. Rechtsvergleichender Ausblick

32.50 Die funktionale Einheitstäterschaft des österr Rechts ist ein System, das im Kern darauf abzielt, **im Wege der Tatbestandsauslegung** ähnliche bzw vergleichbare Ergebnisse zu erzielen wie das deutsche Strafrecht und diese tatsächlich auch erzielt, ohne dass es dazu des Rückgriffs auf den Akzessorietätsgedanken und die komplizierte Tatherrschaftslehre bedarf. Dazu ein Blick auf die unterschiedliche Begriffswelt beider Systeme:

D. Das geltende österreichische Recht

1. Schaubild: Die Begriffswelt des Teilnahmesystems   **32.51**

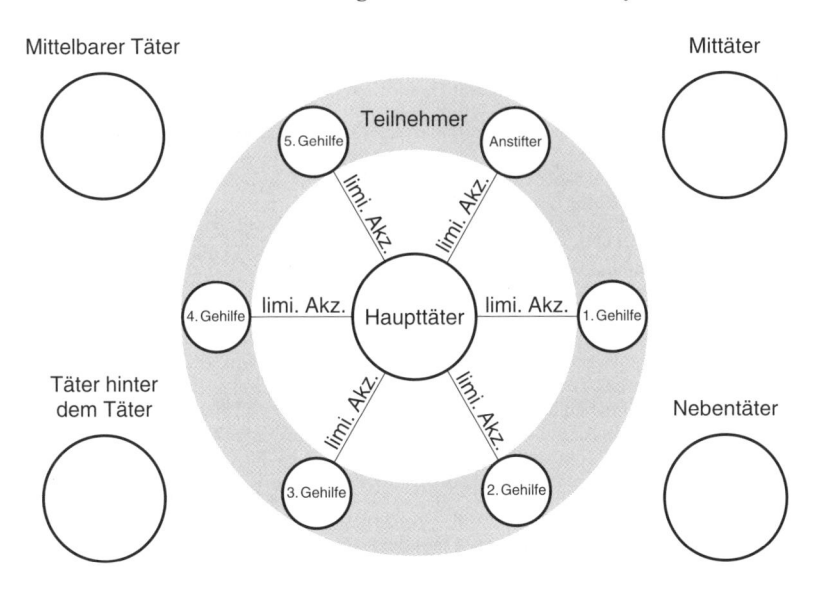

```
Mittelbarer Täter                                              Mittäter

                        Teilnehmer
                   5.Gehilfe     Anstifter

          4.Gehilfe  limi. Akz.  Haupttäter  limi. Akz.  1.Gehilfe

Täter hinter
dem Täter                                                      Nebentäter
                   3.Gehilfe     2.Gehilfe
```

Im akzessorischen Teilnahmesystem gibt es mit der kategorialen Gegenüberstellung von Täterschaft und Teilnahme **zwei Begriffsebenen,** wobei die Teilnahme in Anstiftung und Beihilfe, die Täterschaft in mannigfaltige Untertypen zerfällt. Das **Entscheidende:** Im Hinblick auf die rechtsstaatliche Typenbildung und die daraus resultierenden prozessualen Erfordernisse bedürfen sämtliche Teilnahme- und Täterformen einer **präzisen,** dh insb **rechtsmittelfähigen Abgrenzung** voneinander; vgl RN 32.22 f u 32.38 sowie RN 33.16.

2. Schaubild: Die Begriffswelt des funktionalen Einheitstätersystems   **32.52**

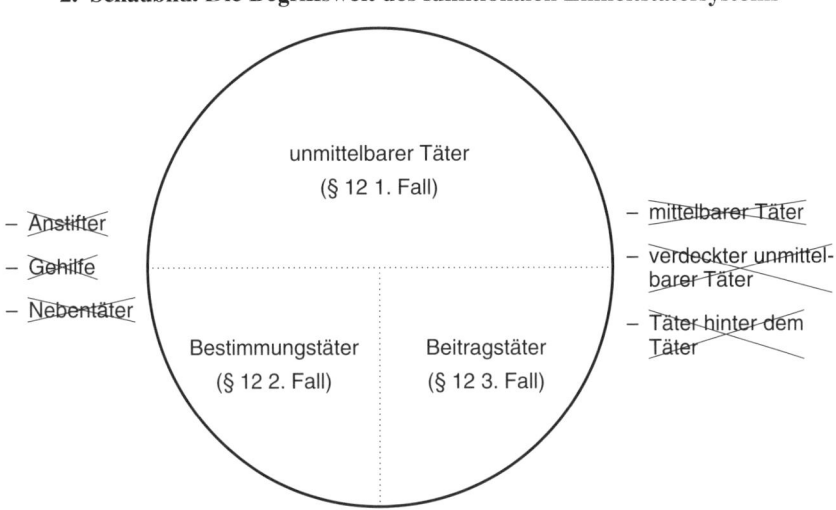

```
                    unmittelbarer Täter
                        (§ 12 1. Fall)

– A̶n̶s̶t̶i̶f̶t̶e̶r̶                              – m̶i̶t̶t̶e̶l̶b̶a̶r̶e̶r̶ T̶ä̶t̶e̶r̶
– G̶e̶h̶i̶l̶f̶e̶                                – v̶e̶r̶d̶e̶c̶k̶t̶e̶r̶ u̶n̶m̶i̶t̶t̶e̶l̶-
                                              b̶a̶r̶e̶r̶ T̶ä̶t̶e̶r̶
– N̶e̶b̶e̶n̶t̶ä̶t̶e̶r̶                              – T̶ä̶t̶e̶r̶ h̶i̶n̶t̶e̶r̶ d̶e̶m̶
                                              T̶ä̶t̶e̶r̶
         Bestimmungstäter  │  Beitragstäter
         (§ 12 2. Fall)    │  (§ 12 3. Fall)
```

32. Kapitel: Grundlagen der Beteiligungslehre

Im funktionalen Einheitstätersystem geht es primär um die **Tatbestandsauslegung.** Die unmittelbare Täterschaft begrenzt den **Wortlauttatbestand** des Delikts, die Bestimmungstäterschaft und die Beitragstäterschaft ergänzen diesen um den jeweiligen **Auslegungstatbestand** und erweitern auf diese Weise die **Außengrenze** des Delikts. Anders formuliert: Bestimmungs- und Beitragstäterschaft haben vor allem die Funktion, zusammen mit der unmittelbaren Täterschaft **die Außenhaut des Delikts** und damit den **Gesamtumfang der deliktischen Strafbarkeit** festzulegen; idS auch *Schmoller* GA 2006 367. Wegen der einheitlichen Strafdrohung kommt es – anders als im Teilnahmesystem – auf die **Innenabgrenzung nicht entscheidend** an. Im Schaubild ist diese Innenabgrenzung daher durch eine bloß gestrichelte Linie markiert. Auch unter Rechtsmittelaspekten ist die **Außenabgrenzung prioritär** (§ 281 Abs 1 Z 10 und § 290 Abs 1 StPO); vgl dazu RN 32.46 f. Ausnahme: § 15 Abs 2, da für diesen schmalen Sektor Binnen- und Außengrenze zusammenfallen; näher dazu RN 36.34 ff.

32.53 **Bilanz:** Von einer „untragbaren Ausdehnung der Strafbarkeit" (*Roxin* AT II § 25 RN 3) kann nicht die Rede sein; vgl dazu *Schmoller* GA 2006 367; *Schöberl* Einheitstäterschaft 268. Die mehr als 30-jährige Judikatur des OGH zur funktionalen Einheitstäterschaft zeigt, dass sich der **Gesamtumfang** strafbarer Beteiligung gem §§ 12 ff **weitgehend mit jenem des deutschen Teilnahmesystems deckt;** vgl RN 34.29 u RN 37.52; *Kienapfel* Steininger-FS 157. Historisch gewachsene gesetzliche **Sonderregelungen** gibt es in beiden Rechtsordnungen. So ist etwa gem § 15 Abs 2 der bloße Beitragsversuch straflos (RN 36.45), während gem § 30 Abs 1 dStGB der Bestimmungsversuch nur in Bezug auf Verbrechen strafbar ist.

32.54 Es ist zu wünschen, dass sich in künftigen **europäischen Regelungen** zum Beteiligungssystem – entgegen den Vorschlägen von Art 12 Corpus Juris sowie von Art 14 des Europäischen Modellstrafgesetzbuchs – nicht das akzessorische Teilnahmedenken mit seiner komplizierten Dogmatik und seinen subtilen Unterscheidungen durchsetzen wird, sondern die **effizientere, einfachere, lebensnähere und der Individualisierung stärker verpflichtete Einheitstäteridee;** krit zu beiden Gesetzesvorschlägen *Hamdorf* Beteiligungsmodelle 382 388 sowie *Schöberl* Einheitstäterschaft 250 256. Der einst von *v. Liszt, Garraud* und *van Hamel* befürwortete Gedanke, dass **alle Beteiligten** an einer strafbaren Handlung **Täter** sind und dass für alle Täter **dieselbe Strafdrohung** gelten soll, hat bis heute nichts von seiner Faszination verloren. Er besticht nicht nur durch Stringenz und Transparenz des Ansatzes, sondern trägt durch die **nachhaltige Entlastung des Rechtsmittelbereichs** maßgeblich zur Ökonomie und Effizienz von Strafverfahren mit mehreren Beteiligten bei. Es sind vor allem die jüngeren rechtsvergleichenden Arbeiten, die inzwischen auf **europäischer Ebene** mit Nachdruck und guten Gründen für eine Abkehr vom akzessorischen Teilnahmesystem und für ein Tatbestandsauslegungsmodell auf der Basis der Einheitstäterschaft plädieren; vgl *Schmoller* GA 2006 366 369; *Schöberl* Einheitstäterschaft (2006) 225; *Engert* Einheitstäter (2005) 147; *Hamdorf* Beteiligungsmodell (2002) 402 407; *Miller* Beteiligung 260 341; vgl auch *Rotsch* „Einheitstäterschaft" 484 (vgl RN 32.32); differenziert das „normative Tätermodell" von *Weißer* Täterschaft 490 ff.

32.55 Das **Einheitstäterprinzip** ist – wenngleich mit durchaus unterschiedlichen Modifikationen und Varianten – in vielen Rechtsordnungen anzutreffen; etwa im italienischen StGB; vgl dazu *Kienapfel* Erscheinungsformen 30; *Weißer* Täterschaft 97 ff. Ebenso im skandinavischen Rechtskreis; instruktiv dazu *Schöberl* Einheitstäterschaft insb 67 202 207 (Norwegen), insb 103 203 207 (Dänemark), 131 (Island). Desgleichen im polnischen Recht; vgl *Zoll* Triffterer-FS 275. Auch die neueren Gesetzbücher der USA stehen der Einheitstäteridee nahe; vgl *J/W* AT 662; ebenso die jüngere englische Praxis; vgl *Ashworth* ZStW

A. Vorbemerkung

1998 469. Engagierte Befürwortung in Holland durch *van Toorenburg* Medeplegen 251 316. Dagegen finden sich ähnliche **akzessorietätsgeprägte Regelungsmodelle** wie im dStGB und im schwStGB in den Strafgesetzen Frankreichs und Spaniens; vgl *Schünemann* LK Vor § 25 RN 17 f; *Zapatero* ZStW 1998 451. Aber auch in Schweden und Finnland; vgl *Schöberl* aaO 135 142 203 207 (Schweden), 167 204 207 (Finnland).

33. Kapitel
Unmittelbarer Täter

Inhaltsübersicht

	RN
A. Vorbemerkung	33.1–33.2
B. Unmittelbarer Alleintäter	33.3
C. Unmittelbarer Mittäter	33.4–33.23
1. Ausgangspunkt	33.4
2. Definition	33.5–33.6
3. Abgrenzung von unmittelbarer Mittäterschaft und Beitragstäterschaft	33.7–33.16
a) Beteiligung im Vorbereitungsstadium	33.8
b) Beteiligung im Ausführungsstadium	33.9–33.14
aa) Ausgangsposition	33.10–33.12
bb) Wortlautkonforme deliktsspezifische Auslegung	33.13
cc) Besonderheiten	33.14
c) Zur gegenwärtigen Praxis	33.15
d) Exkurs: Teilnahmesystem	33.16
4. Sonderprobleme	33.17–33.23
a) Deliktsspezifische Täterformen	33.17
b) Sukzessive Täterschaft	33.18
c) Erfolgsqualifizierte Delikte	33.19–33.20
d) Versuch und Vollendung	33.21
e) Irrtumsfälle	33.22
f) Unterschiedliche rechtliche Bewertung der einzelnen Mittäter	33.23
D. Verdeckte unmittelbare Täterschaft	33.24–33.26
E. Der Täter hinter dem Täter	33.27–33.28
F. Mehrtäterschaft bei unvorsätzlicher, insb fahrlässiger Tat	33.29–33.34
1. Ausgangsposition	33.29
2. Maßgeblicher Aspekt	33.30
3. Fallgruppen	33.31–33.34
a) Vorsätzliche Beteiligung an unvorsätzlicher Tat	33.32–33.33
b) Fahrlässige Beteiligung an vorsätzlicher oder unvorsätzlicher Tat	33.34

A. Vorbemerkung

33.1 Das StGB unterscheidet im § 12 **drei Täterformen:** Unmittelbarer Täter, Bestimmungstäter und Beitragstäter.

33.2 Diese Täterformen sind **abschließend,** dh sie schließen akzessorische Mitwirkungsformen wie Anstiftung und Beihilfe sowohl der Sache als auch dem Begriffe nach aus. Der im deutschen Recht gebräuchliche Sammelbegriff des **Nebentäters** ist für das österr Recht funktionslos und daher entbehrlich; vgl *Kienapfel* JuS 1974 6; *Triffterer* Beteiligungslehre 97; *Schmoller* ÖJZ 1983 387; aM *Fuchs/Zerbes* AT I 33/16 ff.

B. Unmittelbarer Alleintäter

33.3 Das StGB verwendet in § 12 1. Fall zwar den Begriff des unmittelbaren Täters, definiert ihn aber nicht.

Unmittelbarer Täter (Synonym: **Ausführungstäter**) **ist, wer eine dem Wortlaut des Tatbestands entsprechende Ausführungshandlung vornimmt;** vgl *Kienapfel* JBl 1974 180; *Öner/Schütz* in *L/St* § 12 RN 17 f; *Fabrizy* WK² § 12 RN 18; SSt 2006/54; SSt 2003/18. Anders ausgedrückt: Ein dem **Wortlauttatbestand** nicht entsprechendes Verhalten, mag es auch für den eingetretenen Erfolg (mit-)kausal gewesen sein, kann nicht der unmittelbaren Täterschaft zugeordnet werden; treffend *Friedrich* RZ 1986 229.

Unmittelbarer Täter ist auch, wer zur Herbeiführung eines strafrechtlich verbotenen Erfolgs vis absoluta oder etwa ein dressiertes Tier einsetzt; vgl *Kienapfel* JBl 1974 182; *Öner/Schütz* in *L/St* § 12 RN 19; *Fabrizy* WK² § 12 RN 19. Zur Benutzung eines menschlichen Werkzeugs vgl RN 34.27 f. Zur Verleitung eines Unmündigen zum Selbstmord vgl einerseits *BT I* § 78 RN 11, andererseits JBl 2001 194 m insoweit abl Anm *Moos*.

Nicht durchgesetzt hat sich **dagegen** jene Ansicht, die das **Wortlautkriterium** durch das **Tatherrschaftskriterium** ersetzen will und dadurch zu einem wesentlich weitergefassten Begriff der unmittelbaren Täterschaft sowie der Mittäterschaft gelangt; idS insb *Burgstaller* RZ 1975 16; abl zur Lehre von der Tatherrschaft *Kienapfel* JBl 1974 188; *Fabrizy* WK² § 12 RN 21; *Schöberl* Einheitstäterschaft 200. Ebenso lehnt die hM den Vorschlag *Schmollers* ÖJZ 1983 380 382 und *Triffterers* AT 16/51 ab, die Täterschaftsform des § 12 1. Fall durch Abstellen auf **handlungsorientierte Zurechnungskriterien einzuschränken;** vgl krit dazu *Friedrich* ÖJZ 1995 9; *Fuchs* StP XIV 19; *Schöberl* Einheitstäterschaft 201.

Der Alleintäter bereitet bei der Fallprüfung keine Schwierigkeiten. Auf ihn sind die jeweiligen **Fallprüfungsschemata Anhang 1–6** zugeschnitten.

C. Unmittelbarer Mittäter
1. Ausgangspunkt

33.4 Die Rechtsfigur des unmittelbaren Täters muss sich nicht nur beim Alleintäter, sondern auch bei mehreren unmittelbaren Tätern bewähren, für die sich als terminus technicus der Begriff **Mittäterschaft** bzw präziser **unmittelbare Mittäterschaft** eingebürgert hat.

Beachte! Die unmittelbare Mittäterschaft ist nur eine der im Rahmen der §§ 12 ff auftretenden **mehrtäterschaftlichen Fallkonstellationen.** Denn auch die Mitwirkung von Bestimmungstätern (Kap 34) und von Beitragstätern (Kap 35) begründet jeweils mehrtäterschaftliche Fallkonstellationen.

2. Definition

33.5 Bei der unmittelbaren Mittäterschaft handelt es sich um eine Anwendungsvariante des § 12 1. Fall. **Unmittelbare Mittäter sind solche Personen, welche die tatbestandliche, dh dem Wortlauttatbestand entsprechende und vom gemeinsamen Vorsatz getragene Ausführungshandlung ganz oder zumindest teilweise selbst vornehmen;** vgl *Kienapfel* JBl 1974 180; *Triffterer* AT 16/61; *Fabrizy* WK² § 12 RN 29 u 32; *Öner/Schütz* in *L/St* § 12 RN 21; *Friedrich* RZ 1986 229;

C. Unmittelbarer Mittäter

Schmoller ÖJZ 1983 387; SSt 2006/54; SSt 2003/18; JBl 1997 799. Bei Delikten mit erweitertem Vorsatz muss auch der unmittelbare Mittäter das subjektive Tatbestandsmerkmal erfüllen. Eine Beteiligung als Mittäter ist nur solange möglich, bis die Tat **vollendet** ist. Danach kommen nur noch Anschlussdelikte wie §§ 164, 165, 299 in Betracht; hM; vgl *Fabrizy* WK[2] § 12 RN 31; *Öner/Schütz* in *L/St* § 12 RN 48; SSt 56/51; EvBl 2014/56.

Wichtig! Dieser restriktive Begriff der unmittelbaren Mittäterschaft **deckt sich nicht** **33.6** mit jenem **extensiven Verständnis der Mittäterschaft,** von dem nicht nur die hM in der BRD, sondern auch *Burgstaller* (Individualverantwortung 27) und nach wie vor *Fuchs/Zerbes* AT I 33/11 ff ausgehen, die unter Mittäterschaft das bewusste und gewollte arbeitsteilige Zusammenwirken mehrerer Personen aufgrund eines gemeinsamen Tatentschlusses bei der Tatausführung verstehen. Eines solchen extensiven Mittäterschaftsbegriffs bedarf es in Österreich nicht, weil sämtliche Beteiligte ex lege Täter sind und gem § 12 ohnehin **denselben Strafdrohungen** unterliegen; vgl *Fabrizy* WK[2] § 12 RN 28; *Eder* JBl 2000 73; *Kienapfel* JBl 1974 180. Dies wurde in der Judikatur nach 1975 zunächst wenig beachtet und hat in der Praxis zu einer ähnlich **weiten Auslegung** der Mittäterschaft geführt wie in der BRD; vgl dazu krit RN 33.12 u 33.15. Das Abstellen auf das bewusste und gewollte arbeitsteilige Zusammenwirken bei der Tatausführung macht die Abgrenzung zur Beitragstäterschaft schwierig und ist daher unbestimmt.

3. Abgrenzung von unmittelbarer Mittäterschaft und Beitragstäterschaft

Diese Frage gehört zu den Standardproblemen der Praxis. Die maßgeb- **33.7** lichen Abgrenzungskriterien betreffen sowohl den **Zeitraum** als auch die **Art der Beteiligung** und bedürfen **delikts- und ausführungsspezifischer Präzisierungen.**

a) **Beteiligung im Vorbereitungsstadium.** Wer sich ausschließlich im Vor- **33.8** bereitungsstadium beteiligt, nicht aber an der unmittelbaren Ausführung der Tat, kann zwar **Bestimmungs-** oder **Beitragstäter,** nicht aber unmittelbarer Täter, dh Ausführungstäter sein; vgl *Kienapfel* JBl 1974 187; *Öner/Schütz* in *L/St* § 12 RN 48; näher RN 35.20 mwN.

b) **Beteiligung im Ausführungsstadium.** Insoweit stellt sich in praxi häufig **33.9** die Frage, ob **unmittelbare Mittäterschaft** (§ 12 1. Fall) oder **Beitragstäterschaft** (§ 12 3. Fall) in Betracht kommt.

aa) **Ausgangsposition. Mittäter** ist, wer die **dem Wortlauttatbestand ent- 33.10 sprechende** und vom gemeinsamen Vorsatz getragene **Ausführungshandlung ganz oder zumindest teilweise selbst vornimmt** (RN 33.5). Es genügt jede **wortlautkonforme Ausführungsteilhabe** der – vollendeten oder versuchten – Tat.

IdS fehlt es an einer **wortlautkonformen Ausführungsteilhabe,** wenn sich der Beteiligte auf das Begleiten zum Tatort (JBl 1984 445 m Anm *Graczol*), das Dabeisein oder das Mitansehen der Tat (RZ 1992/45 m Anm *Kienapfel;* RZ 1989/20), das Zureichen der Mordwaffe (SSt 55/62), bloße Anfeuerungsrufe (10 Os 138/85), das Chauffieren des Täters oder den Abtransport der Beute (16 Os 30/90), das Mitentkleiden des Opfers (JBl 1994 627 m Anm *Burgstaller*), Aufpasserdienste beim Einbruch (16 Os 30/90) oder Ablenkmaßnahmen beim Taschendiebstahl beschränkt. Insoweit kann und wird idR **Beitragstäterschaft** in Betracht kommen; ebenso die heutige hM; vgl *Öner/Schütz* in *L/St* 12 RN 22; *Fabrizy* WK[2] § 12 RN 29; *Triffterer* AT 16/61. Instruktiv auch die stRspr zum Betrug: Wer mit dem Spar-

33. Kapitel: Unmittelbarer Täter

buchbetrüger zum Schalter geht, aber **keine eigene Täuschungshandlung** vornimmt, hat sich uU als Beitragstäter, nicht aber als unmittelbarer Mittäter zu verantworten; so mit Recht JBl 1996 329 m Anm *Medigovic;* RZ 1989/20; RdW 1988 15.

33.11 Weiteres B e i s p i e l: Hält bei einem **Mord** (§ 75) A das Opfer (nur) fest, während allein B die tödlichen Stiche ausführt, ist ungeachtet des „bewussten und gewollten" sowie „arbeitsteiligen" Zusammenwirkens nur das Zustechen durch B als Töten durch den **Wortlaut** des § 75 gedeckt. Mithin ist B **unmittelbarer Täter** = Ausführungstäter (RN 33.3), A dagegen „nur" **Beitragstäter;** vgl dazu *Kienapfel* ÖJZ 1979 93.

33.12 Das Bemühen, **A** mit Hilfe vager Formeln, insb des „arbeitsteiligen" oder des „bewussten und gewollten Zusammenwirkens" zum unmittelbaren Mittäter aufzuwerten, bringt im österr Einheitstätersystem nichts. Cui bono? **A** ist **ohnehin Täter,** Täter desselben Ranges wie B, aber eben begrifflich Beitragstäter. Es steht nichts entgegen, ihn in konkreten Fall ebenso streng zu bestrafen wie den unmittelbaren Täter B, uU sogar strenger; vgl *Kienapfel* ÖJZ 1979 93. Im Mordbeispiel scheidet für A der Strafmilderungsgrund des § 34 Abs 1 Z 6 ohnehin aus, weil er nicht in bloß untergeordneter Weise beteiligt war.

33.13 bb) **Wortlautkonforme deliktsspezifische Auslegung.** Ob unmittelbare Mittäterschaft vorliegt, hängt entscheidend von der gesetzlichen Formulierung der deliktischen Ausführungshandlung ab und ist daher in erster Linie eine Frage der **wortlautkonformen Auslegung** der jeweiligen Tatbestände; vgl SSt 2003/18; EvBl 1992/180; EvBl 1991/13. Nur in diesem relativ engen Rahmen kommt die in manchen E bemühte „wechselseitige Zurechnung" der jeweiligen Tatanteile als Mittäterschaftskriterium in Betracht. Das gilt insb für Delikte mit **mehraktiger Ausführungshandlung;** vgl *Kienapfel* ÖJZ 1979 93; *Fabrizy* WK² § 12 RN 32; *Schmoller* Zipf-GS 319; *Eder* JBl 2000 73; SSt 2003/36.

B e i s p i e l e: Wenn bei einer **Vergewaltigung** (§ 201) der eine das Opfer nur festhält, während allein der andere den Beischlaf vollzieht, handelt es sich jeweils um eine **wortlautkonforme Ausführungsteilhabe** („Gewalt"), die eine wechselseitige Zurechnung der Tatanteile ermöglicht und so zur Annahme von unmittelbarer Mittäterschaft führt (JBl 1997 471; EvBl 1992/180; EvBl 1991/13). Dasselbe gilt für § 202 (SSt 60/70). Entsprechendes gilt beim **Raub:** Einer hält das Opfer fest, der andere nimmt weg (SSt 2003/36; SSt 60/21).

33.14 cc) **Besonderheiten.** Bei **Dauerdelikten** (zB § 99) und **Dauerstraftaten** (RN 9.28) sowie ganz allgemein bei Straftaten mit **teilbarer, mehrphasiger oder prolongierter Tatausführung** kann unmittelbare Mittäterschaft auch für den in Betracht kommen, der zu irgendeinem Zeitpunkt der Tatausführung (zB in der Anfangs- oder Endphase) eine **eigene wortlautkonforme Ausführungshandlung** vornimmt; vgl *Kienapfel* ÖJZ 1979 93; *Öner/Schütz* in *L/St* § 12 RN 24; *Triffterer* AT 16/55; *Fabrizy* WK² § 12 RN 32; SSt 2003/18; 14 Os 163/92; einschränkend *Schmoller* Zipf-GS 321.

In diesem Sinne hat SSt 50/23 unmittelbare Mittäterschaft in Bezug auf § 102 auch für den angenommen, der nicht am eigentlichen Entführungsakt, wohl aber an der späteren Bewachung und damit an der Aufrechterhaltung der Entführung mitgewirkt hatte. Entsprechendes gilt zB bei mehrphasig verwirklichten Tötungs- oder Körperverletzungsdelikten; vgl etwa SSt 55/62; dazu den Feigling-Fall RN 33.16. IdS auch SSt 2003/18 zu § 127: Wegnahme in Etappen.

33.15 c) **Zur gegenwärtigen Praxis.** Trotz grundsätzlicher Akzeptanz der in RN 33.10–14 umschriebenen Positionen nehmen es viele Entscheidungen mit der geforderten deliktsspezifischen und wortlautkonformen Subsumtion nicht so

C. Unmittelbarer Mittäter

genau, was zu einer meist floskelhaften und großzügigen Annahme von Mittäterschaft zu Lasten der Beitragstäterschaft führt; vgl ua EvBl 2000/27; EvBl 1975/126; RZ 1989/20; RZ 1989/73. Diese Praxis birgt für den Bereich der Mittäterschaft die Gefahr, die funktionale in eine formale Einheitstäterschaft umzuwandeln; vgl dazu auch RN 33.6 aE. Näher zum Ganzen sowie krit zu dieser Judikatur *AT*[4] E 3 RN 15 u 15a; *Fabrizy* WK[2] § 12 RN 18 u 26ff; *Triffterer* AT 16/55; *Öner/Schütz* in *L/St* § 12 RN 21f; *Schmoller* ÖJZ 1983 387; wie hier SSt 2003/18.

d) **Exkurs: Teilnahmesystem.** Im Gegensatz zum österr Einheitstätersystem haben im deutschen Recht **Abgrenzungsfehler** zwischen Täter- bzw Mittäterschaft einerseits und Beihilfe andererseits wegen der **unterschiedlichen Strafdrohungen** (RN 32.16) schwerwiegende materiellrechtliche und prozessuale Konsequenzen. Daraus erklärt sich, dass die „richtige" **dogmatisch-begriffliche Zuordnung** bei mehreren Tatbeteiligten in der BRD bis heute im Zentrum der Rechtsmittelbegehren und der wissenschaftlichen Auseinandersetzungen steht; vgl *J/W* AT 674; *M/G/Z* AT § 49 RN 3ff. **33.16**

Beispiel (**Feigling-Fall**; BGH bei *Dallinger* MDR 1974 547): C hatte sich an der Körperverletzung des A an X zunächst nicht beteiligt. Doch als A ihm ein Messer in die Hand drückte und ihn aufforderte, „Sei kein Feigling, komm stich auch!", stach auch C mit dem Messer auf den bereits am Boden liegenden erheblich verletzten X ein, der die Attacken nicht überlebte. Um die wesentlich mildere Strafdrohung der § 27 Abs 2, § 49 Abs 1 dStGB anwenden zu können, hat der BGH in einer von der Lehre heftig kritisierten E den Tatanteil des C zur bloßen **Beihilfe** herabgestuft.

Im **funktionalen Einheitstätersystem** ist die Lösung vergleichsweise unproblematisch. C ist als **unmittelbarer Mittäter** – sei es der Körperverletzung (bei darauf beschränktem Vorsatz), sei es des Tötungsdelikts (bei entsprechendem Vorsatz und Kausalitätsnachweis) – anzusehen, weil er noch in der letzten Ausführungsphase der Tat **eigene Ausführungshandlungen** vorgenommen hat. Den unterschiedlichen Strafbedürfnissen ist problemlos im Rahmen der Strafzumessung Rechnung zu tragen; vgl RN 32.34.

4. Sonderprobleme

a) **Deliktsspezifische Täterformen.** Vereinzelt verwendet das StGB deliktsspezifische Täterformen, die für ihren Anwendungsbereich die funktionale Täterschaftszuordnung des § 12 in Richtung von **formaler Einheitstäterschaft** (RN 32.32) modifizieren. IdR werden zu expliziten Tathandlungen erhobene typische Bestimmungs- oder Beitragshandlungen dadurch **ex lege** zur **unmittelbaren Täterschaft** aufgewertet; vgl zum Ganzen *Juhász* ÖJZ 2015 670; *Kienapfel* ÖJZ 1979 93; *Öner/Schütz* in *L/St* § 12 RN 26; *Fuchs/Zerbes* AT I 33/2; aM *Triffterer* AT 16/57f. Zu parallelen Entwicklungen im deutschen Recht vgl *Roxin* AT II § 25 RN 7; *Volk* Roxin-FS 563; *Rotsch* „Einheitstäterschaft" 204 211. **33.17**

Beispiele: Alle Personen, die unter den in **§ 84 Abs 5 Z 2** geschilderten Voraussetzungen „in verabredeter Verbindung" handeln, dh insb am **Tatort als Einheit auftreten,** sind **unmittelbare Mittäter,** und zwar auch dann, wenn nur einer auf das Opfer einschlägt und die Körperverletzung unmittelbar ausführt; vgl *StudB BT I* § 84 RN 64ff; *Nimmervoll* in *L/St* § 84 RN 21; SSt 59/42; aM *Fabrizy* WK[2] § 12 RN 36f. Deliktsspezifische Täterformen enthält **§ 164 Abs 1**, und zwar insoweit, als der Sache nach bloße „Beitragshandlun-

33. Kapitel: Unmittelbarer Täter

gen" ex lege als **unmittelbare Täterschaft** konstruiert werden; vgl *BT II*[3] § 164 RN 124 f. Deliktsspezifische Täterformen finden sich weiters in **§ 78** (*StudB BT I* § 78 RN 12), bezüglich des Verleitens in **§ 205 Abs 1, § 206 Abs 2, § 207 Abs 2, §§ 207b u 213** (*StudB BT III* §§ 206 f RN 21 f u 44 f), weiters in **§ 231 Abs 2** (*Kienapfel/Schroll* WK² § 231 RN 11) sowie bei den **Organisationsdelikten** der § 246 Abs 2, § 278 Abs 3, §§ 278 a, 278 b Abs 2, § 279 Abs 1.

Aber: Jenseits des von solchen deliktsspezifischen Täterformen umfassten Tatausschnitts ist Bestimmungs- und Beitragstäterschaft (etwa im Vorbereitungsstadium) im Rahmen und nach Maßgabe des § 12 auch bei diesen Delikten möglich; vgl *StudB BT I* § 84 RN 73 f; *StudB BT II* § 164 RN 156 f. Das gilt jedoch **nicht** für die **Organisationsdelikte** (zB §§ 246, 278, 278 a, 278 b, 279), soweit sie ihre tatbestandliche = täterschaftliche Reichweite **autonom und abschließend,** dh unter Ausschluss des § 12 2. u 3. Fall regeln; vgl *Kienapfel* JBl 1995 620.

33.18 b) **Sukzessive Täterschaft.** Beteiligt sich jemand nicht von Anfang an, jedoch noch während der Ausführungsphase, dh von nun an **einvernehmlich** als unmittelbarer Mittäter oder als Beitragstäter, spricht man von sukzessiver Täterschaft; hM; vgl *Öner/Schütz* in *L/St* § 12 RN 24; *Fabrizy* WK² § 12 RN 30; 11 Os 83/11 g; JBl 1997 471; LSK 1981/26.

B e i s p i e l: Wer zu einer bereits länger dauernden Freiheitsentziehung (§ 99) hinzukommt und nunmehr einvernehmlich zB durch aktives Mitfesseln oder bloß unterstützend durch den Ankauf von Handschellen mitwirkt, ist im ersten Fall als **sukzessiver unmittelbarer Mittäter,** im zweiten als **sukzessiver Beitragstäter** zu bestrafen. Wird dem sukzessiven unmittelbaren Mittäter allerdings die Beitragstäterschaft angelastet, begründet dies im Hinblick auf die Gleichwertigkeit der Täterschaftsformen keine Urteilsnichtigkeit; vgl JAP 2015/16 68 m Anm *Oberlaber/Streinz.*

Aber: Bereits **abgeschlossene Delikte** (zB eine einleitende Körperverletzung als Mittel des § 99) oder **abgeschlossene Qualifikationen** sind dem erst später dazu gestoßenen Mit- oder Beitragstäter nicht anzulasten; vgl *StudB BT II* § 129 RN 52 zum Standardbeispiel des § 129. Auch wer zu einem Raub erst hinzukommt, nachdem das Opfer niedergestochen worden war, und nur noch an der Wegnahme unterstützend mitwirkt, ist als sukzessiver Beitragstäter nur wegen Diebstahls, nicht aber wegen Raubes oder Körperverletzung zu verurteilen; str; aM *Fuchs/Zerbes* AT I 33/62; zum Ganzen vgl näher *Schmoller* Zipf-GS 295 mN; JBl 2003 463 m krit Anm *Schmoller.*

Beachte! Keine sukzessive Beitragstäterschaft, sondern unmittelbare Täterschaft gem § 127 liegt vor, wenn jemand eine Verschnaufpause des Einbrechers dazu nützt, heimlich „mit zu fladern"; insoweit zutr *Fuchs/Zerbes* AT I 33/64.

33.19 c) **Erfolgsqualifizierte Delikte.** Unmittelbare Mittäterschaft kommt auch bei den erfolgsqualifizierten Delikten in Betracht. Voraussetzung dafür ist insb, dass der unmittelbare Mittäter des Grunddelikts **bezüglich der besonderen Folge selbst fahrlässig** gehandelt hat; hM; vgl *Burgstaller/Fabrizy* WK² § 86 RN 10; *Fabrizy* WK² § 12 RN 33; *Triffterer* Beteiligungslehre 95; SSt 61/120; EvBl 1980/40; SSt 50/7.

33.20 **Beachte!** Dabei ist es durchaus möglich, dass der eine unmittelbare Mittäter gem § 75, der andere aber – nach seinem Unrecht und seiner Schuld – nur gem §§ 83 ff (insb § 86) zu bestrafen ist. Entsprechendes gilt für die Konstellationen unmittelbarer Täter/Beitragstäter (JBl 1984 389 m Anm *Burgstaller* u *Kienapfel*) und unmittelbarer Täter/Bestimmungstäter.

D. Verdeckte unmittelbare Täterschaft

d) **Versuch und Vollendung.** Beide Fragen können für alle unmittelbaren **33.21**
Mittäter nur **einheitlich** beurteilt werden; vgl 12 Os 176/86; EvBl 1982/97; EvBl 1975/168; ebenso BGH NJW 1995 142.

e) **Irrtumsfälle.** Im akzessorischen Teilnahmesystem des deutschen Rechts **33.22**
bereiten seit jeher Fallkonstellationen Probleme, in denen sich entweder der Hintermann oder aber das „Werkzeug", der sog Tatmittler, irrt.

Beispiel: A veranlasst B zur Tötung des C, ohne zu erkennen, dass B schuldunfähig ist oder ohne Unrechtsbewusstsein handelt. Bei solcher Sachlage fehle dem A, so wird von manchen argumentiert, das Tatherrschaftsbewusstsein; deshalb sei für A keine Täterschaft, sondern Anstiftung anzunehmen, da er nur mit Anstiftungsvorsatz gehandelt habe; vgl *Schünemann* LK § 25 RN 145.

Im **funktionalen Einheitstätersystem** besteht für derartige subtile dogmatische Differenzierungen weder Anlass noch Bedarf. Bei mehreren Beteiligten haftet jeder nur für **eigenes Unrecht und eigene Schuld.** Wegen Mordes ist daher nur A, und zwar gem § 12 2. Fall iVm § 75 zu bestrafen, nicht aber B. B ist zwar Ausführungstäter, hat aber schuldlos gehandelt.

f) **Unterschiedliche rechtliche Bewertung der einzelnen Mittäter.** Unmit- **33.23**
telbare Mittäterschaft ist **Tat-, dh Ausführungsgemeinschaft,** nicht rechtliche Bewertungsgemeinschaft. Es sind daher zahlreiche Fälle denkbar, in denen die gemeinschaftliche Tatausführung für die einzelnen Mittäter **rechtlich verschieden** zu beurteilen ist; hM; vgl *Öner/Schütz* in *L/St* § 12 RN 25; *Fabrizy* WK² § 12 RN 34 u § 13 RN 4; *Friedrich* RZ 1986 231; SSt 2003/36.

Beispiele: So kann ein unmittelbarer Mittäter gem § 141, der andere gem § 127 zu bestrafen sein. Oder der eine gem § 127, der andere gem § 129 Abs 1 Z 1 (SSt 61/120) oder gem § 136. Entsprechend ist zu differenzieren, wenn Mutter (= § 79) und Vater (= § 75 oder § 76) gemeinsam das Kind gleich nach der Geburt töten; vgl RN 37.44. Weiteres Beispiel oben RN 33.20.

D. Verdeckte unmittelbare Täterschaft

Burgstaller hat in RZ 1975 16 den früher schon von *Carl Stooss* verwende- **33.24**
ten Begriff der verdeckten unmittelbaren Täterschaft für das StGB reaktiviert. Eine solche Rechtsfigur ist in der Tat eine naheliegende Konsequenz seines Versuchs, die §§ 12 ff iSd akzessorischen Teilnahmesystems auszulegen. Da er die **limitierte = qualitative Akzessorietät** (RN 32.44 f) als das maßgebliche Strukturprinzip (auch) der österr Beteiligungsregelung betrachtet, muss er die beiden „Teilnahmeformen" des § 12 2. u. 3. Fall wie das deutsche Recht auf die Fälle der **vorsätzlichen Mitwirkung an fremder Vorsatztat** beschränken; vgl *Burgstaller* RZ 1975 14 16. Die bei dieser **Teilnahmekonstruktion** auftretenden **Straflücken** werden im deutschen Strafrecht durch die heute expressis verbis geregelte Täterform der **mittelbaren Täterschaft** geschlossen; vgl § 25 Abs 1 2. Fall dStGB. Ihr ist die **verdeckte unmittelbare Täterschaft** nachgebildet; wie *Burgstaller* auch *Zipf* ÖJZ 1975 620.

Beispiel: A schüttet mit Tötungsvorsatz Gift in die Suppe, welche die ahnungslose Pflegerin P der C einflößt = **Giftsuppen-Fall.** *Burgstaller* RZ 1975 16 greift auf die in Deutschland überwiegend vertretene Tatherrschaftstheorie zurück und erklärt **A** zum Tat-

33. Kapitel: Unmittelbarer Täter

herrn, der den Mord an C in verdeckter unmittelbarer Täterschaft gem § 12 1. **Fall** iVm § 75 begangen habe. Aus der Sicht der funktionalen Einheitstäterschaft bedarf es derartiger interpretativer Kunstgriffe zur Ausweitung des § 12 1. Fall nicht. A ist **Bestimmungstäter** gem § 12 2. **Fall** iVm § 75; vgl *Kienapfel* JBl 1974 185; *Öner/Schütz* in *L/St* § 12 RN 31 f; *Fabrizy* WK² § 12 RN 17 u 19. Entsprechendes gilt, wenn bei A anstelle einer Bestimmungs- eine Beitragshandlung anzunehmen wäre; A wäre dann **Beitragstäter** gem § 12 3. Fall iVm § 75; vgl RN 33.32 f.

33.25   **Kritik:** Gegen die Rechtsfigur des **verdeckten unmittelbaren Täters** bestehen schon deshalb durchgreifende Bedenken, weil sie im Einheitstätersystem unnötig und daher entbehrlich ist. Eine solche Konstruktion findet zudem weder im Wortlaut des StGB noch in den Materialien die geringste Stütze. Sie wird daher vom funktional-einheitstäterschaftlichen Schrifttum und auch von der Praxis **einhellig abgelehnt;** vgl *Kienapfel* ÖJZ 1979 93; *Öner/Schütz* in *L/St* § 12 RN 12f; *Triffterer* AT 16/62f; *Fabrizy* WK² § 12 RN 20 u 23; *Nowakowski* ZNStR II 148 FN 3; aus der Rspr vgl (inzident) RZ 1986/31 sowie RZ 1978/72/73 jeweils m zust Anm *Kienapfel;* SSt 48/30. Zur Lösung derartiger Fälle vgl RN 34.22 ff u 34.27 f.

33.26   **Wichtig!** Wegen der **Prüfungsrelevanz** empfiehlt sich die Lektüre einschlägiger Prüfungsfälle mit ihren unterschiedlichen Lösungen; vgl einerseits Prüfungsfälle 173 *(Medigovic),* 184 *(Brandstetter);* andererseits *Kienapfel* JAP 2003/04 97.

E. Der Täter hinter dem Täter

33.27   Im deutschen Strafrecht ist strittig, ob neben den im Gesetz ausdrücklich verankerten Täter- und Teilnahmetypen noch weitere **ungeschriebene Täterformen** anzuerkennen sind, insb der sog „Täter hinter dem Täter" *(Lange).*

    Diese Frage wird von vielen bejaht. Die deutsche Lehre greift vor allem dann auf den „Täter hinter dem Täter" zurück, wenn der Ausführende „unfrei" handelt, zB genötigt oder über die konkrete Handlungsweise getäuscht wird oder wenn es sich um den berüchtigten „Schreibtischtäter" in der Kommandozentrale organisierter Machtapparate handelt; vgl näher *Roxin* Lange-FS 173 177; idS zust BGH JZ 1995 45 m Anm *Roxin:* „Täter kraft Organisationsherrschaft".

33.28   Im **funktionalen Einheitstätersystem** bedarf es dieser – in der Sache ersichtlich einheitstäterschaftlichen – Zusatzfigur nicht. IdR sind solche Fallkonstellationen als **Bestimmungs- oder Beitragstäterschaft** zu erfassen.

F. Mehrtäterschaft bei unvorsätzlicher, insb fahrlässiger Tat

33.29   1. **Ausgangsposition.** Inzwischen hat sich die Auffassung durchgesetzt, dass § 12 3. **Fall** auch für Fahrlässigkeitsdelikte gilt; vgl *Kienapfel* JBl 1974 191; *Triffterer* AT 16/107; *Öner/Schütz* in *L/St* § 12 RN 44 u 52; *Fabrizy* WK² § 12 RN 81 u 106 mwN.

    Aber: Gerade für die häufigste Form der Fahrlässigkeitsdelikte, die **reinen Verursachungsdelikte** (RN 27.6), gilt eine bedeutsame **Einschränkung.** Da bei diesen Delikten jede objektiv sorgfaltswidrige und objektiv zurechenbare Tatbeteiligung vom Wortlauttatbestand unmittelbar, dh eo ipso als **fahrlässige unmittelbare Täterschaft** erfasst wird, bedarf es **insoweit** keines Rückgriffs auf die einzelnen Begehungsformen des § 12 und daher auch keines Zitates des § 12 2. oder 3. Fall; vgl *Burgstaller* WK² § 80 RN 101; *Nimmervoll* in *L/St* § 80 RN 41; einschränkend *Fabrizy* WK² § 12 RN 65; *Schick/Bernreiter* Höpfel-FS 67. Zu einzelnen Fallkonstellationen **fahrlässiger unmittelbarer Täterschaft** vgl RN 33.34, RN 34.2, RN 35.23 u 35.28.

F. Mehrtäterschaft bei unvorsätzlicher, insb fahrlässiger Tat

2. Maßgeblicher Aspekt. Übereinstimmung besteht, dass ein am Fahrlässigkeitsdelikt Beteiligter nur bestraft werden kann, wenn er in **eigener Person** alle Merkmale des Fahrlässigkeitsdelikts erfüllt. Insb muss er eine **ihn selbst treffende objektive Sorgfaltspflicht** verletzt haben; fehlt es daran, ist eine Mitwirkung an strafbarer fremder Sorgfaltswidrigkeit straflos; vgl *Kienapfel* JBl 1974 189; *Burgstaller* RZ 1975 29 33; *Öner/Schütz* in *L/St* § 12 RN 53; aus der Rspr vgl JBl 1984 48 m Anm *Liebscher;* SSt 52/34; RZ 1981/35 m zust Anm *Kienapfel;* RZ 1980/21 m Anm *Burgstaller* = JBl 1980 496 m Anm *Liebscher.* 33.30

3. Fallgruppen. Das grundlegende Prinzip der **autonomen und individuellen Verantwortlichkeit aller Beteiligten** bewährt sich gerade in Bezug auf die verschiedenen Fallkonstellationen der Mehrtäterschaft bei unvorsätzlicher, insb fahrlässiger Tat. Die in Betracht kommenden Fallkonstellationen lassen sich wie folgt gliedern (vgl *Kienapfel* JBl 1974 187; *Öner/Schütz* in *L/St* § 12 RN 53): 33.31

a) **Vorsätzliche Beteiligung an unvorsätzlicher Tat.** Derartige Fallkonstellationen gehören im Teilnahmesystem zu den schwierigsten und umstrittensten. Im österr Recht handelt es sich dagegen nicht um ein kompliziertes Teilnahme-, sondern um ein – vergleichsweise schlichtes – Täterproblem, und zwar um einen Unterfall **vorsätzlicher Täterschaft;** vgl *Kienapfel* JBl 1974 187; *Triffterer* AT 16/106; *Öner/Schütz* in *L/St* § 12 RN 53; *Fabrizy* WK² § 12 RN 100. 33.32

B e i s p i e l : Der kurzsichtige Jäger A glaubt, einen kapitalen Bock im Visier zu haben. In Wirklichkeit zielt er auf einen Menschen (M). Im Gegensatz zu A durchschaut dessen Jagdbegleiter J die Situation und nimmt A sogar das schwere Fernglas ab, damit dieser besser zielen kann. A drückt ab und trifft den M tödlich = **Jäger-Fall.** Entsprechend dem Grundsatz, dass im Einheitstätersystem jeder Beteiligte ausschließlich **eigenes Unrecht** und **eigene Schuld** verantwortet, ist A als **Ausführungstäter** wegen fahrlässiger Tötung gem § 80 zu bestrafen, J dagegen wegen vorsätzlicher Tötung als **Beitragstäter** gem § 12 3. Fall iVm § 75; vgl *Öner/Schütz* in *L/St* § 12 RN 53; *Fuchs/Zerbes* AT I 33/47; *Kienapfel* JAP 2003/04 98.

Beachte! Im Teilnahmesystem des deutschen Rechts wirft der **Jäger-Fall** schwierige Probleme auf. Schon die „begriffliche" Zuordnung des J – Täter oder bloß Teilnehmer – ist sehr umstritten. Beihilfe entfällt mangels vorsätzlicher Haupttat. Die meisten plädieren heute für mittelbare Täterschaft des J; vgl *J/W* AT 666; *Schünemann* LK § 25 RN 81 ff. 33.33

b) **Fahrlässige Beteiligung an vorsätzlicher oder unvorsätzlicher Tat.** Fallkonstellationen dieser Art lassen sich im Einheitstätersystem des StGB idR problemlos als **fahrlässige unmittelbare Täterschaft** erfassen; vgl RN 33.29; *Kienapfel* JBl 1974 188; *Fabrizy* WK² § 12 RN 106 f; SSt 2007/89; EvBl 1999/71; JBl 1984 48 m Anm *Liebscher.* 33.34

B e i s p i e l 1 : Auf Bitten des B leiht A ihm seinen Revolver. Dabei hätte A daran denken sollen und können, dass B den Revolver dazu verwenden könnte, seine auf Scheidung drängende Ehefrau E **vorsätzlich** zu erschießen, was B auch tut. B ist als unmittelbarer Täter gem § 75 wegen Mordes, A gem § 80 wegen fahrlässiger Tötung zu bestrafen.

B e i s p i e l 2 : C überlässt sein Fahrzeug dem schwer betrunkenen D, der damit **fahrlässig** einen tödlichen Verkehrsunfall verursacht. Bei solcher Sachlage kommt sowohl für C als auch für D fahrlässige Tötung in Betracht. **Diese** Lösung für solche in der Praxis häufig vorkommenden Fallkonstellationen ist im Einheitstätersystem so selbstverständlich, dass sie von den Gerichten und der Verteidigung nicht problematisiert wird; vgl OLG Wien ua ZVR 1987/117; ZVR 1986/39. Im Ergebnis wie hier *Burgstaller* RZ 1975 30.

34. Kapitel
Bestimmungstäter

Inhaltsübersicht

	RN
A. Allgemeine Grundlagen	34.1–34.7
1. Definition	34.1–34.2
2. Funktion	34.3
3. Dogmatisch-legistische Struktur	34.4
4. Versuch und Vollendung	34.5
5. Grenzen	34.6
6. Durchblick	34.7
B. Tatbestandsmäßigkeit	34.8–34.47
I. Bestimmungshandlung	34.9–34.18
1. Definition	34.9–34.11
2. Einzelfragen	34.12–34.18
a) Konkretisierung der mit Strafe bedrohten Handlung	34.12–34.14
b) Bestimmen durch Unterlassen	34.15
c) Omnimodo (= alias) facturus	34.16–34.17
d) Umstimmen	34.18
II. Tatausführung durch einen anderen	34.19–34.30
1. Keine qualitative Akzessorietät	34.19
2. Fallgruppen	34.20–34.28
a) Vorsätzliche Bestimmung zu vorsätzlicher Tat	34.20–34.21
b) Vorsätzliche Bestimmung zu unvorsätzlicher Tat	34.22–34.26
c) Benutzung eines Werkzeugs	34.27–34.28
3. Rechtsvergleichendes Fazit	34.29–34.30
III. Subjektiver Tatbestand	34.31–34.47
1. Bestimmungsvorsatz	34.31–34.45
a) Deliktsspezifischer Tatbildvorsatz	34.32–34.34
b) Vollendungsvorsatz	34.35–34.37
c) Konkretisierung des Bestimmungsvorsatzes	34.38
d) Abweichungen der Tatausführung vom Bestimmungsvorsatz	34.39–34.44
aa) Zurückbleiben der Tat	34.40
bb) Quantitativer Exzess	34.41–34.42
cc) Qualitativer Exzess	34.43–34.44
e) Irrtum des Bestimmungstäters	34.45
2. Erweiterter Vorsatz	34.46–34.47
C. Rechtswidrigkeit	34.48–34.50
D. Schuld	34.51–34.56
E. Fallprüfungsschema für den Bestimmungstäter	34.57

A. Allgemeine Grundlagen

34.1 **1. Definition. Bestimmungstäter iSd § 12 2. Fall ist, wer vorsätzlich einen anderen zur Ausführung einer strafbaren Handlung veranlasst;** vgl *Kienapfel* JBl 1974 186; *Öner/Schütz* in *L/St* § 12 RN 27; *Fabrizy* WK² § 12 RN 42; JBl 1996 329 m Anm *Medigovic*.

34.2 In § 12 2. Fall wird das **Vorsatzerfordernis** für den Bestimmungstäter zwar nicht ausdrücklich genannt; es ergibt sich aber aus der finalen Struktur des vom Gesetzgeber mit Bedacht gewählten Begriffs „bestimmen"; vgl *Kienapfel* JBl 1974 182; *Öner/Schütz* in *L/St* § 12 RN 34; *Zipf* RZ 1980 142. Andere lassen auch eine fahrlässige Bestimmung zu; vgl *Nowakowski* ZNStR II 156; *Höpfel* ÖJZ 1982 316; *Triffterer* AT 16/109 mwN. Diese Streitfrage ist jedoch **akademischer Natur** und im praktischen Ergebnis bedeutungslos, weil auch der „fahrlässig" Bestimmende nicht straflos bleibt, sondern idR als **unmittelbarer Fahrlässigkeitstäter** zu bestrafen ist; vgl RN 33.34; *Kienapfel* JBl 1974 182 189; *Öner/Schütz* in *L/St* § 12 RN 34; *Fabrizy* WK² § 12 RN 62; SSt 61/143.

A. Allgemeine Grundlagen

2. Funktion. § 12 2. Fall ist nach einheitstäterschaftlichem Verständnis **34.3** eine der unmittelbaren Täterschaft **gleichrangige Täterschaftsform = Täterform = Tatbegehungsform.** Zugleich erfüllt § 12 2. Fall die Funktion einer **authentischen gesetzlichen Auslegungsregel** für die Tatbestände des Besonderen Teils und des Nebenstrafrechts, soweit nicht Sonderbestimmungen (zB § 84 Abs 5 Z 2) eingreifen; vgl *Kienapfel* JBl 1974 122; *Öner/Schütz* in *L/St* § 12 RN 5; *Fabrizy* WK² § 12 RN 2; *Nowakowski* RZ 1982 130; *Schmoller* ÖJZ 1983 344; *Höpfel* ÖJZ 1982 317; JBl 1998 264 m Anm *Bertel;* LSK 1976/205.

Beachte! Das bedeutet für die praktische Rechtsanwendung, dass, ähnlich wie beim Versuch, § 12 2. Fall in den jeweiligen Tatbestand **hineinzulesen ist.** So lautet etwa der auf diese Weise gewonnene **(Auslegungs-)Tatbestand** des Mordes für den Bestimmungstäter: „Wer (vorsätzlich) einen anderen dazu bestimmt, einen Mord auszuführen ...." Auch der Bestimmungstäter **begeht** (Wortlaut des § 12!) auf diese Weise die Tat und ist „wegen Mordes" zu bestrafen; vgl JBl 1984 389 m Anm *Burgstaller* u *Kienapfel; Friedrich* Triffterer-FS 55; *Schmoller* Zipf-GS 306. Zu zitieren sind § 12 2. Fall, § 75.

3. Dogmatisch-legistische Struktur. Im Unterschied zur unmittelbaren Täterschaft besitzt die Bestimmungstäterschaft eine **auf zwei Handelnde aufgeteilte dogmatisch-legistische Struktur,** da sie sich **begrifflich** aus zwei **personenverschiedenen Aufbauelementen** zusammensetzt. Zur eigenen Tathandlung des Bestimmenden, der **Bestimmungshandlung** (RN 34.9 ff), muss (im Vollendungsfall) die **Tatausführung durch den unmittelbaren Täter** (RN 34.19 ff) hinzutreten; vgl dazu auch das Fallprüfungsschema **Anhang 7.** **34.4**

Diese zweigeteilte dogmatische Struktur ist sowohl der Bestimmungs- als auch der Beitragstäterschaft wesensmäßig und begrifflich immanent. Es handelt sich um eine bloß **faktisch-strukturelle Bezogenheit.** Das heißt, dass eine Bestrafung des Bestimmungstäters wegen vollendeten Delikts die Tatvollendung durch den unmittelbaren Täter voraussetzt; hingegen haftet der Bestimmungstäter wegen der faktischen Bezogenheit nur wegen Deliktsversuchs, wenn die geförderte Tat beim Versuch geblieben ist; vgl EvBl 2004/53. Diese faktische Bezogenheit (RN 34.9) hat mit dem Dogma der **qualitativen Akzessorietät** des Teilnahmesystems nichts zu tun; vgl *Kienapfel* JBl 1974 184; *Triffterer* AT 16/17; *Öner/Schütz* in *L/St* § 12 RN 38; *Fabrizy* WK² § 12 RN 44; *Friedrich* Triffterer-FS 57; vgl dazu näher unten RN 34.9 u 34.19 ff.

4. Versuch und Vollendung. Zur Bestrafung des Bestimmungstäters wegen vollendeter Tat ist erforderlich, aber auch genügend, dass der **unmittelbare Täter** die ihm angesonnene Tat tatsächlich begangen, dh **vollendet** hat. Sonst kommt für den Bestimmenden allenfalls Versuch, dh versuchte Bestimmungstäterschaft in Betracht; hM; vgl *Öner/Schütz* in *L/St* § 12 RN 39; JBl 1999 265; SSt 56/95; SSt 55/80; näher dazu RN 36.18 ff. **34.5**

Beachte! Einerseits liegt versuchte (nicht etwa vollendete) **Bestimmungstäterschaft** auch dann noch vor, wenn es dem Bestimmenden gelungen ist, einen anderen zur Vornahme einer weiteren Bestimmungshandlung (zB bei der Kettenbestimmung) zu veranlassen, **solange der unmittelbare Täter die Tat nicht ausgeführt, dh vollendet hat.** Andererseits **beginnt** die versuchte Bestimmungstäterschaft schon in dem Moment, in dem der Bestimmende eine **bestimmungsnahe Handlung** (RN 36.24 ff) setzt, etwa indem er Kontakt mit einem anderen aufnimmt, der (uU über weitere Mittelsmänner) nach einem geeigneten Ausführungstäter (zB „Killer") Ausschau halten soll; vgl *Hager/Massauer* WK² §§ 15 f RN 199 f; JBl 1999 265; aM *Burgstaller* RZ 1975 18 FN 49; *Medigovic* JBl 1996 331 (Anm). Zur Kettenbestimmung vgl im Übrigen RN 34.13 f. Zur Bestimmung zum (bloßen) Beitrag vgl RN 36.14.

34. Kapitel: Bestimmungstäter

34.6   **5. Grenzen.** Sie ergeben sich vor allem aus dem Haftungskorrektiv der **objektiven Zurechenbarkeit.** Insb begründet die vorsätzliche Veranlassung eines anderen zu **eigenverantwortlicher Selbstgefährdung** idR keine strafrechtliche Haftung des Bestimmungstäters; vgl RN 28.8. Auch die übrigen Zurechnungsgrundsätze finden Anwendung; vgl *Triffterer* AT 16/72; *Fabrizy* WK² § 12 RN 45; *Höpfel* ÖJZ 1982 317; *Schmoller* ÖJZ 1983 385. Vgl auch unten RN 34.11.

34.7   **6. Durchblick.** Auf den ersten Blick erscheint die Bestimmungstäterschaft neben der Beitragstäterschaft überflüssig. Denn wer einen anderen „zur Ausführung einer strafbaren Handlung bestimmt", würde ohne diese Sonderregelung des § 12 2. Fall automatisch von der **Generalklausel** des § 12 3. Fall erfasst werden, weil er „sonst" zur Ausführung dieser Tat beiträgt. Für die Verselbstständigung der Bestimmungstäterschaft gibt es **zwingende,** den **Versuchsbereich** betreffende **legistische Gründe.** Denn § 15 Abs 2 nimmt gezielt und ausdrücklich nur auf den unmittelbaren Täter und auf den Bestimmungstäter Bezug, aber **nicht** auf den Beitragstäter, um auf diese Weise den **Umfang des strafrechtlichen Versuchsbegriffs zu begrenzen;** vgl *Kienapfel* JBl 1974 181; *Schmoller* ÖJZ 1983 384; *Fabrizy* WK² § 12 RN 41; dazu näher RN 36.35 f.

B. Tatbestandsmäßigkeit

34.8   Bestimmungstäterschaft ist eine **täterschaftliche Tatbegehungsform** und setzt daher eine **eigene (= originäre)** tatbestandsmäßige, rechtswidrige und schuldhafte Handlung des Bestimmungstäters voraus. Entsprechend ihrer **dogmatisch-legistischen Struktur** (RN 34.4) erfordert diese Täterform auf tatbestandlicher Ebene eine Bestimmungshandlung, die Tatausführung durch den unmittelbaren Täter und das Vorliegen etwaiger subjektiver Tatbestandsmerkmale beim Bestimmungstäter; übereinstimmend *Öner/Schütz* in *L/St* § 12 RN 27 ff; *Fabrizy* WK² § 12 RN 42 ff; *Fuchs/Zerbes* AT I 33/30; 14 Os 148/00.

I. Bestimmungshandlung

34.9   **1. Definition.** Die Tathandlung des Bestimmungstäters wird im § 12 nicht näher umschrieben, sondern – anders als noch im früheren StG – bewusst offen gelassen. In Betracht kommen **beliebige Handlungen, durch die jemand vorsätzlich den Anstoß zur Tatausführung durch einen anderen gibt;** vgl *Öner/Schütz* in *L/St* § 12 RN 30; *Fabrizy* WK² § 12 RN 50; JBl 1999 265; EvBl 1997/132; EvBl 1995/160. Dazu ist nicht das Hervorrufen des **Tatbildvorsatzes** im engeren Sinne erforderlich; es genügt, das **Auslösen eines generellen Handlungsentschlusses.** Mit dieser Formel lassen sich alle Fälle der Veranlassung der Tatausführung durch einen vorsatzlos oder bloß fahrlässig Handelnden sowie durch ein schuldlos, qualifikationslos oder rechtmäßig handelndes Werkzeug erfassen; vgl *Öner/Schütz* in *L/St* § 12 RN 28 f; *Triffterer* AT 16/67 ff; *Fabrizy* WK² § 12 RN 44 mwN. Weil als verbindendes Element das bloße **Faktum** der Auslösung eines generellen Tatentschlusses genügt, spricht man iSd Lehre von der funktionalen Einheitstäterschaft von **faktischer Bezogenheit;** vgl RN 34.19 iVm RN 32.14 f.

B. Tatbestandsmäßigkeit

Eine **Bestimmung** iSd § 12 2. Fall kann insb durch Bitten, Befehlen, Auf- **34.10** fordern, Beauftragen, Bedrängen, Beschenken, Bestechen, Loben, Versprechen, Drohen oder Ausüben sonstigen Druckes, Täuschung, Überredung erfolgen; vgl RZ 1995/12; SSt 61/75; SSt 53/23; EvBl 1979/245/230; SSt 49/65/64/53; SSt 48/92/72. Die Bestimmung kann verschlüsselt und nur dem Adressaten als solche erkennbar sein (SSt 47/34). Eine „unschuldige" Frage (EvBl 1978/174), scheinbares Abraten, ein „Wetten, du traust dich nicht" uä kann genügen. UU können auch andere, zT sehr subtile Formen der Einflussnahme auf einen anderen die Annahme von Bestimmungstäterschaft nahelegen, etwa der Appell an die „Loyalität" oder das Mitleid, die gezielte Aktivierung des Vorausgehorsams (typisch dafür JBl 1984 619), Sticheln, Liebesentzug und andere raffinierte „Strategien", um einen anderen, uU erst nach längerer Beeinflussung, allmählich „herumzukriegen", wobei es dann entscheidend auf die **psychologische Gesamtsituation** ankommt. Zur Abgrenzung von der Beitragstäterschaft RN 35.10. **Dagegen** reicht das bloße (= unbeabsichtigte) Herbeiführen einer **provokanten Situation,** zB Herumliegenlassen von Geld oder Suchtgift, für sich allein idR nicht aus. Ebenso wenig eine unbedachte, als Scherz oder bloß als Information gedachte Äußerung; vgl *Öner/Schütz* in *L/St* § 12 RN 30.

Beachte! Die Erteilung von zutreffenden Rechtsauskünften begründet prinzipiell **34.11** **weder Bestimmungs- noch Beitragstäterschaft.** Aufgrund des **Autonomieprinzips** (vgl RN 28.8) sind die vom Beratenen in der Folge begangenen Delikte dem Rechtsanwalt, Wirtschaftsprüfer, Steuerberater und anderen Vertretern der rechtsberatenden Berufe nicht zuzurechnen. Es mangelt insoweit bereits an der **Tatbestandsmäßigkeit.** Anders kann bei **kollusivem Zusammenwirken** oder **falschen Auskünften** zu entscheiden sein; vgl *Leitner/Brandl/Kert* HB Finanzstrafrecht RN 493 ff. Zur Privilegierung von **Internetprovidern** vgl *Reindl-Krauskopf* WK[2] § 5 RN 43.

2. **Einzelfragen. a) Konkretisierung der mit Strafe bedrohten Handlung.** **34.12** Die Bestimmungshandlung muss sich an einen **bestimmten Adressaten** oder zumindest an einen **bestimmbaren Adressatenkreis** richten. Der Adressat bzw der unmittelbare Täter braucht dem Bestimmenden weder namentlich noch der Person nach bekannt zu sein; vgl EvBl 2005/19. Die mit Strafe bedrohte Handlung muss aber **ausreichend bestimmt, dh nach Unrechtsgehalt und Angriffsrichtung individualisiert** sein (sonst § 282 Abs 1; vgl RN 34.14). Es genügt, wenn die auszuführende Tat nur der Art nach und in groben Umrissen skizzenhaft angedeutet wird; hM; vgl *Öner/Schütz* in *L/St* § 12 RN 33; *Fabrizy* WK[2] § 12 RN 58; SSt 2003/84; EvBl 1979/230; JBl 1978 103; SSt 47/30 u 34. Zum Bestimmungsvorsatz vgl RN 34.38.

B e i s p i e l: A fordert den B telefonisch auf, Autos zu stehlen, „neue, vielleicht eines mit Air-condition". Das genügt. Die näheren Umstände der auszuführenden Tat (Ort, Tatzeit etc) brauchen dem Bestimmenden nicht bekannt zu sein; vgl SSt 47/34.

Bestimmungstäterschaft kommt insb auch dann in Betracht, wenn die Bestimmung **34.13** über mehrere Personen läuft; sog **Kettenbestimmung.** Der Bestimmungstäter braucht dabei weder den unmittelbaren Täter noch die einzelnen Kettenglieder oder deren Zahl zu kennen; es reicht, dass er das Endziel kennt und will; hM; vgl *Öner/Schütz* in *L/St* § 12 RN 30; *Triffterer* AT 16/75; *Fabrizy* WK[2] § 12 RN 53; JBl 1999 265; SSt 56/10 u 55; SSt 47/30.

Beachte! Umstritten ist die Abgrenzung des § 12 2. Fall zu § 282 Abs 1. Der Straf- **34.14** grund dieses **abstrakten Gefährdungsdelikts** liegt in der unkontrollierbaren Gefahr der

Deliktsbegehung durch eine Aufforderung an eine unbestimmte Vielzahl von Menschen. Daher wäre etwa eine weltweit (zB per Internet) verbreitete Aufforderung: „Tötet Salman Rushdie!" nicht gem § 15 Abs 2 2. Fall, § 12 2. Fall, § 75, sondern nur gem § 282 Abs 1 zu bestrafen; wie hier *Öner/Schütz* in *L/St* § 12 RN 33; EvBl 1971/157 (zu § 305 StG); aM *Burgstaller* RZ 1975 14; *Hager/Massauer* WK[2] §§ 15f RN 198; JBl 1999 265. Unbestritten erfüllt § 282 Abs 1 in den Fällen **Auffangfunktionen** gegenüber § 12 2. Fall, in denen sich die Aufforderung nicht auf eine hinreichend bestimmte Tat bezieht.

34.15 b) **Bestimmen durch Unterlassen.** Unterlassen scheidet als Bestimmungshandlung a priori aus; vgl *Kienapfel* JBl 1974 184; str; aM *Triffterer* AT 16/114; *Fabrizy* WK[2] § 12 RN 51. Die entsprechende Kontroverse tritt auch im Teilnahmesystem auf; wie hier die deutsche hM; vgl *J/W* AT 691 mwN.

34.16 c) **Omnimodo (= alias) facturus.** Wer zur Tat bereits fest entschlossen ist, kann nicht mehr bestimmt werden; hM; vgl *Öner/Schütz* in *L/St* § 12 RN 41; *Triffterer* AT 16/67; SSt 47/34. Es kann jedoch Bestimmungsversuch (RN 36.12 ff) oder psychische Beitragstäterschaft (RN 35.16 ff) in Betracht kommen.

34.17 Aber: Wer bis dahin bloß „tatgeneigt" war oder noch schwankt **(Tatfrage),** kann bestimmt werden, etwa durch das Ausreden der letzten Skrupel; vgl *Fabrizy* WK[2] § 12 RN 55. Ähnliche Fallkonstellationen in SSt 61/75; NRsp 1990/154.

34.18 d) **Umstimmen.** Streit besteht, ob und inwieweit das „Umstimmen" eines zur Tat bereits fest Entschlossenen strafbar ist. Derartige Fallkonstellationen sind für das österr Recht bisher kaum erforscht.

B e i s p i e l: A ist entschlossen, sich Geld durch einen **Diebstahl** zu verschaffen; B veranlasst ihn, iS von **Raub** umzudisponieren. Da Raub im Verhältnis zum Diebstahl ein **aliud,** dh eine ganz andere Tat darstellt, ist Bestimmung zum Raub anzunehmen; vgl *Schünemann* LK § 26 RN 22.

Differenzierender Betrachtung bedürfen dagegen die Fälle des sog **Abwiegelns** (= „Abstiftens"). Wird ein Tatentschlossener (RN 34.16) zum Verzicht auf die qualifizierte Begehung desselben Deliktstyps (§ 127 statt § 129 Abs 2 Z 2) bewogen, ist allenfalls ein **psychischer Beitrag** anzunehmen (vgl RN 35.18 [3]). Ist aber das Abwiegeln die einzige Möglichkeit, dass sich ein zB zum Mord Entschlossener mit „weniger" begnügt (statt § 75 nur § 83), kann die darin liegende **Bestimmungstäterschaft** durch rechtfertigenden Notstand gedeckt sein; näher zum Ganzen *Schünemann* LK § 26 RN 28 ff.

II. Tatausführung durch einen anderen

34.19 1. **Keine qualitative Akzessorietät.** Die ausgeführte Tat braucht **nicht** den rechtlichen Mindestanforderungen der **qualitativen Akzessorietät** zu entsprechen. Bei der Einheitstäterschaft genügt das **bloße Faktum,** dass der unmittelbare Täter die mit Strafe bedrohte Handlung ausgeführt hat = faktisch-strukturelle Bezogenheit (RN 34.4). Der Ausführungstäter braucht **weder rechtswidrig noch vorsätzlich noch sonst schuldhaft** zu handeln; vgl *Kienapfel* JBl 1974 184; *Öner/Schütz* in *L/St* § 12 RN 31; *Fabrizy* WK[2] § 12 RN 44; stRspr; vgl JBl 1994 627 m krit Anm *Burgstaller* (GrundsatzE zu § 12 3. Fall); JBl 1990 331 (mit berichtigtem Leitsatz JBl 1990 468); RZ 1986/31 m zust Anm *Kienapfel;* SSt 56/19; RZ 1978/73/72 jeweils m zust Anm *Kienapfel;* SSt 48/30. Vgl zum Ganzen auch RN 32.29 f u 32.41 ff.

Beachte! „Tatausführung durch einen anderen" (§ 12) bezieht sich auf die Tatausführung durch den **unmittelbaren Täter,** gleichgültig ob der Bestimmende ihm die Auffor-

B. Tatbestandsmäßigkeit

derung direkt oder durch weitere Mittelspersonen überbringt bzw überbringen will (JBl 1999 265). Der Bestimmende haftet wegen Bestimmungsversuchs, dh wegen **versuchter Tat,** wenn es ihm nicht gelingt, den unmittelbaren Täter zur Tatausführung oder ein weiteres Kettenglied zu einer Bestimmungshandlung zu veranlassen; vgl *Hager/Massauer* WK² §§ 15 f RN 200; *Fabrizy* WK² § 12 RN 77; JBl 1999 265. Zur Bestimmung zum (bloßen) Beitrag vgl RN 36.14.

2. **Fallgruppen.** a) **Vorsätzliche Bestimmung zu vorsätzlicher Tat.** Der Anwendungsbereich des § 12 2. Fall umfasst unstreitig sämtliche Fallkonstellationen, die im Teilnahmesystem durch die Anstiftung abgedeckt werden. 34.20

Die meisten Entscheidungen des OGH befassen sich allein mit **dieser zentralen und praktisch besonders wichtigen Fallkonstellation** der Bestimmungstäterschaft; vgl etwa NRsp 1990/154; SSt 56/55; SSt 55/80; SSt 53/23; EvBl 1982/98. Mit Ausnahme der 1994 ergangenen GrundsatzE JBl 1994 627 m insoweit krit Anm *Burgstaller* (zu § 12 3. Fall) hat die Rspr in jenen (wenigen) E, die in wirklich **systemneuralgische Problembereiche** vordringen, auf vertiefende Problematisierung verzichtet. 34.21

b) **Vorsätzliche Bestimmung zu unvorsätzlicher Tat.** Diese Fallkonstellation steht wegen der Akzessorietätsproblematik seit jeher in Deutschland im Zentrum wissenschaftlicher Kontroversen. Sie hat auch in Österreich eine langanhaltende Diskussion ausgelöst. 34.22

(1) Die **Lehre von der reduzierten Einheitstäterschaft** setzt beim Ausführenden prinzipiell und ausnahmslos **vorsätzliches Handeln** voraus. Etwaige Straflücken werden im Wege der **verdeckten unmittelbaren Täterschaft** geschlossen; vgl dazu näher RN 33.24 ff. 34.23

(2) Nach der **funktionalen Einheitstäterlehre** genügt zur Annahme von Bestimmungstäterschaft das **Anlassgeben zur Tatausführung,** anders formuliert, es genügt das **Faktum des Auslösens eines generellen Handlungsentschlusses** beim unmittelbaren Täter; vgl näher RN 34.9. Vorsätzliches Handeln des Ausführungstäters wird nicht gefordert; vgl *Kienapfel* JBl 1974 185 FN 70; *Öner/Schütz* in *L/St* § 12 RN 28 f; *Triffterer* AT 16/67; *Fabrizy* WK² § 12 RN 42 u 44; *Schmoller* ÖJZ 1983 342 FN 63, *Friedrich* RZ 1986 231. 34.24

Beispiel: Im **Giftsuppen-Fall** flößt die Pflegerin P in Unkenntnis des geplanten Anschlags der C die von A vergiftete Suppe ein. C stirbt.

Im **funktionalen Einheitstätersystem** bereiten Fälle dieser Art keine Schwierigkeiten. Unabhängig davon, ob P die Tötung fahrlässig oder nicht einmal fahrlässig herbeigeführt hat, ist **A,** der den generellen Handlungsentschluss bei der Pflegerin ausgelöst hat, wegen vorsätzlicher Tat, und zwar als **Bestimmungstäter** gem § 12 **2. Fall,** § 75 zu bestrafen; vgl bereits RN 33.24 aE; ebenso der **OGH** in stRspr; vgl JBl 2005 599; JBl 1990 331; RZ 1986/31 u RZ 1978/72/73 m jeweils zust Anm *Kienapfel*. 34.25

Beachte! Im Falle der **Bestimmung zum Versuch** genügt das „Auslösen eines generellen Handlungsentschlusses" allerdings nicht. Das Gesetz spricht in § 15 Abs 1 3. Fall explizit von der „Beteiligung am **Versuch**" und setzt damit beim Ausführungstäter in subjektiver Hinsicht **vollen Tatentschluss** voraus; sehr str; vgl dazu näher RN 36.19 u 36.43. 34.26

c) **Benutzung eines Werkzeugs.** Eine Straftat kann gem § 12 2. Fall **auch sonst** dadurch begangen werden, dass sich der Täter zu ihrer Ausführung eines **nicht volldeliktisch handelnden Dritten** bedient. Im deutschen Strafrecht spricht man insoweit von der Benutzung eines rechtmäßig, qualifikationslos oder sonst 34.27

schuldlos handelnden „Werkzeugs" und hat für derartige Fälle eine spezielle Täterfigur, die **mittelbare Täterschaft,** geschaffen; vgl § 25 Abs 1 2. Fall dStGB (RN 33.24).

34.28 Dagegen hat der österr Gesetzgeber auf eine solche Rechtsfigur bewusst verzichtet, weil sämtliche in RN 34.22 f u 34.27 **angesprochenen Fallkonstellationen** von den Täterformen des § 12 erfasst werden. Das Gros fällt unter die **Bestimmungstäterschaft** des § 12 **2. Fall,** der Rest unter § 12 1. oder 3. Fall; vgl *Kienapfel* JBl 1974 186; *Öner/Schütz* in *L/St* § 12 RN 31 f; *Fabrizy* WK² RN 17 u 44; 12. Aufl mwN.

34.29 Beispiel: zur Benutzung eines **rechtmäßig handelnden Werkzeugs:** A bezeichnet gegenüber dem Polizeibeamten P seinen Feind C als mutmaßlichen Mörder der erdrosselt aufgefundenen M. A macht dabei so präzise Angaben, dass P nicht umhinkann, C rechtmäßig vorläufig festzunehmen. Es geht allein um die Frage, ob **A** das Delikt des § 99 begangen hat. Sie ist für das österr Recht iSd § 12 **2. Fall,** § 99 problemlos zu bejahen (SSt 56/19). Dass **P** gerechtfertigt ist, steht der Strafbarkeit des A nicht entgegen (RN 34.50). § 12 **2. Fall** umfasst nach stRspr auch die Benutzung eines **qualifikationslosen** (RZ 1978/73 m zust Anm *Kienapfel*) oder **schuldlosen Werkzeugs** (14 Os 148/00; JBl 1990 331; SSt 56/19).

34.30 **Beachte!** Das österr Einheitstätersystem gelangt damit zu einer einfacheren und schärferen Begrenzung der Strafbarkeit für Bestimmungs- und Beitragstäter; vgl dazu RN 34.33 und *Kienapfel* dAT 571; *Friedrich* RZ 1986 260 m FN 97; *Schmoller* Zipf-GS 322; *ders* GA 2006 367.

III. Subjektiver Tatbestand

34.31 1. **Bestimmungsvorsatz.** Der Bestimmungstäter muss mit dem Vorsatz handeln, einen anderen zur Ausführung einer bestimmten Straftat zu bestimmen. Auch die Kausalität der Bestimmungshandlung für die Ausführung muss vom Vorsatz des Bestimmungstäters umfasst sein; vgl OGH 14 Os 42/19 m.

34.32 a) **Deliktsspezifischer Tatbildvorsatz.** Auch der **Bestimmungstäter** muss mit dem deliktsspezifischen Tatbildvorsatz handeln; vgl SSt 62/125. Dolus eventualis reicht daher insoweit, als diese Vorsatzform auch für den Ausführungstäter genügt; vgl etwa EvBl 2001/45; 14 Os 148/00; SSt 49/3. Sofern der Deliktstatbestand eine besondere Form des Vorsatzes (Absicht, Wissentlichkeit) verlangt, muss dieser auch beim Bestimmungstäter vorliegen.

Beispiel: Wer einen anderen zur **Untreue** bestimmt (§§ 12 2. Fall, 153), muss daher auch wissentlich hinsichtlich des Befugnismissbrauchs des unmittelbaren Täters handeln. Der Bestimmungstäter zur **absichtlich schweren Körperverletzung** (§§ 12 2. Fall, 87 Abs 1) muss auch die Absicht haben, dass der unmittelbare Täter einen anderen schwer am Körper verletzt.

34.33 **Beachte!** Ob der unmittelbare Täter mit **deliktsspezifischem Tatbildvorsatz** gehandelt hat, ist für die Strafbarkeit des Bestimmungstäters unerheblich; vgl *Kienapfel* ÖJZ 1979 92; *Öner/Schütz* in *L/St* § 12 RN 36; *Fabrizy* WK² § 12 RN 68; *Höpfel* ÖJZ 1982 320; stRspr; so insb für die Absichtlichkeit bei § **108** (RZ 1977/69 m zust Anm *Kienapfel*) u bei § **87;** vgl *StudB BT I* § 87 RN 9; nunmehr auch *Burgstaller/Fabrizy* WK² § 87 RN 12.

34.34 Ob und inwieweit dieser Ansatz auch für **Sonderpflichtdelikte,** insb den **wissentlichen Befugnismissbrauch** bei den §§ 153 u 302 gilt, ist umstritten; vgl dazu näher RN 37.32 ff.

B. Tatbestandsmäßigkeit

b) Vollendungsvorsatz. Der Bestimmungsvorsatz muss dahin gehen, dass 34.35
die Tat durch den Ausführungstäter **vollendet** wird; hM; vgl *Öner/Schütz* in
L/St § 12 RN 35; *Fabrizy* WK² § 12 RN 67; *Triffterer* AT 16/77; *Burgstaller* RZ
1975 14.

Beachte! Deshalb ist der **agent provocateur**, der einen anderen **nur zum Versuch,** 34.36
aber nicht zur Vollendung der Tat bestimmen will, nicht gem § 12 2. Fall zu bestrafen. Das
gilt idR auch dann, wenn es wider Erwarten doch zur Vollendung der Tat kommt. UU kann
insoweit fahrlässige Täterschaft vorliegen; vgl *Fabrizy* WK² § 12 RN 67; *Fuchs/Zerbes* AT I
33/67.

Erst recht kann mangels Vollendungsvorsatzes nicht als Bestimmungstäter verurteilt 34.37
werden, wer einen anderen nur zu einem (absolut oder relativ) **untauglichen Versuch** bestimmen will. Aber auch dann, wenn der andere **wider Erwarten** einen absolut untauglichen Versuch begeht, sind gem § 15 Abs 3 Täter und Beteiligte straflos; vgl RN 36.21 aE.

c) Konkretisierung des Bestimmungsvorsatzes. Der Bestimmungstäter 34.38
braucht sich zwar idR keine präzisen Vorstellungen über das „Wann", „Wo"
und „Wie" der auszuführenden Tat und über die weiteren Personen der Bestimmungskette (RN 34.13) bzw den späteren Ausführungstäter zu machen. Aber
sein Vorsatz muss sich auf eine nach Angriffsrichtung und Unrechtsgehalt **hinreichend bestimmte Tat** sowie zumindest auf einen **bestimmbaren Personenkreis** beziehen; vgl *Kienapfel* JBl 1974 183; *Triffterer* AT 16/79f; *Fabrizy* WK²
§ 12 RN 66; EvBl 1979/230.

Beispiel: Der „Boss" trommelt seine „Leute" zusammen und sagt: „Einer von euch
zieht jetzt los, um den Mann kaltzumachen und auszuschlachten!" Diese Aufforderung ist
bezüglich Tat, Täterkreis und Opfer hinreichend konkretisiert, um Bestimmung zum
Raubmord annehmen zu können; zu diesem Beispiel vgl *M/G/Z* AT⁵ § 51 II B 2.

d) Abweichungen der Tatausführung vom Bestimmungsvorsatz. Folgende 34.39
Fallkonstellationen **vorsatzerheblicher Tatabweichung** sind zu unterscheiden:

aa) **Zurückbleiben der Tat.** Macht der Ausführende weniger, als er begehen 34.40
soll, hat auch der Bestimmungstäter nur das **Mindergeschehen** zu verantworten; doch ist hinsichtlich der angestrebten Tat an **Versuch,** dh an versuchte
Bestimmungstäterschaft, zu denken.

Beispiele: Nach dem Willen des A soll B den C bestehlen und danach den D verprügeln. B begeht nur den Diebstahl. A ist gem § 12 2. Fall, § 127 wegen vollendeten Diebstahls sowie wegen versuchter Körperverletzung gem § 15 Abs 2 2. Fall, § 12 2. Fall, § 83
Abs 1 zu bestrafen. Schießt der von **M** zum Mord an O gedungene K dem O absichtlich nur
ins Knie, hat sich M wegen versuchten Mordes, K bloß gem § 87 Abs 1 zu verantworten.

bb) **Quantitativer Exzess.** Ein solcher **Exzess** kann für den Bestimmungs- 34.41
täter eine **vorsatzerhebliche Tatabweichung** begründen. Hier begeht der Ausführungstäter zwar die angesonnene Tat, aber er tut mehr oder begeht die Tat in
qualifizierterer Form, als von ihm verlangt wurde; vgl *Kienapfel* JBl 1974 183;
Öner/Schütz in *L/St* § 13 RN 7; *Fabrizy* WK² § 13 RN 6; *Zipf* RZ 1980 146; LSK
1995/197; JBl 1984 389 m Anm *Burgstaller* u *Kienapfel*.

Beispiel: B erschießt den C auf Geheiß des A. Der Schuss tötet gleichzeitig, was A
nicht sehen und daher nicht einkalkulieren konnte, auch den zufällig in der Schussrichtung
stehenden D. In Bezug auf die Tötung des C ist **A** wegen Mordes gem § 12 2. Fall, § 75 zu
verurteilen. Hinsichtlich der von ihm nicht gewollten Tötung des D hat **A** uU zusätzlich
fahrlässige Tötung gem § 80 zu verantworten; vgl RN 33.29.

34. Kapitel: Bestimmungstäter

34.42 **Beachte!** Bei den **erfolgsqualifizierten Delikten** haftet der Bestimmende nur dann zB gem § 12 2. Fall, § 86, wenn **auch er** in Bezug auf die **besondere Folge** der Tat **fahrlässig** gehandelt hat; hM; vgl *Burgstaller/Fabrizy* WK² § 86 RN 10; JBl 1984 389 m Anm *Burgstaller* u *Kienapfel;* EvBl 1980/40; SSt 50/7.

34.43 cc) **Qualitativer Exzess.** Ein solcher Exzess, der sich vom quantitativen nicht immer exakt abgrenzen lässt, begründet für den Bestimmungstäter idR erst recht eine **vorsatzerhebliche Tatabweichung.** Denn es wird ein **aliud,** dh eine ganz andere, von ihm nicht gewollte Tat begangen; vgl *Kienapfel* JBl 1974 183; *Öner/Schütz* in *L/St* § 13 RN 7; *Fabrizy* WK² § 13 RN 8; *Triffterer* AT 16/81; LSK 1995/197.

Beispiele: B soll im Auftrag des A die F bestehlen. Stattdessen vergewaltigt er sie. Bei dieser Fallkonstellation kommt für **A** nur **versuchter Diebstahl** gem § 15 Abs 2 2. Fall, § 12 2. Fall, § 127 in Betracht. Das Sexualdelikt des B hat **A** nicht mit zu verantworten. Ob eine **andere Tat** begangen wurde, kann im Einzelfall zweifelhaft sein; vgl dazu JBl 1984 445 m krit Anm *Graczol.* Wegnahme einer Uhr anstelle von Bargeld begründet keine andere Tat; vgl LSK 1995/197.

34.44 **Beachte!** Eine ganz andere Tat liegt auch dann vor, wenn A, der im Auftrag des B den X erschießen soll, das Opfer **fahrlässig** oder **rein zufällig** mit dem Auto überfährt. In einem solchen Fall bleibt es bei der Bestrafung des B wegen **Mordversuchs.**

34.45 e) **Irrtum des Bestimmungstäters.** Der Bestimmungstäter kann mannigfaltigen Irrtümern erliegen. Die allgemeinen Irrtumsregeln finden Anwendung; vgl näher *Kienapfel* JBl 1974 183. Probleme bereitet insb der **error in persona vel objecto** beim unmittelbaren Täter.

Beispiel: Das Standardbeispiel bildet seit vielen Juristengenerationen der **Fall Rose-Rosahl** (RN 12.14). Rose bereitet keine Probleme. Er ist als unmittelbarer Täter gem § 75 wegen vollendeten Mordes zu bestrafen. Fraglich erscheint, ob bezüglich des **Rosahl** eine **vorsatzerhebliche Abweichung** der Tatausführung vorliegt. Verneint man diese Frage, wäre auch Rosahl wegen vollendeten Mordes gem § 12 2. Fall, § 75 zu verurteilen. Gerade bei den Tötungsdelikten ist die Tötung einer **bestimmten Person** jedoch idR conditio sine qua non für den Bestimmenden. Aus dieser Perspektive begründet ein error in persona beim Ausführenden aus der Sicht des Bestimmenden eine **andere Tat;** vgl *Öner/Schütz* in *L/St* § 13 RN 7; *Fabrizy* WK² § 13 RN 8; *Fuchs/Zerbes* AT I 33/74; *Reindl-Krauskopf* WK² § 5 RN 82. Mithin kommt für Rosahl nur **Mordversuch** gem § 15 Abs 2 2. Fall, § 12 2. Fall, § 75 in Betracht (uU in Tateinheit mit § 80).

Ein error in persona des unmittelbaren Täters stellt somit für den nicht anwesenden Bestimmungstäter, der keinen Vorsatz auf das tatsächliche Tatobjekt hat, eine **aberratio ictus** dar.

34.46 2. **Erweiterter Vorsatz.** Bestimmungstäterschaft ist Täterschaft wie jede andere. Bei Delikten mit überschießender Innentendenz muss deshalb der Bestimmungstäter **selbst mit erweitertem Vorsatz** handeln; hM; vgl *Öner/Schütz* in *L/St* § 12 RN 36; *Fabrizy* WK² § 12 RN 70; 12 Os 37/07 v; weitere Nachw in 12. Aufl.

34.47 Ob der Ausführungstäter mit oder ohne erweiterten Vorsatz gehandelt hat, ist für die Frage der Strafbarkeit des **Bestimmungstäters** (zB gem § 127 oder § 146) irrelevant. Auf die – falsche oder richtige – Einschätzung der subjektiven Tatseite des unmittelbar Handelnden durch den Bestimmungstäter kommt es erst recht **nicht** an. Auch dies entspricht dem einheitstäterschaftlichen Grundprinzip der **autonomen und individuellen Verantwortlichkeit** jedes einzelnen Beteiligten; vgl *Fabrizy* WK² § 12 RN 11 u 70 mwN; aus der Rspr vgl RZ 1986/31 u RZ 1978/73 jeweils m zust Anm *Kienapfel.*

C. Rechtswidrigkeit

Beispiel: Der Trickdieb D lässt sich „seine" Aktentasche von dem gutgläubigen G aus dem Zugabteil herausreichen. Dass G bei der Wegnahme weder mit Wegnahme- noch mit Bereicherungsvorsatz gehandelt hat, steht der Bestrafung des D als Bestimmungstäter gem § 12 2. Fall, § 127 nicht entgegen.

C. Rechtswidrigkeit

Da im Einheitstätersystem jeder Mitwirkende ausschließlich **eigenes Unrecht** und **eigene Schuld** verantwortet (RN 32.29), muss nicht nur die Tatbestandsmäßigkeit, sondern auch das Vorliegen von Rechtfertigungsgründen für jeden Beteiligten **ad personam** geprüft werden. Denn die Rechtfertigung eines Beteiligten erstreckt sich **nicht automatisch** auf die übrigen Mitwirkenden; vgl *Kienapfel* Erscheinungsformen 53; *Triffterer* Beteiligungslehre 35; *Öner/Schütz* in *L/St* § 12 RN 31; aM die vereinzelt gebliebene E JBl 1984 389 m zust Anm *Burgstaller* u abl Anm *Kienapfel*. Seither folgt der OGH auch bei dieser Streitfrage der Lehre von der **funktionalen Einheitstäterschaft**; vgl *Fabrizy* WK² § 12 RN 60; 14 Os 148/00; SSt 56/19; näher dazu *Kienapfel* Steininger-FS 167.

34.48

Sachverhalte dieser Art, bei denen etwa der unmittelbare Täter rechtswidrig, der **Beteiligte** jedoch **gerechtfertigt** handelt, sind in praxi zwar **extrem selten**, aber denkbar.

34.49

Beispiel: A bemerkt, dass der schlafende C von einer Gasvergiftung bedroht ist, behält diese Beobachtung allerdings für sich. Er veranlasst den stets zu muntern Streichen aufgelegten U, das Küchenfenster einzuwerfen. Hier ist nur **A** durch Notstand gerechtfertigt, nicht aber **U**, der von der Notstandssituation nichts weiß.

Handelt umgekehrt der **unmittelbare Täter gerechtfertigt,** kann der Beteiligte gleichwohl als Bestimmungs- oder Beitragstäter rechtswidrig handeln und strafbar sein; vgl dazu den bereits in RN 34.28 erörterten Fall.

34.50

Weiteres Beispiel: A bestimmt U dazu, E zu ermorden. U erschießt E tatsächlich, allerdings unter Umständen, unter denen U durch Notwehr gerechtfertigt und daher straflos ist. Bei solcher Sachlage ist nur für A Mord, und zwar gem § 12 2. Fall, § 75 zu prüfen.

Aber: Auch unter funktional-einheitstäterschaftlichen Aspekten bedeutet dies nicht unbedingt Bestrafung des A wegen **vollendeten Mordes;** man könnte bei A eine **vorsatzerhebliche Tatabweichung** erwägen und zur Bestrafung wegen (bloßen) **Bestimmungsversuchs** gelangen. Im analogen Fall eines bloßen „**Beitragsversuchs**" wäre dagegen Straflosigkeit anzunehmen; im Ergebnis ebenso *Fuchs/Zerbes* AT I 33/84.

D. Schuld

ISd einheitstäterschaftlichen **Grundsatzes der autonomen und individuellen Verantwortlichkeit aller Beteiligten** (RN 32.29 und 32.39) überträgt § 13 das in § 4 verankerte **Schuldprinzip** auf die Beteiligung. Sämtliche an derselben Tat Beteiligte, mithin auch Bestimmungstäter, haften nicht für fremde, sondern verantworten **ausschließlich ihre eigene Schuld.**

34.51

Achtung! Dies umfasst insb **auch** den **Vorsatz.** Seine Verlagerung in den Tatbestand gemäß der personalen Unrechtslehre (RN 4.8) ändert nichts daran, dass nach dem **Schuldprinzip** eine objektive Haftung ausgeschlossen ist (vgl allgemein RN 9.15, für die Beteiligung RN 32.39).

35. Kapitel: Beitragstäter

34.52 Das bedeutet: Entfällt bei einem der Beteiligten (insb dem Ausführungstäter) der Vorsatz oder ein **allgemeines Schuldmerkmal** (Schuldfähigkeit, ein subjektives Fahrlässigkeitselement, Unrechtsbewusstsein, Entschuldigungsgründe bzw Zumutbarkeit), entlastet dies nicht die sonstigen Beteiligten, mithin auch nicht etwaige Bestimmungstäter; sie bleiben vielmehr **nach Maßgabe ihrer Schuld** strafbar; vgl SSt 61/92. Gleiches gilt, falls bei einem der Beteiligten eines der **besonderen Schuldmerkmale** (RN 16.19 ff) fehlt; hM; vgl etwa *Fabrizy* WK² § 13 RN 3.

34.53 Beispiele: Bei mehreren Beteiligten kann mithin der eine gem § 75, der andere gem § 76 (SSt 49/53) oder gem §§ 83, 86 (JBl 1984 389 m Anm *Burgstaller* u *Kienapfel*), bei § 141 der eine gem § 141, der andere gem § 127 (EvBl 1978/174) strafbar sein; vgl *StudB BT I* § 76 RN 38; *StudB BT II* § 141 RN 39; *Fabrizy* WK² § 13 RN 4; *Öner/Schütz* in *L/St* § 12 RN 25.

34.54 1. **Schuldfähigkeit.** Der schuldunfähige Bestimmungstäter (§ 11 StGB, § 4 JGG) ist straflos.

34.55 2. **Unrechtsbewusstsein.** Es gelten die allgemeinen Regeln. Insb kann auch beim Bestimmungstäter ein § 8- bzw § 9-Irrtum in Betracht kommen.

34.56 3. **Entschuldigungsgründe.** Die Ausführungen für den unmittelbaren Täter gelten entsprechend. Näheres Z 20.

E. Fallprüfungsschema für den Bestimmungstäter

34.57 Dieses Fallprüfungsschema ist als **Anhang 7** abgedruckt.

Prüfungsfälle und Lösungen zur Bestimmungstäterschaft vgl Fälle² 84 *(Triffterer)*, 104 *(Zipf)*, 135 *(Moos)*; Prüfungsfälle 45 135 173 u 193 *(Medigovic)*, 76 145 u 187 *(Brandstetter)*; Hinterhofer/Schütz Fallbuch 39 59 145 161 227 266 288 418; *Luef-Kölbl/Sprajc* Fälle 19 62; *Sagmeister/Komenda/Madl/Höcher* 112; **Trainingsfall** zur Beteiligung vgl *Kienapfel* JAP 2003/04 93.

35. Kapitel
Beitragstäter

Inhaltsübersicht

	RN
A. Allgemeine Grundlagen	35.1 – 35.5
1. Definition	35.1
2. Funktion	35.2 – 35.3
3. Versuch und Vollendung	35.4
4. Grenzfälle	35.5
B. Tatbestandsmäßigkeit	35.6 – 35.36
I. Beitragshandlung	35.8 – 35.23b
1. Definition	35.8 – 35.9
2. Abgrenzung zur Bestimmungstäterschaft	35.10
3. Kausalität des Beitrags	35.11
4. Objektive Zurechnung des Erfolgs	35.12 – 35.14
a) Adäquanzzusammenhang	35.13
b) Risikozusammenhang	35.14
5. Physische und psychische Beitragstäterschaft	35.15 – 35.18
a) Psychische Beitragstäterschaft	35.16 – 35.17
b) Moderne Einschränkungstendenzen	35.18

A. Allgemeine Grundlagen

    6. Sonstige Probleme 35.19–35.23a
       a) Konkretisierung der mit Strafe bedrohten Handlung.......... 35.19
       b) Ort und Zeitspanne der Beitragstäterschaft 35.20–35.22
       c) Beitragstäterschaft durch Unterlassen 35.23
       d) Mitwirkung an einer Selbstgefährdung..................... 35.23a–35.23b
  II. Tatausführung durch einen anderen 35.24–35.28
    1. Keine qualitative Akzessorietät 35.24–35.25a
    2. Fallgruppen 35.26–35.28
       a) Vorsätzlicher Beitrag zu vorsätzlicher Tat 35.26
       b) Vorsätzlicher Beitrag zu unvorsätzlicher Tat................ 35.27
       c) Fahrlässiger Beitrag zu vorsätzlicher oder unvorsätzlicher Tat.. 35.28
  III. Subjektiver Tatbestand 35.29–35.36
    1. Beitragsvorsatz 35.29–35.35
       a) Deliktsspezifischer Tatbildvorsatz......................... 35.30
       b) Vollendungsvorsatz 35.31
       c) Konkretisierung des Beitragsvorsatzes 35.32–35.33
       d) Abweichung der Tatausführung vom Beitragsvorsatz 35.34
       e) Irrtum des Beitragstäters 35.35
    2. Erweiterter Vorsatz 35.36
  C. Rechtswidrigkeit 35.37
  D. Schuld 35.38–35.41
  E. Fallprüfungsschema für den vorsätzlichen Beitragstäter 35.42

A. Allgemeine Grundlagen

1. Definition. Beitragstäter iSd § 12 3. Fall ist, wer vorsätzlich oder fahrläs- **35.1** **sig in sonstiger Weise zur Ausführung einer strafbaren Handlung beiträgt;** vgl *Kienapfel* JBl 1974 191; *Triffterer* AT 16/89. Zur **Reduktion** der Beitragstäterschaft bei den Fahrlässigkeitsdelikten vgl RN 33.29 u 33.34, 34.2, 35.23 u 35.28.

2. Funktion. § 12 3. Fall ist eine weitere **Täterschaftsform = Täterform =** **35.2** **Tatbegehungsform** und erfüllt zugleich – wie § 12 2. Fall – die Funktion einer **authentischen gesetzlichen Auslegungsregel** für die Tatbestände des Besonderen Teils und des Nebenstrafrechts, soweit nicht speziellere Vorschriften (RN 33.17) eingreifen; vgl *Kienapfel* JBl 1974 122; *Nowakowski* RZ 1982 130; *Öner/Schütz* in *L/St* § 12 RN 5; *Fabrizy* WK² § 12 RN 2. Im Verhältnis zu den beiden übrigen Täterformen bildet die Beitragstäterschaft eine **Generalklausel** für alle vorsätzlichen und fahrlässigen Handlungen, die in strafrechtlich relevanter Weise die Ausführung der strafbaren Handlung durch einen anderen fördern und nicht schon von § 12 1. oder 2. Fall erfasst werden; vgl *Kienapfel* JBl 1974 186; *Öner/Schütz* in *L/St* § 12 RN 44 u 52f; *Triffterer* AT 16/89; *Fabrizy* WK² § 12 RN 81.

Aber: Wegen ihrer generalklauselartigen Weite bedarf gerade diese Tatbegehungsform gezielt **restriktiver Auslegung.** Das geschieht vor allem durch Aktivierung der Lehre von der **objektiven Zurechenbarkeit;** vgl näher 35.12ff.

Beachte! Ähnlich wie beim Versuch und bei der Bestimmungstäterschaft wird der **35.3** objektive **(Auslegungs-)Tatbestand** in der Weise gebildet, dass man § 12 3. Fall sinngemäß in den Tatbestand des jeweiligen Delikts hineinliest. Demgemäß lautet das Tatbild des Mordes für den Beitragstäter: „Wer sonst dazu beiträgt, dass ein anderer einen Mord ausführt." Auch der Beitragstäter **begeht** den Mord und ist „wegen Mordes" zu verurteilen; vgl EvBl 2002/90; EvBl 1984/157; *Friedrich* RZ 1986 231 m FN 43; *Schmoller* Zipf-GS 306. Zu zitieren sind § 12 3. Fall, § 75.

3. Versuch und Vollendung. Zur Bestrafung des Beitragstäters wegen voll- **35.4** endeter Tat ist unter dem Aspekt der faktisch-strukturellen Bezogenheit (RN 34.4)

35. Kapitel: Beitragstäter

erforderlich, aber auch genügend, dass der **unmittelbare Täter** die geförderte Tat tatsächlich ausgeführt, dh **vollendet** hat; vgl SSt 2003/83. Sonst kommt allenfalls **versuchte Beitragstäterschaft** in Betracht; näher dazu RN 36.37 ff.

35.5 4. **Grenzfälle.** Als **unmittelbare Täterschaft** lassen sich auch Grenzfälle erfassen.

Beispiel: Ein Blitz hat das Anwesen des A getroffen. Das Gehöft brennt lichterloh. Der mit A verfeindete Nachbar C reibt sich fröhlich die Hände und schüttet eine Kanne Öl in die Flammen, „damit es besser brennt". Für C ist an **unmittelbare Täterschaft** gem § 169 Abs 1 zu denken; vgl *StudB BT III* §§ 169 f RN 60; ähnlich *Roxin* LK § 27 RN 37.

B. Tatbestandsmäßigkeit

35.6 § 12 3. Fall umschreibt eine weitere, mit der Bestimmungstäterschaft strukturell identische **täterschaftliche Tatbegehungsform.** Auch die Beitragstäterschaft setzt sich aus zwei **personenverschiedenen Aufbauelementen** zusammen. Zur eigenen Tathandlung des Beitragenden, der **Beitragshandlung** (RN 8 ff), muss (im Vollendungsfall) **die Tatausführung durch den unmittelbaren Täter** (RN 24 ff) hinzutreten; vgl dazu auch das Fallprüfungsschema **Anhang 8.**

35.7 Die Beitragstäterschaft besitzt eine der Bestimmungstäterschaft analoge **dogmatisch-legistische Struktur;** näher dazu RN 34.4. Sie erfordert auf der Ebene des Tatbestands eine Beitragshandlung, die Tatausführung durch den unmittelbaren Täter sowie das Vorliegen der subjektiven Tatbestandsmerkmale beim Beitragstäter; vgl RN 34.8.

I. Beitragshandlung

35.8 1. **Definition.** Die Tathandlung des Beitragstäters wird in § 12 3. Fall nur sehr global angedeutet („sonst beiträgt"). Als **Generalklausel** entzieht sie sich einer abschließenden Umschreibung. In Betracht kommen grundsätzlich alle Handlungen, **welche die Ausführung der Tat durch einen anderen ermöglichen, erleichtern, absichern oder in anderer Weise fördern;** hM; vgl *Öner/Schütz* in *L/St* § 12 RN 44; *Fabrizy* WK² § 12 RN 87; EvBl 2002/90; SSt 64/26; LSK 1996/238; JBl 1994 268; SSt 61/115; SSt 57/62. Zeitliche oder räumliche Nähe zur Tatausführung ist nicht erforderlich; vgl RN 35.20.

Beispiele: Als Beitrag wurde angesehen das Beschaffen einer Natojacke für den Mörder im Nittel-Fall (EvBl 1984/94); Fortlocken des Tatopfers (SSt 61/86); Überlassen der Tatwaffe oder anderer Tatrequisiten (EvBl 1982/10; SSt 51/45; SSt 50/32); Auskunftschaften des Tatorts; Ablenkmanöver (EvBl 2002/20); **vorherige Zusicherung** des Mitmachens (SSt 55/22), insb beim Abtransport, Verstecken oder Verwerten der Beute (13 Os 86/93; SSt 61/115; 15 Os 126/14 i); Erklären des Tatwerkzeugs (SSt 50/32); Aufpasserdienste (13 Os 35/91; 16 Os 30/90); Tatortbeschreibung (SSt 55/22); Anfertigung einer Tatortskizze (LSK 1976/206); Transportdienste zum bzw vom Tatort (EvBl 1979/81; EvBl 1978/107); Warten mit dem Fluchtauto (RZ 1993/31; 12 Os 43/15 p). **Dagegen** begründet bloße **Mitwisserschaft** weder unmittelbare Mittäterschaft noch Beitragstäterschaft, sondern bloße Unterlassung nach § 286 (vgl *Durl* RZ 2010 220 u 244); es sei denn, der Mitwisser ist zugleich **Garant** iSd § 2 (vgl RN 35.23).

35.9 **Beachte!** Vielfach wird eine **generelle tatbestandliche Reduktion** der Beitragstäterschaft durch Ausscheidung sog „neutraler" bzw „sozialadäquater" oder „berufstypischer" **(Alltags-)Handlungen** erwogen bzw gefordert *(Jakobs, Schumann, Frisch);* etwa für den

B. Tatbestandsmäßigkeit

Gastwirt, bei dem sich der Einbrecher vor der Tat „stärkt"; für den Tankwart, der das Fahrzeug betankt. Für das österr Recht sind solche Tendenzen abzulehnen. Das StGB kennt keine prinzipielle Beschränkung der Beitragstäterschaft auf bestimmte Mittel; vgl SSt 2006/54; SSt 2003/83; SSt 60/13; ähnlich *J/W* AT 695 für das deutsche Recht. Dennoch ist das Gros derartiger Alltagshandlungen **de facto straflos**. Oft fehlt es schon objektiv am deliktischen Sinnbezug (SSt 2006/54), in anderen Fällen an **hinreichend konkreter Tatplankenntnis**, dh am Vorsatz, zumindest an dessen Beweisbarkeit; ähnlich wie hier *Fuchs/Zerbes* AT I 33/57 ff; *Reindl-Krauskopf* WK² § 5 RN 42.

Nach einer Grundsatzentscheidung des OGH zur **Sozialadäquanz von Mitwirkungshandlungen** ist eine Beitragshandlung dem Beitragstäter dann objektiv zurechenbar, wenn der Tatbeitrag das **Risiko** der Tatbildverwirklichung durch den unmittelbaren Täter **in rechtlich missbilligter Weise schafft** oder **erhöht**. Die Sozialadäquanz des Verhaltens des Beitragstäters ist nach dem Schutzzweck der anzuwendenden Norm in einem richterlichen Wertungsakt zu beurteilen. Für diese Prüfung nennt der OGH als Kriterien die **Wichtigkeit des geschützten Rechtsguts** sowie die **spezifische Bedeutung des Beitrags** für die Verwirklichung des tatbestandlichen Unrechts. Für die Beurteilung des zweiten Kriteriums sollen vor allem der aktionsmäßige Zusammenhang, die Ersetzbarkeit und das Bestärkungspotential relevant sein; vgl OGH 12 Os 21/06 i SSt 2006/54; *Leitner/Brandl/Kert* HB Finanzstrafrecht RN 468; *Kert* ZWF 2018 310 ff.

Beispiele: Wickelt A in der ehelichen Wohnung Suchtgiftgeschäfte ab, während die darüber informierte Ehefrau die „Geschäftspartner" bewirtet, **kann** psychische Beitragstäterschaft durch die Ehefrau in Betracht kommen; vgl SSt 60/13. Verkauft der Händler einem (wie er weiß) notorischen Einbrecher einen Schraubenzieher, ist Strafbarkeit gem § 12 3. Fall selbst dann zu verneinen, wenn der Verkäufer die Verwendung dieses Werkzeugs für einen „Bruch irgendwann" ernstlich für möglich hält und sich damit abfindet, es sei denn, der Händler hätte insoweit hinreichend **konkrete Tatplankenntnis**; vgl RN 18 (1); SSt 2006/54; SSt 2003/83; näher zum Ganzen *Schmoller* FinStR 2008 27; *Roxin* AT II § 26 RN 218 ff; *Moos* FinStR 1996 106; *E. Steininger* Sozialadäquanz 17.

2. **Abgrenzung zur Bestimmungstäterschaft.** Schon das **Auslösen eines generellen Handlungsentschlusses** bei einem anderen begründet Bestimmungstäterschaft; vgl RN 34.24. IdR liefert der **Tatbildvorsatz** des Beteiligten ein wichtiges Indiz: Es kommt darauf an, ob er die Ausführung der Tat **initiieren** (= Bestimmungstäterschaft) oder ein bereits in Gang gekommenes Geschehen, insb die Ausführung eines schon gefassten Handlungsentschlusses, **fördern will** (= Beitragstäterschaft); vgl *Triffterer* AT 16/99; *Öner/Schütz* in *L/St* § 12 RN 28; *Fabrizy* WK² § 12 RN 92; EvBl 1983/108; 14 Os 117/14 h. 35.10

Beispiel: Im **Giftsuppen-Fall** ist A als Bestimmungs- und nicht als Beitragstäter anzusehen; vgl RN 34.25 f.

3. **Kausalität des Beitrags.** Nach stRspr muss der Beitrag kausal, dh iS der Äquivalenztheorie wirksam gewesen sein. Schon die **geringste Unterstützung,** welche die **Handlung irgendwie fördert und bis zur Vollendung der Tat wirksam = erfolgswirksam bleibt,** genügt; vgl *Fabrizy* WK² § 12 RN 82 f; stRspr; vgl SSt 2007/99; 12 Os 14/01; SSt 63/90; 14 Os 74/12 g; etwa Mitentkleiden des Opfers (JBl 1994 627 m Anm *Burgstaller*), Einnahme einer drohenden Haltung gegenüber den Opfern der Komplizen (11 Os 29/93). Es wird weder **direkter Kontakt** zwischen Beitrags- und Ausführungstäter (SSt 61/8) noch **Notwendigkeit** des Beitrags in dem Sinne vorausgesetzt, dass ohne ihn eine Ausführung der Tat unmöglich gewesen wäre; stRspr; SSt 2007/99; 12 Os 14/01; 15 Os 14/98; RZ 1992/45 m Anm *Kienapfel;* SSt 56/4; JBl 1984 267; SSt 54/15; EvBl 1979/81; EvBl 1978/107. Ob der Ausführende den Beitrag bzw dessen Kausalität bemerkt hat, 35.11

ist unerheblich. Der Sache nach legt der OGH damit wie der BGH nicht die (engere) Erfolgsförderungs-, sondern die (weite) **Handlungsförderungstheorie** zugrunde; vgl zu diesen Theorien *J/W* AT 693 mN.

> **Beachte!** Ein vom Täter nicht in Anspruch genommener oder sonst nicht erfolgswirksam gewordener Tatbeitrag (zB die mitgegebene Taschenlampe brennt nicht) bleibt als bloßer „**Beitragsversuch**" straflos; vgl RN 36.35f. Aber nach Lage des Falls kann – allerdings nur in engen Grenzen – psychische Beitragstäterschaft in Betracht kommen; vgl *Öner/Schütz* in *L/St* § 12 RN 47; *Fabrizy* WK² § 12 RN 85; LSK 1996/239; näher dazu RN 35.15ff.

35.12 **4. Objektive Zurechnung des Erfolgs.** Der in RN 35.11 dargestellte weite Kausalansatz bedarf bei den Erfolgsdelikten insoweit einer Einschränkung, als der Beitragstäter nicht in größerem Umfang als der Ausführungstäter für den eingetretenen Erfolg haften darf. Die zur Haftungsbegrenzung beim unmittelbaren Täter skizzierten Grundsätze bzw Fallgruppen fehlender **objektiver Zurechenbarkeit** sind daher auch auf die Beitragstäterschaft zu übertragen; vgl *Kienapfel* JBl 1974 187; *Höpfel* ÖJZ 1982 317; *Schmoller* ÖJZ 1983 384; *Triffterer* AT 16/95; *Fabrizy* WK² § 12 RN 92 a; dazu instruktiv aus der Rspr SSt 2006/54.

35.13 a) **Adäquanzzusammenhang.** Atypische Kausalverläufe sind dem Beitragstäter ebenso wenig objektiv zuzurechnen wie einem unmittelbaren Täter; vgl RN 26.28ff.

> Beispiel: Die Waffe, mit der U den C niedergeschossen hat, wurde ihm von B zur Verfügung gestellt. C stirbt aber nicht an den Folgen der Schussverletzung, sondern an einem allergischen Schock, weil ihn im Spital eine Biene gestochen hatte. Eine Bestrafung des B wegen vollendeten Mordes gem § 12 3. Fall, § 75 scheidet mangels Zurechenbarkeit **dieses** Erfolges aus (RN 23.5). Wie U bleibt auch B wegen **Mordversuchs** gem § 15 Abs 1 3. Fall, § 12 3. Fall, § 75 strafbar.

35.14 b) **Risikozusammenhang.** Beschränkt sich der Tatbeitrag auf die **Ermöglichung bzw Förderung eigenverantwortlicher Selbstgefährdung,** entfällt die objektive Zurechenbarkeit unter den gleichen Voraussetzungen wie beim unmittelbaren Täter; vgl *Fabrizy* WK² § 12 RN 92 a; vgl im Übrigen RN 28.8 sowie RN 34.6. Entsprechendes gilt für solche Fälle, in denen infolge eines **nachträglichen Fehlverhaltens des Verletzten** (RN 28.9) **oder eines Dritten** (RN 28.10ff) der Risikozusammenhang zu verneinen ist.

> Beispiel: Die Überlegungen zur Begrenzung der Haftung etwa eines Mörders für **grobes ärztliches Verschulden** anlässlich einer anschlagskausalen Operation mit letalem Ausgang gelten auch für den, der ihn bestimmt oder sonst zur Tat beigetragen hat; vgl StudB BT I § 75 RN 18.

35.15 **5. Physische und psychische Beitragstäterschaft.** Sonstiger Beitrag kann nicht nur durch **Tat** (= physische = technische Beitragstäterschaft), sondern auch durch **Rat** (= psychische = intellektuelle Beitragstäterschaft) geleistet werden; vgl *Öner/Schütz* in *L/St* § 12 RN 45; *Fabrizy* WK² § 12 RN 88; SSt 64/26; LSK 1996/240; JBl 1994 627 m Anm *Burgstaller;* SSt 61/115.

35.16 a) **Psychische Beitragstäterschaft.** Sie besteht im **Bestärken eines bereits gefassten Tatentschlusses.** Gerade diese Form der Beitragstäterschaft nimmt in der Judikatur seit jeher einen breiten Raum ein; vgl SSt 2006/5; EvBl 2002/20; JBl 1994 268; SSt 61/115; SSt 59/62; JBl 1988 55.

B. Tatbestandsmäßigkeit

Beispiele: **Vorherige Zusage** eines Alibis, von Flucht-, Transport- oder Absatzhilfe (RN 35.8 mN).

Beachte! Die psychische Beitragstäterschaft wurde von der Praxis oft als **Auffangtatbestand** benützt, teils um Beweisschwierigkeiten (insb hinsichtlich der Kausalität des Beitrags) zu umgehen, teils um der Erörterung anderer Rechtsprobleme (Abgrenzung Tun/Unterlassen; unmittelbare Mittäterschaft) auszuweichen. Das alles hatte zu einer zu **extensiven Auslegung** der psychischen Beitragstäterschaft geführt; vgl JBl 1984 445 m Anm *Graczol;* JBl 1984 267; SSt 54/68, 15; EvBl 1981/14; dazu krit mit restriktiver Tendenz wie hier *Triffterer* AT 16/98; *Fabrizy* WK² § 12 RN 89f; *Öner/Schütz* in *L/St* § 12 RN 45; *Fuchs/ Zerbes* AT I 33/54. **35.17**

b) **Moderne Einschränkungstendenzen.** Unter dem Eindruck solcher Bedenken ist die neuere Judikatur bezüglich der psychischen Beitragstäterschaft deutlich um **Strafbarkeitsbegrenzung** und stärkere Beachtung des Grundsatzes **in dubio pro reo** bemüht, was insb eine strenge Prüfung der Kausalität erforderlich macht; vgl SSt 2006/5; SSt 64/26. Dieser Rspr lassen sich die folgenden Richtlinien entnehmen: **35.18**

(1) **Begleiten des Täters** zum Tatort, einverständliches Aufhalten in Tatortnähe bzw **schlichtes Dabeisein,** Mitansehen, Mitwissen, **widerspruchsloses Dulden** der Tatausführung uä begründen für sich allein noch keine psychische Beitragstäterschaft, schließen deren Annahme aber auch nicht von vornherein aus. Im letztgenannten Fall bedarf es allerdings **konkreter** tatsächlicher Feststellungen zur objektiven und subjektiven Tatseite **(Tatfrage);** vgl etwa SSt 2007/99; SSt 2006/5; EvBl 2004/54; SSt 64/26; EvBl 2002/20; RZ 1992/45 m Anm *Kienapfel.* In diesem Sinne **kann** sogar das Schaffen „tatbezüglicher Rahmenverhältnisse", zB Bewirten durch die Hausfrau, im Einzelfall zur Annahme von Beitragstäterschaft genügen (RN 35.9).

(2) Aus dem Mitbegleiten, der Anwesenheit am Tatort oder in Tatortnähe darf **ohne konkrete Anhaltspunkte** (zB versprochene Aufpasserdienste, Bereithalten des Fluchtwagens uä) nicht automatisch auf einen psychischen Tatbeitrag in dem Sinn geschlossen werden, dass sich der Begleiter **„zum Eingreifen bereithält";** vgl SSt 2006/5; JBl 1997 799.

(3) Ganz allgemein gilt, dass psychische Beitragstäterschaft nicht (mehr) in Betracht kommt, wenn der unmittelbare Täter den Tatentschluss bereits **definitiv gefasst** hat „und daher einer Belehrung, Beratung oder Bestärkung nicht mehr bedarf"; vgl SSt 2006/5; SSt 64/26; EvBl 1983/108. Auf diese Weise lösen sich im Übrigen auch manche Fälle des **Abwiegelns;** vgl RN 34.18.

6. **Sonstige Probleme.** a) **Konkretisierung der mit Strafe bedrohten Handlung.** Wie bei der Bestimmungstäterschaft muss die mit Strafe bedrohte Handlung **ausreichend bestimmt, dh nach Unrechtsgehalt und Angriffsrichtung** – wenn auch nicht in allen Einzelheiten – **individualisiert** sein; vgl *Fabrizy* WK² § 12 RN 93; SSt 2006/11; SSt 61/115; SSt 55/22; SSt 54/68; näher RN 34.12. **35.19**

Beispiel: A schenkt dem ihm als Dieb bekannten D auf dessen Ersuchen einen „Eisenstempel" (= typisches Diebeswerkzeug) mit der Bemerkung, D möge sich dafür „einmal erkenntlich zeigen", ihn aber „nicht verpfeifen". Über keinen einzigen der 20 Einbrüche, die D anschließend begeht, ist A in irgendeiner Weise informiert. Mit Recht wurde A von der Anklage gem § 12 3. Fall, § 127ff freigesprochen; vgl JBl 1977 46.

b) **Ort und Zeitspanne der Beitragstäterschaft.** § 12 3. Fall erfordert weder Anwesenheit am Tatort noch zeitliche Nähe zur Tat; vgl SSt 54/68. Beitragstäterschaft kann nicht nur **während** der Tatausführung (zB Festhalten des Opfers, Schmierestehen), sondern vor allem auch schon im **Vorbereitungsstadium** der (später mindestens versuchten) Tat geleistet werden; zB Hilfszusagen für nach **35.20**

35. Kapitel: Beitragstäter

der Tat (RN 35.17), Auskundschaften des Tatorts, Beschaffen der Tatwerkzeuge uä; stRspr; vgl etwa RZ 1999/32; LSK 1996/241; *Fabrizy* WK² § 12 RN 94 mwN. Beitragstäterschaft ist idR nur bis zur **rechtlichen Vollendung** des Delikts möglich; vgl EvBl 1998/9.

35.21 **Aber:** Bei **Dauerdelikten** und **Dauerstraftaten** (RN 9.28 f) kommt Beitragstäterschaft bis zur **tatsächlichen Beendigung** in Betracht. Vgl in diesem Zusammenhang die Ausführungen zu RN 33.14 u 33.18.

35.22 **Beachte!** Bei Dauerdelikten und Dauerstraftaten stellt sich oft die Frage nach der Abgrenzung von Beitragstäterschaft und Begünstigung (§ 299) bzw Hehlerei (§ 164); vgl *Öner/Schütz* in *L/St* § 12 RN 48; *Fabrizy* WK² § 12 RN 94. Es entscheidet die **Willensrichtung** des Unterstützenden; vgl *StudB BT I* § 99 RN 34.

35.23 c) **Beitragstäterschaft durch Unterlassen.** Nur wer **selbst als Garant handlungspflichtig** ist, haftet bei **Vorsatz** gem §§ 2, 12 3. Fall; vgl *Kienapfel* JBl 1974 187; *Öner/Schütz* in *L/St* § 12 RN 46; *Fabrizy* WK² § 12 RN 91; *Triffterer* AT 16/114; *Fuchs/Zerbes* AT I 37/90; *Braun/Kahl* ÖZW 2015 170; SSt 2006/5; EvBl 2004/104; JBl 1988 55; SSt 54/42; SSt 30/130. Bezüglich der Garantenstellung des Beitragstäters gelten die allgemeinen Grundsätze; vgl RN 31.6 ff. Ein Nichtgarant hat sich allenfalls gem §§ 95 oder 286 zu verantworten; vgl JBl 1988 55 und das oben RN 30.16 angeführte Beispiel der Nichtverhinderung eines Kindesmissbrauchs. Wer durch **fahrlässiges Unterlassen** „beiträgt", haftet **nach Maßgabe und unter den Voraussetzungen des § 2** idR als **unmittelbarer Täter des Fahrlässigkeitsdelikts;** vgl RN 33.29 u 33.34.

Beispiel: Ein Fahrlehrer, der gefährliches Fahren seines Schülers nicht unterbindet, hat den Tod des Verkehrsopfers gem §§ 2, 80 mitzuverantworten.

35.23 a d) **Mitwirkung an einer Selbstgefährdung.** Nach der Rsp (OGH 15 Os 30/19 d JBl 2019 801 m Anm *Rösler*) ist aus der Sicht eines Beteiligten derjenige, der sich selbst am Körper verletzt, ein anderer iSd § 83. Die **Beteiligung an einer eigenverantwortlichen Selbstschädigung oder -verletzung** ist aufgrund der **Selbstbestimmung** und **Selbstverantwortung** jedes Menschen wegen Fehlens eines deliktstypisch sozial-inadäquat gefährlichen Verhaltens straflos. Dies gilt aber nur, wenn sich der sich selbst Verletzende „**freiwillig** und **selbstverantwortlich einer bestimmten Gefahrenlage" ausgesetzt** hat und „sich des damit verbundenen Risikos bewusst" war. Dann hat er selbst die daraus erwachsenden Gefahren zu tragen; vgl *Fuchs/Zerbes* AT I RN 33/87 f; *StudB BT I* § 75 RN 17. **Grenzen** findet dieses **Autonomieprinzip** aber dann, wenn beim sich selbst Verletzenden die **Eigenverantwortlichkeit fehlt,** etwa wegen seines geringen Alters, einer Krankheit, Berauschung, Schocks oder gravierender Beurteilungs- oder Willensmängel. Dann kommt eine Strafbarkeit des sich Beteiligenden in Betracht, sofern dieser mit entsprechendem Vorsatz handelt.

Beispiel (nach OGH 15 Os 30/19 d): Die Lebensgefährtin L des suchtgiftabhängigen A kocht auf Ersuchen des A hin zweimal morphinhältiges Compensan, das eigentlich zur oralen Einnahme vorgesehen ist, auf, zieht es in eine Spitze auf und reicht die gefüllte Spritze dem zu diesem Zeitpunkt fiebrigen, teilweise schon halluzinierenden und Selbstgespräche führenden A. A injiziert sich selbst das Compensan. In der Folge stirbt A. Eine Strafbarkeit wegen §§ **12 3. Fall, 86** kommt nur in Betracht, wenn bei A die Eigenverantwortlichkeit für sein Handeln fehlt, weil er gravierenden Willensmängeln unterliegt, und L entsprechenden Vorsatz hat.

B. Tatbestandsmäßigkeit

Diskussionswürdig ist allerdings die Grundannahme des OGH, dass ein sonstiger Beitrag zur Körperverletzung „eines anderen" auch dann vorliegen soll, wenn der unmittelbare Täter – ohne eigenverantwortlich zu handeln – sich selbst verletzt. Denn Bezugspunkt für die Verletzung eines anderen ist grundsätzlich der unmittelbare Täter. Für den unmittelbaren Täter bleibt es stets eine Selbstverletzung. Und diese Selbstverletzung ist nicht tatbestandsmäßig; arg § 78. Zu dieser (straflosen) Selbstverletzung wird aber der Beitrag geleistet. Nach der Jud wird dieser aber bestraft wie ein Beitrag zur Verletzung eines Dritten, also vom unmittelbaren Täter verschiedenen Person.

Der **Grundsatz der Eigenverantwortlichkeit** gilt auch im Hinblick auf § 80, findet dort aber seine Grenzen, wo die Selbstgefährdung des anderen erkennbar auf einem gravierenden Beurteilungsmangel seitens des Selbstgefährders beruht oder der an der Selbstgefährdung Mitwirkende das dem anderen drohende Risiko besser erfasst; vgl *StudB BT I* § 80 RN 64f; *Burgstaller/Schütz* WK § 80 RN 83ff. **35.23b**

Aber: Anderes gilt, wenn L das Suchtgift dem A injiziert hätte. In diesem Fall läge keine Selbstgefährdung, sondern **Fremdgefährdung** vor und es würde für die Strafbarkeit nicht auf die Eigenverantwortlichkeit des anderen abgestellt.

II. Tatausführung durch einen anderen

1. **Keine qualitative Akzessorietät.** Die ausgeführte Tat, die der Beitragstäter fördert, braucht **nicht** den rechtlichen Mindestanforderungen der **qualitativen Akzessorietät** zu entsprechen. Der Ausführungstäter muss **weder rechtswidrig noch vorsätzlich oder sonst schuldhaft** handeln. Das bloße **Faktum,** dass er die mit Strafe bedrohte Handlung ausführt, genügt; vgl *Kienapfel* JBl 1974 118 184; *Öner/Schütz* in *L/St* § 12 RN 50f; *Fabrizy* WK² § 12 RN 95; *Triffterer* AT 16/107; ua SSt 2006/11; 14 Os 148/00; SSt 56/19. Allerdings muss, und darin unterscheidet sich die Beitrags- von der Bestimmungstäterschaft, die **Tathandlung des unmittelbaren Täters mindestens das Versuchsstadium** erreicht haben; hM; näher zum Ganzen RN 36.42 f mN. **35.24**

Im Hinblick auf das Mindesterfordernis des Versuchs des unmittelbaren Täters hat sich der Begriff **quantitative Akzessorietät** der Beitragstäterschaft eingebürgert; vgl *Öner/Schütz* in *L/St* § 12 RN 50; *Fabrizy* WK² § 12 RN 97; SSt 56/19. Dieser Terminus ist seinerzeit primär aus darstellungstechnischen Gründen, insb wegen der besseren Vergleichbarkeit mit dem Teilnahmesystem gewählt worden. Der Begriff Akzessorietät ist im Einheitstätersystem jedoch per se missverständlich. Besser spricht man von **faktischer Bezogenheit** oder schlicht von **faktischen Voraussetzungen;** vgl *Kienapfel* JBl 1974 184; so auch *Öner/Schütz* in *L/St* § 12 RN 38f u 51; *Fabrizy* WK² § 12 RN 98; *Triffterer* AT 16/17; LSK 1996/241; SSt 55/80; vgl dazu RN 34.4, 34.9 u 34.19. **35.25**

Beachte! Der Beitrag zur Tatausführung (§ 12) ist wie die Bestimmung (RN 34.19) auf die Tatausführung durch den **unmittelbaren Täter** zu beziehen. Hinsichtlich § 12 3. Fall ist dieses Erfordernis allerdings weit auszulegen. Denn auch solche Tatbeiträge, die einem **Bestimmungs-** oder **Beitragstäter** geleistet werden, fördern (zumindest mittelbar) die Tatausführung durch den **unmittelbaren Täter,** falls sie sich auf dessen Handeln (bzw den Enderfolg) auswirken; OGH 14 Os 106/18x; allgemein dazu *Triffterer* AT 16/102; *Fabrizy* WK² § 12 RN 96. Trifft dies nicht zu, liegt ein iSd § 15 Abs 2 strafloser „Beitragsversuch" vor; vgl RN 36.35 f. Zum **Strafbarkeitsbeginn** in solchen Fällen vgl RN 36.39. **35.25a**

2. **Fallgruppen.** a) **Vorsätzlicher Beitrag zu vorsätzlicher Tat.** Wie im Teilnahmesystem ist die vorsätzliche Förderung einer vorsätzlichen Tat auch im Einheitstätersystem die **Standardsituation** der **vorsätzlichen Beitragstäterschaft.** **35.26**

Die Judikatur befasst sich nahezu ausschließlich mit dieser **zentralen Fallkonstellation;** vgl ua JBl 1989 189 m Anm *Kienapfel;* JBl 1989 122; SSt 56/59; SSt 55/62, 22.

35.27 b) **Vorsätzlicher Beitrag zu unvorsätzlicher Tat.** Derartige Fallkonstellationen sind im Teilnahmesystem keineswegs straflos, aber in ihrer Typenzuordnung heillos umstritten. Im funktionalen Einheitstätersystem bereiten sie keine auch nur annähernd vergleichbaren Zuordnungsprobleme. Es handelt sich um **vorsätzliche Beitragstäterschaft;** vgl dazu bereits RN 33.32.

    B e i s p i e l : A verkehrt einverständlich mit der unmündigen, erst 12-jährigen C, hält sie jedoch für älter. B, der ihr wahres Alter kennt, hat beim Entkleiden geholfen und ein Kondom beschafft. Mangels Tatbildvorsatzes kann A nicht als unmittelbarer Täter des § 206 Abs 1 bestraft werden, wohl aber B als **vorsätzlicher Beitragstäter** gem § 12 3. Fall, § 206 Abs 1 = **Lolita-Fall;** vgl JBl 1994 627 m krit Anm *Burgstaller;* wie hier *Fuchs/Zerbes* AT I 33/44.

35.28 c) **Fahrlässiger Beitrag zu vorsätzlicher oder unvorsätzlicher Tat.** Derartige Fallkonstellationen sind idR problemlos als **fahrlässige unmittelbare Täterschaft** zu erfassen; vgl *Kienapfel* JBl 1974 188; *Fabrizy* WK² § 12 RN 107; JBl 1984 48 m Anm *Liebscher;* vgl weiters RN 33.29 u 33.34, RN 34.2 u RN 35.23.

III. Subjektive Tatbestandsmerkmale

35.29 1. **Beitragsvorsatz.** Schon wegen der wenigen Fahrlässigkeitsdelikte bildet die vorsätzliche Beitragstäterschaft den Regelfall im StGB; zu den einzelnen Fallgruppen vgl RN 26. Der Beitragstäter muss mit dem Vorsatz handeln, einen Beitrag zur Tat des unmittelbaren Ausführungstäters zu leisten. Auch die Kausalität der Beitragshandlung für die Ausführung muss vom Vorsatz des Beitragstäters umfasst sein; vgl OGH 14 Os 42/19 m.

35.30 a) **Deliktsspezifischer Tatbildvorsatz.** Für die vorsätzliche Beitragstäterschaft genügt idR dolus eventualis, soweit ex lege nicht eine intensivere Vorsatzform vorausgesetzt wird; vgl *Öner/Schütz* in *L/St* § 12 RN 54; *Fabrizy* WK² § 12 RN 104. Die Ausführungen zur Bestimmungstäterschaft (RN 34.32 ff) gelten entsprechend.

    B e i s p i e l : Deshalb findet etwa § 108 auf Beteiligte, die nicht selbst **absichtlich** handeln, keine Anwendung; hM; vgl JBl 1983 443; RZ 1977/69 m Anm *Kienapfel.*

35.31 b) **Vollendungsvorsatz.** Wie der Bestimmungsvorsatz muss der Vorsatz des Beitragstäters stets auf die **Vollendung** der Tat – durch den Ausführungstäter – gerichtet sein und daher alle objektiven Tatbestandsmerkmale umfassen; vgl *Kienapfel* JBl 1974 183 187; *Fabrizy* WK² § 12 RN 103; *Burgstaller* RZ 1975 16; SSt 2006/11; SSt 56/4; EvBl 1984/163. Auch im Rahmen der Beitragstäterschaft können dem **agent provocateur** vergleichbare Probleme auftreten; vgl RN 34.36.

35.32 c) **Konkretisierung des Beitragsvorsatzes.** Der Tatbildvorsatz des Beitragstäters muss nach Art, Angriffsrichtung und Unrechtsgehalt **hinreichend bestimmt** sein und die ausgeführte Tat in ihren **wesentlichen Merkmalen** umfassen, wobei allerdings auch **Ungefährvorstellungen** genügen; hM; vgl *Öner/Schütz* in *L/St* § 12 RN 49; *Fabrizy* WK² § 12 RN 101; vgl EvBl 2009/6; SSt 2006/11 (instruktiv). Der konkreten Kenntnis der Person des unmittelbaren Täters oder seines Namens bedarf es nicht; vgl SSt 2006/11.

C. Rechtswidrigkeit

Aber: Mitunter geht die Judikatur tendenziell zu weit. Problematisch wird es insb, **35.33** wenn der Beitragende über das „Ob" und die „Art" der Haupttat im Unklaren gelassen wird bzw dies zumindest unwiderlegt behauptet. In Anwendung des Grundsatzes **in dubio pro reo** ist idR **Straflosigkeit** anzunehmen.

d) **Abweichung der Tatausführung vom Beitragsvorsatz.** Es treten prinzi- **35.34** piell dieselben Probleme auf wie bei § 12 2. Fall. So liegt idR eine für den Beitragstäter **unwesentliche Abweichung** vor, wenn der Raubüberfall nicht auf die Raiffeisenkasse, sondern auf das im selben Gebäude gelegene Postamt ausgeführt wird; vgl EvBl 1982/10; ähnlich JBl 1984 445 m krit Anm *Graczol;* SSt 51/45. Näher zur **vorsatzerheblichen Tatabweichung** vgl RN 34.39 ff, insb zum Exzess RN 34.41 ff.

e) **Irrtum des Beitragstäters.** Insoweit gelten die allgemeinen Irrtums- **35.35** regeln und die Ausführungen zu RN 34.45 entsprechend.

2. **Erweiterter Vorsatz.** Bei Delikten mit überschießender Innentendenz **35.36** muss auch der **Beitragstäter** selbst mit **erweitertem Vorsatz** handeln; hM; vgl *Öner/Schütz* in *L/St* § 12 RN 54; *Fabrizy* WK² § 12 RN 105; *Schmoller* GA 2006 368; SSt 2007/69/99. Die Ausführungen zur Bestimmungstäterschaft (RN 34.46 f) gelten entsprechend.

C. Rechtswidrigkeit

Wie bei § 12 2. Fall kann der Beitragstäter gerechtfertigt sein, der unmittel- **35.37** bare Täter aber nicht (und umgekehrt). Auf der Basis des Prinzips der **autonomen und individuellen Verantwortlichkeit** jedes Beteiligten sind die Rechtfertigungsgründe ad personam zu prüfen; vgl *Fabrizy* WK² § 12 RN 99; SSt 56/19. Näheres RN 34.48 ff.

D. Schuld

Wie der Bestimmungstäter verantwortet der Beitragstäter **ausschließlich** **35.38** **eigene Schuld** (§ 13). Die Ausführungen RN 34.51 ff gelten entsprechend.

1. **Schuldfähigkeit.** Vgl RN 34.54. **35.39**

2. **Unrechtsbewusstsein.** Auch beim Beitragstäter kann ein Irrtum gem § 8 **35.40** oder gem § 9 in Betracht kommen.

3. **Entschuldigungsgründe.** Die Ausführungen für den unmittelbaren Tä- **35.41** ter gelten entsprechend. Näheres Kap 21.

E. Fallprüfungsschema für den vorsätzlichen Beitragstäter

Dieses Fallprüfungsschema ist als **Anhang 8** abgedruckt. Für die **fahrläs-** **35.42** **sige Beitragstäterschaft** gilt das im **Anhang 3** abgedruckte Fallprüfungsschema.

Prüfungsfälle und Lösungen zur Beitragstäterschaft vgl Prüfungsfälle 47 118 u 194 *(Medigovic),* 139 *(Fuchs); Hinterhofer/Schütz* Fallbuch 52 151 263; *Luef-Kölbl/Sprajc* Fälle 131, 148; **Trainingsfall** zur Beteiligung vgl *Kienapfel* JAP 2003/04 93.

36. Kapitel
Beteiligung und Versuch

Inhaltsübersicht

	RN
A. Beteiligungsspezifische Bedeutung der §§ 15 f	36.1–36.8
1. Strafdrohungen	36.3
2. Versuchsbeginn	36.4–36.5
3. Absolut untauglicher Versuch	36.6–36.7
4. Rücktritt	36.8
B. Versuch des Bestimmungstäters	36.9–36.33
1. Allgemeines	36.9
2. Erscheinungsformen der versuchten Bestimmungstäterschaft	36.10–36.22
a) Bestimmungsversuch	36.12–36.17
aa) Definition	36.13–36.14
bb) Einzelheiten	36.15
cc) Kriminalpolitische Problematik	36.16
dd) Sonderproblem: Bestimmungsversuch des unmittelbaren Täters?	36.17
b) Bestimmung zum Versuch	36.18–36.21
c) Fallprüfungsschema	36.22
3. Abgrenzung von Versuch und Vorbereitung	36.23–36.26
a) Definition	36.24
b) Grenzziehung	36.25–36.26
4. Rücktritt des Bestimmungstäters	36.27–36.33
a) Rücktritt gem § 16 Abs 1 2. Fall	36.28–36.32
aa) Verhinderung der Tatausführung	36.29–36.30
bb) Freiwilligkeit	36.31–36.32
b) Rücktritt gem § 16 Abs 2	36.33
C. Versuch des Beitragstäters	36.34–36.44
1. Allgemeines	36.34
2. Reduzierter Umfang der versuchten Beitragstäterschaft	36.35–36.40
a) Ausscheidung des „Beitragsversuchs"	36.35–36.36
b) Beitrag zum Versuch	36.37–36.39
c) Fallprüfungsschema	36.40
3. Abgrenzung von Versuch und Vorbereitung	36.41–36.43
a) Gesetzliche Grundlagen	36.41
b) Definition	36.42
c) Genügt ein „objektiver" Versuch?	36.43
4. Rücktritt des Beitragstäters	36.44
D. Vergleichende Gegenüberstellung	36.45
E. Exkurs: Sonstige Vorstufen der Beteiligung, insb Komplott (§ 277)	36.46–36.47

A. Beteiligungsspezifische Bedeutung der §§ 15 f

36.1 Die bisherigen Ausführungen zum Versuch haben sich ausschließlich mit dem Versuch des unmittelbaren Täters befasst; vgl Kap 22 bis 25.

36.2 Gem §§ 15 f gelten die Regelungen, welche das StGB für den Versuch des unmittelbaren Täters trifft, grundsätzlich, wenngleich mit Abweichungen im Einzelnen, auch für den **Versuch des Bestimmungs- und des Beitragstäters.** Das bedeutet:

36.3 **1. Strafdrohungen.** § 15 Abs 1 dehnt die Strafdrohungen für vorsätzliches Handeln ganz allgemein auch auf die versuchte Tat aus. Ob es sich dabei um den

B. Versuch des Bestimmungstäters

Versuch des unmittelbaren Täters, des Bestimmungs- oder des Beitragstäters handelt, macht für die Strafdrohung keinen Unterschied, kann sich aber bei der Strafbemessung auswirken; vgl insb § 34 Abs 1 Z 6, 13 u 15.

2. Versuchsbeginn. § 15 Abs 2 umschreibt den Versuch und den Versuchsbeginn sowohl für den **unmittelbaren Täter** als auch für den **Bestimmungstäter**. Dabei verwendet das StGB für beide Täterformen dieselbe Abgrenzungsformel. **36.4**

Beachte! Im § 15 Abs 2 wird dagegen der **Beitragstäter nicht erwähnt**. Daher fehlt eine entsprechende gesetzliche Regelung für den Versuchsbeginn beim Beitragstäter. Mit Absicht. Näheres dazu RN 36.36, 36.41 ff u 36.45. **36.5**

3. Absolut untauglicher Versuch. § 15 Abs 3 erstreckt die Straflosigkeit des absolut untauglichen Versuchs auf daran beteiligte **Bestimmungs- und Beitragstäter**. **36.6**

Beispiel: A will den Hochsicherheitstresor in der Bank mit einem Schraubenzieher aufbrechen. Er begeht damit einen nach allen Theorien gem § 15 Abs 3 straflosen Einbruchsversuch. Der Bankangestellte B hatte zuvor A von der 10 Mio-Einlage informiert und zur Tat animiert (= § 12 2. Fall), sein Kollege C das Alarmsystem der Bank ausgeschaltet (= § 12 3. Fall). Beide hatten mit einem derart dilettantischen Vorgehen des A nicht gerechnet. Trotz genereller Tauglichkeit der eigenen Handlungen sind B und C ebenfalls gem § 15 Abs 3 straflos („und die Beteiligung daran"); vgl auch RN 36.21 aE. **36.7**

4. Rücktritt. § 16 Abs 1 u 2 enthalten spezielle Rücktrittsregelungen bei Beteiligung mehrerer. **36.8**

B. Versuch des Bestimmungstäters
1. Allgemeines

Die Versuchs- und Rücktrittsvorschriften gelten auch für den Bestimmungstäter. **36.9**

2. Erscheinungsformen der versuchten Bestimmungstäterschaft

Ein **Versuch des Bestimmungstäters, dh versuchte Bestimmungstäterschaft** liegt vor, wenn es entweder beim **Bestimmungsversuch** (RN 36.12ff) geblieben ist oder die Ausführung der angesonnenen Tat im Versuchsstadium steckengeblieben ist = **Bestimmung zum Versuch** (RN 36.18ff); vgl *Fabrizy* WK² § 12 RN 72; *Hager/Massauer* WK² §§ 15 f RN 22; EvBl 2000/118; SSt 56/95. Beides begründet die Strafbarkeit des Bestimmungstäters **wegen Versuchs**. **36.10**

Beachte! Diese einprägsame Systematik besitzt in der Gegenüberstellung von „Beitragsversuch" und **Beitrag zum Versuch** eine Parallele; vgl RN 36.35 ff. **36.11**

a) **Bestimmungsversuch.** Je nachdem, aus welchen Gründen die Bestimmungshandlung nicht zu einem Ausführungsversuch geführt hat, wird oft zwischen **misslungener** und **erfolgloser Bestimmung** unterschieden; vgl *Öner/Schütz* in *L/St* § 12 RN 38; *Zipf* RZ 1980 142; SSt 56/55; EvBl 1982/98; SSt 48/72. **36.12**

36. Kapitel: Beteiligung und Versuch

Aber: Diese Differenzierung bringt nichts und ist schon deshalb entbehrlich, weil die Rechtsfolgen gem § 15 Abs 2 2. Fall dieselben sind; wie hier *Triffterer* Beteiligungslehre 47; *Fabrizy* WK² § 12 RN 78. Deshalb wird im Folgenden einheitlich vom **Bestimmungsversuch** gesprochen.

36.13 aa) **Definition.** Der Bestimmungsversuch umfasst alle Fälle, in denen es dem Bestimmenden nicht gelingt, den unmittelbaren Täter wenigstens zum Versuch der Tat zu veranlassen. Im Falle von **Kettenbestimmung** kann dies insb daran liegen, dass die Bestimmungskette abreißt, bevor die Bestimmungsbotschaft den Ausführungstäter erreicht hat. Bei solcher Sachlage sind die bis dahin tätig gewordenen Kettenglieder **wegen Bestimmungsversuchs** zu verurteilen; vgl *Hager/Massauer* WK² §§ 15 f RN 200; JBl 1999 265; SSt 56/10 sowie Kap 34 RN 5 u 19. Die Strafbarkeit des Bestimmungsversuchs ergibt sich aus § 15 Abs 2 **2. Fall.**

36.14 **Beachte!** Die **Bestimmung zum Tatbeitrag** ist nach heutiger hM unter die **Generalklausel des § 12 3. Fall** zu subsumieren und als (bloße) **Beitragshandlung** zu erfassen, da letztlich (= mittelbar) **auch dadurch** die Tatausführung des unmittelbaren Täters **gefördert** wird; vgl JBl 1996 329 m insoweit zust Anm *Medigovic;* ebenso *Hager/Massauer* WK² §§ 15 f RN 189 ff; *Fabrizy* WK² § 12 RN 49; *Fuchs/Zerbes* AT I 36/16. Diese Betrachtungsweise **schränkt** die Strafbarkeit **partiell ein,** indem ein solcher Bestimmender **wertungsmäßig einem bloßen Beitragstäter gleichgestellt wird.** Diese **Strafbarkeitsreduktion** betrifft ausschließlich die **Versuchsstrafbarkeit,** weil ein solcher mittelbarer „Tatbeitrag" erst mit dem Eintritt des unmittelbaren Täters in das Versuchsstadium strafbar wird (RN 36.42); grundlegend dazu *Triffterer* AT 16/76 u *Schmoller* ÖJZ 1983 384; *Medigovic* JBl 1996 331 (Anm).

36.15 bb) **Einzelheiten.** Dass es beim Bestimmungsversuch geblieben ist, kann viele Gründe haben. Der Adressat kann das Ansinnen nicht erhalten, abgelehnt, nicht verstanden, nicht ernst genommen oder nicht beachtet haben; vgl SSt 61/75; SSt 53/23. Er kann seinen Entschluss rechtzeitig, dh noch vor Beginn der Ausführung, aufgegeben haben. An Bestimmungsversuch ist auch zu denken, wenn der andere **omnimodo facturus,** dh zur Tat schon entschlossen war; vgl RN 34.16.

36.16 cc) **Kriminalpolitische Problematik.** Die weitreichende Pönalisierung des Bestimmungsversuchs birgt kriminalpolitische Brisanz. In gleicher Weise wurde schon durch § 9 StG die Strafbarkeit auf Bereiche ausgedehnt, deren Strafwürdigkeit durchaus zweifelhaft war. Das StGB hat daran nichts geändert und auch nichts ändern wollen; vgl EB 83. Problematisch erscheint vor allem, dass der Bestimmungsversuch **generell,** dh selbst bei ganz **geringfügigen Delikten,** mit Strafe bedroht wird, obwohl es nicht einmal zum Versuch der angesonnenen Tat kommt und sich die Pönalisierung des Bestimmenden allein auf die Äußerung seines „bösen Willens" und eine dadurch begründete – allenfalls potenzielle – Gefahr stützt; krit wie hier *Zipf* RZ 1980 147.

36.17 dd) **Sonderproblem: Bestimmungsversuch des unmittelbaren Täters?** Ersucht der **unmittelbare Täter** einen Dritten vergeblich um einen **Tatbeitrag** („beschaffe mir eine Tatortskizze"), begeht er damit allenfalls eine **straflose Vorbereitungshandlung;** vgl EvBl 2000/37. Selbst wenn eine solche Aufforderung Erfolg hat, erscheint es prinzipiell fraglich, ob ein solches Werben um einen

B. Versuch des Bestimmungstäters

Tatbeitrag für den **Ausführungstäter** überhaupt einen unter Beteiligungsaspekten **eigenen Tatunwert** begründet; zumindest wäre dieser Tatunwert durch seine Strafbarkeit als unmittelbarer Täter **mitabgegolten;** vgl idS JBl 1996 329 m Anm *Medigovic;* Hager/Massauer WK² §§ 15 f RN 193 f; *Schwaighofer* ÖJZ 2000 882.

Beachte! Dies hat auch dann zu gelten, wenn der Ausführungstäter einen weiteren **unmittelbaren Mittäter** anwirbt bzw anzuwerben sucht. Denn die Strafbarkeit derartiger Fallkonstellationen ist ex lege **nur partiell** und zugleich **exklusiv** bloß für die im § 277 angeführten Delikte angeordnet; vgl RN 36.46 f; LSK 1983/55; SSt 47/15; str; aM EvBl 2000/37; JBl 1996 329 m insoweit abl Anm *Medigovic:* strafbarer Bestimmungsversuch; ebenso *Fabrizy* WK² § 12 RN 47; *Hager/Massauer* WK² §§ 15 f RN 201 f; vgl dagegen wie hier *Fuchs/Zerbes* AT I 34/36 f; *Eder* JBl 2000 72; *Schwaighofer* ÖJZ 2000 883.

b) **Bestimmung zum Versuch.** Damit werden solche Fälle erfasst, in denen es **dem Bestimmenden gelingt, den unmittelbaren Täter zum Versuch der angesonnenen Tat zu veranlassen.** Bei solcher Sachlage sind sowohl der Bestimmende als auch der Ausführungstäter **nur wegen Versuchs** zu bestrafen; vgl SSt 55/80; EvBl 1980/6. Denn vollendete Bestimmungstäterschaft erfordert stets, dass **der unmittelbare Täter die angesonnene Tat vollendet hat;** vgl Kap 34 RN 5. **36.18**

Beachte! Bei dem zum Versuch bestimmten Ausführungstäter müssen **sämtliche konstitutiven Versuchsmerkmale** erfüllt sein, was bei diesem insb den **vollen Tatentschluss** (Kap 23 RN 6 ff) voraussetzt. Letzteres wird insb von *Friedrich* Triffterer-FS 65 u ÖJZ 1995 12 bestritten. Es bedarf weder eines Rückgriffs auf das „Auslösen eines generellen Handlungsentschlusses" (Kap 34 RN 24) noch kann es genügen, dass die dem Ausführungstäter angesonnene Tat zumindest das „objektive Versuchsstadium" erreicht hat. Es drohen auch keine Straflücken. Denn handelt ein solcher „Ausführungstäter" ohne Tatbildvorsatz oder ohne erweiterten Vorsatz, kann die zweite Form der versuchten Bestimmungstäterschaft, dh **Bestimmungsversuch** (RN 36.12 ff), in Betracht kommen. **36.19**

Dass die **Bestimmung zum Versuch** strafbar ist, folgt unmittelbar aus § 15 Abs 1 **3. Fall.** Denn die Strafdrohungen gegen vorsätzliches Handeln gelten auch „für jede Beteiligung an einem Versuch". **36.20**

Beispiel: A hat B überredet, in das Haus der F einzubrechen. Als beim Einschlagen der Fensterscheibe die Bewohner aufmerksam werden, flüchtet B, ohne etwas mitzunehmen. In Bezug auf den Einbruchsdiebstahl ist für den Ausführungstäter B Versuch, für A Bestimmung zum Versuch gem § 15 Abs 1 **3. Fall** anzunehmen. Beide sind mithin gleichermaßen **wegen Einbruchsversuchs** zu verurteilen.

Beachte! Ob der **Ausführungstäter** wegen des Versuchs **in concreto bestraft** werden kann, ist für die Versuchsstrafbarkeit des **Bestimmungstäters gleichgültig** (auch umgekehrt); vgl LSK 1980/86 (zu § 12 3. Fall). Es macht dabei keinen Unterschied, ob der unmittelbare Täter gerechtfertigt (RN 34.50), ohne Schuld (zB § 11) oder zB wegen Rücktritts straflos ist (RN 36.27). Das ist einmal mehr eine Konsequenz des funktional-einheitstäterschaftlichen Ansatzes, wonach jeder Beteiligte ausschließlich **eigenes Unrecht und eigene Schuld** verantwortet. **36.21**

Aber: Begeht der Aufgeforderte **wider Erwarten** einen **absolut untauglichen Versuch,** ist kraft ausdrücklicher gesetzlicher Anordnung des § 15 Abs 3 auch der Bestimmungstäter straflos; vgl RN 36.6 f. Straflos ist aber auch, wer **von vornherein** nur zu einem Versuch bestimmen will; vgl RN 34.35 ff, insb 34.37.

c) **Fallprüfungsschema.** Das Fallprüfungsschema für den Versuch des Bestimmungstäters ist als **Anhang 9** abgedruckt. **36.22**

3. Abgrenzung von Versuch und Vorbereitung

36.23 Die nähere Regelung findet sich in § 15 Abs 2 2. Fall. Danach gelten für den Versuch des Bestimmungstäters dieselben Grundsätze wie für den Versuch des unmittelbaren Täters.

36.24 a) **Definition.** Versuchte Bestimmungstäterschaft liegt vor, sobald der Bestimmungstäter seinen Bestimmungsentschluss durch eine Bestimmungshandlung oder zumindest durch eine bestimmungsnahe Handlung iSd **§ 15 Abs 2 betätigt hat;** hM; vgl *Burgstaller* JBl 1976 116; *Öner/Schütz* in *L/St* § 12 RN 37 f u § 15 RN 22; *Fabrizy* WK[2] § 12 RN 73; *Triffterer* AT 16/44; *Hager/Massauer* WK[2] §§ 15 f RN 35 u 181; SSt 2007/45; JBl 1999 265; SSt 56/10; EvBl 1982/98; SSt 47/15.

36.25 b) **Grenzziehung.** Die entscheidende Frage lautet: **Ab wann** ist beim Bestimmungstäter eine **bestimmungsnahe Handlung** iSd § 15 Abs 2 2. Fall anzunehmen?

36.26 Leitlinie bildet auch hier die **Eindruckstheorie** (RN 22.16 u 22.19). Ob bereits eine bestimmungsnahe Handlung iSd § 15 Abs 2 2. Fall vorliegt, ist – wie beim unmittelbaren Täter – durch **wertende Betrachtung vom objektiven Standpunkt eines begleitenden Beobachters** zu ermitteln. Beurteilungsgrundlage bildet auch hier weniger das für einen Beobachter oft nur bruchstückhaft erkennbare äußere Geschehen, als vielmehr der **Tatplan,** dh jene Vorstellung, die sich der Bestimmende selbst vom **konkreten Ablauf** seiner Bestimmungshandlung gemacht hat. Es kommt mithin für den Versuchsbeginn darauf an, **ob das Verhalten aus wertender Sicht und unter Berücksichtigung der Vorstellung des Bestimmenden unmittelbar, dh ohne weitere selbstständige Zwischenakte, in die Bestimmungshandlung einmünden sollte;** vgl *Hager/Massauer* WK[2] §§ 15 f RN 185; *Fabrizy* WK[2] § 12 RN 74; SSt 57/16; SSt 56/10. Maßgebend ist die **Bestimmungsnähe,** nicht die Nähe zur Tatausführung; vgl SSt 2007/45; SSt 63/74; zum Ganzen vgl *Hager/Massauer* WK[2] §§ 15 f RN 181 u 185 ff.

B e i s p i e l : A schreibt dem B einen Brief, in dem er diesen auffordert, C zu töten. Er frankiert den Brief und fährt ihn eine Stunde später zum Briefkasten. Nach zwei Tagen trifft das Schreiben bei B ein.

Das Einwerfen des Briefes ist bereits **Bestimmungshandlung,** das Halten vor dem Briefkasten, um den Brief einzuwerfen, eine **bestimmungsnahe Handlung;** die Niederschrift, das Frankieren und das Losfahren zum Briefkasten sind dagegen noch straflose **Vorbereitungshandlungen;** vgl zum Ganzen *Burgstaller* JBl 1976 120; *Zipf* RZ 1980 144; SSt 56/55; ähnlich SSt 56/10. Auf den Zugang des Briefes kommt es nicht an; vgl SSt 56/55. Dieses allgemein akzeptierte Ergebnis lässt sich durchaus mit Hilfe der **üblichen Abgrenzungskriterien** des § 15 Abs 2 gewinnen, ohne dass es dazu einer besonders restriktiven Auslegung, die von manchen speziell für die versuchte Bestimmungstäterschaft gefordert wird, bedarf.

4. Rücktritt des Bestimmungstäters

36.27 Im Gegensatz zum Rücktritt des Alleintäters ist es bezüglich des Rücktritts des Bestimmungstäters nicht notwendig, zwischen beendetem und unbeendetem Versuch zu unterscheiden. Der Bestimmungstäter kann im Prinzip Straffreiheit gem § 16 Abs 1 2. Fall oder § 16 Abs 2 erlangen; vgl EvBl 1995/92; SSt 56/95; EvBl 1980/6.

C. Versuch des Beitragstäters

Aber: Der Bestimmungstäter muss diese Voraussetzungen **in seiner Person** erfüllen, sonst haftet er selbst dann wegen Versuchs, wenn etwa der unmittelbare Täter seinerseits strafbefreiend zurückgetreten ist; vgl SSt 56/95 sowie RN 36.21.

a) **Rücktritt gem § 16 Abs 1 2. Fall.** Strafbefreiender Rücktritt von versuchter Bestimmungstäterschaft ist grundsätzlich **bis zur Vollendung der angesonnenen Tat** durch den Ausführungstäter möglich; vgl *Durl/Schütz* in *L/St* § 16 RN 12; EvBl 1995/92. Folgende Voraussetzungen müssen erfüllt sein: **36.28**

aa) **Verhinderung der Tatausführung.** Der Bestimmungstäter muss **selbst aktiv tätig** werden und die Ausführung der Tat durch den oder die anderen Beteiligten verhindern. Präzise formuliert: **Er muss verhindern, dass seine Bestimmungshandlung in einer Weise für die Tatausführung kausal wird, die ihm objektiv zurechenbar ist,** dh den Erfordernissen des Adäquanz- und Risikozusammenhangs entspricht. Das Verhindern eines Ausführungsversuchs (von mehreren) genügt nicht; vgl SSt 53/38. **36.29**

Beispiele: Dem Bestimmungstäter gelingt es, dem anderen die Tat definitiv wieder auszureden; er veranlasst das Opfer zu erhöhten Sicherheitsvorkehrungen, so dass die übrigen Beteiligten von der Tatausführung endgültig Abstand nehmen. Dass einer der Beteiligten später einen **neuen Tatentschluss** fasst und die Tat in Eigenregie begeht, lässt die Haftung des (früheren) Bestimmungstäters nicht wieder aufleben.

Problematisch erscheint, ob der Bestimmungstäter auch dann gem § 16 Abs 1 2. Fall straflos wird, wenn er zwar nicht den Versuch verhindern konnte oder wollte, aber die **Vollendung verhindert hat.** Dieser Fall wird nicht vom Wortlaut des § 16 Abs 1 2. Fall, jedoch von der ratio legis gedeckt und führt daher per analogiam zur Straflosigkeit des Bestimmenden. **36.30**

bb) **Freiwilligkeit.** Insoweit treten dieselben Probleme auf wie beim Rücktritt des unmittelbaren Täters; Einzelheiten RN 24.13 ff. **36.31**

Beachte! Beim **Bestimmungsversuch** ist strafbefreiender Rücktritt nur gem § 16 Abs 2 möglich und setzt voraus, dass der Bestimmungstäter vom Misslingen seiner Bestimmung **keine Kenntnis** hat. Weiß er davon, scheidet strafbefreiender Rücktritt aus; vgl EvBl 2000/37. Die Situation ähnelt dem fehlgeschlagenen Versuch. Das Ergebnis ist unerfreulich, entspricht aber der derzeitigen Gesetzeslage; vgl *Zipf* RZ 1980 145. **36.32**

b) **Rücktritt gem § 16 Abs 2.** Dem (erfolgreichen) Rücktritt des Bestimmungstäters gem § 16 Abs 1 2. Fall steht sein **freiwilliges und ernstliches Rücktrittsbemühen** gem § 16 Abs 2 gleich, wenn die Ausführung oder der Erfolg ohne sein Zutun unterbleibt; Näheres RN 25.25. **36.33**

Beispiel: Der Bestimmungstäter beschwört den Bombenleger brieflich, die Tat nicht auszuführen. Er weiß nicht, dass dieser inzwischen anderen Sinnes geworden oder gestorben ist.

C. Versuch des Beitragstäters
1. Allgemeines

Grundsätzlich gelten die Versuchs- und Rücktrittsvorschriften auch für den Beitragstäter. Aber **Beginn** und **Umfang** der versuchten Beitragstäterschaft sind im Vergleich zum strafbaren Versuch des Bestimmungstäters ex lege **wesentlich reduziert.** **36.34**

2. Reduzierter Umfang der versuchten Beitragstäterschaft

36.35 a) **Ausscheidung des „Beitragsversuchs".** Anders als bei der Bestimmungstäterschaft begründet der bloße „Beitragsversuch", dh das **vergebliche Bemühen,** einen anderen bei der Vorbereitung oder Ausführung der Tat zu unterstützen, schon **begrifflich keinen Versuch iSd § 15,** folglich auch keine Strafbarkeit des „Beitragenden".

36.36 Wichtig! Um die Fälle eines solchen „Beitragsversuchs" straflos zu stellen, ist in § 15 Abs 2 außer dem Versuch des unmittelbaren Täters nur jener des Bestimmungstäters umschrieben worden. Letzteres ist bewusst in einer Weise geschehen, die zwar den **Bestimmungsversuch, nicht** aber den **„Beitragsversuch"** mitumfasst. Per argumentum e contrario ergibt sich daraus die prinzipielle **Straflosigkeit des „Beitragsversuchs",** sogar bei so schweren Delikten wie etwa Mord, Vergewaltigung oder Raub. Das entspricht der hM zum geltenden wie zum früheren Recht; vgl *Öner/Schütz* in *L/St* § 12 RN 50; *Fabrizy* WK² § 12 RN 108; *Hager/Massauer* WK² §§ 15 f RN 13 u 22; *Triffterer* AT 16/105; *Burgstaller* RZ 1975 16; SSt 2007/99; SSt 57/16. Durch § 15 Abs 2 ist das Einheitstätersystem durch entsprechende Regelungen auf der **Versuchsebene** maßgeschneidert der österr Rechtstradition angepasst worden; vgl *Nowakowski* RZ 1982 126.

B e i s p i e l: Mit Hilfe des § 15 Abs 2 ist der im Schrifttum ursprünglich kontroversiell erörterte **Wörthersee-Fall** heute iSd **Straflosigkeit** desjenigen zu lösen, der einen Taucher bei dessen **vermeintlicher** Funderschlagung unterstützen wollte und damit einen bloßen „Beitragsversuch" unternommen hatte; vgl *Kienapfel* JBl 1989 407. Weitere Beispiele RN 36.43.

Beachte! Vereinzelt gibt es im StGB aber auch Fälle, in denen der **Beitragsversuch** in Durchbrechung des § 15 Abs 2 mit Strafe bedroht ist; vgl dazu *BT III* § 227 RN 17, § 239 RN 13 f. Bei anderen Delikten wird dieser Effekt durch explizite **gesetzliche Aufwertung** des Beitrags zur **unmittelbaren Täterschaft** erzielt; vgl §§ 78, 104 Abs 2, § 164 Abs 1, § 231 Abs 2 sowie RN 33.17 mwN; s *Juhász* ÖJZ 2015 670.

36.37 b) **Beitrag zum Versuch.** Die **versuchte Beitragstäterschaft** beschränkt sich mithin auf den **Beitrag zum Versuch,** dh auf Fallkonstellationen, bei denen der unmittelbare Täter zwar eine Ausführungshandlung oder zumindest eine ausführungsnahe Handlung unternommen hat, seine Tat aber im **Versuchsstadium stecken geblieben** ist; näher RN 36.42. Bei solcher Sachlage sind sowohl der Ausführungstäter als auch der Beitragstäter (nur) **wegen Deliktsversuchs** zu bestrafen; vgl SSt 2003/83. **Vollendete Beitragstäterschaft,** dh die Bestrafung des Beitragstäters wegen **vollendeten Delikts,** knüpft nicht etwa an den Abschluss der Beitragshandlung an, sondern setzt vielmehr voraus, dass der **Ausführungstäter die Tat vollendet** hat; vgl *Fabrizy* WK² § 12 RN 98; *Hager/Massauer* WK² §§ 15 f RN 21; EvBl 2004/53.

36.38 Dass jeder Beitrag zum Versuch des Ausführungstäters auch für den Beitragstäter Strafbarkeit **wegen Versuchs** begründet, ergibt sich unmittelbar aus § 15 Abs 1 3. Fall, wonach die Strafdrohungen gegen vorsätzliches Handeln „für jede Beteiligung an einem Versuch" gelten.

36.39 Beachte! Tatbeiträge, die zur Unterstützung eines **Bestimmungs-** oder **Beitragstäters** dienen, sind jeweils als **sonstige** (mittelbare) **Beiträge** zur Tatausführung durch den unmittelbaren Täter aufzufassen (RN 35.25 a). Sie begründen einen strafbaren Versuch des Beitragstäters aber erst in dem Augenblick, in dem es zur Vornahme eines Versuchs durch den Ausführungstäter kommt; vgl RN 36.42 f.

36.40 c) **Fallprüfungsschema.** Das Fallprüfungsschema für den Versuch des Beitragstäters ist als **Anhang 10** abgedruckt.

C. Versuch des Beitragstäters

3. Abgrenzung von Versuch und Vorbereitung

a) **Gesetzliche Grundlagen.** Das Problem der Abgrenzung von Versuch **36.41** und Vorbereitung tritt bei sämtlichen Täterformen, mithin auch beim Versuch des Beitragstäters auf. In dieser Hinsicht ergibt sich aus § 15 Abs 2 **zwingend,** dass die dort für den Versuch des unmittelbaren Täters und für den Versuch des Bestimmungstäters vorgenommenen **Strafbarkeitserweiterungen** um die ausführungs- bzw bestimmungsnahe Handlung **nicht für die versuchte Beitragstäterschaft** gelten sollen. Anders ausgedrückt: **Der Versuchsbegriff der Beitragstäterschaft ist prinzipiell enger als jener der Bestimmungstäterschaft;** ebenso *Fabrizy* WK² § 12 RN 109.

b) **Definition. Versuchte Beitragstäterschaft** liegt mithin vor, **sobald der 36.42 Täter seinen Beitragsentschluss durch eine Beitragshandlung betätigt hat, vorausgesetzt, dass es in der Folge überhaupt zur Vornahme eines Versuchs durch den unmittelbaren Täter kommt;** vgl *Öner/Schütz* in *L/St* § 12 RN 50 f; *Fabrizy* WK² § 12 RN 109; *Triffterer* AT 16/105; *Fuchs/Zerbes* AT I 34/38; SSt 2006/23; SSt 2003/83.

Beispiel: Eine Woche vor dem geplanten Mord an C übergibt B dem U einen Revolver, „damit es auch klappt". Es klappt nicht. U schießt daneben. Bis zum Mordversuch des U an C ist B noch **straflos.** Hier aber hat sich B wegen Mordversuchs gem § 15 Abs 1 3. Fall, § 12 3. Fall, § 75 zu verantworten.

Gegenbeispiele: B will den zur Tötung des C entschlossenen U unterstützen. *Variante 1:* Er schreibt U einen Brief, in dem er ihm seinen Revolver zur Tatausführung anbietet. Der Brief erreicht U nicht. *Variante 2:* U empfängt zwar den Brief, hält B aber für einen Spinner und zerreißt das Schreiben. *Variante 3:* U lässt sich die Waffe schicken. Am Abend vor der Tat überlegt er es sich anders. Bei allen drei Varianten ist B wegen bloßen „Beitragsversuchs" (RN 36.36) straflos. Denn zum Versuch des unmittelbaren Täters ist es nicht gekommen, womit der insoweit enggefasste Begriff der **versuchten Beitragstäterschaft** nicht erfüllt ist.

c) **Genügt ein „objektiver" Versuch?** Der **OGH** und mit ihm auch Teile **36.43** des funktional-einheitstäterschaftlichen Schrifttums lassen für die Strafbarkeit des „Helfers" schon das Erreichen des **objektiven Versuchsstadiums** durch den unmittelbar Handelnden genügen; stRspr; vgl JBl 1994 627 m insoweit krit Anm *Burgstaller;* SSt 50/2; LSK 1980/86; ebenso *Öner/Schütz* in *L/St* § 12 RN 50; *Hager/Massauer* WK² §§ 15 f RN 13; *Fabrizy* WK² § 12 RN 110; *Friedrich* ÖJZ 1995 10; *Schöberl* Einheitstäterschaft 209. Diese **extensive Auslegung** iS eines **Beitrags zum Versuch** ist weder durch den Wortlaut des § 15 Abs 1 3. Fall gedeckt noch durch die Materialien oder den Gesetzeszweck indiziert. Objektive und subjektive Elemente lassen sich gerade beim Versuch nicht trennen. **Ohne Tatentschluss gibt es keinen Versuch.** Ein „objektives Versuchsstadium" ist begrifflich nicht denkbar; wie hier *Burgstaller* RZ 1975 16; *Fuchs* AT I³ 294; *Fuchs/Zerbes* modifizierend AT I¹⁰ 34/9 ff. Fehlt es bereits am Tatentschluss, insb am **Tatbildvorsatz** des vermeintlichen „Ausführungstäters", liegt für den „Helfer" ein gem § 15 Abs 2 **strafloser „Beitragsversuch"** (RN 36.35 f) vor. Dass dieses Ergebnis auch kriminalpolitisch befriedigt, zeigt etwa das folgende

Beispiel (Variante des in RN 35.27 erörterten **Lolita-Falles**): A, der das Mädchen für älter hält, hatte dem „Helfer" B beim gemeinsamen Besuch der 12-Jährigen nur **vorgespiegelt,** er wolle mit dem Mädchen verkehren. Als es „zur Sache gehen" soll, klärt A den B über den bloßen „Gag" auf und verlässt den Raum, ohne das Mädchen angerührt zu haben. Hier fehlt es bei A von vornherein an den subjektiven Erfordernissen eines Versuchs, insb am **Tatbildvorsatz**. Er war zu keinem Zeitpunkt Ausführungstäter, auch nicht in Versuchsform. B hat versucht, eine **bloß vermeintliche Tat** zu fördern und ist daher gem § 15 Abs 2 („Beitragsversuch") straflos. Nur bei diesem Lösungsansatz ist die Parallele zum **Wörthersee-Fall** (RN 36.36) zu wahren.

Beachte! Es kommt erst recht nicht darauf an, ob ein anderer Beteiligter, insb der Ausführungstäter, wegen Versuchs **bestraft** werden kann; vgl RN 36.21.

4. Rücktritt des Beitragstäters

36.44 Die Ausführungen RN 36.27 ff gelten mutatis mutandis; aus der Rspr vgl EvBl 1996/97.

D. Vergleichende Gegenüberstellung

36.45

Versuchte Bestimmungstäterschaft	Versuchte Beitragstäterschaft
Bestimmung zum Versuch; strafbar gem § 15 (1) 3. Fall	Beitrag zum Versuch; strafbar gem § 15 (1) 3. Fall
Bestimmungversuch; strafbar gem § 15 (2) 2. Fall	Es gibt keinen strafbaren Beitragsversuch; arg § 15 (2) 2. Fall

E. Exkurs: Sonstige Vorstufen der Beteiligung, insb Komplott (§ 277)

36.46 Im StGB fehlt eine differenzierte und kriminalpolitisch ausgewogene Regelung der **strafbaren Vorstufen** der Beteiligung. Der Schwerpunkt des diesbezüglichen Strafschutzes liegt heute wie früher eindeutig bei der (zum Teil überzogenen) Strafbarkeit des **Bestimmungsversuchs;** vgl RN 36.16. Die oft nicht minder strafwürdige **Verabredung** zu **gemeinsamer Tatausführung** ist dagegen nur sehr zurückhaltend geregelt und als verbrecherisches **Komplott** auf einige wenige besonders schwere Straftaten beschränkt (§ 277). Daraus ergeben sich für diesen Bereich zahlreiche Friktionen und Spannungen im gegenwärtigen Strafschutzsystem; näher *Zipf* RZ 1980 146.

E. Exkurs: Sonstige Vorstufen der Beteiligung, insb Komplott (§ 277)

So ist es kriminalpolitisch nur schwer einzusehen, dass etwa die **Verabredung** eines **36.47** Einbruchsdiebstahls für alle Verabredeten schlechthin straflos, aber der – weniger rechtsgutgefährdende – **Bestimmungsversuch** zu diesem Delikt, insb das **erfolglose Werben** um Tatgenossen (Mittäter), gem § 15 Abs 2 2. Fall, § 12 2. Fall, §§ 127, 129 Abs 1 Z 1 strafbar sein soll; vgl EvBl 2000/37; JBl 1996 329 m insoweit abl Anm *Medigovic;* str; vgl dazu krit RN 36.17 aE.

Prüfungsfälle und Lösungen zum Versuch des Beitragstäters Fälle[2] 43 u 46 *(Platzgummer/Fuchs),* 114 *(Burgstaller); Hinterhofer/Schütz* Fallbuch 62 247; *Wegscheider/ Sautner/Birklbauer* JAP 2001/02 156; *Kienapfel/Mitgutsch* JAP 2002/03 82; zum Versuch des Bestimmungstäters Prüfungsfälle 59 *(Fuchs),* 45 *(Medigovic); Hinterhofer/Schütz* Fallbuch 59 62 141 253 315 360 459; *Luef-Kölbl/Sprajc* Fälle 19 63; **Trainingsfall** zur Beteiligung vgl *Kienapfel* JAP 2003/04 93.

37. Kapitel
Beteiligung am Sonderdelikt

Inhaltsübersicht

	RN
A. Allgemeines	37.1–37.3
B. Funktion und Bedeutung des § 14	37.4–37.25
1. Dogmatische Grundlagen	37.4–37.11
a) Sonderdelikte	37.4
b) Der Regelungsgehalt des § 14	37.5
c) Gibt es extrane unmittelbare Täter?	37.6–37.10
aa) Traditionelle (verneinende) Position	37.7
bb) Extensive (bejahende) Position	37.8–37.10
d) Fahrlässige Sonderdelikte	37.11
2. Einheitliche Strafdrohung	37.12–37.15
3. Besondere persönliche Eigenschaften oder Verhältnisse	37.16–37.25
a) Besondere persönliche Unrechtsmerkmale	37.18–37.24
aa) Anwendungsfälle	37.19–37.20
bb) Besonderheiten	37.21–37.22
cc) Negative Abgrenzung	37.23–37.24
b) Besondere persönliche Schuldmerkmale	37.25
C. Die Strafbarkeitsreduktionen des § 14 Abs 1 Satz 2	37.26–37.43
1. Eigenhändige Delikte	37.28–37.31
a) Definition	37.28
b) Zweck der Strafbarkeitsreduktion	37.29
c) Bordellwirtin-Fall	37.30
d) Weitere Anwendungsfälle	37.31
2. Sonderpflichtdelikte	37.32–37.43
a) Ausgangsposition	37.32
b) Zweck der Strafbarkeitsreduktion	37.33
c) Mitwirkung des Intraneus „in bestimmter Weise"	37.34–37.37
d) Zur subjektiven Tatseite des extranen Beteiligten	37.38–37.39
aa) OGH	37.38
bb) Gegenansicht	37.38–37.39
e) Weitere Anwendungsfälle	37.40–37.43
D. Die Bedeutung des § 14 Abs 2	37.44–37.50
1. Regelungsziel	37.44
2. Begrenzter Anwendungsbereich	37.45–37.49
3. Zuordnungsproblematik	37.50

37. Kapitel: Beteiligung am Sonderdelikt

 E. Sonderregelungen 37.51
 F. Systemvergleichender Ausblick 37.52
 G. Exkurs: Notwendige Beteiligung 37.53–37.57
  1. Straflosigkeit kraft ausdrücklicher gesetzlicher Anordnung 37.55
  2. Straflosigkeit, wenn das Strafgesetz zumindest auch dem Schutz
   des notwendig Beteiligten dient 37.56
  3. Maßgeblichkeit deliktsspezifischer Tatbestandsauslegung 37.57

Schrifttum (Auswahl): *Kert/Komenda* Strafrechtliche Risiken für den Aufsichtsrat in: *Kalss/Kunz* Handbuch für den Aufsichtsrat[2] (2016) 1483; *Kienapfel* Probleme der Einheitstäterschaft in: StP I 63; *ders* Bildung einer kriminellen Organisation (§ 278a Abs 1 StGB) JBl 1995 613; *Mayrhofer* Keine Mitschuld des Gläubigers an der Krida des Schuldners ÖJZ 1989 238; *Nowakowski* Die Sonderdelikte, beurteilt nach ihrer Begehbarkeit durch extranei in: ZNStR II 147 = *Nowakowski* Perspektiven 161; *Roeder* Der Unbegriff des „extranen" Täters und der „eigenhändigen" Delikte (zu § 14 Abs 1 StGB) JBl 1975 561; *Schick* „Keine Mitschuld des Gläubigers an der Krida des Schuldners?" ÖJZ 1990 205; *ders* Die strafrechtliche Verantwortung der zur Vertretung berufenen sowie der „faktischen" Organe von Handelsgesellschaften LJZ 1993 14. Vgl im Übrigen die Angaben vor Kap 32.

A. Allgemeines

37.1   § 14 befasst sich mit mehrtäterschaftlichen Fallkonstellationen bei **Sonderdelikten** (Definition dieser Deliktsgruppe vgl RN 9.45f). Die Regelung ist abschließend und darf nicht auf andere Bereiche ausgedehnt werden; hM; vgl *Öner/Schütz* in L/St § 14 RN 1; *Fabrizy* § 14 RN 1; *Triffterer* AT 16/115. Entgegen *Nowakowski* ZNStR II 151 werden die Strafausschließungsgründe von § 14 nicht erfasst; vgl JA 4. Entsprechendes gilt für § 166; vgl SSt 47/64.

37.2   Die bei den Sonderdelikten auftretenden Probleme sind dieser Deliktsgruppe **immanent** und keine Konsequenz einer bestimmten Beteiligungsregelung. Sie stellen sich in ähnlicher Weise auch im Teilnahmesystem; vgl *Kienapfel* StP I 92; *Nowakowski* ZNStR II 149. Allerdings sind die Lösungsstrukturen des § 14 wesentlich andere und bei weitem nicht so subtil und kompliziert wie die der Parallelvorschrift des § 28 dStGB.

 Beachte! § 14 ist nicht ins Finanzstrafrecht übernommen worden. Die Strafbarkeit von Extranei ergibt sich unmittelbar aus § 11 FinStrG; vgl dazu näher *Schmoller* FinStR 2008 23; aM *Burgstaller* FinStR 2008 41.

37.3   § 14 unterscheidet zwischen **unrechtsgeprägten = unrechtsbezogenen Sonderdelikten** (§ 14 Abs 1) und **schuldgeprägten = schuldbezogenen Sonderdelikten** (§ 14 Abs 2). Die Vorschrift ist wie folgt aufgebaut: § 14 Abs 1 Satz 1 enthält den für sämtliche **unrechtsgeprägten Sonderdelikte** maßgeblichen **Grundsatz,** der durch § 14 Abs 1 Satz 2 für bestimmte Deliktsgruppen eingeschränkt wird. § 14 Abs 2 befasst sich mit den – sehr seltenen – **schuldgeprägten Sonderdelikten.** Die Darstellung folgt der gesetzlichen Gliederung.

 Beachte! Ob es sich um **eigentliche** oder **uneigentliche Sonderdelikte** handelt (vgl zur Charakteristik RN 9.46), ist nach § 14 **gleichgültig** („Macht das Gesetz die Strafbarkeit oder die Höhe der Strafe von ... abhängig, ..."). Die traditionelle Gegenüberstellung (vgl *Öner/Schütz* in L/St § 14 RN 2f; *Fuchs/Zerbes* AT I 35/2f) hat an Bedeutung verloren. Völlig gegenstandslos ist sie heute für die Gegenüberstellung von **echten** und **unechten Amtsdelikten.** Denn das in § 313 angesprochene Ausnützen einer Beamteneigenschaft begründet – selbst wo es die sachliche Zuständigkeit berührt (§ 29 Abs 2 StPO) – keine Deliktsqualifikation (mehr), sondern nur (noch) eine **Strafzumessungsvorschrift** (RN 37.49). Bezüglich der **Militärdelikte** vgl RN 37.14.

B. Funktion und Bedeutung des § 14
1. Dogmatische Grundlagen

a) **Sonderdelikte.** Im Unterschied zu den Allgemeindelikten können Sonderdelikte nach der jeweiligen Deliktsbeschreibung nicht von jedermann begangen werden. Bei Sonderdelikten verlangt das Gesetz beim Handelnden vielmehr eine **bestimmte Subjektsqualität** (qualifiziertes Tatsubjekt = **Intraneus**). § 14 spricht von „**besonderen persönlichen Eigenschaften oder Verhältnissen des Täters**"; vgl *Öner/Schütz* in *L/St* § 14 RN 1; *Fuchs/Zerbes* AT I 35/1 u 13f; *Sautner* JBl 2003 332 (Anm); bereits RN 9.45f. Personen, welche nicht selbst Träger dieser besonderen Subjektsqualität sind, nennt man **Extranei**. Durch die Regelung des § 14 wird klargestellt, dass sich auch ein Extraneus grundsätzlich an einem Sonderdelikt beteiligen kann.

37.4

Ausgangsbeispiele:

Mietwagen-Fall: M will den Mietwagen, den er seit vier Wochen benützt, rechtswidrig behalten. Er manifestiert seinen Zueignungsentschluss dadurch, dass er das rote Kfz grün „umspritzt" und es sodann dem Vermieter als „gestohlen" meldet. Der Sohn S hat seinem Vater beim Lackieren tatkräftig geholfen. Durch das Umspritzen hat M das Sonderdelikt des § 133 als **unmittelbarer Täter** verwirklicht. Gilt dies – bei identischer Tathandlung – auch für seinen Sohn?

Juwelier-Fall: A ist Filialleiter eines Juweliergeschäfts. Mit seinem Freund B vereinbart er, dass sie ihre Geldsorgen dadurch lösen wollen, dass B am nächsten Abend in das Juweliergeschäft eindringt und aus dem Tresor eine neue Schmuckkollektion mitnimmt. A teilt B dafür den Code zum Ausschalten der Alarmanlage und die Zahlenkombinationen zum Öffnen des Tresors mit. Vereinbarungsgemäß holt B am nächsten Abend den Schmuck. Dem A war der Schmuck iSd § 133 anvertraut. Ist auch B wegen Veruntreuung zu bestrafen?

Führerschein-Fall: Wegen wiederholter Trunkenheit am Steuer hat die Behörde dem F den Führerschein für 1 Jahr entzogen. Nach 3 Monaten bittet F den zuständigen Beamten B, mit dem er seit Schulzeiten eng befreundet ist, ihm den Führerschein vorzeitig auszufolgen. Nach einigem Zögern gibt B dem Drängen des Freundes nach. B ist unmittelbarer Täter, indem er seine Befugnis missbraucht, und begeht durch die gesetzwidrige Aushändigung des Führerscheins Amtsmissbrauch. Kann F als **Extraneus** wegen Amtsmissbrauchs bestraft werden?

b) **Der Regelungsgehalt des § 14.** Die Regelung des § 14 versteht sich insgesamt als Ergänzung der §§ 12f für die spezielle Deliktsgruppe der **Sonderdelikte**.

37.5

- § 14 stellt sicher, dass sowohl intrane als auch extrane Beteiligte an einem Sonderdelikt ausschließlich **für eigenes Unrecht und für eigene Schuld haften;** vgl EB 81; *Triffterer* AT 16/118; *Fabrizy* WK² § 14 RN 4; *Friedrich* RZ 1986 260.

- Deshalb trifft § 14 zunächst eine zentrale Gegenüberstellung, indem er **unrechtsgeprägte** von bloß **schuldgeprägten Sonderdelikten** (RN 37.3 u 37.16ff) unterscheidet. Die Begehbarkeit eines Sonderdelikts durch einen Extraneus wird **ausdrücklich ausgeschlossen,** wenn es sich um ein **rein schuldgeprägtes Sonderdelikt** handelt (§ 14 Abs 2; näher dazu RN 37.44ff).
Hingegen ist eine **Beteiligung** an einem **unrechtsgeprägten Sonderdelikt** für den Extraneus **möglich,** wenn auch nur bei einem Beteiligten die Sondertätereigenschaft vorliegt.

37. Kapitel: Beteiligung am Sonderdelikt

■ Für eine solche Beteiligung an einem unrechtsgeprägten Sonderdelikt sind aber in zwei speziellen Bereichen **Einschränkungen** zu beachten, die im zweiten Satz des § 14 Abs 1 getroffen werden. Vgl RN 37.26 ff.

37.6 b) **Gibt es extrane unmittelbare Täter?** In Lehre und Rspr besteht Übereinstimmung, dass unter den in § 14 geschilderten Voraussetzungen sämtliche Beteiligten, auch die Extranei, als **Täter** haften. Strittig ist allein, ob mit Hilfe des § 14 Abs 1 Satz 1 solche Extranei, die in den unmittelbaren Handlungsvollzug faktisch eingebunden sind, die Tat also „unmittelbar ausführen", **begrifflich** auch als **unmittelbare Täter** angesehen werden können.

37.7 aa) **Traditionelle (verneinende) Position.** Sie verneint die aufgeworfene Frage. Nach dieser Auffassung ordnet § 14 Abs 1 Satz 1 nur an, dass auch ein Extraneus ein Sonderdelikt begehen kann. **Welche Täterformen** in Betracht kommen, darüber sage das Gesetz zwar nichts. Doch ergebe sich aus dem Wesen und der Eigenart der Sonderdelikte, dass Extranei **nur Beitrags-** oder **Bestimmungstäter, nie aber unmittelbare Täter** sein können. Weder werde der Extraneus dadurch zum unmittelbaren Täter, dass er die Tat „ausführt", dh den Wortlauttatbestand (scheinbar) erfüllende Handlungen vornimmt, noch verliere der Intraneus seine Eigenschaft als unmittelbarer Täter dadurch, dass er solche Handlungen einem Extraneus ganz oder teilweise überträgt; vgl *Mayerhofer* ÖJZ 1989 238; *Burgstaller* RZ 1975 15 FN 24 u 17 FN 43; *Fuchs/Zerbes* AT I 35/4 ff u 13 ff; *Seiler* AT I RN 895; *Schild* ZfRV 1976 204; *Sautner* JBl 2003 332 (Anm); *dies* JAP 2001/02 180; aus der Rspr vgl 10 Os 15/87; SSt 57/57; EvBl 1983/73; RZ 1980/21 m Anm *Burgstaller;* SSt 50/2. Der „Umwandlung" eines solchen extranen Beteiligten in einen (extranen) unmittelbaren Täter bedürfe es nicht. Denn schon die herkömmliche Tatbestandsauslegung erlaube überzeugende Lösungen.

37.8 bb) **Extensive (bejahende) Position.** § 14 Abs 1 Satz 1 hat nicht nur die Funktion, die Strafdrohung eines Sonderdelikts auf extrane Beteiligte zu erstrecken, sondern soll ganz allgemein auch bei den Sonderdelikten die Anwendung **sämtlicher drei Täterformen des § 12 auf Extranei** sicherstellen. Denn gem § 14 Abs 1 Satz 1 „ist das Gesetz auf alle Beteiligten anzuwenden, wenn diese Eigenschaften und Verhältnisse auch nur bei einem von ihnen vorliegen". § 14 trifft keine von § 12 abweichende Regelung über die Täterschaftsformen. Die Zuordnung eines Verhaltens zu den drei Täterschaftsformen erfolgt daher auch bei Sonderdelikten grundsätzlich nach § 12. Mithin kann **auch ein Nichtqualifizierter (= Extraneus) in die Rolle des unmittelbaren Täters** schlüpfen, wenn er eine dem Wortlauttatbestand entsprechende Handlung vornimmt; vgl *Friedrich* RZ 1986 259; *Öner/Schütz* in *L/St* § 14 RN 7; *Fabrizy* WK² § 14 RN 7 ff; *Triffterer* AT 16/127; *Schmoller* ÖJZ 1983 389; *Nowakowski* ZNStR II 149; aus der neueren Rspr vgl JBl 2003 330 m krit Anm *Sautner;* JBl 1988 392 m Anm *Liebscher;* RZ 1987/4 m Anm *Kienapfel.*

37.9 Gegner dieser Auffassung bringen vor, dass § 14 auf diese Weise überinterpretiert würde. Gemeint sei nur die **Ausweitung der Strafdrohung** auf alle extranen Beteiligten; es bedeute aber eine unzulässige **begriffliche Umwandlung,** wenn man von einem „**extranen unmittelbaren Täter**" spreche. Eine solche Umwandlung sei für eine sachgerechte Lösung der Strafbarkeit bei Sonderdelikten weder geboten noch durch die Gesetzesmaterialien

B. Funktion und Bedeutung des § 14

hinreichend indiziert. Sie bedeute vielmehr einen Bruch mit bis zum StGB allgemein akzeptierten und auch im StGB erkennbar zugrunde gelegten dogmatischen Traditionen und Strukturen. Dem ist entgegenzuhalten, dass **§ 14 Abs 1** zunächst in seinem **ersten** Satz **keine Aussage über die Beteiligungsformen** trifft. Abweichungen können sich immer aus dem Besonderen Teil ergeben. Aus dem Umstand, dass § 14 Abs 1 in seinem **zweiten** Satz ausdrücklich die Besonderheit der „eigenhändigen Delikte" berücksichtigt (RN 37.10), ist e contrario zu schließen, dass für andere Sonderdelikte keine solche Einschränkung gilt. Daher kann auch ein **Extraneus unmittelbarer Täter** sein und ist die **extensive Auffassung** – wie dies auch die angeführte Rspr tut – **zu bevorzugen.**

Zu den Ausgangsbeispielen (RN 37.4):

Im **Mietwagen-Fall** ergibt sich für die traditionelle Auffassung, dass der Sohn gem § 12 3. Fall, § 14 Abs 1, § 133 als **Beitragstäter** wegen Veruntreuung zu bestrafen ist; vgl *StudB BT II* § 133 RN 113; *Fuchs/Zerbes* AT I 35/6. Die extensive Interpretation des § 14 erlaubt hingegen die Auffassung, dass auch S **unmittelbarer Täter** nach § 12 1. Fall, § 14 Abs 1, § 133 ist.

Juwelier-Fall: Die Zueignung des Schmuckes erfolgt, indem B den Schmuck aus dem Juweliersgeschäft mitnimmt. Diese dem Wortlauttatbestand entsprechende **Tathandlung** wird **durch den extranen Beteiligten** B vorgenommen. Nicht nur der Juwelier A, sondern auch B ist nach der extensiven Auffassung problemlos als **unmittelbarer Täter** zu bestrafen. Nach der traditionellen Auffassung wäre nur der Intraneus A unmittelbarer Täter, während der extrane Beteiligte B „bloß" Beitragstäter wäre.

Für den **Führerschein-Fall** ergibt sich aus § 12 2. Fall, § 14 Abs 1 Satz 1 iVm Satz 2 2. Fall, § 302 Abs 1, dass F als **Bestimmungstäter** wegen Amtsmissbrauchs zu verurteilen ist; vgl *Fuchs/Zerbes* AT I 35/14. V a r i a n t e des Führerschein-Falles: Der Beamte reagiert auf die Bitte seines Freundes F wie folgt: „Hol dir den Führerschein selbst aus der Lade! Ich weiß von nichts" und verlässt das Amtszimmer. Der Amtsmissbrauch besteht hier bereits in der **missbräuchlichen Erlaubniserteilung** durch B und nicht erst im anschließenden händischen Zugriff durch F; zust *Fuchs/Zerbes* AT I 35/15. Schon nach den Grundsätzen herkömmlicher Tatbestandsauslegung ist B auch bei dieser Fallkonstellation **unmittelbarer Täter** des § 302, F dagegen **Bestimmungstäter** gem § 12 2. Fall, § 14 Abs 1 Satz 1 iVm Satz 2 2. Fall, § 302. Ein Verstoß gegen den Wortlauttatbestand ist nicht ersichtlich. Auch die übrigen Bedenken bei *Friedrich* RZ 1986 259 (m FN 79) sind bei dieser Sicht der Dinge hinfällig.

Beachte! Bei **eigenhändigen Delikten** (RN 37.28ff) ist eine **unmittelbare Täterschaft** **37.10** **von Extranei** begrifflich **ausgeschlossen;** vgl *Fabrizy* WK² § 14 RN 9; aM *Triffterer* AT 16/128. Die zweite Gruppe, die in § 14 Abs 1 zweiter Satz behandelt wird, sind die **Sonderpflichtdelikte** (RN 37.32ff). Diese zwingen zwar nicht begrifflich zu einer derartigen Einschränkung, in der Praxis sind aber Fälle der Ausführung durch einen Extraneus selten. Zu einem solchen Bsp s JBl 2003 330 m krit Anm *Sautner*.

d) **Fahrlässige Sonderdelikte.** § 14 Abs 1 Satz 1 gilt auch für fahrlässig **37.11** begehbare Sonderdelikte, etwa § 159. Insb ist **fahrlässige Beitragstäterschaft** dadurch möglich, dass ein Extraneus die fahrlässige Deliktsverwirklichung des unmittelbar handelnden Intraneus iSd § 12 3. Fall fördert. Der Extraneus ist im Falle des § 159 nur dann zu bestrafen, wenn er eine **ihn selbst treffende deliktsspezifische Sorgfaltspflicht** verletzt hat; vgl *Kirchbacher* WK² § 159 RN 92.

Beachte! § 14 Abs 1 Satz 1 hat nur die Funktion, die strafrechtliche Haftung auf Extranei auszudehnen (RN 37.5), **nicht aber, sie gegenüber jener des Intraneus zu verschärfen.** Die gesetzliche Reduktion des § 159 auf Fälle von **grober Fahrlässigkeit** gilt daher auch für den extranen Beteiligten. Aufgrund des § 13 muss auch beim Sonderdelikt jeder Beteiligte in eigener Person die subjektiven Elemente des Tatbestandes vollständig erfüllen.

37. Kapitel: Beteiligung am Sonderdelikt

2. Einheitliche Strafdrohung

37.12 Gem § 14 Abs 1 Satz 1 ist bei den Sonderdelikten „das Gesetz auf alle Beteiligten anzuwenden". Diese Anordnung stellt außer Zweifel, dass trotz des „höheren Pflichtenpotenzials" beim Intraneus *(Schick)* grundsätzlich für Intranei und für Extranei dieselben **einheitlichen Strafdrohungen** gelten.

37.13 Diese Einheitsstrafdrohung ist die vom System her naheliegende – durch § 12 ohnehin generell praktizierte – **Konsequenz der Einheitstäteridee;** vgl *Fabrizy* WK² § 14 RN 4; abl *Roeder* JBl 1975 568. Die fehlende Subjektqualität ist im Rahmen der ganzheitlichen Strafzumessung aber **strafmildernd** zu berücksichtigen; vgl EB 82; *Platzgummer* JBl 1971 245; *Kienapfel* StP I 95.

37.14 **Beachte!** Die einheitliche Strafdrohung für Extranei und Intranei ist für die **Militärdelikte** ex lege durchbrochen. Für diese statuiert § 259 eine – kriminalpolitisch nicht unproblematische – Sonderregelung, die § 14 gänzlich verdrängt. Diese geht davon aus, dass die Pflichtenstellung von Soldaten für tatbeteiligte Nichtsoldaten nicht nachvollziehbar ist, und bezweckt daher eine **differenzierte Besserstellung** von Nichtsoldaten; vgl *Öner/Schütz* in *L/St* § 14 RN 15; *Fuchs/Zerbes* AT I 35/33.

Beispiele: Wird ein Soldat zur Desertion (§ 9 MilStG) bestimmt, ist der Extraneus (nur) gem § 259 strafbar (geringere Strafdrohung). Bezieht sich die Bestimmung auf einen Kameradschaftsdiebstahl (§ 31 Abs 2 MilStG), ist der Extraneus (nur) gem § 12 2. Fall, § 127 zu bestrafen. Dies lässt sich nur mit allgemeinen Erwägungen (RN 32.29) begründen, nicht aber durch partiellen Rückgriff auf § 14 Abs 2; aM EB 401; krit auch *Fuchs/Zerbes* AT I 35/12. Im Falle der Bestimmung zur Herbeiführung der Dienstuntauglichkeit (§ 10 MilStG) ist der Extraneus – von Sonderfällen abgesehen – überhaupt straflos.

37.15 **Durchblick.** Die Problematik der angemessenen Bestrafung von Extranei tritt im deutschen Teilnahmesystem mit seinen unterschiedlichen Strafwürdigkeitstypen viel stärker hervor als im österr Einheitstätersystem. Das dortige Dogma der prinzipiell geringeren Strafwürdigkeit des Teilnehmers, insb des Gehilfen, steht einer **Einheitsstrafdrohung** von vornherein entgegen.

3. Besondere persönliche Eigenschaften oder Verhältnisse

37.16 § 14 unterteilt die Sonderdelikte in solche, bei denen die besonderen persönlichen Eigenschaften oder Verhältnisse (also die Merkmale des Intraneus) das **Unrecht der Tat** betreffen (§ 14 Abs 1), und in solche, bei denen sich diese Umstände **„ausschließlich auf die Schuld"** beziehen (§ 14 Abs 2).

37.17 Zur Vereinfachung der Terminologie des StGB werden die sonderdeliktsbegründenden „besonderen persönlichen Eigenschaften oder Verhältnisse des Täters", soweit sie das **personale Unrecht** betreffen, im Folgenden **besondere persönliche Unrechtsmerkmale** genannt. Betreffen derartige Umstände dagegen „ausschließlich die Schuld", werden sie als **besondere persönliche Schuldmerkmale** bezeichnet. Synonyma sind **unrechtsrelevante** und **schuldrelevante Subjektmerkmale** bzw **Täterqualifikationen.**

37.18 a) **Besondere persönliche Unrechtsmerkmale.** Es handelt sich dabei um Merkmale, in denen sich eine **besondere Täterqualifikation,** dh eine deliktsspezifische **personale = täterschaftliche Unwertkomponente** widerspiegelt. Darüber herrscht bei aller Unterschiedlichkeit der Formulierung im Detail in Lehre und Praxis durchaus Einigkeit; vgl *Kienapfel* JZ 1972 575; *Öner/Schütz* in *L/St* § 14 RN 6; *Fabrizy* WK² § 14 RN 11; *Triffterer* Beteiligungslehre 84; *Nowakowski* ZNStR II 150; *Schick* LJZ 1993 18.

B. Funktion und Bedeutung des § 14

aa) **Anwendungsfälle.** Ungewissheit besteht allerdings darüber, welche Merkmale als besondere persönliche Unrechtsmerkmale iSd § 14 Abs 1 anzusehen sind. Diese Zweifel decken sich weitgehend mit der für das österr Recht bisher nicht abschließend geklärten Frage, welche Delikte überhaupt **unrechtsgeprägte Sonderdelikte** sind. Das ist primär eine Frage der Auslegung des Besonderen Teils; vgl *Öner/Schütz* in *L/St* § 14 RN 20; *Fabrizy* WK² § 14 RN 2 mN. 37.19

Besondere persönliche Unrechtsmerkmale betreffen zB **Verwandtschaftsbeziehungen** (§§ 211, 212 Abs 1 Z 1 1. Fall) oder sonstige **rechtliche Eigenschaften**, zB Verursacher (§ 94), Machthaber (§ 153), Schuldner von Gläubigern (§§ 156, 159), Verheirateter (§ 192), Unterhaltspflichtiger (§ 198), Vormund (§ 212 Abs 1 Z 1 4. Fall), Zeuge (§ 288), Beamter (§ 302), die Mitgliedschaft etc bei Organisationsdelikten; vgl *Kienapfel* JBl 1995 621. Auch das **Anvertrautsein** bei § 133 ist ein besonderes persönliches Unrechtsmerkmal. Allen genannten Merkmalen ist gemeinsam, dass sie **vom konkreten Tatgeschehen unabhängige** (EvBl 1995/99) **unrechtsrelevante persönliche Eigenschaften oder Verhältnisse des Täters** und in diesem Sinne seine **deliktsspezifische Subjektqualität** betreffen. 37.20

Beachte! In § 79 gehört die Eigenschaft, Mutter zu sein, zu den Voraussetzungen der Privilegierung der Kindestötung. Sie betrifft aber nicht das Unrecht, sondern beeinflusst in Verbindung mit dem Geburtsstress (vgl RN 37.25) nur die Schuld.

bb) **Besonderheiten.** Bei manchen Sonderdelikten wird die besondere Täterqualität **kumulativ** durch **mehrere** besondere persönliche Unrechtsmerkmale umschrieben. In diesem Zusammenhang ist insb auf den Amtsmissbrauch (§ 302) sowie auf die Untreue (§ 153) hinzuweisen. 37.21

Der Unwert des § 302 erschöpft sich nicht schon darin, dass der unmittelbare Täter **Beamter** ist. Er muss darüber hinaus unter **Missbrauch seiner Befugnis** handeln. Entsprechendes gilt für § 153, bei dem sich ein **Machthaber** nur dann strafbar macht, wenn er seine **Vertretungsmacht missbraucht**. Auf dieses Erfordernis des **Befugnis- bzw Machtmissbrauchs** nimmt § 14 Abs 1 Satz 2 2. **Fall** mit den Worten Bezug, dass der **Intraneus** „sonst in bestimmter Weise" an der Tat mitwirken muss; vgl dazu näher RN 37.32 ff. 37.22

cc) **Negative Abgrenzung.** Der Einzugsbereich des § 14 Abs 1 beschränkt sich ausschließlich auf **unrechtsgeprägte Sonderdelikte,** wobei die besonderen persönlichen Unrechtsmerkmale insb von den subjektiven Tatbestandsmerkmalen abzugrenzen sind. 37.23

Beachte! Allein die Verwendung spezieller **subjektiver Tatbestandsmerkmale** (wie ein erweiterter Vorsatz) macht ein Delikt nicht zum Sonderdelikt. Denn der erweiterte Vorsatz betrifft allein das **spezifische Unrecht der Tat** und nicht eine **tatunabhängige unrechtsrelevante persönliche Eigenschaft des Täters**, dh nicht die **Subjektqualität als solche**; sie fallen aus diesem Grund weder unter § 14 Abs 1 noch Abs 2; wie hier *Triffterer* Beteiligungslehre 85. Der Gedanke, dass man sich an einem fremden Vorsatz beteiligen könnte, widerspräche dem Schuldprinzip der §§ 4 und 13. Jeder Beteiligte muss vielmehr selbst den vollständigen subjektiven Tatbestand (nach früherem Verständnis die „Schuldform" eines Delikts) erfüllen; vgl RN 34.19 bzw 34.31. 37.24

b) **Besondere persönliche Schuldmerkmale.** Die Charakterisierung als **Sonderdelikt** kann auch bloß auf der Ebene der Schuld erfolgen, wenn eine Tätereigenschaft durch besondere persönliche Schuldmerkmale (vgl RN 16.19) beschrieben wird; vgl näher RN 37.44. 37.25

Beispiele: Den Paradefall im StGB für diese (seltene) Art von Sonderdelikten bildet § 79. Es genügt aber nicht, dass die Täterin **Mutter** ist. Sie muss außerdem in dem in § 79 beschriebenen – ausschließlich schuldrelevanten – **Geburtsstress** handeln; diese kombinierten Umstände begründen die Anwendbarkeit des § 14 Abs 2.

37. Kapitel: Beteiligung am Sonderdelikt

Die **Gewerbsmäßigkeit der Begehung** (vgl ebenfalls RN 16.19) ist hingegen **kein** Fall des § 14: dass diese jeweils in der Person des einzelnen Täters gegeben sein muss, ergibt sich schon in Konsequenz des § 13. Eine Beteiligung an der Gewerbsmäßigkeit eines anderen ist von vornherein ausgeschlossen (vgl *Jerabek* WK² § 70 RN 19).

C. Die Strafbarkeitsreduktionen des § 14 Abs 1 Satz 2

37.26 Die **Rechtsgutsbeeinträchtigung** (= das **Unrecht der Tat**) im Sinne eines bestimmten Delikts **kann davon abhängen,** dass der Träger der besonderen persönlichen Eigenschaften oder Verhältnisse die Tat **selbst,** dh als **unmittelbar Handelnder,** ausführt („**eigenhändige Delikte**"), oder davon, dass er **sonst in bestimmter Weise (zB vorsätzlich) an ihr mitwirkt** (sog **Sonderpflichtdelikte**). Diese zwei Gruppen sind also **Spezialfälle** der unrechtsgeprägten Sonderdelikte (vgl den Wortlaut des § 14 Abs 1 Satz 2: „... verlangt jedoch ..."). Auf andere Sonderdelikte findet § 14 Abs 1 Satz 2 keine Anwendung, zB §§ 133, 198; aA 13. Aufl E 7 RN 26; *Triffterer* AT 16/121.

37.27 Wichtig! Für die eigenhändigen Delikte und die Sonderpflichtdelikte trifft § 14 Abs 1 Satz 2 **ergänzende** bzw **modifizierende Regelungen,** welche die durch § 14 Abs 1 Satz 1 angeordnete prinzipielle Strafbarkeit von extranen Beteiligten in kriminalpolitisch durchaus erwünschter Weise **reduzieren**; vgl zum Ganzen auch *Öner/Schütz* in *L/St* § 14 RN 9 ff; *Fabrizy* WK² § 14 RN 13 ff.

1. Eigenhändige Delikte

37.28 a) **Definition.** Zum Wesen **eigenhändiger Delikte** gehört es, dass **der Träger der besonderen persönlichen Eigenschaften oder Verhältnisse die Tat unmittelbar,** dh **in eigener Person = eigenhändig ausführt.** „Eigenhändig" ist hier nicht wörtlich, sondern im Sinne von **selbst** bzw **persönlich** aufzufassen. Anders formuliert: Qualifiziertes Tatsubjekt und Tathandlung können bei diesen Delikten nicht voneinander getrennt werden, **ohne dass das tatbestandsspezifische Unrecht entfällt;** vgl *Öner/Schütz* in *L/St* § 14 RN 4 u 10; *Fabrizy* WK² § 14 RN 14; *Triffterer* AT 16/122; bereits *Rittler* I 280; *Nowakowski* Grundzüge 103.

37.29 b) **Zweck der Strafbarkeitsreduktion.** Die **Haftungsgrenzen,** die sich aus der Eigenart eigenhändiger Delikte ergeben, dürfen nicht zu Lasten extraner Beteiligter verändert werden. Deshalb reduziert § 14 Abs 1 Satz 2 **1. Fall** deren strafrechtliche Haftung auf den Fall, dass der Träger der besonderen Subjektsqualität das deliktsspezifische Unrecht **durch unmittelbare,** dh **persönliche Tatausführung** hergestellt hat. Als Prototyp der eigenhändigen Delikte gilt § 211.

Beispiel: **Bruder** und **Schwester** vollziehen miteinander den Geschlechtsverkehr (strafbarer Beischlaf zwischen Blutsverwandten). Ein Freund des Bruders steht draußen Schmiere. In Bezug auf die Geschwister ein rechtlich unproblematischer Fall der Blutschande gem § 211 Abs 3. Beide stellen das deliktsspezifische **Unrecht** der Blutschande durch persönliche Ausführung her. Der Freund ist als **Beitragstäter** gem § 12 3. Fall, § 14 Abs 1 Satz 1 iVm Satz 2 1. Fall, § 211 Abs 3 zu bestrafen.

Gegenbeispiel: Die **Schwester** verkehrt mit dem Freund des Bruders, während der Bruder sein Zimmer dafür zur Verfügung stellt. Es ist klar, dass dieser Fall unter Tatbestands- bzw Unrechtsaspekten **völlig anders gelagert** ist. § 14 Abs 1 Satz 1 wäre **zu weit**

C. Die Strafbarkeitsreduktionen des § 14 Abs 1 Satz 2

formuliert, deshalb schränkt Satz 2 ein, dass bei einer **derartigen Fallkonstellation** weder die Geschwister noch der Freund wegen Blutschande zu bestrafen sind: Der Tatbestand des § 211 Abs 3 wird nur dann hergestellt, wenn **Geschwister miteinander** verkehren; vgl auch *BT III* § 211 RN 19.

c) **Bordellwirtin-Fall.** Wie aber ist der aus dem 19. Jahrhundert stammende, schon bei *v. Liszt* erörterte Fall zu lösen? 37.30

Eine Bordellwirtin (B) erlaubte sich den „Spaß", einen Seemann und seine Schwester, die sich zuvor nie gesehen hatten, zum Geschlechtsverkehr zusammenzuführen. Auch bei dieser Fallkonstellation wird das deliktsspezifische **personale Unrecht** des § 211 Abs 3 dadurch hergestellt, dass zwei Geschwister miteinander verkehren. Sie sind zwar Intranei und unmittelbare Täter der Blutschande, aber mangels Tatbildvorsatzes straflos. Für die Strafbarkeit der **Bordellwirtin** kommt es nur auf die **objektive Verwirklichung** der in § 14 Abs 1 Satz 2 **1. Fall** umschriebenen Voraussetzung an. Der Vorsatz der Geschwister interessiert mangels Akzessorietät der Beteiligung ebenso wenig wie deren Strafbarkeit (RN 34.19). Die Bordellwirtin ist daher gem § 12 2. Fall, § 14 Abs 1 Satz 1 iVm Satz 2 **1. Fall,** § 211 Abs 3 als **Bestimmungstäterin** zu bestrafen. Diese Lösung entspricht dem einheitstäterschaftlichen Grundsatz, dass jeder Täter ausschließlich **eigenes Unrecht** und **eigene Schuld** verantwortet. Sie ist nicht nur dogmatisch plausibel, sondern auch **kriminalpolitisch** überzeugend. Die von *Nowakowski* (ZNStR II 159 = *Nowakowski* Perspektiven 177) u *Fuchs/Zerbes* (AT I 35/32) ins Spiel gebrachte Überlegung, dass das spezifische Unrecht der Blutschande vom Vorsatz der unmittelbaren Täter abhängen und es sich daher zusätzlich um ein Sonderpflichtdelikt (§ 14 Abs 1 Satz 2 **2. Fall,** vgl RN 37.32 ff) handeln könnte, ist nicht notwendig. Es spielt auch keine Rolle, ob der extrane Beteiligte vom Irrtum des Intraneus gewusst oder diesen Irrtum gefördert oder gar provoziert hat.

d) **Weitere Anwendungsfälle.** Neben § 211 zählen zu den **eigenhändigen Delikten** insb die §§ 94, 184, 192 u 288f; vgl *Nowakowski* ZNStR II 157; *Öner/Schütz* in *L/St* § 14 RN 10. 37.31

Beispiel: Wer den Verursacher eines Verkehrsunfalls dazu bestimmt, das verletzte Opfer im Stich zu lassen, hat sich gem § 12 2. Fall, § 14 Abs 1 Satz 1 iVm Satz 2 **1. Fall,** § 94 als Bestimmungstäter zu verantworten, und zwar unabhängig davon, ob die Strafbarkeit des Verletzers mangels Vorsatzes, wegen §§ 11, 94 Abs 3 oder 4 oder aus anderen Gründen ausscheidet; vgl *StudB BT I* § 94 RN 80f; OLG Wien ZVR 1978/221.

Beachte! Auch die **unechten Unterlassungsdelikte** werden vielfach als (eigenhändige) Sonderdelikte angesehen; *Stricker* in *L/St* § 2 RN 15; *H. Steininger* ÖJZ 1981 371; *Fabrizy* § 2 RN 9; ebenso noch 13. Aufl Z 29 RN 16, E 7 RN 31. Da sich § 14 aber auf die Deliktsbeschreibungen im Besonderen Teil bezieht (oben RN 37.4), fallen die unechten Unterlassungsdelikte (§ 2) **nicht in den Anwendungsbereich des** § 14; *Hilf* WK[2] § 2 RN 14 u 164; *Nowakowski* WK[1] § 2 RN 4 u 38; *Triffterer* AT 14/29; aA *Lewisch* Casebook[7] 194. Wie sich schon aus dem Wortlaut des § 2 ergibt, muss die Garantenpflicht jeweils den Unterlassenden in eigener Person treffen. Täter eines unechten Unterlassungsdelikts – gleichgültig, welche Beteiligungsform die Unterlassung darstellt – kann daher nur der Garant sein.

2. Sonderpflichtdelikte

a) **Ausgangsposition.** § 14 Abs 1 Satz 2 **2. Fall** erfasst die sog **Sonderpflichtdelikte,** dh jene **Sonderdelikte, deren Unrecht durch den Missbrauch einer besonderen Pflichtenstellung gekennzeichnet ist** und die ein **bestimmtes pflichtwidriges Verhalten des Intraneus = Pflichtigen = Befugnisträgers** (Synonyma) voraussetzen. Bei den beiden wichtigsten Sonderpflichtdelikten – Untreue (§ 153) und Amtsmissbrauch (§ 302) – koppelt das StGB die Strafbarkeit von extranen Beteiligten **zusätzlich** an das Vorhandensein eines **bestimmten** 37.32

37. Kapitel: Beteiligung am Sonderdelikt

Vorsatzes beim unmittelbar handelnden Pflichtigen. Fraglich ist allerdings, welche Vorsatzintensität hinsichtlich des Befugnismissbrauchs beim **Befugnisträger** vorliegen muss; vgl OGH 11 Os 11/17b EvBl 2017/129; zum Ganzen *Fuchs/Zerbes* AT I 35/20a und 23ff; *Reindl-Krauskopf* WK² § 5 RN 78. Auch die betrügerische Krida (§ 156) verlangt für die Strafbarkeit des Extraneus die vorsätzliche Mitwirkung des Intraneus, da mehrere Begehungsformen der Vermögensverringerung (verheimlichen, beiseite schaffen, vorschützen, zum Schein verringern) sowohl sprachlich als auch nach dem materiellen Gehalt ein vorsätzliches Handeln erfordern; vgl EvBl 2014/150.

> **Beachte!** Wenn der Befugnisträger als **Alleintäter** handelt, ist auf Grund des Wortlauts der §§ 153, 302 unstrittig, dass dieser seine Befugnis wissentlich missbrauchen muss; vgl *Flora* in *L/St* § 153 RN 42; *Fabrizy* § 302 RN 14. Für die **Beteiligung des Extraneus** verlangt die Rspr zu den §§ 153, 302, dass nicht nur der **Extraneus** selbst **wissentlich** handelt (dies ergibt sich schon aus § 13), sondern dass darüber hinaus der **Intraneus seine Befugnis bedingt vorsätzlich missbraucht;** vgl SSt 58/74 (GrundsatzE); EvBl 1998/80; 14 Os 117/01; JBl 2003 330 m krit Anm *Sautner.*

37.33 b) **Zweck der Strafbarkeitsreduktion.** Die Ausdehnung der Strafbarkeit von Sonderdelikten auf Extranei durch § 14 Abs 1 ginge zu weit, wenn nicht berücksichtigt würde, dass das **deliktstypische Unrecht** verschiedener Delikte nur zustande kommt bei **vorsätzlicher Mitwirkung des Intraneus.** Dieser muss die Tat zwar nicht eigenhändig ausführen, aber eben doch „**in bestimmter Weise**" **beteiligt** sein. Über die Strafbarkeit des Intraneus selbst ist damit noch nicht abgesprochen.

37.34 c) **Mitwirkung des Intraneus „in bestimmter Weise".** Bei der Untreue und beim Amtsmissbrauch hängt das Unrecht der Tat bei jedem Beteiligten davon ab, dass der Qualifizierte (= der Befugnisträger) seine Befugnis nicht nur objektiv pflichtwidrig ausübt, sondern sie „missbraucht": Die Rsp verlangt daher für die **Strafbarkeit eines Extraneus,** dass der **Machthaber** (Intraneus) bei der Untreue durch internes Überschreiten der ihm eingeräumten Vertretungsmacht seine **Befugnis vorsätzlich „missbraucht".** Dies ist die Grundvoraussetzung dafür, einen extranen Beteiligten wegen Untreue gem §§ 12, 14 Abs 1 Satz 1 iVm Satz 2 2. Fall, § 153 zu bestrafen. Gleiches gilt für § 302. Das beiden Delikten innewohnende Unrecht enthält neben der objektiven auch eine subjektive Komponente: **Missbrauch** ist demnach sowohl sprachlich als auch von seinem materiellen Gehalt **vorsätzlicher Fehlgebrauch der Befugnis;** grundlegend SSt 58/74; JBl 1990 331; JBl 2003 330 mit krit Anm *Sautner;* vgl *Fabrizy* WK² § 14 RN 15ff; *Friedrich* RZ 1986 227; *Flora* in *L/St* § 153 RN 46; *Nowakowski* Perspektiven 176. Zur Mitwirkung eines Intraneus an § 156 vgl EvBl 2014/150; RN 37.32.

Dieser auf den Missbrauch bezogene Vorsatz ist vom allgemeinen wie **von dem durch §§ 153, 302 spezifizierten Vorsatzerfordernis (Wissentlichkeit) unabhängig.** Während für eine Beteiligung normalerweise der Vorsatz des unmittelbaren Täters irrelevant ist, erfordert bei den Sonderpflichtdelikten die Strafbarkeit extraner Beteiligter zusätzlich in der Person des Intraneus zumindest bedingt vorsätzliches Handeln. Nicht relevant ist hingegen für das Unrecht der Tat und damit für die Strafbarkeit des extranen Beteiligten, ob der Intraneus mit Nachteils- bzw Schädigungsvorsatz handelt.

C. Die Strafbarkeitsreduktionen des § 14 Abs 1 Satz 2

Abweichende Meinung. In der Lehre wird teilweise für die Strafbarkeit des **37.35**
Extraneus verlangt, dass der Intraneus seine **Befugnis wissentlich missbraucht.**
„In bestimmter Weise" mitzuwirken könne nur meinen, dass der Qualifizierte
an der Tat in einer Weise mitwirken müsse, die das Unrecht der Tat begründe.
Der deliktsspezifische Vertrauensbruch und damit auch das volle Unrecht der
Tat werde bei der Untreue und beim Amtsmissbrauch erst durch den **wissentlichen Befugnismissbrauch** hergestellt. Solange der Qualifizierte nur eventualvorsätzlich mitwirkt, sei das strafrechtliche Unrecht der Tat durch den Qualifizierten nicht hergestellt, weshalb der Extraneus straflos bleibe; vgl 13. Aufl E 7
RN 32 ff; *Fuchs/Zerbes* AT I 35/24; *Reindl-Krauskopf* WK² § 5 RN 78.

Missbrauch als rein objektiver Fehlgebrauch. Umgekehrt wird auch die Ansicht vertreten, dass die Strafbarkeit des extranen Beteiligten auch bei § 153 und § 302 nicht davon **37.36**
abhängig gemacht werden sollte, dass der Intraneus vorsätzlich handelt, sondern dass der
rein objektive „pflichtwidrige Gebrauch" für die Strafbarkeit des Extraneus ausreiche;
Kienapfel/Schmoller BT II § 153 RN 118 u 121; *Triffterer* AT 16/123.

Beispiel 1 (zu § 153): L ist als Leiter der Teppichabteilung eines Großmarktes **37.37**
Machthaber gem § 153 und daher qualifiziertes Tatsubjekt iSd § 14 Abs 1. Er weist den
Angestellten R an, fingierte Lieferungen des Lieferanten B zu quittieren. Aufgrund dieser
unrichtigen Bestätigungen werden B im Laufe der Zeit mehr als 600 000 € überwiesen.
Verabredungsgemäß teilen sich L und B diesen Betrag. R wird mit einer „Belohnung" von
10 000 € abgefunden. Mit der **Anweisung des R** und der Weiterleitung der Bestätigungen
hat **L** seine Befugnis nicht nur **objektiv,** sondern auch **wissentlich** zum Nachteil des Großmarkts **missbraucht** und ist daher als **unmittelbarer Täter** gem § 153 zu verurteilen. Für die
Strafbarkeit von **R** und **B** als extrane Beteiligte ist Voraussetzung, dass der Machthaber L
die Befugnis **vorsätzlich** missbraucht hat. Sie sind dann gem §§ 12 3. Fall, § 14 Abs 1 Satz 1
und Satz 2 **2. Fall,** § 153 Abs 1 und 3 zweiter Fall als **Beitragstäter** wegen Untreue zu bestrafen; vgl auch *Kert/Komenda* in Handbuch Aufsichtsrat RN 46/20 ff. Nach der engeren
Ansicht müsste L seine Befugnis wissentlich missbrauchen.

Beispiel 2 (zu § 302): In gleicher Weise ist auch bei § 302 in **objektiver** und **subjektiver Hinsicht vorsätzlicher Befugnismissbrauch** des Beamten Bedingung für die Bestrafung eines extranen Beteiligten wegen Amtsmissbrauchs. Im Führerschein-Fall (RN 37.4)
wäre F straflos, wenn es ihm gelingen würde, den **gutgläubigen** B zur vorzeitigen Herausgabe des Führerscheins zu veranlassen. Dieselbe Strafbarkeitsrestriktion gilt für § 153; vgl
dazu *Flora* in *L/St* § 153 RN 47.

d) **Zur subjektiven Tatseite des extranen Beteiligten.** Ein weiteres Pro- **37.38**
blem betrifft die – vom bisher Erörterten strikt zu trennende – ebenfalls strittige
Frage, wie der **Vorsatz des extranen Beteiligten** bezüglich der **Kenntnis des
Pflichtigen** hinsichtlich seines eigenen Befugnismissbrauchs (§ 153 u § 302) beschaffen sein muss, um den **extranen Beteiligten** strafrechtlich zur Verantwortung ziehen zu können. Auch hier gehen die Meinungen auseinander:

aa) **OGH.** Nach der Rspr ist auf der subjektiven Tatseite des extranen
Beteiligten erforderlich, dass er einen **zumindest bedingt vorsätzlichen Befugnismissbrauch durch den Befugnisträger für gewiss hält** (§ 5 Abs 3) und dass sich
sein Vorsatz (§ 5 Abs 1) auch auf den Vermögensnachteil bzw die Schädigung
erstreckt; vgl OGH 11 Os 11/17b EvBl 2017/129; SSt 61/116; SSt 58/74 u RZ
1987/4 m krit Anm *Kienapfel;* 14 Os 143/09z (jeweils zu § 153); EvBl 2001/45 u
EvBl 1998/80 (zu § 302); vgl *Kirchbacher/Presslauer* WK² § 153 RN 44.

bb) **Gegenansicht.** Sie lässt es auf der subjektiven Tatseite des extranen
Beteiligten genügen, wenn dieser einen **objektiven Befugnismissbrauch durch**

den **Pflichtigen für gewiss hält** (§ 5 Abs 3), und fordert beim extranen Beteiligten keine Überlegungen in der Richtung, wie der Pflichtige selbst seinen Befugnismissbrauch subjektiv einschätzt. Das könne der extrane Beteiligte oft gar nicht wissen; vgl *BT II*³ § 153 RN 99; *Reindl-Krauskopf* WK² § 5 RN 80; *Sautner* JBl 2003 334 (Anm); im Ergebnis so auch *Schmoller* in *StudB BT II* § 153 RN 123 u 127. Bezüglich der **sonstigen subjektiven Erfordernisse,** insb hinsichtlich der Zufügung eines Vermögensnachteils (§ 153) bzw der Schädigung (§ 302), genügt beim extranen Beteiligten – wie dies auch der OGH annimmt – dolus eventualis; vgl *BT II*³ § 153 RN 97; *StudB BT II* § 153 RN 122; *Fuchs/Zerbes* AT I 35/25; gegen eine „Verdoppelung" des Schädigungsvorsatzes auch *Kirchbacher/Presslauer* WK² § 153 RN 44. **Hingegen** kommt es für die Strafbarkeit des extranen Beteiligten nicht darauf an, ob der Intraneus mit Nachteils- bzw Schädigungsvorsatz handelt; vgl RN 37.34.

37.39 Da nach Ansicht des OGH ein Missbrauch der Befugnis in einem vorsätzlichen Fehlgebrauch besteht, muss sich im Fall der Sonderpflichtdelikte ausnahmsweise der **Vorsatz des Bestimmungstäters** auch auf diesen **vorsätzlichen Fehlgebrauch** beziehen. Andernfalls hätte § 14 Abs 1 Satz 2 2. Fall keine Bedeutung im Fall der versuchten Bestimmungstäterschaft, da der Intraneus noch nicht „sonst in bestimmter Weise" mitgewirkt hat.

Beachte! Im **praktischen Ergebnis** dürfte zwischen den verschiedenen Auslegungsmodellen **kaum ein Unterschied** bestehen.

B e i s p i e l : Versucht der alkoholisierte A den Polizisten P durch ein Angebot von 1 000 € von einer Abnahme des Führerscheins abzuhalten, kommt nach der Rspr des OGH eine Strafbarkeit wegen Bestimmungsversuchs dann in Betracht, wenn A **es für gewiss hält** (§ 5 Abs 3), dass P seine Befugnis zumindest bedingt vorsätzlich missbraucht. Nach der Gegenansicht ist erforderlich, dass A es für gewiss hält, dass die Annahme des Angebots für den Beamten **objektiv einen Befugnismissbrauch** darstellen würde und A selbst mit zumindest bedingtem Schädigungsvorsatz handelt. Danach ist A gem § 15 Abs 2 2. Fall, § 12 2. Fall, § 14 Abs 1 Satz 1 iVm Satz 2 **2. Fall,** § 302 wegen versuchter Bestimmung zum Amtsmissbrauch zu bestrafen.

Handelt der Intraneus vorsatzlos, scheidet eine Strafbarkeit wegen des vollendeten Delikts aus, weil er nicht vorsätzlich seine Befugnis missbraucht hat. Es kommt unter den genannten (subjektiven) Voraussetzungen aber versuchte Bestimmung in Betracht. Hingegen scheidet versuchte Beteiligung durch sonstigen Beitrag (§ 12 3. Fall) e contrario § 15 Abs 2 StGB aus; vgl OGH 11 Os 126, 127/16k.

37.40 e) **Weitere Anwendungsfälle.** Über die besonderen Missbrauchsdelikte der §§ 153 und 302 sowie die Betrügerische Krida nach § 156 hinaus ergeben sich aus der **Gestaltung des Besonderen Teils** auch bei einzelnen anderen Delikten Besonderheiten. Auch für deren Lösung ist § 14 Abs 1 Satz 2 2. Fall mit heranzuziehen:

37.41 aa) Das Amtsdelikt des § **311** ist auf die **vorsätzliche Falschbeurkundung** beschränkt. Nur bei Vorsatz des Ausführenden kommt eine Beteiligung des Extraneus in Betracht. Der Deliktstypus des § 311 wird aber durch jenen des § **228** ergänzt, der die „mittelbare unrichtige Beurkundung", also die Erschleichung einer unrichtigen amtlichen Beurkundung erfasst; vgl *Kienapfel/Schroll* WK² § 228 RN 3.

bb) Ebenfalls **deliktsspezifische Erwägungen** liegen dem Deliktspaar der beiden Rechtspflegedelikte der §§ **288** und **292** zugrunde. Für die **Falsche Zeugenaussage** erfordert die in § 288 erfasste Pflichtverletzung immer **Vorsatz** auf der Seite des Zeugen. Die Straflosigkeit dessen, der einen **Zeugen benennt,** obwohl er damit rechnet, dass dieser in gutem Glauben eine Falschaussage machen wird, wird aber teilweise durch eine Auffangregelung vermieden: § 292 erfasst **solche Fälle,** in denen die gutgläubige Falschaussage des Zeugen **durch Täuschung** herbeigeführt wird; im Ergebnis wie hier *Fuchs/Zerbes* AT I 35/29. 37.42

Beachte! Durch die enge Fassung des § 292 wird ein erheblicher Handlungsspielraum in Bezug auf gutgläubige Zeugen bewirkt. Dies hat allein **prozessspezifische Gründe** (EB 443). Straffrei ist insb, wer als Anwalt oder Partei außerhalb des durch § 12 bzw speziell durch § 292 pönalisierten Bereiches **gezielt** Zeugen benennt, die gutgläubig die Unwahrheit bekunden.

cc) Ein weiteres Beispiel solcher Differenzierungen sind die **Geheimnisverratsdelikte.** Da zwischen Preisgabe und Auskundschaften deliktsspezifisch zu unterscheiden ist (zB §§ 121 ff), sind Extranei, die einen **Geheimnisträger** zur gutgläubigen Offenbarung eines Geheimnisses veranlassen, nicht als Beteiligte am Verrat aufzufassen. Der Intraneus handelt zwar **objektiv unrecht.** Das genügt aber **nicht,** um einen solchen **Extraneus** in Anwendung des § 14 Abs 1 wegen Beteiligung zu bestrafen (im Ergebnis übereinstimmend *Fuchs/Zerbes* AT I 35/29; kriminalpolitisch gegen die Tendenz, einen solchen extranen Beteiligten durch Heranziehung des § 14 Abs 1 Satz 2 2. Fall straffrei zu stellen, jedoch 13. Aufl E 7 RN 42). 37.43

D. Die Bedeutung des § 14 Abs 2

1. **Regelungsziel.** § 14 Abs 2 erfüllt die Funktion, die Aussage des § 13 auf die (ausschließlich) **schuldgeprägten Sonderdelikte** zu erstrecken; vgl RN 37.25. § 14 Abs 2 ist insoweit eine Ergänzung des § 13 und besitzt bloß klarstellende (deklaratorische) Bedeutung. Denn die Lösung der darin behandelten Spezialfragen ergäbe sich ohnehin bereits aus § 13; hM; vgl *Öner/Schütz* in *L/St* § 14 RN 16; *Fabrizy* WK² § 14 RN 20. 37.44

Bei § 14 Abs 2 hat der Gesetzgeber insb an die Tötung eines Kindes bei der Geburt gedacht; vgl EB 81. Zu den Sonderdelikten gehört § 79 zwar schon deshalb, weil Täterin nach der Beschreibung im BT nur die **Mutter** des Kindes sein kann. **§ 79** ist aber insoweit zugleich ein (ausschließlich) **schuldgeprägtes Sonderdelikt,** als die Mutter die Tötungshandlung „während der Geburt oder solange sie noch unter der Einwirkung des Geburtsvorgangs steht" vorgenommen haben oder sich sonst unter diesen Umständen beteiligt haben muss. Es handelt sich dabei nicht nur aufbaumäßig um ein **besonderes Schuldmerkmal** (RN 16.19f), sondern zugleich auch um ein **ausschließlich schuldgeprägtes persönliches Merkmal** iSd § 14 Abs 2; vgl *Fabrizy* WK² § 14 RN 21; *Moos* WK² § 79 RN 35 mwN.

Beispiel: Tötet die Mutter, die noch unter dem Eindruck der Geburt steht, ihr Kind oder bestimmt dazu oder trägt sonst dazu bei, ist sie gem §§ 12 (1., 2. oder 3. Fall), 14 Abs 2, § 79 zu bestrafen; der mitwirkende Kindesvater verantwortet dagegen – je nach der Art seiner Tathandlung und Gemütsverfassung – entweder §§ 12 (1., 2. oder 3. Fall), 75 oder 76; vgl *StudB BT I* § 79 RN 27f.

37. Kapitel: Beteiligung am Sonderdelikt

37.45 **2. Begrenzter Anwendungsbereich.** Der Anwendungsbereich des § 14 Abs 2 ist relativ begrenzt; ebenso *Öner/Schütz* in *L/St* § 14 RN 17; *Fabrizy* WK² § 14 RN 21. Wie § **79** gehört auch § **236** zu den schuldgeprägten Sonderdelikten; vgl *StudB BT III* § 236 RN 3.

37.46 Die **gewerbsmäßig** begehbaren Delikte (zB § 130 Satz 1 1. Fall) werden schon deshalb nicht von § 14 erfasst, weil es sich dabei nicht um Sonderdelikte handelt; vgl RN 37.25. Daher kann es auf sich beruhen, ob die Gewerbsmäßigkeit ein schuldgeprägtes persönliches Merkmal iSd § 14 Abs 2 wäre oder ein Tatbestandsmerkmal; so *Fabrizy* WK² § 14 RN 22; str; aM die Rspr; vgl 14 Os 148/00; EvBl 1995/99.

37.47 Von Lehre und Rspr wird auch der **Totschlag** (§ 76) als **schuldgeprägtes Sonderdelikt** iSd § 14 Abs 2 angesehen; vgl *Fabrizy* WK² § 14 RN 21; *Moos* WK² § 76 RN 57 mN. Im Grunde bedarf es dieser Zuordnung des § 76 nicht. § **13** führt bereits zum selben Ergebnis. Gleiches gilt für alle anderen Sonderbestimmungen, die den Geisteszustand des Täters zu einer entscheidenden Eigenschaft machen, wie zB für die Zurechnungsunfähigkeit (§ 11, auch im Rahmen des § 287) oder etwa das Kriterium eines Mindestalters (§ 4 Abs 1 und Abs 2 Z 2 JGG): Regelmäßig ergibt sich hier für Beteiligte, auf die diese Eigenschaft nicht zutrifft, schon aus dem Schuldprinzip die richtige Lösung.

37.48 **Außerhalb** des § 14 Abs 2 liegt die **Entwendung (§ 141).** Diese Privilegierung schafft von vornherein kein Sonderdelikt, sondern gründet auf der besonderen Motivation; vgl *Nowakowski* ZNStR II 155 FN 32. Dasselbe gilt für § 150; vgl zu den besonderen Schuldmerkmalen RN 16.19.

37.49 Unter § 14 Abs 2 fallen auch nicht § 39 und § 313. Beide enthalten bloße **Strafbemessungsregeln;** so der OGH in seiner GrundsatzE SSt 46/40 (verst Senat); hM; vgl *Öner/Schütz* in *L/St* § 14 RN 18 iVm § 39 RN 18; *Fabrizy* WK² § 14 RN 23; aM *Nowakowski* ZNStR II 151 156. Systemabweichend sehen jedoch einzelne Bestimmungen wie § 198 Abs 2 (s zB auch § 28a Abs 2 Z 1 SMG) für **Rückfall** echte Qualifikationen vor. Dann greift fraglos § 14 Abs 2 ein.

37.50 **3. Zuordnungsproblematik.** Ob ein bestimmtes täterschaftliches Merkmal nur die Schuld oder auch das Unrecht betrifft, kann im Einzelfall Probleme bereiten und hängt maßgeblich von der Auslegung des jeweiligen Delikts ab. Maßgebend für diese Auslegung ist immer der Sinn der Unterscheidung zwischen **Unrecht** (der Bedeutung des Delikts als Sozialstörung) und **Schuld** (dem Vorwurf gegenüber dem einzelnen Täter). Durch seine unmittelbare Bezugnahme auf die beiden Fundamentalbegriffe Unrecht und Schuld bilden Auslegung und Anwendung des § 14 zugleich einen Seismograf für verborgene Unruheherde in der Strafrechtsdogmatik; vgl etwa *Öner/Schütz* in *L/St* § 14 RN 20 f.

E. Sonderregelungen

37.51 Es gibt einige **Spezialregelungen im BT,** welche § 14 verdrängen. Das deutlichste Beispiel ist die Sonderstrafdrohung für die Beteiligung an militärischen strafbaren Handlungen (§ 259); vgl dazu RN 37.14. Ebenso gehören dazu die Regelungen für den Schwangerschaftsabbruch nach § 96; vgl *BT I* § 96 RN 25 f; *Nowakowski* ZNStR II 151; Diebstahl im Rahmen einer kriminellen Vereinigung (§ 130 Satz 1 2. Fall); weiters § 166 Abs 2; vgl *Öner/Schütz* in *L/St* § 14 RN 19; *BT II*³ § 166 RN 7 u 26 ff. Dasselbe gilt für die **Organisationsdelikte** (zB §§ 246, 278, 278a, 278b, 279); vgl *Kienapfel* JBl 1995 620. §§ 228 u 292 haben Auffangfunktion, weil die Sonderdelikte nach § 311 und § 288 bei Gutgläubigkeit des Intraneus nicht begangen werden können (vgl RN 37.41 f).

F. Systemvergleichender Ausblick

Ein Haupteinwand gegen das Einheitstätersystem geht dahin, dass ein solches Regelungsmodell spätestens am Problem der **Sonderdelikte** scheitern müsse; vgl *J/W* AT 645; *M/G/Z* AT § 47 RN 14; *Schünemann* LK Vor § 25 RN 10; *Bloy* Beteiligungsform 165. 37.52

Die vorstehenden Ausführungen haben diesen Einwand widerlegt. Die Regelung des § 14 ist dogmatisch durchdacht, kriminalpolitisch sinnvoll und durchaus praktikabel. Seine Konzeption hat sich im Gerichtsalltag bewährt. Entgegen *Nowakowski* ZNStR II 150 ist § 14 auch nicht „schwieriger anzuwenden" als § 28 dStGB; vgl *Schmoller* GA 2006 369; *Kienapfel* dAT 565. Bei in etwa **identischem Strafbarkeitsumfang** ermöglicht § 14 auf wesentlich einfachere Weise lebensnahe und einzelfallgerechte Ergebnisse.

G. Exkurs: Notwendige Beteiligung

Bei der notwendigen Beteiligung handelt es sich um eine an sich ergebnisoffene **Sammelbezeichnung** für eine Vielzahl von Delikten, die sprachlich so gefasst sind, dass sie das Zusammenwirken mehrerer implizieren. Bezüglich solcher Delikte, die auf der **Angreiferseite** begriffsnotwendig das Zusammenwirken mehrerer Personen voraussetzen, ist es der **erklärte Zweck** der gesetzlichen Regelung, **sämtliche Mitwirkenden zu pönalisieren.** Man spricht insoweit von **Konvergenzdelikten.** Für sie gelten die allgemeinen Regeln der §§ 12 ff. 37.53

Beispiele: Schwere Körperverletzung gem § 84 Abs 5 Z 2, Schwerer Hausfriedensbruch gem § 109 Abs 3 Z 3, Diebstahl im Rahmen einer kriminellen Vereinigung (§ 130 Satz 1 2. Fall), Schwere gemeinschaftliche Gewalt (§ 274).

Unter der Bezeichnung **Begegnungsdelikte** geht es um die entgegengesetzte Frage, ob und in welchem Umfang – idR auf der **Opferseite** – notwendig Beteiligte **straflos zu stellen** sind = **straflose notwendige Beteiligung;** vgl zum Ganzen *J/W* AT 697; *Triffterer* AT 16/3 ff; *Fuchs/Zerbes* AT I 36/23 ff. Im Kern handelt es sich dabei um die Thematik **deliktsspezifischer Tatbestandsauslegung,** mithin um Probleme des Besonderen Teils. Bezüglich der relativ großen Gruppe der Begegnungsdelikte lassen sich allerdings nur wenige gemeinsame Strukturen bzw Leitsätze herausarbeiten: 37.54

1. **Straflosigkeit kraft ausdrücklicher gesetzlicher Anordnung.** Zu dieser Fallgruppe zählen etwa die § 194 Abs 3, § 211 Abs 4, § 299 Abs 2 und § 300 Abs 2. Nach tradierter Auffassung handelt es sich dabei um **Strafausschließungsgründe** (RN 24.26). 37.55

2. **Straflosigkeit, wenn das Strafgesetz zumindest auch dem Schutz des notwendig Beteiligten dient;** vgl *J/W* AT 698; *Triffterer* AT 16/5; *Kienapfel* StP I 97. Zu dieser Fallgruppe gehören ua die §§ 77, 127, 146, 154, 168a, 184, 195, 206 f, 207 b, 212, 213 u 216. Der notwendig Beteiligte handelt selbst dann **nicht tatbildlich** iSd genannten Delikte, wenn er den Täter zur Tat gedrängt oder diese in rollenüberschreitender Weise gefördert hat. 37.56

Beispiele: Nicht gem § 12 2. Fall, § 207 b Abs 1 strafbar ist eine 15-jährige Schülerin, die ihren Lehrer mit der Drohung, ihn wegen eines anderen „Pantscherls" „auffliegen

38. Kapitel: Konkurrenzen

zu lassen, veranlasst, auch mit ihr sexuell zu verkehren. Auch nicht ein 17-Jähriger, der für Geld zur Duldung homosexueller Handlungen verleitet wird (§ 207 b Abs 3).

37.57   **3. Maßgeblichkeit deliktsspezifischer Tatbestandsauslegung.** Zahlreiche Grenz- und Zweifelsfälle bleiben übrig. **Ob** und **in welchem Umfang** an der Tat Mitwirkende nach Maßgabe der §§ 12 ff strafbar oder straflos sind, hängt in viel größerem Umfang, als dies bisher für das österr Recht untersucht worden ist, vom **jeweiligen Delikt** ab und richtet sich insoweit nach den Regeln deliktsspezifischer Tatbestandsauslegung.

Beispiel (zu § 153): Wer bei den Vertragsverhandlungen mit einem **Machthaber** der Gegenseite nur seinen Vorteil sucht, erfüllt im Hinblick auf das **Autonomieprinzip** idR schon nicht den objektiven Tatbestand der § 12 2. bzw 3. Fall, § 153, falls dieser Machthaber sein Pouvoir zum Schaden seines Machtgebers überschreitet; vgl *Schünemann* LK[11] § 266 RN 163. Anders ist bei **kollusiver Zusammenarbeit** mit dem ungetreuen Machthaber zu entscheiden; vgl grundlegend SSt 54/42 (1. AKH-Urteil); vgl zum Ganzen auch *StudB BT II* § 153 RN 114.

38. Kapitel
Konkurrenzen

Inhaltsübersicht

	RN
A. Grundlagen	38.1–38.18
1. Funktionen der Konkurrenzlehre	38.1–38.5
a) Problemstellung	38.1–38.3
b) Strafrahmentheorie	38.4
c) Grenzen der Konkurrenzprüfung	38.5
2. Konkurrenzbegründende Situation	38.6
3. Konkurrenz und Auslegung	38.7–38.10
a) Exklusivität	38.7–38.8
b) Reduktion der Scheinkonkurrenz	38.9–38.10
4. Scheinkonkurrenz und echte Konkurrenz	38.11–38.17
a) Scheinkonkurrenz	38.12–38.14
aa) Wesen	38.12–38.13
bb) Prozessuale Auswirkungen	38.14
b) Echte Konkurrenz	38.15–38.17
aa) Wesen	38.15
bb) Prozessuale Auswirkungen	38.16–38.17
5. Vorgangsweise bei der Prüfung der Konkurrenzen	38.18
B. Scheinkonkurrenz	38.19–38.40
1. Erscheinungsformen	38.19–38.31
a) Spezialität	38.22–38.25 a
aa) Wesen	38.22
bb) Sonderkonstellationen	38.23–38.25 a
b) Subsidiarität	38.26–38.29
aa) Wesen	38.26
bb) Einteilungen	38.27–38.29
c) Konsumtion	38.30–38.31
aa) Wesen	38.30
bb) Grenzen	38.31

G. Exkurs: Notwendige Beteiligung

2. Rechtliche Wirkungen	38.32–38.40
a) Schuldspruch	38.33
b) Wirkungen des verdrängten Delikts	38.34–38.36
aa) Qualifizierter Versuch	38.35
bb) Beteiligung	38.36
c) Rechtsfolgen	38.37
d) Strafzumessung	38.38
e) Verfolgungshindernisse	38.39
f) Verjährung	38.40
C. Echte Konkurrenz	38.41–38.55
1. Allgemeine Grundlagen	38.41–38.42 a
a) Anwendungsbereich	38.41
b) Ziel der gesetzlichen Regelung	38.42
c) Verfassungsrechtliche Aspekte	38.42 a
2. Idealkonkurrenz und Realkonkurrenz	38.43–38.47
a) Idealkonkurrenz	38.43
b) Realkonkurrenz	38.44
c) Rechtsfolgen	38.45–38.47
aa) Differenzierungsansatz	38.46
bb) Einheitsansatz	38.47
3. Die gesetzliche Regelung des § 28 in ihrer Grundstruktur	38.48–38.55
a) Gleichartige Strafdrohungen	38.49–38.54
aa) Kombinationsprinzip	38.49–38.51
bb) Vorbeugende Maßnahmen, Nebenstrafen	38.52
cc) Durchblick	38.53–38.54
b) Ungleichartige Strafdrohungen	38.55
D. Konkurrenzen und ne bis in idem	38.55 a–38.55 g
1. Ne bis in idem	38.55 a
2. Die Rechtsprechung des EGMR zu strafrechtlicher und verwaltungsrechtlicher Strafverfolgung	38.55 b–38.55 c
3. Zur Konkurrenz strafrechtlicher und verwaltungsrechtlicher Strafdrohungen	38.55 d–38.55 g
E. Die tatbestandliche Handlungseinheit	38.56–38.71
1. Abschied von fortgesetzten Delikt	38.56–38.57
2. Tatbestandliche Handlungseinheit	38.58–38.71
a) Allgemeine Grundlagen	38.58
b) Systematik	38.59–38.70
aa) Tatbestandliche Handlungseinheit ieS	38.60–38.66
bb) Tatbestandliche Handlungseinheit iwS	38.67–38.70
c) Prozessuale Aspekte	38.71
F. Abschließende Übersicht	38.72

Schrifttum (Auswahl): *Arzt* Die fortgesetzte Handlung geht – die Probleme bleiben JZ 1994 1000; *Burgstaller* Die Scheinkonkurrenz im Strafrecht JBl 1978 393 459; *Ebensperger* Strafrechtliches „ne bis in idem" in Österreich unter besonderer Berücksichtigung internationaler Übereinkommen ÖJZ 1999 171; *Esser* Das Doppelverfolgungsverbot in der Rechtsprechung des EGMR (Art. 4 des 7. ZP EMRK). Divergenzen und Perspektiven in: *Hochmayr* (Hrsg) „Ne bis in idem" in Europa (2015) 27; *Friedrich* Der „Fortsetzungszusammenhang" bei Venier, Stärkung oder Schwächung des „fortgesetzten Delikts"? ÖJZ 1991 155; *Geerds* Zur Lehre von der Konkurrenz im Strafrecht (1961); *Geppert* Grundzüge der Konkurrenzlehre (§§ 52 bis 55 StGB) Jura 1982 358; *Grabenwarter/Thienel* (Hrsg) Kontinuität und Wandel der EMRK (1998); *Hochmayr* Subsidiarität und Konsumtion (1997); *Leitner* Das fortgesetzte Delikt im österr Finanzstrafrecht in: FinStR 1997 33; *Nowakowski* Fortgesetztes Verbrechen und gleichartige Verbrechensmenge (1950); *Plöckinger* Diversion und europäisches Ne bis in idem ÖJZ 2003 98; *Puppe* Idealkonkurrenz und Einzelverbrechen (1979); *Schmoller* Individualisierung der Tat und fortgesetztes Delikt ÖJZ 1987 323; *ders* Bedeutung und Grenzen des fortgesetzten Delikts (1988); *ders* Zur aktuellen Diskussion um das „fortgesetzte Delikt" RZ 1989 207 230; *ders* Zur Zukunft des „fortgesetzten Delikts" in: FinStR 1997 53; *Schwaighofer* Überlegungen zur Reichweite des innerstaatlichen „Doppelbestrafungsverbots" nach Art 4 Abs 1 7. ZPMRK ÖJZ 2005 173; *Staffler* Parallele Verfahren in idem factum als zulässige Doppelverfolgung? ÖJZ

38. Kapitel: Konkurrenzen

2017 161; *Thienel/Hauenschild* Verfassungsrechtliches „ne bis in idem" und seine Auswirkung auf das Verhältnis von Justiz- und Verwaltungsstrafverfahren JBl 2004 69 153; *Venier* Der Fortsetzungszusammenhang im österreichischen Strafrecht (1989); *Warda* Grundfragen der strafrechtlichen Konkurrenzlehre JuS 1964 81; *Wegscheider* Zur Konkurrenz von Bestimmungstäterschaft und Beitragstäterschaft (§ 12 2. und 3. Alt StGB) RZ 1979 165; *ders* Echte und scheinbare Konkurrenz (1980); *ders* Die echte Konkurrenz im Strafrecht ÖJZ 1980 617; *Zacharias* Die Konkurrenzen im Strafrecht JAP 1993/94 200; *Zschockelt* Die praktische Handhabung nach dem Beschluß des Großen Senats für Strafsachen zur fortgesetzten Handlung NStZ 1994 361.

A. Grundlagen
1. Funktionen der Konkurrenzlehre

38.1 a) **Problemstellung.** Um Zugang zu dieser etwas spröden Materie zu gewinnen, versetzt man sich am besten in die Rolle des **Gerichtes,** das in **einem Strafverfahren** über einen Angeklagten entscheiden muss, der **mehrere Delikte** begangen hat.

Ausgangsbeispiel: Aufgrund der Hauptverhandlung steht fest, dass der Angeklagte A das Küchenfenster eingeschlagen (= § 125), die Wohnung des schlafenden B betreten (= § 109 Abs 1) und Schmuck im Wert von 6000 € weggenommen hat (= §§ 127, 128 Abs 1 Z 5, § 129 Abs 2 Z 1) und bei der Heimfahrt mit seinem Pkw ins Schleudern geraten ist, wobei er zwei nebeneinander gehende Passanten niedergestoßen hat. P 1 wurde durch den Aufprall getötet (= § 80), P 2 leicht verletzt (= § 88 Abs 1).

38.2 Über diese Delikte hat das Gericht in **einem Verfahren** und in **einem Urteil** zu entscheiden. Daraus ergeben sich insb folgende Fragen:

(1) Müssen **sämtliche Delikte in den Urteilstenor** (Schuldspruch) aufgenommen werden?

(2) Welcher **Strafrahmen** kommt in Betracht? Unter dem Aspekt einer möglichen **Freiheitsstrafe** stehen im Beispiel Strafrahmen von 1 Tag bis zu 3 Monaten (= § 88 Abs 1), von 1 Tag bis zu 6 Monaten (= § 125), von 1 Tag bis zu 1 Jahr (= § 80 u § 109 Abs 1), von 1 Tag bis zu 3 Jahren (= § 128 Abs 1 Z 5) und von 6 Monaten bis zu 5 Jahren (= § 129 Abs 2 Z 1) zur Debatte.

(3) Wie ist der Umstand, dass A **mehrere Delikte** begangen hat, bei der **Strafzumessung** zu berücksichtigen?

38.3 Die Antwort auf diese Fragen gibt die **Lehre von den Konkurrenzen.**

Die „Konkurrenzen" nehmen eine eigentümliche Zwitterstellung ein. Nach Begriff, Wesen und Erscheinungsformen gehören sie zur **Strafrechtsdogmatik,** die praktischen Auswirkungen zeigen sich aber vielfach erst im **Strafprozess,** dort vor allem bei den **Unrechtsfolgen** und der **Strafzumessung.** Die Konkurrenzlehre liegt daher – und das macht die Zuordnung schwierig – auf der Schnittlinie von AT, BT, Strafzumessung und Strafprozess. Hinzu kommt auch noch die **verfassungsrechtliche Dimension** der Konkurrenzlehre; vgl RN 38.12, 38.42 a u 38.55 a – 38.55 e.

38.4 b) **Strafrahmentheorie.** Die **primäre Funktion** der Konkurrenzen besteht darin, die in RN 38.2 (2) aufgeworfene Frage nach dem **maßgeblichen Strafrahmen** zu beantworten. Es ist daher zunächst anhand teils geschriebener (§§ 28 ff), teils auch ungeschriebener Regeln (insb zur Scheinkonkurrenz) der anzuwen-

A. Grundlagen

dende Strafrahmen zu ermitteln. Innerhalb dieses Strafrahmens ist dann die Strafe für den konkreten Fall auszumessen; zu diesem Ansatz vgl *Wegscheider* Konkurrenz 18, 20.

c) **Grenzen der Konkurrenzprüfung.** In den strafrechtlichen Übungs- und Prüfungsarbeiten ist idR nicht zu sämtlichen oben angeführten Fragen, sondern nur zu den in RN 38.2 (1) angeschnittenen **dogmatischen Problemen** Stellung zu nehmen. 38.5

Beim Ausgangsbeispiel ist nur darzulegen, ob und in welcher Weise die von A begangenen Delikte zusammentreffen = miteinander „konkurrieren" und welche Form der Konkurrenz anzunehmen ist. Ausführungen zur Strafzumessung sind überflüssig.

2. Konkurrenzbegründende Situation

Konkurrenzfragen ergeben sich in einem Strafverfahren dann, wenn 38.6

■ **der Angeklagte mehrere Delikte** begangen hat **und**

■ **er bezüglich dieser Delikte volldeliktisch** gehandelt, dh sämtliche materiellen Strafbarkeitsvoraussetzungen erfüllt hat; vgl dazu näher *Burgstaller* JBl 1978 464.

B e i s p i e l e : Hätte A im Ausgangsfall in Bezug auf das Überfahren von P 1 und P 2 schon nicht objektiv sorgfaltswidrig oder jedenfalls nicht schuldhaft gehandelt, würden §§ 80 u 88 Abs 1 von vornherein aus jeder Konkurrenzbetrachtung ausscheiden. Entsprechendes würde für §§ 127, 128 Abs 1 Z 5, § 129 Abs 2 Z 1, gelten, falls es beim Einbruchsversuch geblieben und A von diesem gem § 16 Abs 1 strafbefreiend zurückgetreten wäre; übrig bliebe dann allerdings die Frage, ob und in welcher Weise die von diesem Rücktritt unberührt bleibenden vollendeten Delikte (qualifizierter Versuch!) der § 109 Abs 1 und § 125 miteinander und wie beide gegebenenfalls mit § 80 und § 88 Abs 1 konkurrieren.

3. Konkurrenz und Auslegung

a) **Exklusivität.** Immer mehr beginnt sich die Einsicht durchzusetzen, dass zahlreiche Fallkonstellationen jahrzehntelang als Konkurrenzprobleme etikettiert und behandelt worden sind, obwohl sich schon im Wege der **Tatbestandsauslegung** ergibt, dass die Annahme des Deliktes A die gleichzeitige Annahme des Deliktes B **schon begrifflich ausschließt.** Man spricht daher von **Exklusivität** und meint damit eine abschließende Lösung auf der Ebene der **tatbestandlichen Abgrenzung** bzw **Auslegung** und gerade **keine Erscheinungsform der Konkurrenz.** 38.7

Im Sinne einer solchen **auslegungsorientierten Abgrenzungs- = Tatbestandslösung** hat die **Exklusivität** dem Begriff bzw der Sache nach inzwischen auch in die Judikatur und die Gesetzgebung Eingang gefunden; vgl ua SSt 2004/27; 14 Os 93/00; JBl 1997 57; JBl 1990 262; 15 Os 43/88; ZVR 1987/119 m Anm *Presslauer;* SSt 54/32; SSt 52/64; eingehend *Ratz* WK^2 Vorbem §§ 28–31 RN 3 ff. Vieles ist noch strittig und im Fluss; zu Tatbestandslösungen auf der Basis von **Exklusivität** vgl etwa *BT I* § 82 RN 19, § 92 RN 38 f, *StudB BT I* § 95 RN 57; *StudB BT II* § 127 RN 211 u 227 f, § 133 RN 117 f u 120, § 134 RN 43 ff, § 135 RN 42 f, § 144 RN 77, § 153 RN 132, § 164 RN 13 ff; *StudB BT III* § 223 RN 69, § 229 RN 19, § 232 RN 37 ff.

38. Kapitel: Konkurrenzen

Beispiel: Der Ladendieb, der sich mit seiner Beute an der Kasse vorbeischwindelt, begeht dadurch keinen zusätzlichen (konkurrierenden) „Deckungs- oder Sicherungsbetrug". Vielmehr scheidet schon der **Tatbestand** des Betrugs aus, weil der Schaden bereits durch den vorangegangenen Diebstahl eingetreten ist; vgl *StudB BT II* § 146 RN 260 mN; *Wegscheider* Konkurrenz 256; LSK 1982/75. In der BRD wird insoweit noch überwiegend die **Konkurrenzlösung** vertreten; vgl *S/S/Perron* § 263 RN 184.

Exklusivität besteht weiter im Verhältnis von Vorsatz- und Fahrlässigkeitsdelikt. Ebenso im Verhältnis der Urkundendelikte ieS zu anderen Gewährschaftsträgerdelikten; vgl *StudB BT III* Vorbem §§ 223 ff RN 4 f mN. Vor allem sind die überaus delikaten Abgrenzungsfragen beim berüchtigten § 108 am ehesten via Exklusivität zu bewältigen; vgl näher *BT I* § 108 RN 42 ff.

38.8 **Beachte!** Ausnahmsweise kommt sogar **Exklusivität** einer (bloßen) **Verwaltungsübertretung** gegenüber einem Straftatbestand in Betracht. Das gilt insb dort, wo der Verwaltungsstraftatbestand explizit oder inzident eine **abschließende tätergünstigere Sonderregelung** enthält und insoweit einen **richtungsgleichen allgemeinen Straftatbestand** (oder deren mehrere) ausschließen soll; so der Sache nach, wenngleich teilw sub titulo Spezialität EvBl 1995/177; 14 Os 93/90; SSt 50/56. Eine diesbezügliche explizite und zugleich **modellhafte Regelung** enthält § 238 Abs 4; vgl dazu *BT III* § 238 RN 31 ff.

Weiteres Beispiel: Dient die Benutzung einer gefälschten Anwohnerparkkarte der Täuschung der Behörde über die Entrichtung der Parkgebühr, wird das darin liegende **richtungsgleiche Betrugsunrecht** (§ 146) durch den Verwaltungsstraftatbestand nach § 6 lit a Innsbrucker KurzparkzonenabgabeVO exklusiv erfasst und abgegolten. Dies gilt aber nicht für das strafrechtliche **Fälschungsunrecht,** so dass **neben** der Verwaltungsübertretung insoweit die § 223 Abs 2, § 224 zum Zuge kommen; vgl JBl 1997 57.

38.9 b) **Reduktion der Scheinkonkurrenz.** Soweit sich bestimmte Delikte schon tatbestandlich ausschließen, dh soweit **Exklusivität** vorliegt, tritt das Problem der Konkurrenz überhaupt nicht (mehr) auf; *Ratz* WK² Vorbem §§ 28–31 RN 3 ff; *Tipold* in *L/St* § 28 RN 77; im Ansatz auch *Burgstaller* JBl 1978 394; grundlegend bereits *Geerds* Konkurrenz 156. Auch die Preisgabe des fortgesetzten Delikts und seine Ablösung durch die **tatbestandliche Handlungseinheit** (SSt 2007/27; verst Senat) bewirkt eine weitere erhebliche Reduktion der **Scheinkonkurrenz** zugunsten einer modernen **Auslegungslösung;** vgl dazu näher RN 38.56 ff.

38.10 Ob man sich für die **Exklusivität,** dh für eine **auslegungsorientierte Tatbestandslösung** oder aber für die **Konkurrenzlösung** entscheidet, ist kein dogmatisches Glasperlenspiel, sondern von erheblicher **praktischer,** insb **prozessualer Bedeutung:**

- Das exkludierte Delikt darf **nicht in den Urteilstenor** aufgenommen werden.
- Anders als bei der Konkurrenzlösung gibt es **keinerlei Restwirkungen** des exkludierten Delikts, insb weder in Bezug auf Rücktritt und tätige Reue (vgl dagegen RN 38.35) noch bei der Beteiligung (vgl dagegen RN 38.36).
- Das exkludierte Delikt scheidet auch als **Strafzumessungsfaktor** aus (vgl aber RN 38.38).

4. Scheinkonkurrenz und echte Konkurrenz

38.11 Liegt eine konkurrenzbegründende Situation (RN 38.6) vor, erfolgt die **erste wichtige Weichenstellung** mit Hilfe der Gegenüberstellung von Scheinkonkurrenz und echter Konkurrenz.

A. Grundlagen

a) Scheinkonkurrenz

aa) Wesen. Häufig ergibt sich schon aus Sinn, Zweck und Zusammenhang der übertretenen Strafgesetze, dass das eine Delikt den Unrechts- und Schuldgehalt des anderen (an sich ebenfalls erfüllten) Delikts **in jeder Beziehung mitumfasst**. Weil insoweit ein weitergehendes Strafbedürfnis fehlt, wird in solchen Fällen das andere Delikt durch das primär anwendbare Delikt **verdrängt**. Bei solcher Sachlage liegt keine wirkliche (= echte) Konkurrenz vor, da das verdrängte Gesetz nur scheinbar konkurriert. Man spricht deshalb von **Scheinkonkurrenz** oder **unechter Konkurrenz**; vgl *Burgstaller* JBl 1978 393; *Tipold* in *L/St* § 28 RN 23; *Ratz* WK² Vorbem §§ 28–31 RN 26; *Wegscheider* Konkurrenz 174; 11 Os 53/05 m. Die Scheinkonkurrenz ist – mit Ausnahme des Unterfalls der ausdrücklichen Subsidiarität (RN 38.27) – im StGB nicht expressis verbis geregelt. Mit ihr verbinden sich in Wissenschaft und Praxis zahlreiche Streitfragen; näher RN 38.19 ff. Zu den **verfassungsrechtlichen Aspekten** der Scheinkonkurrenz im Hinblick auf Art 4 7. ZPMRK vgl RN 38.42 a u 38.55 a – 38.55 e. **38.12**

Beachte! Die deutsche Lehre bezeichnet die Scheinkonkurrenz überwiegend als **Gesetzeskonkurrenz** oder **Gesetzeseinheit**. Diese Terminologie ist eher verwirrend; erst allmählich dringt auch in der BRD der Begriff Scheinkonkurrenz bzw unechte Konkurrenz vor. Dogmengeschichtliches und Systemvergleichendes bei *Wegscheider* Konkurrenz 137 152. **38.13**

bb) Prozessuale Auswirkungen. Die Annahme von Scheinkonkurrenz bedeutet für die Rechtsanwendung, dass das verdrängte Gesetz **nicht** in den **Urteilstenor** aufzunehmen ist, weil Unrecht und Schuld durch das primär anwendbare Gesetz bereits erschöpfend erfasst werden. **38.14**

b) Echte Konkurrenz

aa) Wesen. Nur die echte Konkurrenz ist im StGB in § 28 geregelt. Bei dieser Konstellation bleiben die verschiedenen Strafgesetze **nebeneinander anwendbar** und „konkurrieren" daher tatsächlich miteinander in Bezug auf die Frage, ob und wie sie für die Bestrafung des Angeklagten maßgeblich sind. Näheres RN 38.41 ff. **38.15**

bb) Prozessuale Auswirkungen. Echte Konkurrenz hat prozessual zur Folge, dass alle konkurrierenden Delikte in den **Urteilstenor** aufzunehmen sind. Denn nur auf diese Weise wird der Unrechts- und Schuldgehalt des **Gesamtgeschehens** voll erfasst und zum Ausdruck gebracht. **38.16**

Der Urteilstenor erfüllt mithin in Fällen echter Konkurrenz die Funktion, Unrecht und Schuld durch Angabe sämtlicher vom Angeklagten verwirklichten Delikte **vollständig zu erfassen** und in diesem Sinne klarzustellen; sog **Klarstellungsfunktion** der echten Konkurrenz; vgl dazu *S/S/Sternberg-Lieben/Bosch* § 52 RN 2; *Wegscheider* Konkurrenz 251. **38.17**

Von hier aus ist es nur ein kleiner Schritt zur spezifischen **Erledigungsfunktion** der echten Konkurrenz. Da im Falle von Tateinheit nur **eine Tat im prozessualen Sinn** vorliegt, erstreckt sich die Rechtskraft des Urteilspruchs auf alle idealkonkurrierenden Delikte, dh auch auf solche, die im Anklagetenor gar nicht angeführt worden sind; vgl EvBl 1999/111; JBl 1980 559 m insoweit zust Anm *Burgstaller*.

38. Kapitel: Konkurrenzen

5. Vorgangsweise bei der Prüfung der Konkurrenzen

38.18 Es ist idR zweckmäßig, die unechte Konkurrenz **vor** der echten zu prüfen. Denn nur wenn feststeht, dass **keine Scheinkonkurrenz** vorliegt, die vom Angeklagten erfüllten Strafgesetze also **tatsächlich** anzuwenden sind, stellt sich überhaupt die Frage der echten Konkurrenz; ähnlich *Tipold* in *L/St* § 28 RN 23; dazu beinahe lehrbuchartig EvBl 2015/143; vgl auch das Schaubild RN 38.72.

Beachte! Die **echten Konkurrenzen** sind allenfalls am Ende der schriftlichen Arbeit in Form eines besonderen Abschnitts „Konkurrenzen" zu erörtern; vgl Fälle[2] 21 *(H. Steininger)*, 66 *(R. Seiler)*, 94 *(Triffterer)*, 107 *(Zipf)*, 141 *(Moos)*; Kienapfel JAP 1991/ 92 163. Dagegen ist die Frage der **Scheinkonkurrenz** nach Möglichkeit schon vorher, nämlich an aufbaumäßig nächstbereiter Stelle, also nicht erst im Schlusskapitel über die Konkurrenzen zu behandeln; vgl etwa *Kienapfel* JAP 1991/92 161.

Ein anderes technisches Problem betrifft die Frage, mit welcher Genauigkeit die **Mitprüfung** des verdrängten Gesetzes erfolgen muss. In vielen Fällen genügt eine Kurzprüfung des zurücktretenden Delikts.

B. Scheinkonkurrenz

1. Erscheinungsformen

38.19 Man unterscheidet drei Arten von Scheinkonkurrenz: **Spezialität, Subsidiarität** und **Konsumtion.**

38.20 Diese Einteilung hat „mehr klassifikatorische als praktische Bedeutung"; so mit Recht *Stratenwerth/Kuhlen* AT I § 18 RN 4. Letztendlich kommt es nur darauf an, ob die eine Strafvorschrift die andere **verdrängt,** denn sonst liegt echte Konkurrenz vor; ebenso *Burgstaller* JBl 1978 395; *Ratz* WK[2] Vorbem §§ 28–31: „Verdrängungsmechanismen". Deshalb darf einerseits der Streit, der in der Lehre gelegentlich über die „richtige Klassifikation" der einzelnen Fälle von Scheinkonkurrenz ausgefochten wird, nicht überbewertet werden. Andererseits kommt der Trias der Erscheinungsformen unechter Konkurrenz eine bedeutsame **systematisch-didaktische Orientierungsfunktion** zu; vgl *Ratz* WK[2] Vorbem §§ 28–31 RN 29. Mit Blick auf Art 4 7. ZPMRK wird in der neueren Rspr mit Fug auch die **verfassungsrechtliche Dimension** der Scheinkonkurrenz betont; vgl VfGH JBl 1997 447; näher dazu RN 38.55 a – 38.55 e.

38.21 **Beachte!** Mitunter werden die mitbestrafte **Vor- bzw Nachtat** als weitere selbstständige Erscheinungsformen der Scheinkonkurrenz bezeichnet; vgl EvBl 2008/114. Beide Begriffe sind entbehrlich, weil sie unnötige Abgrenzungsprobleme produzieren. Bei Vor- oder Nachtaten handelt es sich um Fälle von Subsidiarität oder Konsumtion; vgl *Burgstaller* JBl 1978 395; *Tipold* in *L/St* § 28 RN 49 f u 51 ff. Die **Sammelstraftat (= Kollektivdelikt)** und die **gleichartige Verbrechensmenge** sind keine selbstständigen Konkurrenzfiguren und daher insoweit als dogmatische Begriffe überholt; vgl *Ratz* WK[2] Vorbem §§ 28–31 RN 18; aM *Fabrizy* § 28 RN 12.

In das System der Erscheinungsformen der Scheinkonkurrenz lässt sich die von der Rspr entwickelte und vor allem zu § 302 praktizierte Rechtsmeinung, dass ein **Sonderdelikt ein gleichzeitig verwirklichtes Allgemeindelikt verdrängt** (vgl EvBl 2009/29; SSt 53/51; SSt 49/32 verst Senat), nicht einordnen; vgl *Tipold* in *L/St* § 28 RN 71. Anlässlich der Noricum-Causa JBl 1993 60 m zust Anm *Burgstaller* beginnt der OGH vorsichtig, sich von dieser These abzusetzen. Der Verdrängungsansatz sollte pro futuro überdacht und durch die Annahme von **echter Konkurrenz** abgelöst werden; so mit Recht *Burgstaller* JBl 1993 64 (Anm); näher zum Ganzen *StudB BT III* § 302 RN 83 ff, insb 85.

B. Scheinkonkurrenz

a) Spezialität

aa) **Wesen.** Hier verdrängt das spezielle Gesetz, das sämtliche Merkmale eines anderen und daneben mindestens noch ein weiteres Merkmal erfüllt, schon aus **begrifflichen und logischen Erwägungen** das andere (= generelle) Delikt: Lex specialis derogat legi generali. Das gilt ausnahmslos. Denn dass das allgemeine Delikt von der Spezialregelung verdrängt wird, ist geradezu deren Zweck; vgl *Stratenwerth/Kuhlen* AT I § 18 RN 6; *Triffterer* AT 18/76; *Wegscheider* Konkurrenz 225. Diese Konstellation wird häufig auch als Verhältnis von „Gattung und Art" umschrieben; vgl *Burgstaller* JBl 1978 396; *Tipold* in *L/St* § 28 RN 42; JBl 1986 799 m Anm *Kienapfel;* SSt 57/31. 38.22

Beispiele: Leges speciales sind sämtliche qualifizierten und privilegierten Delikte im Verhältnis zum Grunddelikt. Dasselbe gilt auch im Verhältnis von delictum sui generis und Grunddelikt. Deshalb verdrängen §§ 128, 129, 130, 131 u 141 den § 127, §§ 84 ff den § 83, §§ 76, 77 u 79 das Grunddelikt des § 75. In weitem Umfang wird die Nötigung (§ 105) durch leges speciales (zB §§ 142 f, 144 f, 201) verdrängt. Einen praktisch besonders wichtigen Anwendungsbereich der Spezialität bilden die **erfolgsqualifizierten Delikte;** vgl *Burgstaller* JBl 1978 397.

bb) **Sonderkonstellationen.** Sie treten bei der Spezialität relativ häufig auf und bedürfen differenzierter Betrachtung; vgl zum Ganzen näher *Burgstaller* JBl 1978 397. 38.23

(1) Sind **mehrere Qualifikationen** desselben Grunddelikts erfüllt, besteht zwischen ihnen idR **echte Konkurrenz;** so etwa, wenn die einzelnen Qualifikationen des § 129 miteinander oder/und mit denen des § 128 zusammentreffen; vgl *StudB BT II* § 129 RN 53; *Ratz* WK² Vorbem §§ 28–31 RN 35. Dasselbe gilt, wenn gleichzeitig § 84 Abs 1 bzw 4 und Fälle des Abs 5 verwirklicht werden; vgl SSt 59/42; SSt 48/41. 38.24

(2) Treffen **Privilegierungen mit Qualifikationen** desselben Grunddelikts zusammen, ist echte Konkurrenz ausgeschlossen. Die **Privilegierung** geht in solchen Fällen vor, in denen das Gesetz dies ausdrücklich anordnet; vgl zB § 141 Abs 1, § 142 Abs 2, § 150 Abs 1, § 166 Abs 1. Im Übrigen ist unter den jeweils maßgeblichen **teleologischen Aspekten** zu entscheiden, ob die Privilegierung oder die Qualifikation Vorrang verdient; vgl *Burgstaller* JBl 1978 397. 38.25

(3) Die in RN 38.25 angeführten Grundsätze gelten entsprechend, wenn **verschiedene Privilegierungen** desselben Grunddelikts, zB § 76 u § 79, erfüllt sind; vgl *StudB BT I* § 76 RN 42 u § 79 RN 34. 38.25 a

b) Subsidiarität

aa) **Wesen.** Bei der Subsidiarität wird das zurücktretende Gesetz nicht aufgrund logischer, sondern aufgrund **normativer Erwägungen** verdrängt. Maßgebend ist der **Aushilfsgedanke:** Eine bestimmte Strafvorschrift ist kraft ausdrücklicher gesetzlicher Anordnung (= ausdrückliche Subsidiarität) oder jedenfalls aus wertender Sicht (= stillschweigende Subsidiarität) nur „aushilfsweise", dh nur dann anwendbar, wenn die Handlung nicht schon nach anderen Strafvorschriften mit (meist höherer) Strafe bedroht ist; vgl *Burgstaller* JBl 1978 398; *Tipold* in *L/St* § 28 RN 55; *Triffterer* AT 18/73; *Ratz* WK² Vorbem §§ 28–31 RN 36; krit *Hochmayr* Subsidiarität 18. 38.26

bb) **Einteilungen.** (1) **Ausdrückliche (= formelle) Subsidiarität.** Hier wird die Subsidiarität vom Gesetz ausdrücklich angeordnet. 38.27

38. Kapitel: Konkurrenzen

Beispiele: §§ 151, 293, 295, 298, 300 u 311 treten kraft ausdrücklicher Anordnung nur gegenüber bestimmten Delikten (= individuelle Subsidiarität), §§ 115, 186, 260, 278 d u 310 dagegen gegenüber jeder strengeren Strafdrohung zurück (= relative Subsidiarität). Mischformen finden sich etwa in § 94. Ausdrückliche Subsidiarität ist auch in zahlreichen strafrechtlichen Nebengesetzen anzutreffen.

38.28 (2) **Stillschweigende (= materielle) Subsidiarität.** Sie kommt insb dann in Betracht, wenn ein Rechtsgutangriff **unterschiedliche Intensitätsgrade** besitzt oder **verschiedene Entwicklungsstadien** durchläuft. Ob stillschweigende Subsidiarität vorliegt, ist jeweils durch **Auslegung** der in Betracht kommenden Bestimmungen zu ermitteln. Es bestimmt sich nach dem abstrakten Verhältnis der strafbaren Handlungen zueinander; SSt 2012/49 verst Senat. Dabei entscheiden vor allem **teleologische** und **systematische Erwägungen;** vgl *Burgstaller* JBl 1978 399; *Tipold* in *L/St* § 28 RN 58; *Triffterer* AT 18/74 ff. IdR geht die weniger intensive Rechtsgutbeeinträchtigung in der intensiveren, das frühere Entwicklungsstadium im späteren auf; näher zum Ganzen *Ratz* WK² Vorbem §§ 28–31 RN 36 ff.

Beispiele: Materielle Subsidiarität ist im Verhältnis des **Versuchs** zur Vollendung und idR bei **Vorbereitungsdelikten** (RN 22.9) anzunehmen. **Gefährdungsdelikte** sind idR subsidiär gegenüber einer entsprechenden Verletzungstat; vgl *Burgstaller* JBl 1978 401; *Tipold* in *L/St* § 28 RN 66. **Echte Unterlassungsdelikte** treten idR gegenüber richtungsgleichen unechten Unterlassungsdelikten zurück (RN 31.34).

Aber: Trifft der Versuch einer Qualifikation (zB § 129) mit der Vollendung des Grunddelikts (zB § 127) zusammen, liegt keine Subsidiarität vor. Vielmehr ist der Täter idealkonkurrierend wegen teils versuchten Einbruchs und teils vollendeten einfachen Diebstahls zu verurteilen; vgl *Burgstaller* JBl 1978 400; *Tipold* in *L/St* § 28 RN 62; *Ratz* WK² Vorbem §§ 28–31 RN 43.

38.29 **Beachte!** Auch die **Beitragstäterschaft** wird gegenüber den Täterschaftsformen des § 12 1. u. 2. Fall von der hM als materiell subsidiär angesehen, ebenso die **Bestimmungstäterschaft** gegenüber § 12 1. Fall; vgl *Burgstaller* JBl 1978 402; *Tipold* in *L/St* § 28 RN 68; SSt 2003/98; SSt 63/95; SSt 61/86; SSt 61/11; JBl 1989 189 m Anm *Kienapfel;* für echte Konkurrenz *Wegscheider* RZ 1979 167. Demgegenüber vertreten die jüngere Rsp und ein Teil des Schrifttums, dass die Beteiligungsformen konkurrenzfrei zueinander stehen, da die Beteiligungsform unter dem Aspekt der Schuldfrage angesichts der rechtlichen Gleichwertigkeit der Täterschaftsformen ohne Bedeutung sein und lediglich für die Strafzumessung eine Rolle spielen soll; vgl RN 32.46; *Ratz* WK² Vorbem §§ 28–31 RN 50; *Medigovic/Reindl-Krauskopf/Luef-Kölbl* AT II 216; EvBl 1999/27; 13 Os 67, 68/99; EvBl 2000/75; RZ 2003 234 ua; zuletzt 12 Os 86/15 m.

c) Konsumtion

38.30 aa) **Wesen.** Bei der Konsumtion ergibt sich das Zurücktreten des einen Gesetzes zwar ebenfalls aus **wertender Sicht,** aber aus anderer Perspektive als bei der Subsidiarität. Hier kommt es darauf an, ob das fragliche Delikt **regelmäßig und typischerweise** im anderen Delikt enthalten ist. Bei solcher Sachlage wird der Unrechts- und Schuldgehalt des verdrängten Delikts idR durch das vorrangige „aufgezehrt"; hM; vgl *Burgstaller* JBl 1978 459; *Tipold* in *L/St* § 28 RN 45; *Triffterer* AT 18/82 ff; *Fabrizy* § 28 RN 13; EvBl 2008/184; SSt 2004/5; JBl 1999 479; EvBl 1990/86; EvBl 1982/165; krit *Hochmayr* Subsidiarität 32; näher zum Ganzen *Ratz* WK² Vorbem §§ 28–31 RN 57 ff.

B. Scheinkonkurrenz

Beispiele: Mit einem **Einbruchsdiebstahl** ist **regelmäßig und typischerweise** Sachbeschädigung (§ 125) verbunden, jedoch nicht immer Hausfriedensbruch (§ 109). Als typische Begleittat wird Sachbeschädigung daher von § 129 Abs 2 Z 1 im Wege der Konsumtion verdrängt. Deshalb ist A im Ausgangsbeispiel (RN 38.1) in vermögensrechtlicher Hinsicht nur wegen Einbruchs zu verurteilen; hM; vgl JBl 1999 479; *StudB BT II* § 125 RN 80 mN. Sofern die beschädigte Sache nur der Sicherung eines stehlenswerten Guts dient (zB Alarmanlage) und nicht den Kriterien einer Sperrvorrichtung entspricht, liegt keine typische Begleittat vor; vgl RZ 2015/12. **Schwangerschaftsabbruch** (§ 96) ist ohne gleichzeitige Körperverletzung der Schwangeren (§ 83) kaum vorstellbar; deshalb verdrängt § 96 die Körperverletzungsdelikte der §§ 83 f, nicht aber § 85, weil Dauerfolgen bei der Schwangeren (zB Fortpflanzungsunfähigkeit) zwar denkbar, aber **weder regelmäßig vorkommende noch typische Begleiterscheinungen** des § 96 sind; vgl dazu näher *BT I* § 96 RN 30 mN.

bb) **Grenzen.** Wenn das Tatgeschehen im Einzelfall den **Rahmen einer** 38.31 **typischen Begleittat sprengt,** ist ein atypisches = **echtes Zusammentreffen** der Delikte anzunehmen, Konsumtion scheidet aus; vgl SSt 2003/79.

Beispiele: Fügt der Abtreibende der Schwangeren in atypischer Weise Schmerzen oder Schäden zu (zB durch Tritte in den Leib), werden §§ 83 ff nicht von § 96 verdrängt. Der Täter ist vielmehr sowohl gem § 96 als auch gem §§ 83 ff zu bestrafen; vgl *Nimmervoll* in *L/St* § 96 RN 24. Dasselbe gilt für einen Einbrecher, der aus Wut darüber, dass er nichts Brauchbares vorfindet, das Mobiliar zertrümmert. Diese Art der Sachbeschädigung ist nicht typischerweise mit einem Einbruch verbunden; vgl *Burgstaller* JBl 1978 460.

2. Rechtliche Wirkungen

Dem **Grundgedanken** der Scheinkonkurrenz entspricht es, nur das primäre 38.32 Gesetz anzuwenden, das verdrängte dagegen **gänzlich unberücksichtigt** zu lassen; zu diesem **Verdrängungsansatz** vgl *Geerds* Konkurrenz 230; *Burgstaller* JBl 1978 467; *Wegscheider* Konkurrenz 259.

a) **Schuldspruch.** Diese Überlegung gilt ohne Einschränkungen für den 38.33 Schuldspruch des Strafurteils: Das verdrängte Gesetz darf nicht in den Schuldspruch aufgenommen werden; vgl bereits RN 38.14.

b) **Wirkungen des verdrängten Delikts.** Im Übrigen sind Rspr und Lehre 38.34 weit davon entfernt, den in RN 38.32 skizzierten Verdrängungsansatz für die Scheinkonkurrenz wirklich in jeder Hinsicht konsequent durchzuführen. Vor allem in materiellrechtlicher Beziehung wird dem verdrängten Gesetz auch weiterhin Bedeutsamkeit beigemessen:

aa) **Qualifizierter Versuch; tätige Reue.** Beim **Rücktritt** lebt das im Ver- 38.35 such (zB des § 75) sonst enthaltene vollendete Delikt (zB §§ 83 ff) wieder auf, obwohl die vollendete Körperverletzung „an sich" vom versuchten Mord verdrängt wird; hM; vgl RN 24.22 mN.

Aber: Ob bei der **tätigen Reue** der verdrängte Tatbestand wieder auflebt, bedarf **deliktsspezifischer Betrachtung.** Nach hM beseitigt tätige Reue beim schweren Betrug nur die Strafbarkeit des § 147 Abs 1 Z 1 und 3. Übrig bleibt Strafbarkeit gem §§ 223 ff, 225 a, 241 a ff, 293 u 314; vgl *BT II*[3] § 167 RN 23 mN. Gibt der Einbrecher die Beute zurück, ohne zugleich den Einbruchssachschaden zu ersetzen, bleibt er nach hM gem §§ 127, 129 strafbar; richtigerweise ist er nur gem §§ 125 f zu bestrafen; str; vgl *BT II*[3] § 167 RN 22 mN.

38.36   bb) **Beteiligung.** Im Bereich der Beteiligung (§ 12) wirkt die Scheinkonkurrenz nur **ad personam,** mithin nicht für die übrigen Beteiligten; vgl *Geerds* Konkurrenz 176 229; *Burgstaller* JBl 1978 467; *Pallin* WK¹ Vorbem § 28 RN 22.

   B e i s p i e l: Wer dem Dieb bei der späteren Vernichtung der Beute hilft, macht sich gem § 12 3. Fall, § 125 strafbar, obwohl der Dieb selbst nur gem § 127, nicht aber wegen des durch Konsumtion verdrängten § 125 bestraft werden kann.

38.37   c) **Rechtsfolgen.** Der **Verdrängungsansatz** (RN 38.32) gilt vor allem für die Rechtsfolgenseite. Weder gibt es Restwirkungen bezüglich des verdrängten **Strafsatzes** noch dürfen dem verdrängten Gesetz **vorbeugende Maßnahmen, Nebenstrafen** oder **Nebenfolgen** entnommen werden; vgl *Burgstaller* JBl 1978 468; *Pallin* WK¹ Vorbem § 28 RN 24; *Wegscheider* Konkurrenz 276. Zu punktuellen Ausnahmen vgl *Wegscheider* Konkurrenz 279. Das verdrängte Gesetz begründet auch keinen Rückfall; aM *Wegscheider* Konkurrenz 277; *Burgstaller* JBl 1978 470 FN 162; SSt 60/45.

38.38   d) **Strafzumessung.** Das verdrängte Delikt darf im Rahmen der Strafzumessung **nicht** strafschärfend berücksichtigt werden. Allerdings kann der dem verdrängten Delikt zugrunde liegende **Sachverhalt** straferschwerend ins Gewicht fallen; vgl *Burgstaller* JBl 1978 470; *Wegscheider* Konkurrenz 213. Die Rspr macht insoweit im Ergebnis kaum einen Unterschied zwischen echter und scheinbarer Konkurrenz; vgl ua SSt 48/8; EvBl 1976/132.

   B e i s p i e l: Trotz Subsidiarität der Beitragstäterschaft gegenüber der Bestimmungstäterschaft (RN 38.29) kann der **Umstand,** dass der Bestimmungstäter **zusätzliche Unterstützungshandlungen** vorgenommen hat, bei der Festsetzung seines Strafausmaßes erschwerend berücksichtigt werden; vgl 15 Os 169, 170/01; SSt 61/11; RZ 1978/23; dazu krit *Wegscheider* RZ 1979 166.

38.39   e) **Verfolgungshindernisse.** Der Verdrängungsansatz (RN 38.32) gilt unabhängig davon, ob es mangels Privatanklage, Antrags oder Ermächtigung überhaupt zu einem Strafverfahren wegen des verdrängenden Delikts kommt; vgl *Ratz* WK² Vorbem §§ 28–31 RN 73; näher dazu *Burgstaller* JBl 1978 464; EvBl 1996/118.

   B e i s p i e l: Bei einem Urkundenbetrug im Familienkreis (§§ 166, 147 Abs 1 Z 1) scheidet eine Bestrafung gem § 223 Abs 2 auch dann aus, wenn **keine Privatanklage** wegen Betrugs erhoben wird; vgl *StudB BT III* § 223 RN 75 mN.

38.40   f) **Verjährung.** Auch insoweit kommt der Verdrängungsansatz zum Tragen. Ist das verdrängende Delikt (zB § 166) verjährt, lebt die Strafbarkeit des verdrängten – an sich noch nicht verjährten – Delikts nicht wieder auf; vgl dazu näher *Burgstaller* JBl 1978 465; *Ratz* WK² Vorbem §§ 28–31 RN 74.

C. Echte Konkurrenz

1. Allgemeine Grundlagen

38.41   a) **Anwendungsbereich.** Ist keine Scheinkonkurrenz anzunehmen, besteht zwischen den gemeinsam abzuurteilenden Delikten **echte Konkurrenz** (RN 38.18). Diese Frage stellt sich daher nur bei solchen Fallkonstellationen, in denen **tatsächlich mehrere Delikte anzuwenden** sind. Eine „Verdrängung" wie bei der

C. Echte Konkurrenz

Scheinkonkurrenz findet gerade nicht statt, vielmehr sind sämtliche konkurrierenden Delikte in den **Urteilstenor** aufzunehmen (RN 38.16 f).

Beispiel: Im Ausgangsfall (RN 38.1) wird durch den Einbruchsdiebstahl (§ 129 Abs 2 Z 1) zwar die Sachbeschädigung (§ 125), nicht aber § 128 Abs 1 Z 5 verdrängt (RN 38.24). Es bleiben also insgesamt noch fünf Delikte übrig: §§ 80, 88 Abs 1, § 109 Abs 1, § 128 Abs 1 Z 5 u § 129 Abs 2 Z 1. Sie stehen in echter Konkurrenz zueinander.

b) **Ziel der gesetzlichen Regelung.** Das Gesetz behandelt die echte Konkurrenz unter der Überschrift „Zusammentreffen strafbarer Handlungen" (§ 28). Der Zweck dieser Regelung geht iSd RN 38.4 dargestellten Strafrahmentheorie **primär** dahin, den für die **gemeinsame Aburteilung** aller Delikte **maßgeblichen Strafrahmen** zu bestimmen (RN 38.4). 38.42

c) **Verfassungsrechtliche Aspekte.** Die Rechtsfigur der **Idealkonkurrenz** widerspricht zwar als solche nicht dem in Art 4 7. ZPMRK verankerten Verbot der Doppelbestrafung, wirft aber manche Probleme auf; vgl JBl 2004 739 (dazu RN 38.55 e aE); EGMR ZVR 2001/69 m Anm *Hauenschild/Mayr;* EGMR JBl 1999 102 m Anm *Grabenwarter;* VfGH ZVR 2000/100; GrundsatzE VfSlg 14.696. Als besonders problemträchtig erweist sich mehr und mehr die **Scheinkonkurrenz.** Näher zum Ganzen RN 38.12 u 38.55 a – 38.55 e. 38.42 a

2. Idealkonkurrenz und Realkonkurrenz

Bei der echten Konkurrenz unterscheidet das StGB expressis verbis zwei Fallkonstellationen:

a) **Idealkonkurrenz.** Davon spricht man, wenn der Angeklagte **durch eine einzige Tat,** dh „durch eine Tat" iSd § 28 Abs 1 Satz 1, **mehrere strafbare Handlungen** oder **dieselbe strafbare Handlung mehrfach** begangen hat. Synonym wird der Begriff **Tateinheit** verwendet. 38.43

Kurzformel: Idealkonkurrenz (Tateinheit) = Eine Handlung, mehrere Delikte.

Beispiele: Im Ausgangsfall (RN 38.1) liegt eine solche Idealkonkurrenz jeweils in Bezug auf das gleichzeitige Niederfahren von P 1 (= § 80) und P 2 (= § 88 Abs 1) sowie hinsichtlich des gemeinsam mit dem Hausfriedensbruch verwirklichten Einbruchs und des wertqualifizierten Diebstahls vor. Auch das gleichzeitige Einschließen von zwei Personen führt zur Annahme von Idealkonkurrenz und zur Verurteilung wegen „Freiheitsentziehung in zwei Fällen".

Beachte! Idealkonkurrenz liegt auch bei **Teilidentität der Ausführungshandlung** vor; vgl *Ratz* WK² Vorbem §§ 28–31 RN 12 mN.

Beispiel: Entführt der Täter sein Opfer mit dem Auto, um es unterwegs schwer zu misshandeln oder zu töten, besteht zwischen § 99 und §§ 83 ff bzw § 75 Idealkonkurrenz; vgl *StudB BT I* § 99 RN 42.

b) **Realkonkurrenz.** Begeht der Angeklagte mehrere Delikte **zeitlich nacheinander,** dh durch „mehrere selbstständige Taten" iSd § 28 Abs 1 Satz 1, spricht man von **Realkonkurrenz (Tatmehrheit).** 38.44

Kurzformel: Realkonkurrenz (Tatmehrheit) = Mehrere selbstständige Handlungen, mehrere Delikte.

38. Kapitel: Konkurrenzen

Beispiel: Das Einbrechen in die Wohnung des B einerseits und das anschließende Niederfahren der beiden Passanten andererseits sind zwei iSd § 28 Abs 1 Satz 1 selbstständige Handlungen. Mithin besteht zwischen diesen beiden Taten Realkonkurrenz.

38.45 c) **Rechtsfolgen.** Bezüglich der Rechtsfolgen von Ideal- und Realkonkurrenz sind zwei unterschiedliche Regelungsmodelle denkbar:

38.46 aa) **Differenzierungsansatz.** Das deutsche Recht differenziert in der Weise, dass für die Idealkonkurrenz **tätergünstigere Rechtsfolgen** (§ 52 dStGB) vorgesehen sind als für die Fälle von Realkonkurrenz (§ 53 dStGB).

Wegen dieser unterschiedlichen Rechtsfolgen **muss** im deutschen Recht begrifflich exakt zwischen Ideal- und Realkonkurrenz unterschieden werden, was mit erheblichem dogmatischen Aufwand verbunden ist; vgl näher *Kienapfel* dAT 585 mN.

38.47 bb) **Einheitsansatz.** Ganz anders das österr Recht. Wie schon das StG folgt das StGB im § 28 dem Einheitsansatz und sieht für Ideal- und Realkonkurrenz **dieselben Rechtsfolgen** vor. Für die Ermittlung des maßgeblichen Strafrahmens macht es mithin keinen Unterschied, ob Ideal- oder Realkonkurrenz vorliegt; vgl *Tipold* in *L/St* § 28 RN 5f; *Pallin* WK[1] § 28 RN 1.

Die Begriffe Real- und Idealkonkurrenz werden im österr Schrifttum kaum problematisiert, weil der Einheitsansatz subtile dogmatisch-begriffliche Abgrenzungen entbehrlich macht. Die Regelung des § 28 hat sich im Prinzip bewährt. Sie führt auf kürzerem Weg zum gewünschten Ziel; vgl *Wegscheider* Konkurrenz 27.

3. Die gesetzliche Regelung des § 28 in ihrer Grundstruktur

38.48 Im Hinblick auf das **Hauptziel** der Konkurrenzregelung, für alle real- und idealkonkurrierenden Delikte einen **gemeinsamen Strafrahmen** zu finden, nimmt das StGB eine – ebenso naheliegende wie zielführende – **weitere Weichenstellung** vor, indem § 28 danach differenziert, ob die in Betracht kommenden **Strafdrohungen gleichartig** sind oder **nicht gleichartig** sind.

38.49 a) **Gleichartige Strafdrohungen. aa) Kombinationsprinzip.** Treffen gleichartige Strafdrohungen (entweder nur Freiheitsstrafen oder nur Geldstrafen; vgl § 28 Abs 1 Satz 1) zusammen – und das ist der Modellfall –, wird der **gemeinsame Strafrahmen** aus der **höchsten Obergrenze** und der **höchsten Untergrenze** der zusammentreffenden Strafdrohungen gebildet („kombiniert"); vgl § 28 Abs 1 Satz 2 u 3.

Beispiel: Der Ausgangsfall (RN 38.1) ist insoweit unproblematisch. § 129 Abs 2 Z 1 enthält sowohl die höchste Obergrenze (5 Jahre) als auch die höchste Untergrenze (6 Monate). Diese Strafdrohung bildet somit für alle ideal- und realkonkurrierenden Delikte dieses Falles den **gemeinsamen Strafrahmen.**

38.50 **Aber:** Treffen etwa § 129 Abs 2 Z 1 und ein im Rückfall begangener Suchtgifthandel (§ 39, § 28a Abs 1 SMG) zusammen, zeigt sich die ganze **Tragweite** des § 28 Abs 1. Denn der gemeinsame Strafrahmen muss in diesem Fall durch **Kombination** der Strafdrohungen **verschiedener Delikte** gebildet werden. Die **Obergrenze** wird aus § 28a Abs 1 SMG entnommen; sie beträgt (§ 39 zählt mit; vgl SSt 48/9; ebenso § 313) **7 1/2 Jahre;** die **Untergrenze** liefert § 129 Abs 2 Z 1; sie ist höher als die des § 28a Abs 1 SMG und beträgt **sechs Monate.**

38.51 **Beachte!** Nicht gesetzlich geregelt ist jene (häufige) Fallkonstellation, die auch im Ausgangsfall (RN 38.1) eine Rolle spielt. Mit den gleichartigen Strafdrohungen der § 128

D. Konkurrenzen und ne bis in idem

Abs 1 Z 5, § 129 Abs 2 Z 1 (sämtlich Freiheitsstrafe!) treffen §§ 80, 88 Abs 1, § 109 zusammen. Deren Strafdrohungen sehen keine reine Geldstrafe, sondern **wahlweise Freiheits- oder Geldstrafe** vor. Ein derartiges Zusammentreffen mit **alternativen Strafdrohungen** ist im § 28 nicht bedacht worden. Insoweit besteht eine **Gesetzeslücke.** Sie wird im Weg von **Analogie** (vgl dazu RN 4.20) geschlossen, indem die alternativen Strafdrohungen der §§ 80, 88 Abs 1, § 109 entsprechend § 28 Abs 1, dh wie eine **ausschließliche Freiheitsstrafe** behandelt werden; hM; vgl *Tipold* in *L/St* § 28 RN 18; *Ratz* WK² § 28 RN 6; EvBl 1998/43; näher dazu *Wegscheider* ÖJZ 1980 624; *ders* Konkurrenz 48.

bb) **Vorbeugende Maßnahmen, Nebenstrafen** und **Nebenfolgen.** Sie können oder müssen verhängt werden, wenn sie in **irgendeinem** der zusammentreffenden Gesetze fakultativ oder zwingend angedroht sind; vgl § 28 Abs 4 (vorbeugende Maßnahmen); vgl weiter § 28 Abs 2 Satz 3.   38.52

cc) **Durchblick.** Bei näherer Betrachtung geht § 28 mithin davon aus, dass sich nicht nur der **gemeinsame Strafrahmen** (RN 38.4 u 38.49), sondern überhaupt die **gesamte Rechtsfolgenseite** aus der **Kombination** der verschiedenen zusammentreffenden Delikte abzuleiten ist. Dies legt nahe, das zentrale Prinzip der gesetzlichen Regelung **nicht länger** mit der hM als **Absorptionsprinzip** (vgl statt vieler EvBl 1998/43), sondern präziser als **Kombinationsprinzip** zu bezeichnen; treffend *Wegscheider* ÖJZ 1980 624; *ders* Konkurrenz 46 127. Das ist allerdings mehr eine Frage des Blickwinkels und der Terminologie. In der Sache selbst besteht kein Unterschied; vgl dazu etwa *Tipold* in *L/St* § 28 RN 4 f u 21.   38.53

Aber: Das Kombinationsprinzip gilt nicht ausnahmslos; es wird bezüglich der ungleichartigen Strafdrohungen durch **§ 28 Abs 2** und bei Wertqualifikationen durch den **Zusammenrechnungsgrundsatz des § 29** durchbrochen.   38.54

Beachte! § 29 begründet keine Deliktsqualifikation, sondern regelt allein den anwendbaren **Strafrahmen.** Die durch § 29 verbundenen Vermögensdelikte bleiben materiellrechtlich selbstständige Einzeltaten, die auch unter prozessualen Aspekten nicht verschmolzen werden sollten; vgl *Tipold* in *L/St* § 29 RN 5; näher zum Ganzen *Ratz* WK² § 29 RN 7 ff; *StudB BT II* § 127 RN 202 ff u § 128 RN 54 ff mN.

b) **Ungleichartige Strafdrohungen.** Wird das eine Delikt nur mit Geldstrafe, das andere ausschließlich mit Freiheitsstrafe bedroht, ist gem § 28 Abs 2 die Freiheitsstrafe **zwingend neben** der Geldstrafe zu verhängen. Solche Fallkonstellationen sind im StGB sehr selten und finden sich insb im Nebenstrafrecht.   38.55

Diese Regelung entspricht dem **Kumulationsprinzip.** Allerdings führt die Ausnahmeregelung des § 28 Abs 3 wieder zum Kombinationsprinzip des § 28 Abs 1 zurück, wenn anstelle der Freiheitsstrafe gem § 37 ebenfalls eine Geldstrafe verhängt wird; vgl näher *Tipold* in *L/St* § 28 RN 19 f; *Wegscheider* Konkurrenz 70 129; *ders* ÖJZ 1980 625.

D. Konkurrenzen und ne bis in idem

1. **Ne bis in idem.** Das in Art 4 7. ZPMRK verankerte **Grundrecht** besitzt sowohl prozessuale als auch materiellrechtliche Aspekte, die einerseits eng miteinander verzahnt sind, andererseits begrifflich strikt getrennt werden müssen; vgl dazu EGMR ZVR 2001/69 m Anm *Hauenschild/Mayr*. Dem Strafprozessrecht und seinem Bedürfnis nach Rechtssicherheit entspringt das **Verbot der Doppelverfolgung** (nicht „erneut vor Gericht gestellt werden") nach rechtskräftiger Erledigung der Sache. Daraus erwächst ein **Verfahrenshindernis,** das hin-   38.55 a

sichtlich derselben „strafbaren Handlung" (gemeint ist **Tat im prozessualen Sinn** = derselbe Lebenssachverhalt = „same factual basis") eine nochmalige Strafverfolgung ausschließt („Sperrwirkung" der res iudicata). Erst recht impliziert Art 4 7. ZPMRK das **Verbot der Doppelbestrafung** (nicht „erneut bestraft werden"). Dieses Verbot wurzelt im materiellen Recht und steht aus Gründen der Gerechtigkeit und der Verhältnismäßigkeit einer neuerlichen Bestrafung wegen derselben Tat entgegen. In diesem Sinn ist in Art 4 7. ZPMRK die **verfassungsrechtliche Dimension** der Konkurrenzlehre verankert; vgl dazu bereits EGMR im *Gradinger*-Urteil JBl 1997 577 m Anm *Grabenwarter*; ebenso EGMR im *Oliveira*-Urteil JBl 1999 102 m Anm *Grabenwarter*; VfGH ZVR 2000/100. Allerdings begründet die bloße Tatsache, dass eine Handlung unter mehr als eine Strafdrohung fällt, für sich allein noch keinen Verstoß gegen Art 4 7. ZPMRK; vgl RN 38.42 a.

Aber: Es würde sowohl dem Verbot der Doppelverfolgung als auch dem Verbot der Doppelbestrafung zuwiderlaufen, wenn – etwa im Falle von **Scheinkonkurrenz** – ein rechtskräftig verurteilter Räuber in einem weiteren Verfahren wegen der (mit dem Raub abgegoltenen) Nötigung bestraft würde; idS EGMR ZVR 2001/69 m Anm *Hauenschild/Mayr* generell zur Spezialität. Das Gleiche gilt, wenn – etwa im Falle von **Idealkonkurrenz** – der wegen Freiheitsentziehung rechtskräftig Verurteilte in einem weiteren Verfahren auch wegen Körperverletzung schuldig gesprochen werden könnte, nachdem im ersten Prozess im Zuge der Freiheitsentziehung zugefügte Blessuren übersehen worden waren; vgl dazu RN 38.17 aE.

Insgesamt erweisen sich die **tragenden Grundsätze** der modernen strafrechtlichen Konkurrenzlehre als eine geeignete und sinnvolle Interpretationshilfe, um das in Art 4 7. ZPMRK verankerte Grundrecht ne bis in idem sicherzustellen; vgl dazu *Thienel/Hauenschild* JBl 2004 82; EvBl 2009/21; SSt 2004/38. Dies erkannt und anerkannt zu haben, ist das Verdienst der auf dem *Gradinger*-Urteil aufbauenden grundlegenden E des VfGH JBl 1997 447; idS auch VfGH ZVR 2000/100. Ergänzend ist auf eine ähnliche Bedeutung der **Exklusivität** für manche der anstehenden Probleme hinzuweisen; vgl RN 38.8.

38.55 b   **2. Die Rechtsprechung des EGMR zu strafrechtlicher und verwaltungsrechtlicher Strafverfolgung.** Gem Art 4 7. ZPMRK ist es unzulässig, ein und dieselbe Tat sowohl gerichtlicher als auch verwaltungsstrafrechtlicher Verfolgung bzw Bestrafung zu unterwerfen. Unklar war lange, wann in solchen Konstellationen **dieselbe Tat** vorliegt. Nachdem die Rspr des EGMR zu den genauen Voraussetzungen über Jahre hinweg recht wechselhaft verlaufen war, führte der EGMR in der Grundsatzentscheidung *Zolotukhin* (EGMR 14.939/03), in der es um das Verhältnis einer verwaltungsrechtlichen und einer gerichtlichen Bestrafung ging, eine Klärung seines Standpunktes herbei. Danach ist von einem primär prozessualen Verständnis des Art 4 7. ZPMRK auszugehen. Eine Mehrfachverfolgung aufgrund desselben Sachverhalts bzw aufgrund von Sachverhaltselementen, die im Wesentlichen dieselben sind, ist unzulässig. Es kommt somit allein auf die Tatsachenidentität, nicht aber auf die rechtliche Qualifikation der Taten an; vgl *Esser* in *Hochmayr* „Ne bis in idem" 43 ff; *Lewisch* WK StPO Vor §§ 352–363 RN 107. Führt derselbe Sachverhalt zur Bestrafung nach einem Verwaltungsstraftatbestand und einem gerichtlichen Straftatbestand, so stellt dies eine Verletzung des Art 4 7. ZPMRK dar; vgl aber RN 38.55 c.

D. Konkurrenzen und ne bis in idem

Hingegen hält der **VfGH** eine Mehrfachverfolgung ein und derselben Tat, die verschiedene Tatbestände verwirklicht, dann für vereinbar mit der EMRK, wenn diese nicht dieselben wesentlichen Elemente aufweisen; vgl VfSlg 18.833. Nach dieser Rsp widerspricht eine Regelung, wonach durch eine Tat unterschiedliche Delikte verwirklicht werden (Idealkonkurrenz), nicht zwingend dem Doppelbestrafungsverbot des Art 4 Abs 1 7. ZPMRK. Vgl auch die Rsp des OGH 12 Os 95/11 d.

Umstritten ist auch, wann eine **erneute Verfolgung** vorliegt. Lange Zeit sah **38.55 c** der EGMR in jeder intentionalen erneuten Verfolgung des Täters das Verbot der Doppelbestrafung als verletzt an. In der Entscheidung *A und B/Norwegen* (EGMR 24.130/11 und 29.758/11) hielt der EGMR aufeinanderfolgende Verfahren zur Ahndung derselben Tat dann für zulässig, wenn sie Ausdruck einer differenzierten umfassenden rechtlichen Reaktion auf ein Fehlverhalten sind und sich die einzelnen rechtlichen Reaktionen als Teile eines zusammenhängenden und aufeinander abgestimmten Gesamtsystems in erkennbarem zeitlichen und sachlichen Zusammenhang darstellen. In einem solchen Fall läge nämlich keine „erneute" Strafverfolgung des Täters vor, sondern nur eine einheitliche staatliche Reaktion auf das historische Täterverhalten. Nur wenn dieser Konnex nicht nachgewiesen werden könne, läge im Falle der aufeinanderfolgenden Durchführung mehrerer Verfahren ein Verstoß gegen das Verbot der Doppelbestrafung vor. Für die Beurteilung dieses Konnexes stellt der EGMR mehrere Kriterien auf; vgl *Glaser/Kahl* in Rill-Schäffer-Kommentar Art 4 7. ZPMRK RN 37; *Staffler* ÖJZ 2017 163f. Daher ist bspw neben der Bestrafung eines Autofahrers wegen einer fahrlässigen Körperverletzung zusätzlich ein erst nach Verurteilung ausgesprochener Führerscheinentzug (EGMR 21.563/12 *Rivard/Schweiz*) zulässig, da ein „inhaltliches Band" zwischen den Verfahren bestehe, bei denen „jeder dieser Behörden ein Spektrum von unterschiedlichen Sanktionen zur Verfügung steht, die sich nicht überschneiden".

3. Zum Verhältnis strafrechtlicher und verwaltungsrechtlicher Strafdro- 38.55 d hungen. Nachdem EGMR, VfGH und OGH zur Durchsetzung des Grundsatzes ne bis in idem **in solchen Konkurrenzfällen** differenzierende Lösungen entwickelt hatten, wurde 2013 in **§ 22 VStG** ausdrücklich normiert, dass eine Tat grundsätzlich nur dann als Verwaltungsübertretung strafbar sein soll, wenn sie nicht den Tatbestand einer in die Zuständigkeit der Gerichte fallenden strafbaren Handlung erfüllt. Somit wird eine **Subsidiarität des Verwaltungsstrafrechts** gegenüber der gerichtlichen Strafbarkeit gesetzlich festgeschrieben; vgl *Schulev-Steindl* Verwaltungsverfahrensrecht RN 536.

Aus dem Grundsatz ne bis in idem ergibt sich somit: **38.55 e**

a) Dem **Gesetzgeber** ist es durch Art 4 7. ZPMRK **verwehrt,** verwaltungsrechtliche Strafdrohungen zu erlassen, welche die nach den maßgeblichen Prinzipien der Konkurrenzlehre und der verfassungskonformen Interpretation gebotene Annahme von Scheinkonkurrenz – idR Subsidiarität – zu Gunsten einer **kumulativen,** dh strafgerichtlichen **und** verwaltungsbehördlichen Ahndung außer Kraft setzen; vgl VfGH JBl 1997 447; instruktiv dazu *Grabenwarter* JAP 1997/98 38.

38. Kapitel: Konkurrenzen

Beispiel: Bezüglich § 81 Z 2 StGB aF (heute: § 81 Abs 2 StGB) wurde entschieden, dass die seinerzeit gem § 5 Abs 1, § 99 Abs 6 lit c StVO aF gesetzlich vorgesehene Kumulierung der beiden Alkoholdelikte mit Blick auf das **Doppelbestrafungsverbot** (RN 38.55 a) verfassungswidrig ist; vgl VfGH JBl 1997 447.

38.55f   b)   Der **Verwaltungsbehörde** ist es durch Art 4 7. ZPMRK **verwehrt, nach rechtskräftiger strafgerichtlicher Verurteilung** eine Verwaltungsstrafe zu verhängen, wenn und soweit bei zumindest weitgehend identem Sachverhalt der **Unrechts- und Schuldgehalt** des konkurrierenden Verwaltungsdeliktes von der gerichtlichen Strafdrohung **in seinen wesentlichen Aspekten** mitumfasst wird; vgl EvBl 2009/21; SSt 2004/38; JBl 1997 447 (GrundsatzE); VfSlg 15.199.

Beispiele: Wer wegen Widerstandes gegen die Staatsgewalt (§ 269 StGB) verurteilt worden ist, darf in einem anschließenden Verwaltungsstrafverfahren nicht auch noch wegen diesbezüglicher Störung der öffentlichen Ordnung (Art IX Abs 1 Z 1 EGVG aF) bestraft werden; vgl Bericht der EKMR 9. 4. 1997 Newsletter 1997/5/1. Ist in einem gerichtlichen Strafverfahren die Qualifikation des § 81 Z 2 StGB aF verneint worden, darf in einem späteren Verwaltungsstrafverfahren keine Strafe wegen Lenkens in einem durch Alkohol beeinträchtigten Zustand verhängt werden; vgl EGMR JBl 1997 577 m Anm *Grabenwarter*; einschränkend EGMR MRK 2005/9. Dasselbe gilt idR auch dann, wenn nach einer strafgerichtlichen Verurteilung gem § 168 Abs 1 StGB die Behörde eine Strafe wegen unerlaubten Betreibens eines Glücksspiels verhängt; vgl VfSlg 15.999.

Beachte! Hat die Verwaltungsbehörde in Verkennung der primären Zuständigkeit (und damit des Vorranges) des Strafgerichts in derselben Sache bereits eine Strafe verhängt, ist das **Doppelbestrafungsverbot** des Art 4 7. ZPMRK jedenfalls dann nicht verletzt, wenn die behördliche Strafe auf die gerichtliche **angerechnet** wird; vgl EGMR im Falle *Oliveira* JBl 1999 102 m krit Anm *Grabenwarter*. Vgl zum Ganzen *Giese* in: Grabenwarter/Thienel 97; *Ebensperger* ÖJZ 1999 173; *Birklbauer* JAP 2001/02 97.

Aber: Ist das Strafverfahren (zB gem § 81 Abs 2) **ohne Ausspruch einer Strafe** (zB Freispruch mangels Schuld; Einstellung) beendet worden, steht das **Doppelbestrafungsverbot** einer späteren Ahndung derselben Tat als **Verwaltungsübertretung** (zB gem § 5 Abs 1 StVO) nicht entgegen; vgl VfGH ZVR 2000/100. **Dagegen** beruhen die diversionellen Maßnahmen gem §§ 198 ff StPO auf **Sachentscheidungen mit Sanktionscharakter,** so dass ne bis in idem zum Zuge kommt, und zwar auch dann, wenn diese nicht vom Gericht, sondern – wie idR – vom Staatsanwalt verfügt werden; vgl RN 40.15 40.18 40.20 40.22.

38.55g   c)   Auch dem **Strafgericht** ist es durch Art 4 7. ZPMRK **verwehrt, nach rechtskräftiger verwaltungsbehördlicher Ahndung** eine Strafe zu verhängen, wenn – entsprechend dem in RN 38.55 d Ausgeführten – das konkurrierende Verwaltungsdelikt den **Unrechts- und Schuldgehalt** des Kriminaldelikts in den wesentlichen Bezügen mitumfasst; idS grundlegend EGMR ZVR 2001/69 m Anm *Hauenschild/Mayr* im *Fischer*-Urteil; idS auch EvBl 2009/21; SSt 2004/38; JBl 2003 196.

Beispiel: Erfolgte bereits eine **rechtskräftige verwaltungsbehördliche Bestrafung** wegen **Fahrens unter Alkoholeinfluss** gem § 5 Abs 1 iVm § 99 Abs 1 lit a StVO, steht das verfassungsrechtliche Verfolgungshindernis des Art 4 7. ZPMRK einem weiteren – diesmal gerichtlichen – Verfahren mit dem Ziel einer Verurteilung nach **§ 81 Abs 2 StGB** entgegen; vgl JBl 2003 196. Die vom OGH EvBl 2002/57 betonte Prävalenz der strafgesetzlichen Bestimmung kommt bei dieser Situation nicht zum Tragen. **Übrig** bleibt der in JBl 2003 196 gewiesene Ausweg, die verwaltungsbehördliche Aufhebung des Strafbescheides einzuleiten (§ 30 Abs 3 VStG), um danach ein gerichtliches Strafverfahren gem § 81 Abs 2 durchzuführen; vgl dazu näher *Thienel/Hauenschild* JBl 2004 161.

E. Die tatbestandliche Handlungseinheit

Aber: Hat der Täter ein fremdes Kfz unbefugt gebraucht, ohne im Besitz einer Lenkerberechtigung zu sein, steht eine verwaltungsbehördliche Bestrafung gem § 37 Abs 1 iVm § 1 Abs 3 FSG einer **nachfolgenden gerichtlichen Verurteilung** gem § 136 nicht entgegen; vgl SSt 2004/38; näher zum Ganzen *Schwaighofer* ÖJZ 2005 173.

E. Die tatbestandliche Handlungseinheit
1. Abschied vom fortgesetzten Delikt

Das „fortgesetzte Delikt" galt in Österreich, Deutschland und der Schweiz 38.56 jahrzehntelang als eine besondere Erscheinungsform der **Scheinkonkurrenz**. Seine **primäre Funktion** bestand darin, mehrere an sich realkonkurrierende Straftaten unter bestimmten Voraussetzungen zu **einer einzigen (= fortgesetzten) Tat zusammenzufassen**; vgl *Tipold* in *L/St* § 28 RN 29 ff; *Triffterer* AT 18/57 ff. Das Wesentliche waren die **prozessualen Konsequenzen:** Bei Annahme von Realkonkurrenz entstehen stets mehrere staatliche Strafansprüche, beim fortgesetzten Delikt dagegen nur ein einziger; vgl näher *Schmoller* Fortgesetztes Delikt 16; *ders* RZ 1989 207 230. Ein Hauptanwendungsgebiet bildeten **Serienstraftaten** und ähnliche Handlungsreihen.

Rechtsnatur, Berechtigung, Reichweite und Grenzen dieser von der Praxis oft weit 38.57 über Gebühr strapazierten Rechtsfigur waren lange umstritten. Dieses Konstrukt ist wegen zahlreicher Widersprüche und Friktionen sowohl auf materiellrechtlicher als auch auf prozessualer Ebene in der Wissenschaft vielfach kritisiert bzw abgelehnt worden; vgl 12. Aufl E 8 RN 69 mN. Die E SSt 56/88 aus dem Jahr 1985 bestärkte diese Zweifel, führte aber noch nicht zu einer Wende in der Praxis. Einige Jahre später haben das Schweizerische Bundesgericht (BGE 117 IV 408) und 1994 der Große Senat des BGH (BGHSt 40 138) das fortgesetzte Delikt ins dogmatische Ausgedinge geschickt. Betrugs- oder Einbruchserien und ähnliche Handlungsreihen ließen sich dort nicht länger als ein fortgesetztes Delikt konstruieren. Seit 2007 gilt dies auch für das österr Strafrecht (RN 38.58 ff).

2. Tatbestandliche Handlungseinheit

a) **Allgemeine Grundlagen.** In seinem grundlegenden Urteil vom 11. 4. 38.58 2007 hat ein verstärkter Senat des OGH die Rechtsfigur des fortgesetzten Delikts auch für das österreichische Strafrecht preisgegeben und damit den lang erwarteten **Paradigmenwechsel** vollzogen; vgl SSt 2007/27 = EvBl 2007/114 = JBl 2008 467 m Anm *Schütz*. Losgelöst vom Begriff und den Kriterien des fortgesetzten Delikts geht es darum, für „unausweichlich vorgegebene Sachprobleme" akzeptable Lösungen zu finden; treffend *Schmoller* FinStR 1997 55. Der neue Argumentationsansatz lautet: Ein Großteil dieser Sachprobleme lässt sich im Wege **differenzierter deliktsspezifischer Tatbestandsauslegung** lösen; idS bereits *Nowakowski* Fortgesetztes Verbrechen 14 17 19 (pass); *Triffterer* AT 18/61 f; näher *Schmoller* Fortgesetztes Delikt 52; 12. Aufl E 8 RN 71 mwN. Der damit angesprochene Kernbereich, der allerdings nicht den gesamten Einzugsbereich des fortgesetzten Delikts abdeckt, wird mit dem Begriff der **tatbestandlichen Handlungseinheit** umschrieben; vgl *Pallin* WK[1] Vorbem § 28 RN 34; *Ratz* WK[2] Vorbem §§ 28–31 RN 104; SSt 2007/27; weiters EvBl 2006/47; 11 Os 54/07 m; 13 Os 64/07 x; 14 Os 138/07 m. Der Unterschied zum fortgesetzten Delikt besteht darin, dass die frühere Rechtsfigur aus dem Allgemeinen Teil des materiellen Strafrechts abgeleitet wurde und der Ebene der **Konkurrenzen** zugeordnet war, während unter dem

38. Kapitel: Konkurrenzen

Begriff der tatbestandlichen Handlungseinheit schon auf **Tatbestandsebene,** dh im Wege **deliktsspezifischer Tatbestandsauslegung** gleichartige Handlungen zu **einer einzigen Tat** zusammengefasst werden; vgl SSt 2007/27.

Für Fallkonstellationen, die sich auf dieser Ebene nicht lösen lassen, zB Betrugs- und Einbruchserien, ist auf die allgemeinen Konkurrenzregeln zurückzugreifen. Entsprechendes gilt für das Finanzstrafrecht. So ist bei Abgabe mehrerer unrichtiger Jahreserklärungen Realkonkurrenz anzunehmen; vgl ua 13 Os 142/08 v; näher dazu *Leitner* FinStR 1997 50.

38.59 b) **Systematik.** In Übereinstimmung mit dem verstärkten Senat wird im Folgenden die im Lehrbuch von *Jescheck/Weigend* entwickelte Systematik zu Grunde gelegt, die zwischen der **tatbestandlichen Handlungseinheit ieS** und der **tatbestandlichen Handlungseinheit iwS** unterscheidet; vgl *J/W* AT 711; SSt 2007/27. Hinter beiden Begriffen verbergen sich elementare Leitlinien für die Auslegung von Tatbeständen bei **mehrtätiger Tatbestandsverwirklichung.** Anzumerken bleibt, dass es fließende Übergänge gibt und sich manche Fallkonstellationen sowohl der einen als auch der anderen Richtlinie zuordnen lassen.

38.60 aa) **Tatbestandliche Handlungseinheit ieS.** Von tatbestandlicher Handlungseinheit ieS spricht man, wenn der gesetzliche Tatbestand die Vornahme mehrerer Einzelakte, dh eine **mehrtätige Begehungsweise explizit erfordert** oder **zumindest zulässt,** dh im Wege der Auslegung nahelegt. Dazu zählen insb folgende Delikte bzw Deliktsgruppen:

38.61 (1) **Delikte mit pauschalierender Handlungsbeschreibung.** Bei dieser Deliktsgruppe gehört eine **mehrtätige Begehungsweise** schon nach dem allgemeinen Sprachgebrauch zu den Mindestvoraussetzungen des gesetzlichen Tatbestands. Von Gesetzes wegen wird ein ganzer Komplex von Einzelhandlungen zu einer **tatbestandlichen Einheit** zusammengefasst, auch wenn diese nicht unmittelbar zusammenhängen, sondern etwa in größeren zeitlichen Abständen, an verschiedenen Orten und/oder auf unterschiedliche Weise vorgenommen werden. Ein Paradefall ist der „Stalking"-Tatbestand des § 107 a, der auf „beharrliches Verfolgen" abstellt; vgl näher *StudB BT I* § 107 a RN 9 f.

Weitere Beispiele: Wenn im gesetzlichen Tatbestand vom „Betreiben" einer umweltgefährdenden Anlage (§ 181 d) oder eines „geheimen Nachrichtendienstes" (§ 256), vom „Sklavenhandel treiben" (§ 104), vom „Ausüben fortgesetzter Gewalt eine längere Zeit hindurch" (§ 107 b Abs 1), bei der Zuhälterei (§ 216 Abs 2) von „Ausbeuten", „Einschüchtern" oder „Ausnützen" die Rede ist, von Beteiligung „durch die Bereitstellung von Informationen oder Vermögenswerten" (§ 278 Abs 3) oder von „Betätigung im nationalsozialistischen Sinne" (§ 3 g VerbotsG), handelt es sich um typische Beispiele für Delikte mit pauschalierender Handlungsbeschreibung; vgl *Ratz* WK² Vorbem §§ 28–31 RN 105; *Schmoller* FinStR 1997 58 jeweils mit weiteren Beispielen.

38.62 Bei anderen Delikten dieser Gruppe ergibt sich zumindest **im Wege der Auslegung,** dass auch eine mehr oder weniger **zusammenhängende Abfolge tatbestandsmäßiger Handlungen** eine einzige Verletzung der jeweiligen Strafvorschrift, dh **eine Tat** darstellt; zB eine Serie von Faustschlägen, die Wegnahme mehrerer Sachen bei einem Wohnungsdiebstahl, eine Drohungs- oder Beleidigungskanonade; vgl EvBl 2006/47; *Schmoller* Fortgesetztes Delikt 20; 12. Aufl E 8 RN 73 iVm Z 9 RN 28. Der Wechsel der Begehungsformen etwa bei **alternativen Mischdelikten** (zB §§ 105, 142) steht der Annahme **einer** Tat nicht entgegen.

E. Die tatbestandliche Handlungseinheit

Weitere Beispiele: Die eigenmächtige Heilbehandlung (§ 110) kann in der wochenlangen Durchführung einer Bestrahlungstherapie oder Medikamentation bestehen, ein Schwangerschaftsabbruch (§ 98) lässt sich in viele Einzelakte zerlegen. Das Nachmachen von Geld (§ 232) umfasst die gesamte Produktion der Falschgeldmenge, gleichgültig, ob die Blüten an einem Tag oder planmäßig mit Unterbrechungen innerhalb von mehreren Wochen gedruckt werden; vgl *Schroll* WK² § 232 RN 28.

38.63 (2) **Dauerdelikte.** Eine Sonderform der Delikte mit pauschalierender Handlungsbeschreibung sind die Dauerdelikte. Sämtliche Tätigkeitsakte, die der Begründung oder Aufrechterhaltung des im Tatbestand beschriebenen Zustands dienen, begründen eine tatbestandliche Handlungseinheit ieS, dh eine **einzige Tat;** vgl *J/W* AT 712; *Ratz* WK² Vorbem § 28–31 RN 104; SSt 2007/27.

Beispiele: Das „Gefangenhalten" (§ 99) und das „Entführen" (§ 100) fassen idS alle rechtsgutbezüglichen Einzelhandlungen zu einer tatbestandlichen Bewertungseinheit zusammen. Auch Rechtsgutbeeinträchtigungen, die sich bei § 99 Abs 2 1. Fall über Monate erstrecken können, in der causa J.F. sogar über 24 Jahre erstreckt haben, bilden idR nur eine einzige Tat. Dasselbe gilt für die beharrliche Verletzung der Unterhaltspflicht (198); vgl *Kienapfel* RZ 1976 47; *Markel* WK² § 198 RN 63 f.

38.64 (3) **Mehraktige Delikte bzw zusammengesetzte Delikte.** Ebenso ist allgemein anerkannt, dass die im Tatbestand mehraktiger bzw zusammengesetzter Delikte beschriebenen Handlungen ex lege eine tatbestandliche Handlungseinheit ieS begründen.

Beispiele: Der Einbruchsdiebstahl (§§ 127, 129) fasst sowohl das Einbrechen als auch die idR anschließende Wegnahme zu einer einzigen Tat zusammen. Dasselbe gilt für den Raub (§ 142), bei dem etwa der Einsatz von Gewalt und Wegnahme sowohl uno actu als auch mehrtätig vorgenommen werden kann.

38.65 (4) **Unterlassungsdelikte.** Ein Handlungspflichtiger, der eine Mehrzahl von Rettungsmöglichkeiten verabsäumt, begeht idR nur eine einzige Unterlassung. Ob es sich dabei um ein echtes oder unechtes Unterlassungsdelikt handelt, macht keinen Unterschied.

38.66 (5) **Einheitstäterschaftsspezifische Begehungsformen.** Auch hier können Fälle **mehrtätiger Tatbegehung** auftreten und eine tatbestandliche Handlungseinheit ieS bilden.

Beispiele: Wer einen Täter zunächst durch Ratschläge, sodann durch Übergabe einer Tatortskizze unterstützt und ihn einige Tage später zum Tatort chauffiert, begeht als Beitragstäter idR nur eine einzige Tat. Dasselbe gilt für subtile Strategien eines Bestimmungstäters, die darauf abzielen, einen anderen, uU erst nach längerer Beeinflussung, zur Begehung der Tat zu veranlassen; vgl RN 34.10. Ähnliches gilt für Sonderformen der Beteiligung (vgl §§ 278 ff: „als Mitglied beteiligt"); vgl 13 Os 83/08t; *Plöchl* WK² § 278 RN 71.

38.67 bb) **Tatbestandliche Handlungseinheit iwS.** Mehrere Tätigkeitsakte können auch dann eine Handlungseinheit, dh **eine einzige Tat** bilden, wenn sie bei gleicher Motivationslage den gleichen oder einen unter Rechtsgutaspekten eng verwandten Straftatbestand (unter Einschluss von Versuch und Vollendung, von Qualifizierungen und Privilegierungen) erfüllen und in kurzer zeitlicher Abfolge, sei es wiederholt (= iterativ), sei es schrittweise und fortlaufend (= sukzessiv) stattfinden. Maßgeblicher Gesichtspunkt dieser den Tatbestand erweiternden Auslegung ist der Umstand, dass die **Rechtsgutverletzung** durch mehrfache Tatwiederholung oder fortlaufendes, zB stufen- oder etappenweises Voran-

38. Kapitel: Konkurrenzen

treiben der Tatbestandsverwirklichung (vom Versuch zur Vollendung, von der Gefährdung zur Verletzung) dieselbe bleibt und nur eine **quantitative Steigerung** bzw **Intensivierung,** aber keine qualitative Veränderung erfährt; vgl *J/W* AT 712; SSt 2007/27; *Ratz* WK² Vorbem §§ 28–31 RN 104.

Beispiele für eine tatbestandliche Handlungseinheit iwS: Bei Erfüllung der zuvor genannten Voraussetzungen liegt **eine Tat** vor bei mehrfacher Vergewaltigung (§ 201) bzw geschlechtlicher Nötigung (§ 202) desselben Tatopfers in kurzer zeitlicher Abfolge durch denselben Täter (13 Os 108/05i). Anders, wenn dasselbe Sexualdelikt (zB §§ 201f, 206f, 212) an derselben Person bei verschiedenen Gelegenheiten (EvBl 2004/72) oder an verschiedenen Personen (RN 38.69) begangen wird. Die einem schweren Sexualdelikt (zB §§ 201, 206) unmittelbar vorangehenden oder nachfolgenden sonstigen geschlechtlichen Handlungen bilden eine tatbestandliche Handlungseinheit iwS; vgl 11 Os 130/08i; EvBl 2002/30. Auch das wiederholte Ausräumen einer einsamen Villa durch den Einbrecher in mehreren Etappen gehört in diesen Zusammenhang.

Beachte! Unter den zuvor genannten Voraussetzungen können bei eng verwandtem Rechtsgut auch **tatbestandsübergreifende Einzelhandlungen** eine tatbestandliche Handlungseinheit iwS bilden. Etwa die Abfolge von Schlägen, die sowohl einfache als auch schwere Körperverletzungen inkludieren (zB §§ 84 oder 85). Dasselbe gilt für eine von vornherein als Mord geplante Tat, die mit Körperverletzungen beginnt und mit dem Erstechen oder Erwürgen des Tatopfers endet.

38.68 **Aber: Problematisch** erscheint ein apodiktisches Abstellen auf die „kurze zeitliche Abfolge". Dieses in SSt 2007/27 angeführte Kriterium trifft zwar in den meisten Fällen zu, bezeichnet aber weder eine präzise noch eine absolute zeitliche Grenze. Schon der Umstand, dass eine solche zeitliche Begrenzung bei vielen Delikten mit pauschalierender Handlungsbeschreibung (RN 38.61f), bei den Dauerdelikten (RN 38.63) oder bei mehrtätiger Bestimmung und mehrtätigem Beitrag (RN 38.66) häufig durchbrochen wird, deutet darauf hin, dass auch bei der tatbestandlichen Handlungseinheit iwS letztlich nicht ein abstraktes und kaum bestimmbares Zeitmoment das entscheidende Kriterium für die Begrenzung der Tatbestandsauslegung bei mehrtätiger Deliktsverwirklichung sein kann. Es kommt darauf an, ob unter Beachtung der sonstigen Voraussetzungen einer tatbestandlichen Handlungseinheit iwS (RN 38.67) die **besonderen Umstände der Tat** nach den anerkannten Regeln rechtsstaatlicher Tatbestandsauslegung eine Subsumtion unter die Deliktsbeschreibung auch ohne nahe zeitliche Abfolge der Teilakte **zulassen** und eine solche Tatbestandsauslegung zur sachgerechten Erfassung von Unrecht und Schuld **geboten** ist; vgl auch *Schmoller* FinStR 1997 57.

Beispiele: Wird eine Erpressung in der Weise begangen, dass die Übergabe der Geldsumme erst nach zwei Monaten und mehreren fehlgeschlagenen Übergabeversuchen gelingt, handelt es sich bei gleicher Motivationslage nicht um mehrere selbstständige Erpressungsversuche, sondern um eine einzige (vollendete) Erpressung iS einer tatbestandlichen Handlungseinheit iwS; so BGHSt 41 368 im Falle des Erpressers „Dagobert" mit Differenzierungen. Selbst das „Töten eines anderen" (§ 75) eröffnet je nach Tatsituation und Begehungsweise in zeitlicher Hinsicht überraschend große Auslegungsspielräume. So bildet das dosierte Verabreichen von Gift über Wochen und Monate eine tatbestandliche Handlungseinheit iwS. Das gilt nicht nur dann, wenn das Opfer an den Folgen stirbt (= **ein** vollendeter Mord), sondern auch dann, wenn es die sukzessiven Anschläge überlebt hat (= **ein** versuchter Mord).

38.69 **Höchstpersönliche Rechtsgüter.** Anders als bei der Rechtsfigur des fortgesetzten Delikts wird angenommen, dass die Höchstpersönlichkeit des Rechtsguts (namentlich Leben, körperliche und sexuelle Integrität, Freiheit) die Annahme einer tatbestandlichen Handlungseinheit auch bei **mehreren Verletzten** nicht ausschließt; im Anschluss an *J/W* AT 712 vgl *Ratz* WK² Vorbem §§ 28–31 RN 104 u SSt 2007/27. Es genüge, dass dieser Umstand als einer der Teilaspekte

F. Abschließende Übersicht

der tatbestandlichen Handlungseinheit bei der Strafzumessung zu berücksichtigen ist und im Rechtsmittelweg geltend gemacht werden kann; vgl EvBl 2006/47. Es gibt jedoch Fallkonstellationen, die Anlass bieten, diese Auffassung noch einmal zu überdenken.

Beispiele: Der Täter dringt nachts in das Schlafzimmer von zwei Frauen ein und vergewaltigt sie nacheinander. Selbst wenn formal alle in RN 38.67 angeführten Voraussetzungen erfüllt sind bzw scheinen, stellt sich die Frage, ob die Beeinträchtigung höchstpersönlicher Rechtsgüter bei mehreren Verletzten nicht doch eine **qualitative Veränderung der Tat** mit sich bringt und es insoweit zur sachgerechten Erfassung des verwirklichten Unrechts und der Schuld einer Einschränkung der tatbestandlichen Handlungseinheit bedarf (RN 38.68). Die Verfasser neigen dazu, diese Frage bei den geschilderten und verwandten Konstellationen zu bejahen und stattdessen **Tatmehrheit** anzunehmen. Dasselbe gilt, wenn der Täter zwei Kinder in eine Scheune lockt, um sie dort gleichzeitig oder nacheinander zu missbrauchen; vgl wie hier *Wessels/Beulke/Satzger* AT RN 1073; *S/S/Sternberg-Lieben/Bosch* Vorbem §§ 52ff RN 17ff mwN.

38.70 In welcher Weise sich der durch die E des verstärkten Senats SSt 2007/27 eingeleitete Paradigmenwechsel im Detail auf die Auslegung der einzelnen Delikte auswirken und nicht nur den Einzugsbereich der Realkonkurrenz, sondern auch jenen der Scheinkonkurrenz reduzieren wird, bleibt abzuwarten.

38.71 c) **Prozessuale Aspekte.** Die Annahme einer tatbestandlichen Handlungseinheit hat erhebliche, insb prozessuale Konsequenzen:

- Es liegt nur eine einzige und nicht eine Mehrheit selbständig anfechtbarer Handlungen vor.
- Ein (Teil-) Freispruch von einer nicht erwiesenen Einzelhandlung scheidet aus.
- Es gibt keinen Rücktritt und keine tätige Reue in Bezug auf Teilakte.
- Teilakte können als Strafzumessungstatsachen gewertet und insoweit im Rechtsmittelweg angefochten werden.

F. Abschließende Übersicht
Der logische Aufbau der Konkurrenzprüfung

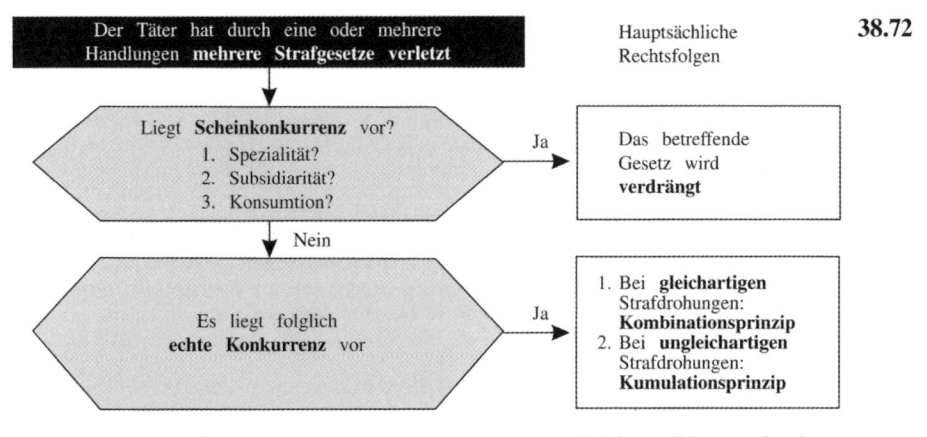

38.72

Der Täter hat durch eine oder mehrere Handlungen **mehrere Strafgesetze verletzt**	Hauptsächliche Rechtsfolgen
Liegt **Scheinkonkurrenz** vor? 1. Spezialität? 2. Subsidiarität? 3. Konsumtion? → Ja	Das betreffende Gesetz wird **verdrängt**
Nein ↓ Es liegt folglich **echte Konkurrenz** vor → Ja	1. Bei **gleichartigen** Strafdrohungen: **Kombinationsprinzip** 2. Bei **ungleichartigen** Strafdrohungen: **Kumulationsprinzip**

Die deutsche Konkurrenzregelung besitzt eine wesentlich kompliziertere Struktur; vgl das Parallelschaubild bei *Kienapfel* dAT 591.

39. Kapitel
Verbrechensdogmatik und Strafzumessung
Gemeinsamkeiten und Unterschiede

Inhaltsübersicht

	RN
A. Allgemeines	39.1
B. Unterscheidung von abstrakter und konkreter Betrachtungsebene	39.2–39.5
C. Zur Rechtsstaatlichkeit der Strafzumessung	39.6–39.14
D. Mehrheit von Schuldbegriffen	39.15–39.20
E. „Folgenorientierte" Strafzumessung	39.21–39.27

Schrifttum (Auswahl): *Burgstaller* Grundprobleme des Strafzumessungsrechts in Österreich ZStW 1982 127; *Burgstaller/Császár* Zur regionalen Strafenpraxis in Österreich ÖJZ 1985 1 43; *Grafl/Schmoller* Entsprechen die gesetzlichen Strafdrohungen und die von den Gerichten verhängten Strafen den aktuellen gesellschaftlichen Wertungen? Gutachten 19. ÖJT 2015 3. Bd 1. Teil; *Höpfel* Über den Umgang mit Mentalitätsunterschieden im Strafrecht in: Burgstaller-FS (2004) 393; *Nowakowski* Probleme der Strafzumessung StP II 167 = *ders* in: Perspektiven zur Strafrechtsdogmatik (1981) 199; *Pallin* Die Strafzumessung in rechtlicher Sicht (1982); *Platzgummer* Strafe, Schuld und Persönlichkeitsadäquanz in: Pallin-FS (1989) 319; *Zipf* Die Bedeutung der Grundlageformel des § 32 Abs 1 StGB ÖJZ 1979 197. Weitere Hinweise bei *Ebner* WK[2] Vorbem zu §§ 32–36.

A. Allgemeines

39.1 Was für die Praxis von enormer Bedeutung ist, ja den Angeklagten oft als einziges interessiert, ist das tatsächliche **Strafübel,** das mit einem Schuldspruch verbunden ist. Art und Ausmaß richten sich zunächst nach dem angenommenen **Delikt,** dann aber entscheidend nach dem **Strafzumessungsrecht.** Die fundamentale Bedeutung des Strafzumessungsrechts ist in den letzten Jahren durch einen alarmierenden Anstieg der Häftlingszahlen stärker ins Bewusstsein der Öffentlichkeit gedrungen. Trotzdem ist es noch immer ein Stiefkind der Strafrechtsdogmatik.

Auf den ersten Blick sind die Regelungen des strafrechtlichen Sanktionensystems zwar viel **detaillierter** als die der Zurechnung einer strafbaren Handlung selbst. Sie finden sich insb in den §§ 18–56 sowie § 5 JGG; aus der StPO treten vor allem die Bestimmungen über die Diversion hinzu (s auch §§ 6, 7 JGG; zur Diversion vgl eingehend unten Kap 40). Wie sich an den großen Unterschieden in der regionalen Strafenpraxis zeigt (näher dazu *Burgstaller/Császár* ÖJZ 1985 1 43; *Grafl/Schmoller* GA 19. ÖJT Bd 3/1 37ff), hängt das Resultat in jedem Einzelfall auch entscheidend von **persönlichen Einstellungen** und **lokalen Traditionen** ab, die den „Stil" der Gerichte prägen (dazu zuletzt *Höpfel* Burgstaller-FS 407). Insgesamt lässt die **rechtsstaatliche Durchbildung** der Strafzumessung noch zu wünschen übrig.

Daher verdient die Frage stärkere Beachtung: In welchem Verhältnis steht die **allgemeine Verbrechenslehre** zu dem für die Praxis so wichtigen Thema der **Bemessung der Strafe im Einzelfall?** Worin liegen Gemeinsamkeiten, woran zeigen sich Unterschiede?

B. Unterscheidung von abstrakter und konkreter Betrachtungsebene

Zunächst ist folgende **begriffliche Klärung** unverzichtbar: Auf **Ebene des Delikts** spricht man von der „**Strafe**" im abstrakten Sinn. Es ist die „**angedrohte**" Strafe (= der „**Strafrahmen**" oder „**Strafsatz**"). Das systematisch-analytische Vorgehen, zu dem die **Lehre vom Verbrechen** zwingt, zielt auf die Feststellung der Strafbarkeit und damit gleichzeitig auf die **Ermittlung der maßgeblichen Strafdrohung** ab. Die ermittelte Strafdrohung ist der **Ausgangspunkt für die Bemessung der Strafe im Einzelfall** anhand der gesetzlichen Strafzumessungsregeln. Die Strafzumessung zielt auf die **konkrete Betrachtung** von Tat und Täter sowie aller sonstigen Gesichtspunkte, welche Art und Höhe der strafrechtlichen Reaktion beeinflussen.

39.2

Die beiden angesprochenen Ebenen sind also begrifflich scharf zu trennen: Spricht man bei der Erörterung eines Falles von der „**Höhe der Strafe**", so kann damit zweierlei gemeint sein. Zunächst geht es um den **gesetzlichen Strafrahmen.** Dieser begrenzt **abstrakt** für einen bestimmten Deliktstypus die Möglichkeiten der Strafzumessung. Für das österr StGB kennzeichnend ist dabei, dass die angedrohte Strafe immer durch eine **Obergrenze,** bei Verbrechen (§ 17) auch durch eine **Untergrenze** bestimmt wird. Diese Strafrahmen werden durch Qualifikationen und Privilegierungen variiert (vgl RN 9.20 ff). Dort, wo es um die Subsumtion der Tat unter die einzelnen Verbrechenselemente geht, ist idR diese **abstrakte Ebene** angesprochen.

39.3

Beispiele: So meint § **7 Abs 2** mit der Wendung „schwerere Strafe, die an eine besondere Folge der Tat geknüpft ist" strafsatzerhöhende **Erfolgsqualifikationen.** § 14 bezieht sich auf jene Deliktstypen, die „die **Strafbarkeit** oder die **Höhe der Strafe**" von bestimmten Subjektmerkmalen abhängen lassen. Umstritten ist die Einordnung bei § 13; aus dem Zusammenhang kann man aber schließen, dass es hier zunächst ebenfalls um die **Ermittlung der abstrakten Strafdrohung** geht. Hingegen betreffen die Regelungen über die Unterschreitung der Untergrenze (vgl insb § 41) die Strafzumessung.

Die **Strafzumessung** bezeichnet die **konkrete Ebene.** Sie ist als zweiter Akt von diesem Subsumtionsvorgang gesondert zu sehen, da sie strikt von ihm abhängt. Es handelt sich dabei um eine **Ermessensentscheidung,** die so nahe wie möglich am individuellen Fall zu orientieren ist. Die Gesichtspunkte der Wertung, wie sie aus dem analytischen Verbrechensbegriff vertraut sind, kehren dabei zunächst wieder; die Einzelfallbetrachtung führt freilich zu einer Verschiebung der Gewichte. Mitunter wechselt der Gesetzgeber die Sprache.

39.4

Beispiele: Wesentliche Passagen in § 32 Abs 3 stellen auf **Kriterien** ab, die **auch** für die Erfüllung eines bestimmten **Deliktstypus** eine Rolle spielen können, so insb das **Ausmaß einer Verletzung** oder **Gefährdung,** die der Täter **verschuldet** hat oder die er zwar nicht herbeigeführt, aber auf die sich **sein Verschulden** erstreckt hat (vgl § 4). Freilich treten unter den Schuldkomponenten solche in den Vordergrund, die bei der Strafbarkeitsprüfung im Rahmen des analytischen Verbrechensbegriffes eine untergeordnete Rolle spielen, insb die **persönlichkeitsbezogenen Schuldkriterien;** vgl dazu RN 39.16 ff sowie RN 16.22. Echte Gegensätze zum Verbrechensbegriff zeigen sich dort, wo ein Umstand, der an der Strafbarkeit nichts ändert, zB dass es beim Versuch geblieben ist (§ 15) oder der Täter in einem vorwerfbaren Verbotsirrtum gehandelt hat (§ 9), bei der Strafzumessung als mildernd zu berücksichtigen ist (§ 34 Abs 1 Z 12 bzw 13). Auch die Einheitstäterregelung in ihrem Zusammenspiel von §§ 12 ff und §§ 32 ff (vgl RN 32.3 u 32.34) ist typisch für dieses **ambivalente Verhältnis** zwischen Verbrechensbegriff und Strafzumessung.

39. Kapitel: Verbrechensdogmatik und Strafzumessung

39.5   **Beachte!** Prozessual fallen abstrakte und konkrete Ebene besonders deutlich auseinander. Das gesamte Rechtsmittelsystem baut auf der Unterscheidung zwischen Subsumtion unter ein bestimmtes Delikt und damit unter eine bestimmte Strafdrohung (abstrakte Ebene) und dem Strafzumessungsermessen (konkrete Ebene) auf; vgl RN 39.8. Dasselbe gilt für die Regelung der sachlichen Zuständigkeit (§§ 29 ff StPO) und die generelle Funktionentrennung zwischen Ankläger und Gericht.

C. Zur Rechtsstaatlichkeit der Strafzumessung

39.6   1. Ob ein **Tatumstand** die strafbare Handlung bereits auf der **abstrakten Ebene** verändert – sei es im Sinne einer Qualifikation oder Privilegierung, sei es durch Eingreifen einer sonstigen Abwandlung – oder aber bloß die **Strafzumessung** beeinflussen soll, steht im **Belieben des Gesetzgebers.** Wenn § 32 Abs 2 in seinem ersten Satz dem Gericht aufträgt, zur Bemessung der Strafe „**die Erschwerungs- und die Milderungsgründe ... gegeneinander abzuwägen**", so schränkt er deshalb ein: „**soweit sie nicht schon die Strafdrohung bestimmen**". Damit ist **zweierlei** gesagt: Zum einen wird die Ausübung des Strafzumessungsermessens **an Gründe gebunden,** zum anderen ist klargestellt, dass ein und derselbe Umstand nicht zweimal – zur Ermittlung des Strafsatzes und dann noch einmal auf der konkreten Ebene – verwertet werden darf; sog **Doppelverwertungsverbot** (vgl dazu RN 39.12 aE; zum Ganzen *Ebner* WK² § 32 RN 51 ff u 59 ff; *Medigovic/Reindl-Krauskopf/Luef-Kölbl* AT II 70 ff).

   B e i s p i e l e : Besonders die häufig vorkommenden Delikte wie Körperverletzung (§§ 83, 88) oder Diebstahl (§ 127) kennen mannigfaltige Qualifikationen und Privilegierungen. So wirkt hier der besondere **Erfolg** (§ 84 Abs 1 oder 4, § 85 oder § 86) bzw der besondere **Wert der Beute** (§ 128 Abs 1 Z 5, Abs 2) **strafsatzändernd.** Bei anderen Strafbestimmungen hat das Ausmaß des Schadens hingegen keine derartige Wirkung, sondern schlägt erst bei der **Strafzumessung** zu Buche. Das Gesetz hat dann auf der abstrakten Ebene ein geringeres „Auflösungsvermögen". Meist ist der Strafrahmen für solche Deliktstypen weitergefasst: so finden wir bei Delikten mit geringer praktischer Bedeutung wie der **Täuschung** (§ 108) eine einheitliche Strafdrohung vor (vgl dagegen beim Betrug nach §§ 146 ff) oder vermissen beim **Raub** (§ 142 Abs 1) die gewohnten Wertqualifikationen (vgl aber § 142 Abs 2), während dort – wegen der überragenden Rolle der Personenwerte – unter den Qualifikationen die schwere Körperverletzung, die schweren Dauerfolgen und der Todeserfolg wiederkehren (vgl § 143 Abs 2).

39.7   Die **Beschaffenheit der subjektiven Tatseite** (Vorsatz oder Fahrlässigkeit) entscheidet in der Regel schon über die Strafbarkeit an sich oder wenigstens den Strafrahmen.

   Verfeinerte Abstufungen finden sich in Deliktstypen wie der absichtlichen schweren Körperverletzung (§ 87: Absichtlichkeit; vgl RN 11.18) oder dem Totschlag (§ 76: privilegierender Affekt, der zur Tötung führt; näher dazu *StudB BT I* § 76 RN 11 f).

   Beachte! Gelegentlich sind auf der abstrakten Ebene **Vorsatz** und **Fahrlässigkeit** „in einen Topf geworfen"; so in § 81 Abs 2, §§ 89, 92 Abs 2, § 222 Abs 2 und § 287 sowie verschiedentlich im Nebenstrafrecht; schließlich bei den Erfolgsqualifikationen (vgl RN 9.10 ff u insb RN 28.29). Dem Umstand, dass der Täter nicht nur fahrlässig, sondern sogar vorsätzlich gehandelt hat, kommt dann erst für die **Strafzumessung** Relevanz zu. Ebenso verhält es sich mit besonderen Vorsatzformen, wenn es auf diese für den Deliktstypus nicht ankommt (vgl RN 11.18 aE).

39.8   2. Die **praktische Bedeutung der Unterscheidung zwischen abstrakter und konkreter Betrachtungsweise** wird im Spiegel des **Rechtsmittelsystems** deutlich:

C. Zur Rechtsstaatlichkeit der Strafzumessung

Eine unrichtige Subsumtion, die zu einem anderen Strafsatz führt, begründet Nichtigkeit des Urteils nach § 281 Abs 1 Z 10 bzw § 345 Abs 1 Z 12 StPO und ist mit der **Nichtigkeitsbeschwerde** zu rügen. Betrifft der Tatumstand hingegen die **Strafzumessung,** ist er grundsätzlich mit **(Straf-)Berufung** geltend zu machen.

Beachte! Die **Zulässigkeit der Überschreitung der Obergrenze** des gesetzlichen Strafrahmens nach § 39 und § 313 bildet nach der Rspr (seit SSt 46/40; verst Senat) **keinen strafsatzändernden Umstand,** sondern zählt wie die Festsetzung der Strafe innerhalb des Strafrahmens zur **Strafzumessung** („fakultative Strafschärfungsbestimmungen"; vgl RN 37.49). Es handelt sich damit um ein Pendant zum ao Milderungsrecht nach § 41. Bei fehlerhafter Anwendung oder Nichtanwendung daher **(Straf-)Berufung,** nicht Nichtigkeitsbeschwerde nach § 281 Abs 1 Z 10 StPO! 39.9

3. Für die Beurteilung der **Rechtsstaatlichkeit der Strafzumessung** spielen deshalb verschiedene Gesichtspunkte eine Rolle. Zunächst stechen die **weiten Strafrahmen** ins Auge. Die Frage, welche Strafe in einem konkreten Fall, für eine bestimmte Tat, droht, ist aber nicht bloß im Sinne eines „Von – bis" an der Minimal- und der Maximalstrafe abzulesen: Auch innerhalb dieser Spanne ist **das richterliche Strafzumessungsermessen ein „gebundenes".** Seine Handhabung bildet eine besonders verantwortungsvolle Aufgabe. Sie ist die Krone der richterlichen Tätigkeit. 39.10

Die **„Grundlageformel"** des § 32 Abs 1 liefert für diese Tätigkeit das Fundament: **„Grundlage für die Bemessung der Strafe ist die Schuld des Täters".** Dieser Satz dient sowohl zur Begründung als auch zur Begrenzung der Strafe (vgl RN 16.1 ff). Dieser Maßstab kann umso verlässlicher werden, je besser man sich über die Schuldkomponenten, ihr Gewicht, ihr Verhältnis zueinander und über die Relation von Schuld und Strafe verständigt. 39.11

Die **allgemeinen Anordnungen** des § 32 Abs 2 und 3 treten hinzu. Auf § 32 im Ganzen aufbauend, zählen in der Folge die §§ **33, 34** in **demonstrativen Aufzählungen** „besondere Erschwerungs-" bzw „Milderungsgründe" auf. Diese sind damit der richterlichen Rechtsfortbildung zugänglich.

Wichtig! Die Ausgestaltung des konkreten Strafübels durch die in ihrer Anwendung immer wieder umstrittenen Vorschriften über die **Strafzumessung iwS** (§ 37: Verhängung einer Geld- anstelle einer Freiheitsstrafe; §§ 43, 43a: bedingte Strafnachsicht; § 46: bedingte Entlassung; vgl auch § 53) ist zentral von **Prognoseüberlegungen** abhängig (Erforderlichkeitsklauseln; vgl RN 39.22).

In dieser Technik unterscheidet sich das Strafzumessungsrecht grundlegend von dem Grundsatz **nullum crimen, nulla poena sine lege** (§ 1), der die Prüfung der Strafbarkeit beherrscht (näher dazu RN 4.11 ff). Dennoch wäre es verfehlt, wollte man die **Deliktstypen** allein dem Gedanken der **Rechtssicherheit,** die **Strafzumessung** hingegen dem der **Einzelfallgerechtigkeit** zuordnen. Es ist notwendig, das Prinzip der Rechtsstaatlichkeit auch für die Strafzumessung anzuerkennen (vgl *Ebner* WK² Vorbem §§ 32–36 RN 3: „Rechtsanwendung eigener Art"). Der Gesetzgeber hat dies mit der Erweiterung des **Nichtigkeitsgrundes** des § **281 Abs 1 Z 11** bzw **345 Abs 1 Z 13 StPO** im Jahr 1987 ausdrücklich für das Strafverfahren verankert; als **gesetzwidrige Strafzumessung** gilt seither auch eine offenbar unrichtige Beurteilung der für die Strafzumessung entscheidenden Tatsachen oder ein unvertretbarer Verstoß gegen Bestimmungen der Strafzumessung, das sind die §§ 32–35, 37, 39–41, 43–44, 48 (iVm 50–52). 39.12

39. Kapitel: Verbrechensdogmatik und Strafzumessung

Er erwartet dabei nicht nur eine vermehrte **Verrechtlichung der Strafzumessung,** sondern auch deren **Vereinheitlichung** (vgl JAB 359 BlgNR 17. GP 44).

B e i s p i e l e : Ein Paradefall für eine offenbar unrichtige Beurteilung ist die Missachtung des **Doppelverwertungsverbots** (vgl RN 39.6). Dieses ist verletzt, wenn etwa bei einem qualifizierten Betrug gem §§ 146, 147 Abs 3 eine tatsächliche Schadenshöhe von 301 000 € als erschwerend berücksichtigt wurde. Anders, wenn der Schaden 5 Mio € beträgt (vgl SSt 59/82). Ein Schuldspruch nach dem VerbotsG betrifft typischerweise ein Handeln aus rassistischen oder fremdenfeindlichen Motiven. Die Berücksichtigung als Erschwerungsgrund verstößt gegen das Doppelverwertungsverbot; so 11 Os 147/03; als „vom Gesetz nicht gedeckt" abgelehnt von JBl 2016, 60 mit krit Anm *Schwaighofer*. Bei § 133 darf der Missbrauch der Vertrauensstellung nicht straferschwerend berücksichtigt werden (15 Os 113/05 i).

39.13 Eine bedeutsame Klärungs- und Harmonisierungsfunktion kommt an sich schon den **Berufungsgerichten** zu. Im Allgemeinen können die Rechtsmittel zur Korrektur der Strafzumessung freilich, wie die Praxis zeigt, nur groben Missgriffen steuern. Und es ist bisher nicht gelungen, das bekannte Phänomen der **regionalen Strafenunterschiede** in den Griff zu bekommen; vgl dazu oben RN 39.1.

39.14 Im Ansatz lässt sich aber feststellen, dass die **Rechtssicherheit** deutlich über die Garantien zur Auffindung eines bestimmten Strafsatzes hinausreicht. Das Strafgesetz schützt den Täter nicht bloß davor, zu einer Sanktion verurteilt zu werden, die nach Art und Höhe gesetzlich nicht vorgesehen ist (so das herkömmliche Verständnis des Prinzips „nulla poena sine lege"). Vielmehr bezweckt das Geflecht von Regelungen über die Strafzumessung ieS und iwS auch, die konkrete Gestalt der Sanktion **nachvollziehbar** – und damit kritisierbar und korrigierbar, vor allem aber auch einsehbar – zu machen **(Klarstellungsfunktion der Strafzumessungsregeln).**

D. Mehrheit von Schuldbegriffen

39.15 Die gewichtigsten Strafzumessungsgründe kreisen in der Praxis meist nicht so sehr um die Tat selbst wie um das **Vorleben des Täters** und sein **Verhalten nach der Tat,** insb seine Mitwirkung an der Wahrheitsfindung und den Aspekt der Schadensgutmachung. Es könnte nun fraglich erscheinen, wie weit das mit der Grundlageformel (§ 32 Abs 1) im Einklang steht.

39.16 Die „**Schuld des Täters**" ist zwar stets die in der Straftat betätigte Einstellung. Es geht primär um den **Mangel an Wertverbundenheit,** wie er sich **in der Tat gezeigt** hat. Aber auch ein solches grundsätzlich an der Einzeltatschuld festhaltendes Konzept kommt an einer **Längsschnittbetrachtung** der **Persönlichkeit des Täters** nicht vorbei. Damit gelangen die genannten Indizien aus der Zeit **vor** und **seit der Tat** ins Scheinwerferlicht der Schuld: Sie sind nach § **32 Abs 2** den **Umständen der Tat** gegenüberzustellen. Je nachdem, welcher dieser Äste – Tatumstände oder Persönlichkeit – die Tat eher erklärt, wird das Schuldurteil nach Common sense leichter oder schwerer ausfallen.

39.17 Das Gesetz folgte damit einem **normativ-charakterologischen Schuldkonzept** (vgl *Nowakowski* WK[1] Vorbem §§ 3–5 RN 38 ff; prononciert aM *Platzgummer* Pallin-FS 319). § 32 Abs 3 lässt die psychische Beziehung zur Tat (Vorsatz/Fahrlässigkeit als das „Verschulden") und die Schädigung oder Gefährdung

D. Mehrheit von Schuldbegriffen

(als den Gegenstand dieses Verschuldens) hinzutreten. Davon unabhängig begegnen uns unter den beispielhaft aufgezählten Milderungsgründen des § 34 ua die Fälle abgeschwächter Zurechnungsfähigkeit (Abs 1 Z 1) und mangelnden Unrechtsbewusstseins (Abs 1 Z 12).

Mit diesen fünf Gesichtspunkten – dem **biologischen** (Schuldfähigkeit), dem **psychologischen** (Vorsatz/Fahrlässigkeit), dem **charakterologischen** (Persönlichkeitsadäquanz), dem **normativen** (Zumutbarkeit) und dem des **Unrechtsbewusstseins** – pflegte man traditionell Elemente der Schuld einzuordnen, die sowohl für den Verbrechensbegriff als auch in der Strafzumessung eine wesentliche Rolle spielten. Damit bezweckte man, anstelle der heute üblichen Gegenüberstellung von Strafbegründungs- und Strafzumessungsschuld (vgl RN 16.22) bereits auf der Ebene des **Verbrechensbegriffs** jene Elemente anzusprechen, die auch für die **Quantifizierung der Schuld** gebraucht werden. Dieses Konzept ermögliche zugleich eine klare Grenzziehung zu den schuldunabhängigen Strafzumessungsgründen (RN 39.19 aE). **39.18**

Inzwischen hat aber der Gesetzgeber die Gegenüberstellung von **Strafbegründungs-** und **Strafzumessungsschuld** (RN 16.22) im § 198 Abs 2 Z 2 StPO durch den ausdrücklichen Hinweis auf § 32 StGB anerkannt; vgl dazu RN 40.13. Damit scheint auch die Konzeption akzeptiert, grundsätzlich **jeden mit der Tat und dem Täter in Verbindung stehenden Strafzumessungsgrund** einem der Faktoren **Handlungs-, Erfolgs-** oder **Gesinnungsunwert** (vgl RN 4.27ff) zuzuordnen; vgl *Medigovic/Reindl-Krauskopf/Luef-Kölbl* AT II 63. **39.19**

Aber: Daneben gibt es noch **schuldunabhängige Strafzumessungsgründe.** Sie bilden eine eigene Gruppe im System der Strafzumessungsgründe. Zu diesen schuldunabhängigen Strafzumessungsgründen gehören etwa Schadensgutmachung durch Dritte (vgl § 34 Abs 1 Z 14 aE), Täterbetroffenheit iS einer poena naturalis (vgl § 34 Abs 1 Z 19; näher dazu *Ebner* WK[2] § 34 RN 40ff) und überlange Verfahrensdauer (vgl § 34 Abs 2).

Von zentraler Bedeutung ist schließlich eine weitere Differenzierung: Der **Schuldbegriff** des materiellen Rechts (Strafbegründungs- und Strafzumessungsschuld, RN 16.5 bzw 16.22) ist **prinzipiell zu unterscheiden** von jenem **des Prozessrechts:** In Verbindung mit den Begriffen Un**schuld**svermutung (Art 6 Abs 2 MRK; § 8 StPO), **Schuld**frage (§ 42 Abs 2 StPO), Be**schuld**igter (§ 48 StPO), **Schuld**urteil bzw **Schuld**spruch (§ 260 StPO, §§ 12, 13 JGG), **Schuld**berufung (§ 464 Z 2 1. Fall StPO) geht es nicht in erster Linie um den Mangel an Wertverbundenheit, sondern um das tatsächliche Vorliegen aller Voraussetzungen für die Strafbarkeit der angelasteten Tat, also um das **Zutreffen des Anklagevorwurfes im Ganzen.** Dem **Strafprozess** (= Strafverfahren) kommt die Aufgabe zu, die entscheidenden Tatsachen (= den **Sachverhalt**) mit der für einen Schuldspruch notwendigen Sicherheit **festzustellen.** **39.20**

Darin liegt also ein grundsätzlicher Unterschied. Der analytische Verbrechensbegriff lässt nach den Wertungsstufen **Tatbestandsmäßigkeit** und **Rechtswidrigkeit** mit dem Begriff **Schuld** eine eigene Kategorie hinzutreten, die zunächst etwas Engeres, nämlich die Schuld*haftigkeit* = Vorwerfbarkeit der Tat betrifft. Darauf baut der Schuld*vorwurf* = Schuldspruch auf, mit dem sich die Gesellschaft in organisierter Form (gerichtliche Verurteilung und Bestrafung) vom Täter abgrenzt. „Unterm Strich" drückt strafrechtliche Schuld schlicht die Begehung einer Straftat aus. Das Maß, in dem der Täter hinter den Wertanforderungen des Rechts zurückgeblieben ist (= sich schuldig gemacht hat), resultiert aus **allen Dimensionen der Tat**: aus der Rechtsgutsbeeinträchtigung in Form des **Unrechtstypus** (= Tatbestandsmäßigkeit), aus dem **Fehlen einer Rechtfertigung** (= Rechtswidrigkeit), aus der **Vorwerfbarkeit** der Tat (= Schuld) und aus allen **sonstigen,** von

39. Kapitel: Verbrechensdogmatik und Strafzumessung

Unrecht und Schuld unabhängigen Voraussetzungen der Strafbarkeit, wie zB der Strafgewalt des Staates in international gelagerten Fällen.

E. „Folgenorientierte" Strafzumessung

39.21 Die **Längsschnittbetrachtung,** die bei der Strafzumessung weit stärker ins Gewicht fällt als beim Verbrechensbegriff, führt uns letztlich zu einem Gesichtswinkel, der in letzter Zeit verstärkt diskutiert wird und auch im StGB zuletzt deutlicher verankert wurde: dem der **gedanklichen Einbeziehung von Folgen der Strafzumessungsentscheidung.**

39.22 1. Zahlreiche Fragen der Sanktionsgestaltung sind ausgerichtet am Ziel der Verhütung eines Rückfalls **(Spezialprävention),** meist auch an jenem der Wahrung der Normgeltung in der Allgemeinheit (**positive Generalprävention;** vgl RN 2.11); vgl *Medigovic/Reindl-Krauskopf/Luef-Kölbl* AT II 69. Diesen **funktionalen Ansatz** sieht man üblicherweise in einem Spannungsverhältnis zur Orientierung der Strafe an der **Schuld des Täters** (§ 32 Abs 1). Seine Auswirkungen sollen aber gerade durch diese begrenzt werden.

B e i s p i e l e : Die spezial- und generalpräventive Verträglichkeit eines gelinderen Eingriffs zu prüfen, ordnen die „**Erforderlichkeitsklauseln**" des § 37 Abs 1 oder des § 43 Abs 1 an. Insb § 46Abs 2 sowie § 14 JGG rücken das Element der Generalprävention in den Hintergrund (Abstellen auf „besondere Gründe"), § 41 Abs 1 schränkt die funktionale Betrachtung überhaupt auf den Aspekt Spezialprävention ein; die Generalprävention „steckt" dann nur noch in den dem richterlichen Ermessen entzogenen herabgesetzten Strafuntergrenzen. Sie verbindet sich dann ununterscheidbar mit dem Gedanken der Schuld. Innerhalb der auszufüllenden Rahmen ist die Schuld stets die „Grundlage", erste und erstrangige Orientierungsgröße für das richterliche Ermessen schon nach § 32 Abs 1 (vgl RN 39.11 u 39.15).

39.23 2. Eine andere Art der **Folgenorientierung** ist das „Mitdenken" der Konsequenzen eines vorgestellten Strafausmaßes für weitere Fragen der Sanktionsgestaltung: Dem Richter sind verschiedene Möglichkeiten dieser Gestaltung nur **in Abhängigkeit von der konkret ausgemessenen Strafe** eingeräumt. Dabei geht das Gesetz nur scheinbar von der Vorstellung aus, dass die Fragen hintereinander geschaltet sind, dass also die Überlegung A abgeschlossen ist, bevor die Frage B geprüft wird. Die verschiedenen Ebenen lassen sich vielmehr logisch oder zumindest psychologisch nicht immer trennen.

B e i s p i e l e : Die **Verhängung einer Geldstrafe** gem § 37 kommt nur in Frage, wenn das Gericht nicht zu einer sechs Monate übersteigenden Freiheitsstrafe gelangt ist. Der Ausspruch der **bedingten Strafnachsicht** hängt von der konkret ausgemessenen Strafe ab (vgl §§ 43, 43 a; bei ao Milderung jetzt jedoch § 41 Abs 3, § 41 a Abs 1 letzter Satz). Die Erteilung von Weisungen oder Anordnung der Bewährungshilfe setzt nach § 50 eine bedingte Strafnachsicht (oder Entlassung) voraus; gleichzeitig zielt § 43 Abs 1 selbst darauf ab, dass diese flankierenden Maßnahmen die „Bedingte" uU gerade ermöglichen.

39.24 Das erkennende Gericht wird diese Fragen daher idR **gesamthaft** beurteilen. Die prozessuale Aufspaltung in eine **urteilsmäßig** bemessene **Strafe** (§ 492 Abs 1, § 493 Abs 1 StPO) und die Entscheidung über solche **flankierenden Maßnahmen** in **Beschlussform** (§ 494 StPO) hat vorwiegend praktische Gründe, insb die Notwendigkeit einer Flexibilität der Erteilung von Weisungen und der Anordnung von Bewährungshilfe.

E. „Folgenorientierte" Strafzumessung

Beachte! Die Abhängigkeit einer Schicht der sanktionsrechtlichen Entscheidung von einer anderen geht dort noch um einen Schritt weiter, wo sich wegen Rückfalls in der Probezeit die Frage eines Widerrufs der bedingten Strafnachsicht oder bedingten Entlassung stellt: Die Entscheidung darüber setzt nicht nur die Kenntnis der für die neue Tat verhängten Strafe voraus (Frage der Erforderlichkeit des **Widerrufs;** vgl § 53), sondern zunächst den Schuldspruch wegen der neuen Tat. Unter den Haftgründen ist besonders charakteristisch für eine solche Vorwegnahme von Strafzumessungserwägungen die auf spezialpräventive Bedürfnisse bezogene „Tatbegehungsgefahr" (§ 173 Abs 2 Z 3 StPO). **39.25**

3. Als dritte Form einer **Folgenorientierung** trägt § 32 Abs 2 seit dem StRÄG 1996 dem Richter ausdrücklich auf, bei Bemessung der Strafe „auch auf die **Auswirkungen der Strafe und anderer zu erwartender Folgen der Tat auf das künftige Leben des Täters in der Gesellschaft** Bedacht zu nehmen". Vor allem die oft weitreichenden **sonstigen Konsequenzen rechtlicher Art,** die sich an die **gerichtliche Verurteilung** knüpfen, rücken damit stärker ins Blickfeld. **39.26**

Beispiele: Schon bisher war es für die Praxis meist selbstverständlich, die Auswirkung eines bestimmten Strafausspruches auf die Registrierung des Täters im bzw die Auskunft aus dem **Strafregister** zu beachten (insb die wichtigen Grenzen nach § 6 TilgG, § 42 SMG). Ebenso sind bei der Strafbemessung **„Rechtsfolgen"** wie der mit einem bestimmten Strafausmaß verbundene Amtsverlust eines öffentlich Bediensteten (§ 27, vgl aber § 44 Abs 2) zu berücksichtigen; weiters Nachteile in einem anschließenden Disziplinarverfahren (15 Os 113/05i), in größerem Ausmaß absehbare Schadenersatzverpflichtungen sowie Sanktionen, die als Folge der Tat oder des Urteils von außerstrafrechtlichen Instanzen (zB der Verkehrs- oder der Fremdenpolizei, der Gewerbebehörde) verhängt werden können: insb Entziehung oder Einschränkung der Lenkberechtigung nach § 24 FSG, aufenthaltsbeendende Maßnahmen nach dem FPG, Ausschluss von der Ausübung eines Gewerbes (§ 13 GewO).

Die erörterte Formel des § 32 Abs 2 Satz 1 aE zwingt die Gerichte jedenfalls, sich bei der Strafzumessung mit den **spezialpräventiven Aspekten des Einzelfalls** auseinanderzusetzen. Im Einzelnen hat hier die Praxis noch vieles zu klären. **39.27**

40. Kapitel
Diversion als „dritte Spur" im Strafrecht

Inhaltsübersicht

	RN
A. Was ist Diversion?	40.1–40.9
B. Die einzelnen diversionellen Maßnahmen	40.10–40.25
1. Allgemeine Voraussetzungen	40.11–40.14
2. Die diversionellen Maßnahmen im Einzelnen	40.15–40.25
a) Zahlung eines Geldbetrages	40.15–40.17
b) Erbringung gemeinnütziger Leistungen	40.18–40.19
c) Bestimmung einer Probezeit	40.20–40.21
d) Tatausgleich	40.22–40.25
aa) Grundgedanke	40.22
bb) Einbeziehung des Tatopfers	40.23
cc) Einschaltung eines Konfliktreglers	40.24
dd) Durchblick	40.25

40. Kapitel: Diversion als „dritte Spur" im Strafrecht

C. Prozessuale Aspekte der Diversion 40.26–40.38
  1. Grundsätzliches.. 40.27–40.28
  2. Veränderte Rolle der Staatsanwaltschaft 40.29
  3. Durchbrechung des Legalitätsprinzips?........................ 40.30–40.31
  4. Diversion im Licht der Unschuldsvermutung................... 40.32–40.33
  5. Diversionsregister.. 40.34
  6. Nichtigkeitsgrund 40.35
  7. Ne bis in idem 40.36–40.37
  8. Rücktritt von der Verfolgung wegen Zusammenarbeit mit der StA 40.38

Schrifttum (Auswahl): *Burgstaller* Perspektiven der Diversion in Österreich aus der Sicht der Strafrechtswissenschaft, Schriftenreihe des BMJ Nr 70 (1995) 123; *ders* Aktuelle Wandlungen im Grundverständnis des Strafrechts JBl 1996 362; *ders* Diversion in Österreich – eine Zwischenbilanz in: StP XXXV 5; *Hinterhofer* Diversion statt Strafe (2000); *Hochmayr* Schuldeinsicht als Voraussetzung einer Diversion? RZ 2003 275; *Höpfel* Gründe für ein Absehen von Verfolgung und Bestrafung nach geltendem Strafprozeßrecht in: StP XV 65; *ders* Die strafbefreiende tätige Reue und verwandte Einrichtungen des österreichischen Rechts in: *Eser/Kaiser/Madlener* (Hrsg) Neue Wege der Wiedergutmachung im Strafrecht (1990) 171; *ders* Wurzeln und Spezifika des Außergerichtlichen Tatausgleichs im österreichischen Strafrecht in: *Mayr* (Hrsg) Öffentliche Einrichtungen zur außergerichtlichen Vermittlung von Streitigkeiten (1999) 133; *ders* Das Freiwilligkeitselement bei der Diversion in: Jesionek-FS (2002) 329; *Jesionek* Die Konfliktregelung im neuen österreichischen Jugendstrafrecht in: Pallin-FS (1989) 161; *Kert* Diversion – Zeit für einen Perspektivenwechsel in: Höpfel-FS 269; *Miklau/Schroll* (Hrsg) Diversion – Ein anderer Umgang mit Straftaten (1999); *Moos* Der Außergerichtliche Tatausgleich für Erwachsene als strafrechtlicher Sanktionsersatz JBl 1997 337; *ders* Neue Diversionsmaßnahmen im österreichischen Strafrecht in: Müller-Dietz-FS (2001) 535; *Nimmervoll* Die neue „große Kronzeugenregelung" JBl 2018 623 696; *Pernthaler/Ranacher* Der verfassungswidrige „Ablasshandel" JBl 2002 280; *Pilgram* Die erste österreichische Rückfallstatistik – ein Mittel zur Evaluation regionaler Strafenpolitik ÖJZ 1991 577; *Plöckinger/Leidenmühler* Zum Verbot doppelter Strafverfolgung nach Art 54 SDÜ 1990 wistra 2003 81; *Plöckinger* Diversion und europäisches Ne bis in idem ÖJZ 2003 98; *Ruhri* Die Diversion im österreichischen Strafrecht JSt 2016 55; *Schroll* Konfliktregelung bei Erwachsenen JBl 1992 93; *ders* Diversion als Ausdruck eines Paradigmenwechsels der Strafrechtsdogmatik in: Moos-FS (1997) 259; *ders* Strafverfahren ohne Strafe JRP 1997 44; *ders* Die aktuelle Diversionsregelung ÖJZ 2009 20; *ders* Judikatur zu den Anwendungsvoraussetzungen der Diversion ÖJZ 2013 861; *ders* Diversion – die Novellierungen durch das StRÄG 2015, das JGG-ÄndG 2015 und das AbgÄG 2015 ÖJZ 2016 213; *Schütz* Diversionsentscheidungen im Strafrecht (2003); *ders* Strafgerichtliche Diversionsentscheidungen, in: Fuchs-FS (2014) 505; *Schwaighofer* Zum Anwendungsbereich der Diversion bei Jugendstraftaten RZ 2001 60; *ders* Diversion nach Straßenverkehrsunfällen ZVR 2008 276; *Stummer* Außergerichtlicher Tatausgleich und Rechtsauskunft (2002); *Walter/Zeleny* Die Diversion durch den Staatsanwalt nach §§ 90a ff StPO in verfassungs- und verwaltungsrechtlicher Sicht ÖJZ 2001 447.

A. Was ist Diversion?

40.1   Ausgangsbeispiele: A und B steuern mit ihren Pkws auf dieselbe Parklücke zu und versperren sich schließlich gegenseitig den Weg. A steigt daraufhin empört aus und tritt mit dem Fuß gegen die Wagentür des B, womit er eine leichte Delle verursacht. Da springt auch B wutentbrannt aus dem Auto und schlägt dem A mit der Faust aufs Auge. A erleidet einen Bluterguss **(Parkplatz-Fall)**.

    Die unbescholtenen jungen Erwachsenen C (19-jährig) und D (20-jährig) ziehen mit Spraydosen und Lackstiften „bewaffnet" an einigen Abenden durch die Stadt und besprayen oder bemalen Hauswände mit ihren Codenamen. Ohne dass ihnen dies in der vollen Tragweite bewusst ist, richten sie einen Schaden von ca 10000 € an **(Graffiti-Fall)**.

A. Was ist Diversion?

Bei einer Verkehrskontrolle stellt sich heraus, dass der Kraftfahrer E alkoholisiert ist. Als ihm daraufhin der Polizeibeamte F den Führerschein nicht zurückgeben will und ihn zur Übergabe der Autoschlüssel auffordert, versucht E, diesem den Führerschein gewaltsam zu entreißen. Dem E droht eine Anklage wegen Widerstandes gegen die Staatsgewalt **(Führerschein-Fall).**

Ist in derartigen Fällen ein **Strafurteil** nötig? Oder gibt es **sinnvolle Alternativen** zur klassischen Bestrafung?   40.2

Solche Alternativen bietet der Gedanke der **Diversion.**

Vorreiter und Experimentierfeld für derartige neuartige Reaktionsformen war in Österreich – wie in anderen Ländern auch – das **Jugendstrafrecht.** Das JGG 1988 brachte ein ganzes **Bündel von Möglichkeiten,** ein Strafverfahren gegen Jugendliche **informell, dh ohne Schuldspruch und Strafe zu beenden.** Diese Möglichkeiten reichen von einem Verfolgungsverzicht des Staatsanwaltes ohne weitere Reaktion (§ 6 JGG) über Wiedergutmachungsleistungen im Rahmen eines Außergerichtlichen Tatausgleichs (§§ 7, 8 JGG aF) bis zur vorläufigen Einstellung des Strafverfahrens durch das Gericht unter Setzung einer Probezeit oder Bestimmung von Auflagen (§ 9 JGG aF). Ungefähr drei Viertel aller Jugendstraftaten werden heute mit den genannten Diversionsmaßnahmen erledigt.

Nach den großen Erfolgen des Außergerichtlichen Tatausgleichs bei Jugendlichen wurde 1992 ein **Modellversuch „Außergerichtlicher Tatausgleich für Erwachsene"** auf der Grundlage des § 42 StGB aF (Mangelnde Strafwürdigkeit der Tat), sohin auf Ebene des materiellen Strafrechts (Strafaufhebungsgrund!), gestartet. Mit der **StP-Nov 1999** hat nicht nur der Tatausgleich eine taugliche gesetzliche Regelung im Rahmen des Verfahrensrechts erhalten, sondern wurden daneben weitere Diversionsmaßnahmen eingeführt, wie der Rücktritt von der Verfolgung nach Zahlung eines Geldbetrages, nach gemeinnützigen Leistungen und nach einer Probezeit; vgl §§ 90 a ff StPO aF. Die **Vielfalt,** in der die **Diversionsregelungen** ausgestaltet sind, rechtfertigt es, von einer **ausgereiften „dritten Spur"** des **Strafrechts** – neben den Strafen und vorbeugenden Maßnahmen – zu sprechen.

Im Zuge der Reform des Vorverfahrens wurden die Vorschriften über die Diversion im Wesentlichen unverändert in die ab 1. 1. 2008 geltende neue Regelung der §§ 198 ff StPO übertragen. Der hohe Stellenwert der Diversion in der heutigen Praxis ist erfreulich, die Erfolgsquote der Diversionsangebote beachtlich; vgl dazu *Burgstaller* StP XXXV 6.

Der aus den USA kommende **Begriff der „Diversion"** bringt zum Ausdruck, dass der Staat bei Straftaten **im unteren und mittleren Kriminalitätsbereich** auf ein förmliches Strafverfahren und die Verhängung von Sanktionen im formellen Sinn verzichtet. Stattdessen erfolgt eine **„Ablenkung" des Strafverfahrens auf eine alternative Spur verschiedenartiger informeller Erledigungen,** deren gemeinsames Kennzeichen darin besteht, dass das Verfahren ohne Anklage, Hauptverhandlung, Schuldspruch und Strafe beendet wird; vgl *Burgstaller* JBl 1996 362; *Schroll* JRP 1997 44. Aufgrund der empirisch bestätigten positiven Erfahrungen hat sich die Erkenntnis durchgesetzt, dass sich in vielen Fällen, vor allem bei **Ersttätern,** mit andersartigen, verstärkt fall- und personenbezogenen Reaktionen das Auslangen finden lässt, welche einerseits den spezial- und generalpräventiven Bedürfnissen genügen und andererseits alle **negativen Effekte der Strafverfolgung** (insb Stigmatisierung) vermeiden; vgl *Schroll* Moos-FS 262. Diversionelle Maßnahmen haben zwar spürbaren **Eingriffscharakter,** sind aber **keine Strafen.**   40.3

Ein solches Diversionskonzept betont zugleich den **Ultima-ratio-Gedanken,** der verlangt, dass im Einzelfall auf den Einsatz der Strafe möglichst verzichtet wird, solange gelindere staatliche Reaktionsformen ausreichen. Gleichzeitig   40.4

40. Kapitel: Diversion als „dritte Spur" im Strafrecht

erfährt durch ein solches Modell das **Prinzip der Strafökonomie** insoweit eine Zuschärfung, als die klassischen Sanktionen – Strafen und vorbeugende Maßnahmen – gezielt für gravierendes Fehlverhalten und für Wiederholungstäter eingesetzt werden können; vgl EB StP-Nov 1999 15.

40.5 Die Ausbildung derartiger Alternativen gemahnt an den berühmten Heidelberger Strafrechtsgelehrten *Gustav Radbruch,* der es bereits 1932 (Rechtsphilosophie[3] 166) als Vision formulierte, „dass die Entwicklung des Strafrechts über das Strafrecht einstmals hinwegschreiten und die Verbesserung des Strafrechts nicht in *besseres* Strafrecht ausmünden wird, sondern in ein Besserungs- und Bewahrungsrecht, das *besser* als Strafrecht, das sowohl klüger wie menschlicher als das Strafrecht wäre."

Aber: Ganz so weit geht die österr Diversionsregelung nicht. Sie ist zwar eine Alternative zur Strafe, jedoch **keine Alternative zum Strafrecht,** sondern nur innerhalb desselben. Sie verändert das Strafrecht, unterminiert es aber nicht. Sie bereichert seine Sanktionspalette und stärkt gerade dadurch seine Akzeptanz in der Gemeinschaft; vgl dazu *Burgstaller* Perspektiven 136.

40.6 Was beinhaltet das **Diversionskonzept?**

Für das **Strafrecht:** Es

- unterscheidet klassische und moderne Unrechtsfolgen;
- basiert auf der freiwilligen Einlassung des Beschuldigten;
- genügt general- und spezialpräventiven Bedürfnissen;
- unterstreicht den Ultima-ratio-Charakter der Strafe;
- trägt dem Gedanken der Ökonomie des Strafens Rechnung;
- vermeidet die stigmatisierenden Folgen einer Verurteilung;
- berücksichtigt nachdrücklich den Gedanken des Opferschutzes.

Für das **Strafprozessrecht:** Es

- verändert das Legalitätsprinzip;
- revolutioniert das traditionelle Rollenbild der Staatsanwaltschaft;
- hält die Unschuldsvermutung intakt;
- wird durch einen eigenen Nichtigkeitsgrund abgesichert;
- stellt eine Verfahrenserledigung dar, die wie die traditionelle Aburteilung ein für alle Schengenstaaten gültiges Ne bis in idem begründet.

40.7 Das Diversionsmodell hat mehrere Wurzeln. Ausgangspunkt für den Diversionsgedanken sind die Ergebnisse der **Sanktionenforschung** in Westeuropa und den USA, dass die Rückfallsrate weitgehend unabhängig davon ist, ob strengere oder mildere Strafen verhängt werden; vgl für Österreich *Pilgram* ÖJZ 1991 585. Dies spricht für eine **weitgehende Austauschbarkeit von Sanktionen.** Daher erscheint es umso fragwürdiger, Straftaten im unteren und mittleren Kriminalitätsbereich tatsächlich mit Geld- und Freiheitsstrafen zu sanktionieren. Es kommt hinzu, dass es für die positive Generalprävention, dh für die **Bestätigung der Normengeltung und die Erhaltung der Normentreue** (RN 2.11 aE), weniger auf die **Art der Sanktion** ankommt, sondern in erster Linie darauf, **dass** (und wie rasch) **reagiert** wird; zur präventiven Wirkung der Diversion vgl *Schroll/Kert* WK-StPO § 198 RN 33 ff, insb 41 ff; 15 Os 134/01. Die Rechtsordnung kann sogar an Ansehen gewinnen, wenn es gelingt, mit positiven, den Täter aktiv einbeziehenden Maßnahmen ein Delikt „aus der Welt zu schaffen"; vgl *Höpfel* Tätige Reue 171.

B. Die einzelnen diversionellen Maßnahmen

Wichtig! Bei den opferbezogenen Straftaten kommt ein besonderer Aspekt hinzu, **40.8** nämlich eine **vermehrte Einbeziehung des Opfers** in das Strafverfahren und eine Betonung des **Wiedergutmachungsaspekts.** Es hat sich nämlich gezeigt, dass die spezialpräventive Wirkung von diversionellen Maßnahmen dann am stärksten ist, wenn es gelingt, Täter und Opfer „an einen Tisch" zu bringen, weil dem Täter auf diese Weise nicht nur der Wert des beeinträchtigten Rechtsguts, sondern auch der Schaden und das Leid bewusst werden, die er mit seiner Tat angerichtet hat; vgl dazu insb RN 40.15 u 40.22 ff.

Gemeinsames Charakteristikum für alle diversionellen Formen ist, dass **40.9** sich die Gemeinschaft nicht mehr vom **Täter,** sondern – **gemeinsam** mit diesem – von dessen Tat **distanziert:**

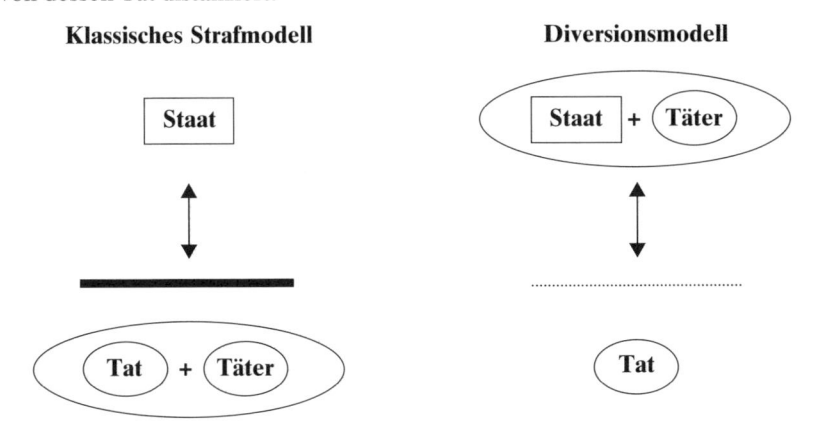

Klassisches Strafmodell   **Diversionsmodell**

Vergleicht man die beiden Bilder, wird deutlich, dass der Staat im Diversionsmodell den Täter (Beschuldigten) einlädt, auf seine Seite zu treten, um mit ihm (und allenfalls dem Opfer) gemeinsam die Tat zu betrachten und aufzuarbeiten, statt ihn durch ein Strafurteil zum Rechtsbrecher zu stempeln; zust *Moos* Müller-Dietz-FS 540.

B. Die einzelnen diversionellen Maßnahmen

Das Gesetz sieht insgesamt vier diversionelle Maßnahmen vor: **40.10**

- **Zahlung eines Geldbetrages** (§ 200 StPO)
- **Erbringung gemeinnütziger Leistungen** (§ 201 und § 202 StPO)
- **Bestimmung einer Probezeit** (§ 203 StPO)
- **Tatausgleich** (§ 204 StPO)

Die genannten vier diversionellen Maßnahmen können weder kumuliert noch bedingt verhängt werden; zum Kumulationsverbot vgl *Schroll/Kert* WK-StPO § 198 RN 50; *Schroll* ÖJZ 2013 864; SSt 2005/28; SSt 2004/20. Der Beschuldigte hat kein Recht auf eine bestimmte Art einer diversionellen Erledigung; EvBl 2013/27; 17 Os 11/12 i; vgl *Schroll* ÖJZ 2013 868.

1. Allgemeine Voraussetzungen

Gemeinsame Voraussetzung aller Diversionsformen ist die **Freiwilligkeit 40.11** auf Seiten des Verdächtigen. Das Freiwilligkeitselement ist „praktisch, dogmatisch und auch kriminalpolitisch von fundamentaler Bedeutung"; treffend *Schroll/Kert* WK-StPO § 198 RN 10; näher dazu *Höpfel* Jesionek-FS 329. Es muss sich um ein **Offizialdelikt** handeln und der dem Verfahren zugrunde liegende Sachverhalt **hinreichend geklärt** sein (RN 40.28). Seit dem Strafprozessreform G 2008 ist bei jeder Form der Diversion grundsätzlich **volle Schadensgutmachung** anzustreben. Davon darf nur bei Vorliegen von **besonderen Gründen** Abstand genommen werden; vgl § 200 Abs 3, § 201 Abs 3, § 203 Abs 2 StPO; vgl dazu näher *Schroll* ÖJZ 2009 21. Im Übrigen ist der Anwendungsbereich für alle genannten Maßnahmen gem § 198 StPO durch **vier Ausschlussgründe** begrenzt: Ein diversionelles Vorgehen ist ausgeschlossen, wenn

- die Tat mit **mehr als fünf Jahren Freiheitsstrafe** bedroht ist,
- die **Schuld des** Beschuldigten als **schwer** anzusehen wäre (vgl näher dazu RN 40.13),
- die Tat zum **Tod eines Menschen** (vgl aber RN 40.16 aE) geführt hat oder
- **keine** der in Betracht kommenden **diversionellen Maßnahmen ausreicht,** um den **Verdächtigen** von strafbaren Handlungen **abzuhalten** oder der **Begehung strafbarer Handlungen durch andere entgegenzuwirken** (vgl näher dazu RN 40.14).

Beachte! Eine generelle Einschränkung des Anwendungsbereiches der Diversionslösungen auf **Delikte gegen Individualrechtsgüter**, wie sie in den Gesetzesmaterialien mehrfach anklingt (vgl EB StP-Nov 1999 26; JAB 2), lässt sich nach dem Wortlaut und Zweck der Bestimmungen nicht vertreten; vielmehr kommen ebenso **Delikte gegen die Allgemeinheit** in Betracht; vgl *Schroll/Kert* WK-StPO § 204 RN 10; *Kienapfel/Schroll* WK² § 223 RN 272; iDs vgl weiters unten RN 40.17 u 40.19. Mit dem Inkrafttreten des Strafprozessreformg am 1. 1. 2008 gilt jetzt aber für den **Tatausgleich** eine explizite gesetzliche Ausnahme; vgl § 204 Abs 1 StPO; näher dazu RN 40.24 aE. Ein pauschaler Ausschluss der Diversion bei **Sexualdelikten** erscheint zu weitgehend; für **Erwachsene** sind die meisten ohnehin durch die Beschränkung auf **Vergehen** (§ 198 Abs 3 StPO) ausgeschlossen; vgl *Schroll* ÖJZ 2016 216. Im Fall des **Amtsmissbrauchs** darf nur diversionell vorgegangen werden, wenn durch die Tat keine oder eine bloß geringfügige oder sonst unbedeutende Schädigung an Rechten herbeigeführt wurde und die Tat nicht auch nach §§ 304 oder 307 mit Strafe bedroht ist. Im gerichtlichen Finanzstrafrecht bleibt trotz nunmehriger Anknüpfung an der Strafdrohung eine diversionelle Erledigung kraft ausdrücklicher gesetzlicher Regelung ausgeschlossen; vgl § 203 FinStrG.

40.12   Bei **Jugendstraftaten** reicht die Diversion wesentlich weiter; vgl § 7 JGG; eingehend *Medigovic/Reindl-Krauskopf/Luef-Kölbl* AT II 270 ff. Denn hier kommen **grundsätzlich alle Delikte** in Betracht. **Schwere Schuld** und **Tod** eines Menschen führen aber auch bei Jugendstraftaten zum **Ausschluss der Diversion.** Der Todeserfolg bildet nur dann kein Diversionshindernis, „wenn ein Angehöriger des Beschuldigten fahrlässig getötet worden ist und eine Bestrafung im Hinblick auf die durch den Tod des Angehörigen beim Beschuldigten verursachte schwere psychische Belastung nicht geboten erscheint" (§ 7 Abs 2 Z 2 JGG). Darüber hinaus ist die Erforderlichkeitsklausel für Jugendstraftaten nunmehr auf die **Spezialprävention** beschränkt (§ 7 Abs 1 JGG). Das JGG-ÄndG 2015 dehnte den Anwendungsbereich der für Jugendliche geltenden Diversionsvoraussetzungen auf **junge Erwachsene** (iSd § 1 Z 5 JGG) aus; vgl *Schroll* ÖJZ 2016 213.

40.13   Die Frage, wann die Schuld iSd § 198 Abs 2 Z 2 StPO „**als schwer anzusehen wäre**", ist nunmehr durch das Klammerzitat des § 32 StGB ex lege geklärt: Schuld ist bei der Entscheidung für oder gegen eine diversionelle Maßnahme iSd

B. Die einzelnen diversionellen Maßnahmen

Strafzumessungsschuld (RN 16.22, RN 39.15 ff) zu verstehen. Bei Beurteilung des Schuldausmaßes sind daher alle bei der Strafzumessung den **Schuldvorwurf** beeinflussenden Umstände einzubeziehen; vgl *Schroll/Kert* WK-StPO § 198 RN 14 ff; *Schütz* in Miklau/Schroll Diversion 19. **Schwere Schuld** liegt vor, wenn Handlungs-, Erfolgs- und Gesinnungsunwert (RN 4.27 ff) unter Mitberücksichtigung aller sonstigen für die Strafzumessungsschuld relevanten Tatumstände bei **ganzheitlicher Bewertung** als **auffallend und ungewöhnlich**, dh als **so gravierend erscheint, dass die Verhängung von Strafe indiziert ist;** vgl *Schroll* ÖJZ 2013 863; 14 Os 32/08 z; SSt 2007/91; SSt 2003/26; EvBl 2003/85.

B e i s p i e l : Der seine Verantwortung gänzlich leugnende Angeklagte hatte das ihm unbekannte Opfer ohne jeden Grund brutal am Kopf erfasst und gegen die Wand gestoßen und ihm dadurch Prellungen an der Hand und Abschürfungen am Kopf und im Brustbereich zugefügt (§ 83 Abs 1); SSt 2006/82 bejaht im Sinne dieser ganzheitlichen Bewertung die schwere Schuld.

In Lehre und Praxis hat sich inzwischen die Auffassung durchgesetzt, dass **40.13a** die Messlatte für „schwere Schuld" nicht etwa die Strafdrohung des jeweils in Frage stehenden Delikts, sondern das **Gesamtspektrum aller diversionstauglichen Delikte** bildet; grundlegend *Schütz* Diversionsentscheidungen 99 102; näher dazu *Schroll/Kert* WK-StPO § 198 RN 28 f; *Schroll* ÖJZ 2013 862; so auch die neuere Rspr; vgl SSt 2007/40 = JBl 2008 129 m zust Anm *Burgstaller;* SSt 2007/91; 14 Os 32/08 z.

Wichtig! Dieser relativierende Ansatz hat insb in Bezug auf die Bewertung von **Fahrlässigkeitstaten** weitreichende Folgen. Danach ist bei der in der Praxis überaus häufigen Fahrlässigen Körperverletzung (§ 88) ein diversionsausschließendes Verschulden nicht bei durchschnittlichen Fahrlässigkeitstaten, sondern nur **in besonderen Ausnahmefällen** anzunehmen; vgl *Schroll/Kert* WK-StPO § 198 RN 16 u 29; *Burgstaller/Schütz* WK[2] § 88 RN 51; *Schütz* Diversionsentscheidungen 100; *Schwaighofer* ZVR 2008 279; richtungsweisend JBl 2008 129 m zust Anm *Burgstaller;* 14 Os 32/08 z; SSt 2007/91.

Beachte! Eine wesentliche Konsequenz dieses Ansatzes geht dahin, dass „schwere Schuld" iSd 198 Abs 2 Z 2 StPO keinesfalls mit „schwerem Verschulden" iSd § 88 Abs 2 StGB aF bzw „grober Fahrlässigkeit" iSd § 88 Abs 2 gleichgesetzt werden darf; vgl *StudB BT I* § 88 RN 64; JBl 2008 129 m zust Anm *Burgstaller;* 14 Os 32/08 z; SSt 2007/91.

B e i s p i e l : Entgegen LGSt Wien ZVR 2001/77 m krit Anm *Schroll* liegt daher noch **kein schweres Verschulden** vor, wenn ein Autofahrer bei Dunkelheit und erschwerten Sichtbedingungen bei einer Kreuzung einen abseits des Schutzweges quer über die Fahrbahn laufenden dunkel gekleideten Jogger übersieht und niederstößt, der dabei eine Schädelprellung und Abschürfungen an den Gelenken erleidet (§ 88 Abs 1 iVm Abs 4 1. Fall). Zutreffend in derselben Sache SSt 2003/4.

Das **Doppelverwertungsverbot** (vgl dazu RN 39.6 u 39.12) erlangt im Rahmen des § 198 Abs 2 Z 2 StPO **keine Relevanz.** Daher schlagen auch strafsatzändernde Umstände (Qualifikationen und Privilegierungen), soweit sie die Schuld betreffen, zu Buche. Ebenso Jugendlichkeit (nicht beachtet in EvBl 2001/46; EvBl 2001/170).

Der Bereich **„schwerer Schuld"** (§ 198 Abs 2 Z 2 StPO; § 4 Abs 2 Z 2 **40.13b** JGG) grenzt nicht etwa unmittelbar an jenen der „geringen Schuld" an, vielmehr hat man sich drei Felder vorzustellen: ganz unten „geringe Schuld", ganz oben die „schwere Schuld" und dazwischen ein breites Mittelfeld normalen Verschuldens. Dazu das nachfolgende Schaubild:

Anwendungsbereich der Diversion

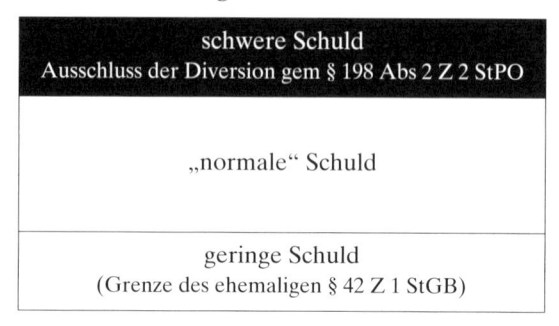

schwere Schuld
Ausschluss der Diversion gem § 198 Abs 2 Z 2 StPO
„normale" Schuld
geringe Schuld (Grenze des ehemaligen § 42 Z 1 StGB)

Beispiele: Aus dem **Normalfeld** fällt etwa die Schuld eines absichtlich und besonders brutal oder auf besonders schwere Schäden oder Verletzungen zielenden Handelnden oder eines Täters heraus, der die Bedrängnis eines anderen ausnützt, sofern nicht andere Gesichtspunkte (zB begreiflicher Affekt, Notlage) diesen Vorwurf aufwiegen. Auch ein **besonders gravierender Einzelumstand** kann eine Anwendungsindikation für **schwere Schuld** bilden; dies hat die Rspr etwa bei Ausnutzung der Vertrauensstellung als Rechtsanwalt (RZ 2004/1) oder als Strafverfolgungsorgan (EvBl 2007/138) angenommen.

Beachte! Die Fälle der Entwendung (§ 141) bilden per se Vermögensdelikte mit stark reduzierter Schuld; sind die Merkmale der Entwendung auch bloß annähernd erfüllt, so kann daher nie von schwerer Schuld gesprochen werden.

40.14 Eine diversionelle Erledigung ist nur dann möglich, wenn **nicht** aus Gründen der **Spezial-** oder **Generalprävention** eine **Bestrafung geboten erscheint.** Bei der Beurteilung der präventiven Diversionshindernisse ist stets auch die Wirkung mitzuberücksichtigen, die eine konkret zu erfüllende Verpflichtung beim Täter und bei der Allgemeinheit hervorruft; näher zum Ganzen vgl *Schroll/Kert* WK-StPO § 198 RN 33 ff; *Schroll* ÖJZ 2013 864. **Vorstrafen** stehen einem diversionellen Vorgehen nicht von vornherein entgegen; vgl *Löschnig-Gspandl* in *Miklau/Schroll* Diversion 92; anders bei rascher Tatwiederholung.

Beachte! Die **Schuldeinsicht** des Beschuldigten kann nicht generell als Voraussetzung für ein diversionelles Vorgehen gewertet werden. Der OGH (EvBl 2002/153; krit *Hochmayr* RZ 2003 275; einschränkend aber SSt 2004/35) geht zu weit, wenn er die spezialpräventive Verträglichkeit der Diversion a priori von einer Schuldeinsicht abhängig macht. Es kommt vielmehr auf die Umstände des Einzelfalls an (zB Vorstrafen, frühere Diversionen). Nur beim **Tatausgleich** (vgl RN 40.22) verlangt das Gesetz ausdrücklich eine Bereitschaft des Beschuldigten, „für die Tat einzustehen". Diese ist aber erst im Zuge der Konfliktregelung zu erkunden (bzw zu fördern!). Der Versuch, einen solchen Ausgleich herbeizuführen, kann gerade bei Abstreiten der Verantwortung konstruktiv sein. Auf das Bekunden einer Schuldeinsicht kommt es erst für den erfolgreichen **Abschluss** eines solchen Tatausgleichs an; vgl *Schroll/Kert* WK-StPO § 198 RN 36 aE. Für Geldzahlung, gemeinnützige Leistungen, die Absolvierung von Kursen oder Erfüllung anderer Pflichten ist das Fehlen einer Schuldeinsicht nur relevant, wenn konkrete Umstände einen Rückfall wahrscheinlich machen (zB der Beschuldigte rechtfertigt eine Kindesmisshandlung als „Erziehungsmaßnahme"). Das Gesagte gilt – aus Gründen der Verteidigungsstrategie – auch für die Hauptverhandlung. Denn im Hinblick auf die Unschuldsvermutung hat der Beschuldigte ein legitimes Interesse, sich nicht schuldig zu bekennen.

B. Die einzelnen diversionellen Maßnahmen

2. Die diversionellen Maßnahmen im Einzelnen
a) Zahlung eines Geldbetrages

40.15 Der Staatsanwalt kann von der Verfolgung einer strafbaren Handlung zurücktreten, wenn der Beschuldigte einen **Geldbetrag an den Staat** entrichtet; vgl § 200 StPO. Der Betrag darf äußerstenfalls einer Geldstrafe von 180 Tagessätzen entsprechen. Der Verfolgungsrücktritt ist gem § 200 Abs 3 StPO prinzipiell – und darin liegt ein wichtiges kriminalpolitisches Anliegen – davon abhängig zu machen, dass der Beschuldigte den Schaden gutmacht.

40.16 Diese sog Geldbußen eignen sich insb für Straftaten, bei denen es an einem **Opfer fehlt,** ein solches für den Täter **nicht persönlich** in Erscheinung tritt oder **auf anderem Weg entschädigt** wird.

Beispiele: Einen wichtigen Anwendungsfall bildet der **Ladendiebstahl,** soweit nicht schon gem § 191 StPO vorzugehen ist; vgl etwa JBl 2005 57. Ebenso liegt eine Geldbuße bei den die Praxis enorm belastenden **fahrlässigen Körperverletzungen im Straßenverkehr** nahe, zumal deren zivilrechtliche Folgen idR durch eine Haftpflichtversicherung aufgefangen werden; vgl JBl 2008 129 m zust Anm *Burgstaller*. Ähnliches gilt für **ärztliche Behandlungsfehler,** außer bei letalem Ausgang.

Beachte! Bei **tödlichem Ausgang** ist eine Diversion durch § 198 Abs 2 Z 3 StPO aber nur ausgeschlossen, wenn es sich um eine der Tat bzw dem Täter **objektiv zurechenbare Folge** handelt; vgl *Schroll/Kert* WK-StPO § 198 RN 44; näher dazu Kap 28.

40.17 Zentrale Funktion kommt der Geldzahlung insb auch bei vorsätzlicher Begehung strafbarer Handlungen über der Bagatellgrenze zu, „wenn der Signalcharakter und die Spürbarkeit einer solchen Geldbuße vor allem bei bislang unbescholtenen Beschuldigten ausreicht, um künftiger Delinquenz vorzubeugen"; vgl *Schroll/Kert* WK-StPO § 200 RN 17 aE.

Beispiele: Für Erstbeschuldigte kommen Geldzahlungen – insb in Verbindung mit Auflagen zur Schadensgutmachung gem § 200 Abs 3 StPO – bei bestimmten **Wirtschaftsdelikten** in Betracht. Ebenso bei leichten und mittleren Umweltdelikten sowie bei einer Reihe von Delikten des Nebenstrafrechts. Auch ist etwa an Delikte wie §§ 153 a, 153 b, 223 ff, 293 ff sowie an nicht allzu schwere Bestechungsfälle zu denken (RN 40.11 aE).

b) Erbringung gemeinnütziger Leistungen

40.18 Der Staatsanwalt kann von der Verfolgung vorläufig zurücktreten, wenn sich der Beschuldigte zu **unentgeltlichen gemeinnützigen Leistungen (höchstens 240 Arbeitsstunden) bereit erklärt;** vgl § 201 und § 202 StPO. Soweit nicht aus besonderen Gründen darauf verzichtet werden kann, ist gem § 201 Abs 3 StPO der Verfolgungsrücktritt zusätzlich von einer Schadensgutmachung oder einem sonstigen Beitrag zum Tatfolgenausgleich abhängig zu machen; vgl näher *Schroll/Kert* WK-StPO § 201 RN 6.

40.19 Gemeinnützige Leistungen bestehen darin, dass der Beschuldigte in seiner Freizeit bei einer sozialen Einrichtung (zB Altersheime, Sozialdienste, Spitäler, städtische Gärtnereien) arbeitet. Sie sollen die Bereitschaft des Beschuldigten zum Ausdruck bringen, für die **Tat einzustehen.** Gerade die gemeinnützigen Leistungen stellen ein **reaktionsintensives Instrumentarium** dar, weil sie in die Lebensführung des Beschuldigten erheblich eingreifen; vgl EB StP-Nov 1999 17.

Sie sind daher auch im Bereich der mittleren Kriminalität und bei Wiederholungstaten zur Normenverdeutlichung geeignet.

Beispiele: Indiziert ist die Anwendung dieser diversionellen Maßnahme etwa im eingangs erwähnten **Graffiti-Fall** (RN 40.1) sowie in leichteren Fällen von Vandalismus (Beschädigung von Telefonzellen, Parkbänken etc). Aber auch Umweltdelikte, Tierquälereien, Urkundendelikte, strafbare Handlungen gegen die Staatsgewalt und gegen die Rechtspflege kommen hier in Betracht. Weitere Anwendungsindikationen bei *Schroll/Kert* WK-StPO § 201 RN 27.

c) Bestimmung einer Probezeit

40.20 Der Staatsanwalt kann von der Verfolgung unter Bestimmung einer **Probezeit von einem bis zu zwei Jahren** vorläufig zurücktreten; vgl § 203 StPO. Diese Einstellung auf Probe kann mit bestimmten Auflagen – auch hier ist insb wieder an die Schadensgutmachung zu denken – oder der Anordnung von Bewährungshilfe verknüpft werden.

Beispiele: Da die **bloße** Festlegung einer **Probezeit** eine wenig eingriffsintensive Diversionsform darstellt, wird sie nur bei geringfügigen Kriminalitätsformen in Betracht kommen, wo eine Vorgangsweise nach § 191 StPO gerade nicht mehr möglich ist. Die Bestimmung einer Probezeit **in Verbindung mit** der Verpflichtung zur **Schadensgutmachung** ist in Fällen sinnvoll, in denen durch die Tat ein nicht allzu großer Schaden entstanden und eine aufwändige sozialarbeiterische Intervention nicht erforderlich ist, so zB bei Zechprellereien. Die Verpflichtung zur Absolvierung von **Schulungen** oder **Kursen** kommt bei fahrlässigen Körperverletzungen im Straßenverkehr in Betracht, die durch fehlendes Wissen oder Defizite in der persönlichen Einstellung des Täters bedingt erscheinen. Gleiches gilt bei Verstößen Jugendlicher gegen das VerbotsG; hier hat sich die Absolvierung eines **zeitgeschichtlichen Seminars** als sinnvoll erwiesen. Die Betreuung durch einen **Bewährungshelfer** ist insb dann sinnvoll, wenn sich der Beschuldigte in einer Krisensituation befindet und ein unterstützendes soziales Umfeld (Arbeit, Familie) fehlt; vgl zu weiteren Anwendungsindikationen *Schroll/Kert* WK-StPO § 203 RN 29.

40.21 **Beachte!** Eine in der Praxis hoch bedeutsame **Sonderregelung** enthält das **SMG**. Für Besitz oder Weitergabe von Suchtgift oder psychotropen Stoffen (§§ 27, 30 SMG) und Beschaffungsdelikte sehen die §§ 35–37 SMG einen Verfolgungsverzicht in Verbindung mit einer Probezeit und einer gesundheitsbezogenen Maßnahme vor; näher dazu *Schroll/Kert* WK-StPO § 203 RN 31 ff; *Schroll* ÖJZ 2013 866.

d) Tatausgleich

40.22 aa) **Grundgedanke.** Ein Rücktritt von der Verfolgung ist schließlich nach der **Durchführung eines Tatausgleichs** möglich; vgl § 204 StPO. Voraussetzung dafür ist, dass der **Beschuldigte bereit ist, für die Tat einzustehen und sich mit deren Ursachen auseinanderzusetzen.** Er hat allfällige **Folgen der Tat** auf eine den Umständen nach geeignete Weise **auszugleichen,** insb dadurch, dass er den aus der Tat entstandenen Schaden gutmacht oder sonst zum Ausgleich der Folgen beiträgt. Der Tatausgleich ist eine primär opferorientierte Diversionsform, die den Beschuldigten erheblich belasten kann. Er muss sich der Konfliktsituation stellen und oft zusätzliche **besondere Verpflichtungen eingehen, die seine Bereitschaft bekunden, Verhaltensweisen, die zur Tat geführt haben, künftig zu unterlassen;** vgl *Schroll/Kert* WK-StPO § 204 RN 1, 4/1 und 4/2.

Diese Verpflichtungen beschränken sich nicht auf bloßen Schadensersatz. Opfer wünschen sich häufig ganz andere Gesten: persönliche Dienstleistungen und sonstige symboli-

B. Die einzelnen diversionellen Maßnahmen

sche Akte des Beschuldigten, zB Tätigkeiten im Haushalt; Änderung von Verhaltensweisen, die Auslöser für den Konflikt waren; gegebenenfalls Bereitschaft zum Besuch einer Therapie.

bb) Einbeziehung des Tatopfers. § 204 Abs 2 StPO sieht ausdrücklich die Einbeziehung des Opfers in die Bemühungen um einen solchen Tatausgleich ein, soweit es dazu bereit ist. Für das Zustandekommen eines Ausgleichs ist daher grundsätzlich die **Zustimmung des Opfers** erforderlich, es sei denn, dass es diese aus Gründen nicht erteilt, die im Verfahren nicht berücksichtigungswürdig scheinen. **40.23**

cc) Einschaltung eines Konfliktreglers. Der Staatsanwalt kann einen **Konfliktregler,** meist einen besonders qualifizierten Sozialarbeiter, um die Durchführung des Tatausgleichs (§ 204 Abs 3 StPO) ersuchen. Seine Aufgabe ist es, die Konfliktbeteiligten über die Möglichkeit eines Tatausgleichs **zu belehren,** das **Ausgleichsverfahren zu moderieren** und die **Beteiligten bei ihren Bemühungen um einen Ausgleich anzuleiten und zu unterstützen.** In einem abschließenden Bericht hat er dem Staatsanwalt mitzuteilen, wenn der Beschuldigte seinen Verpflichtungen zumindest so weit nachgekommen ist, dass unter Berücksichtigung seines übrigen Verhaltens angenommen werden kann, er werde die Vereinbarungen einhalten, oder wenn nicht mehr zu erwarten ist, dass ein Tatausgleich zustande kommt (§ 204 Abs 4 StPO). **40.24**

Beispiele: Wegen seines sehr konfliktorientierten Charakters kommt der Tatausgleich für solche Straftaten in Betracht, die mit einem persönlichen Konflikt des Beschuldigten mit dem Opfer in Verbindung stehen. Dabei ist sowohl an situative (zB **Parkplatz-Fall;** vgl RN 40.1) als auch chronische Konflikte (Streitigkeiten in der Nachbarschaft, Familie und am Arbeitsplatz, etwa Mobbing) zu denken; vgl *Löschnig-Gspandl* in *Miklau/Schroll* Diversion 88; zu Familienkonflikten vgl *Höpfel/Kert* in *Miklau/Schroll* Diversion 127; weitere Anwendungsindikationen bei *Schroll/Kert* WK-StPO § 204 RN 21.

Beachte! Zwar kommen für die Diversion grundsätzlich auch Delikte gegen die Allgemeinheit in Betracht (RN 40.11 aE), der Gesetzgeber hat aber den **Tatausgleich** durch das StrafprozessreformG ausdrücklich auf solche Taten beschränkt, durch die „Rechtsgüter einer Person unmittelbar beeinträchtigt werden könnten" (vgl § 204 Abs 1 StPO). Danach würde etwa im **Führerschein-Fall** (vgl RN 40.1) ein **Tatausgleich** ausscheiden; die Sinnhaftigkeit dieser Neuregelung ist zu bezweifeln. Allerdings werden die übrigen diversionellen Maßnahmen, insb §§ 200, 201 f u 203 StPO von dieser Einschränkung nicht berührt.

Aber: Werden durch ein und dieselbe Tat sowohl „Rechtsgüter der Person" als auch solche der Allgemeinheit beeinträchtigt, ist der Weg in den Tatausgleich durch die Neuregelung nicht versperrt. Tatausgleich kommt daher etwa auch dann in Betracht, wenn ein Polizist im Zuge einer Festnahme an der Hand leicht verletzt worden ist (§ 269) oder wenn durch eine falsche Beweisaussage (§ 288 Abs 1) ein Vermögensschaden hervorgerufen wurde oder werden sollte; vgl *Schroll* ÖJZ 2009 23.

dd) Durchblick. Die für den Tatausgleich charakteristische Umdeutung einer Straftat in einen „**Konflikt**" zeigt einen bemerkenswerten Wesensunterschied zu den konventionellen Reaktionen des Staates. In Bezug auf die „Parteien" dieses Konflikts ist es nicht mehr möglich, in jener Eindeutigkeit von einem „Täter" und einem „Opfer" zu sprechen, wie es für das klassische Strafrecht typisch ist. Dieses Gegensatzes zwischen der traditionellen juristischen und einer diversionellen Behandlung des Falles muss man sich stets bewusst sein. **40.25**

C. Prozessuale Aspekte der Diversion

40.26 Weil die Diversion ein besonderes Verfahren darstellt, das als **neue Spur** in eine andere Richtung als die der gerichtlichen Verurteilung und Bestrafung führt (RN 40.2), andererseits aber doch in den Gesamtzusammenhang des Strafrechts gehört, wirft ihre Ausgestaltung für Gesetzgebung und Vollziehung eine Fülle neuer Fragen auf.

40.27 1. **Grundsätzliches.** Eine **nicht öffentliche Erledigungsweise** für Straftaten war vor Einführung der Diversion nur im bezirksgerichtlichen Verfahren in Form der „Strafverfügung" im Mandatsverfahren geläufig. Dass dieses Mandatsverfahren durch die StP-Nov 1999 vorläufig abgeschafft wurde, bedeutet nicht, dass der Diversion analoge rechtliche Wirkungen zukämen. Im Gegenteil: Während die (2015 wiedereingeführte) Strafverfügung alle Wirkungen einer Verurteilung hat, wird mit der Diversion bewusst gerade auf solche Folgen verzichtet. Darüber hinaus **gibt** der **Gesetzgeber den Grundsatz auf,** dass Entscheidungen mit **Sanktionscharakter** ausschließlich dem **Richter** zukommen. Ja, er legt diese im Fall der diversionellen Erledigung – die doch ebenso eine inhaltliche Antwort des Staates auf die Straftat darstellt – sogar schwergewichtig in die Hände der **Staatsanwaltschaft.** Basis ist auch nicht wie bei der Strafverfügung eine Schuldfeststellung, wohl aber ein **„hinreichend geklärter Sachverhalt";** vgl § 198 Abs 1 StPO.

40.28 Ein Sachverhalt ist **„hinreichend geklärt",** wenn er im Fall einer Anklage mit hoher Wahrscheinlichkeit zu einem Schuldspruch führen würde. Fälle, bei denen Beweisschwierigkeiten auftreten, sind grundsätzlich für diversionelle Maßnahmen nicht geeignet; vgl näher dazu *Schroll/Kert* WK-StPO § 198 RN 3; *Schütz* Diversionsentscheidungen 52. Nicht erforderlich ist allerdings ein **Geständnis des Beschuldigten;** vgl SSt 2004/35; RN 40.14 aE.

40.29 2. **Veränderte Rolle der Staatsanwaltschaft.** Mit dem seit dem 1. 1. 2000 geltenden Diversionsmodell hat sich die Rolle der Staatsanwaltschaft markant verändert. Sie ist über die bloße „Transportfunktion" (Entscheidung über Anklageerhebung und Vertretung der Anklage als Partei) deutlich hinausgewachsen. Der Staatsanwalt ist im Bereich der Diversion **„Richter vor dem Richter",** denn sein Vorgehen kommt sachlich der Verhängung einer Sanktion nahe. Typisch für seine neue Aufgabe ist auch, dass der Staatsanwalt hier eng mit den Einrichtungen der **Sozialarbeit** zusammenarbeitet.

40.30 3. **Durchbrechung des Legalitätsprinzips?** Wenn der Staatsanwalt von seinen diversionellen Befugnissen nicht Gebrauch macht, stehen dem **Gericht** ab dem Einbringen der Anklage (§ 199 StPO) dieselben Gestaltungsmöglichkeiten zur Verfügung; vgl näher dazu *Schütz* in Fuchs-FS 505. Ihre Außerachtlassung bildet sogar einen eigenen Nichtigkeitsgrund (§ 281 Abs 1 Z 10a StPO; vgl RN 40.35). Stets geht es darum, statt der Strafe mit einer Reaktion auf die Tat in einer Weise zu antworten, die den Präventionszwecken des Strafrechts entspricht. Konsequenterweise ist daher die Diversion für jedes Verfahrensstadium **bis knapp vor dem Schuldspruch,** also auch noch in der Hauptverhandlung, möglich.

40.31 **Beachte!** Das macht es schwierig, die Diversionsmöglichkeiten systematisch als bloße Durchbrechungen des strafprozessualen **Legalitätsprinzips** (wie zB §§ 191 f StPO, § 3 Abs 2 MilStG) aufzufassen. Eher wird zu sagen sein, der Inhalt des Legalitätsprinzips hat

C. Prozessuale Aspekte der Diversion

sich grundlegend **geändert:** Aus dem Anklagezwang (§ 210 Abs 1 StPO) wurde im Anwendungsbereich der Diversion die **Pflicht, bei hinreichendem Tatverdacht entweder zu verfolgen oder zu „divertieren";** vgl *Schroll/Kert* WK-StPO Vor §§ 198–209 RN 10.

4. Diversion im Licht der Unschuldsvermutung. Jede diversionelle Maß- **40.32** nahme **verzichtet auf eine förmliche Schuldfeststellung** des Beschuldigten. Somit gilt nach einer Diversionsentscheidung auch weiterhin uneingeschränkt die sog **Unschuldsvermutung** des Art 6 Abs 2 MRK, § 8 StPO für den durch die Diversion Betroffenen. Das **Spannungsverhältnis zwischen Diversion und Unschuldsvermutung** entsteht dadurch, dass zwar formal betrachtet die Unschuldsvermutung aufrecht bleibt, sachlich aber bei einer diversionellen Erledigung davon ausgegangen wird, dass die beschuldigte Person die ihr vorgeworfene Tat tatsächlich begangen hat und in einem gerichtlichen Verfahren schuldig gesprochen und bestraft würde; vgl *Burgstaller* JBl 1996 363; *Höpfel* Jesionek-FS 334. Entschärft wird dieses Spannungsverhältnis allerdings dadurch, dass durch die Diversion die **Wirkungen einer Verurteilung gerade vermieden** werden sollen.

Fällt das Diversionsverfahren damit als „Nicht-Strafverfahren" aus dem Geltungs- **40.33** bereich der gesamten Garantien nach **Art 6 MRK** heraus? Inzwischen gibt es einen internationalen Konsens darüber, dass auch bei alternativen Erledigungsformen, die die soziale Stellung des Beschuldigten unberührt lassen, ein **Minimum an rechtsstaatlicher Ausgestaltung** erforderlich ist; vgl idS etwa die Empfehlung des Europarats vom 15. 9. 1999 über die Mediation in Strafsachen. Auch die Diversion muss als „fair" eingestuft werden können. Ein wichtiger Baustein dazu ist das Recht des Beschuldigten, aus der Diversionsschiene herauszukommen und ein ordentliches Strafverfahren zu **verlangen** (indirekte Fairness; vgl § 205 Abs 1 Satz 2 StPO). Zum Ganzen vgl *Höpfel* Wurzeln und Spezifika 139.

5. Diversionsregister. Die **Registrierung** diversioneller Vorgangsweisen **40.34** verstößt **nicht gegen die Unschuldsvermutung.** Sie kann sich zwar in einem späteren Strafverfahren, vor allem bei einer Entscheidung für oder gegen eine **neuerliche** diversionelle Vorgangsweise, nachteilig für den Betroffenen auswirken, ist aber keinesfalls einer Vorstrafe gleichzusetzen; vgl *Schroll/Kert* WK-StPO § 198 RN 12; OGH 13 Os 24/17 d.

Beachte! Der Eintrag ins Diversionsregister begründet daher weder den Erschwerungsgrund des § 33 Abs 1 Z 2 noch rechtfertigt er den Widerruf einer bedingten Strafnachsicht. Außerdem ist es unzulässig, dass eine Behörde an die diversionelle Erledigung einer Straftat automatisch die Entziehung einer Lenk- oder Gewerbeberechtigung knüpft; vgl dazu RN 39.26.

6. Nichtigkeitsgrund. Das Unterbleiben einer Diversion durch das Gericht **40.35** unterliegt der **amtswegigen Kontrolle** nach Maßgabe des Nichtigkeitsgrundes der § 281 Abs 1 Z 10 a, § 345 Abs 1 Z 12 a StPO. Allerdings kann damit nicht die Art der Diversion bekämpft werden; vgl RN 40.10.

7. Ne bis in idem. Das in Art 4 Abs 1 7. ZPMRK verankerte Grundrecht ver- **40.36** bietet unter dem Aspekt von Gerechtigkeit und Verhältnismäßigkeit (vgl dazu insb § 5 StPO) eine **neuerliche Bestrafung** wegen derselben Tat und nimmt damit auf die einer Verurteilung zugrundeliegende **Sachentscheidung** Bezug. Dabei macht es keinen Unterschied, ob eine solche Sachentscheidung in Urteilsform von einem Gericht oder – wie bei diversionellen Anordnungen die Regel – von einem Staatsanwalt verfügt worden ist; vgl dazu RN 38.55 a und 38.55 d aE. Tritt der Staatsanwalt nach durchgeführter Diversion nach Maßgabe des § 205 Abs 1 StPO

40.37 **Wichtig!** Das gilt alles auch für das **Ausland,** soweit ein internationales „Ne bis in idem" beachtlich ist; vgl insb Art 54 SDÜ; vgl *Höpfel* Wurzeln und Spezifika 140; *Plöckinger/Leidenmüller* wistra 2003 83; *Plöckinger* ÖJZ 2003 98. In einem grundlegenden Urteil (C-187, 385/01 = NJW 2003 1173) hat der EuGH einer alternativen Erledigung durch den Staatsanwalt im Hinblick auf den Sanktionscharakter der diversionellen Maßnahme – im konkreten Fall war es eine Geldbuße – **die Wirkung einer „rechtskräftigen Aburteilung"** iSd Art 54 SDÜ zuerkannt; vgl im selben Sinn SSt 2004/46. Das gilt für sämtliche prozessbeendenden Diversionsentscheidungen; vgl *Schroll/Kert* WK-StPO § 205 RN 6.

40.38 8. **Rücktritt von der Verfolgung wegen Zusammenarbeit mit der Staatsanwaltschaft (Kronzeugenregelung).** Eine eigene Form von Anklagerücktritt sieht seit 2011 die StPO für Beschuldigte vor, die nicht nur die eigene Schuld anerkennen, sondern Wissen preisgeben, das auch die Aufklärung einer schweren Straftat durch einen anderen entscheidend fördert (§ 209a). Diese Art von „goldener Brücke" geht über die bisherige „kleine Kronzeugenregelung" des § 41a StGB hinaus. Sie führt zu einem gänzlichen Verzicht auf förmliche Bestrafung, wenn es mit dem Beitrag des „Kronzeugen" gelingt, die Mauer des Schweigens zu durchbrechen, und der Beschuldigte selbst eine diversionelle Maßnahme nach § 198 Abs 1 Z 1 bis 3 StPO auf sich nimmt. Die Regelung, die bei ihrer Einführung sehr umstritten war, gilt sinngemäß auch für Verfahren gegen Verbände nach dem VbVG; § 209a Abs 7 StPO; vgl RN 41.18 aE.

41. Kapitel
Strafrechtliche Verantwortlichkeit von Verbänden

Inhaltsübersicht

	RN
A. Was heißt Verbandsverantwortlichkeit?	41.1–41.6
B. Grundsätze des Verbandsverantwortlichkeitsgesetzes	41.7–41.18
1. Anwendungsbereich, allgemeine Voraussetzung	41.7–41.9
2. Die beiden Varianten der Verbandsverantwortlichkeit	41.10–41.16
a) Verantwortlichkeit für die Tat eines Entscheidungsträgers	41.11–41.12
b) Verantwortlichkeit für die Tat von Mitarbeitern	41.13–41.16
3. Sanktionen	41.17–41.18

Schrifttum (Auswahl): *Achatz* § 3 VbVG verfassungskonform! ZWF 2017 50; *Bertel* Strafen für juristische Personen in: Bundesministerium für Justiz (Hrsg) Entwicklungslinien im Straf- und Strafprozessrecht (1996) 215; *Brandstetter* Strafbarkeit juristischer Personen ab 1. 1. 2006! ecolex 2006 4; *Dannecker* Zur Notwendigkeit der Einführung kriminalrechtlicher Sanktionen gegen Verbände – Überlegungen zu den Anforderungen und zur Auslegung eines Verbandsstrafrechts GA 2001 101; *Glaser* Die Begehung der Tat zugunsten des Verbandes nach § 3 Abs 1 Z 1 VbVG ZWF 2016 242; *Heine* Die strafrechtliche Verantwortlichkeit von Unternehmen (1995); *ders* Die strafrechtliche Verantwortlichkeit von Unternehmen: internationale Entwicklungen – nationale Konsequenzen ÖJZ 1996 211; *Herbst/Wess* Das VbVG und die verfassungsrechtliche Zulässigkeit der strafrechtlichen Verantwortlichkeit juristischer Personen ZWF 2015 118; *Hilf/Urtz/Handstanger* Verbandsverantwortlichkeit aus strafrechtlicher, abgabenrechtlicher und verwaltungsstrafrechtlicher Sicht in: ÖJT Verhandlungen des Zwanzigsten Österreichischen Juristentages Salzburg 2018 III/1 Strafrecht (2018); *Hilf* Grundlegende Aspekte der neuen Verbandsverantwortlichkeit: Zur subsidiären Anwendung des StGB JSt 2006 112; *dies* Verbandsverantwortlichkeitsgesetz (VbVG) (2006); *Holzinger/Moringer* Zur Frage der Ver-

A. Was heißt Verbandsverantwortlichkeit?

fassungswidrigkeit des Verbandsverantwortlichkeitsgesetzes (VbVG) ÖJZ 2015 403; *Höpfel/Kert* Strafrechtliche Verantwortlichkeit juristischer Personen in Österreich in: *Đurđević* (Hrsg) Current Issues in European Criminal Law and the Protection of EU Financial Interests (2006) 99; *Kert* Verbandsverantwortlichkeit und Finanzstrafrecht in: FinStR 2007 9; *ders* Verbandsverantwortlichkeit im Konzern in: *Vavrovsky* (Hrsg) Handbuch Konzernhaftung (2008) 141; *ders* Umfang und Grenzen des Opportunitätsprinzips im Verbandsstrafrecht in: *Leitner/Brandl* Finanzstrafrecht 2016 (2017) 189; *ders* Verbandsverantwortlichkeit und Schuldgrundsatz ÖZW 2018 16; *Köck* Zur Regierungsvorlage eines Verbandsverantwortlichkeitsgesetzes JBl 2005 477; Landesgruppe Österreich der Internationalen Strafrechtsgesellschaft (AIDP) Die strafrechtliche Verantwortlichkeit von Verbänden (2005); *Lehner* The Austrian Model of Attributing Criminal Responsibility to Legal Entities in: *Brodowski/Espinoza de los Monteros de la Parra/Tiedemann/Vogel* (Hrsg) Regulating Corporate Criminal Liability (2014) 79; *dies* Strafrecht in: *Bergmann/Ratka* (Hrsg) Handbuch Personengesellschaften² (2016) 1191; *dies* Der subjektive Tatbestand im Gefüge der Verbandsverantwortlichkeit ZWF 2017 6; *Lewisch/Parker* Strafbarkeit der juristischen Person? (2001); *Löschnig-Gspandl* Strafrechtliche Haftung juristischer Personen, in Global Business und Justiz, Richterwoche 2000 (2000) 157; *dies* Zur Bestrafung von juristischen Personen ÖJZ 2002 241; *dies* Die strafrechtliche Verantwortlichkeit von Unternehmen und Verbänden mit Rechtspersönlichkeit in Österreich (Habil Graz 2003); *Malecky* Das Verbandsverantwortlichkeitsgesetz (VbVG) JAP 2005/2006 140; *Moos* Die Strafbarkeit juristischer Personen und der Schuldgrundsatz RZ 2004 98; *Riffel* Einige Aspekte der praktischen Anwendung des österreichischen Verbandsverantwortlichkeitsgesetzes (öVbVG) AnwBl 2020 123; *Rohregger* Die Verantwortlichkeit von Verbänden für Straftaten ÖZW 2018 27; *Rösler* Die mehrfache Beteiligung durch eine Person ÖJZ 2020 19; *Schmieder* VfGH bestätigt Verbandsverantwortlichkeitsgesetz SWK 2017 121; *Schmoller* Verbandsgeldbußen in Österreich und Deutschland. Ein Strukturvergleich in: Küper-FS (2007) 519; *ders* Strafe ohne Schuld RZ 2008 8; *E. Steininger* Verbandsverantwortlichkeitsgesetz², Kommentar (2020); *Stricker* Strafverfolgung von Verbänden bei In- und bei Auslandstaten ÖJZ 2019 859; *Tipold* Compliance als Schutz vor Verbandsverantwortlichkeit? Austrian Law Journal 2016 90; *Urbanek* Verbandsverantwortlichkeit: Die Strafbarkeit von Unternehmen und Verbänden in Österreich – ein Erfolgsmodell? in: HB Wirtschaftsstrafrecht 43; *Zeder* Ein Strafrecht juristischer Personen: Grundzüge einer Regelung in Österreich ÖJZ 2001 630; *ders* VbVG – Verbandsverantwortlichkeitsgesetz (2006); *ders* Das österreichische Unternehmensstrafrecht (VbVG) – Konzept und erste Erfahrungen AnwBl 2013 415; *Zerbes* Country Report – Austria in: Prosecuting Corporations for International Crime – The Jurisdictional Issues Basel Switzerland June 2–4 2017 eRIDP 2018 R-02 verfügbar unter http://www.penal.org/.

A. Was heißt Verbandsverantwortlichkeit?

41.1 Ausgangsbeispiele: Die A-GmbH produziert Holz-Bauklötze für Kleinkinder. Um Kosten zu sparen, ordnet der Geschäftsführer an, billigere Farben zu verwenden. Die Mitarbeiter X und Y folgen diesem Vorschlag, obwohl sie annehmen, dass sich diese Farbe von den Bauklötzen lösen und bei Kindern zu Gesundheitsschäden führen könnte. Tatsächlich löst sich die Farbe, wenn Kinder die Klötze in den Mund nehmen. Mehrere Kinder leiden dadurch an Übelkeit und Erbrechen **(Bauklötze-Fall)**.

A ist als Lkw-Fahrer bei einer Transport-GmbH angestellt. Aufgrund des großen Konkurrenzdrucks fordert der Geschäftsführer der GmbH von ihm, die gesetzlich vorgesehenen Pausen nicht einzuhalten, damit A schneller liefern kann. Nach 14 Stunden Fahrt schläft A während der Fahrt durch einen Tunnel ein und kollidiert mit dem entgegenkommenden Pkw des B. Der Lenker B stirbt **(Fernfahrer-Fall)**.

A wurde vom Chemieunternehmen C als Verantwortlicher für die Einhaltung der Umweltauflagen eingestellt. Weil er aber eine äußerst gehemmte Persönlichkeit ist und sich nicht unbeliebt machen will, vermeidet er es, auf die Toxizität einer Substanz hinzuweisen, und nimmt in Kauf, dass hochgiftige Chemikalien in den am Fabriksgelände vor-

41. Kapitel: Strafrechtliche Verantwortlichkeit von Verbänden

beifließenden Fluss abgeleitet werden. Ein Fischsterben setzt ein, da das Wasser völlig verseucht ist (**Chemikalien-Fall**).

41.2 Kann man in solchen Fällen die **Unternehmen** – allein oder neben den individuell Verantwortlichen – strafrechtlich zur Rechenschaft ziehen?

Ein **individuell Verantwortlicher** (also eine natürliche Person) bildet bei Ereignissen, in die ein Unternehmen verwickelt ist, aus verschiedenen Gründen oft **keinen geeigneten Anknüpfungspunkt:** Dies kann daran liegen, dass es die Unternehmensstruktur gar nicht erlaubt, eine solche verantwortliche Person zu identifizieren („organisierte Unverantwortlichkeit"); es kann aber auch unbefriedigend erscheinen, (nur) diese traditionelle Schiene der Strafbarkeit natürlicher Personen zu fahren. Die Bestrafung eines „Sündenbocks" trifft das Unternehmen unter Umständen so wenig „zielgenau", dass sie das Verantwortungsbewusstsein der Unternehmensleitung nicht zu steigern vermag.

Vor allem jene Rechtsordnungen, die auf dem römischen Recht aufbauen, waren aber traditionell durch das Dogma „Societas delinquere non potest" gehindert, „weiter" zu denken und das Unternehmen, also typischerweise eine juristische Person, direkt zur Verantwortung zu ziehen. Das Problem bezog sich im Besonderen auf das **Strafrecht**, während eine zivil- oder verwaltungsrechtliche Haftung durchaus geläufig war.

Vor allem auf Ebene der **Europäischen Union** bestand daher schon seit längerem das Ziel, eine strafrechtliche Verantwortung juristischer Personen festzulegen. Die Mitgliedstaaten wurden schließlich teils ausdrücklich, teils dem Sinne nach zu einer solchen Festlegung verpflichtet; vgl insb 2. Prot zum Übereinkommen zum Schutz der finanziellen Interessen der Europ Gemeinschaften ABl 1997 C 221 11 sowie eine Reihe von Rahmenbeschlüssen, zB RB 27. 1. 2003 über den Schutz der Umwelt durch das Strafrecht ABl 2003 L 29 55; vgl aber auch außerhalb der EU insb das Anti-Bestechungs-Übereinkommen der OECD BGBl III 1999/176; eingehend die Erl zur RV 994 BlgNR 22. GP 9.

41.3 Ausführliche Debatten in Österreich haben 2005 zur Schaffung des **BG über die Verbandsverantwortlichkeit** geführt (BGBl I 2005/151 – VbVG). Für viele eine „Quadratur des Kreises", wurde hier doch bewusst der **Weg des gerichtlichen Strafrechts** gewählt, um Verbände zur Verantwortung zu ziehen. Diese gesetzgeberische Entscheidung steht im Gegensatz zu manchen anderen Ländern, vor allem Deutschland, wo die Verantwortlichkeit auf der Ebene des Ordnungswidrigkeitenrechts (des Pendants zum österr Verwaltungsstrafrecht) angesiedelt wurde; näher zum Strukturvergleich *Schmoller* Küper-FS 519.

Das VbVG regelt, „unter welchen Voraussetzungen Verbände für Straftaten verantwortlich sind und wie sie sanktioniert werden, sowie das Verfahren, nach dem die Verantwortlichkeit festgestellt und Sanktionen auferlegt werden" (§ 1 Abs 1 VbVG). Der materiellrechtliche Teil des G besteht aus nur zwölf Paragraphen. Herzstück des VbVG ist § 3, in dem die Voraussetzungen für eine strafrechtliche Verantwortlichkeit von Verbänden normiert sind. Mit dem Begriff **Straftat iSd VbVG** ist jede mit gerichtlicher Strafe bedrohte Handlung gemeint (für abgabenbehördlich zu ahndende Finanzvergehen vgl die Sonderregelung in § 28a FinStrG).

41.4 Damit kann auch ein Verband **Täter einer strafbaren Handlung** sein; vgl *Kert* in: *Leitner* Finanzstrafrecht 2006 30ff. „**Verbände**" sind nach der **Definition** in § 1 Abs 2 VbVG

– juristische Personen;
– eingetragene Personengesellschaften und Europäische wirtschaftliche Interessenvereinigungen.

B. Grundsätze des Verbandsverantwortlichkeitsgesetzes

Keine Verbände iSd Gesetzes (vgl § 1 Abs 3 VbVG) sind jedoch
- die Verlassenschaft;
- Bund, Länder, Gemeinden und andere juristische Personen, soweit sie in Vollziehung der Gesetze handeln;
- anerkannte Kirchen, Religionsgesellschaften und religiöse Bekenntnisgemeinschaften, soweit sie seelsorgerisch tätig sind.

Beispiele: **Krankenhäuser,** die als **AG** oder als **GmbH** organisiert sind, fallen als solche unter die Kategorie „juristische Personen"; aber auch die **Gemeinde,** die ein Krankenhaus als unselbstständigen Betrieb führt, hat **Rechtspersönlichkeit,** und sie handelt dabei **nicht hoheitlich (also nicht „in Vollziehung der Gesetze").** Dagegen scheidet die Verbandsverantwortlichkeit aus, wenn etwa die Hochschülerschaft (obzwar juristische Person) Wahlen durchführt (= Hoheitsakt).

Ein Verband, insb eine juristische Person, kann nur durch seine Organe **41.5** oder andere Mitarbeiter handeln. Soll der Verband strafrechtlich verantwortlich sein, so bedeutet das, dass er **aus** einer (nicht bloß stellvertretend *für* eine) **Tat** einer natürlichen Person **haftet.** Dazu mussten teilweise ganz **neue Voraussetzungen definiert** werden; vgl RN 7 ff. Bloß **subsidiär** sind das **StGB** und die **StPO** anwendbar; vgl §§ 12, 14 VbVG.

Beachte! Der Gesetzgeber ist damit über jenes System hinausgegangen, das schon bisher unter dem Begriff der **„kriminellen Bürgschaft"** geläufig war. Diese **indirekte Haftung** der juristischen Person oder Personengesellschaft ist weiterhin geregelt in einigen Bestimmungen des **Nebenstrafrechts** für Geldstrafen, Wertersätze oder Kosten einer Urteilsveröffentlichung, die über Mitglieder ihrer Organe bzw ein zur Geschäftsführung berufenes Mitglied der Personenvereinigung verhängt worden sind, zB § 28 FinStrG aF; vgl auch § 9 VStG; näher *Löschnig-Gspandl* in Global Business und Justiz 187 ff. Getrennt davon zu betrachten ist der in § 20 StGB vorgesehene **Verfall von Vermögenswerten,** die für Begehung einer mit Strafe bedrohten Handlung oder durch sie erlangt wurden.

Im Dezember 2016 bestätigte der VfGH die **Verfassungsmäßigkeit** des § 3 VbVG; vgl VfGH 2. 12. 2016, G 497/2015, G 679/2015. Dem zuvor von Teilen der Lehre und Praxis vorgebrachten Argument, § 3 VbVG widerspräche dem Schuldprinzip des § 4 StGB wurde vom VfGH eine Absage erteilt. Nach Ansicht des VfGH stellt die Verbandsverantwortlichkeit eine strafrechtliche Kategorie sui generis dar und ist damit nicht am für das Individualstrafrecht geltenden Schuldprinzip zu messen; zum Schuldprinzip s RN 16.1 ff. § 3 Abs 1 VbVG (dazu RN 41.8–41.9) stelle außerdem einen hinreichenden sachlichen Zusammenhang zwischen dem Verband und der Straftat des Entscheidungsträgers bzw des Mitarbeiters her.

Wichtig! Neben dem Verband können sich weiterhin die **handelnden natürlichen** **41.6** **Personen strafbar** machen (§ 3 Abs 4 VbVG).

B. Grundsätze des Verbandsverantwortlichkeitsgesetzes
1. Anwendungsbereich, allgemeine Voraussetzung

Das VbVG trifft **keine Einschränkungen** hinsichtlich der **Delikte,** derent- **41.7** wegen ein Verband mit Geldbuße belegt werden kann. Daher können **alle gerichtlich strafbaren Handlungen** auch **von Verbänden** begangen werden.

Nicht jede Straftat eines Entscheidungsträgers oder Mitarbeiters führt aber **41.8** zu einer Verantwortlichkeit des Verbandes. Vielmehr ist es notwendig, dass die **Tat innerhalb des Wirkungs- und Einflussbereichs des Verbandes begangen** wurde. Daher formuliert § 3 Abs 1 VbVG als **allgemeine Voraussetzung,** um einen Verband verantwortlich zu machen, dass

- die **Tat zu dessen Gunsten** begangen worden ist **oder**
- durch die Tat **Pflichten verletzt** worden sind, **die den Verband treffen.**

41.9 Zu Gunsten des Verbandes begangen ist eine Tat, wenn der Verband aus ihr einen Vorteil erlangt hat oder erlangen sollte. Dies ist dann der Fall, wenn der Verband durch die Tat bereichert wurde oder bereichert hätte werden sollen bzw wenn sich der Verband durch sie einen Aufwand erspart hat; vgl *Hilf/Zeder* WK² VbVG § 3 RN 8ff; s auch OGH 11 Os 10/16d. So erspart sich ein Unternehmen etwa Aufwendungen, wenn es keine teure Luftfilterungs- oder Kläranlage einbaut **(Chemikalien-Fall).**

Die **Pflichten des Verbandes** richten sich konkret **nach dem Tätigkeitsbereich des Verbandes.** Sie ergeben sich vor allem aus dem Zivil- und Verwaltungsrecht. Den Verband trifft aber keine allgemeine Pflicht zur Verhinderung von Straftaten; vgl EBRV 994 BlgNR 22. GP 22; *Hilf/Zeder* WK² VbVG § 3 RN 14ff. In Betracht kommen etwa umwelt- und lebensmittelrechtliche Schutznormen, Arbeitnehmerschutzpflichten, abgabenrechtliche Bestimmungen.

§ 3 Abs 1 VbVG normiert einen alternativen Mischtatbestand. Daher ist es gleichgültig, ob die Tat zugunsten des belangten Verbandes begangen worden ist oder durch sie Pflichten verletzt worden sind, die den Verband treffen; vgl OGH 13 Os 25/18b; zu alternativen Mischdelikten s näher RN 9.40f.

2. Die beiden Varianten der Verbandsverantwortlichkeit

41.10 Verbände handeln durch natürliche Personen. Damit ein Verband strafrechtlich zur Verantwortung gezogen werden kann, muss daher eine **Anknüpfungstat einer natürlichen Person** vorliegen. Das VbVG sieht **zwei Varianten** vor, in denen eine Verantwortlichkeit des Verbandes begründet wird (§ 3 Abs 2 und 3 VbVG): zum einen im Falle der **Straftat eines Entscheidungsträgers,** zum anderen im Falle der **Straftat eines Mitarbeiters** des Verbandes.

a) Verantwortlichkeit für die Tat eines Entscheidungsträgers

41.11 In der ersten Variante muss ein **Entscheidungsträger** die Tat in seiner leitenden Funktion **rechtswidrig** und **schuldhaft** begangen haben (§ 3 Abs 2 VbVG).

Verband

Entscheidungsträger:
rechtswidrige und schuldhafte
Begehung einer Straftat

Tat zu Gunsten des Verbandes *oder*
Pflichten des Verbandes verletzt

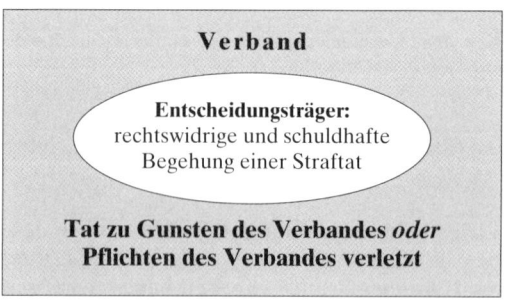

Entscheidungsträger sind Geschäftsführer, Vorstandsmitglieder, Prokuristen oder **Personen, die** in vergleichbarer Weise **dazu befugt sind, den Verband nach außen zu vertreten;** darüber hinaus Mitglieder des Aufsichtsrates oder des

B. Grundsätze des Verbandsverantwortlichkeitsgesetzes

Verwaltungsrates oder Personen, die sonst **Kontrollbefugnisse** in leitender Stellung ausüben; schließlich Personen, die sonst **maßgeblichen Einfluss auf die Geschäftsführung** des Verbandes ausüben (§ 2 VbVG).

Beachte! Der Entscheidungsträger muss in dieser Variante tatbestandsmäßig handeln, und es dürfen **keine Rechtfertigungs- oder Schuldausschließungsgründe** vorliegen. Der Entscheidungsträger muss die Tat „als solcher" begehen. Damit soll zum Ausdruck gebracht werden, dass der Entscheidungsträger die Tat in Ausübung seiner Funktion begangen haben muss. Straftaten, die ein Entscheidungsträger ohne Bezug zu seiner Stellung im Verband begeht, können allenfalls nach § 3 Abs 3 VbVG beurteilt werden, sofern der Entscheidungsträger ausnahmsweise typische Mitarbeiteraufgaben wahrgenommen hat; vgl OGH 11 Os 10/16d.

Hat der Entscheidungsträger ein **Vorsatzdelikt** begangen, ist **auch der Verband** wegen des Vorsatzdeliktes verantwortlich; hat er ein **Fahrlässigkeitsdelikt** begangen, verantwortet **auch der Verband** ein Fahrlässigkeitsdelikt. 41.12

b) Verantwortlichkeit für die Tat von Mitarbeitern

In der zweiten Variante kann sich die Verantwortlichkeit des Verbandes aus einem strafrechtlich relevanten **Fehlverhalten anderer Mitarbeiter,** die im Rahmen der Tätigkeit des Verbandes für diesen gehandelt haben, ergeben; dies aber nur bei gleichzeitiger **Sorgfaltsverletzung seitens eines Entscheidungsträgers,** mit der die Tat zumindest erheblich erleichtert wurde (§ 3 Abs 3 VbVG). 41.13

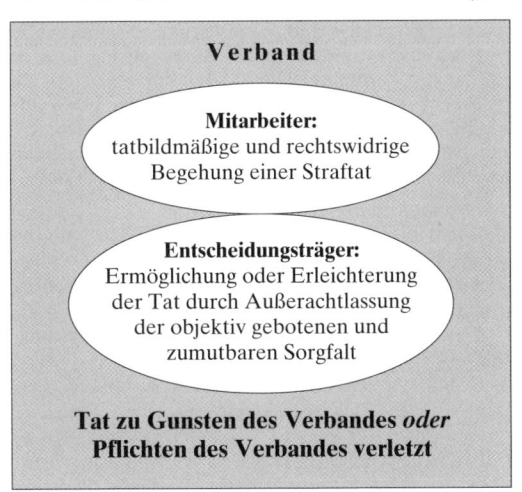

Verband

Mitarbeiter:
tatbildmäßige und rechtswidrige Begehung einer Straftat

Entscheidungsträger:
Ermöglichung oder Erleichterung der Tat durch Außerachtlassung der objektiv gebotenen und zumutbaren Sorgfalt

Tat zu Gunsten des Verbandes *oder* Pflichten des Verbandes verletzt

Mitarbeiter sind nur Personen, die in einem arbeitsvertraglichen oder arbeitnehmerähnlichen Verhältnis zum Verband oder in einem öffentlich-rechtlichen Dienstverhältnis stehen (§ 2 Abs 2 VbVG).

Damit hat diese Variante **zwei auf einander aufbauende Voraussetzungen:** Der **Mitarbeiter** muss einen **Sachverhalt,** der einem gesetzlichen Tatbild entspricht, **rechtswidrig** verwirklichen. Es ist aber **nicht notwendig,** dass der Mitarbeiter **schuldhaft** gehandelt hat; näher *Hilf/Zeder* WK² VbVG § 3 RN 34ff. Es muss **kein bestimmter Mitarbeiter** festgestellt werden, der die tatbestands- 41.14

mäßige Handlung vorgenommen hat. Daher können auch mehrere Mitarbeiter Teilhandlungen setzen, die zusammen den Tatbestand einer Straftat erfüllen. Ob der Verband wegen eines Vorsatz- oder Fahrlässigkeitsdelikts verantwortlich gemacht wird, hängt davon ab, ob der **Mitarbeiter** vorsätzlich oder objektiv sorgfaltswidrig gehandelt hat.

41.15 Zusätzlich ist es erforderlich, dass **die Begehung dieser Tat dadurch ermöglicht oder wesentlich erleichtert** wurde, „dass ein **Entscheidungsträger** die nach den Umständen gebotene und zumutbare **Sorgfalt außer Acht gelassen** hat, insbesondere indem er wesentliche technische, organisatorische oder personelle Maßnahmen zur Verhinderung solcher Taten unterlassen hat" (§ 3 Abs 2 VbVG). Dem **Entscheidungsträger** muss somit ein **objektiver Sorgfaltsverstoß,** etwa bei der Auswahl oder Kontrolle der Mitarbeiter oder der Organisation ihrer Zusammenarbeit, **vorzuwerfen** sein. Die geforderten Maßnahmen müssen **tatsächlich möglich** und dem Entscheidungsträger auch **zumutbar** sein; *Schmoller* RZ 2008 14 verlangt in diesem Sinn eine „Fahrlässigkeitsschuld" eines Entscheidungsträgers.

41.16 Anhand der *Ausgangsbeispiele* lassen sich die wesentlichen Kriterien der Fallprüfung nachvollziehen: Das Erfordernis, dass die Tat zu Gunsten des Verbandes begangen worden ist (RN 8), ist in allen drei Fällen in Form der Kostenersparnis gegeben. Wie weit der Verband Pflichten verletzt hat, kann daher in diesem Zusammenhang dahingestellt bleiben. Der **Bauklötze-Fall** und der **Fernfahrer-Fall** sind nach Variante **1** zu lösen, während im **Chemikalien-Fall** Variante **2** zu prüfen ist. Im **Bauklötze-Fall** handelt der Geschäftsführer objektiv sorgfaltswidrig und damit rechtswidrig, indem er die Verwendung der billigeren Farben anordnet, ohne deren Kindertauglichkeit zu prüfen. Auch seine Schuld steht außer Frage. Im **Fernfahrer-Fall** handelt der Geschäftsführer der Transport-GmbH rechtswidrig, indem er die Fahrzeitbestimmungen für Lkw-Fahrer verletzt. In Bezug auf die Erfolge (Gefährdung und Verletzung) ist beiden Geschäftsführern Fahrlässigkeit zur Last zu legen. Die betreffenden Verbände sind daher wegen **fahrlässiger Tatbegehung** nach § 88 Abs 1, § 177 Abs 1 bzw nach § 80 StGB, jeweils iVm § 3 Abs 2 VbVG, verantwortlich.

Im **Chemikalien-Fall** muss sich einerseits der Mitarbeiter vorhalten lassen, eine vorsätzliche Umweltbeeinträchtigung nach § 180 Abs 1 Z 2 StGB begangen zu haben. Andererseits haben die Entscheidungsträger durch die Einstellung dieser ungeeigneten Person die objektiv gebotene und zumutbare Sorgfalt außer Acht gelassen und dadurch die Tat ermöglicht. Der Verband ist daher wegen **vorsätzlicher Tatbegehung** (RN 14 aE) nach § 180 Abs 1 Z 2 StGB iVm § 3 Abs 3 VbVG verantwortlich.

3. Sanktionen

41.17 Das Verbandsverantwortlichkeitsgesetz sieht keine echten Strafen, sondern **Verbandsgeldbußen** vor. Dieser Verzicht auf den Begriff der „Strafe" (vgl *Moos* RZ 2004 103f) bedeutet gleichzeitig, dass die neutrale Deutung der Schuld – und damit das pluralistische Menschenbild des StGB (vgl RN 2.14, RN 16.9) – nicht in Frage gestellt ist. Jedenfalls soll auch die Verurteilung zu einer Geldbuße **general- und spezialpräventive Funktion** erfüllen; ebenso die **Wiederherstellung des Rechtsfriedens mit den Opfern** bzw deren Angehörigen. Sie drückt in diesem Sinn einen **sozialethischen Tadel** aus. Gegenüber Vertretern eines indeterministischen Schuldbegriffs ist klargestellt, dass die Verbandsgeldbuße keinen individualethischen Tadel bedeutet; vgl EBRV 994 BlgNR 22. GP 24; *Hilf/Zeder* WK[2] VbVG § 3 RN 3; *Tipold* WK[2] § 4 RN 6.

B. Grundsätze des Verbandsverantwortlichkeitsgesetzes

Für die **Bemessung der Geldbuße** hat der Gesetzgeber ein System gewählt, das dem **Tagessatzsystem** im gerichtlichen Strafrecht entspricht; anderes gilt für das Finanzstrafrecht; vgl § 28 a FinStrG. Für die Bemessung der Verbandsgeldbuße sieht § 5 VbVG Erschwerungs- und Milderungsgründe vor. Diese können auch für die Bemessung einer nach dem FinStrG zu bestimmenden Verbandsgeldbuße herangezogen werden; vgl 13 Os 10/16 v; 13 Os 25/18 b.

Das Instrument der **Diversion** soll auch im Verbandsstrafrecht zur Anwendung kommen (§ 19 VbVG). Von den in der StPO enthaltenen Formen der Diversion (Tatausgleich, Zahlung eines Geldbetrages, Probezeit und gemeinnützige Leistungen) sind **alle außer dem Tatausgleich,** der ein persönliches Aufeinandertreffen von Verdächtigem und Opfer erfordert, auch für Verbände vorgesehen. Der **Wiedergutmachungsgedanke** ist aber auch und gerade gegenüber Verbänden zu beachten. Diversionell vorzugehen ist – wie bei natürlichen Personen –, wenn der Sachverhalt hinreichend geklärt erscheint, die Tat nicht mit mehr als fünf Jahren Freiheitsstrafe bedroht ist, die Tat nicht den Tod eines Menschen zur Folge hatte und keine spezial- und generalpräventive Gründe entgegenstehen. Lediglich auf das **Ausschlusskriterium der „schweren Schuld" wird verzichtet,** da der Begriff der Schuld im VbVG gänzlich vermieden wird. **41.18**

Außerdem sieht das VbVG für das Verfahren gegen Verbände ein deutlich weiteres **Verfolgungsermessen** der Staatsanwaltschaft vor, das die – in der Praxis häufig genützte – Möglichkeit gibt, von der Verfolgung des Verbandes abzusehen oder zurückzutreten, wenn in Abwägung verschiedener Faktoren (zB Schwere und Folgen der Tat, Nachtatverhalten des Verbandes) eine Verfolgung und Sanktionierung des Verbandes verzichtbar erscheint (§ 18 VbVG).

Der in §§ 209 a f geregelte Rücktritt von der Verfolgung wegen Zusammenarbeit mit der Staatsanwaltschaft **(Kronzeugenregelung)** ist auch für Verfahren gegen Verbände vorgesehen; § 209 a Abs 7 und § 209 b Abs 3 StPO; vgl näher RN 40.38.

42. Kapitel
Die internationalen Dimensionen des Strafrechts

Inhaltsübersicht

	RN
A. Allgemeines	42.1–42.3
B. Wie weit reicht das österreichische Strafrecht?	42.4–42.14
C. Der Schutzbereich der Rechtsgüter	42.15–42.16
D. Besonderheiten des Europarechts	42.17–42.19
E. Das Römische Statut über den Internationalen Strafgerichtshof (ICC)	42.20–42.30
1. Geltungsbereich, Komplementaritätsprinzip	42.22–42.23
2. Die Regelungstechnik des Römischen Statuts	42.24–42.25
3. Allgemeine Grundsätze	42.26–42.29
4. Zusammenarbeit	42.30

Schrifttum (Auswahl): *Ambos* Der Allgemeine Teil des Völkerstrafrechts[5] (2018); *ders* Internationales Strafrecht[4] (2014); *Bassiouni* (Hrsg) International Criminal Law[3] Vol I–III (2008); *Cassese/Gaeta/Jones* (Hrsg) The Rome Statute of the International Criminal Court: A Commentary Vol I, II (2002); *Cassese* International Criminal Law[3]

42. Kapitel: Die internationalen Dimensionen des Strafrechts

(2013); *Epp* Der Grundsatz der identen Norm und die beiderseitige Strafbarkeit ÖJZ 1981 197; *Glaser/Kert* EuGH: Nichtanwendung nationaler Verjährungsbestimmungen bei Mehrwertsteuerbetrug ZWF 2016 44; *Göth-Flemmich/Herrnfeld/Kmetic/Martetschläger* Internationales Strafrecht (2020; auch rdb-online); *Hafner* Die internationale Strafgerichtsbarkeit, in: *Neuhold/Schreuer/Hummer* (Hrsg) Österreichisches Handbuch des Völkerrechts[5] Bd 1 (2013) 533; *Hecker* Europäisches Strafrecht[5] (2015); *Hinterhofer/Schallmoser* Europäisches Strafrecht, in Jahrbuch Europarecht 2012 361; *Höpfel* Der Beitrag des Internationalen Gerichtshofs zur Strafrechtsentwicklung, in: Eser-FS (2005) 765; *ders* Individuelle versus Staatenverantwortlichkeit im Zusammenhang mit Völkermord: in Hafner-FS (2008) 535; *ders* Erfahrungen mit der internationalen Strafgerichtsbarkeit, StP 37 (2010) 5; *ders* Zum Stellenwert internationalisierter („hybrider") Strafgerichte, in: *Verschraegen* (Hrsg) Interdisziplinäre Studien zur Komparatistik und zum Kollisionsrecht II (2012) 93; *Höpfel/Angermaier* Adjudicating International Crimes, in: *Reichel* (Hrsg) Handbook of Transnational Crime and Justice (2005) 310; *Kert* Ausgewählte Fragen des Allgemeinen Teils des Wirtschaftsstrafrecht in: HB Wirtschaftsstrafrecht 1; *Linke* Grundriß des Auslieferungsrechts (1983); *Razesberger* The International Criminal Court (2006); *Safferling* Internationales Strafrecht (2011); *Satzger* Internationales und europäisches Strafrecht[9] (2020); *Schabas* Genozid im Völkerrecht (2003); *Schomburg/Lagodny* ua (Hrsg) Internationale Rechtshilfe in Strafsachen[6] (2020; auch beck-online); *Schwaighofer* Auslieferung und Internationales Strafrecht (1988); *Schwaighofer/Ebensperger* (Hrsg) Internationale Rechtshilfe in strafrechtlichen Angelegenheiten (2001); *Sieber/Satzger/v. Heintschel-Heinegg* Europäisches Strafrecht[2] (2014); *Stricker* Strafverfolgung von Verbänden bei In- und bei Auslandstaten ÖJZ 2019 859; *Tomuschat* Zehn Jahre Internationaler Strafgerichtshof EuGRZ 202 673; *Triffterer/Ambos* (Hrsg) Commentary on the Rome Statute of the international Criminal Court[3] (2015); *Van den Wyngaert/Dewulf* (Hrsg) International Criminal Law, A Collection of International and European Instruments[4] (2011); *Werle* Völkerstrafrecht[3] (2012); *Wirth/Schallmoser/Hinterhofer* Europäisches Strafrecht, in Jahrbuch Europarecht 2015 347; *Zeder* Der Rahmenbeschluss als Instrument der EU-Rechtsangleichung im Strafrecht am Beispiel des Rahmenbeschlusses gegen Geldfälschung ÖJZ 2001 81; *Zeder* Der Vorschlag zur Errichtung einer Europäischen Staatsanwaltschaft: Große – kleine – keine Lösung? AnwBl 2014, 212; *Zerbes* Zuständigkeit bei virtuell begangenen Äußerungsdelikten ÖJZ 2017 856.

Wichtigste Web-Adressen (Auswahl):

Vereinte Nationen (United Nations), Wien:
http://www.unodc.org/unodc/index.html

Internationale Strafgerichte:
ICC: http://www.icc-cpi.int (vgl auch das NGO-Netzwerk „Coalition for the International Criminal Court" – http://www.iccnow.org)
ICTY, ICTR: http://www.un.org/icty bzw http://www.ictr.org (für den Internationalen Residualmechanismus, der an deren Stelle getreten ist: https://cld.ivmct.org)
SCSL: http://www.sc-sl.org

Europarat und EGMR:
http://www.coe.int/t/dgi/default_en.asp
http://www.conventions.coe.int/
http://www.echr.coe.int

Europäische Union:
http://europa.eu/pol/justice/index_de.htm
https://e-justice.europa.eu

Österreich:
BMJ: http://www.justiz.gv.at
NR: http://www.parlament.gv.at
OGH und Generalprokuratur: http://www.ogh.gv.at

A. Allgemeines

Dieses abschließende Kapitel geht auf einen Aspekt ein, der im normalen **42.1**
Gerichtsalltag oft untergeht, aber durch die verstärkte **Mobilität des modernen Menschen** und die gestiegene **Vernetztheit der Welt** immer deutlicher wird: den vielfach **grenzüberschreitenden** oder sonst **internationalen** Charakter unseres Faches. Diese zusätzlichen Dimensionen betreffen zunächst den **Geltungsbereich** des innerstaatlichen Strafrechts („Strafrechtsanwendungsrecht") und – logisch diesem vorgelagert – den **Schutzbereich** der Deliktstatbestände (inländische/ausländische Rechtsgüter). Vgl RN 4 ff, 15 f.

Für Österreich als EU-Mitglied gewinnen auch im Strafrecht gemein- **42.2**
schafts- und unionsrechtliche Rechtsakte immer mehr an Bedeutung. Auch diese Komponenten sind zum „internationalen Strafrecht" zu zählen. Vgl RN 17 ff.

Für die massivsten Verletzungen der Menschenrechte und des humanitä- **42.3**
ren Völkerrechts haben sich darüber hinaus internationale Instrumente entwickelt, die nicht bloß die Einzelstaaten in Pflicht nehmen („indirect enforcement"), sondern zur Vermeidung von Straflosigkeit eine individuelle strafrechtliche Verantwortlichkeit direkt auf Ebene des Völkerrechts vorsehen („direct enforcement"). Dazu wurden zunächst, nach dem Vorbild des Nürnberger Militärtribunals (1945/46), die **Ad-hoc-Tribunale** des Sicherheitsrats der Vereinten Nationen für die Ahndung humanitärer Verbrechen auf dem Gebiet des ehemaligen Jugoslawien (ICTY) und in Ruanda (ICTR) sowie weitere Spezialgerichte oder „internationalisierte" Abteilungen (zB Special Court for Sierra Leone) eingerichtet. Als höchste Stufe der Entwicklung besteht ein (ständiger) **Internationaler Strafgerichtshof** („International Criminal Court" – ICC). Vgl RN 20 ff.

B. Wie weit reicht das österreichische Strafrecht?

Ausgangsbeispiele: Ein Flüchtling gibt im Asylverfahren in Wien an, er habe in **42.4**
seinem Heimatland einen Armeeoffizier mit einem Messer tödlich verletzt und werde deswegen politisch verfolgt. Das Asylsuchen bleibt nicht nur erfolglos, sondern er wird aufgrund der eigenen Angaben festgenommen und von der Staatsanwaltschaft Wien wegen des Verbrechens der absichtlich schweren Körperverletzung nach § 87 Abs 1 und 2 zweiter Satz StGB angeklagt **(Flüchtlings-Fall)**.

Ein deutscher Extremist gibt in Berlin einen mit Milzbrandbakterien (Anthrax) gefüllten Brief auf, adressiert an einen österr Politiker mit seiner Linzer Dienstanschrift. Am Frankfurter Flughafen fällt die Postsendung jedoch dem Sicherheitsdienst als verdächtig auf und wird abgefangen **(Anthrax-Fall)**.

Auf einer Dienstreise nach Bangkok besucht ein Wiener Unternehmer (A) seinen österreichischen Geschäftsfreund B, der seinen gewöhnlichen Aufenthalt in Bangkok hat. Auf Vorschlag des B beschließen sie, zum „Zeitvertreib" thailändische Kinder, die ihnen als Prostituierte angeboten werden, in dessen Wohnung mitzunehmen, und missbrauchen sie dort. Als A nach seiner Rückkehr mit der „Geschichte" prahlt, wird gegen beide Anzeige erstattet **(Sextourismus-Fall)**.

In Fällen wie diesen stellen sich folgende Fragen: Ist österr Strafrecht anzu- **42.5**
wenden, dh erstreckt sich der örtliche Geltungsbereich des österr Strafrechts (= die **österr Strafgewalt**) auf den jeweiligen Sachverhalt? Und: Spielt die **Strafbarkeit am (ausländischen) Tatort** eine Rolle? Denn das ausländische Strafrecht

42. Kapitel: Die internationalen Dimensionen des Strafrechts

ist unter Umständen zur Beantwortung der ersten Frage mitzuberücksichtigen; das im Urteil des österr Gerichts angenommene Delikt muss jedoch grundsätzlich dem **österr Strafrecht** entnommen werden.

Anders im Zivilrecht! Die Vorschriften des Internationalen Privatrechts **(IPR)** sind sog Kollisionsnormen, die zur unmittelbaren Anwendung **ausländischen Zivilrechts** führen können.

42.6 Beide Fragen hängen entscheidend von der **Definition des Tatorts** ab. Gemäß § 67 Abs 2 ist ein **inländischer Tatort** gegeben, wenn

- der **Täter** im Inland **gehandelt hat** oder (bei Unterlassungen) **hätte handeln sollen** oder
- ein **tatbildmäßiger Erfolg** ganz oder zum Teil im Inland **eingetreten ist** oder nach der Vorstellung des Täters **hätte eintreten sollen.**

Damit sind die „Tätigkeits-" und die „Erfolgstheorie" verbunden (sog **Ubiquitätstheorie**). Und schon ein **vorgestellter,** aber nicht eingetretener **Erfolg in Österreich** reicht, wenn zumindest das Versuchsstadium erreicht war, für die Annahme einer **Inlandstat** hin.

Damit löst sich der **Anthrax-Fall:** Die Adressierung des Briefes nach Linz begründet einen österr Tatort. **Anders** beim **Transitdelikt:** Würde der Brief in Österreich abgefangen, hätte aber seine Destination in einem Drittstaat, würde dies keinen inländischen Tatort begründen. Ebenfalls anders sind **Vorbereitungsdelikte** zu beurteilen, die auf eine Ausführung des vorbereiteten Delikts in Österreich abzielen (zB eine kriminelle Vereinigung in Bratislava, die geplant hat, in Österreich zu handeln oder hier Erfolge herbeizuführen; vgl § 278).

42.7 **Beachte!** Der Begriff des **tatbestandsmäßigen Erfolges** im Inland ist wesentlich enger gefasst als jener der **„Verletzung österreichischer Interessen"** (§ 64 Abs 1 Z 4). Was der Täter bloß **plant,** begründet daher noch keinen inländischen Tatort, **kann** aber als Anknüpfungspunkt für die Strafbarkeit einer Auslandstat relevant werden, wenn die Strafrechtsanwendungsnorm auf eine solche Ausstrahlung abstellt. Wichtige Anwendungsfälle sind die im Ausland begangene **Fälschung** (§ 232 Abs 1 oder 2) **von Euro-Banknoten** (EvBl 2003/123); der **Schmuggel von Suchtgift** von einem in einen anderen Staat (zB Einfuhr von den Niederlanden nach Deutschland) **in der Absicht,** es schließlich **nach Österreich zu verbringen,** um es hier in Verkehr zu setzen (vgl 11 Os 110/00).

42.8 Dennoch ist das **Territorialitätsprinzip** heute – vor allem in Rechtsordnungen mit einem derart weiten Tatortbegriff – das dominierende Prinzip. Die hoheitliche Macht inländischer Behörden (Verwaltungsbehörden oder Gerichte) macht aber an der Staatsgrenze nicht halt: Die sog Gebietshoheit als Ausdruck der Souveränität begrenzt nur (grundsätzlich) das Tätigwerden österr Staatsorgane hinsichtlich des Ortes ihres Einschreitens. Im Völkerrecht ist seit langem anerkannt, dass eine Amtshandlung, die sich auf einen **Auslandssachverhalt** bezieht, allein aus diesem Grund noch nicht als unzulässige Einmischung in innere Angelegenheiten des anderen Staates anzusehen ist. Diese Regel wurde im berühmten **„Lotus"-Fall** (Frankreich gegen Türkei, Urteil des ehemaligen Ständigen Internationalen Gerichtshofes aus dem Jahr 1927) entwickelt. Seither hat sich in Lehre und Staatenpraxis aber immerhin als Grundsatz herausgebildet, dass ein Staat, in dem ein Verbrechen verfolgt werden soll, dazu doch einen **Anknüpfungspunkt** braucht, mit dem der Staat einen sinnvollen Bezug zum Fall herstellen kann („meaningful link"). Die traditionellen Anknüpfungspunkte –

B. Wie weit reicht das österreichische Strafrecht?

von denen auch das StGB Gebrauch macht – liegen neben dem inländischen Tatort (Territorialitätsprinzip) in dem **Flaggenprinzip,** welches das Territorium jenes Landes fingiert, unter dessen Flagge das Schiff (Flugzeug) segelt; weiters vor allem in der Staatsbürgerschaft des Täters **("aktives" Personalitätsprinzip).** Darüber hinaus kann jedes Land bestimmte Rechtsgüter, wie die eigene Währung oder das Ansehen des Staates, unabhängig von Tatort und Täter unter Schutz stellen **(Realschutzprinzip).**

Möglich ist auch eine Anknüpfung an die Staatsangehörigkeit des Opfers einer Straftat ("passives" Personalitätsprinzip oder **Personalschutzprinzip).** Andere Gesichtspunkte, wie der Ort der Festnahme oder die Unmöglichkeit einer Auslieferung (vgl dazu RN 14), treten ergänzend hinzu. Wenn die Auslieferung daran scheitert, dass am Tatort eine funktionierende Strafrechtspflege nicht besteht, erwächst dem Aufenthaltsstaat eine abgeleitete Form von Strafgewalt (Prinzip der „stellvertretenden Strafrechtspflege", § 65 Abs 3; vgl 15 Os 99/94). Vgl näher *Höpfel/Angermaier* in Handbook 318 337. **42.9**

Das Völkerrecht überlässt es im Allgemeinen den Staaten, welche Anknüpfungspunkte (einzeln oder auch in Kombination) ausreichen sollen. Und es schließt auch nicht aus, dass der einzelne Staat sein Strafrecht auf bestimmte Verbrechen für anwendbar erklärt, die keinerlei speziellen Sachbezug zu dem konkreten Staat aufweisen: Dann muss die Rechtfertigung für das Tätigwerden im Rahmen solcher „Weltrechtspflege" in der besonderen Natur des Delikts als Angriff auf die Sicherheit oder grundlegende Werte der Staatengemeinschaft gefunden werden **(Universalitätsprinzip).** Näher *Höpfel/Angermaier* in Handbook 314 335. **42.10**

Die nähere Ausgestaltung der Reichweite des nationalen Strafrechts ist dem rechtspolitischen Wollen des Gesetzgebers überlassen. Für Österreich ergibt sie sich daher aus dem – gerade hier in einem ständigen Fluss befindlichen – positiven österr Strafrecht. Seine Regeln über den **örtlichen Geltungsbereich** finden sich in den **§§ 62–65a.** **42.11**

Wie löst sich daher der **Flüchtlings-Fall** (RN 4)? In dem konkreten Fall erkannte das LGSt Wien die Grenzen des Strafrechtsanwendungsrechts richtig und sprach den Angeklagten frei. Nach einer Nichtigkeitsbeschwerde der StA bestätigte der OGH in 14 Os 16/04 das Ergebnis: Es fehlte an einer rechtlichen Grundlage, den Flüchtling in Österreich anzuklagen. Da Delikte gegen Leib und Leben (selbst Mord!) nicht in der Aufzählung des § 64 vorkommen, wäre § 65 (Abs 1 Z 2) zu prüfen und die Strafbarkeit schon seitens der Staatsanwaltschaft zu verneinen gewesen.

Die beiden Österreicher im **Sextourismus-Fall** unterfallen verschiedenen Bestimmungen: Ist der Täter eines sexuellen Missbrauchs nach §§ 206 oder 207 Österreicher **und** hat seinen gewöhnlichen Aufenthalt im Inland (hier: A), erfüllt er die kombinierten Kriterien des § 64 Abs 1 Z 4 a und ist in Österreich ohne Rücksicht auf die **Strafgesetze des Tatortes** zu bestrafen. B hingegen unterfällt nur der „schwächeren" Strafrechtsanwendungsnorm des § 65 Abs 1 Z 1. Nach dieser ist das Tatortrecht **begrenzend** mit heranzuziehen (vgl Abs 2 und 4 Z 1: Grundsatz der „identen Norm"); ist es nach diesem schon zu einer Erledigung gekommen (Abs 4 Z 2–4), entfällt die Strafbarkeit.

Das Gesetz setzt das Erfordernis der Anwendbarkeit des österr Strafrechts den übrigen Voraussetzungen der Strafbarkeit gleich. Die **Strafrechtsanwendungsnormen** (mitunter fälschlich als „Zuständigkeitsnormen" bezeichnet!) sind daher, wenn es sich nicht um einen eindeutigen Inlandssachverhalt handelt, wie beim allgemeinen **Fallprüfungsschema** zu prüfen. Systematisch gehören sie – da **42.12** unabhängig von Unrecht und Schuld – wie das Fehlen von Strafausschließungsgründen zur Gruppe der **sonstigen Voraussetzungen der Strafbarkeit** (vgl etwa **Anhang 1** IV u **Anhang 3** IV). Konsequent nimmt der OGH bei Schuldsprüchen, die diese Voraussetzung übersehen, den Nichtigkeitsgrund des § 281 Abs 1 Z 9 lit a StPO an (SSt 52/13; 11 Os 110/00).

Beachte! Von der Frage der inländischen Gerichtsbarkeit (= **Strafgewalt**) ist jene nach der örtlichen **Zuständigkeit** bei gegebener inländischer Gerichtsbarkeit **zu unterscheiden.** Der Begriff des Tatorts, der auch hier wieder eine zentrale Rolle spielt, ist in § 51 **Abs 1 StPO** abweichend vom materiellen Recht ausschließlich danach definiert, ob der Beschuldigte im Sprengel des Gerichts **gehandelt** hat, unabhängig davon, wo der Erfolg eingetreten ist.

42.13 Vereinfacht gilt für die Prüfung der österr Strafgewalt folgendes dreistufiges **Gedankenschema:**

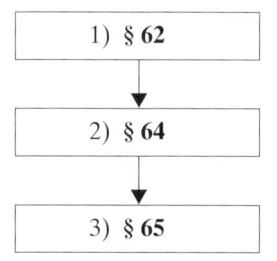

```
    1) § 62
       ↓
    2) § 64
       ↓
    3) § 65
```

Die Stufen dieser Prüfung im Detail:

1) F r a g e: Für Antwort maßgeblich:
   Inlandstat?   **§ 62** iVm **§ 67 Abs 2**
   (oder an Bord eines österr   (allenfalls § 63)
   Schiffs oder Luftfahrzeugs?)

2) Wenn **nein,**
   Katalogtat?   **§ 64 Abs 1** Z 1–11

3) Wenn **nein,** so gilt nach den **Generalklauseln** des **§ 65 Abs 1** österr Strafrecht nur unter **einschränkenden Voraussetzungen:**

   a) Täter **Österreicher?**   Z 1: Frage **Tatortrecht**

   b) Täter **Ausländer** und   Z 2: Fragen **Tatortrecht**
      im Inland betreten?   und **Auslieferung**

Beachte! Ist 3) a) oder b) erfüllt, so fehlt es dennoch an der österr Strafgewalt, sobald **Erledigung** nach § 65 Abs 4 eingetreten ist. Eine Anwendung des Erledigungsprinzips auf Fälle der Strafgewalt nach **§ 64** ist ausgeschlossen. Gegen die Gefahr einer „Doppelbestrafung" ist jedoch durch die Vorschrift des § 66 vorgesorgt, wonach eine im Ausland wegen derselben Tat erlittene Strafe auf die im Inland verhängte Strafe **anzurechnen** ist; vgl 15 Os 56/95; *L/St* § 64 RN 38 u § 66 RN 1ff. Nur im Verhältnis zu einigen bestimmten Staaten (insb im Schengen-Raum) greift als Verfahrenshindernis ein internationales „Ne bis in idem" ein; vgl E 10 RN 37.

C. Der Schutzbereich der Rechtsgüter

Zur Bedeutung des Auslieferungsrechts für das Bestehen inländischer Strafgewalt:

Nicht nur in § 65 Abs 1 Z 2, sondern auch bei einigen Delikten im Katalog des § 64 Abs 1 (zB Z 4, vgl oben RN 7) begegnet uns als zusätzliches Kriterium die **Unmöglichkeit einer Auslieferung.** Inländische Strafgewalt besteht dann jeweils, wenn entweder die Auslieferung **unzulässig** wäre oder rechtlich zulässige Bemühungen **erfolglos** geblieben sind. Als Auslieferungshindernisse kommen insb in Betracht: 42.14

– mangelndes Gewicht des Delikts (zu geringe Strafobergrenze, § 11 Abs 1 ARHG); vgl zB 11 Os 127/95
– Verjährung nach dem Recht des ersuchenden Staates (§ 18 ARHG)
– österr Staatsbürgerschaft (§ 12 ARHG); vgl zB 15 Os 56/95.

Beachte! Die auf den ersten Blick schwer verständliche Klausel „wenn der Täter ... aus einem anderen Grund als wegen der Art oder Eigenschaft der Tat nicht ausgeliefert werden kann" (§ 65) zielt darauf ab, dass ein **politischer, militärischer oder fiskalischer Charakter der Tat** die Auslieferung idR verbietet (§§ 14, 15 ARHG). Ist in einem solchen Fall die Auslieferung nicht möglich, so soll der Täter auch in Österreich nicht bestraft werden können.

Das Auslieferungsrecht besteht neben den innerstaatlichen Regelungen vor allem in zahlreichen – vorrangig beachtlichen (vgl § 1 ARHG!) – **zwischenstaatlichen Übereinkommen.** Als „Mutterkonvention" ist im Raum der Europaratsstaaten stets das 1957 abgeschlossene **Europäische AuslieferungsÜbk** (BGBl 1969/320 idF III 2016/42) heranzuziehen.

C. Der Schutzbereich der Rechtsgüter

Wie weit die geschützten Rechtsgüter überhaupt reichen, ist eine **deliktsspezifisch** zu prüfende Frage. Der Gesetzgeber kann, wenn ihm ein Tatbestand zu eng geraten erscheint, das Rechtsgut „internationalisieren", wie er es zB im StRÄG 1998 und weiteren Novellen mit der Hinzufügung neuer Beamten- bzw Amtsträger-Kategorien (zB Amtsträger eines anderen Staates oder einer int Organisation; vgl § 74 Abs 1 Z 4a lit b, c) in Hinblick auf § 304 und anderen Korruptionsdelikten getan hat. Auch beim Schutz von Urkunden ist die Frage durch ausdrückliche Einbeziehung ausländischer öffentlicher Urkunden klar gelöst; vgl § 224. Ähnlich bei der Geldfälschung (vgl § 241) oder im Abschnitt über die Störung der Beziehungen zum Ausland (§§ 316 ff). 42.15

Ansonsten kommt es auf die **Auslegung** an: Handelt es sich um ein „inländisches Rechtsgut" (zB die Rechtspflege) oder ist der Schutzbereich neutral (Leib und Leben, Freiheit, Ehre, Vermögen)? Diese Frage ist beim jeweiligen Tatbestand, vorerst unabhängig von den Strafrechtsanwendungsregeln der §§ 62 ff, zu entscheiden. Erst in einem nächsten Schritt sind inländischer Tatort, Nationalität des Täters und etwaige andere Anknüpfungspunkte zu diskutieren. Ergibt die Auslegung eines Tatbestandes, dass nur **inländische Rechtsgüter** geschützt sind, findet er auf eine Tat, die nicht in diesen Schutzbereich eingreift, selbst dann keine Anwendung, wenn nach den Regeln des Strafrechtsanwendungsrechts ein Anknüpfungspunkt gegeben wäre; vgl *Höpfel/Kathrein* WK² Vorbem §§ 62 ff RN 50 aF; *Satzger* Internationales und Europäisches Strafrecht § 12 RN 94.

42.16   B e i s p i e l e : Die falsche Anzeige eines Diebstahls im spanischen Marbella zur Vorbereitung eines Betrugs gegenüber der österr Reiseversicherung könnte die **Vortäuschung einer mit Strafe bedrohten Handlung** darstellen. Doch schützt der Tatbestand des § 298 ausschließlich die österr Rechtspflege (EvBl 1995/62). Daher ist nur eine Tatbegehung gegenüber österr Behörden oder Beamten erfasst. Das bedeutet gleichzeitig, dass nur die Vortäuschung einer Straftat, die der österr Gerichtsbarkeit unterläge und deshalb überhaupt Anlass zur Vornahme von Ermittlungen im Inland geben kann, erfasst ist. Beides hindert, die Falschanzeige unter § 298 zu subsumieren.

Anders der Schutzbereich der **Hehlerei** oder **Geldwäscherei** (§§ 164, 165): Stammt die verhehlte Sache aus einem Diebstahl, der nicht der österr Gerichtsbarkeit unterliegt, oder wird ein Vermögensbestandteil „gewaschen", der aus einem ebensolchen Verbrechen (§ 17) stammt, so wird nach hM die Tatbestandsmäßigkeit der Hehlerei bzw Geldwäscherei dadurch nicht berührt (*L/St* § 164 RN 14). Die Vortat muss eben keine strafbare, sondern nur eine „mit Strafe bedrohte" Handlung darstellen. Die Frage der konkreten Strafbarkeit der Vortat beeinflusst also nicht die Tatbestandsmäßigkeit der Nachtat (der deutsche Gesetzgeber hat dies in § 261 Abs 8 dStGB klargestellt).

D. Besonderheiten des Europarechts

42.17   Die Eigenart des Rechts der Europäischen Union bestimmt seit einiger Zeit die Gestalt des Strafrechts der Mitgliedstaaten. Zahlreiche Gesetzesänderungen der letzten Zeit gehen auf **Harmonisierungsbestrebungen** auf EU-Ebene zurück; vgl etwa die Einführung der Verbandsverantwortlichkeit (vgl E 11 RN 2 aE), die Änderungen durch das Terrorismuspräventionsgesetz 2010 BGBl I 2011/103 und das Sexualstrafrechtsänderungsgesetz 2013 BGBl I 116; vgl dazu *Hinterhofer/Schallmoser* Jahrbuch Europarecht 2012 362.

Seit dem **Vertrag von Maastricht** bildete die polizeiliche und justizielle Zusammenarbeit in Strafsachen die sog **Dritte Säule** der Union. Die in deren Rahmen gesetzten Rechtsakte waren zwar kein Gemeinschaftsrecht und entfalteten keine unmittelbare Geltung; dennoch beeinflussten die vom Rat erlassenen Rahmenbeschlüsse das Strafrecht in vielfacher Weise; vgl *Zeder* ÖJZ 2001 81 ff.

Durch den **Vertrag von Lissabon** erhielt die EU eine ausdrückliche **Kompetenz** zur **Angleichung der strafrechtlichen Rechtsvorschriften der Mitgliedstaaten** durch Richtlinien, somit supranationale Rechtsinstrumente, in Feldern schwerer grenzüberschreitender Kriminalität (Art 83 Abs 1 AEUV) und in Bereichen der Politiken der EU, in denen bereits Harmonisierungsmaßnahmen (nicht-strafrechtlicher Art) durchgeführt worden sind (Art 83 Abs 2 AEUV). Auf Grundlage des Art 83 Abs 1 AEUV wurde zB die Richtlinie 2011/36/EU zur Verhütung und Bekämpfung des Menschenhandels und zum Schutz seiner Opfer, ABl 2011 Nr L 101 1, erlassen. Art 83 Abs 2 AEUV diente als rechtliche Grundlage der Richtlinie 2014/57/EU über strafrechtliche Sanktionen bei Marktmanipulation, ABl 2014 Nr L 173 179; vgl näher *Wirth/Schallmoser/Hinterhofer* Jahrbuch Europarecht 2015 356. Im Bereich der **Bekämpfung von Betrügereien zu Lasten der finanziellen Interessen der Union** wäre auch die Erlassung echter

D. Besonderheiten des Europarechts

supranationaler Straftatbestände im Wege einer Verordnung möglich (Art 325 AEUV). Dennoch hat der Unionsgesetzgeber die Richtlinie 2017/1371 über die strafrechtliche Bekämpfung von gegen die finanziellen Interessen der Union gerichteten Betrug, ABl 2017 Nr L 198/29, auf Art 83 Abs 2 AEUV gestützt.

Der AEUV bietet in Art 86 auch eine Grundlage für die Einrichtung einer **Europäischen Staatsanwaltschaft.** Mit der Verordnung (EU) 2017/1939 des Rates vom 12. 10. 2017 zur Durchführung der Verstärkten Zusammenarbeit zur Errichtung der Europäischen Staatsanwaltschaft, ABl 2017 L 283/1, wurde die Grundlage für die Einrichtung einer europäischen Strafverfolgungsbehörde geschaffen. Sie soll 2021 ihre Arbeit aufnehmen und für die Untersuchung und Verfolgung sowie die Anklageerhebung in Bezug auf Personen zuständig sein, die Straftaten zum Nachteil des EU-Budgets begangen haben. Die Europäische Staatsanwaltschaft wird dann vor den nationalen Gerichten tätig werden. Der Einfluss auf das materielle Recht ist noch nicht abzusehen; vgl *Zeder* AnwBl 2014 212.

Neben der Angleichung der nationalen Strafrechtsordnungen ist auf die **42.18** **direkte Anwendbarkeit** von Verordnungen der EU, wie zB die VO 952/2013 zur Festlegung des Zollkodex, ABl 2013 Nr L 269 1, sowie auf die Verpflichtung zu einer **unionsrechtskonformen Auslegung** des innerstaatlichen Strafrechts zu achten; näher RN 19. Der Grundsatz der **Unionstreue** (vgl Art 4 EUV) bindet die Mitgliedstaaten in Gesetzgebung und Vollziehung. Bei Widerspruch zwischen geltendem nationalem Recht (auch Verfassungsrecht) und Europarecht geht dieses vor **(Anwendungsvorrang des Unionsrechts).**

Das Spannungsfeld des Europarechts führt sowohl im Prozessrecht – **42.19** wo der Grundsatz der gegenseitigen Anerkennung strafrechtlicher Entscheidungen dominiert – als auch in vielerlei Detailfragen des materiellen Strafrechts zu neuen Ergebnissen; vgl *Höpfel* WK² § 1 RN 26 ff; *Safferling* Internationales Strafrecht 409 ff; *Satzger* Internationales und Europäisches Strafrecht § 8 RN 9 ff. Unmittelbar anwendbar sind zwar nur **Verordnungen,** zB die BasisVO für das gemeinschaftliche Lebensmittelrecht ABl 2002 Nr L 31 1. Das Prinzip der **richtlinienkonformen Auslegung** beeinflusst aber auch bei Bestimmungen, durch die europäisches Recht in nationales Recht umgesetzt worden ist, den **Bedeutungsgehalt strafrechtlicher Rechtstexte;** vgl dazu *Höpfel* WK² § 1 RN 29 u 40; näher *Kert* in HB Wirtschaftsstrafrecht RN 1.90; *Safferling* Internationales Strafrecht 465 ff; *Satzger* Internationales und Europäisches Strafrecht § 9 RN 102 ff.

Beachte! Für die Auslegung des Europarechts kommt dem **EuGH** die höchste Autorität zu. Bei Unklarheiten können oder müssen daher österr Gerichte ein **Vorabentscheidungsverfahren** beantragen (Art 267 AEUV); s zB das auf einen Vorlagebeschluss des LG Eisenstadt zurückgehende Urteil des EuGH vom 7. 1. 2004 (C-60/02) zur Auslegung der Bestimmungen über Maßnahmen gegen Produktpiraterie. Die Bedeutung dieses Rechtsinstruments für das Strafrecht zeigte sich ua jüngst in der Rechtssache *Taricco* (EuGH C-105/14), der ein Vorabentscheidungsersuchen eines italienischen Gerichtes im Zusammenhang mit einem Mehrwertsteuerkarussel zugrunde lag. Nach der Entscheidung des EuGH hat das Strafgericht erforderlichenfalls die nationalen strafrechtlichen Verjährungsbestimmungen unangewendet zu lassen, um die volle Wirksamkeit des Unionsrechts (hier insb Art 325 Abs 1 und 2 AEUV) zu gewährleisten (vgl *Glaser/Kert* ZWF 2016 44). In einer späteren Entscheidung gestand er den nationalen Gerichten zu, dass sie, sofern sie nationale Strafvorschriften unangewendet lassen müssen, darauf zu achten haben, dass die Grundrechte des Beschuldigten, inbs das Gesetzlichkeitsprinzip, beachtet werden; vgl Rechtssache *Strafverfahren gegen M. A. S. und M. B.* EuGH C-42/17.

42. Kapitel: Die internationalen Dimensionen des Strafrechts

E. Das Römische Statut über den Internationalen Strafgerichtshof (ICC)

42.20 Nach langen Vorarbeiten im Rahmen der Vereinten Nationen wurde am **17. Juli 1998** in Rom der Vertrag über die Errichtung eines Internationalen Strafgerichtshof (ICC) unterzeichnet („Römisches Statut"); das Statut trat am **1. Juli 2002 in Kraft.** Anders als bei den Ad-hoc-Tribunalen für das ehemalige Jugoslawien (ICTY) und für Ruanda (ICTR) – die die wichtigsten Vorläufer sind – besteht also die **Rechtsgrundlage des ICC** nicht in einer Resolution des Sicherheitsrats, sondern in einem **völkerrechtlichen Vertrag.** An diesen sind nur die Staaten, die ihn ratifiziert haben, gebunden (Ausnahme: Zuweisung einer Situation durch den Sicherheitsrat der Vereinten Nationen).

Österreich hat das Römische Statut am 7. Oktober 1998 unterzeichnet und am 28. Dezember 2000 ratifiziert (BGBl III 2002/180). Ende Juni 2020 hatte der Gerichtshof 123 Mitglieder.

42.21 Das **Römische Statut** regelt eingehend die Errichtung des ICC, seine Zusammensetzung und Verwaltung, die Verpflichtung der Vertragsstaaten zur Zusammenarbeit mit dem Gerichtshof (Vollzug von Rechtshilfeersuchen und Haftbefehlen, Vollstreckung von Urteilen), und es steckt für die Verfahrensordnung den Rahmen ab. Vor allem aber regelt es die zentralen Fragen des materiellen Rechts (Deliktstatbestände in der Zuständigkeit des ICC sowie allgemeine Grundsätze des Strafrechts).

Auf welchen Grundsätzen baut das ICC-Statut auf?

1. Geltungsbereich, Komplementaritätsprinzip

42.22 In zeitlicher Hinsicht *(ratione temporis)* hat der ICC Gerichtsbarkeit nur über Verbrechen, die **nach Inkrafttreten** des Statuts begangen wurden (Art 11). Örtlich *(ratione loci)* übt der ICC seine Gerichtsbarkeit über Taten aus, die **auf dem Territorium einer Vertragspartei des ICC-Statuts** begangen wurden, oder wenn der **Beschuldigte Staatsangehöriger eines Staates** ist, der **Vertragspartei** des ICC-Statuts ist (Art 12). Ein Staat, der nicht Vertragspartei ist, kann im Einzelfall die Gerichtsbarkeit des ICC akzeptieren.

Gemäß Art 13 kann ein Verfahren vor dem ICC auf drei Arten in Gang gesetzt werden („triggering mechanisms"): dadurch, dass ein Vertragsstaat die Sache dem Gerichtshof unterbreitet; dadurch, dass der UN-Sicherheitsrat die Sache in einer Resolution nach Kapitel VII der Satzung der Vereinten Nationen dem Gerichtshof unterbreitet (in diesem Fall gelten die oben genannten Einschränkungen *ratione loci* nicht); oder dadurch, dass der Ankläger des ICC von sich aus *(proprio motu)* Ermittlungen aufnimmt.

42.23 Eine Sache darf nur dann vom ICC behandelt werden, wenn sie nicht von den nationalen Behörden eines Staates, der Gerichtsbarkeit darüber hat, verfolgt wird (Art 17). Dieses sog **Prinzip der Komplementarität** verdeutlicht, dass die primäre Verantwortung zur Verfolgung der Verbrechen den Staaten obliegt; es ist mit dem Prinzip der **stellvertretenden Strafrechtspflege** (RN 9) vergleichbar.

Das Komplementaritätsprinzip wird verfahrensrechtlich abgesichert durch den Grundsatz **ne bis in idem** (Art 20) und durch die Möglichkeit des Staates, der über die

E. Das Römische Statut über den Internationalen Strafgerichtshof (ICC)

Sache Gerichtsbarkeit hat, die Zulässigkeit vor dem ICC anzufechten (Art 19). Darüber hinaus darf der ICC nur tätig werden, wenn die Sache **schwerwiegend genug** erscheint, um ein Tätigwerden des ICC zu rechtfertigen (Art 53).

2. Die Regelungstechnik des Römischen Statuts

Die Gerichtsbarkeit ist auf die **schwersten Verbrechen** beschränkt, **welche die internationale Gemeinschaft als Ganzes berühren.** Das ICC-Statut enthält vier Deliktstatbestände: 42.24

a) **Das Verbrechen des Völkermordes** (Art 6). Die Definition von Völkermord im Römischen Statut entspricht der **Völkermordkonvention** vom 9. Dezember 1948. Der Tatbestand wurde durch § 321 ins österr Strafrecht übernommen; vgl die Kommentierung von *Hafner* in WK² zu § 321.

b) **Verbrechen gegen die Menschlichkeit** (Art 7). Die in einer Liste enthaltenen schwerwiegenden Verbrechen sind als „Verbrechen gegen die Menschlichkeit" strafbar, wenn sie „im Rahmen eines **ausgedehnten oder systematischen Angriffs** gegen die **Zivilbevölkerung** und in Kenntnis des Angriffs begangen" werden. Eine Verbindung zwischen Verbrechen gegen die Menschlichkeit und einem bewaffneten Konflikt wird im Römischen Statut nicht mehr gefordert!

c) **Kriegsverbrechen** (Art 8). Kriegsverbrechen iSd Römischen Statuts sind einerseits solche im **internationalen bewaffneten Konflikt** (nämlich „schwere Verletzungen" der vier Genfer Abkommen vom 12. August 1949 sowie andere schwere Verstöße gegen die in internationalen bewaffneten Konflikten gültigen Gesetze und Gebräuche), andererseits Verbrechen in einem **nicht internationalen bewaffneten Konflikt** (nämlich schwere Verstöße gegen den gemeinsamen Art 3 der genannten Genfer Abkommen sowie andere schwere Verstöße gegen Gesetze und Gebräuche, die für bewaffnete Konflikte ohne internationalen Charakter gelten).

d) **Das Verbrechen der Aggression** (Art 8bis). Über die Definition dieses Tatbestandes war ursprünglich keine Einigkeit erzielt worden. Der ICC erhielt Gerichtsbarkeit über dieses Verbrechen erst, als 2010 auf der Revisionskonferenz von Kampala die nunmehrige Definition ausgearbeitet und in das Statut aufgenommen wurde.

Vor allem die Formulierung der einzelnen Tatbestände im Römischen Statut zeigt die unterschiedlichen Regelungstechniken im traditionellen Völkerrecht und im Strafrecht: Die Definition der genannten Verbrechen wurzelt im Völkervertrags- bzw Völkergewohnheitsrecht. Da das Römische Statut Rechtsgrundlage eines Strafgerichts ist, mussten allerdings die **Tatbestände hinreichend bestimmt** formuliert werden. Die Definitionen im Statut werden zusätzlich durch die „Verbrechenselemente" (Elements of Crimes) konkretisiert (Art 9). 42.25

3. Allgemeine Grundsätze

Diese **individuelle Verantwortlichkeit** für die genannten Verbrechen erfordert eine rechtlich einwandfreie Grundlage. Das Statut bekennt sich zu den rechtsstaatlichen Prinzipien, die auch im österr Strafrecht verankert sind: **nullum crimen sine lege** (Art 22), **nulla poena sine lege** (Art 23), beides abgesichert durch das **Rückwirkungsverbot** (Art 24). Ebenso ist dem Statut das **Schuldprinzip** zugrunde gelegt; vgl Art 30 („Mental element"), Art 31 („Grounds for excluding criminal responsibility") und Art 32 („Mistake of fact or mistake of law"). 42.26

42. Kapitel: Die internationalen Dimensionen des Strafrechts

Für die im Statut genannten Verbrechen ist eine zeitliche **Freiheitsstrafe** (bis zu einer Höchstdauer von 30 Jahren) oder lebenslange Freiheitsstrafe angedroht, **nicht aber die Todesstrafe** (Art 77).

42.27 Der Gerichtshof übt seine Gerichtsbarkeit über **natürliche Personen** aus (Art 25), die zur Zeit der Begehung des Delikts bereits das **18. Lebensjahr vollendet** haben (Art 26).

Wichtig! Die Eigenschaft einer beschuldigten Person als **Amtsträger** hat keinen Einfluss auf die Beurteilung der strafrechtlichen Verantwortung durch den ICC. Vor allem hindern allfällige **Immunitäten** den Gerichtshof nicht an der Ausübung seiner Gerichtsbarkeit (Art 28).

42.28 Besonders streng ist die **Verantwortlichkeit militärischer Befehlshaber** („command responsibility") geregelt: Diese sind auch für Verbrechen, die von Truppen unter ihrer Befehls- bzw Führungsgewalt und Kontrolle begangen wurden, verantwortlich, wenn sie es versäumt haben, eine ordnungsgemäße Kontrolle über ihre Truppen auszuüben.

Beachte! Es reicht hier sogar aus, wenn der Befehlshaber aufgrund der zur fraglichen Zeit gegebenen Umstände **hätte wissen müssen,** dass die Truppen diese Verbrechen begingen (Art 28); krit dazu *Ambos* in Cassese Rome Statute Vol I 863 ff; *Höpfel* in Eser-FS 769.

42.29 Umgekehrt enthebt die Tatsache, dass ein Untergebener in **Ausführung eines Befehls** gehandelt hat, diesen nicht von seiner strafrechtlichen Verantwortung (Art 33).

Beachte! Etwas anderes gilt nur, wenn folgende Voraussetzungen **kumulativ** vorliegen: der Täter war gesetzlich verpflichtet die Anordnung zu befolgen; der Täter wusste nicht, dass die Anordnung rechtswidrig war; und die Anordnung war nicht offensichtlich rechtwidrig. Anordnungen zur Begehung von Völkermord oder von Verbrechen gegen die Menschlichkeit gelten immer als „offensichtlich rechtswidrig".

4. Zusammenarbeit

42.30 Der ICC kann sich nicht wie nationale Strafgerichte für die Durchsetzung seiner Anordnungen auf Exekutivorgane derselben Rechtsordnung stützen. Für die Durchsetzung von Haftbefehlen bzw für die Beibringung von Beweisen ist daher die **Kooperation von Staaten erforderlich.** Staaten, die das Römische Statut ratifiziert haben, müssen sicherstellen, dass sie derartigen Ersuchen des ICC nachkommen können (Art 86 ff). Die vom ICC verhängten Haftstrafen werden in Haftanstalten der Vertragsstaaten verbüßt (Art 103).

Österreich hat seine Verpflichtung zur Zusammenarbeit mit dem ICC zunächst in einem eigenen Bundesgesetz (BGBl I 2002/135) umgesetzt. Mit der Nov BGBl I 2014/106 kam es jedoch nach dem Vorbild des deutschen Völkerstrafgesetzbuches zu einer umfassenden Umsetzung des Statuts und anderer Punkte (wie insb der Genfer Abkommen zum Schutze der Opfer des Krieges von 1949) in das materielle Recht.

Anhang 1: Das vorsätzliche Begehungsdelikt

Vorprüfungen: Auf der Ebene des strafrechtlichen Handlungsbegriffs sind hier **nicht willensgetragene Verhaltensweisen** auszuscheiden (RN 7.1 ff). Bei **mehrdeutigen Verhaltensweisen** ist hier zu erörtern, ob bei der weiteren Prüfung von einem Tun oder Unterlassen auszugehen ist (RN 29.12 ff). Bei Unterlassen Anhang 5.

I. Tatbestandsmäßigkeit

1. **Objektiver Tatbestand**
   a) **Tatbestandsmäßige Handlung**
      Wegnahme einer fremden beweglichen Sache bei § 127.
   b) **Erfolg und Kausalität** (nur bei den Erfolgsdelikten)
      Eintritt des Todes (zB § 75), einer konkreten (zB §§ 82, 176) oder potentiellen Gefährdung (zB § 180)
   c) **Objektive Zurechnung des Erfolgs**
      aa) **Adäquanzzusammenhang** = atypischer Kausalverlauf
      bb) **Risikozusammenhang.** Bei entsprechendem Anlass sind insb der beschränkte Schutzbereich der Norm, das Eigenverantwortlichkeitsprinzip und nachträgliches Fehlverhalten des Verletzten oder eines Dritten sowie Unfälle im Zusammenhang mit Rettungsmaßnahmen zu prüfen (RN 28.1 ff).
2. **Subjektiver Tatbestand**
   a) **Tatbildvorsatz** *(vgl § 7 Abs 1)*
   b) **erweiterter Vorsatz** (falls gesetzlich vorgesehen, *zB Bereicherungsvorsatz bei §§ 127, 142, 146*)

II. Rechtswidrigkeit

Rechtfertigungsgründe sind in der Reihenfolge **Rechtfertigungssituation, Rechtfertigungshandlung** und **subjektives Rechtfertigungselement** zu prüfen.

III. Schuld

1. **Schuldfähigkeit** (§ 11, § 4 JGG) nur bei entsprechendem Anlass
2. **Besondere Schuldmerkmale** (falls gesetzlich vorgesehen, *zB der Affekt bei § 76; „Mutter ... während der Geburt ..." bei § 79; „aus Not etc" bei § 141*)
3. **Unrechtsbewusstsein**
   a) **Irrtum über einen rechtfertigenden Sachverhalt** (§ 8)
   b) **Direkter** bzw **indirekter Verbotsirrtum** (§ 9)
4. **Entschuldigungsgründe** *(zB §§ 10, 115 Abs 3, § 290)* bzw **Irrtum über einen entschuldigenden Sachverhalt** *(§ 10 Abs 2 Satz 2)*

IV. Zusätzliche Voraussetzungen der Strafbarkeit, Strafausschließungs- und Strafaufhebungsgründe

objektive Bedingungen der Strafbarkeit *(Tod oder Körperverletzung bei § 91)*; österr Strafgewalt nach §§ 62 ff (vgl RN 42.12 f); *§ 88 Abs 2, § 136 Abs 4, § 141 Abs 3, § 211 Abs 4, § 167 uä.*

Anhang 2: Das versuchte vorsätzliche Begehungsdelikt

Vorprüfungen: Wie **Anhang 1**.

I. Tatbestandsmäßigkeit

1. **Nichterfüllung des objektiven Tatbestands**
   Das Tatbild ist auch dann nicht erfüllt, wenn dem Täter der Eintritt des Erfolges nicht objektiv zugerechnet werden kann (RN 23.1).
2. **Voller Tatentschluss,** dh
   a) **Tatbildvorsatz**
   A hat eine fremde bewegliche Sache wegnehmen wollen (§ 127).
   b) **Erweiterter Vorsatz** (falls gesetzlich vorgesehen)
   A hat mit Bereicherungsvorsatz gehandelt.
3. **Betätigung dieses Tatentschlusses** durch eine **Ausführungshandlung** bzw **ausführungsnahe Handlung** iSd § 15 Abs 2 (oft Zentralproblem)
4. **Tauglichkeitsproblematik** (oft Zentralproblem)
   a) **An sich tauglicher oder untauglicher Versuch** (§ 15 Abs 1)
   b) **Relativ oder absolut untauglicher Versuch** (§ 15 Abs 3)

II. Rechtswidrigkeit

Wie **Anhang 1** II.

III. Schuld

1. **Schuldfähigkeit** (§ 11, § 4 JGG) nur bei entsprechendem Anlass
2. **Besondere Schuldmerkmale,** falls gesetzlich vorgesehen (wie **Anhang 1** III 2)
3. **Unrechtsbewusstsein** (wie **Anhang 1** III 3)
4. **Entschuldigungsgründe** *(zB § 10)* bzw **Irrtum über einen entschuldigenden Sachverhalt** *(§ 10 Abs 2 Satz 2)*

IV. Rücktritt

1. **Fehlgeschlagener Versuch** (häufiges Problem)
2. **Beendeter** oder **unbeendeter Versuch**
3. **Rücktritt vom Versuch** (oft Zentralproblem)
   a) **Rücktritt vom unbeendeten Versuch** gem § 16 Abs 1 1. Fall
   b) **Rücktritt vom beendeten Versuch** gem § 16 Abs 1 3. Fall
   c) **Putativrücktritt** gem § 16 Abs 2

V. Zusätzliche Voraussetzungen der Strafbarkeit, Strafausschließungs- und Strafaufhebungsgründe

Wie **Anhang 1** IV.

Anhang 3: Das fahrlässige Begehungsdelikt

Vorprüfungen: Wie **Anhang 1**. Konstellationen mit **mehrdeutigen Verhaltensweisen** treten bei den Fahrlässigkeitsdelikten häufiger auf als bei den Vorsatzdelikten. Bei Unterlassen Anhang 6.

I. Tatbestandsmäßigkeit

1. **Objektive Sorgfaltswidrigkeit der Handlung** (§ 6)
   Primär sind Rechtsvorschriften und Verkehrsnormen heranzuziehen, sonst die Modellfigur des einsichtigen und besonnenen Menschen aus dem Verkehrskreis des Täters.
2. **Erfolg und Kausalität** (nur bei den fahrlässigen Erfolgsdelikten)
   Eintritt des Todes (zB §§ 80f) oder einer konkreten Gefährdung (zB §§ 89, 177)
3. **Objektive Zurechnung des Erfolgs** (oft Zentralproblem)
   a) **Adäquanzzusammenhang** = atypischer Kausalverlauf
   b) **Risikozusammenhang.** Bei entsprechendem Anlass sind insb der beschränkte Schutzbereich der Norm, das Eigenverantwortlichkeitsprinzip, nachträgliches Fehlverhalten des Verletzten oder eines Dritten sowie Unfälle im Zusammenhang mit Rettungsmaßnahmen zu prüfen (RN 28.1 ff).
   c) **Rechtmäßiges Alternativverhalten** (nur bei entsprechendem Anlass)

II. Rechtswidrigkeit

Wie **Anhang 1** II. Bei Fahrlässigkeitsdelikten nur selten problematisch.

III. Schuld

1. **Schuldfähigkeit** (§ 11, § 4 JGG) nur bei entsprechendem Anlass
2. **Subjektive Sorgfaltswidrigkeit der Handlung**
   Entfällt die Ausführungsfahrlässigkeit aus subjektiven Gründen, ist uU Übernahmefahrlässigkeit zu prüfen.
3. **Subjektive Voraussehbarkeit des Erfolgs**
   Beide subjektiven Fahrlässigkeitselemente bedürfen nur dann näherer Prüfung, wenn sich aus dem Sachverhalt Anhaltspunkte für diesbezügliche Zweifel ergeben.
4. **Unrechtsbewusstsein** (allenfalls Irrtum gem § 9, aber selten)
5. **Zumutbarkeit sorgfaltsgemäßen Verhaltens** (nur bei entsprechendem Anlass)

IV. Zusätzliche Voraussetzungen der Strafbarkeit, Strafausschließungs- und Strafaufhebungsgründe

Bei Fahrlässigkeitsdelikten nur selten relevant; vgl aber § 88 Abs 2.

Bei entsprechendem Anlass sind hier auch die Fragen aus dem Problembereich der §§ **62 ff** zu erörtern; vgl dazu insb RN 42.12 f.

Anhang 4: Das erfolgsqualifizierte Delikt

Vorprüfungen: Wie **Anhang 1**.

I. Tatbestandsmäßigkeit

1. **Objektiver Tatbestand** des **Grunddelikts** (diesen zu prüfen empfiehlt sich auch bei einer **selbstständigen Abwandlung**)
   A hat B durch einen heftigen Faustschlag gegen das Kinn verletzt.
2. **Subjektiver Tatbestand** des Grunddelikts
   A hat B im Gesicht verletzen wollen.
3. **Eintritt und fahrlässige Herbeiführung der besonderen Folge** (vgl § 7 Abs 2); **Kausalität**
   Aufgrund des Kinnhakens ist B zu Boden gestürzt, wodurch er einen tödlichen Genickbruch erlitten hat (§ 86 Abs 2).
4. **Objektive Zurechnung der besonderen Folge** (oft Zentralproblem)[1]
   a) **Adäquanzzusammenhang** = **atypischer Kausalverlauf**
   b) **Risikozusammenhang.** Bei entsprechendem Anlass sind insb der beschränkte Schutzbereich der Norm, das Eigenverantwortlichkeitsprinzip, nachträgliches Fehlverhalten des Verletzten oder eines Dritten sowie Unfälle im Zusammenhang mit Rettungsmaßnahmen zu prüfen (RN 28.1 ff).
   c) **Rechtmäßiges Alternativverhalten** (nur bei entsprechendem Anlass)

II. Rechtswidrigkeit

Wie **Anhang 1** II.

III. Schuld

1. **Schuldfähigkeit** (§ 11, § 4 JGG) nur bei entsprechendem Anlass
2.. **Subjektive Sorgfaltswidrigkeit** und **Voraussehbarkeit der besonderen Folge** (vgl § 7 Abs 2 iVm § 6)
3. **Unrechtsbewusstsein** (wie **Anhang 1** III 3)
4. **Entschuldigungsgründe** *(zB § 10)* bzw **Irrtum über einen entschuldigenden Sachverhalt** *(§ 10 Abs 2 Satz 2)*

IV. Zusätzliche Voraussetzungen der Strafbarkeit, Strafausschließungs- und Strafaufhebungsgründe

Wie **Anhang 1** IV.

Beachte! Dieser das vorsätzliche Grunddelikt und die Erfolgsqualifikation **kombinierende Aufbau** empfiehlt sich, wenn die Verwirklichung der Grundstrafdrohung an sich unproblematisch ist. Denn entfällt schon bezüglich des Grunddelikts Tatbestandsmäßigkeit, Rechtswidrigkeit oder Schuld, **erübrigt sich jede Untersuchung der Erfolgsqualifikation.**

Das Fallprüfungsschema für das erfolgsqualifizierte Delikt ist sinngemäß auch bei anderen Formen von **Vorsatz-Fahrlässigkeits-Kombinationen** (zB § 83 Abs 2) anzuwenden.

---

[1]) Nach der Rspr des OGH bildet die **erfolgsspezifische Sorgfaltswidrigkeit** bei den erfolgsqualifizierten Delikten in solchen Fällen ein eigenes Prüfungsmerkmal, in denen sich die Frage stellt, ob der Eintritt **dieser** besonderen Folge **der Art nach** überhaupt zu den objektiv voraussehbaren Folgen des Ausgangsdelikts gehört; vgl RN 28.33.

Anhang 5: Das vorsätzliche unechte Unterlassungsdelikt

Vorprüfungen: Wie **Anhang 1**.

I. Tatbestandsmäßigkeit

1. **Objektiver Tatbestand**
   a) **Eintritt des tatbestandsmäßigen Erfolgs**
   b) **Nichtvornahme des gebotenen Tuns**
   c) **Tatsächliche Handlungsmöglichkeit**
   d) **Hypothetische Kausalität**
   e) **Objektive Zurechnung des Erfolgs** (nur bei entsprechendem Anlass)
      aa) **Adäquanzzusammenhang = atypischer Kausalverlauf**
      bb) **Risikozusammenhang** (wie **Anhang 1** I 1 c bb)
   f) **Garantenstellung** (§ 2; idR Zentralproblem). Sie ergibt sich aus
      aa) **Rechtsvorschrift**
      bb) **enger natürlicher Verbundenheit** (str)
      cc) **freiwilliger Pflichtenübernahme**
      dd) **Gefahrengemeinschaft**
      ee) **gefahrbegründendem Vorverhalten ("Ingerenz")**
      ff) **Eröffnung bzw Überwachung von Gefahrenquellen**
2. **Subjektiver Tatbestand**
   Der Tatbildvorsatz muss sich auf sämtliche, oben unter I 1 a–d angeführten Tatbestandsmerkmale und auf die Garantenstellung, vgl I 1 f aa–ff, beziehen.
3. **Gleichwertigkeit von Tun und Unterlassen** (§ 2)
   Nur bei verhaltensgebundenen Delikten *(zB § 146)* zu prüfen (str).

II. Rechtswidrigkeit

Wie **Anhang 1** II. In Betracht kommt insb **rechtfertigende Pflichtenkollision**.

III. Schuld

1. **Schuldfähigkeit** (§ 11, § 4 JGG) nur bei entsprechendem Anlass
2. **Besondere Schuldmerkmale** (falls gesetzlich vorgesehen).
3. **Unrechtsbewusstsein**
   a) **Irrtum über einen rechtfertigenden Sachverhalt** (§ 8)
   b) **Direkter** bzw **indirekter Gebotsirrtum** (§ 9)
4. **Zumutbarkeit des gebotenen Verhaltens**

IV. Zusätzliche Voraussetzungen der Strafbarkeit, Strafausschließungs- und Strafaufhebungsgründe

Wie **Anhang 1** IV.

Anhang 6: Das fahrlässige unechte Unterlassungsdelikt

Vorprüfungen: Wie **Anhang 1** und **Anhang 3**.

I. Tatbestandsmäßigkeit

1. **Objektive Tatbestandsmerkmale**
   a) **Eintritt des tatbestandsmäßigen Erfolgs**
   b) **Nichtvornahme des gebotenen Tuns**
   c) **Tatsächliche Handlungsmöglichkeit**
   d) **Objektive Sorgfaltswidrigkeit der Unterlassung** (§ 6)
   Der Sorgfaltsmangel kann insb das Nichterkennen des drohenden Erfolgseintritts, das Übersehen eines Rettungsmittels, das Verkennen der tatsächlichen Erfolgsabwendungsmöglichkeit, der hypothetischen Kausalität oder der eine Garantenstellung begründenden tatsächlichen Umstände betreffen.
   e) **Hypothetische Kausalität**
   f) **Objektive Zurechnung des Erfolgs** (nur bei entsprechendem Anlass)
      aa) **Adäquanzzusammenhang** = **atypischer Kausalverlauf**
      bb) **Risikozusammenhang** (wie **Anhang 3** I 3 b)
      cc) **Rechtmäßiges Alternativverhalten** (nur bei entsprechendem Anlass)
   g) **Garantenstellung** (§ 2) wie **Anhang 5** I 1 f aa – ff
2. **Gleichwertigkeit von Tun und Unterlassen** (§ 2)
   Da die Fahrlässigkeitsdelikte des StGB reine Erfolgsdelikte sind, entfällt bei ihnen eine Gleichwertigkeitsprüfung (str).

II. Rechtswidrigkeit

Wie **Anhang 5** II.

III. Schuld

1. **Schuldfähigkeit** (§ 11, § 4 JGG) nur bei entsprechendem Anlass
2. **Subjektive Fahrlässigkeitselemente** (wie **Anhang 3** III 2)
3. **Unrechtsbewusstsein** (wie **Anhang 3** III 3)
4. **Zumutbarkeit des gebotenen sorgfaltsgemäßen Verhaltens**

IV. Zusätzliche Voraussetzungen der Strafbarkeit, Strafausschließungs- und Strafaufhebungsgründe

Wie **Anhang 3** IV.

Beachte! Lässt sich bei einem fahrlässigen unechten Unterlassungsdelikt entweder schon die objektive Sorgfaltswidrigkeit oder jedenfalls die Garantenstellung **mit Sicherheit verneinen,** ist es aus prüfungsökonomischen Gründen zulässig, die Lösung auf die Verneinung dieses Merkmals zu konzentrieren und das Vorliegen der übrigen Merkmale offenzulassen.

Anhang 7: Bestimmungstäter

Vorprüfungen: Wie **Anhang 1**.

I. Tatbestandsmäßigkeit

1. **Vornahme einer Bestimmungshandlung**
   A hat B dazu überredet, den Bankboten C zu berauben (*§ 12 2. Fall, § 142*).
2. **Tatausführung durch den unmittelbaren Täter**[1])
   Auf die Streitfrage der **qualitativen Akzessorietät** ist idR nur einzugehen, wenn der unmittelbare Täter nicht volldeliktisch, insb **nicht vorsätzlich** (RN 34.19) oder **nicht rechtswidrig** (RN 34.15) gehandelt hat.
3. **Objektive Zurechnung des Erfolgs** (nur bei den Erfolgsdelikten und nur bei entsprechendem Anlass)
   Dieses Merkmal ist auf den **Bestimmungstäter** zu beziehen.
   a) **Adäquanzzusammenhang** = atypischer Kausalverlauf
   b) **Risikozusammenhang** (wie **Anhang 1** I 1 c bb)
4. **Subjektiver Tatbestand: Bestimmungsvorsatz** und **erweiterter Vorsatz** (falls gesetzlich vorgesehen)

II. Rechtswidrigkeit

Wie **Anhang 1** II. Eine etwaige Rechtfertigung des unmittelbaren Täters schließt die Strafbarkeit des Bestimmungstäters nicht aus (und umgekehrt).

III. Schuld

1. **Schuldfähigkeit** (§ 11, § 4 JGG) nur bei entsprechendem Anlass
2. **Besondere Schuldmerkmale** beim Bestimmungstäter (wie **Anhang 1** III 2)
3. **Unrechtsbewusstsein**
   a) **Irrtum über einen rechtfertigenden Sachverhalt** (§ 8)
   b) **Direkter** bzw **indirekter Verbotsirrtum** (§ 9)
4. **Entschuldigungsgründe** (zB *§§ 10, 115 Abs 3, § 290*) bzw **Irrtum über einen entschuldigenden Sachverhalt** (*§ 10 Abs 2 Satz 2*)

IV. Zusätzliche Voraussetzungen der Strafbarkeit, Strafausschließungs- und Strafaufhebungsgründe

Wie **Anhang 1** IV.

---

[1]) Hat der unmittelbare Täter die Tat **nur versucht** bzw **nicht einmal versucht,** gilt das Fallprüfungsschema für den **Versuch des Bestimmungstäters (Anhang 9).**

Anhang 8: Vorsätzlicher[1]) Beitragstäter

Vorprüfungen: Wie **Anhang 1**.

I. Tatbestandsmäßigkeit

1. **Vornahme einer Beitragshandlung**
   A hat dem Fälscher B seinen Füller geliehen (*§ 12 3. Fall, § 223 Abs 1*).
2. **Tatausführung durch den unmittelbaren Täter**[2])
   Auf die Streitfrage der **qualitativen Akzessorietät** ist idR nur einzugehen, wenn der unmittelbare Täter nicht volldeliktisch, insb **nicht vorsätzlich** (RN 35.14 ff) oder **nicht rechtswidrig** (RN 35.10 iVm RN 35.15) gehandelt hat.
3. **Objektive Zurechnung des Erfolgs** (nur bei den Erfolgsdelikten und nur bei entsprechendem Anlass)
   Dieses Merkmal ist auf den **Beitragstäter** zu beziehen.
   a) **Adäquanzzusammenhang** = **atypischer Kausalverlauf**
   b) **Risikozusammenhang** (wie **Anhang 1** I 1 c bb)
4. **Subjektiver Tatbestand: Beitragsvorsatz** und **erweiterter Vorsatz** (falls gesetzlich vorgesehen)

II. Rechtswidrigkeit

Wie **Anhang 1** II. Eine etwaige Rechtfertigung des unmittelbaren Täters schließt die Strafbarkeit des Beitragstäters nicht aus (und umgekehrt).

III. Schuld

1. **Schuldfähigkeit** (§ 11, § 4 JGG) nur bei entsprechendem Anlass
2. **Besondere Schuldmerkmale** beim Beitragstäter (wie **Anhang 1** III 2)
3. **Unrechtsbewusstsein**
   a) **Irrtum über einen rechtfertigenden Sachverhalt** (§ 8)
   b) **Direkter** bzw **indirekter Verbotsirrtum** (§ 9)
4. **Entschuldigungsgründe** (zB *§§ 10, 115 Abs 3, § 290*) bzw **Irrtum über einen entschuldigenden Sachverhalt** *(§ 10 Abs 2 Satz 2)*

IV. Zusätzliche Voraussetzungen der Strafbarkeit, Strafausschließungs- und Strafaufhebungsgründe

Wie **Anhang 1** IV.

---

[1]) **Fahrlässige Beitragstäter** sind idR als **unmittelbare Fahrlässigkeitstäter** zu prüfen (E 3 RN 19). Im Falle eines Tuns gilt das Fallprüfungsschema für das **fahrlässige Begehungsdelikt (Anhang 3)** und im Falle eines Unterlassens jenes für das **fahrlässige unechte Unterlassungsdelikt (Anhang 6).**

[2]) Hat der unmittelbare Täter die Tat **nur versucht** bzw nicht einmal versucht, gilt das Fallprüfungsschema für den **Versuch des Beitragstäters (Anhang 10).**

Anhang 9: Versuch des Bestimmungstäters

I. Tatbestandsmäßigkeit

1. **Der unmittelbare Täter** hat die Tat *(zB § 127)*
   a) **nicht vollendet**, aber **versucht** = **Bestimmung zum Versuch** (§ 15 Abs 1)
   b) **nicht versucht** = **Bestimmungsversuch** (§ 15 Abs 2)
2. **Bestimmungsentschluss,** dh zB bei § 127
   a) **Tatbildvorsatz**
      Der unmittelbare Täter soll das Tatbild des § 127 erfüllen.
   b) **Erweiterter Vorsatz** (falls gesetzlich vorgesehen)
      Der Bestimmende handelt selbst mit Bereicherungsvorsatz iSd § 127.
3. **Betätigung des Bestimmungsentschlusses** durch eine **Bestimmungshandlung** bzw eine **bestimmungsnahe Handlung** iSd § 15 Abs 2
4. **Tauglichkeitsproblematik** (wie **Anhang 2** I 4; denkbar, aber selten)

II. Rechtswidrigkeit

Wie **Anhang 1** II und **Anhang 7** II.

III. Schuld

1. **Schuldfähigkeit** (§ 11, § 4 JGG nur bei entsprechendem Anlass)
2. **Besondere Schuldmerkmale** (falls gesetzlich vorgesehen)
3. **Unrechtsbewusstsein**
   a) **Irrtum über einen rechtfertigenden Sachverhalt** (§ 8)
   b) **Direkter** bzw **indirekter Verbotsirrtum** (§ 9)
4. **Entschuldigungsgründe** (wie **Anhang 1** III 4)

IV. Rücktritt des Bestimmungstäters

1. **Fehlgeschlagener Versuch**
2. **Rücktritt des Bestimmungstäters vom Versuch**

V. Zusätzliche Voraussetzungen der Strafbarkeit, Strafausschließungs- und Strafaufhebungsgründe

Wie **Anhang 1** IV.

Anhang 10: Versuch des Beitragstäters

I. Tatbestandsmäßigkeit

1. Der **unmittelbare Täter** hat die Tat *(zB § 127)*
   a) **nicht vollendet,** aber **versucht** = **Beitrag zum Versuch** (§ 15 Abs 1)
   b) **nicht versucht** = sog **„Beitragsversuch"** (straflos gem § 15 Abs 2 arg. e. c.)

Im Fall a:

2. **Beitragsentschluss,** dh zB bei § 127
   a) **Tatbildvorsatz**
      Der Beitragstäter will die Tatbildverwirklichung des Diebstahls (§ 127) durch den unmittelbaren Täter fördern.
   b) **Erweiterter Vorsatz** (falls gesetzlich vorgesehen)
      Der Beitragstäter handelt selbst mit Bereicherungsvorsatz iSd § 127.
3. **Betätigung des Beitragsentschlusses** durch eine **Beitragshandlung.** Eine bloß beitragsnahe Handlung genügt nicht (arg § 15 Abs 2)
4. **Tauglichkeitsproblematik** (wie **Anhang 2** I 4; denkbar, aber selten)

II. Rechtswidrigkeit

Wie **Anhang 1** II und **Anhang 8** II.

III. Schuld

1. **Schuldfähigkeit** (§ 11, § 4 JGG nur bei entsprechendem Anlass)
2. **Besondere Schuldmerkmale** (falls gesetzlich vorgesehen)
3. **Unrechtsbewusstsein**
   a) **Irrtum über einen rechtfertigenden Sachverhalt** (§ 8)
   b) **Direkter** bzw **indirekter Verbotsirrtum** (§ 9)
4. **Entschuldigungsgründe** (wie **Anhang 1** III 4)

IV. Rücktritt des Beitragstäters

1. **Fehlgeschlagener Versuch**
2. **Rücktritt des Beitragstäters vom Versuch**

V. Zusätzliche Voraussetzungen der Strafbarkeit, Strafausschließungs- und Strafaufhebungsgründe

Wie **Anhang 1** IV.

Kurzbiographien

(wie an relevanten Textstellen erwähnt)

Cesare Beccaria (vgl RN 1.14), geb 1738 in Mailand, gest 1794 ebda. Rechtsphilosoph und bedeutender Vorkämpfer aufgeklärter Kriminalpolitik. Er lehnte Folter und Todesstrafe ab. Hauptwerk „Dei delitti e delle pene" („Von den Verbrechen und den Strafen", 1764). Um der Zensur auszuweichen, ließ er das Buch in Livorno drucken, wo er sich unter dem Schutz des Großherzogs der Toskana, des späteren Kaisers Leopold II., wusste. Von *Beccarias* Ideen durchdrungen, schuf Leopold 1786 für die Toskana ein modernes Strafgesetz. *Beccarias* Wirkkraft reichte bis nach Russland und nach Amerika, wo er Thomas Jefferson inspirierte. Zur Bedeutung für Österreich vgl *Moos* JBl 1991 69.

Johann Michael Franz Birnbaum (vgl RN 3.6), geb 1792 in Bamberg, gest 1877 in Gießen. Studium in Landshut ua bei *Feuerbach* (s unten) und dem Pionier der Rechtsvergleichung *Carl Joseph Anton Mittermaier*. Professor für Strafrecht und Rechtsgeschichte in Löwen, dem heutigen Leuven/Louvain, BE (1817), Freiburg im Breisgau (1833) und Gießen (1840). *Birnbaum*, dessen Verdienste sonst auf dem Gebiet der Staats- und Rechtsgeschichte liegen, gilt als Begründer der Lehre vom Rechtsgut.

Christian Broda (vgl RN 1.16), geb 1916 in Wien, gest 1987 ebda, war einer der erfolgreichsten Politiker der II. Republik. Studium der Geschichte und der Rechte. Nach dem Krieg Eröffnung einer Anwaltskanzlei. Ab 1957 Bundesrat, ab 1959 Abg z NR für die SPÖ. 1962-66 und 1970-83 Bundesminister für Justiz. Zentrale Reformen, insb auch im Ehe- und Familienrecht; sein Leuchtturmprojekt aber war die Große Strafrechtsreform, die 1973/74 vollendet wurde. Unterstützt von *Friedrich Nowakowski* als seinem Konsulenten. 1973 rief *Broda* gemeinsam mit *Udo Jesionek* (Österr Richtervereinigung) das jährliche Ottensteiner Fortbildungsseminar und im selben Jahr mit dem Devianzforscher *Heinz Steinert* zur Förderung einer evidenzbasierten Rechtspolitik das Institut für Rechts- und Kriminalsoziologie ins Leben. International hat er sich vor allem mit seinem Einsatz für die Ächtung der Todesstrafe profiliert, der im Europarat zu den ZPzEMRK Nr 6 und 13 geführt hat. Zu Leben und Werk *Wirth* Christian Broda: eine politische Biographie 2011.

Paul Johann Anselm von Feuerbach (vgl RN 2.10), geb 1775 in Hainichen bei Jena, gest 1833 in Frankfurt/Main. Strafrechtsprofessor in Jena, Kiel und Landshut, seit 1817 Gerichtspräsident in Ansbach. Verfasser des bayerischen StGB von 1813, als Wissenschaftler Begründer des liberal-rechtsstaatlichen Positivismus und Ahnherr der heutigen deutschen und österreichischen Strafrechtsdogmatik. *Feuerbachs* generalpräventiver Ansatz bildet in abgewandelter und differenzierter Form einen wesentlichen Bestandteil des kriminalpolitischen Konzepts des StGB 1974. Zu Werk und Person vgl *Wolf* Rechtsdenker 543.

Kurzbiographien

Julius Glaser (vgl RN 10.7), geb 1831 in Postelberg/Böhmen, gest 1885 in Wien. Professor für Strafrecht in Wien (1860), Justizminister 1871-79, Generalprokurator (1879). Schöpfer der 1873 eingeführten, im Kern – vom Ermittlungsverfahren abgesehen – noch heute gültigen StPO und Mitbegründer der österr Strafprozessrechtswissenschaft. Zu Werk und Person vgl *Schild* in *Brauneder* 184.

Ferdinand Kadečka (vgl RN 1.16), geb 1874 in Wien, gest 1964 ebda. Nach humanistischem Gymnasium Studium der Rechte an der Universität Wien und Praxisausbildung, vierjährige Tätigkeit als Staatsanwalt, ehe man *Kadečka* 1912 ins Justizministerium einberief und der Abteilung für Straflegislative zuteilte, wo er bis zu deren Leitung aufstieg. Bei Verfassung wichtiger Gesetze wie des TilgungsG 1918 und des JGG 1928 orientierte er sich im Sinne der Lehren *v Liszts* strikt am Konzept der Zweckstrafe mit dem Ziel der Spezialprävention. Parallel Habilitation, ab 1934 Ordinarius an seiner Alma Mater. Subjektivist und Determinist. 1940 Pensionierung aus Altersgründen, 1945 bestellte ihn die Universität zum Honorarprofessor. Ab 1954 unter Rückgriff auf seine Beiträge zum Entw 1927 Mitwirkung an der österreichischen Reform als Vorsitzender der Strafrechtskommission bis 1960. Zu Werk und Person vgl *Nowakowski* JBl 1964 255; *Rittler* ÖJZ 1964 225.

Franz von Liszt (vgl RN 2.9), geb 1851 in Wien, gest 1919 in Seeheim/Bergstraße; Cousin des Komponisten gleichen Namens. Privatdozent in Graz (1875), Professor für Strafrecht in Gießen (1879), Marburg (1882) und Berlin (1899), Kriminalpolitiker und Strafrechtsdogmatiker von hohem Rang und internationaler Ausstrahlung. Haupt der soziologischen Strafrechtsschule, einflussreicher Verfechter einer spezialpräventiven Straftheorie und gemeinsam mit *Ernst von Beling* Mitbegründer des klassischen Verbrechensbegriffs auf der Basis der objektiven Unrechtslehre (Z 4 RN 6). Mitbegründer der IKV (Internationale kriminalistische Vereinigung), der Vorgängerin der AIDP (Internationale Strafrechtsgesellschaft). Zu Werk und Person vgl *Moos* Liszt-GS 116.

Friedrich Nowakowski (vgl insb RN 1.16 und 4.6), geb 1914 in Wien, gest 1987 in Innsbruck. Nachfolger *Rittlers* auf der Innsbrucker Strafrechtslehrkanzel (1948-85). Bedeutendes Lehrbuch „Grundzüge des österr Strafrechts" (1955). Schüler: *Winfried Platzgummer, Christian Bertel* und *Frank Höpfel.* Nach humanistischem Gymnasium ab 1933 Jusstudium an der Universität Wien, ua bei *Hans Kelsen,* der ihn sehr prägte. Als Student arbeitete er mehrere Jahre im strafrechtlichen Seminar bei *Kadečka* (s oben), Promotion im Dezember 1938. Ab 1939 Gerichtsreferendar und Assessor, ab Juli 1943 für ein Jahr Staatsanwalt, parallel dazu 1939-44 Wiss Hilfskraft an der strafrechtlichen Lehrkanzel in Wien, die nach der Pensionierung seines Lehrers *Kadečka* 1940 *Erich Schwinge* übernahm, welcher sich jedoch *Nowakowski* in den Weg stellte. Arbeit an Habilitationsschrift über das Urhebergefühl, die erst nach Kriegsende in Innsbruck gebilligt wurde. Rückkehr in die Praxis in Innsbruck (1946 Richter, 1948 Staatsanwalt), ebda 1948 Habilitation. Führender Vertreter des österr Subjektivismus, seit 1972 Promotor der personalen Unrechtslehre. Als Strafrechtsdogmatiker und Kriminalpolitiker gleichermaßen bedeutend, vor allem als Vordenker der Strafrechtsreform und Mitgestalter des StGB 1974; Mitherausgeber des Wiener Kommentars[1]. Zu Werk und Person vgl *Jescheck* ZStW 1991 999.

Kurzbiographien

Samuel Pufendorf (vgl RN 17.2), geb 1632 in Dorfchemnitz (Sachsen), gest 1694 in Berlin. Zunächst Professor für Naturrecht und Politik in Heidelberg (1661), ab 1688 in Diensten des Großen Kurfürsten in Berlin. Neben *Christian Thomasius* gilt *Pufendorf* als der bedeutendste Vertreter der deutschen Aufklärung und des Naturrechts. Hauptwerk: De Iure Naturae et Gentium (1672). *Pufendorfs* Bedeutung für das Strafrecht liegt in der Begründung einer auf der Willensfreiheit fußenden Zurechnungslehre, die im Gemeinen Recht zur Unterscheidung von objektiver Zurechnung (imputatio facti) und subjektiver Zurechnung (imputatio iuris) führte, aus der die Gegenüberstellung von Unrecht und Schuld hervorgegangen ist; vgl näher *Wolf* Rechtsdenker 311.

Theodor Rittler (vgl insb RN 4.6), geb 1876 in Wien, gest 1967 in Innsbruck. Studium in Wien ab 1895, ua bei *Carl Stooss* und dem Völker- und Strafrechtler *Heinrich Lammasch*, Pazifist und späterer Architekt des Übergangs zur I. Republik, sowie an der Universität Berlin bei *v Liszt*, wo er 1901 promoviert wurde. Gerichtspraxis, 1902-12 im kk Justizministerium, wo er als Schriftführer das Entstehen der Reformentwürfe 1909/12 (vgl RN 1.15) miterlebte. 1908 Habilitation in Wien, 1912-46 Ordinarius für Strafrecht und Strafprozessrecht in Innsbruck, enge kollegiale Verbundenheit mit *Kadečka* und einer der Altmeister der österr Strafrechtswissenschaft, maßgeblicher Vertreter des klassischen Verbrechensbegriffs und der objektiven Strafrechtstheorie. Verfasser eines wegen seiner Klarheit von System und Sprache viel gerühmten zweibändigen Strafrechtslehrbuchs (1954/62). Zu Werk und Person vgl *Graßberger* JBl 1967 225; *Nowakowski* JBl 1956 583.

Johann von Schwarzenberg (1465–1528, vgl RN 13.3), ein einflussreicher Strafrechtsdenker und -reformer zu Beginn der Neuzeit, ist geistiger Vater der Carolina. Er war lange Zeit Hofrichter in Bamberg und später in verschiedenen fürstlichen Diensten tätig. Ihm verdanken wir mit der CCB (1507) und der darauf aufbauenden CCC (1532) eine gesetzgeberische Leistung von vitaler Ausdruckskraft und bestechender Klarheit.

Carl Stooss (vgl RN 2.1), geb 1849 in Bern, gest 1934 in Graz. Professor für Strafrecht in Bern (1882), danach in Wien (1896–1921). Verfasser des berühmten Vorentwurfes eines schweizerischen StGB von 1893, worin er sich zur Zweispurigkeit bekannte, Gründer und Herausgeber der ZStR, Autor eines bekannten Lehrbuchs des österr Strafrechts[2] (1913). Zu Werk und Person vgl *Moos* ZStR 1988 35.

Wilhelm Emil Wahlberg (vgl RN 16.11), geb 1824 in Prag, gest 1901 in Wien. Professor für Strafrecht in Wien (1860-89). Zusammen mit *Adolf Merkel* führender Vertreter einer in Österreich bis heute nachwirkenden charakterologischen Schuldauffassung. Seine vielfältigen dogmatischen und kriminalpolitischen Denkanstöße wurden insb von seinem Schüler *v Liszt* sowie später von *Nowakowski* aufgegriffen und vollendet; vgl näher *Moos* Verbrechensbegriff 416.

Sachregister

Die Zahlen bezeichnen die Randnummern.
Hauptfundstellen sind durch *Kursivschrift* hervorgehoben.

A

aberratio ictus *12.16f*
Abgrenzung
  Irrtumsarten *19.29ff*, *20.11ff*
  Tun/Unterlassen *29.22ff*
  Versuch/Vorbereitung *22.17ff*, *22.20ff*, 6.41ff
  Versuch/Wahndelikt *25.20ff*
  Vorsatz/Fahrlässigkeit *28.22ff*
Abhängigkeit der Teilnahme
  s *Akzessorietät*
Absicht, Absichtlichkeit *11.16*, 11.27f, 34.32f, 35.30
Absichtsdelikte 16.23
  s *Delikte mit erweitertem Vorsatz*
Absichtsprovokation *13.21*
„Abstiften" 34.18
absolut untauglicher Versuch
  s *untauglicher Versuch*
Absorptionsprinzip 38.53
  s *Kombinationsprinzip*
Abweichung des Kausalverlaufs
  s *Adäquanzzusammenhang*
  s *Kausalverlauf*
  s *objektive Zurechnung des Erfolgs*
Abwiegeln 34.18, 35.18
actio libera in causa 17.15, *17.19ff*, 17.24f
Adäquanztheorie 10.19
Adäquanzzusammenhang 12.8a, 24.15b, 24.17, *26.28ff*, 27.12f, 28.1f, 28.12, 28.14f, 28.17a, 28.34, 30.12a
  Beitrags- bzw Bestimmungstäter 34.6, 35.13, 36.29
  erfolgsqualifizierte Delikte 28.*34*, 28.36
  Fahrlässigkeitsdelikte 10.20f, *26.28ff*, 27.12f, 28.2, 28.12, 28.14
  Unterlassungsdelikte 30.12a
  Vorsatzdelikte 10.20f, 26.31, 27.12f, 28.15, 28.17a
  s *objektive Zurechnung des Erfolgs*
  s *Risikozusammenhang*
Äquivalenztheorie 10.6, *10.7ff*, 10.18ff, 27.11, 35.11f
Affekt
  asthenischer bzw sthenischer 13.22a, 21.3

Handlungsbegriff 7.11f
Irrtum 12.21
Schuldfähigkeit 17.12
Unrechtsbewusstsein 18.6, 19.12
agent provocateur 34.36, 35.31
AIDS 9.37, 28.8
Aktualwissen *11.7f*, 12.3a
Akzessorietät = Abhängigkeit der Teilnahme
  limitierte *32.15*, 32.22, 32.24a, 32.41f, 44, 33.24, 34.9, 35.1
  qualitative *32.14f*, 32.29f, *32.41ff*, *32.44f*, 33.24, 34.4, *34.19ff*, 34.22ff, 35.*24*
  quantitative *35.25*, *36.37ff*, 36.42f
  s *Einheitstätersystem*
  s *Teilnahmesystem*
alias facturus 34.16f
Alkoholeinwirkung
  Handlungsbegriff 17.26
  Schuldfähigkeit 17.10f, 17.23, 17.26
Alleintäter 32.1, *33.3*, 33.10
Allgemeindelikte *9.45ff*, 37.4
Alternativverhalten, rechtmäßiges
  Fahrlässigkeitsdelikte 27.13, *28.16f*
  Unterlassungsdelikte 30.12c
Amtsausübung
  Abwehr rechtswidriger Amtsausübung 13.11, *15.53*, 21.13
  Anwendungsfälle *15.49ff*
  Irrtum des Amtsträgers 15.47, 20.1
  Verhältnis zur Notwehr *15.52*
  s *Hoheitsträger*
Amtsdelikte 37.3
Amtsmissbrauch
  Beteiligung 37.4, 37.9, 37.20ff, *37.32ff*
  und Allgemeindelikt 38.21
  Unterlassung 29.20, 30.19f, 31.10f
  Wissentlichkeit 11.17, *37.32ff*
Amts- und Dienstpflichten
  Garantenstellung 31.5, 31.10f
  s *Ausübung von Amts- und Dienstpflichten*
  s *Hoheitsträger*
Analogie 4.20f, 14.8, 15.33, 36.30, 38.51
Analogieverbot *4.20f*, 29.16

377

Sachregister

Angemessenheit
  Anhalterecht 15.2, *15.14 ff*
  entschuldigender Notstand 21.15
  Notwehr 14.26
  rechtfertigender Notstand *14.24 f*, 15.18
Angriff (Notwehr) *13.5 ff*, 14.34 ff, 15.19
Angriffsobjekt
  s *Tatobjekt*
Anhalterecht 3.16, 5.3, 5.6, 13.10, *15.1 ff, 20.10*
  Dauer *15.20 ff*
  Irrtum, Irrtumsrisiko 15.10, 20.10
  körperliche Gewalt *15.15 ff*
  Notwehr 13.10, 15.19, *15.30 f*
  Zweck 15.2, *15.17 f*, 15.29
Anknüpfungstat 41.10 ff
Anlasstat 2.16, 8.12, 20.10
Anrechnung einer im Ausland erlittenen Strafe 42.13
Anschlussdelikte 33.5
Anstiftung
  Einheitstätersystem 32.28, 32.40
  Teilnahmesystem *32.13 ff*, 32.38, 32.40, 33.2, 33.22, 34.20, 34.29, 36.16
  s *Bestimmungstäter*
Äquivalenztheorie *10.6 ff*, 27.11, *30.10 f*
Arzt
  Diagnose- und Behandlungsfehler 26.30, *28.12*, 35.14
  Garantenstellung 31.5, 31.11
  leges artis *26.12*, 26.20, 27.15
  mutmaßliche Einwilligung 15.83
atypischer Kausalverlauf
  s *Adäquanzzusammenhang*
  s *Kausalverlauf*
Aufbaumuster
  s *Fallprüfungsschema*
  s *Verbrechensaufbau*
Auffahrunfälle 28.11
Ausführungsfahrlässigkeit 26.26
  s *Übernahmefahrlässigkeit*
Ausführungshandlung 22.16, *22.17*
  Beteiligung 33.3, 33.5, 33.10 ff, *34.19 ff*, *35.24 ff*, 36.37 f, *37.28 ff*, 37.33
  Versuch *22.17*, 23.2 f, 23.12 f
ausführungsnahe Handlung 22.15, *22.17 f*, 23.2 f, 23.12 f, *36.24 ff*, 36.41
Ausführungstäter
  s *unmittelbarer Täter*
Ausländer 19.8, 19.14, 19.19, 42.1, *42.8 f*
ausländisches Strafrecht 42.5
Auslandssachverhalt *42.8 ff*
Auslegung *1.2 ff, 4.10 ff, 4.20 f*, 8.27
  authentische 29.17, 34.3, 35.2 ff
  deliktsspezifische 38.58, *38.60 ff*

Fette Zahlen = System Gliederung

  teleologische *4.14 ff*, 8.16, 28.6, 15.17, 38.28
  Rechtsgut 4.10 ff, 42.1, *42.15 f*
  s *teleologische Reduktion*
Auslegungstatbestand 32.52, 34.3, 35.3
Auslieferungsrecht 12.13, *12.14*
Ausübung von Amts- und Dienstpflichten 5.3, 13.11, *15.47 ff*
  Notwehr 13.11, *15.53*
  s *Waffengebrauch*
Ausweichpflicht *13.18 ff*
Außergerichtlicher Tatausgleich = ATA
  s *Diversion*
  s *Tatausgleich*
automatisierte Handlung *7.9 f*, 27.8
autonome und individuelle Verantwortlichkeit *32.29 f*, 32.38, 33.20, *33.22 f*, 33.30, *33.31 f*, *34.47*, *34.51 ff*, 35.37, 35.38, 26.21, 27.5, 27.30
  s *Akzessorietät*
Autonomieprinzip
  s *Eigenverantwortlichkeitsprinzip*
  s *Selbstbestimmungsrecht*

B

Bagatellnotwehr 13.7, 13.22 a, 13.26
Beamter
  s *Amtsausübung*
  s *Hoheitsträger*
bedingter Handlungswille *11.19*, 23.7
bedingter Vorsatz *11.14 f*, 11.18, 11.27 f, 31.26, 34.32
  Fahrlässigkeit, Abgrenzung 11.15, *28.22 ff*
  Versuch *23.7* f
  Wertqualifikationen 11.4, *12.9 f*
bedingtes Unrechtsbewusstsein *18.8*, 19.12
Bedingungstheorie
  s *Äquivalenztheorie*
Befehl 12.28 f
Befugnisträger *37.32 ff*
  s *Sonderpflichtdelikte*
Begegnungsdelikte *37.54 ff*
Begehungsdelikte *9.1 f*, 9.4 ff, 9.48, 29.15 ff, 29.22 ff
  Fallprüfungsschema **Anhang 1, Anhang 2, Anhang 3**
Begleitwissen *11.7, 11.9*, 12.3 a
Beihilfe
  Einheitstätersystem 32.28, 32.40
  Teilnahmesystem *32.13 ff*, 32.16, 32.20, 32.22 ff, 32.38, 32.51, 33.6, 33.16, 33.32 f, 35.1

378

Magere Zahlen = Randnummern

Sachregister

Beitragstäter, Beitragstäterschaft 32.33, 32.40, 32.52, *33.7ff*, 33.28, 34.11, 34.28, *35.1ff*, 36.14, 37.4ff, 37.7f, 37.29, 37.32ff, 38.29
Alltagshandlungen *35.9*
Ausführungsstadium *33.9ff*
Beitragshandlung *35.8ff*
Beitrag zum Beitrag 35.25a, 36.39
Beitrag zur Bestimmung 35.25a, 36.39
Bestimmungstäter, Abgrenzung *35.10*, 36.14
Bestimmung zum Beitrag 36.14
fahrlässige(r) *33.29ff*, 33.34, 34.2, 35.1, 35.23, 35.28, 37.11
Fallprüfungsschema **Anhang 8**
Generalklausel 34.7, *35.2*, 35.8, *35.12ff*, 35.17f
Kausalität *35.11*
objektive Zurechnung des Erfolgs 35.2, *35.12ff*
physische(r), psychische(r) 34.16, 34.18, 35.11, *35.15ff*
Subsidiarität 38.29
sukzessive(r) 33.18
unmittelbarer Mittäter, Abgrenzung *33.7ff*
Unterlassen *35.23*
Vollendung 22.26, 35.4, *36.37*
Vorbereitungsstadium *33.8*, 35.20, *36.41ff*
vorsätzliche(r) 35.1, *35.26f*
Beitragstäterschaft, versuchte 35.4, *36.34ff*, *36.41ff*, 36.45
absolut untauglicher Versuch 36.6f
„Beitragsversuch" 34.50, 35.11, 35.25a, 36.5, 36.11, *36.35f*, 36.45
Beitrag zum Versuch 35.4, 35.25a, 36.11, 36.14, *36.37ff*
Fallprüfungsschema **Anhang 10**
Rücktritt 36.8, 36.44
Strafbarkeitsbeginn 36.14, *36.41ff*
Beitragsvorsatz *35.29ff*
Besitzdelikte 9.30
s *Zustandsdelikte*
besondere persönliche Eigenschaften oder Verhältnisse
s *Schuldmerkmale, besondere persönliche*
s *Unrechtsmerkmale, besondere persönliche*
Bestimmtheitsgrundsatz *4.19*, 29.16, 32.33, 32.36
Bestimmungstäter, Bestimmungstäterschaft 32.33, 32.40, 33.8, 33.28, *34.1ff*, 36.4, 37.4ff, 37.30, 37.32ff, 38.29
Beitragstäter, Abgrenzung *35.10*, 36.14

Bestimmungshandlung *34.9ff*
Fallprüfungsschema **Anhang 7**
Irrtum *34.45ff*
objektive Zurechnung des Erfolgs *34.6*, 34.11
Subsidiarität 38.29
Unterlassen 34.*15*
Bestimmungstäterschaft, versuchte 34.5, 34.19, 34.40, 34.43ff, *36.9ff*
absolut untauglicher Versuch 36.6f, 36.21
bestimmungsnahe Handlung 34.5, *36.24ff*
Bestimmungsversuch 34.5, 34.16, 34.19, 34.50, 36.10, *36.12ff*, 36.19, 36.32, 36.46f
Bestimmung zum Beitrag 34.14
Bestimmung zum Versuch 36.10, *36.18ff*
Fallprüfungsschema **Anhang 9**
Rücktritt 36.8, *36.27ff*
Strafbarkeitsbeginn *36.23ff*
Bestimmungsvorsatz *34.31ff*
Beteiligung mehrerer *32.2ff*
Dauerdelikt 9.29, 35.21f
Doppelnatur 32.3
dualistisches Regelungsmodell 32.6, *32.10ff*
erfolgsqualifiziertes Delikt *33.19f*
Fahrlässigkeitsdelikt *33.29ff*
monistisches Regelungsmodell 32.8, *32.25ff*
Sonderdelikt *37.1ff*, *37.28ff*, *37.32ff*
Strafzumessung 32.3, 32.16, 32.19f, 32.34f, 32.38
Versuch 34.5, 35.4, *36.1ff*
Vorstufen *36.46f*
s *autonome und individuelle Verantwortlichkeit*
s *Beitragstäter*
s *Bestimmungstäter*
s *Einheitstätersystem*
s *notwendige Beteiligung*
s *Teilnahmesystem*
s *unmittelbarer Täter*
bewusste Fahrlässigkeit 11.15, *28.18ff*
Bewusstheitsgrade des
Unrechtsbewusstseins *18.6*, 19.12
Vorsatzes *11.7ff*
Bewusstlosigkeit *7.4*, 17.26f
Bewusstsein der Rechtswidrigkeit
s *Unrechtsbewusstsein*
Bewusstsein der Strafbarkeit *18.16ff*, *19.30*
Bewusstseinsstörung, tiefgreifende *17.10f*, 17.26f
Blankettmerkmale 8.16, 12.22f
Blankettstrafgesetze *12.22*
Irrtum *12.23ff*

379

Sachregister　　　　　　　　　　　　　　　　　　Fette Zahlen = System Gliederung

C

Charaktermängel 16.22, 17.12, 21.9, 36.24
conditio sine qua non
　s Äquivalenztheorie

D

Dauerdelikte *9.27ff,* 9.48
　Beitragstäterschaft 5.21 f
　Begünstigung 9.29, 35.22
　Mittäterschaft 33.14
　tatbestandliche Handlungseinheit 38.63
Dauergefahr 14.13, 14.36, 21.14
Dauerstraftaten 9.28 f, 33.14, 35.21 f, 38.73
Definition *1.4ff*
delictum sui generis 9.25,
Delikte 3.3 ff, 4.3
　Einteilungen *3.4 f, 9.1 ff, 22.5 ff,* 25,
　29.1 ff, 37.1 ff, 37.26 ff
　mit pauschalierender Handlungsbe-
　schreibung *38.61 ff,* 38.68
　s Begehungsdelikte, Unterlassungsdelikte
　s Blankettstrafgesetze
　s Dauerdelikte
　s delicta sui generis
　s echte, unechte Unterlassungsdelikte
　s eigenhändige Sonderdelikte
　s Erfolgsdelikte
　s erfolgsqualifizierte Delikte
　s Gefährdungsdelikte
　s Grunddelikte
　s mehraktige Delikte
　s Mischdelikte
　s privilegierte Delikte
　s qualifizierte Delikte
　s schlichte Tätigkeitsdelikte
　s Sonderdelikte
　s Unternehmensdelikte
　s verhaltensgebundene Delikte
　s Verletzungsdelikte
　s Versuchsdelikte
　s Vorbereitungsdelikte
　s Vorsatzdelikte, Fahrlässigkeitsdelikte
　s Zustandsdelikte
Delikte mit erweitertem Vorsatz *11.23 ff,*
　22.27, 23.9, 33.5, 34.46 f, 35.36, 37.23 f
Deliktsobjekt
　s Tatobjekt
Deliktsqualifikationen 9.13, 11, 28.26,
　28.29
Differenzierungstheorie beim Notstand
　21.4
Diskretionsfähigkeit 17.3, 17.7
Dispositionsbefugnis 15.69 f
Dispositionsfähigkeit 17.3, 17.7, 17.10,
　15.69, *15.71 f*

Diversion 2.15, 2.26, 2.28, 3.16, 4.32 f,
　38.55 d, *40.1 ff,* 41.18
　Ausschluss *40.11 ff,* 40.16
　Begriff 40.3
　Diversionsmodell *40.6 ff*
　einzelne Maßnahmen 40.10, *40.15 ff*
　Jugendstrafrecht 40.2, 40.12
　prozessuale Aspekte 3.14, *40.26 ff*
　schwere Schuld 40.13 ff
dolus antecedens 11.20
dolus directus 11.17
dolus eventualis
　s bedingter Vorsatz
dolus generalis *12.18*
dolus principalis 11.17
dolus specialis *11.16*
dolus subsequens *11.*20
Doppelbestrafungsverbot 38.42 a, *38.55 a ff*
Doppelirrtum *20.16*
doppelt bedingte Fahrlässigkeitshaftung
　12.12, 20.8 ff, 20.15, 21.27
Doppelverwertungsverbot 39.6, 39.12,
　40.13
Dreispurigkeit 40.2, 40.26
　s Diversion
Drogen 17.10, 17.26, 25.5, 28.8, 31.4, 31.17
Durchschnittsmensch
　s maßgerechter Mensch

E

echte Konkurrenz 38.11 ff, *38.15 ff,* 38.24 ff,
　38.31, 38.38, *38.41 ff, 38.48 ff, 38.56 ff,*
　38.76
　prozessuale Auswirkungen *38.16 f,* 38.41
　Rechtsfolgen *38.45 ff, 38.48 ff*
　Strafrahmentheorie *38.4,* 38.42 38.47 f
　s fortgesetztes Delikt
　s Idealkonkurrenz
　s Realkonkurrenz
　s Scheinkonkurrenz
echte Unterlassungsdelikte 9.3, *28.1 ff,*
　31.31 ff
　Subsidiarität *31.31 ff,* 38.28
eigenhändige Delikte *37.28 ff*
　Beteiligung 37.10, 37.27 f, *37.28 ff,*
Eigenverantwortlichkeitsprinzip 15.78 ff,
　26.17, 28.8 f, 31.22, 31.22 a, 34.6, 35.14
　s Fremdgefährdung, einverständliche
　s Selbstgefährdung, eigenverantwortliche
Eindruckstheorie 22.16, 22.19, 25.7,
　25.10 ff, 36.26
　absolut untauglicher Versuch 25.7,
　25.10, *25.12 ff,* 25.17 a, *25.18*
Einheit der Rechtsordnung 5.2
Einheitsstrafenprinzip 38.47

Magere Zahlen = Randnummern **Sachregister**

Einheitstätersystem, Einheitstäterprinzip
  32.22 ff, 32.25 ff, 32.39 ff, 33.7 ff
  ausländisches Recht 32.22 ff, 32.37, 32.54 f
  Fahrlässigkeitsdelikte 32.22, *33.29 ff*
  formales 32.22, *32.31 ff*, 33.6, 33.11, 33.15, 33.17
  funktionales 32.31 f, *32.33, 32.39 ff*, 32.41 a, *32.42 ff, 32.46 ff*, 33.28, 34.9, 34.23 f, 34.29 f, 34.46 ff
  keine qualitative = limitierte Akzessorietät *32.29 f*, 32.38, *32.41*, 32.41 a, 32.46, *34.19 ff, 35.24*, 37.5
  Kritik *32.37*, 32.41 b, *37.52*
  Nichtigkeitsbeschwerde *32.46 ff*
  prozessuale Aspekte *32.46 ff*, 32.51 ff, 33.16
  rechtsvergleichende Aspekte 32.7, *32.10 ff, 32.17 ff, 32.22 ff*, 32.35, 32.37 f, *32.50 ff*, 33.6, 33.8, *33.16*, 33.22, 33.27 f, 33.33, 33.35, 34.29 f
  reduziertes *32.44 f*, 33.24 f
  Schaubilder 32.38, 32.51 f
  Sonderdelikte *37.1 ff*
  vergleichende Gegenüberstellung *32.38, 32.50 ff*
  s autonome und individuelle Verantwortlichkeit
  s Strafzumessung
  s Täterbegriff
  s Täterschaftsformen
  s Teilnahmesystem
Einheitstheorie beim Notstand 21.4
Einlassungsfahrlässigkeit
  s Übernahmefahrlässigkeit
Einsichtsfähigkeit 17.3, 17.7, 17.10
Einverständnis *15.58 ff*
Einwilligung, mutmaßliche *15.82 ff*, 20.3
Einwilligung, rechtfertigende 5.3, *15.54 ff*
  Fahrlässigkeitsdelikte 27.14, *27.16*
  Irrtum gem § 8 20.1, 20.3, 20.7
  Minderjährige 15.71 f
  Sittenwidrigkeitskorrektiv 15.65
Einzelakttheorie beim Versuch 24.4
enge natürliche Verbundenheit 31.6 ff, *31.12 f*
Entscheidungsträger (Verband) 41.11 ff, 41.15
Entschließung *22.1 ff*
entschuldigender Notstand
  s Notstand, entschuldigender
Entschuldigungsgründe *21.1 ff*
  Fahrlässigkeitsdelikte *27.23 ff*
  Unterlassungsdelikte *31.29 f*
  s Notstand, entschuldigender

Entsprechungsklausel
  s Gleichwertigkeitskorrektiv
Erfahrungswissen *10.11*, 10.14, 16.6
Erfolg 8.7, *9.5 ff*, 10.3 ff, 27.11, 29.16, 30.2
  s objektive Zurechnung des Erfolgs
Erfolgsabwendungspflicht *29.12 f*, 30.3 ff, 30.14 f
Erfolgsabwendungstendenz 29.4, 30.5 f
Erfolgsdelikte 8.7, *9.5 ff*, 9.45 f, 10.3 f, 10.20 f, 11.21, 23.4 f, 26.31, *27.9 ff*, 29.19, 30.20
  Begehung durch Unterlassung *29.9 ff*, 29.19 f
  qualifizierte 9.12 f, 28.26
  s erfolgsqualifizierte Delikte
Erfolgsförderungstheorie 35.11
Erfolgsqualifikationen *9.10 ff*, 11.4, 28.15, 28.26, 9.3, 9.7
erfolgsqualifizierte Delikte *9.10 ff*, 9.19, 9.23, *28.26 ff*, 29.7, 34.51
  Adäquanzzusammenhang 28.34
  Bedeutung des § 7 Abs 2 *28.28 ff*
  Beteiligung *33.19 f*
  erfolgsspezifische Sorgfaltswidrigkeit 28.33
  Fahrlässigkeit 9.12, *28.26 ff*, 34.42
  Fallprüfungsschema **Anhang 4**
  objektive Zurechnung des Erfolgs 28.15, 28.34
  Risikozusammenhang 28.15, 28.34
  Versuch 28.30, 28.*35*
  s Vorsatz-Fahrlässigkeits-Kombination
Erfolgsunwert 4.27 f, 4.32, 16.22, 39.19, 40.13
  s Handlungsunwert
Erkundigungspflicht *19.23 ff*
Erlaubnistatbestandsirrtum = Irrtum über einen rechtfertigenden Sachverhalt *20.1 ff*
erlaubtes Risiko 26.17, 27.16
Erledigungsprinzip 42.13
error in persona vel objecto *12.13 ff*, 34.45
erweiterter Vorsatz 4.31, *16.23 ff*, 22.27, 23.9, 34.46 f, 35.36
EU-Rechtswidrigkeit 19.14
Europarecht, Europäische Union 41.2, 42.2, *42.17 ff*
Eventualvorsatz
  s bedingter Vorsatz
Exklusivität 14.35 f, 28.29, 31.34, *38.7 ff*, 38.55 a
Extraneus 25.18 f, *37.4 ff*
  Beitragstäter *37.4 ff, 37.32 ff*
  Bestimmungstäter 37.7, 37.14, 37.30 f, 37.41 ff

381

Sachregister Fette Zahlen = System Gliederung

Fahrlässigkeitsdelikte 37.11
unmittelbarer Täter *37.6ff*
s *Intraneus*
s *Irrtum*
s *Sonderdelikte*
Exzess
Ausführungstäter 34.41 ff, 35.34
Notwehr *13.12ff*, 13.22, 13.22 a, 19.11
qualitativer und quantitativer *34.41 ff*,
35.34
rechtfertigender Notstand *14.14ff*
s *Handlungsexzess*

F

Fahrlässigkeit 4.31, *26.1 ff, 27.1 ff*
bewusste und unbewusste 11.9, *28.18 ff*
grobe 27.6, *28.25 b ff*
Irrtum 12.11 f, 20.8 ff, 21.27
Rechtfertigungsgründe 27.14 ff
Vorsatz 11.9, 11.14, 26.3, *28.22 ff*
s *objektive Zurechnung des Erfolgs*
s *Sorgfaltspflichten*
s *Sorgfaltswidrigkeit*
s *Übernahmefahrlässigkeit*
s *Vertrauensgrundsatz*
Fahrlässigkeitsdelikte 9.17, *26.1 ff, 27.1 ff,*
28.1 ff, 3711
Beteiligung *33.29 ff,* 34.2, 34.25 f, 35.1 ff,
35.27 f, 37.11
Fallprüfungsschema **Anhang 3**
Fahrlässigkeits-Fahrlässigkeits-Kombination 28.32
Fahrlässigkeitstäter, unmittelbarer 33.29,
33.34, 34.2, 35.23, 35.28
Fallprüfungsschema
Begehungsdelikte **Anhang 1, Anhang 2,**
Anhang 3
Beitragstäter **Anhang 8, Anhang 10**
Bestimmungstäter **Anhang 7, Anhang 9**
erfolgsqualifizierte Delikte **Anhang 4**
Fahrlässigkeitsdelikte **Anhang 3,**
Anhang 6
internationales Strafrecht *42.12 f*
unechte Unterlassungsdelikte
Anhang 5, Anhang 6
Versuch **Anhang 2, Anhang 9,**
Anhang 10
Vorsatzdelikte **Anhang 1, Anhang 5**
s *Verbrechensaufbau, Verbrechensbegriff*
fehlgeschlagener Versuch *24.20 f*, 25.25
Fehlreaktion *7.6 ff,* 27.8
Fehlverhalten, nachträgliches *28.9 ff,* 28.34,
35.14

Festnahmerecht
s *Anhalterecht*
Finanzstrafrecht 23.3, 26.6, 28.15, 37.2,
38.58, 41.3, 41.17
Flaggenprinzip 42.8
Folgeunfall *28.11*
fortgesetztes Delikt
s *Handlungseinheit, tatbestandliche*
Frank'sche Formel *24.14 ff*
freiwillige Pflichtenübernahme 31.6,
31.14 f, 31.16
Freiwilligkeit
Rücktritt *24.13 ff,* 36.31 ff
Diversion 40.6, 40.11
s *Rücktritt vom Versuch*
Fremdgefährdung, einverständliche 28.8

G

Garantenpflicht 29.12 f, 31.23, 31.27
Garantenstellung 4.22, 15.94; 29.12 f, 29.17,
30.14 ff, 31.1 ff, 35.23
Beteiligung mehrerer 37.31
enge natürliche Verbundenheit 31.6 ff,
31.12 f
freiwillige Pflichtenübernahme 31.6 f,
31.14 f
gefahrbegründendes Vorverhalten
(Ingerenz) 31.6 ff, *31.18 ff*
Gefahrengemeinschaft 31.6 ff, *31.16 f*
Irrtum 31.27
Rechtsvorschrift 31.4, 31.6 f, *31.9 ff*
Überwachung von Gefahrenquellen
31.6 ff, *31.22 a*
s *Gleichwertigkeitskorrektiv*
Garantenunterlassungsdelikte 29.12
Gebotsirrtum
s *Verbotsirrtum*
gefahrbegründendes Vorverhalten 31.6 ff,
31.18 ff
Gefahrengemeinschaft 31.6 ff, *31.16 f*
Gefährdungsdelikte *9.31 ff,* 9.45, 30.13,
38.28
abstrakte *9.35 f,* 34.14
konkrete *9.34*
potenzielle *9.37 f*
Gefährlichkeit bei vorbeugenden Maßnahmen *2.16 ff,* 16.3
Geisteskranke, Geisteskrankheiten 13.19,
15.7, 17.7 f, 11.22
geistige Behinderung 16.6 f, 16.9
Geldbuße (Diversion) 40.10, *40.15 ff*
Geldbuße (Verbandsgeldbuße) 41.17
gemeinnützige Leistungen (Diversion)
40.10, *40.18 f*

Magere Zahlen = Randnummern

Sachregister

Generalprävention 2.4, 2.6, 2.8, 2.10 ff, 2.23, 2.25, 39.22, 40.11 f, 40.14, 41.17
negative 2.6
positive 2.6, 39.22, 40.7
Gesetzeseinheit 38.13
Gesetzeskonkurrenz 38.13
gesetzliches Tatbild 8.2, 8.6 f, 8.8
Gesetzlichkeitsprinzip
s *nullum crimen sine lege*
Gesinnungsmerkmale 16.20
Gesinnungsunwert *4.33, 16.*22, 39.19, 40.13
Gewohnheitsrecht 4.22, 15.55, 29.13
Gleichgültigkeit 28.25
gleichwertige seelische Störung 16.12
Gleichwertigkeit der Täterformen 32.24 a, *32.33*, 32.41 a, 32.43, 32.46 ff
Gleichwertigkeitskorrektiv 29.17, *30.17 ff*, 31.29
Grunddelikte *9.20 ff*, 28.28, 28.30 ff
Güterabwägung
Notstand 14.2, *14.20 ff*, 21.15 f
Notwehr 13.15
Güterkollision 5.2, 14.16, 21.15

H

Haftung, strafrechtliche
s *objektive Zurechnung des Erfolgs*
Handlung, Handlungsbegriff *7.1 ff*, 13.5, 17.20, 17.26 f, 27.8, 30.9
automatisierte *7.9 f*, 27.8
impulsive *7.11 f*
Nichtvornahme des gebotenen Tuns 7.17, 29.1 ff, 29.9 ff, *30.3 ff*
tatbildmäßige 8.6
Handlungseinheit, tatbestandliche *38.58 ff*
im engeren Sinn *38.60 ff*
im weiteren Sinn *38.67 ff*
prozessuale Aspekte 38.71
Serienstraftaten 38.57 ff
Handlungsexzess *13.12 ff*, 13.22, 13.22 a, *14.14 ff*, 15.16, 15.28, 15.38, 15.73, 20.7, 20.16, 21.26
Handlungsfähigkeit, Handlungsmöglichkeit *29.5 f, 30.7 ff*
Handlungsförderungstheorie 35.11
Handlungsobjekt
s *Tatobjekt*
Handlungsunwert 4.27, *4.29 ff*, 39.19, 40.13
s *Erfolgsunwert*
Handlungswille, bedingter *11.19*, 23.7
Haupttäter, Haupttat 32.12 f, 32.27, 32.29
historischer Hintergrund 1.12 ff
Hoheitsträger
Eingriffsrechte *15.47 ff*
Gefahrtragungspflichten 14.30 a, 21.21

Notstandsbefugnisse 14.30 b, 15.48
qualifizierte Rechtswidrigkeit 13.11, *15.53*
Waffengebrauchsrecht 15.51
Hoheitsverwaltung 41.4
Hypnose 17.10
hypothetische Kausalität 30.2, *30.10 f*

I

Idealkonkurrenz 38.21, 38.42 a, 38.43, *38.45 ff*, 38.55 a
impulsive Handlung *7.11 f*
indirekter bzw **direkter Verbotsirrtum** *19.6 ff, 19.9 ff*
Irrtum über einen rechtfertigenden Sachverhalt 20.2, *20.11 f*
Tatbildirrtum 19.29, 20.2, 20.11
Individualisierung
Einheitstätersystem 32.3, *32.34 f*, 32.36, 32.38
Teilnahmesystem 32.3, 32.16, 32.19 f, 32.38
Individualrechtsgüter 3.8
Einwilligung 15.64, 15.84
Notstand *14.9*, 21.7 f, 21.10, 21.16
Notwehr *13.6*
Indizwirkung der
Kausalität 10.21
objektiven Sorgfaltswidrigkeit 26.22
objektiven Voraussehbarkeit 26.32
Tatbestandsmäßigkeit *5.8 ff*
in dubio pro reo *3.17*, 8.11, 10.12, 10.14, 10.30, 28.25 a, 30.11, 35.18, 35.33
Ingerenz 31.6 f, *31.18 ff*
inländische Strafgewalt
s *Strafrechtsanwendungsrecht*
inländisches Rechtsgut 42.15
Inlandstat
s *Tatort*
Internationale Strafgerichte 42.3
Internationaler Strafgerichtshof 42.3, *42.20 ff*
internationales Strafrecht 42.1 f, *42.4 ff*
Integrationsprävention 2.11
Interessenabwägung
s *Güterabwägung*
Intraneus 25.18, *37.4 ff*
eigenhändige Delikte *37.28 ff, 37.32 ff*,
gutgläubiger *37.34 f, 37.42 f*
Sonderpflichtdelikte *37.32 ff*
unmittelbarer Täter *37.4 ff*
s *Sonderdelikte*
Irrtum
Ausländer 19.8, 19.14, 19.19, 19.25
Beitragstäter 35.35, 35.40

383

Sachregister Fette Zahlen = System Gliederung

Bestimmungstäter 33.22, 34.45, 34.55
Blankettmerkmale *12.22 ff*
entschuldigender Sachverhalt *21.24 ff*
Existenz eines Rechtfertigungsgrundes *19.9 f*
Garantenstellung *31.27*
Grenzen eines Rechtfertigungsgrundes 19.9, *19.11*, 25.20 c
Jugendliche 19.8, 19.14, 19.17
Kausalverlauf 11.10, 11.12, *12.5 ff*, 12.17, *12.18*
normative Tatbestandsmerkmale *11.10 f, 12.4*, 12.22 ff, 19.29, 25.20 b, 31.27
privilegierende Tatbestandsmerkmale *12.20*
qualifizierende Tatbestandsmerkmale 12.19
Schuldmerkmale 12.21
Strafausschließungsgrund 24.29
Strafbarkeit *19.30 f*
Täterqualität 25.4, 25.20 b, 25.30, 33.22
Tatobjekt *12.13 ff*, 34.45
Werkzeug 33.22
Wertqualifikationen *12.9 f*, 12.19
 s *aberratio ictus*
 s *dolus generalis*
 s *Irrtum über einen rechtfertigenden Sachverhalt*
 s *Subsumtionsirrtum*
 s *Tatbestandsirrtum*
 s *Verbotsirrtum*
Irrtumskombinationen *20.16*
Irrtum über einen rechtfertigenden Sachverhalt 13.4, 13.22, *20.1 ff*

J

Jugendliche 15.7, 15.72, 17.5 f, 17.13 f
Schuldfähigkeit *17.5 ff, 17.13 f*
Unrechtsbewusstsein 19.8, *19.14, 19.17*
verzögerte Reife 17.5 f, *17.13 f*
juristische Person 41.1 ff, *41.4 f*
Justizstrafrecht 3.10

K

Karneades-Fall 21.16, 21.18
Kausalität 4.4, 9.8 f, 10.1, *10.3 ff*
abgebrochene 10.17
alternative 10.12
Beitragstäterschaft 35.11, 35.17
hypothetische *30.10 ff*
kumulative *10.15, 10.16*
Schuld *10.22 ff*, 16.6
Tatbestandsmerkmal 8.9, *10.1 f*, 16.6
überholende *10.15, 10.17*
 s *objektive Zurechnung des Erfolgs*

Kausalverlauf
abenteuerlicher *10.18*
Abweichungen *12.5 ff*, 12.18
atypischer 10.10, 25.2, *26.29 f*
Irrtum *12.5 ff*, 12.18
Unterbrechung *10.15 f*, 10.19
Voraussehbarkeit 11.12, *26.29 ff*, 26.33 f
Vorsatz 11.12, *12.5 ff*
Kettenbestimmung 34.5, *34.13*, 34.19, 34.38, 36.13
Kollektivdelikt 38.21
Kombinationsprinzip 38.49 ff, *38.53 ff*
Komplementaritätsprinzip 42.23
Komplott 36.17, *36.46 f*
Konfliktregelung
 s *Diversion*
Konkurrenzen *38.1 ff*, 38.56, 38.58
Fallprüfung 38.5, *38.18, 38.77*
ne bis in idem *38.55 a ff*
Rechtfertigungsgründe 14.30 b, 14.35 f, 14.37, 15.30 f
Strafrahmentheorie *38.4*, 38.42, 38.47 f
verfassungsrechtliche Aspekte 38.42 a, *38.55 a ff*
 s *echte Konkurrenz*
 s *Idealkonkurrenz*
 s *Realkonkurrenz*
 s *Scheinkonkurrenz*
Konsumtion 38.19, 38.21, *38.30 f*, 38.36
Konvergenzdelikte *37.53*
Körperreflexe 7.2 f, *7.5 ff*
Kriegsverbrechen 42.24
Kriminalstrafrecht 3.10
kriminelle Bürgschaft 13.5
Kronzeugenregelung 40.38, 41.18
Kumulationsprinzip 3.10, 38.55, 38.55 c
Kumulationsverbot
Diversion 40.10
Kriminal- und Verwaltungsstrafe *38.55 a ff*

L

Laiensphäre 11.11, 12.4, 18.7
Lebensrisiko, allgemeines 28.14
Legaldefinition 1.6, 8.16
Legalitätsprinzip, prozessuales 40.6, 40.30 f
Lissabon-Vertrag 42.18
Lückenschließungsverbot *4.20 f*
 s *Analogieverbot*

M

maßgerechter Mensch *16.8 ff*, 18.10, 19.8, 21.2, 20.1 ff, 27.5, *27.25 ff*
entschuldigender Notstand *21.20 f*
Entschuldigungsgründe 21.2 f

Magere Zahlen = Randnummern

potenzielles Unrechtsbewusstsein *18.10*
Unzumutbarkeit *27.23 ff*
Verbotsirrtum *19.22,* 19.24 f
Maßnahmen
  s vorbeugende Maßnahmen
mehraktige Delikte 9.26, 11.20, 33.13, 38.64
mehrdeutige Verhaltensweisen *29.22 ff*
Mehrtäterschaft 32.2, 33.4, 33.5 ff, 33.31, 34.4, 37.1
  fahrlässige Tat *33.29 ff*
  s unmittelbare Mittäter
Menschenbild des StGB *2.14, 16.9,* 18.10, 41.17
Militärdelikte 37.3, *37.14*
Mischdelikte *9.39 ff*
  alternative *9.40 f,* 9.44 f, 38.62
  kumulative *9.42 ff*
Mitarbeiter (Verband) 41.13 f
mitbestrafte Vortat/Nachtat 38.21
Mitbewusstsein 11.7, 11.9, 12.3 a
Mitkausalität 10.5
Mittäter
  Einheitstätersystem *33.4 ff*
  Teilnahmesystem 32.22, 33.6, 33.8
  s sukzessive Täterschaft
  s unmittelbare Mittäter
  s verdeckter unmittelbarer Täter
mittelbarer Täter
  Einheitstätersystem 33.24, *34.27 ff*
  Teilnahmesystem 32.22, 33.24
  s verdeckter unmittelbarer Täter
Mitverschulden 28.10, 28.16
Mitwissen 35.8 f
mutmaßliche Einwilligung *15.82 ff,* 20.3

N

Nachteil
  bedeutender *14.6 ff,* 21.7 ff
  unmittelbar drohender *14.12 f,* 21.14
nachträgliches Fehlverhalten
  des Verletzten *28.9*
  eines Dritten *28.10 ff*
natürliche Verbundenheit 31.6 ff, *31.12 f*
Nebenstrafrecht 3.12 f, 12.22, 28.15
  Unrechtsbewusstsein 18.11, 18.13, 19.8
Nebentäter 32.22, 33.2
ne bis in idem 3.10, 3.17, *38.55 a ff,* 40.36 f, 42.13, 42.23
  internationales 40.37
normative Tatbestandsmerkmale *8.15 ff,* 8.20 f, 20.15
  Irrtum *11.10 f,* 12.4, 19.29, 25.20 b
normativer Schuldbegriff *16.7 ff,* 16.16, 19.17

Sachregister

Nothilfe 13.28 f, 15.41, 15.50
Nötigungsnotstand 21.16, 21.20
Notstand, entschuldigender 3.8, 14.10, 14.27, *21.1 ff*
  Irrtum *21.24 ff*
  rechtfertigender Notstand 14.10, *21.15 ff,* 21.23
Notstand, rechtfertigender 3.8, 4.21, 5.4, 5.6, *14.1 ff,* 15.6, 15.18, 15.48, 15.52, 27.14, 31.28
  Irrtum 20.1, 20.3, 20.7
  Notwehr 13.5 f, *14.7 ff,* 14.17, 14.26, 14.28, *14.31 ff, 14.34 ff*
  s wirtschaftlicher Notstand
Notstandshilfe, entschuldigende 21.7
Notstandshilfe, rechtfertigende 14.5, 30.1 ff, 34.49
Notwehr 4.21, 5.3, 5.6, *13.1 ff,* 14.7, 15.41, 15.52 f, 21.5, 23.14, 27.14 ff, 31.21
  Einschränkung durch Art 2 MRK 13.16, 13.27
  Irrtum 13.4 f, 20.1, 20.3, 20.7
  rechtfertigender Notstand 13.5 f, 14.4, *14.7 ff,* 14.17, 14.28, *14.31 ff, 14.34 ff*
  Vorrang *14.35 f*
Notwehrexzess 13.22, 13.22 a
  extensiver 13.9, 13.22, 19.11
  intensiver 13.22, 13.22 a, 19.11
Notwehrprovokation 13.21
notwendige Beteiligung *37.53 ff*
Notwendigkeit der Verteidigung *13.12 ff*
nullum crimen sine lege = nulla poena sine lege 3.17, *4.17 ff,* 25.14, 25.18, 25.20, 25.20 b, 29.16, 39.12, 39.14, 42.25 f
  s Rechtsstaatlichkeit

O

objektive Sorgfaltswidrigkeit
  s Sorgfaltswidrigkeit, objektive
objektive Tatseite *4.2 ff*
  s subjektive Tatseite
  s Tatbestand
objektive Theorie beim Versuch 22.15, *25.15 ff*
objektive Voraussehbarkeit des Erfolgs
  s Adäquanzzusammenhang
objektive Zurechnung des Erfolgs 4.22, 10.16, *10.18 ff,* 12.8 a, 12.18, 24.15 b, 26.28 ff, *28.1 ff,* 40.16
  Beitragstäter 35.2, *35.12 ff*
  Bestimmungstäter 34.6, 34.29
  erfolgsqualifizierte Delikte 28.15, *28.34*
  Fahrlässigkeitsdelikte 27.12 f, *28.1 ff*

385

Sachregister   Fette Zahlen = System Gliederung

Irrtum über den Kausalverlauf *12.5 ff*
unechte Unterlassungsdelikte 28.15, *30.12 ff*, 31.22
Versuch 12.8 a, 23.5, 24.15 b, 24.17, 26.31, 36.29
vorsätzliche Erfolgsdelikte 10.20 ff, *26.31*, 28.15
 s *Adäquanzzusammenhang*
 s *Alternativverhalten, rechtmäßiges*
 s *Risikozusammenhang*
Objektsirrtum *12.13 ff*, 34.45
omnimodo facturus *34.16 f*, 36.15
Opferschutz *2.27 ff*, 40.6, 40.8, 40.23, 41.17
 s *Diversion*
Organisationsdelikte 22.6, 22.9, 33.17, 37.51
Organisationsmängel 26.20
örtlicher Geltungsbereich
 s *Strafrechtsanwendungsrecht*
österr Strafgewalt
 s *Strafrechtsanwendungsrecht*

P

Parallelwertung in der Laiensphäre 11.11, 12.4, 12.22, 18.7, 19.12
personale Unrechtslehre *4.8 f*, 4.31, 11.1 ff, 11.29, 16.14, 23.10
Personalitätsprinzip *42.8 f*
Personengesellschaften 41.4 f
Pflichtenkollision, rechtfertigende *15.92 ff*, 31.28
Pflichtenübernahme, freiwillige 31.6, *31.14 f*
pflichtwidriges Vorverhalten *31.18 ff*
Prämientheorie *24.6 ff*
Prävention
 s *Generalprävention*
 s *Spezialprävention*
Präventivnotwehr 13.13
Primat des Tuns *29.25 ff*, 29.31
Prinzip der Opfergerechtigkeit *2.27 ff*
Prinzip der sozialen Verantwortung 2.25
privilegierte Delikte *9.20 ff*, *9.24 f*, 38.22 ff
Probezeit (Diversion) 40.10, *40.20 f*
Produkthaftung 31.20
Provokation
 s *Absichtsprovokation*
Putativdelikt
 s *Wahndelikt*
Putativnotstand 20.3
Putativnotwehr 20.3, 20.16
Putativnotwehrexzess 13.22, 20.16
Putativrücktritt 24.19, 24.21, *25.25*, 36.33

Q

qualifizierte Delikte *9.20 ff*, 28.26 ff, 38.22 ff
qualifizierte Rechtswidrigkeit 13.11, 15.53
qualifizierter Versuch *24.22*, 28.35, 38.6, 38.35
 Rücktritt *24.22*
qualitative, quantitative Akzessorietät
 s *Akzessorietät*

R

Reaktionszeit 7.7, 27.8
Realkonkurrenz 38.21, *38.44 ff*, 38.58, 38.69
Realschutzprinzip 42.8
rechtfertigender Notstand
 s *Notstand, rechtfertigender*
Rechtfertigungsgründe *5.1 ff*, 13.1 f, 34.48 ff
 Fahrlässigkeitsdelikte 27.14 ff
 Irrtum *19.9 ff*, *20.1 ff*, 25.20 c
 Konkurrenz 5.14, *14.35 ff*, 15.30 f
 Struktur 14.4, 15.3, 15.34, 15.62
rechtmäßiges Alternativverhalten
 s *Alternativverhalten, rechtmäßiges*
Rechtsauskunft 19.14, 19.18, 34.11
Rechtsgut *3.6 ff*, 4.1, *4.10 ff*, 9.31 ff
 Auslegung 3.7, *4.10 ff*, 42.1, *42.15 f*
 Disponibilität *15.64 f*, 15.81, 15.84
 höchstpersönliches 38.69
 Höherwertigkeit *14.20 ff*, 21.15 f
 notstandsfähiges *14.9 f*, 21.10
 notwehrfähiges 3.7, *13.6*, 14.33 f, 14.36, 21.10
 Tatobjekt 3.9, 9.35 f
Rechtsgüterschutz 4.1
Rechtsirrtum
 s *Verbotsirrtum*
Rechtsmissbrauch 13.26, 14.25
Rechtspflicht
 Duldungspflicht 13.11, 15.10, 15.53 f
 Erfolgsabwendung *29.12 f*, 30.14, 31.1 ff, 31.6 ff
 Gefahrtragung 21.21
Rechtspflichtenlehre, formale 31.7
Rechtsstaatlichkeit 3.17
 Analogieverbot *4.20 f*
 Bestimmtheitsprinzip *4.19*, 29.16, 32.36
 Rückwirkungsverbot *4.18*
 Strafzumessung 39.1, *39.6 ff*
 Verbot des Gewohnheitsrechts 4.22
 s *in dubio pro reo*
 s *nullum crimen sine lege*
rechtswidrige Tat *6.4 f*
Rechtswidrigkeit *5.1 ff*, *6.6 ff*
 Ausschluss 5.8 ff, 6.9
 Beitragstäter 35.37
 Bestimmungstäter *34.48 ff*

Magere Zahlen = Randnummern   Sachregister

Fahrlässigkeitsdelikte *27.14 ff*
qualifizierte 13.11, 15.53
unechte Unterlassungsdelikte 31.21, 31.24
Unrecht *6.6 ff*
Reflexbewegung 7.2 f, *7.5 ff*
Regel-Ausnahme-Prinzip *5.8 ff*
Reife, verzögerte 17.5, *17.13 f*
Retterproblematik *28.13*
Rettungswille
entschuldigender Notstand 21.22
rechtfertigender Notstand 14.26
Risikoerhöhungstheorie 27.13, *28.17*
Risikosphärentheorie 28.10, 28.14
Risikozusammenhang 12.8 a, 24.15 b, 24.17, 27.13, *28.3 ff*, 28.15 f, 30.12 b
Beitrags- bzw Bestimmungstäter 34.6, 35.14, 36.29
erfolgsqualifizierte Delikte 28.15, 28.34, 28.36
Fahrlässigkeitsdelikte 10.20 f, 27.13, *28.3 ff*
Fallgruppen *28.6 ff*
Unterlassungsdelikte 28.15, 30.12 b
Vorsatzdelikte *10.20 f*, 28.15, 28.17 a
s *Adäquanzzusammenhang*
s *objektive Zurechnung des Erfolgs*
Römisches Statut über den Internationalen Strafgerichtshof
s *Internationaler Strafgerichtshof*
Roxin'sche Formel *24.15*, 24.15 a
Rücktritt vom Versuch 9.29, 15.8, 22.26, *24.1 ff*, *25.21 ff*, 36.8, 38.35, 38.71
Alleintäter *24.6 ff*
beendeter Versuch *24.1 ff*, *24.16 ff*, 25.24
Beitragstäter 24.10, 36.44
Bestimmungstäter 24.10, *36.27 ff*
Freiwilligkeit *24.13 ff*, 25.25, 36.31
mehrere Beteiligte 24.10, *36.27 ff*
objektive Zurechnung des Erfolgs 24.15 b
unbeendeter Versuch *24.1 ff*, *24.11 ff*, 25.23
untauglicher Versuch 25.9, *25.21 ff*, 25.25
s *tätige Reue*
Rückwirkungsverbot *4.18*, 42.26
s *Strafrechtsanwendungsrecht*

S

Sachverhaltsirrtum
s *Irrtum*
Sachwehr 4.21, 14.8
Sammelstraftat 38.21
Schadensqualifikation
s *Wertqualifikation*

Scheinkonkurrenz 38.9, *38.11 ff*, 38.18, *38.19 ff*, *38.32 ff*, 38.55 a
Erscheinungsformen *38.19 ff*
prozessuale Auswirkungen 38.14, *38.32 f*, *38.37 f*
verfassungsrechtliche Aspekte 38.42 a, *38.55 a ff*
Wirkungen *38.34 ff*
s *Konsumtion*
s *Spezialität*
s *Subsidiarität*
Schifahren 26.12, 26.19
Schlaf *7.2 ff*, 17.26 f
schlichte Tätigkeitsdelikte *9.14*, 22.17, 29.1, 29.19, 29.21
Schockschäden 28.14
Schockzustände 17.10 f, 28.8
Schonungsprinzip 13.12 ff
Schrecksekunde 7.7, 27.8
Schuld 2.3 ff, 2.23, *16.1 ff*,7 37.50
Beteiligung *34.51 ff*, *35.31 ff*
Fahrlässigkeitsdelikte 15.17 f, *27.1 f*, *27.17 ff*
Gefährlichkeit 2.16 ff, 2.23, 16.3
Kausalität *10.22 ff*, 16.6
Maßstab *16.7 ff*, *19.21 ff*, 21.2, 21.20, 27.5
schwere Schuld 4.33, 40.12, *40.13 ff*
Strafzumessungsschuld *16.22*, 39.4, *39.15 ff*, 40.13
unechte Unterlassungsdelikte *31.29 f*
Verbandsverantwortlichkeit 41.11, 41.14, 41.17
Vorsatzdelikte *16.12 ff*
Vorwerfbarkeit *16.7 ff*, 16.13, 18.1 f
s *Menschenbild*
s *Willensfreiheit*
s *Vergeltung*
Schuldausgleich, gerechter 2.5, 2.18
Schuldausschließungsgründe 19.16
s *Entschuldigungsgründe*
Schuldbegriff *16.4 f*, 16.22
bei der Strafzumessung 16.22, *39.15 ff*, 40.13
normativer 16.7 ff, *16.16*, 19.17, *39.17 f*
strafrechtsdogmatischer 16.4 f, 16.7 ff, 39.17 f
Prozessrecht 39.20
Schuldfähigkeit *17.1 ff*
actio libera in causa *17.19 ff*, 17.24 f
gemischte Methode 17.7
partielle 17.18
verminderte *17.16 f*
verzögerte Reife 17.5, 17.13 f
Vollrauschtatbestand *17.23 ff*
Vorsatz 11.22

387

Sachregister Fette Zahlen = System Gliederung

Schuldformen
  s *Fahrlässigkeit*
  s *Vorsatz*
Schuldmerkmale, allgemeine *16.14 ff*, 34.52
Schuldmerkmale, besondere *16.19 ff*, 34.52, 37.44
  Irrtum 12.21
  objektivierte 16.20
  subjektive 16.20, 12.21
Schuldmerkmale, besondere persönliche *37.16 f*, *37.25*, *37.44 ff*
Schuldprinzip 2.26, *16.1 ff*, 17.24, 12.20, 34.51 ff, 37.5, 42.26
Schuldstrafrecht *16.1 ff*
Schuldtheorie 17.3, 17.14, 19.3
  eingeschränkte *20.5*
  rechtsfolgenverweisende *20.6*
  Unrechtsbewusstsein 18.3, *18.14*, 19.3
Schutzbereich der Rechtsgüter 42.15 f
Schutzzweck der
  pflichtbegründenden Norm 31.11, 31.23
  übertretenen Norm *28.3 ff*
  s *objektive Zurechnung des Erfolgs*
seelische Störung, gleichwertige 17.12
Selbstbestimmungsrecht 14.24, 15.54
  s *Eigenverantwortlichkeitsprinzip*
  s *Einwilligung*
Selbstgefährdung, eigenverantwortliche *15.78 ff*, *26.17*, *28.8 ff*, 31.22, 31.22 a, 34.6, 35.14
  s *Eigenverantwortlichkeitsprinzip*
Selbsthilferecht, allgemeines 13.10, 15.6, *15.32 ff*
  besondere Selbsthilferechte *15.44 ff*
  Grenzen *15.6 f*, *15.38 ff*
  Irrtum 20.7
  körperliche Gewalt *15.41*
Sonderdelikte *9.45 ff*, 25.18, 30.16, *37.1 ff*
  Beitragstäter 37.4 ff, 37.10 f, 37.29, 37.32 ff
  Bestimmungstäter 37.4 ff, 37.10 f, 37.30, 37.32 ff, *37.38 ff*
  eigenhändige Delikte 37.26, *37.28 ff*
  eigentliche und uneigentliche 37.3
  fahrlässige *37.11*
  schuldgeprägte = schuldbezogene 37.3, 37.5, 37.16 f, *37.44 ff*
  unechte Unterlassungsdelikte 30.16, 37.31
  unmittelbarer Täter 25.29, 37.4, *37.6 ff*, 37.43
  unrechtsgeprägte = unrechtsbezogene 37.3, 37.5, 37.16 f, *37.18 ff*, *37.26 ff*
  untauglicher Versuch 25.4, *25.18*, 25.30
Sonderpflichtdelikte 37.9 f, 37.26, *37.32 ff*
Sorgfaltspflichten *26.10 ff*, *26.13 ff*, *26.15 ff*

Sorgfaltswidrigkeit, objektive
  erfolgsspezifische *28.33*
  Fahrlässigkeitsdelikt *26.7 ff*, 27.10, 33.30
  Indizwirkung 26.22
  Maßstab *26.7 ff*
  Verbandsverantwortlichkeit 41.15 f
Sorgfaltswidrigkeit, subjektive *26.22 ff*, 27.4, 27.18 ff
Sozialadäquanz 13.7, 21.19, 26.17, 31.22 a, 35.9
Spätschäden 28.14
Spezialität 38.19 f, *38.22 ff*
Spezialprävention *2.8 f*, 2.13 f, 2.18, 2.23, 2.25, 39.22, 40.11 f, 40.14, 41.17
Sportregeln 26.12, 26.17
Staatsnotstand 14.10, 21.7
Staatsnotwehr 13.6
stellvertretende Strafrechtspflege 42.9
Steuerungsfähigkeit 17.3, 17.7, 17.10
Stigmatisierung 2.15, 40.3, 40.6
Strafanwendungsrecht
  s *Strafrechtsanwendungsrecht*
Strafaufhebungsgründe *24.23 ff*, 24.27 f, 24.29 a
Strafausschließungsgründe *24.26 ff*, 24.29 a, 37.1, 37.55
Strafbegründungsschuld *16.22*, 39.18 f, *40.13*
Strafe *2.1 ff*, 3.10 f, 4.18 ff, *32.6 ff*, *32.21 ff*, *39.1 ff*
  s *vorbeugende Maßnahmen*
Strafgewalt
  s *Strafrechtsanwendungsrecht*
Strafprozessrecht *3.14 ff*
Strafrahmentheorie *38.4*, 38.42
Strafrecht *3.10 ff*, 3.14
  Aufgabe *4.1*
  Disziplinarstrafrecht 3.10
  dreispuriges *40.1 ff*
  Nebenstrafrecht 3.12 f
  rechtsstaatliche Prinzipien *4.17 ff*
  zweispuriges 2.1
Strafrechtsanwendungsrecht 42.1, *42.4 ff*
Strafrechtsreform 1.15 f
Strafrechtstheorien *2.24 ff*, 41.17
Straftat 6.4, 6.10
  nach dem VbVG 41.3
Straftheorien *2.4 ff*
Strafzumessung 4.32 f, 17.17 f, 38.38, *39.1 ff*, 40.13
  Einheitstätersystem 32.26, *32.34 f*, 32.36, 32.38, 33.16, 38.38
  folgenorientierte *39.21 ff*
  Grundlageformel 16.1 ff, 39.11, 39.15
  Klarstellungsfunktion 39.14
  prozessuale Aspekte *39.8 ff*, 39.24 f

388

Magere Zahlen = Randnummern

Sachregister

Rechtsstaatlichkeit 39.1, *39.6 ff*
richterliches Ermessen 38.38, 39.4, *39.6 ff*
Schuldbegriff 16.22, *39.15 ff*, 40.13
Teilnahmesystem *32.16, 32.19 f*, 32.38
Strafzumessungsgründe 16.22, *39.17 ff, 39.21 ff*
schuldunabhängige 39.19
Strafzumessungsschuld *16.22,* 39.15 ff, 40.13
Strafzwecktheorie 2.4 ff
Rücktritt vom Versuch 24.7
Vereinigungstheorie 2.12 f
subjektive Rechtfertigungselemente 13.1 f, 4.7
Anhalterecht 15.25 ff
Einwilligung 15.75, 15.90
Notwehr *13.23 ff*
rechtfertigender Notstand 14.26
Selbsthilferecht 15.42
subjektive Sorgfaltswidrigkeit
  s Sorgfaltswidrigkeit, subjektive
subjektive Tatseite *4.2 ff*, 4.9
subjektive Theorie beim Versuch *22.15*
subjektiver Tatbestand *11.1 ff*
  s Tatbestandsmerkmale, subjektive
Subjektmerkmale 37.17
Subsidiarität 22.9, 31.34, 38.19 ff, *38.26 ff*
  ausdrückliche 38.26 f
  stillschweigende 38.26, *38.28 f*
  s Konsumtion
  s Spezialität
Subsidiaritätsprinzip 3.10, *38.55 b ff*
Subsumtion *1.7 ff*
Subsumtionsirrtum 19.2, *19.30*
  s Wahndelikt
Suchtmittel, Suchtgift
  s Drogen
sukzessive Täterschaft *33.18,* 35.20 f

T

Tadelswirkung der Strafe *2.15,* 2.17, 2.20, 2.23
Tat *6.4 ff*
  im prozessualen Sinn 38.17, 38.55 a, 38.55 d
  s ne bis in idem
Tatabweichungen, vorsatzerhebliche
  s Vorsatzabweichungen
Tatausgleich (früher: **Außergerichtlicher = ATA**) 2.28, 40.2, 40.10, 40.11, *40.22 ff*, 41.18
Tatbegehungsformen
  s Täterschaftsformen

Tatbestand 3.1, 5.1, 5.8 f, *8.1 ff*
  gesetzliches Tatbild 8.2, *8.6 f*
  Indizwirkung *5.8 ff*
  objektiver 8.1, *8.6 f, 10.1 f*
  subjektiver 8.1, *8.8 ff, 11.1 ff*
  Unrecht 5.1, *5.8 f*
  Versuch 22.10, 22.13, *23.1 ff*
tatbestandliche Handlungseinheit
  s Handlungseinheit, tatbestandliche
Tatbestandsirrtum = Tatbildirrtum *12.1 ff,* 19.29, 19.31, 20.2, 20.8, 20.11, 20.13, 20.16, 23.11, 23.18, 31.27
Tatbestandsmäßigkeit 3.1 f, *8.1 ff*
Tatbestandsmerkmale 3.2, 4.16, *8.1 ff*
  Blankettmerkmale 12.22 f
  deskriptive *8.13 ff*, 8.20
  geschriebene 8.19 f
  normative 8.13, *8.15 ff*, 8.20 f, 11.10, 11.12, 12.4, 19.29, 25.20 b
  objektive 8.3, *8.5 ff*, 8.20 f, *10.1 f*, 11.1 f, 31.2
  subjektive 8.3, *8.8 ff*, 8.20 f, 8.25 f, *11.1 ff*, 11.26, 23.10, 34.31 f, 35.29, 37.24
  täterschaftliche 37.18
  ungeschriebene *8.19 ff*, 29.5, 30.7
Tatbild, gesetzliches 8.1 f, 8.6 f, 8.8
Tateinheit
  s Idealkonkurrenz
Tateinheitslehre 24.4
Tatentschluss *23.6 ff*
  dolus eventualis *23.7*
  erweiterter Vorsatz 23.9
Täter
  s Beitragstäter
  s Bestimmungstäter
  s unmittelbare Mittäter
  s unmittelbarer Täter
Täterbegriff
  exklusiver *32.8*, 32.25, 32.40, 33.2
  extensiver 32.4, *32.8*, 32.25, 32.40, 34.3, 35.2
  restriktiver *32.4 ff*, 32.10, 32.44
  s Einheitstätersystem
  s Teilnahmesystem
Täter hinter dem Täter 32.22, *33.27 f*
Täterschaftsformen = Täterformen = Tatbegehungsformen 32.8, 32.22 f, *32.32 f, 33.1 ff, 34.1 ff*, 34.8, *35.1 ff*
  Gleichwertigkeit 32.25, 32.27, *32.33,* 32.38, 32.41 a, *32.43, 32.46 f,* 32.48, 33.6, 34.3, 35.2
  deliktsspezifische 32.23, 33.17
  s Täter, Täterbegriff
Tatherrschaft 33.3, 33.22, 33.24
tätige Reue 15.8, 22.8, 24.25, 38.35, 38.71

389

Sachregister   Fette Zahlen = System Gliederung

Tätigkeitsdelikte
   s *schlichte Tätigkeitsdelikte*
Tatmehrheit
   s *Realkonkurrenz*
Tatobjekt 3.9, 9.31 ff
   Irrtum *12.13 ff*, 34.45
   Untauglichkeit 25.5, 25.10 ff, 25.19
Tatort *42.6 ff*, 42.13
Tatplan 22.19, 24.14, 25.12 f, 36.26
Tatverdacht *15.9 ff*
Tatvorsatz
   s *Vorsatz*
tauglicher Versuch 25.2, 25.9
   s *untauglicher Versuch*
Teilnahmesystem 32.6 f, 32.9, *32.10 ff*, *32.17 ff*, *32.22 ff*, 32.37 f, *32.44 f*, 33.6, 33.8, 33.16, 34.4, 34.9, 34.20, 37.15
   Ausblick *32.22*, 32.54
   Funktionsweise *32.11 ff*
   Kritik *32.17 ff*, *32.22 ff*
   Mischsystem *32.22 ff*
   Schaubilder 32.38, 32.51
   Sonderdelikte 37.2, 37.4, 37.15, 37.52
   Teilnehmer 32.6 f, *32.10 f*, *32.13 f*, 32.38
   vergleichende Gegenüberstellung *32.10 ff*, 32.38, *32.51 ff*
   s *Akzessorietät*
   s *Anstiftung*
   s *Beihilfe*
   s *Einheitstätersystem*
   s *Täterbegriff*
teleologische Auslegung *4.14 ff*, 8.16, 28.6 f, 37.54 ff, 38.28
teleologische Reduktion *8.22*, 35.9
Territorialitätsprinzip *42.6 ff*, 42.13
tiefgreifende Bewusstseinsstörung *17.10 f*, 17.26 f
Tierattacke 13.5, *14.7 f*
Todesstrafe 1.13 f, *2.15*, 42.26
Transitdelikt 42.6
Triebstörungen 17.12
Tun *9.1 ff*
   Erscheinungsform der Handlung 7.16, 7.18
   Nichtvornahme des gebotenen Tuns 7.17, *29.1 ff*, 30.3 ff
   Vorrang des Tuns *29.25 ff*
   s *mehrdeutige Verhaltensweisen*

U

Übelswirkung *2.15*, 2.20, 2.23
überholende Kausalität 10.15, 10.17
Übermüdung 17.10, 17.26, 26.24 f, 26.27

Übernahmefahrlässigkeit 7.8, *26.26 ff*, 26.20
überschießende Innentendenz
   s *erweiterter Vorsatz*
Überwachung der Gefahrenquellen 31.6 ff, 31.19, *31.22 a*
Ubiquitätstheorie 42.6
Umstimmen 34.18
unbewusste Fahrlässigkeit 16.9, *28.18 ff*
unechte Konkurrenz
   s *Scheinkonkurrenz*
unechte Unterlassungsdelikte 28.15, *29.9 ff*, 29.15 ff, 30.1 ff, 31.1 ff, 31.31 ff, 37.31
   Bedeutung des § 2 *29.15 ff*
   Fallprüfungsschema **Anhang 5, Anhang 6**
   Kausalität *30.10 ff*
   Sonderdelikte 30.16, 37.31
   Tatbestand *30.1 ff*, *31.1 ff*
   Versuch 30.2
   s *echte Unterlassungsdelikte*
   s *Garantenstellung*
   s *Gleichwertigkeitskorrektiv*
   s *objektive Zurechnung des Erfolgs*
Universalitätsprinzip 42.10
Universalrechtsgüter 4.8, 21.16, 15.64
unmittelbare Mittäter *33.4 ff*, *33.17 ff*
   Abgrenzung vom Beitragstäter 33.6, *33.7 ff*
   Irrtumsfälle 33.22
   sukzessiver 33.18
   Versuch und Vollendung 33.21
   Vorbereitungsstadium 33.6, 33.8
   s *Beitragstäter*
   s *Bestimmungstäter*
unmittelbarer Täter 33.1 f, *33.3 ff*, 33.17, 33.29, 35.5
   Alleintäter 32.1, 33.3
   extraner *37.6 ff*
   Sonderdelikte 37.4, *37.6 ff*, *37.28 ff*, *37.32 ff*
   s *verdeckter unmittelbarer Täter*
   s *Fahrlässigkeitstäter, unmittelbarer*
Unmündige 13.19, 17.5, 11.22, 32.15
Unrecht 4.5 ff, *4.23 ff*, *4.27 ff*, 5.1, *5.8 ff*, *6.6 ff*, 37.50
   Fahrlässigkeitsdelikte 27.1, 27.3 f
   Rechtfertigungsgründe *5.8 ff*
   Rechtswidrigkeit *6.6 ff*
   Sonderdelikte *37.4 ff*
   s *Erfolgsunwert*
   s *Gesinnungsunwert*
   s *Handlungsunwert*
   s *Unrechtslehre*

Magere Zahlen = Randnummern

Sachregister

Unrechtsbewusstsein *18.1 ff,* 27.21 f, 34.55, 35.40
  aktuelles *18.5 ff,* 18.12 f, 18.16, *19.12 ff,* 19.29, 20.6, 20.13, 27.21
  bedingtes *18.8,* 19.12
  Kernbereich 18.12, 19.8, 19.13
  laienmäßig ausgeprägtes *18.7,* 19.12
  Nebenstrafrecht 18.13, 19.8
  potenzielles (virtuelles) 18.5, *18.10 ff,* 18.16, 19.28, 27.21
  tatbildbezogenes 18.9
  Tatvorsatz, Abgrenzung *18.14 f*
  Teilbarkeit 18.9
  s Verbotsirrtum
Unrechtslehre
  klassische (= objektive) 4.6, 11.3, 13.2, 13.24
  neoklassische 4.7, 11.3, 11.30
  personale *4.8 f,* 4.31, 11.1 ff, 11.29, 16.14, 23.10
  subjektive 4.6
Unrechtsmerkmale, besondere persönliche *37.16 ff*
Unrechtstypus 4.24, 5.1, 13.1, 39.20
Unschuldsvermutung (Diversion) 40.6, *40.32 f*
untauglicher Versuch 13.5, 13.24, *25.1 ff,* 34.37, 36.6 f
  absolute Untauglichkeit 9.47 25.7, 25.9, *25.10 ff,* 25.19, 25.22, 34.37, 36.6 f, 36.21
  Rücktritt *25.21 ff,* 25.25
  Strafgrund 25.1, 25.7
  Versuchstheorien 22.14 f, 25.1, *25.11 ff*
  s Wahndelikt
Untauglichkeit
  Handlung 25.2, 25.6, 25.11, *25.15 ff,* 25.19, 25.23 f
  Objekt 25.2, 25.5, 25.11, *25.15 ff,* 25.19, 25.23 f
  Subjekt 9.47, 25.2, 25.3 f, 25.9, 25.11, *25.18 f,* 25.22
Unterbrechung des Kausalzusammenhangs *10.15 f,* 10.19
Unterlassung
  Handlung *7.16 ff,* 9.1 ff
  Kausalität *30.10 ff*
  s Handlungsbegriff
  s mehrdeutige Verhaltensweisen
Unterlassungsdelikte 9.3, *29.1 ff, 30.1 ff, 31.1 ff,* 38.65
  erfolgsqualifizierte 29.7
  Fallprüfungsschema **Anhang 5, Anhang 6**
  s echte bzw unechte Unterlassungsdelikte
Unterlassungsvorsatz *31.24 ff*
Unternehmensdelikte 22.9 a, 22.9 b, 22.29

Untreue
  Beteiligung 37.20 ff, *37.32 ff*
  Rückwirkungsverbot 4.18
  Unterlassung 29.20
  Wissentlichkeit 11.17, *37.32 ff*
Unverhältnismäßigkeitskorrektiv 21.18
Unwerturteil, sozialethisches 2.15, 4.23 f, 16.7 f
Unzumutbarkeit
  Fahrlässigkeitsdelikte 26.5, *27.23 ff*
  Unterlassungsdelikte 29.6, 30.9, *31.29 f*
Ursächlichkeit
  s Kausalität
  s Kausalverlauf

V

Verabredung 36.46 f
Verband *41.4 f*
Verbandsverantwortlichkeit *41.1 ff*
  Pflichten des Verbandes 41.8 f
  Schaubilder *41.11, 41.13*
  Varianten *41.10 ff*
  Verbandsgeldbuße 41.17
Verbotsirrtum 12.4, 12.23 f, *19.1 ff,* 20.11 f, 31.27
  direkter bzw indirekter *19.6 ff, 19.9 ff,* 20.12
  Nebenstrafrecht 19.8
  Rechtsfolgen *19.15 ff*
  umgekehrter 25.20
  Vorwerfbarkeit *19.15 ff, 19.21 ff,* 27.22
Verbrechen *3.4 f*
Verbrechen gegen die Menschlichkeit 42.24
Verbrechensaufbau, Verbrechensbegriff 3.5, *4.6 ff,* 6.1 ff, 11.3, 11.29 f, 39.4, 39.18, 39.20 f
  dreistufiger *6.2*
  klassischer 4.6
  neoklassischer 4.7, 21.30
  personaler 4.8 f, 21.30
  s Fallprüfungsschema
  s Unrechtslehre
Verbrechensmenge, gleichartige 38.21
verdeckter Ermittler 15.48
verdeckter unmittelbarer Täter *33.24 ff*
Verdrängungsansatz *38.32 ff*
Vereinigungstheorien *2.12 ff*
Verfall 41.5
Verfolgungshindernis 38.55 a, 38.55 e
Vergehen *3.4 f*
Vergeltung 2.5 f, 2.12 f
verhaltensgebundene Erfolgsdelikte 30.20
Verhältnismäßigkeitsprinzip 2.18, 2.26, 13.26, 15.2, *15.14 ff,* 14.24 f, 21.18

391

Sachregister Fette Zahlen = System Gliederung

Verjährung *24.25 a*, 38.40
Verkehrsnormen 26.12, 27.6
Verkehrssicherungspflicht 31.10, 31.*22 a*
Verletzung österreichischer Interessen 42.7
Verletzungsdelikte 9.31 f
Verschuldenskorrektiv 21.19
Versuch 4.3, 13.24, 12.15, 12.17, 22.1 ff, *22.10 ff, 23.1 ff, 24.1 ff, 25.1 ff,* 26.31, 27.7, 30.2, 30.11, 38.28
  beendeter *24.1 ff,* 25.24, 36.27
  Beitragstäter 35.4, 36.5 ff, 36.14, *36.34 ff, 36.41 ff*
  Bestimmungstäter 34.5, 34.50, 36.2 ff, *36.9 ff*
  erfolgsqualifizierte Delikte *28.35*
  Fallprüfungsschema **Anhang 2, Anhang 9, Anhang 10**
  fehlgeschlagener *24.20 f,* 25.25
  misslungener 25.25
  objektive Zurechnung des Erfolgs 23.5, 24.15 b
  qualifizierter *24.22*, 38.35
  Strafgrund *22.14 ff,* 25.1, 25.7
  Theorien 22.14 f, 25.1, *25.11 ff*
  unbeendeter *24.1 ff,* 36.27
  unmittelbare Mittäter 33.21
  unvermittelt abgebrochener *24.5*
  Vollendung *22.25 ff*
  Vorbereitung *22.17 ff, 22.20 ff,* 23.2, *36.23 ff, 36.41 ff*
  s *Rücktritt vom Versuch*
  s *Tatort*
  s *untauglicher Versuch*
  s *Untauglichkeit*
Versuch der Beteiligung *36.1 ff*
  s *Beitragstäterschaft, versuchte*
  s *Bestimmungstäterschaft, versuchte*
Versuchsdelikte 22.9 a, 22.9 b, 22.29
Versuchstheorien *22.14 ff,* 25.1, 25.7
  s *Eindruckstheorie*
  s *objektive Theorie*
Vertrauensgrundsatz 26.16, *26.18 ff*
Verwaltungsstrafe *3.10 f*
Verwaltungsstrafrecht 3.10, 10.6, 16.25, 23.3, 26.6, 28.15, 32.24 a, 38.8, *38.55 b ff*
Verwechslungsirrtum *12.13 ff,* 34.45
Vikariieren 2.22
vis absoluta 7.2 f, *7.13 ff,* 13.5, 33.3
vis compulsiva 7.15
Völkermord 32.24
Völkerstrafrecht 42.3, *42.20 ff*
Vollendung 9.29, 22.8, 22.9 a, *22.25 ff,* 23.16
  Beitragstäter 35.20, 36.37 f
  Bestimmungstäter *34.5*

unechte Unterlassungsdelikte 30.2
unmittelbare Mittäter 33.5, 33.21
Vollendungsvorsatz 23.8, 34.35 ff, 35.31
Vollrauschdelikt *17.23 ff*
Voraussehbarkeit, objektive
  s *Adäquanzzusammenhang*
  s *objektive Zurechnung des Erfolgs*
Voraussehbarkeit, subjektive *26.32 ff, 27.18 ff,* 28.36 f
Vorbereitungsdelikte *22.5 ff,* 22.29, 38.28, 42.6
Vorbereitungshandlungen 22.1 ff
  Beitragstäterschaft 33.8, 35.20
  unmittelbare Mittäter 33.8
  Versuch, Abgrenzung *22.17 ff, 22.20 ff, 36.23 ff, 36.41 ff*
vorbeugende Maßnahmen 2.1, *2.16 ff,* 2.23, 4.18, 8.12, 16.3, 17.15, 17.26 f
  Konkurrenzen 38.37, 38.52
  Schuldprinzip *16.3*
  Zweck *2.18, 2.23*
Vorrang des Tuns *29.25 ff*
Vorsatz 4.31, *11.1 ff*
  Abweichung *34.39 ff,* 34.50, 35.34
  Beitragstäter *35.29 ff*
  Bestimmungstäter *34.31 ff*
  deliktsspezifischer *34.32 ff,* 35.30, *37.32 ff*
  dogmatische Stellung *4.5 ff,* 4.31, 11.26, 23.10
  Fahrlässigkeit 11.9, *28.22 ff*
  Garantenstellung 31.24 f, 31.27
  Kausalverlauf 11.10, 11.12, *12.5 ff*
  Schuldform *4.6 f,* 39.18
  Stärkegrad 11.3, *11.14 ff*
  Unrechtsbewusstsein *18.14 f*
  Versuch *23.6 ff,* 23.15
  Wertgrenzen 9.13, 11.4 *12.9 f,* 12.19
  Wissenskomponente *11.5 ff ,* 12.1, 28.22
  Wollenskomponente 11.5, *11.13 ff,* 28.22, 28.25
  s *Absichtlichkeit*
  s *bedingter Vorsatz*
  s *erweiterter Vorsatz*
  s *Fahrlässigkeit*
  s *Unterlassungsvorsatz*
  s *Wissentlichkeit*
Vorsatzabweichungen
  Beitragstäter 35.34
  Bestimmungstäter *34.39 ff*
Vorsatzdelikte *9.15 ff,* 9.48 f
  erfolgsqualifizierte *28.30 f*
  Fallprüfungsschema **Anhang 1, Anhang 4, Anhang 5**
  objektive Zurechnung des Erfolgs 10.20 ff, 28.15
  Versuch *22.10 ff*

Magere Zahlen = Randnummern

Sachregister

Vorsatz-Fahrlässigkeits-Kombination
9.19, 9.48 f, 28.31, 28.36
Vorsatztheorie 18.3, *18.14*
Vorverhalten, gefahrbegründendes (Ingerenz) 31.6 f, *31.18 ff*
Vorwerfbarkeit *16.7 ff*, 18.1, 27.5
Unrechtsbewusstsein 18.1 f, *18.6 ff, 18.10 f, 19.15 ff*
Verbotsirrtum *19.15 ff, 19.21 ff*

W

Waffengebrauch 5.7, 5.12, 13.16, 15.51 f
Wahlfeststellung 9.41, 9.43, 32.48
Wahndelikt 25.18, *25.20 ff*
Werkzeug 33.22, 34.9, 34.25, *34.27 f*
Wertqualifikationen 8.7, 9.13, 11.4, 28.26, 38.54, 38.62 f,
Irrtum *12.9 f*, 12.19
Wiedergutmachung 40.8, 40.18, 40.20, 41.18
s Diversion
Willenserklärungstheorie 15.57
Willensfreiheit 16.8, 41.17
Willensrichtungstheorie 15.57

wirtschaftlicher Notstand 14.10, *14.29, 21.11 f*
Wissentlichkeit 11.14, *11.17 f*, 34.32 ff, 37.32 ff
Wortlauttatbestand 32.52, 33.3, 33.5, *33.10 ff*

Z

Züchtigungsrecht 5.7
Zufallsgemeinschaft 31.17
Zumutbarkeit *21.1 ff*, 26.5, *27.23 ff*, 30.9
gesteigerte 14.30 a, 21.21
Verbandsverantwortlichkeit 41.15 f
s Notstand, entschuldigender
s Unzumutbarkeit
Zumutbarkeitskorrektiv 21.9, *21.20 f*
Zurechnungsfähigkeit
s Schuldfähigkeit
Zurechnung, Zurechnungszusammenhang
s objektive Zurechnung des Erfolgs
Zustandsdelikte *9.30*, 9.48 f
Zwang, psychologischer 2.10
Zweiaktige Delikte
s mehraktige Delikte
Zweispurigkeit *2.1*, 2.9